KB168422

파·전·클 명강의를 이제 책으로 만나세요!

"잘하고 있다고 생각했는데 내가 했던 건 모두 삽질…"

"기획 업무를 하며 7년 동안 파워포인트를 사용했는데도
몰랐던 유용한 정보를 배워 갑니다."

"폭풍처럼 강력하네요. 감탄하다 놓친 것도 많습니다."

"속이 후련한 강의! 실무에 가장 적합한 강의!"

"혼자만 알고 싶은 강의. 이제 파워포인트가 두렵지 않습니다."

"필요한 기능만 그때그때 찾아 쓰다 보니 한계를 느꼈는데
여기서 궁금증을 풀고 갑니다."

"막연한 두려움에서, 할 수 있다는 자신감으로!"

"조금 더 일찍 교육을 받았다면 제 연봉이 바뀌었을 겁니다."

"머릿속으로 상상만 하던 것을 실제 구현하기가 어려웠었는데
여기서 완전히 해결했어요!"

"꼭꼭 숨어 있던 기법과 시간을 줄여 주는 방법까지!"

"충격! 짧은 시간 안에 파워포인트를 배운 게 아니라
정복할 수 있었다니…"

"회사에 가면 사내 교육으로 만들어야겠습니다."

"현재 활동하고 있는 디자이너로서,
김지훈 강사님의 디자인 기법 완전 강추입니다."

"이 강의를 오래전에 들었으면 하는 아쉬움이 드네요."

"대한민국 최고의 파워포인트 강의라 자부하고 추천드립니다."

"프로란 이런 것… 내 인생 최고의 강의!"

- 교육 후기 중에서

'프라미스'가 알려주는 비밀스런 **업무 기술,**
능력자의 **작업 환경**과 **고급 예제** 대공개!

된다! 파워포인트 실무의 신

한 번 배우면 평생 시간 버는 입문서

2007 · 2010 · 2013 · 2016 · 2019 · 오피스 365
모든 버전 사용 가능!

48만 회원! 파워포인트전문가클럽 운영진
대표 저자 '프라미스' **김지훈** &
'조운자룡' **김봉정** · '러비' **박성용** 지음

이지스퍼블리싱

능력과 가치를 높이고 싶다면
된다! 시리즈를 만나 보세요.
당신이 성장하도록 돕겠습니다.

된다! 파워포인트 실무의 신

Gotcha! God of Business Powerpoint

초판 1쇄 발행 • 2019년 12월 7일
초판 3쇄 발행 • 2022년 3월 28일

지은이 • 김지훈, 김봉정, 박성용
펴낸이 • 이지연
펴낸곳 • 이지스퍼블리싱(주)
출판사 등록번호 • 제313-2010-123호
주소 • 서울 마포구 잔다리로 109 이지스빌딩 4층
대표전화 • 02-325-1722 / **팩스** • 02-326-1723
홈페이지 • www.easyspub.co.kr / **이메일** • service@easyspub.co.kr
Do it! 스터디룸 카페 • cafe.naver.com/doitstudyroom | **인스타그램** • instagram.com/easyspub_it

기획 및 책임편집 • 최윤미, 김영준 | **교정교열** • 안종군
표지 디자인 • 트인글터 | **본문 디자인** • 트인글터 | **인쇄** • 보광문화사
마케팅 • 박정현, 한송이, 이나리 | **독자지원** • 오경신 | **영업 및 교재 문의** • 이주동, 김요한(support@easyspub.co.kr)

• 이 책은 2016년에 출간된 〈된다! 파워포인트 능력자〉를 전면 개정하여 신간으로 발행한 책입니다.

ISBN 979-11-6303-121-5 13000
가격 19,500원

우리가 추구하는 프레젠테이션의 가치입니다.

기본기는 15분 만에 끝내고,
명강사의 실무형 강의를 빠르게 흡수한다!

필자는 매년 수백 시간씩 각종 기관과 기업의 실무자들 그리고 교수, 교사, 강사 분들께 파워포인트 제작 노하우를 가르치고 있습니다. 디지털 혁명의 시대, 인공 지능이 직업의 판도를 바꿀 것이라고 합니다. 하지만 사람과 사람 사이의 관계에서 다른 사람을 설득하거나 메시지를 잘 전달해 공감을 이끌어 내야 하는 프레젠테이션 역량은 날이 갈수록 중요해지고 있습니다.

파워포인트는 디자인이 아니다! 디자인까지 쉽게 할 수 있는 도구일 뿐…

현장에서 온·오프라인으로 많은 사람을 만나본 결과, 사람들이 무엇을 어려워하는지 누구보다 잘 알게 됐습니다. 사람들은 대부분 '파워포인트는 디자인이다. → 디자인은 어렵다. → 고로 파워포인트는 어렵다'라는 생각 속에 갇혀 있었습니다. 하지만 이는 착각에 불과합니다. 만약 그렇다면 프레젠테이션 경쟁에서 항상 디자이너가 이겨야 할 것입니다. 하지만 디자인이 아무리 우수해도 패배하는 경우가 많습니다. 바로 '기획'을 놓쳤기 때문입니다. 디자인 실력보다 강력한 무기인 기획력으로 승부해야 합니다. 이 책은 딱딱한 이론서 방식이 아니라 김 대리의 좌충우돌 스토리와 함께 파워포인트 제작을 위한 기획부터 설명합니다. 김 대리의 입장이 돼 따라 하다 보면 '기획에 충실할수록 디자인이 쉬워진다'는 사실을 자연스럽게 깨달을 수 있습니다.

이제, '익숙함의 함정'을 버리고 파워포인트 실무의 신이 되어 보세요!

필자가 만난 실무자들은 대부분 디자인을 잘하지 못한다고 말했지만, 디자인을 못하는 것이 문제가 아니었습니다. 이보다 심각한 문제는 파워포인트를 '제대로' 배운 적이 없다는 것입니다. 본인은 아니라고요?

이 책을 보는 당신이 복사를 Ctrl + C, Ctrl + V로만 하고 있다면!
두 개체를 그룹 지을 때나 순서를 조정할 때 마우스 오른쪽 버튼을 클릭했다면!
화살표의 형태를 포토샵처럼 자유자재로 수정할 수 없다면!
4개의 개체를 대각선으로 똑바르게 3초 이내에 정렬할 수 없다면!
모든 페이지에 들어가 있는 로고의 위치를 한 번에 수정할 수 없다면!
이 책을 보아야 할 '김 대리'입니다.

선배들에게 어깨너머로 배운 실력, 검색으로 배운 단편적인 실력, 주먹구구식로 배운 실력, 기존 문서와 인터넷에 떠도는 소스를 짜깁기하면서 배운 실력으로 스스로 '파워포인트 중급'이라고 말하고 있었습니다. 실력이 중급 정도는 되니까 기초는 필요 없고 디자인, 인포그래픽을 가르쳐 달라는 것이죠. 이는 시간이 오래 걸리는 방법으로만 작업하는 '익숙함의 함정'에 빠져 있는 것입니다.

파워포인트 실무의 신이 되려면 반드시 가장 빠른 방법을 배워야 합니다. 이 책은 메모장의 내용을 한 번에 파워포인트 문서로 만드는 방법, 필자의 17년 노하우가 담긴 빠른 실행 도구 모음 등 '시간을 낭비하지 않는 기술'을 가르쳐 줍니다. 일하는 방식의 5%만 바꿔도 작업 속도가 눈에 띄게 달라질 수 있습니다.

검색으로도 나오지 않는 가장 빠른 업무의 비법, 이 책에 공개!

충실한 기획이 선행되고, 빠르게 작업할 수 있는 기술만 갖추면 디자인을 훨씬 쉽게 할 수 있습니다. 일례로 서식이나 애니메이션 효과도 얼마든지 복사/붙여넣기를 할 수 있습니다. 이렇게 쉬운 방법을 두고 하나에서 열까지 일일이 만들다니요!
모든 도구는 가장 쉽고 편리한 방법으로 이용해야 합니다. 파워포인트도 마찬가지입니다. 슬라이드 마스터를 사용하면 똑같은 작업을 반복할 필요가 없다는 것을 알게 됩니다. 이번에 제대로 배워 '파워포인트는 어렵다'는 편견에서 벗어나시길 바랍니다.

절대로 놓쳐선 안 될 전문가의 비기(祕技)!

2016년에 필자의 첫 책 〈된다! 파워포인트 능력자〉는 독자들에게 많은 사랑을 받았습니다. 이에 보답하고자 이전 책보다 더욱 알찬 내용을 담기 위해 최선을 다했습니다. 이 책에는 2007 버전부터 최신 버전인 오피스 365버전까지 버전별 차이와 특징이 추가했을 뿐 아니라 거의 모든 실무적 상황이 담겨 있기 때문에 어디에 내놓아도 부끄럽지 않은 최고의 파워포인트 교재라 자부합니다.
오늘 하루도 분초를 다투면서 누구보다 열심히 살아가고 있는 대한민국의 모든 김 대리들에게 이 책이 도움이 되길 바랍니다. 우리의 주인공 김 대리와 함께 이 책에 공개된 전문가의 비기(祕技)를 습득하시길 바랍니다.

감사의 뜻을 전하며

독자의 입장에서 세밀한 부분까지 꼼꼼하게 검증해 준 이지스퍼블리싱의 최윤미 팀장님, 김영준 편집자님께 진심으로 감사의 마음을 전합니다. 옆에서 늘 든든한 친구처럼 필자의 부족한 부분을 채워 준 김봉정 대표, 예제를 제작하는 데 큰 도움을 준 박성용 군에게도 감사드립니다. 그리고 늘 믿음으로 지켜봐 주는 사랑하는 아내 근하, 이제 많이 자라 중학생이 된 아들 규헌에게 이 책을 바칩니다.

저자들을 대표하여 김지훈 드림
(파워포인트전문가클럽 프라미스, 마이크로소프트 파워포인트 MVP)

"시간을 낭비하지 않는 업무 기술을 만나 보세요!"

"저자의 풍부한 경험을 재미있게 풀어 낸 파워포인트 분야의 걸작!"

IT 서적은 대부분 딱딱하기 마련인데, 이 책은 그렇지 않습니다. **저자의 풍부한 실무 경험과 노하우를 이야기 형태로 재밌게 풀어 낸 파워포인트 분야의 걸작**입니다. 특히 항상 오래 걸리는 파워포인트 작성 시간을 단 1초라도 줄여 주기 위한 저자의 연구 결과가 잘 녹아 있으며, 업무를 빠르게 처리해야 할 실무자가 어떤 부분을 모르고 있는지를 파악해 속시원하게 해결해 주고 있습니다. 이 책에 등장하는 김 대리의 스프링 노트는 저의 일상이기도 합니다. 기록이 모여 역사가 됐습니다. 나 자신의 역사요, 더 나아가 가정의 역사이며, 사회의 역사이고, 직장의 역사가 되더군요. 그 기록의 한켠에 신협중앙회 연수원장 시절 백묵으로 판서하며 강의하는 것을 고집하던 저를 파워포인트로 강의할 수 있도록 만들어 준 사람이 바로 김지훈 저자입니다. 현재에 안주하지 않고 스스로를 계발하고 싶어 끊임없이 공부한 결과, 어느새 제가 '기록의 달인', '교육의 달인', '자격증의 달인'으로 불리고 있더군요. 조직에서 '파워포인트의 달인'으로 불리고 싶으세요? 이 책을 통해 공부한다면 꿈이 아닌 현실이 될 것입니다.

최효근 _기네스북에 등재된 자격증의 달인, 대한민국스타훈련교사 협의회 회장

"AI 시대에 어울리는 파워포인트 분야의 바이블!"

파워포인트를 다룬 책은 크게 기획, 디자인, 기능으로 나눌 수 있습니다. 파워포인트는 디자인적인 요소가 중요한 툴이긴 하지만 오피스 365 버전부터는 디자인을 어려워하는 실무자들도 마이크로소프트 사의 인공 지능 기술이 접목된 수준 높은 도움을 받을 수 있습니다. 이제 실무자들은 탄탄한 기획력을 바탕으로 새로운 기능을 사용할 수 있는 능력이 필요합니다. 이 책은 바로 이 부분에 포커스를 맞춘 역작입니다. 2,000명 이상의 소프트웨어 전문가들을 만나면서 커뮤니티를 통해 함께 공부하면 가장 빠르게 그 분야 최상의 전문가가 될 수 있다는 것을 깨달았습니다. 국내 최대의 파워포인트 커뮤니티를 통해 성장한 김지훈 MVP님의 <된다! 파워포인트 실무의 신>에는 그의 내공이 그대로 담겨 있습니다. 특히 이 책은 **실무자의 관점에서 무엇이 필요하고, 어떤 부분이 중요한지를 명확히 짚어 낸 파워포인트 분야의 바이블 같은 책**이라 할 수 있습니다.

이소영 _마이크로소프트 이사, 『홀로 성장하는 시대는 끝났다』 저자

"삽질 업무로 시간을 낭비한 PPT 실무자들이 봐야 할 필독서"

요즘 서점에는 디자인, 인포그래픽이 담긴 파워포인트 책이 많습니다. 하지만 현업에서는 내용에 대한 기획이 더 중요하고, 디자인을 고민할 시간조차 주어지지 않을 때가 많습니다.
이 책은 기존 실무자들에게는 업무 시간을 줄여주고, 입문자에게는 첫단추를 잘 끼울 수 있게 해 줍니다. 특히 실무자 김 대리가 좌충우돌하며 기획 노하우를 배우고 전문가의 교육을 들으며 파워포인트 스킬을 익혀 자신감 있게 초안을 완성해 내는 과정을 그린 콘셉트는 무척 신선하게 다가왔습니다. 체계적으로 학습하지 않고 **삽질 업무로 고생하는 파워포인트 실무자들이 보아야 할 필독서**라고 생각합니다.

포철삼 _경영지도사, 재무관리사, 동국산업 회계팀 부장

“저자에게 배운 후 대학에서 ‘최고 강의상’을 수상하기도…”

대학에 있다 보니 학생들에게 강의를 효과적으로 하는 일이 늘 지상 과제입니다. 그러다 몇 해 전, 여러 지인의 추천을 받아 김지훈 저자의 강의를 듣게 됐습니다. 그의 강의에는 전문성과 열정이 녹아 있었습니다. 물론 재미도 있었고요. 학습자에게 자신의 지식을 전달하기 위해 애쓰던 저자의 모습이 생각납니다. 이 책에는 **17년 동안 축적한 저자의 경험과 지식**이 그대로 녹아 있습니다. **프레젠테이션 능력을 업그레이드하고 싶다면 이 책을 추천합니다.** 시간이 허락하시는 분은 저자의 강의도 꼭 들어보시길 바랍니다. 저는 저자의 강의를 듣고 대학에서 ‘최고 강의상’을 수상하는 영광을 누리기도 했습니다.

최인수 _성균관대학교 인재개발학과 교수, 『창의성의 발견』 저자

“모든 의사들이 의학생 시절부터 미리 배워 두면 편리한 최고의 파워포인트 책!”

우리나라에서 파워포인트를 처음으로 사용한 사람들은 의사입니다. 하지만 지금까지도 파워포인트를 제대로 사용하지 못하는 사람들 또한 의사입니다. 변명일지도 모르지만 해야 할 일이 너무 많다 보니 상대적으로 파워포인트에 신경을 덜 쓰게 되고 그냥 텍스트를 나열하는 수준으로 학회나 강의에 임하는 것이 현실이었습니다. 하지만 김지훈 저자에게 파워포인트를 배운 후 단순한 텍스트의 나열로 청중들을 지루하게 하는 강의가 아니라 **모든 청중들에게 효과적으로 내용을 전달하는 멋진 강의**로 바뀌었습니다. 오늘도 부담을 느끼면서 파워포인트 자료를 작성하고 있는 분들이 많을 것입니다. 저자의 노하우가 빼곡히 담긴 **이 책을 통해 좀 더 빠르고 효과적으로 강의를 준비하고 학회나 강의실에서 멋지고 자신 있게 강의하는 날이 오길 바랍니다.**

김연선 _울산대학교 병원 외과 교수

“기본을 다지고 원리를 이해하는 PT 제작 전문가의 노하우가 담긴 책!”

저도 오피스 강사지만, 김지훈 저자님의 강의는 수강생들 사이에서도 소문이 자자해 풍문으로 알게 됐습니다. 김지훈 저자님의 강의 첫 날, 무엇이 중요한지, 무엇을 할 필요가 없는지, 어떤 방법으로 파워포인트를 활용해야 하는지를 확실하게 정리해 주시는 것을 보고 ‘이렇게 배우면 누구라도 중요한 내용을 도저히 잊을 수 없겠다’라는 생각이 들었습니다. 이 책은 김지훈 저자님의 강의 스타일처럼 **중요한 기본 기능과 원리를 중심으로 파워포인트 메뉴를 잘 활용해 시간은 절약하고, 효율은 높이는 방법**을 소개하고 있습니다. 특히 기획과 메뉴 활용의 노하우가 가득하고, 실무자들의 사례를 바탕으로 실용적인 지식을 전달하고 있습니다. 그동안 사용해왔던 파워포인트가 전부가 아니었음을 깨닫게 될 거예요. 파워포인트 사용자라면 꼭 읽어봐야 할 책이라 생각합니다.

이혜정 _IT공인자격시험 출제위원, 오피스위즈 대표

:: 바쁜 직장인을 위한 일주일 속성 입문 코스

능력자의 업무 스킬을 빠르게 배우고 싶다면 7일 진도표를 따라 공부해 보세요.

* '학습 목표'와 '학습 방법'을 바탕으로 관심이 있거나 급하게 필요한 부분부터 먼저 배울 수도 있습니다.

목표 날짜	학습 목표	범위
1일 차 (월 / 일)	• 입문자를 위한 파워포인트 기초 다지기 • 전문가가 프레젠테이션 기획하는 법 엿보기 • 메뉴 적응 및 전문가의 작업 환경 세팅하기	프롤로그, 1, 2, 3장 (16~84쪽)
2일 차 (월 / 일)	• 텍스트 입력, 스마트아트 등 작업 속도 높이기 • 프로게이머처럼 조합키 사용하기 • 단 1초라도 빠르게 파워포인트 다루기	4, 5장 (85~158쪽)
3일 차 (월 / 일)	• 복사의 다양한 방법 마스터하기 • 포토샵 부럽지 않게 이미지 다루기	6, 7장 (159~194쪽)
4일 차 (월 / 일)	• 전문가처럼 우아하게 디자인하기 • 그라데이션과 3차원으로 고급스럽게 활용하기 • 전달력을 높이는 표와 차트 꾸미기	7, 8, 9장 (195~265쪽)
5일 차 (월 / 일)	• 궁극의 기술 슬라이드 마스터! 마스터하기 • 다이내믹한 멀티미디어(동영상, 소리) 활용하기	10, 11장 (266~315쪽)
6일 차 (월 / 일)	• 실무에서 쓰는 세련된 애니메이션 구사하기 • 완성도를 높이는 화면 전환 구사하기	12, 13장 (316~390쪽)
7일 차 (월 / 일)	• 보다 완벽한 프레젠테이션 준비하기 • 지금까지 배운 기술을 총 동원해 실력 굳히기	14장, 에필로그 (391~449쪽)

:: 책 한 권으로 한 학기 수업 효과! 16일 코스

프로 일잘러가 되고 싶다면! 아래 진도표대로 꼼꼼하게 공부해 보세요. 기획은 물론 디자인, 프레젠테이션까지 파워포인트 필살기를 모두 배울 수 있어요! 대학교 강의나 기업 강의에 활용해도 좋습니다!

목표 날짜	학습 목표	범위
1일 차 (월 / 일)	• 입문자를 위한 파워포인트 기초 다지기 • 포스트잇으로 아이디에이션하고 공유 노트 만들기	프롤로그, 1장 (16~38쪽)
2일 차 (월 / 일)	• 공유 노트로 프레젠테이션 문서 초안 만들기 • 페이지를 나누고 아날로그 방식으로 시각화하기 • 셀프 리허설을 해 보고 내용 고치기	2장 (39~55쪽)

3일 차 (월 / 일)	• 필요한 메뉴를 쉽게 찾는 요령 익히기 • 전문가의 빠른 실행 도구 모음 세팅하기 • 추천 글꼴 설치 및 작업에 편리한 옵션 세팅하기	3장 (56~84쪽)
4일 차 (월 / 일)	• 미니 도구를 활용해 빠르게 디자인하기 • 자간 및 장평 기능 마스터하기 • 텍스트의 기본과 스마트아트 응용 기술 익히기	4장 (85~106쪽)
5일 차 (월 / 일)	• 각 조합키의 성향을 파악하고 손에 익히기 • 빠른 정렬, 순서 조정, 그룹 기능 익히기 • 자유형 선 도형으로 원하는 형태의 도형 그리기	5장 (107~142쪽)
6일 차 (월 / 일)	• 도형 병합 기능을 익혀 특정 부분 강조하기 • 도형 병합 기능으로 SWOT 분석 슬라이드 만들기 • 복사와 복제의 차이 이해하기	5장, 6장 (143~162쪽)
7일 차 (월 / 일)	• 서식 복사를 익혀 서식 복사만으로 디자인하기 • 색상 복사를 익혀 잘 만든 색상 베껴 쓰기 • 이미지의 색 보정, 아웃포커싱 효과 만들기	6장, 7장 (163~181쪽)
8일 차 (월 / 일)	• 이미지 자르기의 파워풀한 사용법 익히기 • 필요 없는 배경 깔끔하게 제거하기 • 자연스럽게 스며드는 이미지 연출하기	7장 (182~200쪽)
9일 차 (월 / 일)	• 우아함을 더하는 그라데이션 기술 마스터하기 • 3차원 서식 개념 정복하기	8장 (201~234쪽)
10일 차 (월 / 일)	• 표를 손쉽게 다루고 깔끔하게 만드는 방법 익히기 • 차트 데이터를 입력하고 구성요소 이해하기 • 막대형 차트, 원형 차트, 꺽은선형 차트 꾸미기	9장 (235~265쪽)
11일 차 (월 / 일)	• 슬라이드 마스터의 구성 방법 이해하기 • 슬라이드 마스터 완벽 마스터하기	10장 (266~291쪽)
12일 차 (월 / 일)	• 멀티미디어 활용 3대 원칙 이해하기 • 동영상 재생 문제 해결하기 • 동영상 편집 활용 및 배경 음악 설정하기	11장 (292~315쪽)
13일 차 (월 / 일)	• 애니메이션 불변의 법칙 이해하기 • 애니메이션의 작동 원리 적용 프로세스 익히기 • 추천하는 애니메이션 효과와 옵션 경험하기	12장 (316~351쪽)
14일 차 (월 / 일)	• 전문가의 애니메이션 4가지 비밀 따라해 보기 • 완성도를 높여주는 화면 전환 효과 경험하기 • 역동적으로 강조되는 신기술 모핑 효과 경험하기	12장, 13장 (352~390쪽)
15일 차 (월 / 일)	• 자료의 준비 및 여러 가지 인쇄 방법 익히기 • 전문가처럼 슬라이드 쇼를 다루는 방법 익히기 • 세련되게 구사하는 하이퍼링크 사용법 익히기	14장 (391~419쪽)
16일 차 (월 / 일)	• 지금까지 배운 기술을 점검하며 실력 굳히기	15장 (420~449쪽)

공부하기 전에 실습 파일을 내려받으세요

이지스퍼블리싱 [자료실]에서 실습 파일을 내려받을 수 있습니다. 이지스퍼블리싱 홈페이지에 회원으로 가입하시고 실습 예제 파일을 내려받아 시작하세요!

easyspub.com → [자료실] → '된다! 파워포인트 실무의 신' 검색!

많은 정보와 파워포인트 꿀팁이 가장 먼저 공개되는 곳, 저자의 활동을 볼 수 있는 곳

필자가 연구한 파워포인트 꿀팁을 가장 먼저 공개하는 곳입니다. 또한 실무에서 강의하는 모습도 볼 수 있습니다. 책을 보다가 궁금한 점이 있으면 블로그에 남겨 주세요. 빠른 시간 내에 답변을 드리겠습니다.

저자 블로그: https://knight07.blog.me

- 파워포인트 강좌
- 강사의 교육 후기
- 프라미스의 집무실

회원 수 48만 명! 파워포인트전문가클럽을 활용하세요!

대한민국 최고의 파워포인트 전문가들이 모여 있는 파워포인트전문가클럽을 적극 활용하세요! 전문가들의 강좌 포스트들이 있고, 무료 PPT 문서 및 소스를 공유하는 방대한 자료실도 있습니다.

파워포인트전문가클럽 네이버 카페: http://www.powerpoint.kr

- 파워포인트 강좌 보기
- PPT 자료 및 소스 내려받기
- 무엇이든 묻고 답하기
- 온·오프라인 학습 정보 보기

책 한 권 끝내면 책 한 권 더 받는다! — Do it! 공부단 상시 모집 중

공부하는 데 눈에 보이는 보상이 있다면 공부가 즐거울 것입니다. Do it! 공부단은 스스로 학습 계획을 세우고, 완료하는 사람에게 책을 선물로 드리는 제도입니다. 자세한 사항은 Do it! 스터디룸 카페 공지사항에서 확인하세요!

Do it! 스터디룸 카페: cafe.naver.com/doitstudyroom

프롤로그
15분 안에 끝나는 파워포인트 기초 사용법

첫 번째 이야기
기획이 디자인을 이긴다

두 번째 이야기
전문가의 작업 노하우를 배우다

세 번째 이야기
디자인 기술의 탁월함을 만나다

네 번째 이야기

성공하는 프레젠테이션의 비밀을 밝히다

에필로그
실전! 신제품 설명회 PT 자료 만들기

:: 상황에 맞게 중점 학습 코스를 선택하세요!

이 책은 파워포인트 문서를 만드는 과정에 따라 전개됩니다. 만약 시간이 없다면 필요한 부분만 먼저 펼쳐 보세요.

다음 주까지 자료를 제출해야 하는 강대리!

속성 코스

가장 빠른 시간 안에 결과물을 만들 수 있게 도와줍니다. 하지만 이후에는 반드시 정석 코스로 한 번 더 학습하세요.

프롤로그 > 첫 번째 > **두 번째 > 세 번째 > 네 번째** > 에필로그

아이디어 회의를 진행해야 할 송과장!

기획 중점 학습

파워포인트를 급하게 켜지 마세요. 메시지를 어떻게 전달하면 좋을지 초안을 먼저 만들면 작업이 훨씬 수월해집니다. 첫 번째 이야기를 중점적으로 보세요.

프롤로그 > 첫 번째 > 두 번째 > 세 번째 > 네 번째 > 에필로그

번개처럼 작업하는 노하우가 궁금한 이대리!

작업 속도 중점 학습

작업할수록 시간을 버는 능력자의 노하우가 담겨 있습니다. 능력자와 똑같은 작업 환경에서 파워포인트를 시작할 수 있는 두 번째 이야기를 중점적으로 보세요.

프롤로그 > 첫 번째 > 두 번째 > 세 번째 > 네 번째 > 에필로그

파워포인트를 세련되게 만들고 싶은 김사원!

디자인 중점 학습

그림, 표, 차트 등 여러 개체와 슬라이드를 빠르고 세련되게 디자인하는 방법을 배웁니다. 세 번째 이야기를 중점적으로 보세요.

프롤로그 > 첫 번째 > 두 번째 > 세 번째 > 네 번째 > 에필로그

다음 주에 직접 발표해야 하는 최부장!

프레젠테이션 중점 학습

애니메이션 효과와 화면 전환 효과를 내 프레젠테이션에 딱 맞게 설정하는 방법과 발표자 도구 활용법을 배우는 네 번째 이야기를 중점적으로 보세요.

프롤로그 > 첫 번째 > 두 번째 > 세 번째 > 네 번째 > 에필로그

하나. 예제 파일을 내려받고 실습하세요

이지스퍼블리싱 홈페이지의 회원으로 가입(무료)하면 자료를 다운로드할 수 있습니다.
[www.easyspub.co.kr] → [자료실] 게시판

둘. 학습 전에 버전을 확인하세요

이 책은 2007 버전부터 2010, 2013, 2016, 2019, OFFICE 365 버전까지 모두 볼 수 있습니다. 하지만 버전에 따라 기능이 조금씩 다르거나 사용하는 데 약간의 제약이 있을 수 있습니다. 절 제목에서 사용 가능한 버전을 확인하세요.

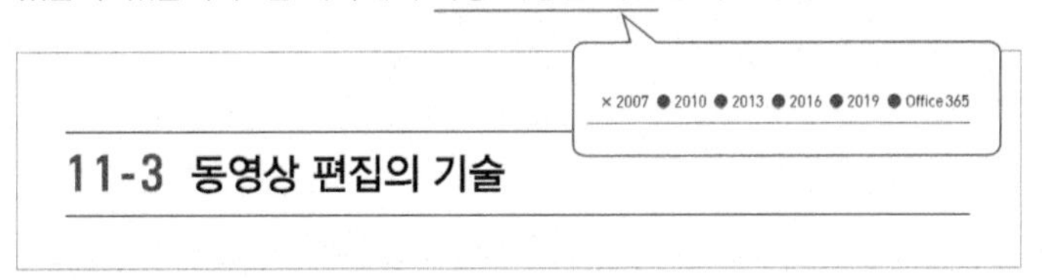

(● 사용할 수 있음 △ 일부 제약이 있음 × 사용할 수 없음)

셋. 글꼴을 꼭 설치하세요

이 책의 모든 예제는 'Kopub World 서체'를 사용했습니다. 글꼴을 설치하지 않고 책을 볼 경우, 실습할 때 부분적으로 제약이 있을 수 있습니다. 이 책의 03-5절을 참고해 글꼴을 꼭 설치한 후 책을 보시기 바랍니다.

프롤로그

15분 만에 끝나는 파워포인트 기초 사용법

- 기초 다지기 1 파워포인트 실행하고 테마 고르기
- 기초 다지기 2 제목 입력하고 새 슬라이드 추가하기
- 기초 다지기 3 텍스트 입력하고 그림 삽입하기
- 기초 다지기 4 슬라이드 쇼 실행하기
- 기초 다지기 5 작업한 파일 저장하고 불러오기

{ 파워포인트와의 인연 또는 악연 }

나는 건우제약 입사 3년차 김규헌 대리.

며칠 전, 영업부에서 기획부로 발령받았다.

오늘은 기획부 첫 출근날!

평소보다 일찍 도착해 책상을 정리하고 있는데, 입구 쪽에서 누군가 인사하는 소리가 들린다. 나의 새 직속상관인 이 부장님이 출근하신 모양이다.

자리에서 일어나 고개를 빼꼼히 내미는 순간 부장님과 눈이 딱 마주쳤다.

"오~ 김 대리구먼. 우리 기획부로 오게 된 걸 환영하네. 그래, 이 자리로 옮긴 건가?"

"네, 부장님. 열심히 하겠습니다."

가벼운 악수로 첫인사를 마쳤다.

그런데 부장님이 걸음을 멈추더니 다시 내게 시선을 보낸다.

"아! 다음 달에 중요한 신제품 설명회 있는 거 자네도 들어서 알고 있지? 그때 쓸 신제품 소개 PPT 자료가 필요한데, 자네가 좀 준비해 주게."

"예? 제, 제가요?"

"현장 영업 경험도 있으니 자네가 딱이야. 능력을 한번 보여 줘야지."

'이를 어쩐담? 참고할 만한 좋은 소스가 필요한데….'

"저, 부장님. 지난번 행사 때 쓴 파워포인트 자료를 주시면 참고하겠습니다."

"제대로 된 것이 없으니까 만들라고 하는 것 아닌가? 자네 능력껏 만들어 보게. 응?"

'아~ 미치겠군. 기획부라서 앞으로 이런 일이 많이 생길 텐데…. 큰일났네.'

이 장은 파워포인트를 처음 사용하거나 익숙하지 않은 분을 위해 준비했습니다. 파워포인트 초급자라도 실습 내용을 하나씩 따라 하다 보면 기본 사용법을 충분히 익힐 수 있습니다. 파워포인트에 익숙하다면 이 장은 건너뛰어도 좋습니다.

기초 다지기 1 파워포인트 실행하고 테마 고르기

기획부에서의 첫 업무이자 과제인 신제품 설명회 자료를 만들기 위해 파워포인트를 실행했다. 그런데 웬걸! 첫 화면부터 적잖이 당혹스러웠다.

'이게 뭐야? 파워포인트가 왜 이렇게 바뀐 거야?'

영업부에서는 2007이나 2010 버전이었는데, 기획부에서는 새로운 버전을 사용하고 있었다. 예전 버전에서는 '제목을 입력하십시오'라는 빈 슬라이드가 나왔는데, 새 버전에서는 여러 테마로 가득찬 화면이 나타났다. 화면을 찬찬히 살펴보니 특징이 보이기 시작했다.

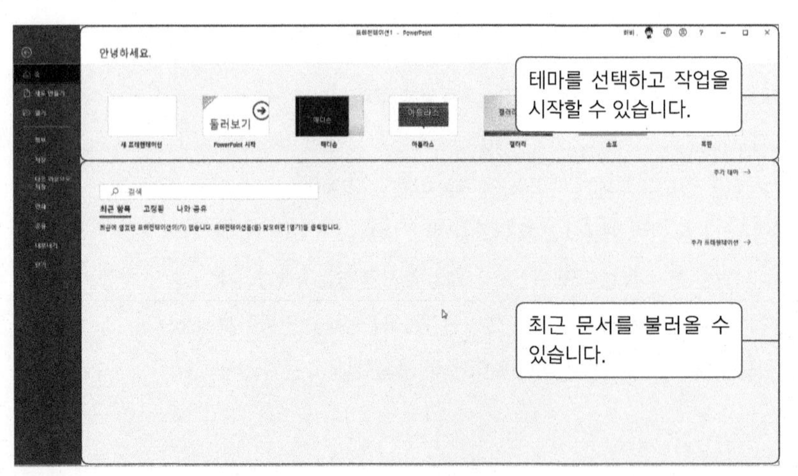

파워포인트에서 제공하는 디자인 템플릿을 '테마'라고 부릅니다. 파워포인트 2013 버전부터는 첫 화면에서 바로 테마를 선택할 수 있습니다.

▶ 키워드로 원하는 테마를 검색할 수 있습니다. '프레젠테이션', '교육', '조직도' 등 다양한 키워드로 검색해 보세요.
화면에 보이는 테마 가운데 '새 프레젠테이션'을 선택하면 아무런 디자인도 적용되지 않은 빈 화면이 나타납니다.

▶ 2010 이하 버전을 실행하면 빈 슬라이드가 먼저 나타납니다. 하지만 테마 선택 기능은 똑같이 제공합니다. 2010 이하 버전 사용자는 [디자인] 탭에서 원하는 테마를 클릭해 보세요.

아하! 위쪽 영역은 작업을 새롭게 시작할 때 쓸 테마를 선택하라는 거고 아래쪽 영역은 최근에 작업한 파일을 불러올 때 사용하라는 거구나.

뿌듯한 마음으로 위쪽 영역의 [추가 테마 →]를 눌러 신제품 설명회 자료에 어울릴 만한 테마를 찾아봤다.
'깔끔하면서도 감각 있는 테마가 좋겠어.'
나는 테마 중에 [패싯]을 클릭했다.

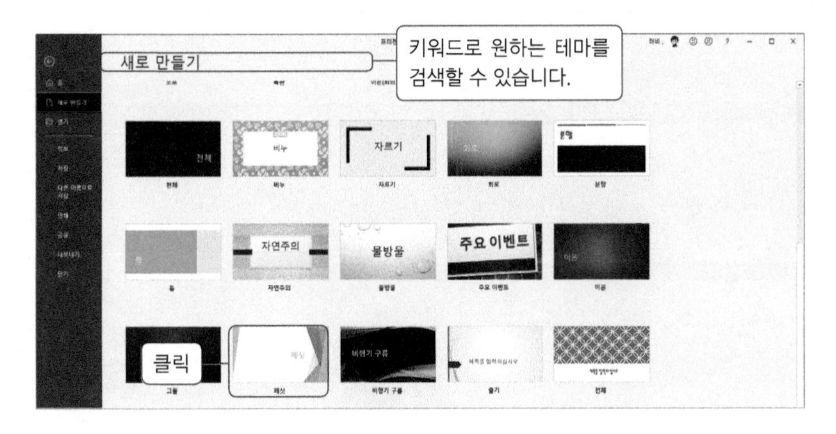

새로운 창이 하나 나타났다. 나는 의자를 바짝 당겨 앉은 후 화면 오른쪽에 있는 버튼들을 하나씩 눌러 봤다.
"어라? 색상을 바꿀 수 있네? 색상에 따라 느낌이 많이 달라지는걸?"
이번에는 아래쪽에 마우스 커서를 옮겨 왼쪽, 오른쪽 화살표 버튼을 클릭하니 주요 레이아웃이 미리보기 형태로 나타났다. 색상과 레이아웃을 바꿔가며 찬찬히 살펴봤다. 색상을 파랑으로 선택한 후 아래쪽에 있는 [만들기] 버튼을 클릭했다.

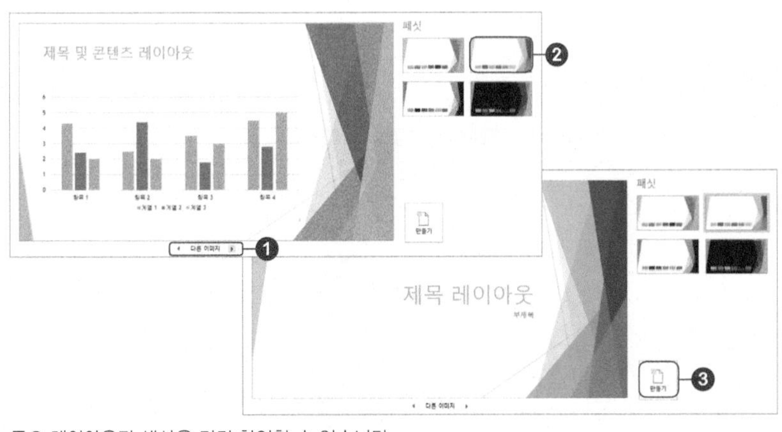

주요 레이아웃과 색상을 미리 확인할 수 있습니다.

음…. 시원한 느낌을 주는 파란색이 좋겠어.

기초 다지기 2 제목 입력하고 새 슬라이드 추가하기

화면에 내가 선택한 테마가 적용된 슬라이드가 나타났다. 그런데 '제목을 입력하십시오'라는 화면을 보는 순간 멍해졌다. 제목도 제목이거니와 앞으로 슬라이드가 얼마나 많이 필요할지 신제품을 어떤 방식으로 소개할지 아무것도 정해진 게 없었기 때문이다.

'아~ 왜 이렇게 막연하지? 뻔한 제목이라도 일단 쓰고 보자. 어쩔 수 없잖아.'

일단 텍스트 상자를 클릭한 후 '건우제약 신제품 설명회'라고 입력했다.

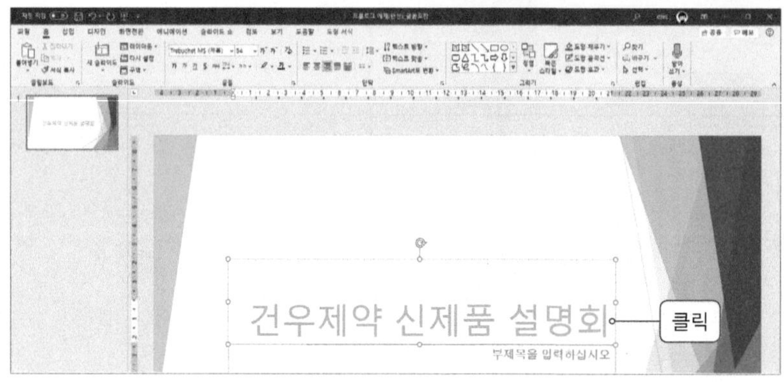

텍스트 상자를 클릭하면 텍스트를 입력할 수 있습니다.

▶ 파워포인트를 띄워 놓고 멍하니 모니터만 바라본 적이 있나요? 우리는 왜 파워포인트 앞에서 이렇게 막연해지는 걸까요? 그 이유와 명쾌한 해결 방법은 잠시 후에 첫 번째 이야기에서 알려드립니다. 걱정하지 마시고 김 대리와 함께 끝까지 실습해 보세요.

'이제 다음 슬라이드를 만들어야지.'

새 슬라이드를 추가하기 위해 [홈] 탭에서 [새 슬라이드] 버튼을 눌렀더니 왼쪽 창에 2번 슬라이드가 추가되고 화면 중앙의 슬라이드 창에는 제목과 텍스트를 입력할 수 있는 새로운 슬라이드 화면이 나타났다.

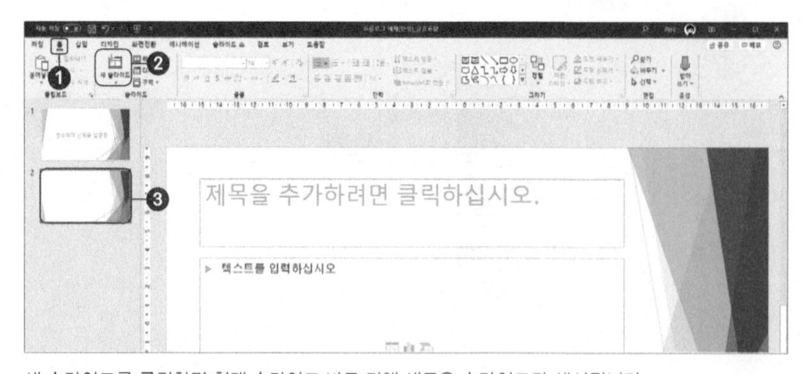

새 슬라이드를 클릭하면 현재 슬라이드 바로 뒤에 새로운 슬라이드가 생성됩니다.

기초 다지기 3 텍스트 입력하고 그림 삽입하기

영업부 시절 참석했던 다양한 행사를 떠올리며 빈 슬라이드를 어떻게 채워야 할지 고민했다.

"음…. 아무리 신제품 설명회라지만, 우리 회사 소개는 넣어야겠지?"

'제목을 입력하십시오'라고 적힌 텍스트 상자를 클릭한 후 '30년 전통의 건우제약'이라고 입력했다. 그 아래에 있는 텍스트 상자도 클릭하고 회사 연혁을 입력했다. 텍스트만 입력했을 뿐인데 글자 크기, 색상 그리고 글머리 기호까지 테마의 기본 서식이 자동으로 적용됐다.

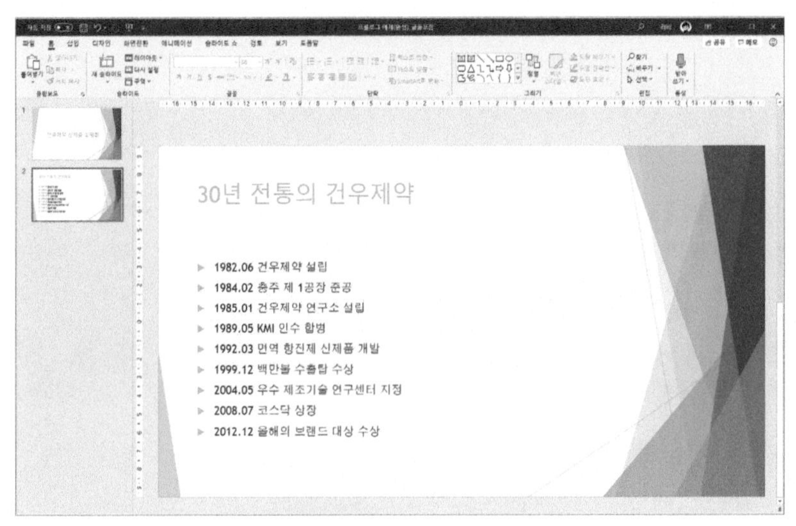

텍스트 상자를 클릭하면 텍스트를 입력할 수 있습니다.

▶ [프롤로그] 폴더를 열면 실습 파일을 확인할 수 있습니다. **'건우제약 소개.txt'** 파일을 참고해 내용을 직접 입력하세요.

"회사 건물 사진을 넣으면 제법 그럴듯해 보이겠지?"

리본 메뉴에서 [삽입] 탭 → [이미지] 그룹 → [그림] 버튼을 클릭해 회사 건물 사진을 삽입했다. 그리고 그림 모서리 부분의 크기 조절 핸들을 드래그해 크기를 조절하고 사진도 적당한 위치로 옮겨 놓았다.

▶ 2019, 오피스 365 버전을 사용하고 있다면 이 과정에서 사진을 삽입한 즉시 오른쪽에 '디자인 아이디어'가 자동으로 제시됩니다. '디자인 아이디어'는 디자인을 어려워하는 사용자를 위한 기능입니다.
이 책에서는 이 기능을 사용하지 않고 진행합니다.

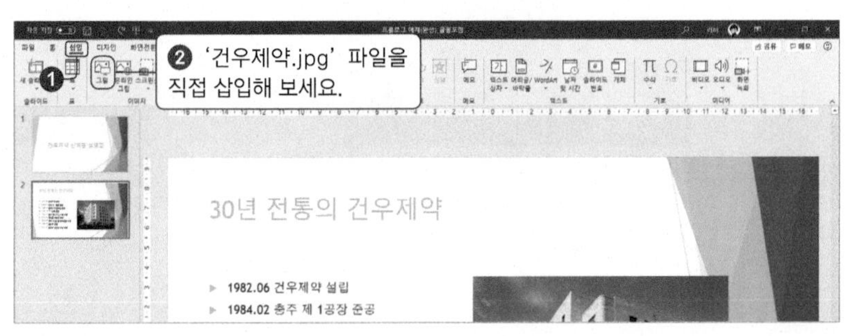

[삽입] 탭에서 그림을 삽입할 수 있습니다.

드디어 두 번째 슬라이드 완성!

기초 다지기 4 슬라이드 쇼 실행하기

여기까지 만들고 나니 문득 이 자료가 행사장에서 어떻게 보일지 궁금해졌다. 나는 F5 키를 눌렀다. 화면이 전체 화면으로 바뀌더니 슬라이드 쇼가 시작됐다.

슬라이드 쇼 1페이지

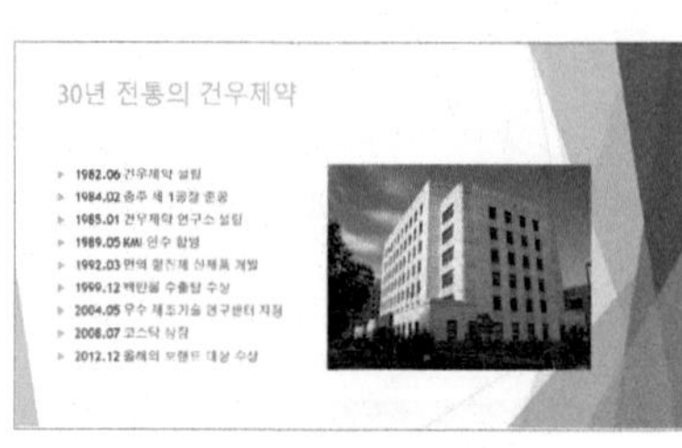

슬라이드 쇼 2페이지

▶ 화면을 클릭하거나 Enter 키 또는 방향키를 누르면 화면이 넘어갑니다.

"음~ 나쁘지 않은데?"

Esc 키를 누르자 슬라이드 쇼가 끝나고 화면이 다시 편집 상태로 바뀌었다.

"어? 그러고 보니 화면이 가로로 길잖아? 예전엔 이렇지 않았는데?"

만들 때는 몰랐는데 화면 크기가 평소와 다르다. [디자인] 탭 → [슬라이드 크기] 버튼을 클릭해 화면 크기를 확인하니 표준(4:3)이 아니라 와이드스크린(16:9)이라고 나온다. 최근에 출시되는 모니터들이 대부분 와이드형이기 때문에 대세를 따른 것이겠거니 생각했다.

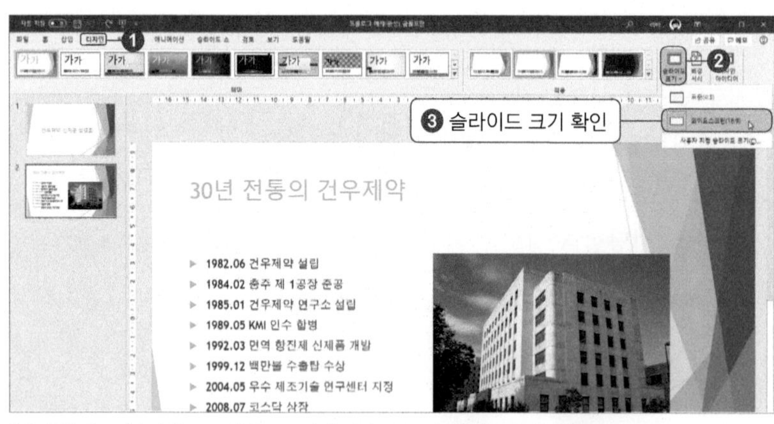

[디자인] 탭 → [슬라이드 크기]를 누르면 슬라이드의 크기를 확인할 수 있습니다.

▶ 2013 버전부터 기본 화면 비율이 4:3에서 16:9로 바뀌었습니다. 4:3으로 다시 변경하려면 [디자인] 탭 → [슬라이드 크기] 메뉴 → [표준(4:3)]을 클릭하면 됩니다. 2010 이하 버전 사용자는 [디자인] 탭에서 가장 좌측의 [페이지 설정]을 클릭하세요.

기초 다지기 5 작업한 파일 저장하고 불러오기

파티션 맞은편 자리에서 최 팀장의 목소리가 들렸다.
"김 대리, 밥 안 먹을 거예요? 뭘 그리 열심히 하시나?"
한참 작업하다 보니 어느덧 점심시간이었다.
"아, 네! 가요. 가야죠."
"그나저나 저장해야 하는데…."
늘 그렇듯이 [파일] 탭 → [다른 이름으로 저장]을 눌렀다. 파일 이름에 '건우제약 신제품 설명회'를 입력하고 [저장] 버튼을 누른 후 스마트폰과 지갑을 챙겨 자리에서 일어났다.

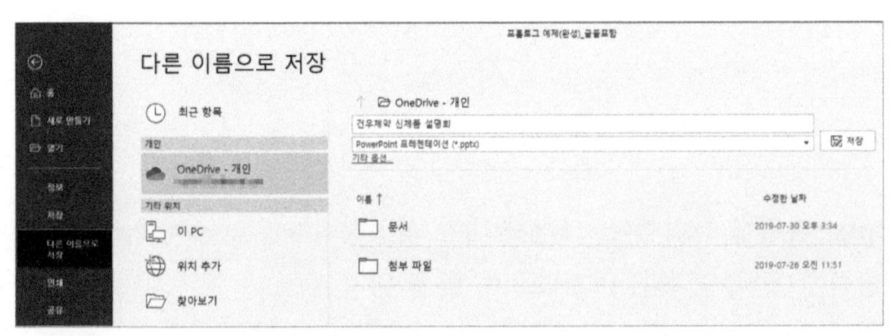

김 대리는 자신이 클라우드 공간에 저장했다는 사실도 몰랐다.

▶ 2013 버전부터는 [다른 이름으로 저장] 메뉴를 실행하고 PPT 문서를 바로 저장하면 '원드라이브'라는 클라우드에 저장됩니다. 다른 곳에 저장하고 싶다면 [다른 이름으로 저장] 메뉴에서 [찾아보기]를 선택하세요.

잠시 후 점심을 맛있게 먹고 돌아와 하던 작업을 계속하기 위해 다시 파워포인트를 켰다. 그러자 화면 아래쪽 영역의 '최근 항목'에 아까 저장했던 파일이 나타났다.

▶ 파워포인트 2010 이하 버전에서 [파일] 탭을 클릭하면 최근 작업한 문서가 나타납니다.

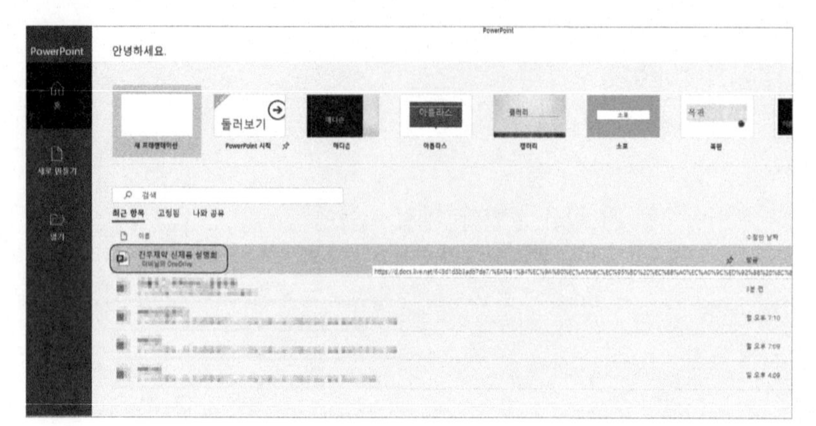

2013 버전부터 최근 작업한 문서를 바로 보여 줍니다.

'건우제약 신제품 설명회.pptx' 파일을 클릭했다. 그러자 내가 작업했던 창이 열리더니 화면 오른쪽에 '반갑습니다. 마지막으로 읽은 위치 슬라이드 2'라는 태그가 나타났다.

"아! 마지막으로 본 페이지를 책갈피 식으로 띄워 주는 거구나. 마이크로소프트, 좀 세심한데?"

2013 버전부터는 마지막으로 읽은 슬라이드를 태그로 보여 줍니다.

다음 슬라이드를 만들기 위해 새 슬라이드를 추가했지만 곧 멘붕이 왔다. 신제품 정보와 사진, 임상 실험 결과 그래프, 타사 제품 대비 특장점 등 이런저런 정보들이 머릿속에서 빙빙 맴돌았다.
이제 겨우 시작 단계인데, 슬라이드는 쉽게 채워지지 않았다. 하얗게 비어 있는 슬라이드를 보고 있자니 막연함이 몰려왔다. 나는 고개를 흔들며 깊은 한숨을 내쉬다 결국 문서를 닫고 자리에서 일어나고 말았다.

김 대리가 겪고 있는 이 막연함을 느껴 본 사람이라면 격하게 공감할 것입니다. 그러나 걱정하지 마세요. 첫 번째 이야기부터 답답했던 마음을 하나씩 풀어가겠습니다. 그럼 본격적으로 시작해 볼까요?

기획이 디자인을 이긴다

{ 모든 일은 기획에서 시작된다 }

휴게실에서 페이스북을 보다가 글 하나가 눈에 들어왔다.
고등학교 동창이 올린 프레젠테이션과 관련된 글이었다.
"프레젠테이션? 맞다! 이 친구, 이쪽에서 일한다고 했던 것 같은데…."
생각났다. 그 친구는 마이크로소프트 사의 MVP이고 파워포인트의 전문가다. 대형 파워포인트 커뮤니티를 운영하고 있고 PT 전문 컨설턴트로서 기관이나 기업을 대상으로 프레젠테이션 컨설팅이나 PT를 제작해 주거나 파워포인트 강의도 하고 있다.

"그래, 이 친구에게 도움을 좀 받아야겠는걸. 적어도 소스 정도는 건질 수 있겠지."
몇 번의 메시지를 주고받다가, 혹시 오늘 만날 수 있느냐고 물었더니 가능하다는 답장이 온다. 나는 부장님께 말씀드리고 곧장 친구 사무실로 찾아갔다.

오랜만에 보는 친구는 1층까지 내려와 나를 반갑게 맞아 줬다. 친구를 따라 사무실로 들어갔다. 생각보다 작은 규모의 회사였다.
커피를 마시며 근황을 얘기하다가 뭔가를 눈치챘다는 듯이 내게 묻는다.
"네가 업무 시간에 놀러왔을리는 없고…. 회사에 무슨 일이 있구나?"
"아, 그게…. 우리 회사에서 다음 달에 중요한 신제품 설명회가 있거든."
"하하! 그래. 옛친구에게 소스를 받고 싶어서 온 거로군?"
친구가 내 마음을 꿰뚫고 있는 것 같아 부끄러웠다.
잠시 생각에 잠기는 듯 커피를 한 모금 마신 친구는 진지하게 말을 꺼낸다.
"소스는 줄 수 있어. 하지만 소스보단 기획이 먼저야."
"엥? 기획?!"

얼떨결에 엿본 PT 전문가들의 기획 회의

그렇다. 나는 부장님의 지시를 받고도 소스가 있는지 물었고 별다른 과정 없이 급한 마음에 파워포인트부터 켜고 작업을 시작했다. 내가 영업부에서 일할 때는 '기획부는 편하게 일하면서 거들먹거리는 사람들이 모인 곳'이라고 생각했다.
그렇게 기획을 우습게 보고 있었던 내가 기획부로 발령이 나서 첫 과업에 부담을 느끼고 있는데, 그 '기획'이 중요하다는 말을 친구에게 듣고 있다니….

"마침 대학교에 제출할 교육제안서를 만들 예정인데, 우리도 기획 회의를 해야 해. 회의 모습을 보면 도움이 될 거야."

친구는 바로 회의를 소집했다. 팀원들이 하던 일을 멈추고 포스트잇, 이면지 등을 회의 테이블에 늘어 놓고는 자리에 앉았다.

"안녕하세요. 김규헌입니다."

어색한 인사를 나눈 후 서둘러 구석 자리에 엉덩이를 붙였다.
그렇게 얼떨결에 다른 회사의 기획 회의에 참석하게 됐다.

#기획회의 #아이디에이션 #그룹핑 #포스트잇 #PT원고

01-1 포스트잇으로 큰 그림을 그리다

아이디에이션(Ideation): 아이디어 수집하기

친구는 화이트보드에 'PT STORY 교육제안서'라고 크게 쓰더니, 노란색 포스트잇 뭉치를 팀원들에게 나눠 줬다.

"자, 학교에 제출할 교육제안서에 들어갈 키워드를 생각나는 대로 적어 봅시다."

친구는 포스트잇에 '프레젠테이션'이라고 쓰더니 테이블 위에 붙였다. 그러자 팀원들도 마치 도박사들이 판돈을 걸듯 키워드를 적기 시작했다. 기획, 디자인, 발표, 컨설팅, 교육 실적, 차별화, 인사담당자, MVP, 교육담당자 등이 적힌 포스트잇이 연신 쏟아져 나왔다.

산적같이 생긴 디자인 팀장은 과연 저 키워드가 필요할까 싶은 생뚱맞은 단어까지도 휘갈겨 적고는 테이블 가운데에 턱턱 붙여 댔다. 10분이 채 지나지 않아 테이블 위에 포스트잇이 수북이 쌓였다.

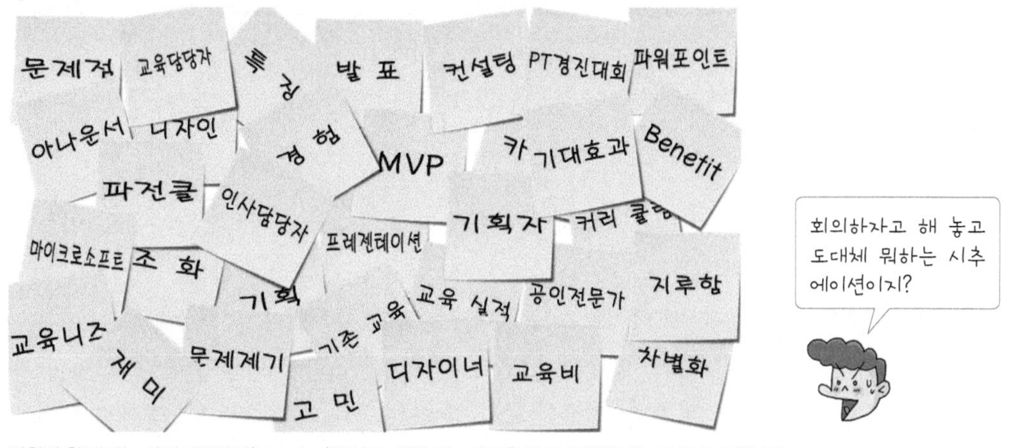

기획의 첫 단계는 아이디에이션(Ideation)입니다. 여기서는 생각을 많이 끄집어내는 것이 중요합니다.

나는 스마트한 디지털 시대에 PT 전문가라는 사람들이 왜 이렇게 아날로그 식으로 일하는 건지 이해할 수 없었다.

'괜히 왔나?'

그룹핑(Grouping): 아이디어 정리하기

친구는 포스트잇이 모이는 속도가 눈에 띄게 줄어들자, 화이트보드 앞으로 걸어가서 펜을 집어 들었다. 가로세로로 선을 몇 개 긋더니 제일 왼쪽에는 '도입', 가운데는 '내용' 그리고 마지막에는 '클로징'이라고 썼다.
"나올 말은 다 나온 것 같네. 성용 씨, 이것 모두 화이트보드 아래쪽에 붙여 줘요."
디자이너인 성용 씨가 포스트잇 더미를 떼어 내더니 가로선 아래쪽에 옮겨 붙이기 시작했다. 그러는 동안, 친구는 화이트보드 한쪽 귀퉁이에 '목적'이라는 단어를 썼다.

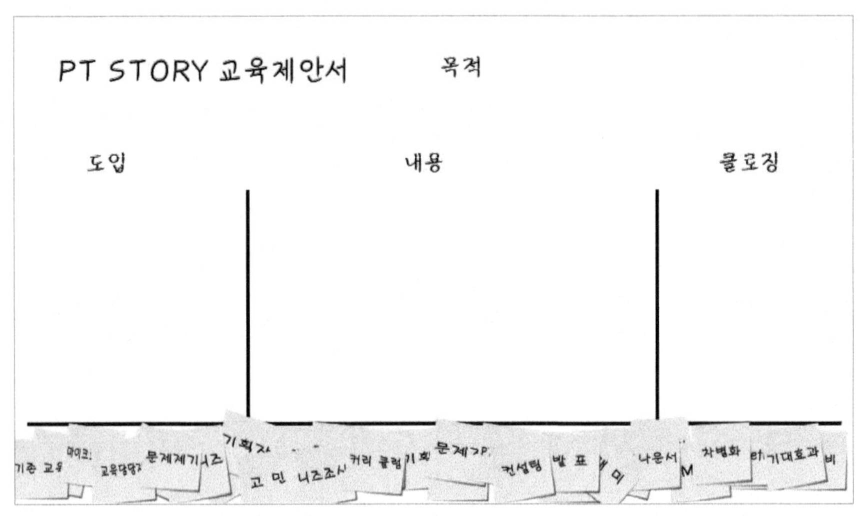

여기서는 교육제안서의 내용을 세 가지 흐름으로 구분했습니다.

"먼저 대상과 목적을 명확히 해야겠죠? 이 제안서를 볼 타깃은 대학교 교육담당자에요. 이들에게 어떤 정보를 줘야 할까요?"
갑자기 흐르는 정적…. 친구는 다시 화이트보드에 뭔가를 적기 시작했다.
"뻔하잖아요. '프레젠테이션은 기획, 디자인, 발표가 완벽하게 조화를 이뤄야 한다, 그런데 기존의 PT 교육은 한쪽으로 치우쳐 있는 경우가 많다, 우리는 국내 최대 PT 인프라를 바탕으로 현업의 최신 PT 트렌드를 선도하고 있다, 우리에게 교육을 의뢰하면 그 경험을 전수해 줄 수 있다.' 이게 우리 제안서를 볼 교육담당자들에게 어필해야 할 내용이 아닐까요? 어떻습니까? 다른 의견 있어요?"
다들 친구의 말에 공감하는 분위기다.
"좋습니다. 그럼 이제 제안서에 들어갈 내용을 구성해 봅시다. 성용 씨, 모두 붙였어요?"

팀원들이 하나둘 화이트보드 앞으로 모여들었다.

“문제 제기, 교육 니즈는 도입부에 들어가면 어떨까요?”

“교육의 기대 효과는 마지막이 좋으려나….”

팀원들은 서로 의견을 주고받으면서 아래쪽에 붙어 있는 포스트잇을 떼어 위쪽으로 옮겨 붙이는 행동을 반복했다. 문득 이렇게 말이 많이 오가는 회의는 처음이란 생각이 들었다.

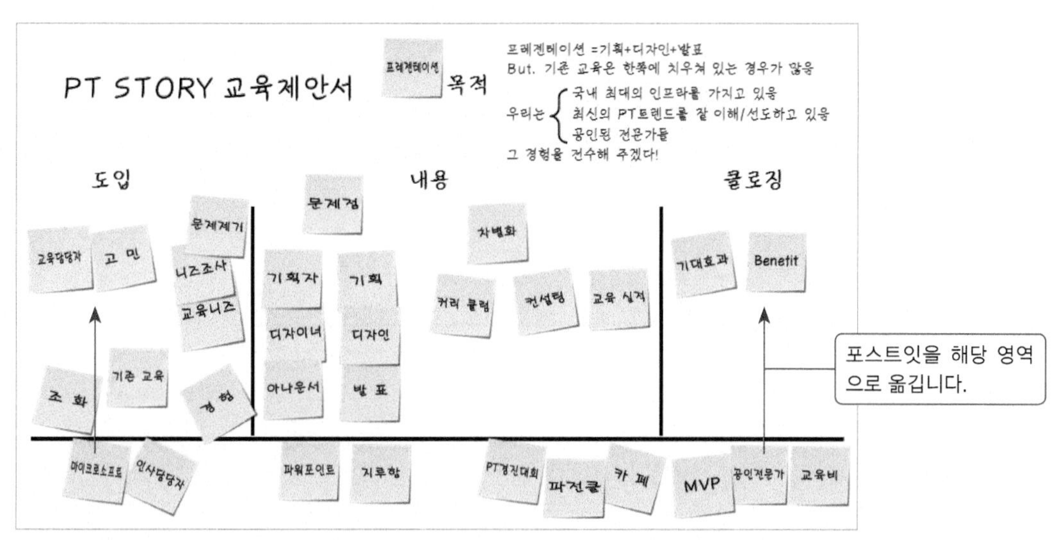

포스트잇을 옮겨 붙이면서 전체 흐름을 잡습니다.

수염을 만지작거리고 있던 디자인 팀장이 말했다.

“문제 제기에는 교육 대상자들의 니즈 조사 결과를 함께 넣으면 어때요?”

“학생들이 직접 겪는 어려움을 묘사해 기존 PT 교육의 문제점을 부각시키는 건 어떨까요?”

성용 씨도 한마디 보탰다.

“좋은데? OK! 콜!”

친구는 고개를 끄덕이며 니즈 조사 포스트잇을 위로 옮겨 붙였다.

회의는 내내 즐거웠다. 아이디어와 아이디어가 부딪히면서 새로운 아이디어가 끊임없이 생겨났고 그럴 때마다 화이트보드에 새 포스트잇이 한 장씩 추가됐다.

어느 포스트잇은 ‘도입’, ‘내용’, ‘클로징’ 영역을 몇 번씩 오갔고 시간이 흐를수록 중요한 포스트잇은 위쪽, 그렇지 않은 포스트잇은 아래쪽에 남게 됐다.

나는 구석 자리였기 때문에 약간 멀리서 화이트보드를 바라보고 있었다. 외부인인 내가 봐도 전체 내용과 흐름이 한눈에 들어왔다. 무질서하게만 보였던 처음과는 달리, 점점 하나의 스토리가 완성되고 있었다.

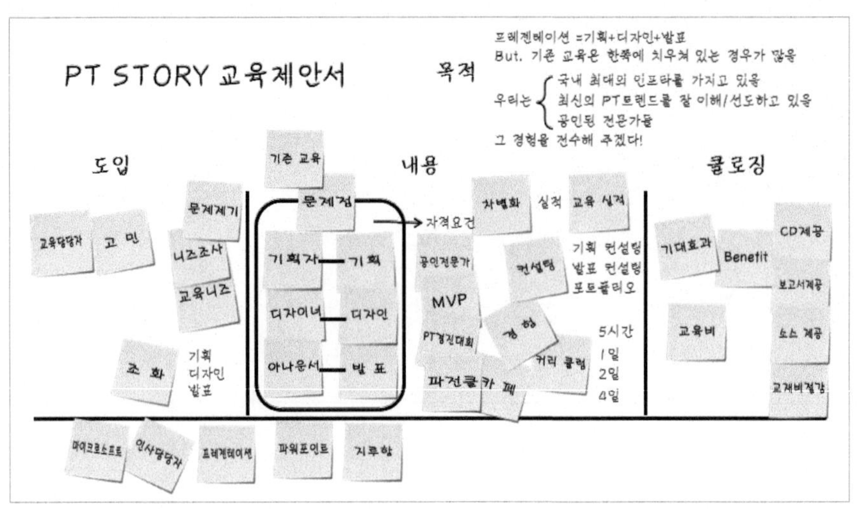

포스트잇을 이용한 회의가 종료된 화이트보드 모습

[전문가의 조언] 포스트잇으로 기획 회의하기

포스트잇을 사용하면 자유로운 분위기에서 의견을 제시할 수 있습니다. 뗐다 붙였다를 반복하면서 생각을 전환할 수 있고 서로의 아이디어를 합쳐 또 다른 아이디어를 만들 수도 있습니다. 그동안 기획 회의가 어렵게 느껴졌다면 이제부터는 가볍게 시작하세요. 포스트잇 하나면 충분합니다.

회의 준비	화이트보드, 포스트잇, 필기구, 이면지 등
진행 방식	1. 회의 주제가 되는 큰 타이틀을 화이트보드에 적습니다. 2. 참석자들은 포스트잇에 주제와 관련된 키워드를 자유롭게 적습니다. 3. 프레젠테이션의 타깃을 설정하고 목적 및 목표를 정리합니다. 4. 포스트잇 키워드를 화이트보드 아래쪽에 붙였다가 흐름을 잡으면서 옮겨 붙입니다. 5. 팀원들의 아이디어를 적극 유도하고 수용하면서 하나의 안을 도출합니다.
주의 사항	1. 아이디어 수집과 정리를 반복하되, 전체적인 흐름을 잡는 것이 가장 중요합니다. 2. 깔끔한 문서를 만드는 단계가 아니므로 의견을 자유롭게 공유하세요.

PT 제작은 검색이 아니라 기획에서 시작한다

그렇다. 나는 중요한 요소를 놓치고 있었다. 바로 **기획**!
신제품 설명회 PT 자료를 만들어 보라는 부장님의 지시를 받았을 때 막막했던 이유가 바로 여기에 있었다.
'나의 안일한 태도가 문제였던 걸까?'
이 땅의 많은 사무직 근로자들은 나처럼 파워포인트 문서를 만들 때 습관처럼 예전 자료나 소스부터 먼저 찾는다.
나는 입사 초기에 가입했던 파워포인트 커뮤니티에 들어가 봤다. 자유 게시판과 PPT 공유 자료실을 오가며 조회수를 비교했다. 예상한 대로 자료실의 조회수가 월등히 높았다. 그만큼 소스를 먼저 찾으려는 사람들이 많다는 것이다.

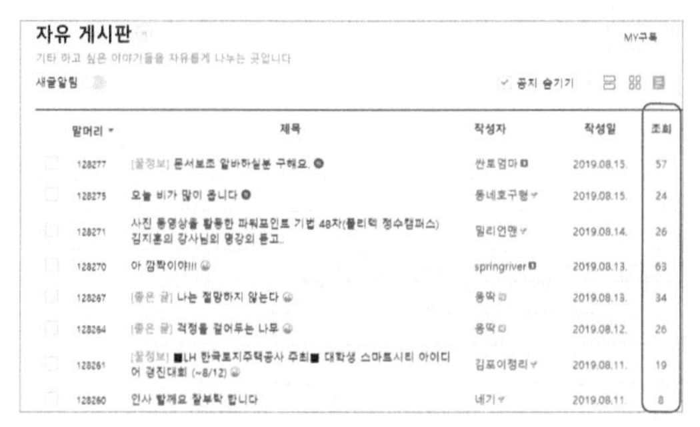
자유 게시판
기타 하고 싶은 이야기들을 자유롭게 나누는 곳입니다
새글알림
MY구독
공지 숨기기

말머리	제목	작성자	작성일	조회
128277	[꿀정보] 문서보조 알바하실분 구해요.	싼토엄마	2019.08.15.	57
128275	오늘 비가 많이 옵니다	동네호구형	2019.08.15.	24
128271	사진 동영상을 활용한 파워포인트 기법 48차(폴리텍 청수캠퍼스) 김지훈의 강사님의 명강의 듣고..	밀리언맨	2019.08.14.	26
128270	아 깜짝이야!!!	springriver	2019.08.13.	63
128267	[좋은 글] 나는 절망하지 않는다	용딱	2019.08.13.	34
128264	[좋은 글] 걱정을 걸어두는 나무	용딱	2019.08.12.	26
128261	[꿀정보] ■LH 한국토지주택공사 주최■ 대학생 스마트시티 아이디어 경진대회 (~8/12)	김포이정리	2019.08.11.	19
128260	인사 할께요 잘부탁 합니다	네기	2019.08.11.	8

일반적인 자유 게시판 조회수

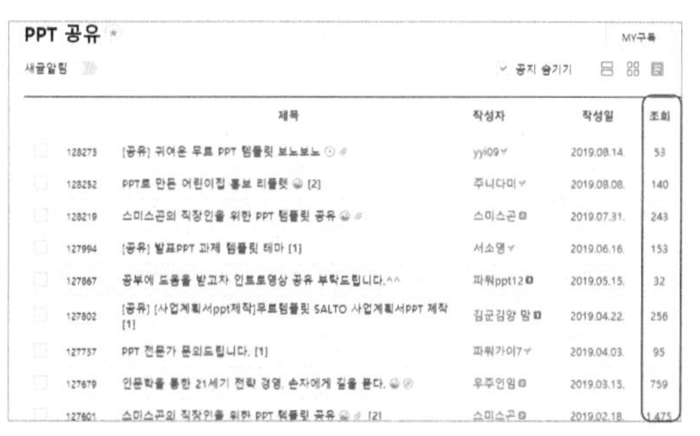
PPT 공유
새글알림
MY구독
공지 숨기기

	제목	작성자	작성일	조회
128273	[공유] 귀여운 무료 PPT 템플릿 보노보노	yyi09	2019.08.14.	53
128252	PPT로 만든 어린이집 홍보 리플렛 [2]	주니다미	2019.08.08.	140
128219	스미스곤의 직장인을 위한 PPT 템플릿 공유	스미스곤	2019.07.31.	243
127994	[공유] 발표PPT 과제 템플릿 테마 [1]	서소영	2019.06.16.	153
127867	공부에 도움을 받고자 인트로영상 공유 부탁드립니다.^^	파워ppt12	2019.05.15.	32
127802	[공유] [사업계획서ppt제작]무료템플릿 SALTO 사업계획서PPT 제작 [1]	김균김양 맘	2019.04.22.	256
127737	PPT 전문가 문의드립니다. [1]	파워가이7	2019.04.03.	95
127679	인문학을 통한 21세기 전략 경영, 손자에게 길을 묻다.	우주인임	2019.03.15.	759
127601	스미스곤의 직장인을 위한 PPT 템플릿 공유 [2]	스미스곤	2019.02.18.	1,475

PPT 공유 자료실 조회수

친구 회사의 기획 회의를 지켜보면서 나는 큰 자극을 받았다. 회사로 돌아가면 이런 방식으로 우리 팀원들과 기획 회의를 해야겠다고 생각했다. 나는 조용히 노트를 꺼내 이렇게 메모했다.
'기획이 먼저다!'

[전문가의 조언] 진정한 전문가는 기획부터 다르다

"강사님, 소스 좀 주세요!"
여러 기업에 강의를 나가 보면 교육은 뒷전이고 소스에만 관심을 보이는 분들이 참 많습니다. 간혹 적게는 500MB에서 많게는 1GB 이상의 소스를 드리기도 합니다. 하지만 저는 알고 있습니다. 다 쓰지 못할 것이라는 걸요. 소스가 아무리 많아도 가장 중요한 '기획'이 받쳐 주지 않는다면 소스는 전부 무용지물이 되고 맙니다. 김 대리의 말처럼 PT 제작은 검색이 아니라 기획에서 시작합니다. '누구에게 어떤 메시지를 어떻게 전달할 것인가?' 이 질문을 항상 되뇌면서 기획하는 습관을 들여 보세요.

01-2 효율을 높이는 협업의 기술

공유 문서로 PT 원고 함께 만들기

친구는 노트북을 열면서 팀원들에게 이렇게 말했다.
"전자 필기장을 공유할 테니 원노트로 옮겨 회의합시다."
'원노트? 마이크로소프트 오피스를 설치할 때 늘 같이 뜨던 프로그램이잖아.'
'이런 프로그램을 누가 쓰나 싶었는데 여기서 보게 될 줄이야.'
친구는 원노트 전자 필기장을 하나 만들더니 팀원들의 메일 주소를 공유했다. 팀원들은 익숙한 듯 각자 노트북과 아이패드로 친구가 공유해 준 노트에 접속했다. 친구와 팀원들은 화이트보드에 분류된 키워드를 원노트로 옮기면서 조금씩 내용에 살을 붙여 나갔다.

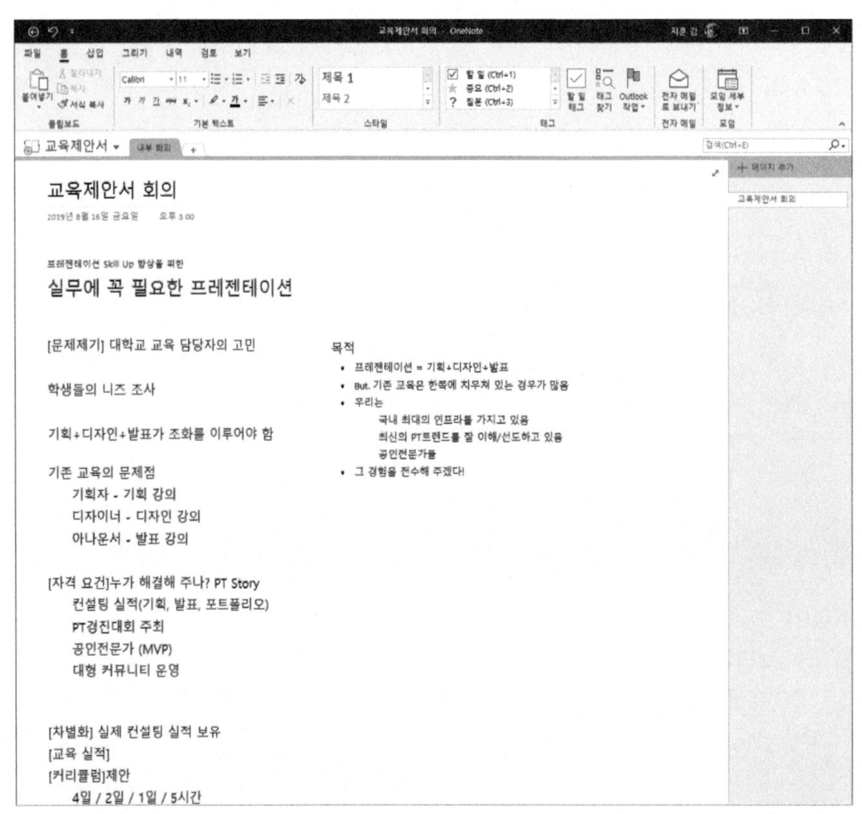

포스트잇에 적은 키워드를 공유 문서로 옮깁니다.

갑자기 친구가 지갑에서 뭔가를 꺼내더니 내게 물었다.
"네 메일 주소, 명함에 있는 이거 맞지?"
"응, 그런데 왜?"
"지금 너한테도 이 노트를 공유해 줄 테니까 스마트폰으로 접속해 봐."
나도 윈도우 계정으로 로그인했다. 초대된 공유 노트를 터치하자, 잠시 후 친구가 만든 노트가 내 스마트폰에도 떴다. 그리고 친구와 팀원들이 입력하는 내용이 내 스마트폰 화면에 실시간으로 나타났다.
팀원들은 자신의 의견을 말하면서 자기 노트북에 내용을 썼다 지웠다를 반복하면서 문서 내용을 채워 나갔다. 온라인으로 연결된 하나의 노트를 함께 쓰면서 여러 사람이 동시에 문서를 만들고 있는 것이다.
조금 전까지 아날로그 방식으로 회의하는 모습에 살짝 실망했는데, 지금은 매우 스마트하게 보였다.
'역시 잘 왔어.'

[전문가의 조언] 공유 문서를 만들어 보세요

공유 문서를 사용하면 집단 지성으로 더 좋은 결과물을 빠르게 만들 수 있습니다. 원노트란, 마이크로소프트 사에서 만든 디지털 노트 앱입니다. 하지만 공유 문서를 만들 때 반드시 원노트만 사용할 필요는 없습니다. 요즘엔 다양한 프로그램을 이용해 문서를 공유할 수 있습니다. 구글 드라이브, 에버노트 등이 대표적이죠. 팀원들과 협의해 제일 편리한 프로그램을 선택하면 됩니다. 회의를 스마트하게 하고 싶다면 공유 문서를 사용해 보세요!

공유 문서를 사용하면 구체적으로 어떤 장점이 있을까요?
첫째, 모든 기기(노트북, PC, 스마트패드, 스마트폰 등)에서 공유할 수 있습니다.
둘째, 버전별로 관리할 필요가 없고 여러 명이 동시에 작성할 수 있습니다.
셋째, 클라우드에 자동 저장되므로 데이터를 분실할 위험이 적습니다.

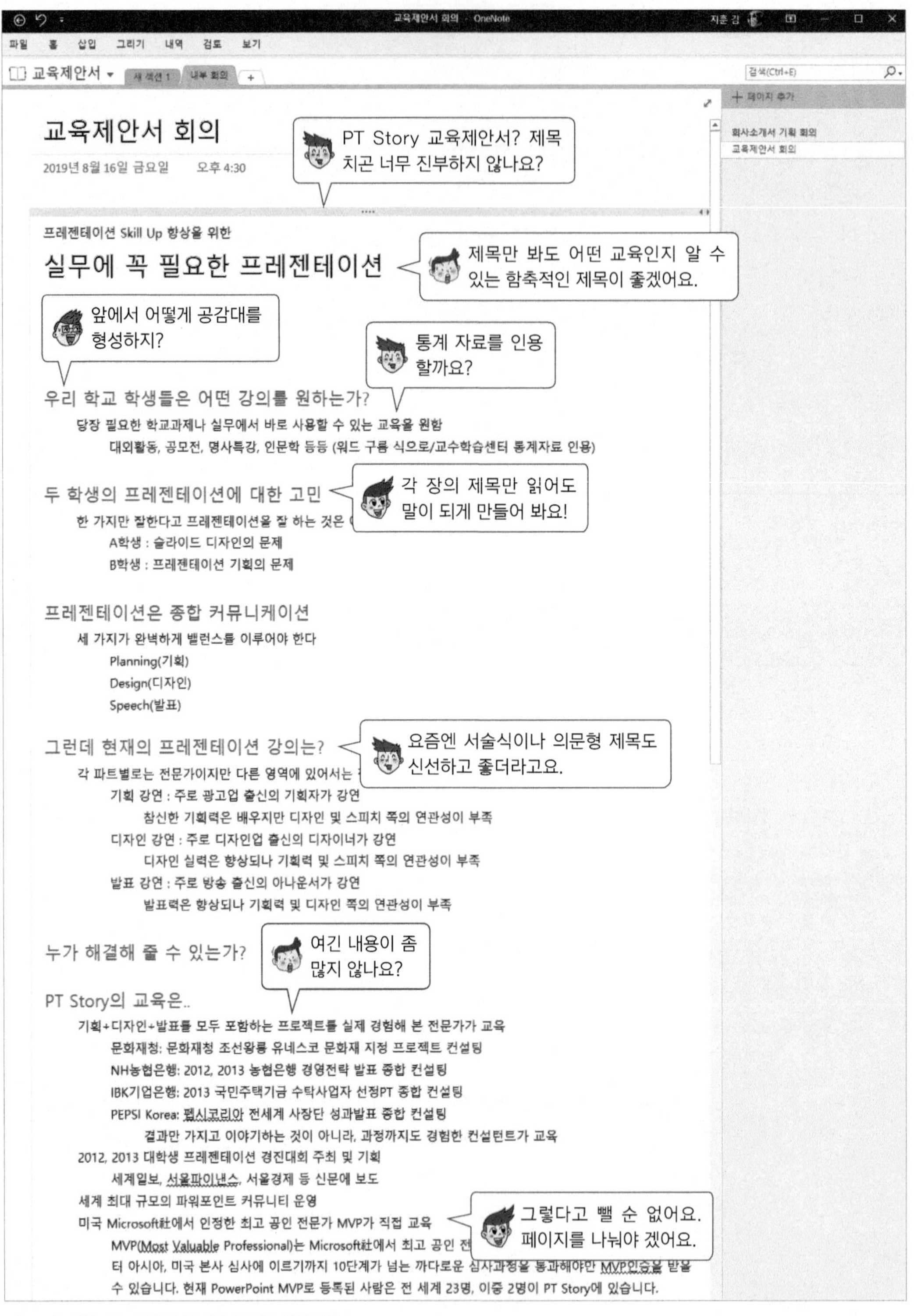
교육제안서 회의 - OneNote

파일 홈 삽입 그리기 내역 검토 보기

교육제안서 새 섹션 1 내부 회의

페이지 추가
회사소개서 기획 회의
교육제안서 회의

교육제안서 회의

2019년 8월 16일 금요일 오후 4:30

프레젠테이션 Skill Up 향상을 위한

실무에 꼭 필요한 프레젠테이션

우리 학교 학생들은 어떤 강의를 원하는가?

당장 필요한 학교과제나 실무에서 바로 사용할 수 있는 교육을 원함

대외활동, 공모전, 명사특강, 인문학 등등 (워드 구름 식으로/교수학습센터 통계자료 인용)

두 학생의 프레젠테이션에 대한 고민

한 가지만 잘한다고 프레젠테이션을 잘 하는 것은

A학생 : 슬라이드 디자인의 문제

B학생 : 프레젠테이션 기획의 문제

프레젠테이션은 종합 커뮤니케이션

세 가지가 완벽하게 밸런스를 이루어야 한다

Planning(기획)

Design(디자인)

Speech(발표)

그런데 현재의 프레젠테이션 강의는?

각 파트별로는 전문가이지만 다른 영역에 있어서는

기획 강연 : 주로 광고업 출신의 기획자가 강연

참신한 기획력은 배우지만 디자인 및 스피치 쪽의 연관성이 부족

디자인 강연 : 주로 디자인업 출신의 디자이너가 강연

디자인 실력은 향상되나 기획력 및 스피치 쪽의 연관성이 부족

발표 강연 : 주로 방송 출신의 아나운서가 강연

발표력은 향상되나 기획력 및 디자인 쪽의 연관성이 부족

누가 해결해 줄 수 있는가?

PT Story의 교육은..

기획+디자인+발표를 모두 포함하는 프로젝트를 실제 경험해 본 전문가가 교육

문화재청: 문화재청 조선왕릉 유네스코 문화재 지정 프로젝트 컨설팅

NH농협은행: 2012, 2013 농협은행 경영전략 발표 종합 컨설팅

IBK기업은행: 2013 국민주택기금 수탁사업자 선정PT 종합 컨설팅

PEPSI Korea: 펩시코리아 전세계 사장단 성과발표 종합 컨설팅

결과만 가지고 이야기하는 것이 아니라, 과정까지도 경험한 컨설턴트가 교육

2012, 2013 대학생 프레젠테이션 경진대회 주최 및 기획

세계일보, 서울파이낸스, 서울경제 등 신문에 보도

세계 최대 규모의 파워포인트 커뮤니티 운영

미국 Microsoft社에서 인정한 최고 공인 전문가 MVP가 직접 교육

MVP(Most Valuable Professional)는 Microsoft社에서 최고 공인 전
터 아시아, 미국 본사 심사에 이르기까지 10단계가 넘는 까다로운 심사과정을 통과해야만 MVP인증을 받을 수 있습니다. 현재 PowerPoint MVP로 등록된 사람은 전 세계 23명, 이중 2명이 PT Story에 있습니다.

서로 피드백을 주고받을수록 내용이 정교해집니다.

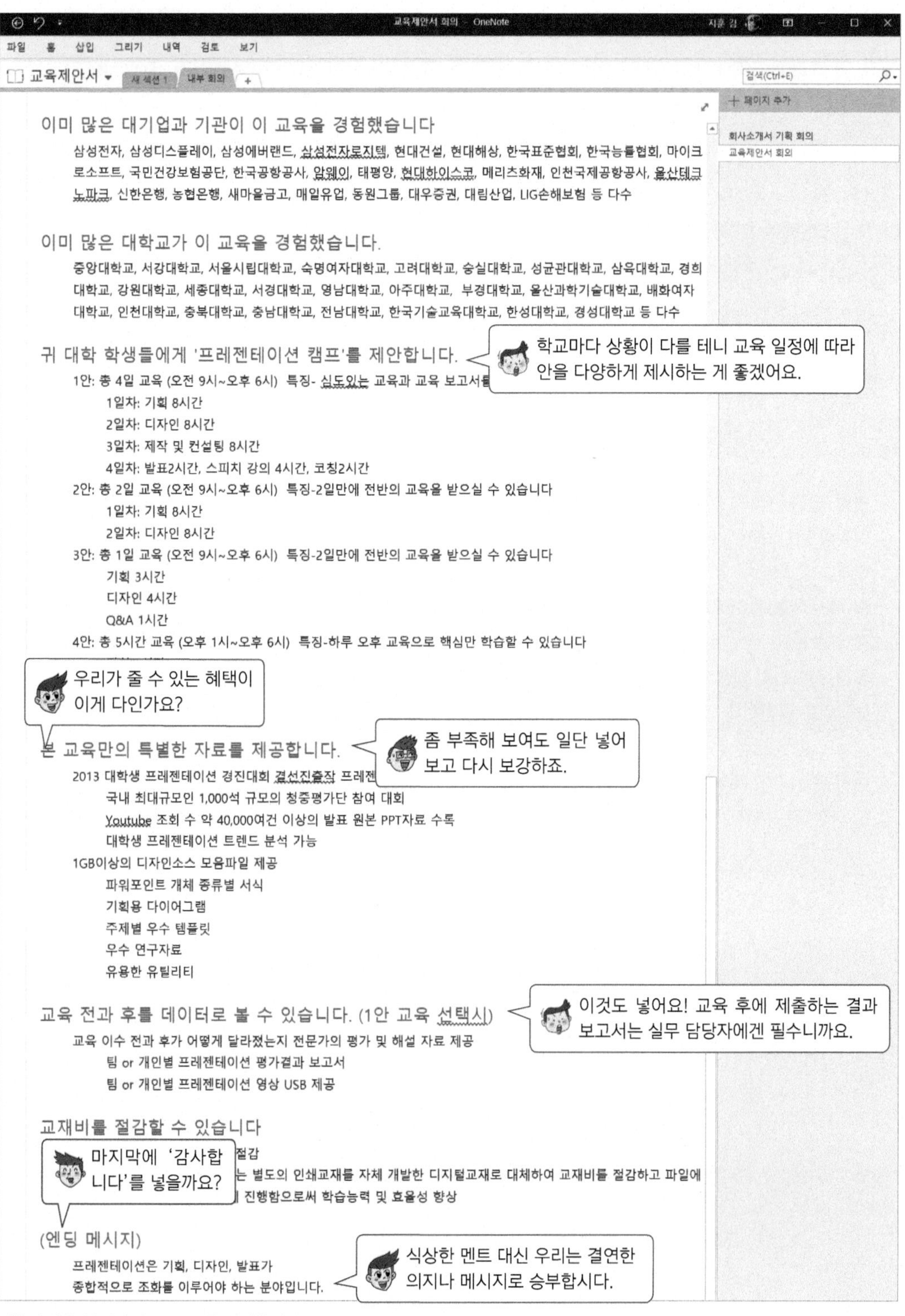

교육제안서 회의 - OneNote

파일 홈 삽입 그리기 내역 검토 보기

교육제안서 새 섹션 1 내부 회의

이미 많은 대기업과 기관이 이 교육을 경험했습니다

삼성전자, 삼성디스플레이, 삼성에버랜드, 삼성전자로지텍, 현대건설, 현대해상, 한국표준협회, 한국능률협회, 마이크로소프트, 국민건강보험공단, 한국공항공사, 암웨이, 태평양, 현대하이스코, 메리츠화재, 인천국제공항공사, 울산테크노파크, 신한은행, 농협은행, 새마을금고, 매일유업, 동원그룹, 대우증권, 대림산업, LIG손해보험 등 다수

이미 많은 대학교가 이 교육을 경험했습니다.

중앙대학교, 서강대학교, 서울시립대학교, 숙명여자대학교, 고려대학교, 숭실대학교, 성균관대학교, 삼육대학교, 경희대학교, 강원대학교, 세종대학교, 서경대학교, 영남대학교, 아주대학교, 부경대학교, 울산과학기술대학교, 배화여자대학교, 인천대학교, 충북대학교, 충남대학교, 전남대학교, 한국기술교육대학교, 한성대학교, 경성대학교 등 다수

귀 대학 학생들에게 '프레젠테이션 캠프'를 제안합니다.

1안: 총 4일 교육 (오전 9시~오후 6시) 특징- 심도있는 교육과 교육 보고서를

- 1일차: 기획 8시간
- 2일차: 디자인 8시간
- 3일차: 제작 및 컨설팅 8시간
- 4일차: 발표2시간, 스피치 강의 4시간, 코칭2시간

2안: 총 2일 교육 (오전 9시~오후 6시) 특징-2일만에 전반의 교육을 받으실 수 있습니다

- 1일차: 기획 8시간
- 2일차: 디자인 8시간

3안: 총 1일 교육 (오전 9시~오후 6시) 특징-2일만에 전반의 교육을 받으실 수 있습니다

- 기획 3시간
- 디자인 4시간
- Q&A 1시간

4안: 총 5시간 교육 (오후 1시~오후 6시) 특징-하루 오후 교육으로 핵심만 학습할 수 있습니다

본 교육만의 특별한 자료를 제공합니다.

2013 대학생 프레젠테이션 경진대회 결선진출작 프레젠

- 국내 최대규모인 1,000석 규모의 청중평가단 참여 대회
- Youtube 조회 수 약 40,000여건 이상의 발표 원본 PPT자료 수록
- 대학생 프레젠테이션 트렌드 분석 가능

1GB이상의 디자인소스 모음파일 제공

- 파워포인트 개체 종류별 서식
- 기획용 다이어그램
- 주제별 우수 템플릿
- 우수 연구자료
- 유용한 유틸리티

교육 전과 후를 데이터로 볼 수 있습니다. (1안 교육 선택시)

교육 이수 전과 후가 어떻게 달라졌는지 전문가의 평가 및 해설 자료 제공

- 팀 or 개인별 프레젠테이션 평가결과 보고서
- 팀 or 개인별 프레젠테이션 영상 USB 제공

교재비를 절감할 수 있습니다

절감

는 별도의 인쇄교재를 자체 개발한 디지털교재로 대체하여 교재비를 절감하고 파일에

진행함으로써 학습능력 및 효율성 향상

(엔딩 메시지)

프레젠테이션은 기획, 디자인, 발표가
종합적으로 조화를 이루어야 하는 분야입니다.

내용에 살을 붙이면서 PT 원고를 완성합니다.

얼떨결에 엿보게 된 이들의 회의는 그동안 내가 참여했던 회의와 극명하게 대비됐다. 회의 목적과 상관없는 이야기를 한참 하다가 시간에 쫓겨 흐지부지 끝나는 게 지금까지 내가 경험한 회의다.

이들은 본질에 충실했다. 회의와 동시에 공유 문서를 작성하니 세부 내용이 빠르게 채워졌다. 게다가 의견 교환도 빠르고 효율적으로 이뤄졌다.

이 모든 과정이 마치 하나의 조각 작품을 만드는 것처럼 느껴졌다. 큰 뼈대를 먼저 구성하고 큰 덩어리에서 깎아 나가면서 섬세하게 다듬는 과정 말이다.

하지만 아직 시작에 불과했다.

[전문가의 조언] 기획이 탄탄하지 못한 문서의 특징

첫째, 앞뒤 논리의 흐름이 명확하지 않습니다.

기획이 탄탄하지 않은 상태에서 자료를 만들기 시작하면 앞뒤 내용의 인과관계가 자연스럽게 연결되기 어렵습니다. 어떻게 알 수 있냐고요? 앞뒤로 연결된 두 페이지의 위치를 바꿔 보면 간단하게 확인해 볼 수 있습니다. 예를 들어 7페이지와 8페이지를 서로 바꿔 보세요. 그래도 별 문제가 없다면 분명 문제가 있는 자료입니다.

둘째, 중요하지 않은 정보가 너무 많습니다.

슬라이드 공간이나 발표 시간에는 제한이 있습니다. 그렇기 때문에 자료를 모으는 작업 못지않게 불필요한 정보와 덜 중요한 정보를 버리는 작업이 중요합니다. 그러나 기획이 탄탄하지 못하면 대부분 이 작업을 잘 하지 못합니다. 특히 흩어진 자료를 취합하는 과정에서 핵심 요소를 강조하려면 반드시 버려야 할 정보인데도 아깝다는 이유로 억지로 넣는 경우가 발생합니다.

상상도 못했던 방법으로 PPT 초안을 만들다

나는 친구의 옆자리로 자리를 옮겼고 친구는 조금 전 회의 자료를 그대로 인쇄했다. 프린터에서 나온 종이를 가져오는 친구에게 말을 걸었다.

"회의는 잘 봤는데, 혹시 너희 회사에서 만든 자료 좀 볼 수 있어?"
문득 이들이 만든 자료는 우리 회사의 자료와 어떻게 다를지 궁금했다.

"그야 어렵지 않지. 하지만 저작권 때문에 너에게 줄 수는 없어."
친구의 보여 준 파워포인트 자료는 그야말로 환상이었다. 내용이 일목요연하게 정리돼 있는 다이어그램, 적절한 사진들과 함께 멋지게 진행되는 애니메이션 효과들, 눈이 휘둥그레질 수밖에 없었다.

워드 상태의 자료라면 나도 만들 수 있을 것 같은데, 이 자료가 어떻게 저런 멋진 PPT가 되는 것일까?

#PPT초안 #메모장 #도해 #시나리오작성 #셀프리허설

02-1 PT 원고를 순식간에 파워포인트로 옮기다

PT 원고의 재구성

완성된 PT 원고를 훑어보던 친구가 대뜸 물었다.
"자, 이제 원고는 나왔고…. 너라면 다음 순서로 뭘 하겠어?"
"글쎄, 내용이 나왔으니 파워포인트 문서로 만들어야겠지. 우선 디자인?"
"그래, 그럴 수도 있겠지. 하지만 워드와 파워포인트는 형태가 많이 다르잖아? 워드는 세로 형태에 많은 텍스트를 넣어야 하고 파워포인트는 가로 형태에 핵심적인 내용을 넣어야 하니까…. 너도 워드로 만든 원고를 파워포인트로 옮길 때 좀 막막하지 않았어?"
"그렇긴 하지. 그런데 원래 파워포인트가 다 막막한 거 아니야?"
"하하, 꼭 그렇진 않아. PT 원고를 파워포인트로 옮기기 전에 몇 단계만 거치면 파워포인트 작업이 훨씬 수월해지니까. 워드 형태를 파워포인트 형태로 재구성하는 과정이랄까."
"단계? 무슨 단계가 필요하다는 거야?"
"우선 워드로 만든 PT 원고를 내용별로 나눠 파워포인트로 옮길 거야. 보통 이렇게 나온 결과물을 1차 초안이라고 불러. 이 단계에서는 내용의 구성과 흐름을 살피고 분량을 가늠해 보는 게 중요해."

워드 상태인 PT 원고를 파워포인트로 옮기면서 흐름과 분량을 파악합니다.

"아하, 그러고 난 후에 PPT를 꾸며 주면 되는 거구나?"

나는 PT 원고가 어떻게 멋진 파워포인트 문서가 될지 몹시 궁금했다.
"급하긴~ 아직이야. 그러고 난 후엔 PPT 문서를 출력해 도해를 그릴 거야. 내용을 어떤 식으로 표현할지 미리 구성해 보는 거지. 여기서 나오는 도해를 2차 초안이라고 불러. 그림으로 치면 밑그림까지는 그린 셈이지."
"도해?"
"한자 그대로 그림 도(圖), 풀 해(解). 그러니까 키워드를 중심에 놓고 시각적으로 구조화하는 거야. 일반적으로 도해를 만드는 작업을 **시각화**라고 부르지. 너도 많이 봐 온 거야."
"이해가 잘 안 되는데?"

▶ 우리나라에서는 시각화, 도해화, 도식화, 다이어그램 네 단어가 모두 비슷한 의미로 쓰입니다. 최근에는 좀 더 큰 의미이긴 하지만, 정보(Information)와 그래픽(Graphic)의 합성어인 인포그래픽(Infographic)이라는 말도 자주 쓰고 있습니다.

"그럼 간단한 도해를 그려 볼게. 이런 문서가 있다면 요런 형태로 표현할 수 있지 않을까?"
친구는 A4 이면지 위에 뭔가를 그리기 시작했다.

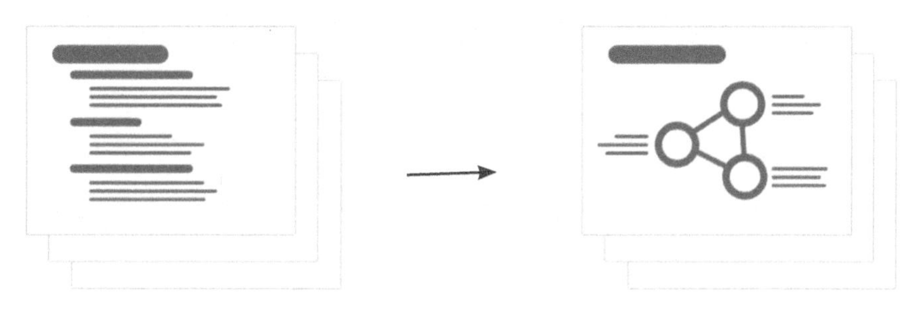

1차 초안을 시각화해 2차 초안을 만듭니다.

"와~ 간략하게 정리됐는데!"
"그렇지? 간단한 도해지만, 우리가 길게 나눈 대화도 이렇게 그림 하나에 담아 낼 수 있어."

PT 원고를 파워포인트로 순식간에 옮기는 방법

친구는 노트북을 다시 열었다. 나도 몸을 기울여 노트북 화면을 쳐다봤다.
"이제 워드에 있는 텍스트를 파워포인트로 옮겨 담아야 하는데, 너라면 어떻게 할 것 같아?"
"뭐, 별수 있어? Ctrl + C, Ctrl + V 해야…. 음~ 네 표정 보니까 아닌 것 같네."
상식적으로 파워포인트에 텍스트를 옮겨 넣으려면 이 방법밖엔 없다.
"그래. 다들 그렇게 하고 있지. 그런데 그렇게 하나씩 붙여 넣으면 불편하지 않아? 지금부터 내가 하는 걸 잘 봐."
친구는 윈도우 보조프로그램 중 하나인 메모장을 켰다.

"갑자기 웬 메모장이야?"
친구는 말없이 원노트에 입력된 텍스트를 한 번에 긁어 메모장으로 옮겼다. 그런 다음, 키보드를 몇 번 만졌다. 그 순간!

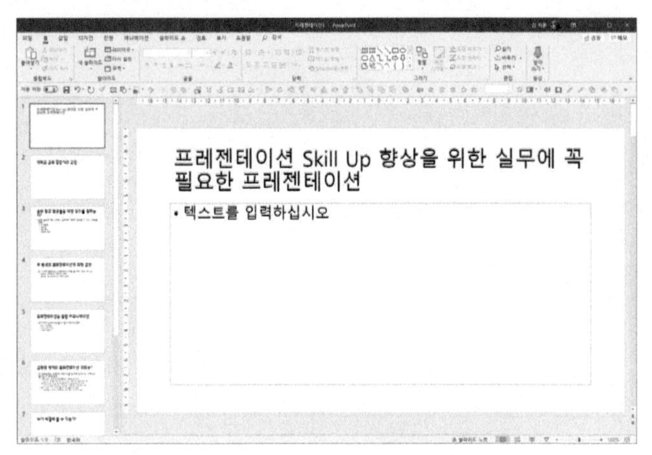

메모장에 있던 내용이 순식간에 파워포인트로 옮겨졌습니다.

'헉! 뭐지?' 메모장에 있던 내용이 전부 파워포인트 화면에 쏙 들어갔다. 그것도 슬라이드별로 나뉘어서! 너무 순식간이라 어안이 벙벙했다.
"야, 잠깐! 너 이거 어떻게 한 거야?"
"흐흐…. 궁금하지?"
정말 궁금했다. 저 방법을 알면 회사에 있는 워드형 원고를 파워포인트로 옮겨 담는 것은 일도 아닐 테니 말이다.
"아직 끝난 게 아니야."
친구는 빙그레 미소를 지으며 마우스를 몇 번 클릭했다. 그러자 각 슬라이드에 배경이 나타났다. 다시 뭔가를 클릭하니까 전부 똑같던 디자인이 표지, 목차, 본문에 맞게 각각 변신했다. 나는 경악할 수밖에 없었다. 마치 마술사에게 홀린 것 같았다. 아니, 친구가 프로게이머처럼 파워포인트로 스타크래프트 게임을 하는 듯이 보였다.

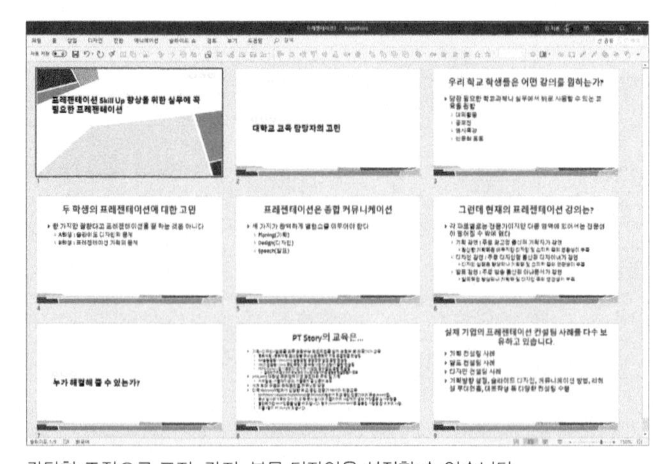

간단한 조작으로 표지, 간지, 본문 디자인을 설정할 수 있습니다.

조금 전 회의를 마치고 각자 자리로 돌아간 팀원들은 그럴 줄 알았다는 듯 킥킥거리고 있었다. 나는 다짐했다.
'이건 반드시 배워야 해!'

지금 해야 된다! } 메모장에서 파워포인트로, 1차 초안 만들기

'왜 파워포인트가 아닌 메모장이지?'라는 의문을 가질 수 있습니다. 현업에서는 김 대리처럼 PT 원고의 텍스트를 파워포인트로 복사하거나 붙여 넣는 방식을 가장 많이 사용합니다. 그러나 메모장을 활용하면 순식간에 파워포인트 초안을 만들 수 있습니다. 이 방법은 마이크로소프트 사가 공식적으로 발표한 방법이 아니기 때문에 현재 이 방법을 알고 있는 사람은 많지 않습니다! 이번 실습을 이용해 전문가의 노하우를 직접 경험해 보세요.

1 1차 초안을 만들기 위해 가장 먼저 해야 할 작업은 PT 원고를 메모장으로 옮기는 일입니다. 지금부터 이 과정을 배울 텐데요. 시간을 아끼기 위해 PT 원고를 미리 만들어 뒀습니다. **'02장 초안 원고.txt'**를 열어 보세요. 오른쪽 그림과 같이 텍스트가 입력돼 있습니다.

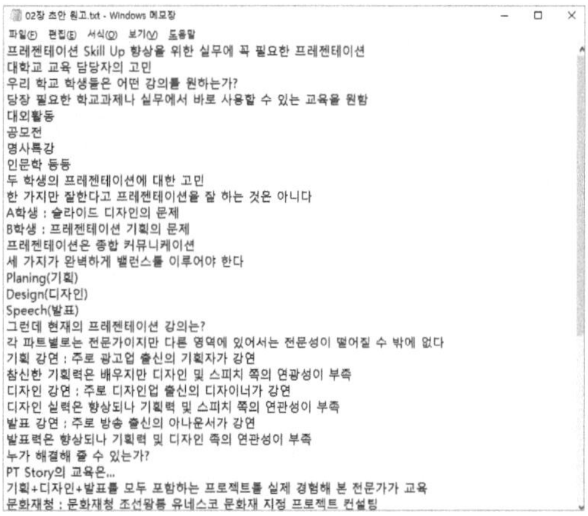

02장 초안 원고.txt - Windows 메모장
파일(F) 편집(E) 서식(O) 보기(V) 도움말
프레젠테이션 Skill Up 향상을 위한 실무에 꼭 필요한 프레젠테이션
대학교 교육 담당자의 고민
우리 학교 학생들은 어떤 강의를 원하는가?
당장 필요한 학교과제나 실무에서 바로 사용할 수 있는 교육을 원함
대외활동
공모전
명사특강
인문학 등등
두 학생의 프레젠테이션에 대한 고민
한 가지만 잘한다고 프레젠테이션을 잘 하는 것은 아니다
A학생 : 슬라이드 디자인의 문제
B학생 : 프레젠테이션 기획의 문제
프레젠테이션은 종합 커뮤니케이션
세 가지가 완벽하게 밸런스를 이루어야 한다
Planing(기획)
Design(디자인)
Speech(발표)
그런데 현재의 프레젠테이션 강의는?
각 파트별로는 전문가이지만 다른 영역에 있어서는 전문성이 떨어질 수 밖에 없다
기획 강연 : 주로 광고업 출신의 기획자가 강연
참신한 기획력은 배우지만 디자인 및 스피치 쪽의 연광성이 부족
디자인 강연 : 주로 디자인업 출신의 디자이너가 강연
디자인 실력은 향상되나 기획력 및 스피치 쪽의 연관성이 부족
발표 강연 : 주로 방송 출신의 아나운서가 강연
발표력은 향상되나 기획력 및 디자인 쪽의 연관성이 부족
누가 해결해 줄 수 있는가?
PT Story의 교육은...
기획+디자인+발표를 모두 포함하는 프로젝트를 실제 경험해 본 전문가가 교육
문화재청 : 문화재청 조선왕릉 유네스코 문화재 지정 프로젝트 컨설팅

단순하게 텍스트만 입력돼 있습니다.

2 이제 몇 가지 규칙을 적용해 메모장을 편집해야 합니다. 그래야만 파워포인트에서 제목, 내용 그리고 슬라이드를 구분할 수 있기 때문입니다. 김 대리가 깜짝 놀랄 수밖에 없었던 비밀이 이제야 밝혀지는 셈이네요. 규칙은 간단합니다. [Enter] 키와 [Tab] 키만 이용하면 되니까요!

제목 입력	텍스트를 입력합니다.
내용 입력	텍스트 앞에 [Tab] 키를 사용합니다. [Tab] 키를 사용한 횟수에 따라 상위 수준, 하위 수준을 구분할 수 있습니다.
슬라이드 구분	[Enter] 키로 한 줄을 비워 둡니다.

아래 그림처럼 편집해 보세요.

제목 없음 - 메모장

파일(F) 편집(E) 서식(O) 보기(V) 도움말(H)

프레젠테이션 Skill Up 향상을 위한 실무에 꼭 필요한 프레젠테이션
Enter
대학교 교육 담당자의 고민
Enter
우리 학교 학생들은 어떤 강의를 원하는가?
Tab 당장 필요한 학교과제나 실무에서 바로 사용할 수 있는 교육을 원함
Tab Tab 대외활동
Tab Tab 공모전
Tab Tab 명사특강
Tab Tab 인문학 등등
Enter
두 학생의 프레젠테이션에 대한 고민
Tab 한 가지만 잘한다고 프레젠테이션을 잘하는 것은 아니다
Tab Tab A학생: 슬라이드 디자인의 문제
Tab Tab B학생: 프레젠테이션 기획의 문제
Enter
프레젠테이션은 종합 커뮤니케이션
Tab 세 가지가 완벽하게 밸런스를 이뤄야 한다.
Tab Tab Planing(기획)
Tab Tab Design(디자인)
Tab Tab Speech(발표)
Enter
그런데 현재의 프레젠테이션 강의는?
Tab 각 파트별로는 전문가이지만 다른 영역에 있어서는 전문성이 떨어질 수밖에 없다.
Tab Tab 기획 강연: 주로 광고업 출신의 기획자가 강연
Tab Tab Tab 참신한 기획력은 배우지만 디자인 및 스피치 쪽의 연관성이 부족
Tab Tab 디자인 강연: 주로 디자인업 출신의 디자이너가 강연
Tab Tab Tab 디자인 실력은 향상되나 기획력 및 스피치 쪽의 연관성이 부족
Tab Tab 발표 강연: 주로 방송 출신의 아나운서가 강연
Tab Tab Tab 발표력은 향상되나 기획력 및 디자인 쪽의 연관성이 부족
Enter
누가 해결해 줄 수 있는가?
Enter

PT Story의 교육은...
[Tab] 기획+디자인+발표를 모두 포함하는 프로젝트를 실제 경험해 본 전문가가 교육
[Tab] [Tab] 문화재청: 문화재청 조선왕릉 유네스코 문화재 지정 프로젝트 컨설팅
[Tab] [Tab] NH농협은행: 2012, 2013 농협은행 경영전략 발표 종합 컨설팅
[Tab] [Tab] IBK기업은행: 2013 국민주택기금 수탁사업자 선정 PT 종합 컨설팅
[Tab] [Tab] PEPSI Korea: 펩시코리아 전 세계 사장단 성과발표 종합 컨설팅
[Tab] [Tab] [Tab] 결과만 갖고 이야기하는 것이 아니라 과정까지도 경험한 컨설턴트가 교육
[Tab] 2012, 2013 대학생 프레젠테이션 경진대회 주최 및 기획
[Tab] [Tab] 세계일보, 서울파이낸스, 서울경제 등 신문에 보도
[Tab] 세계 최대 규모의 파워포인트 커뮤니티 운영
[Tab] 미국 Microsoft社에서 인정한 최고 공인 전문가 MVP가 직접 교육
[Tab] [Tab] MVP(Most Valuable Professional)는 Microsoft社에서 최고 공인 전문가에게 주는 Award로,
[Tab] [Tab] 국내 심사에서부터 아시아, 미국 본사 심사에 이르기까지 10단계가 넘는 까다로운 심사 과정을
[Tab] [Tab] 통과해야만 MVP 인증을 받을 수 있습니다. 현재 PowerPoint MVP로 등록된 사람은 전 세계에 23명,
[Tab] [Tab] 이 중 2명이 PT Story에 있습니다.
[Enter]
실제 기업의 프레젠테이션 컨설팅 사례를 다수 보유하고 있습니다.
[Tab] 기획 컨설팅 사례
[Tab] 발표 컨설팅 사례
[Tab] 디자인 컨설팅 사례
[Tab] 기획 방향 설정, 슬라이드 디자인, 커뮤니케이션 방법, 리허설 무대 연출, 대본 작성 등 다양한 컨설팅 수행

❸ 아래 그림처럼 편집이 끝나면, [파일] → [다른 이름으로 저장]을 눌러 텍스트 파일(*.txt)로 저장합니다. 만약 2016 버전 이상이라면 반드시 [인코딩] 옵션을 [유니코드(UTF-16 LE)]로 변경해야 합니다.

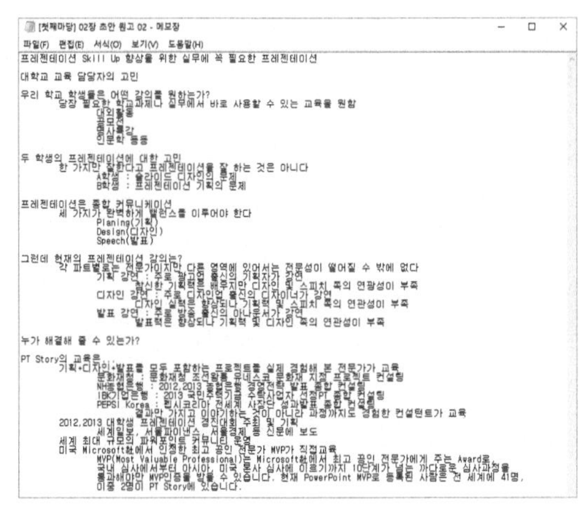

[Enter] 키와 [Tab] 키로 메모장을 편집합니다.

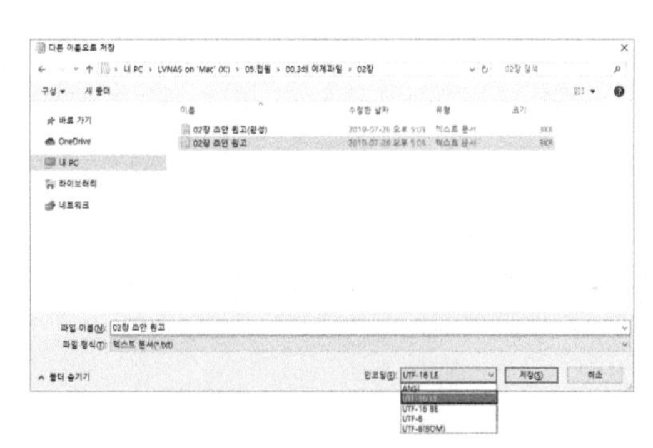

인코딩을 [유니코드(UTF-16 LE)]로 변경하면, 파워포인트의 모든 버전이 호환됩니다.

[전문가의 조언] 인코딩 부분을 바꾸지 않고 그냥 저장한다면?

2016 버전부터 인코딩 옵션을 반드시 [유니코드(UTF-16 LE)]로 변경해야 하는 이유는 무엇일까요? 만약 변경하지 않고 ANSI 상태로 저장하면 파일을 정상적으로 인식하지 못합니다. 왜냐하면 2016 버전부터 내부적으로 텍스트를 인식하고 처리하는 방식이 바뀌었기 때문입니다.

4 파워포인트를 실행합니다. 그리고 저장한 메모장 파일을 파워포인트 **리본 메뉴 영역**으로 드래그합니다. 슬라이드 창에 드래그하면 텍스트 파일이 그대로 삽입되므로 반드시 리본 메뉴 영역으로 드래그하세요.

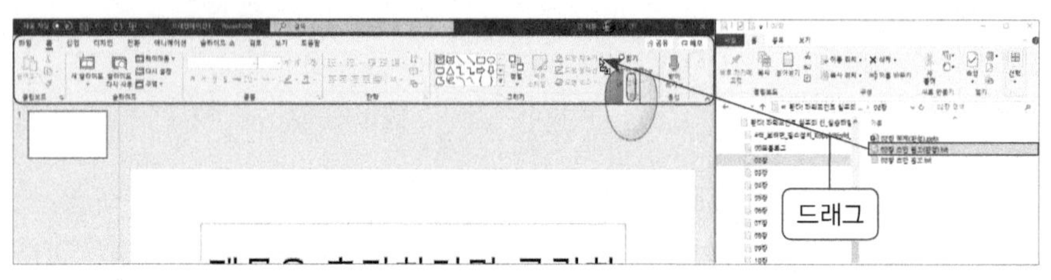

메모장 파일을 리본 메뉴로 정확하게 드래그합니다.

5 화면을 확인해 볼까요? 흰색 배경의 파워포인트 파일이 새로 열리면서 메모장에 입력했던 텍스트가 각 슬라이드로 나뉘어 들어간 것을 확인할 수 있습니다.

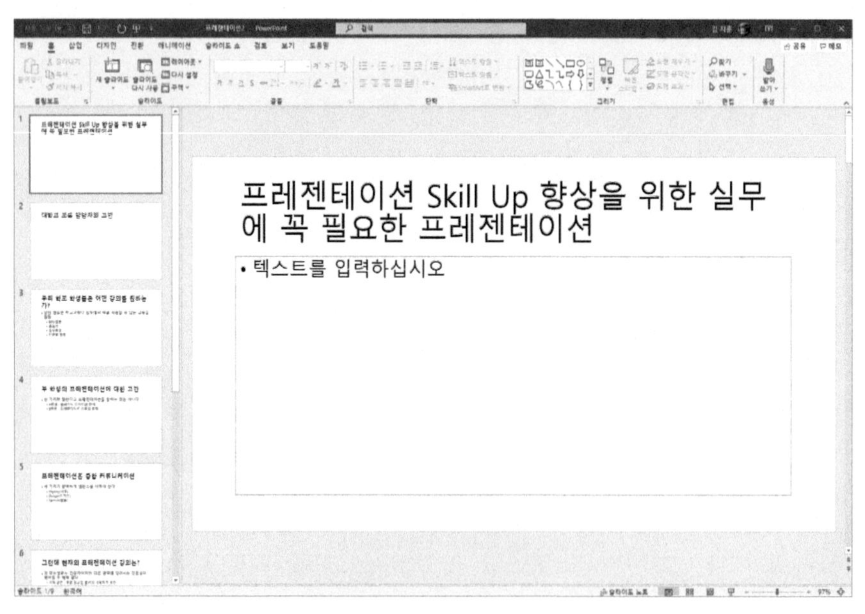

메모장에 있던 내용이 각 슬라이드에 삽입됐습니다.

6 이 상태에서 바로 테마를 적용할 수 있습니다. [디자인] 탭에서 [자세히(▽)] 버튼을 누르고 마음에 드는 테마를 선택합니다. 여기서는 '교육' 테마를 선택하겠습니다. 그러면 아래 화면처럼 테마가 적용된 모습을 확인할 수 있습니다.

▶ 테마는 파워포인트에서 제공하는 디자인 템플릿을 말합니다. 테마는 세 번째 이야기에서 자세히 다루겠습니다.

슬라이드에 텍스트를 먼저 삽입한 후에도 테마를 적용할 수 있습니다.

7 모든 슬라이드의 배경이 똑같다면 좀 이상하겠죠? [홈] 탭 → [슬라이드] 그룹 → [레이아웃] 버튼을 클릭하면 원하는 레이아웃을 적용할 수 있습니다. 여기서는 1번 슬라이드에 [제목 슬라이드] 레이아웃을 적용하겠습니다.

▶ 지금은 이 '레이아웃'이 잘 이해되지 않고 별로 마음에 들지 않을 수 있습니다. 이 [레이아웃] 버튼을 본격적으로 활용하는 방법은 10장에서 자세히 소개합니다. 여기서는 경험 차원에서 적용해 보세요.

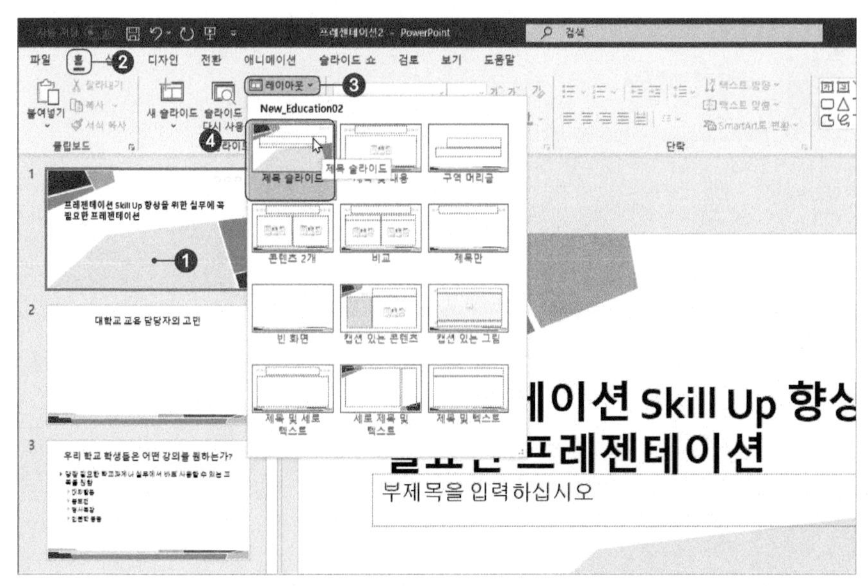

1번 슬라이드에는 [제목 슬라이드]를 적용합니다.

8 7과 같은 방법으로 2번 슬라이드와 7번 슬라이드에 [구역 머리글] 레이아웃을 적용합니다.

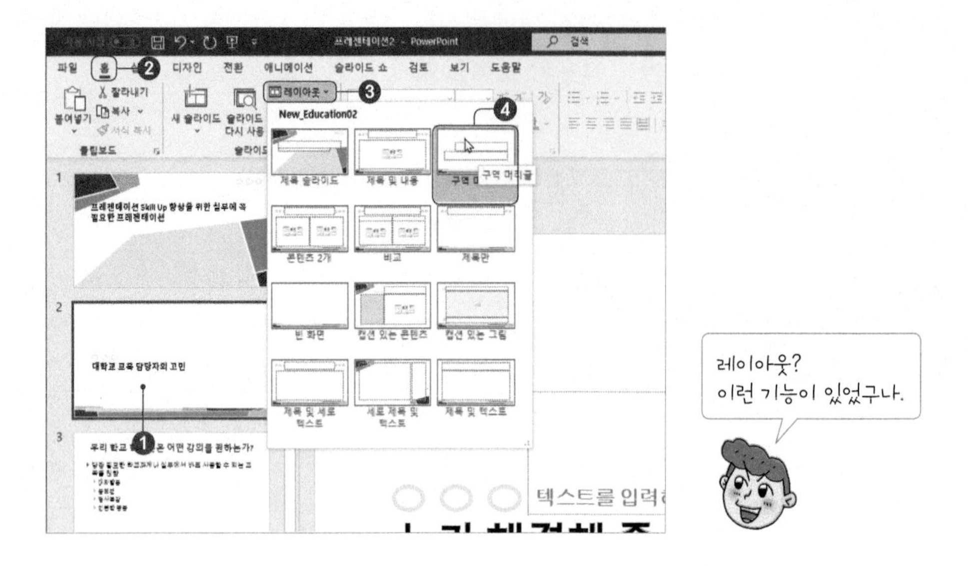

9 아래와 같은 1차 초안이 완성됩니다. 화면 오른쪽 아래에 있는 [여러 슬라이드(⊞)] 버튼을 클릭해 보세요.

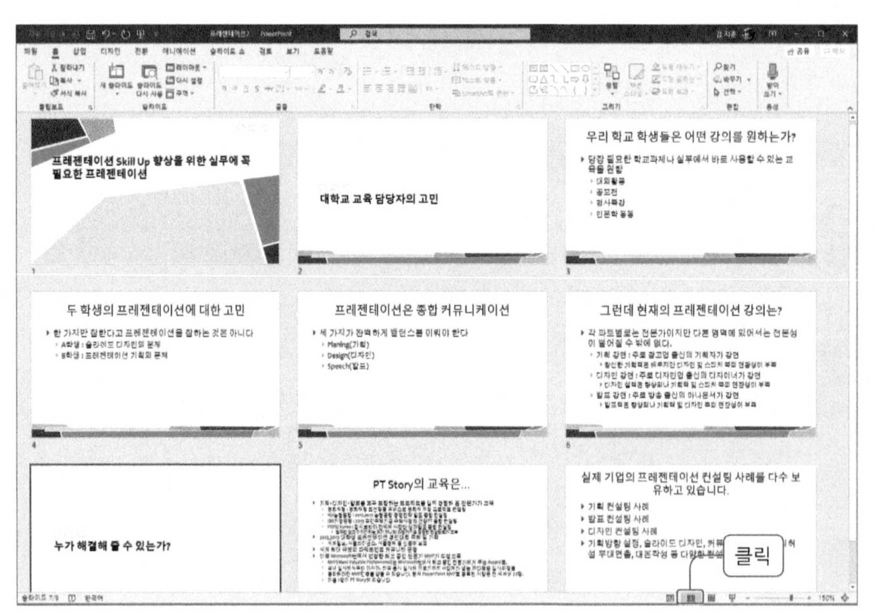

디자인 레이아웃을 적용해 1차 초안을 완성했습니다.

[전문가의 조언] 복사/붙여 넣지 말고 드래그하세요!

지금 이 순간에도 누군가는 한글 또는 MS 워드와 같은 워드 프로그램으로 작성한 원고 내용을 마우스 오른쪽 버튼을 이용해 복사하고 파워포인트에 그 복사한 내용을 열심히 붙여 넣고 있을 것입니다. 필자는 이런 작업을 속된말로 '삽질'이라고 표현합니다.

메모장을 활용하면 이 모든 작업이 드래그 한 번으로 이뤄집니다. 놀랍지 않나요? 하지만 감탄하기에는 아직 이릅니다. 이제 겨우 첫 번째 이야기에 불과하니까요. 여기서는 테마와 레이아웃만 적용했을 뿐, 본격적으로 디자인하지는 않았습니다. 그래도 뚝딱 만든 초안치고는 훌륭하지요? 이 책을 끝까지 보고 나면 아래 화면처럼, 슬라이드를 더 멋지게 디자인할 수 있습니다.

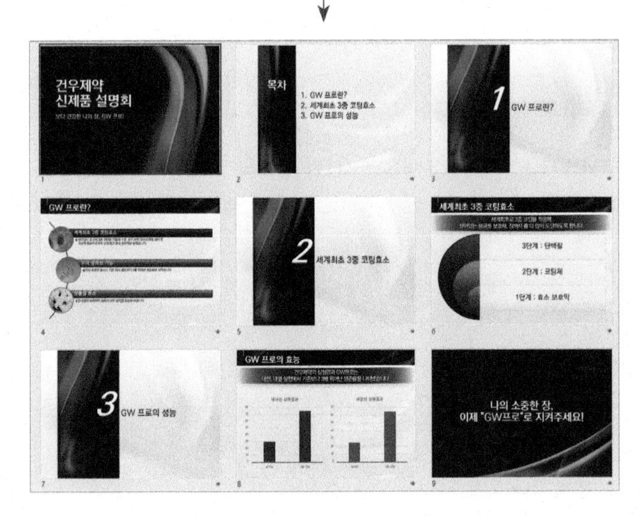

02-2 파워포인트 시각화하기

도해, 누구나 할 수 있다!

"위잉~ 위잉~"

친구가 인쇄 버튼을 누르자, 프린터가 요란한 소리를 내며 1차 초안을 한 장 한 장 뱉어 냈다.

"아직 완성도 안 됐는데 왜 인쇄해?"

"완성은 무슨…. 아직 기획도 안 끝났어. 이렇게 인쇄해서 도해 작업을 하려는 거야."

그렇다. 지금까지의 과정이 신기해 아직 도해를 하지 않았다는 것을 깜박 잊고 있었다.

친구는 스카치테이프를 집어들더니 인쇄한 종이들을 차례대로 벽에 붙여 나갔다. 초안본의 흐름이 한눈에 들어왔다.

"나는 도해라는 게 참 어렵더라구."

나는 '도해'가 참 어려웠다. 전문가가 만든 PT 자료를 볼 때면 어떻게 저런 멋진 아이디어로 표현할 수 있는지 항상 궁금했다.

그 말을 들은 친구가 웃으며 말했다.

"그래. 다들 그렇게 생각하지. 그럼, 같이 도해해 볼까?"

[전문가의 조언] 도해는 꼭 손으로 해야 하나요?

1. 아날로그 방식 처음부터 디자인하기 직전까지 모든 과정을 손으로 직접 그리는 방식입니다. 텍스트를 직접 써야 하는 번거로움이 있지만, 디자인을 섬세하게 표현할 수 있고 자유롭게 도해할 수 있습니다. 전문가들이 권장하는 방법입니다.

2. 디지털 방식 종이를 쓰지 않고 디지털 기기로 도해하는 방식입니다. 도해에 아주 익숙한 사람이 아니면 권장하지 않습니다. 종이를 쓰지 않는 것은 장점이지만, 자기도 모르게 도해를 완벽하게 하려는 실수를 합니다. 또한 손으로 직접 그리는 방법에 비해 자유롭게 도해하기 어렵습니다. 최근 출시된 디지털 펜과 스마트패드 기기를 사용하면 아날로그 방식의 장점을 살릴 수 있습니다. 하지만 파워포인트는 슬라이드라는 제한된 화면에 구현해야 하기 때문에 스마트 기기를 이용해도 제약이 있을 수 있습니다.

친구는 벽에 붙인 인쇄본들을 물끄러미 바라보다 그중 텍스트가 많은 한 장을 떼어 들었다.
"만약 네가 이 문서를 디자인한다면 어떻게 하겠어?"
나는 머리가 하얘져서 뒷머리를 긁적이며 멋쩍은 표정으로 웃어 보였다.
"그래. 도해를 너처럼 어렵게 생각하는 사람들이 많지. 하지만 정말 그럴까?"
친구는 좀 전에 떼어 냈던 종이 원고를 뒤집더니 피곤한 듯 의자를 뒤로 젖히며 기지개를 켠다.
"이런 골방 사무실에 있으니 여행도 못 가고…. 참! 너 페이스북 보니까 캠핑 많이 다니던데 부럽더라. 나도 캠핑 장비 사고 싶은데, 어떻게 준비하는 게 좋냐?"
그 말을 들으니 고여 있던 물길이 뻥~! 하고 뚫리는 느낌이었다. 지금까지 전문가 친구에게 주눅 들어 있었는데 캠핑은 내가 가장 잘 아는 분야니까….
"그거야 내가 잘 알지. 잠깐 펜 좀 줘 봐. 이 종이에 써도 되지? 음…. 캠핑을 가려면 먼저 텐트가 있어야 해. 집에 텐트 있어?"
나는 대충 텐트를 삼각형으로 그렸다.
"없지. 어떤 제품을 사야 할지도 모르겠고…. 요즘 광고 많이 하는 C 사 제품은 어때?"
친구는 턱을 괴면서 종이를 바라봤다.
"좋긴 한데 비용이 부담되니까 G사 제품도 괜찮아. 가성비로 보면 G 사 제품이 최고야."
나는 삼각형으로 그린 텐트 그림 옆에 C 사 이름을 썼다가 쭉 긋고 G 사 이름과 친구의 가족 관계를 고려해 5인형 텐트와 그늘막까지 세트로 있는 제품을 적었다.
"오~ 역시 전문가 포스가 나오는데? 그것 말고도 필요한 게 많지 않냐?"

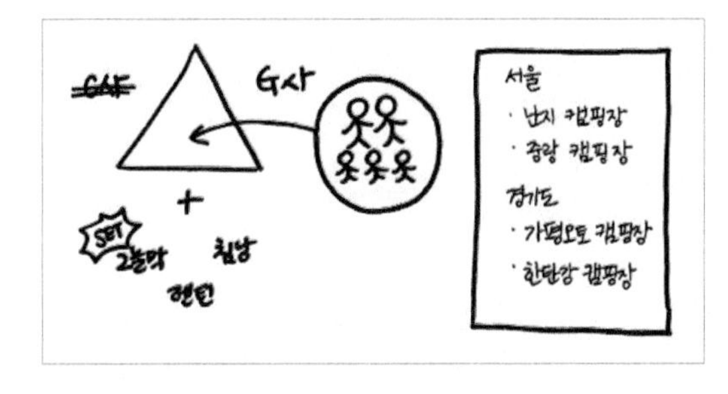

나는 침낭, 해먹, 각종 휴대용 장비 등 저렴하고 괜찮은 캠핑 장비와 초심자가 가면 좋을 만한 장소까지 종이에 그려가며 친구에게 상세히 설명했다.
친구는 그렇게 낙서된 종이를 들고 바라보더니 이렇게 말했다.
"거 봐. 너도 도해 잘하잖아."
'헉!'
또다시 마술사에게 깜박 속은 기분이었다.

"네가 동그라미 그린 게 파워포인트의 원이고 선을 그어서 화살표 그린 게 파워포인트 화살표 도형이야. 여기 네모에 적어 둔 캠핑 장소 추천한 게 파워포인트의 사각형 도형에 내용을 정리해 둔 거고…. 조금 전에 네가 한 말을 여기에 모두 쓴 게 아니잖아. 너는 핵심만 쓴 거고 나는 그걸 이 자리에서 바로 이해했는걸. 이게 도해가 아니면 뭐야?"

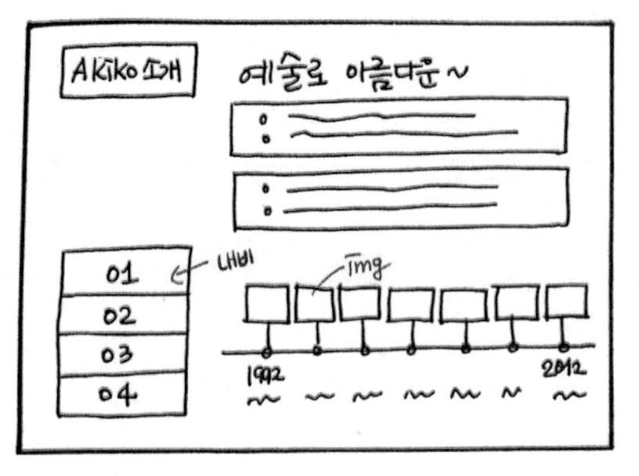

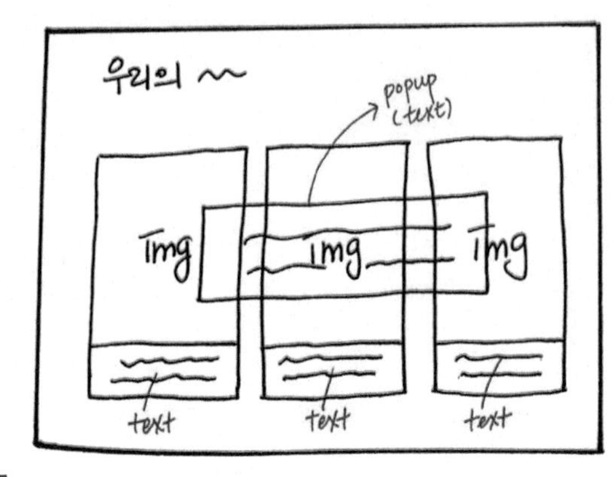

손으로 그린 도해

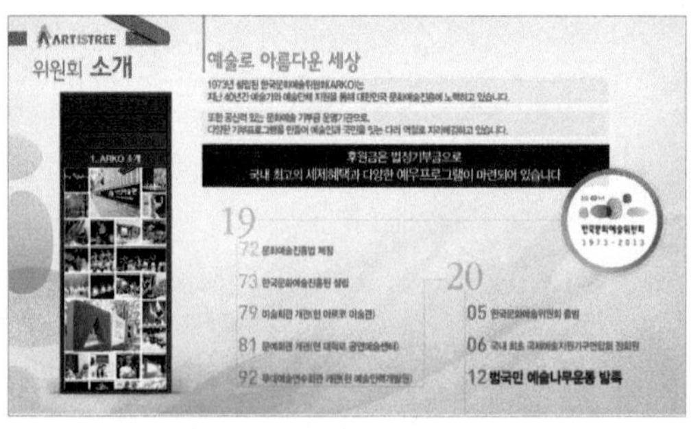

손으로 그린 도해를 PPT로 완성한 모습

[전문가의 조언] 도해를 너무 어렵게 생각하지 마세요

많은 사람이 '도해'를 파워포인트에 국한된 기술이라 생각합니다. 하지만 우리는 이미 일상에서 많은 도해를 하고 있고 또 접하고 있습니다. 학교 다닐 때 칠판에 분필로 써가며 설명했던 선생님도 도해를 한 것이고 군대에서 작전상황판으로 설명했던 교관도 도해를 한 것이며, 얼마 전에 만났던 보험 설계사와 휴대폰 대리점 직원이 펜으로 그려가며 설명했던 것도 모두 도해였습니다. 이 모든 도해의 공통점은 핵심을 시각적으로 구조화해 설명한다는 것입니다. 파워포인트는 단지 좀 더 보기 좋게 꾸며 놓은 것일 뿐입니다.

무엇을 넣고 무엇을 뺄 것인가?

친구는 아까 덮어 뒀던 인쇄본을 다시 뒤집었다.
"그럼, 다시 원래 내용으로 돌아와 보자. 이 내용은 어떻게 도해할 수 있을까?"
"프레젠테이션은 종합적인 커뮤니케이션이기 때문에 밸런스가 중요하다는 내용인데, 음…."
"밸런스? 좋은 키워드네. 거기에다 기획, 디자인, 발표 이렇게 3개면…."
친구는 종이 위에 삼각형을 크게 그리더니 꼭짓점마다 각각 텍스트를 적었다.
"이 세 가지를 보고 메시지를 봐야 하니까 아래쪽에 우리 제안서의 핵심 메시지를 써 주면 끝!"
친구는 삼각형 아래에 핵심 메시지를 간략하게 적었다.
잠시 후 도해가 끝난 종이를 들어 보이더니 흐뭇한 표정을 지으면서 다시 제자리에 붙였다.
"간략해서 좋긴 한데, 나머지 빠진 내용들은 어떡하냐?"
"중요도 때문에 빠진 내용은 발표할 때 발표자가 말로 해야지."
"그래? 우리 상무님은 슬라이드에 뭘 자꾸 넣으라고 하셔서…."
상무님은 글자 크기까지 줄여가며 내용을 가득 담아야 직성이 풀리는 분이다.
"그건 파워포인트 자료를 단순히 자료라고만 생각하기 때문 아닐까? 그렇게 만들면 '파워'도, '포인트'도 없어져. 파워포인트는 발표자가 발표할 내용을 확인하는 커닝페이퍼가 돼서는 안 돼."
친구의 말에 나는 연신 고개를 끄덕였다.

[전문가의 조언] PT 발표의 주인공은 스크린이 아닙니다

발표자는 단순히 화면을 읽어 주기 위해 무대에 서는 것이 아닙니다. 발표자의 역할은 내용을 쉽게 전달하는 것입니다. 모든 내용이 파워포인트 자료에 모두 쓰여 있다면 발표자의 역할은 줄어들 수밖에 없습니다. 아직도 빽빽한 문서를 화면에 띄워 놓고 읽어 주는 분이 많습니다. 심사하는 분들조차 인쇄된 문서를 미리 요구하기도 합니다. 바람직한 프레젠테이션 문화는 아직 먼 나라 이야기일까요?
그래도 우리나라의 프레젠테이션 문화가 점차 바람직한 방향으로 변화하고 있는 것은 분명합니다. 적어도 이 책을 읽는 독자라면 저의 말에 공감하고 프레젠테이션 문화를 바꿔 나가길 기대해 봅니다.

02-3 시나리오 작성과 셀프 리허설의 중요성

시나리오로 셀프 리허설하기

도해는 분명 쉽지 않은 작업이다. 그러나 나는 도해를 하면서 PT 발표 자료가 더 선명해지는 것을 느꼈다. 핵심을 어떻게 뽑고 전달할지 고민하는 과정은 그 자체로 특별한 경험이었다.
"이제 도해도 끝이다!"
친구는 화이트보드에 마지막 종이를 붙였다. 화이트보드는 도해가 그려진 종이들로 가득 채워졌다.
'이제 드디어 디자인 작업을 시작하는 건가….' 그런데 나의 예상과 달리, 친구는 이상한 행동을 하기 시작했다. 도해가 끝난 종이를 다시 떼어 내 고치는가 하면, 가끔씩 손을 높이 쳐들고 공중에서 휘젓기도 하고 들리지도 않는 소리로 뭔가를 중얼거리기도 했다.
"야! 뭐하는 거야? 염불하는 것도 아니고."
"아~, 익숙해서 너한테 말도 안 하고 혼자 하고 있었네. 이걸 뭐라고 해야 하지? 셀프 리허설이라고 해야 하나?"
"셀프 리허설?"
"보통은 모두 만든 후에 리허설하잖아. 큰 회사 아니면 리허설할 시간도 없지."
나는 리허설 도중에 임원이 내용을 고치라고 해서 발표 30분을 앞두고 급하게 수정하느라 진땀을 뺐던 악몽 같은 기억이 떠올랐다.
"이걸 완성본이라 가정하고 리허설 삼아 미리 발표해 보는 거야. 그러면서 한 슬라이드에 머무는 시간이 많다고 느껴지면 내용을 더 축약하고 설명이 부족하다고 느껴지면 내용을 보충하는 거지. 핵심이 되는 킬링 메시지는 애니메이션으로 강조해 주고 말이야."
평소에 생각하지 못했던 방법이다.
"근데 어떤 기준으로 수정하는 거야?"
"어차피 발표 시간은 제한돼 있어. 중요도를 고려해 보면 그 시간 안에 반드시 해야 할 말이 있을 거야. 그 말을 중심으로 발표 원고 즉 '시나리오'를 구성해 보는 거지. 어떤 사람은 그걸 '스크립트'라 하고 어떤 사람은 '내레이션'이라고 해. 시나리오든, 스크립트든, 내레이션이든 용어는 중요하지 않아. 어쨌든 그걸 기준으로 해야 해."

내 눈에 이상한 행동으로 비쳤던 조금 전 친구의 모습은 사실 그 친구 스스로 가상의 리허설을 통해 교정 작업을 하고 있었던 거였다. 혼잣말로 중얼거렸던 게 바로 시나리오였고 시나리오에 맞지 않는 부분은 그 즉시 고쳤던 것이다. 그리고 손을 높이 쳐들고 공중에서 휘저었던 건 애니메이션으로 강조할 액션을 상상했던 모양이다.

[전문가의 조언] 셀프 리허설 시 세 가지 체크 사항

첫째, 전체 흐름을 보세요. 각 슬라이드가 자연스럽게 연결되는지 슬라이드 간 개연성을 확인하세요. 전체 슬라이드를 출력해 한쪽 벽에 나란히 붙여 놓으면 흐름을 파악하는 데 도움이 됩니다.
둘째, 발표 시간을 염두에 두세요. 실제 말을 하면서 발표 시간을 체크하세요. 정해진 시간 안에 발표를 마칠 수 있는지, 덜 중요한 부분에서 시간을 많이 쓰진 않았는지를 염두에 두고 내용을 확인하는 것이 중요합니다.
셋째, 슬라이드에 담은 내용의 분량을 확인하세요. 시간이 지체되는 부분은 내용을 축약하고 중요도에 비해 내용이 부족한 부분은 보충해야 합니다. 내용이 많으면 슬라이드를 둘로 나누고 내용이 적으면 두 슬라이드를 하나로 합치는 것도 좋은 방법입니다

모든 기획 작업이 끝났다

나는 기획의 중요성을 새롭게 배울 수 있었다. 파워포인트가 두려웠던 이유는 내가 디자인을 못하는 것도 문제였지만, 근본적인 원인은 다른 곳에 있었다. 디자인보다 기획이 더 중요하다는 생각이 들었다.
파워포인트는 기획된 내용을 담아 내는 도구일 뿐, 그 이상도 이하도 아니다.
하지만 PT 제작에서 디자인을 빼놓을 수도 없는 노릇이다.
"근데 말이야. 내가 파워포인트를 제대로 배운 적이 없어서 그러는데, 얼마나 배우면 디자인을 제대로 할 수 있을까?"
"그건 걱정하지 마. 내가 파워포인트 실무 디자인을 교육하는 강사잖아. 마침 내일부터 3일 동안 공개 강좌가 있는데, 들어 볼래? 친구니까 수강료는 내지 않아도 되고 대신 술이나 한잔 사라."
"진, 진짜? 나 꼭 간다, 나 꼭 갈게!"
나는 부장님께 서둘러 전화를 걸었다.

두 번째
이야기

전문가의 작업 노하우를 배우다

{ 나도 전문가가 될 수 있을까? }

친구의 공개 강좌에 참석하는 날!
수강자들이 제법 많았다. 강단으로 고개를 돌리자, 노트북을 보며 강의를 준비하고 있는 친구가 보였다.
"오~, 정장 입고 여기에 서 있으니까 멋진데?"
"어, 왔어? 하하. 너도 노트북 켜고 준비해. 회사에는 연차 낸 거야?"
"아니, 부장님이 교육으로 인정해 주셨어. 대신 보고서 쓰라고 하시네. 어휴…."
"하하! 김 대리의 보고서가 어떻게 만들어질지 기대되는걸."
내심 걱정이 많았는데 웃으며 반겨 주는 친구를 보니 긴장이 풀리는 것 같았다.

잠시 후 친구는 실제로 제작해 납품한 모범적인 PT 사례를 보여 주면서 강연을 시작했다. 오프닝답게 실습 없이 1시간 동안 스토리텔링식으로 쉽고 재미있게 분석해 줬는데, 화면에 띄워 놓은 모든 슬라이드가 참 세련됐다는 느낌을 받았다.
'나도 저렇게 만들 수 있을까….' 라고 생각하면서 노트를 한 권 꺼냈다.
친구이지만 오늘은 강사님이다. 이 노트에 배울 내용을 꼼꼼히 기록해 친구의 스킬을 모두 내 것으로 만들겠다고 다짐했다. 친구는 여유롭게, 그러면서도 능숙하게 사람들을 이끌었다. 가볍게 던지는 멘트 역시 피가 되고 살이 되는 실무 팁이었다.
그렇게 1시간이 금방 지나갔다.

"자, 이 정도의 스킬이라면 배워 볼 만하지 않을까요?"
정말 그랬다. 언급하는 것 모두 필요한 스킬들이었다. 그리고 부러웠다.
"그럼 잠깐 쉬었다가, 본격적으로 파워포인트를 다루는 노하우를 배워 보겠습니다!"

메뉴를 쉽게 찾는 요령과 전문가의 작업 환경 설정 방법

쉬는 시간 자판기 옆. 친구를 불러 내 커피 한 잔을 뽑아 줬다.

"고마워. 참! 네가 쓰는 PPT 버전이 뭐야?"
"그렇지 않아도 새로 발령받은 부서에 최신 버전이 설치돼 있어서 좀 당황하고 있던 참이었어."
"좀 적응할 만하면 새로운 버전이 나와 짜증 나겠네?"
익살맞게 웃는 친구가 마치 도사같이 느껴졌다.

"새 버전이 너무 빨리 나오니까, 짜증이 나는 것도 사실이고 메뉴를 다 쓰지도 못하겠지만 어딨는지 모르는 것도 문제야."

"아까, 내 파워포인트 화면이 좀 달라 보이진 않았어?"
"어. 뭔지 모르게 아이콘이 더 있는 거 같던데?"
"그래. 작업 속도 높이려면 그런 세팅이 필수지. 이번 시간엔 그런 걸 배울 거야."

#리본메뉴 #빠른실행도구모음 #파워포인트옵션설정 #전문가의작업환경 #무료글꼴

03-1 리본 메뉴를 편리하게 쓰는 세 가지 요령

리본 메뉴와 사용자 편의성

마이크로소프트 사는 2007 버전부터 기존의 드롭다운(Drop Down) 방식을 과감히 버리고 모든 오피스 프로그램에 **리본 인터페이스**(Ribbon Interface)를 채택했습니다. 그 이유는 무엇이었을까요? 바로 **'사용자 편의성'** 때문입니다.

▶ 파워포인트는 2007 버전이 나오기 전까지 [메뉴] 탭을 눌렀을 때 탭에 해당하는 명령이 아래로 펼쳐지는 드롭다운 방식이었습니다.

파워포인트에서 말하는 사용자 편의성이란, 특별한 학습이 없어도 누구나 필요한 명령을 쉽게 찾을 수 있어야 한다는 의미입니다. 리본 메뉴에는 수십 개의 메뉴와 기능이 들어 있지만 '탭'만 클릭하면 관련 기능을 '그룹'으로 펼쳐 보여 주기 때문에 일일이 기억할 필요가 없습니다.

리본 메뉴에는 수십 개의 메뉴와 기능이 숨어 있습니다.

비슷한 기능은 그룹으로 묶여 있고 각 기능은 아이콘으로 표시돼 있기 때문에 원하는 기능을 찾기 쉽고 기능의 성격을 이해하기도 쉽습니다. 그럼 얼마나 편리한지 직접 실습해 볼까요? 리본 메뉴를 가장 쉽게 다루는 세 가지 방법을 배워 보겠습니다.

방법 ① - 개체를 더블클릭한다

슬라이드 안의 개체를 '더블클릭'하면 해당 개체와 관련된 탭 메뉴가 나타나고 자주 쓰는 기능들이 그룹 형태로 펼쳐집니다. 탭 메뉴는 주로 서식이나 디자인을 편집하는 기능들로 구성돼 있는데요. 원하는 메뉴를 찾아 이리저리 헤맬 필요 없이 해당 개체만 더블클릭하면 됩니다.

지금 해야 된다! } 파워포인트에 들어 있는 그림을 그 위치 그대로 바꾸기

'03장 예제.pptx' 파일을 열고 1번 슬라이드를 클릭합니다. 'Design' 글자 아래의 그림 아이콘이 별로 마음에 들지 않습니다. 이 그림을 다른 아이콘으로 바꿔 보겠습니다.

1 그림 아이콘을 마우스로 더블클릭하면 리본 메뉴의 탭이 [그림 서식] 탭으로 바뀌는 것을 볼 수 있습니다. [그림 서식] 탭의 [조정] 그룹에서 [그림 바꾸기-파일에서]를 선택합니다.

▶ 다른 버전은 문제 없지만 2019, 오피스 365 버전부터는 텍스트와 도형의 경우, 더블클릭해도 서식 탭이 자동으로 표시되지 않습니다. 그래서 개체를 선택했을 때는 다른 색으로 표시된 탭을 직접 누르고 들어가야 합니다.

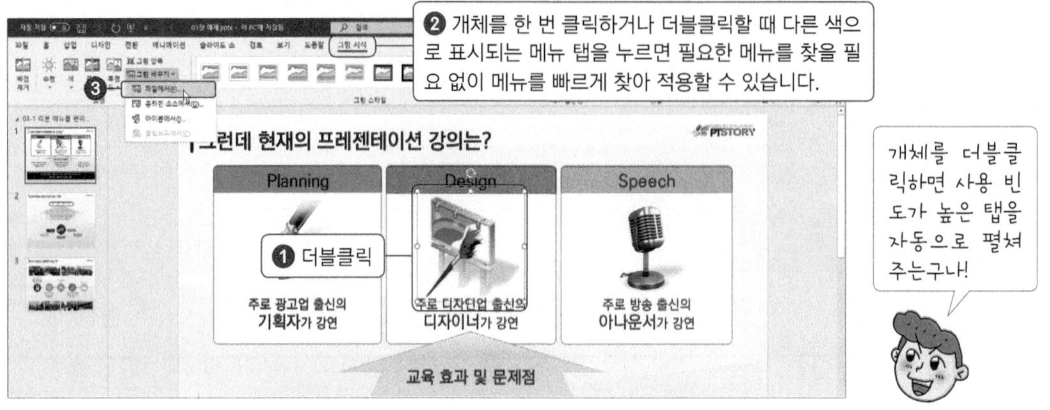

2019 이하 버전에서는 [그림 도구 - 서식] 탭으로 표시됩니다.

2 그림을 찾는 폴더 창이 열리면, 03장 폴더의 'Design.png' 파일을 선택합니다. 그런 다음, [삽입] 버튼을 누르면 이미지가 교체됩니다.

▶ 2013~2016 버전에서는 별도의 창이 나타납니다. 이 창의 [파일에서] 버튼을 누르세요. 이 창이 뜨는 이유는 마이크로소프트 사의 검색 엔진인 빙(Bing)의 이미지를 온라인에서 검색해 넣을 수 있게 하기 위해서입니다.

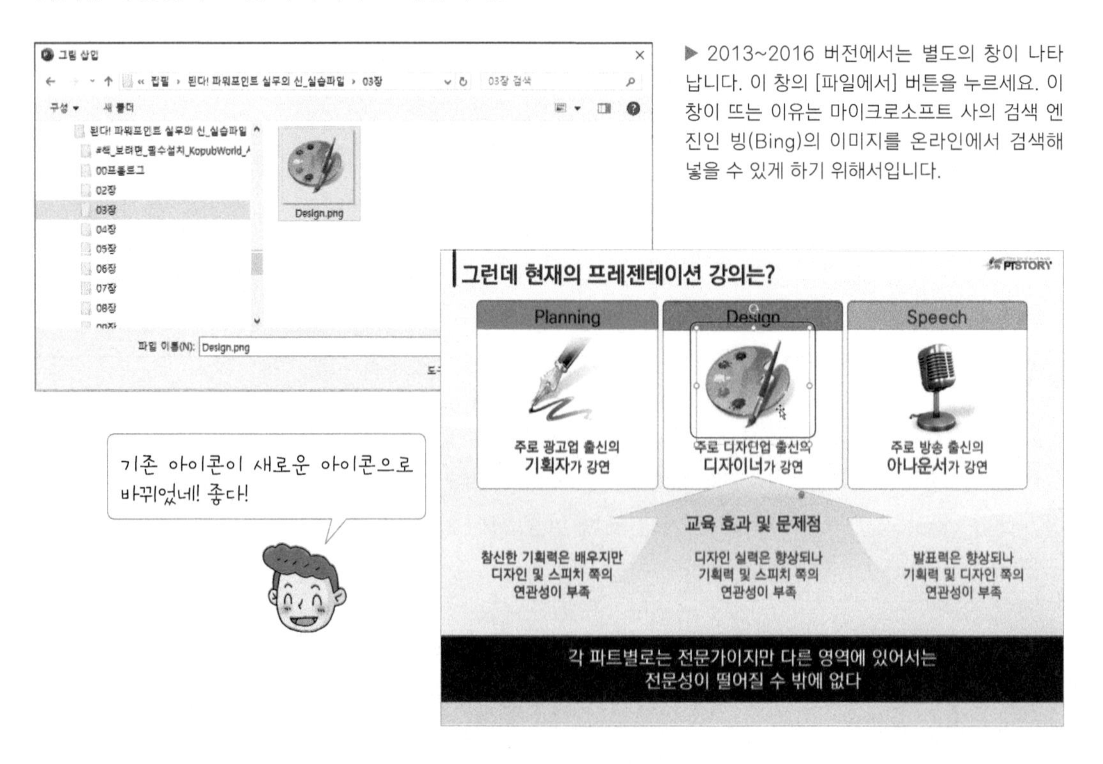

이처럼 파워포인트는 개체를 더블클릭하면 사용 빈도가 가장 높은 탭을 자동으로 펼쳐 줍니다. 이 사실을 몰랐다고 해도 필요한 메뉴를 찾는 데엔 지장이 없습니다. 왜냐하면 개체를 선택하고 위의 메뉴 탭을 자세히 살펴보면 색이 다르게 표시되는데, 그 탭이 주로 작업할 탭이라는 것입니다.

같은 종류의 개체를 다시 선택할 때는 한 번만 클릭해도 됩니다. 다른 종류의 개체라면 다시 더블클릭해야 한다는 점도 함께 기억해 두세요.

방법 ② - 마우스 오른쪽 버튼을 누른다

파워포인트의 인터페이스를 가장 쉽게 다루는 두 번째 방법은 '마우스 오른쪽 버튼'을 누르는 것입니다. 이 방법은 이미 많은 독자분께서 사용해 보셨을 텐데요. 개체 위에 마우스 오른쪽 버튼을 누르면 사용 빈도가 높은 메뉴가 마우스 커서 옆에 별도로 나타납니다. 이 방법을 이용하면 리본 메뉴까지 마우스를 움직이지 않아도 원하는 메뉴를 빠르게 선택할 수 있습니다.

지금 해야 된다! } 점 편집으로 화살표 모양 변경하기

1 '03장 예제.pptx' 파일의 2번 슬라이드를 클릭합니다. 이 슬라이드에 있는 노란색 화살표 도형의 모양을 바꿔 보겠습니다. 노란색 화살표 도형을 마우스 오른쪽 버튼으로 클릭한 후 [점 편집]을 선택합니다.

▶ 2007 버전에서는 마우스 오른쪽 버튼에 [점 편집] 메뉴가 없습니다. 도형을 선택하고 [서식] 탭 → [도형 삽입] 그룹 → [도형 편집 - 자유형으로 변환]을 누른 후에 작업하세요.

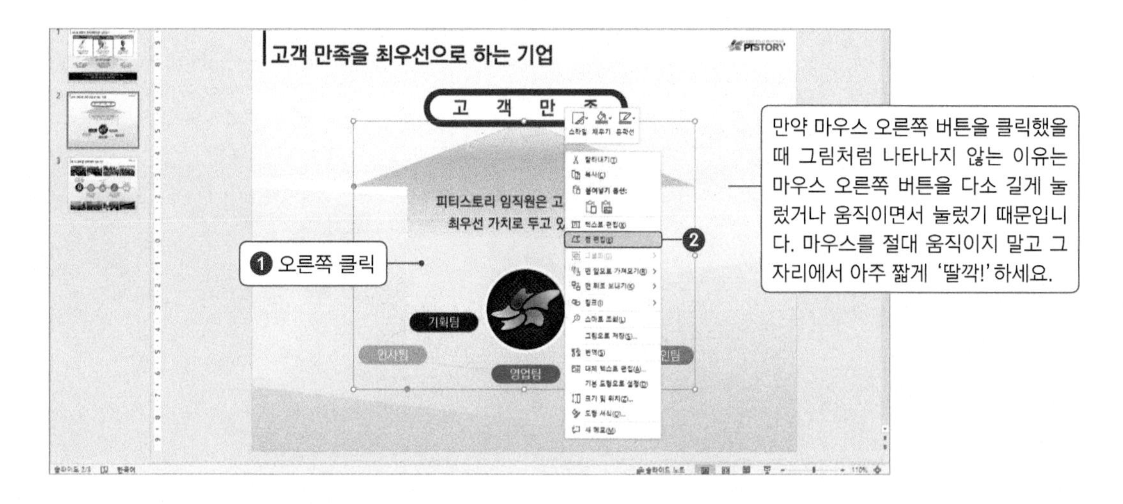

2 화살표의 각 꼭짓점에 검은색 점이 생겼나요? 잘하셨습니다. 이제 조심스럽게 이 검은색 점을 드래그하면 도형의 모양을 바꿀 수 있습니다. 아래 그림을 참고해 왼쪽 아래에 있는 점을 클릭하고 슬라이드 왼쪽 끝까지 끌어 주세요. 그런 다음, 오른쪽 아래에 있는 점도 클릭해 슬라이드 오른쪽 끝까지 끌어 맞춰 주세요.

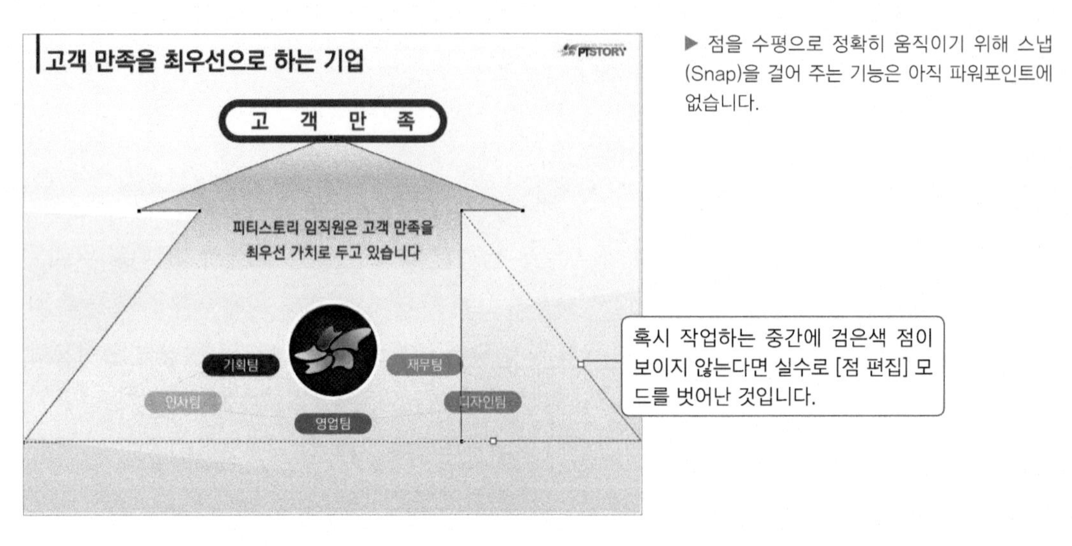

▶ 점을 수평으로 정확히 움직이기 위해 스냅(Snap)을 걸어 주는 기능은 아직 파워포인트에 없습니다.

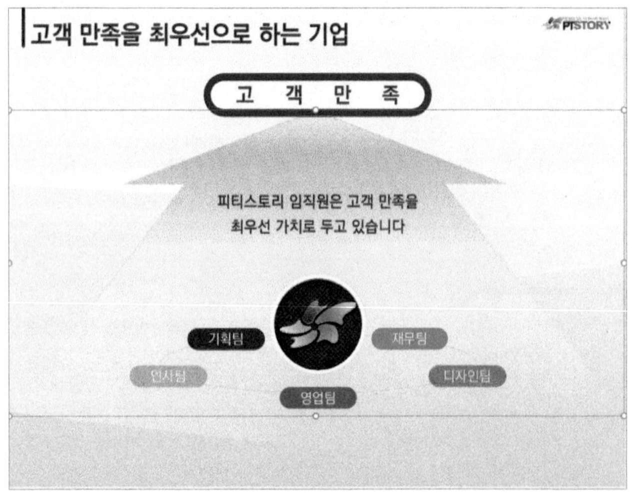

화살표 아래에 있는 꼭짓점 2개를 모두 옮기면 위 그림처럼 화살표 모양이 바뀐 것을 확인할 수 있습니다.

▶ 화살표를 직선형이 아니라 멋지게 휘어 올라가는 화살표로 바꿀 수도 있습니다. [점 편집]의 자세한 기능은 05-8절에서 상세하게 학습합니다.

도형의 형태도 바꿀 수 있구나.
[점 편집]을 하고 나니 화살표가 훨씬 멋있어졌어!

방법 ③ - 명령의 큰 범주부터 좁혀 나간다

이 부분이 2007년에 마이크로소프트 사가 리본 인터페이스로 바꾼 근본적인 이유에 해당합니다. 앞서 배운 더블클릭으로도, 마우스 오른쪽 버튼으로도 찾을 수 없는 메뉴들이 있습니다. 예를 들어 슬라이드 쇼의 설정을 바꾸는 [쇼 설정], 데이터를 쉽게 보이게 하는 [차트], 역동적인 화면을 만들어 주는 [애니메이션 창] 등과 같은 메뉴는 직접 찾을 수밖에 없습니다. 이런 메뉴는 어떻게 찾아야 할까요? 리본 메뉴의 구성 원리를 바탕으로 큰 범주부터 찾아 나간다면 굳이 메뉴를 외우지 않아도 쉽게 찾을 수 있습니다.

지금 해야 된다! } 가운뎃점(·) 기호 삽입하기

'**03장 예제**.pptx' 파일의 3번 슬라이드를 열면, 화면 중앙에 '기획, 디자인, 발표 전반을 아우르는 PT교육'이라는 텍스트가 보입니다. 이 텍스트에서 쉼표(,) 대신 가운뎃점(·)을 삽입해 보고 싶은데요.
리본 메뉴의 구성 원리대로 큰 범주에서 작은 범주로 명령의 범주를 좁혀가면서 메뉴를 찾아 넣어 보겠습니다. 요령은 ① 위의 '탭'에서, ② 아래의 '그룹'에서, ③ 안의 '명령'에서 찾는 것입니다. 기억하세요. **위에서, 아래에서, 안에서!**

1 먼저 가운뎃점(·)을 넣기 위해 기존 '기획'이란 단어 뒤에 있는 쉼표(,) 앞에 마우스 커서를 올려놓고 [Delete] 키를 눌러 쉼표를 지웁니다.

2 앞서 말씀드린 요령에 맞춰 기호를 넣겠습니다. 일단 큰 범주는 새로운 것을 넣는 것이죠? **위에서** [삽입] 탭을 누르면 다양한 메뉴가 그룹 형태로 펼쳐집니다.
펼쳐진 그룹을 **아래에서** 하나씩 살펴보면 슬라이드, 표, 이미지, 일러스트레이션 등이 있습니다. 그중 [기호] 그룹이 오른쪽에 보이네요. 그 **안에서** [기호] 버튼이 있습니다. 누르세요.

위에서 [삽입], 아래에서 [그룹]을 찾아 좁아진 범주 안에서 [기호]를 찾습니다.

3 기호 입력 창이 나타났습니다. 창의 오른쪽 위에 있는 [하위 집합] 유형을 [라틴어-1 추가]로 변경한 후 가운뎃점(·)을 찾아 선택하고 [삽입] 버튼을 누릅니다.

4 가운뎃점(·)이 삽입된 것을 확인할 수 있습니다. 이와 똑같은 방법으로 '디자인' 텍스트 뒤의 쉼표(,)를 지우고 가운뎃점(·)을 삽입하세요.

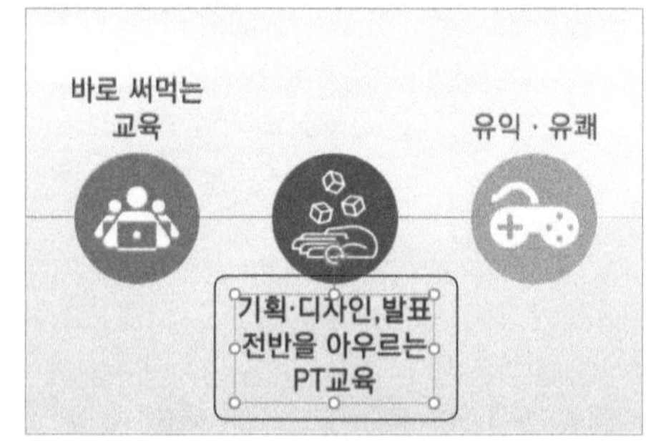

가운뎃점(·)을 삽입해 슬라이드를 완성했습니다.

03-2 시간을 아껴 주는 빠른 실행 도구 모음

자주 쓰는 명령은 즐겨찾기하세요

작업을 하다 보면 자주 사용하는 기능이 생기게 마련입니다. 그리고 사람마다, 만들 자료마다 자주 사용하는 기능이 다를 수 있습니다. 파워포인트는 사용자가 직접 명령 도구를 구성할 수 있는 '빠른 실행 도구 모음' 기능을 제공합니다.

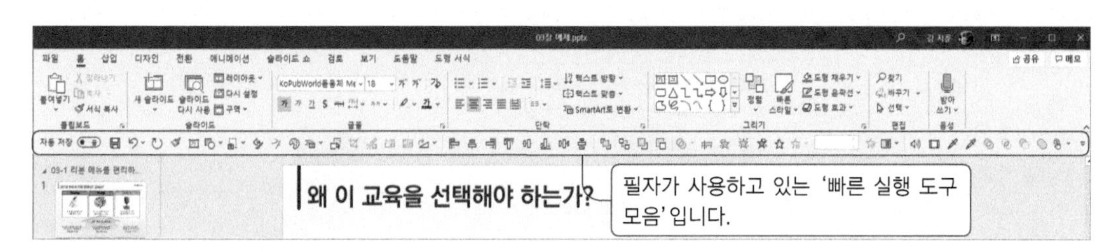

예를 들어, 그림을 삽입할 때마다 [삽입] 탭에서 [그림] 버튼을 눌러야 한다면 작업이 굉장히 번거로울 수밖에 없습니다. 하지만 그림 삽입 기능을 빠른 실행 도구 모음에 추가하면, 현재 선택돼 있는 탭에 상관없이 빠른 실행 도구 모음에서 [그림 삽입] 버튼을 누르기만 하면 됩니다.
사용자는 원하는 기능을 빠른 실행 도구 모음에 추가하거나 제거할 수 있고 순서도 변경할 수 있습니다. 마치 인터넷 즐겨찾기를 다루듯이 편집할 수 있습니다. 직접 실습해 볼까요?

지금 해야 된다! } 빠른 실행 도구 모음에 메뉴 추가하고 삭제하기

빠른 실행 도구 모음에 그림 삽입 메뉴를 추가한 후 삭제해 보겠습니다. 이번 절에는 예제 파일이 없습니다. 직접 파워포인트를 켜고 차분히 따라 하세요.

1 파워포인트를 실행합니다. [삽입] 탭 → [그림] 메뉴 위에 마우스 커서를 올려놓은 후 오른쪽 버튼을 클릭해 [빠른 실행 도구 모음에 추가]를 선택합니다. 탭 메뉴 윗줄에 메뉴가 추가된 것을 확인할 수 있습니다.

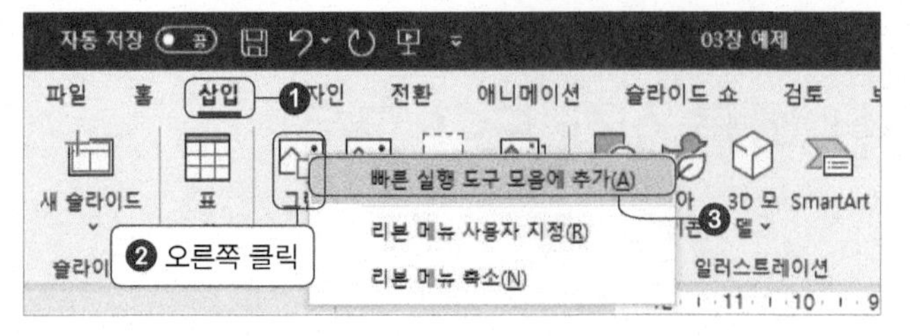

빠른 실행 도구 모음에 메뉴를 추가합니다.

2 이번에는 빠른 실행 도구 모음에 있는 메뉴를 삭제해 보겠습니다. 마우스 오른쪽 버튼을 눌러 빠른 실행 도구 모음에 추가된 [그림 삽입] 메뉴를 클릭하고 [빠른 실행 도구 모음에서 제거]를 선택합니다. 메뉴가 제거된 것을 확인할 수 있습니다.

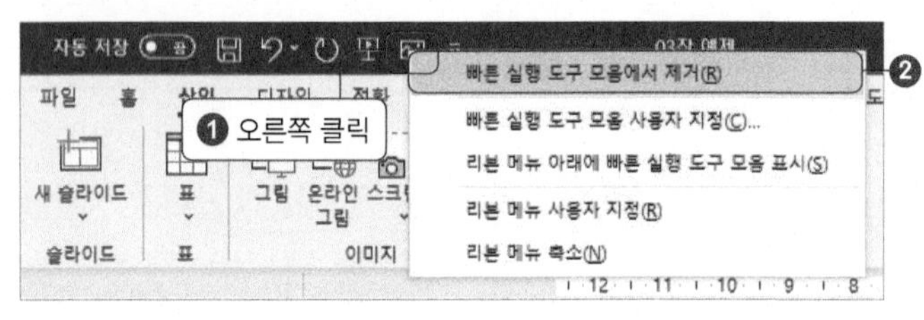

빠른 실행 도구 모음에서 메뉴를 제거합니다.

빠른 실행 도구 모음을 추가하고 제거하는 건 간단하죠? 그러나 이와 같은 방법으로 빠른 실행 도구 모음을 일일이 설정하지 않아도 됩니다. 지금부터 좀 더 쉽게 관리하는 방법을 배울 테니까요.

빠른 실행 도구 모음 한꺼번에 설정하기

앞에서 배운 것처럼 자주 쓰는 기능을 하나하나 빠른 실행 도구 모음에 추가할 수도 있지만, 추가, 제거, 관리를 한꺼번에 할 수 있다면 더 편리하지 않을까요? [PowerPoint 옵션] 창을 사용하면 쉽게 해결됩니다. 이 창에서는 파워포인트에서 사용하는 모든 기능을 한눈에 볼 수 있기 때문에 빠른 실행 도구 모음을 간편하게 설정할 수 있습니다.

지금 해야 된다! } PowerPoint 옵션 창에서 명령 추가하기

1 파워포인트를 켜고 [파일] 탭에서 [옵션]을 클릭합니다. [PowerPoint 옵션] 창이 나타나면 왼쪽 메뉴에서 [빠른 실행 도구 모음]을 클릭합니다.

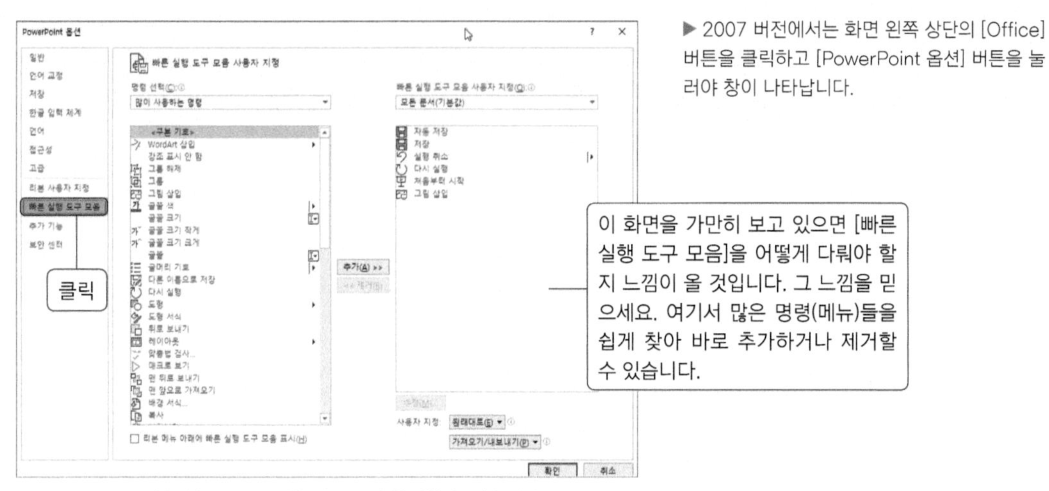

파워포인트에서 사용하는 모든 명령을 이곳에서 확인할 수 있습니다.

▶ 2007 버전에서는 화면 왼쪽 상단의 [Office] 버튼을 클릭하고 [PowerPoint 옵션] 버튼을 눌러야 창이 나타납니다.

2 임의의 명령을 추가하거나 제거해 보세요. 그리고 위, 아래 화살표 버튼을 사용해 순서도 자유롭게 바꿔 보세요. 여기서는 [그림], [글꼴 색], [레이아웃] 명령을 추가해 보겠습니다. [확인] 버튼을 누르면 옵션 창에서 설정한 명령이 [빠른 실행 도구 모음]에 반영된 것을 확인할 수 있습니다.

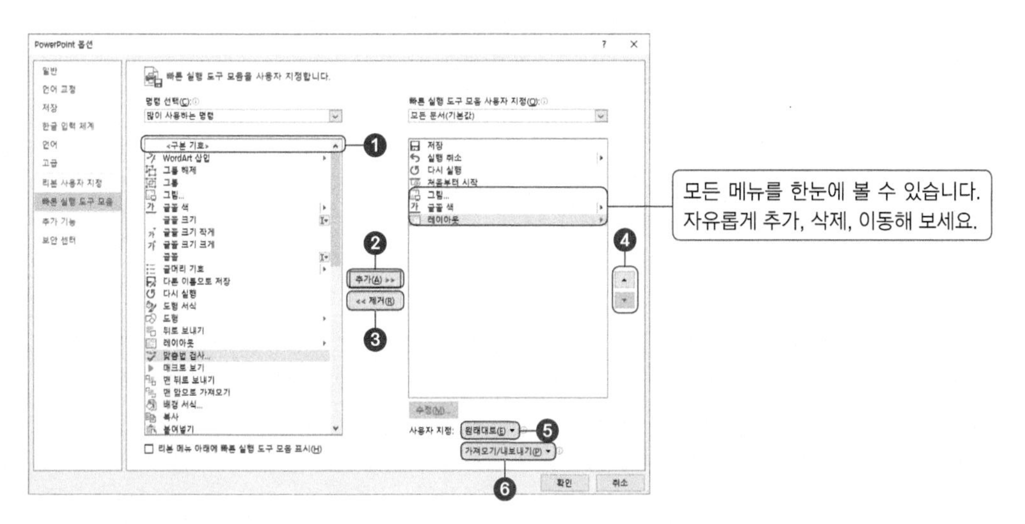

❶ 사용자가 추가한 명령 사이에 구분선이 추가됩니다. 비슷한 기능끼리 묶어 그룹을 지을 때 유용합니다.

❷ 왼쪽 상자에서 명령을 선택한 후 [추가] 버튼을 누르면 오른쪽 상자에 등록됩니다.

❸ 오른쪽 상자에서 명령을 선택한 후 [제거] 버튼을 누르면 해당 명령이 제거됩니다.

❹ 명령의 순서를 바꿀 수 있습니다.

❺ 빠른 실행 도구 모음을 초기화할 수 있습니다.

❻ 현재 구성된 명령을 백업 파일로 저장하거나 특정 백업 파일을 불러올 수 있습니다.

03-3 전문가의 빠른 실행 도구 모음 설정 방법

이 책은 03-3절을 반드시 실습해야 책 화면과 같은 상태로 볼 수 있습니다!

전문가의 빠른 실행 도구 모음은 어떻게 생겼을까

임요환 전 프로게이머의 키보드를 본 적이 있나요? 그는 최상의 경기를 위해 게임에 방해가 되는 키들은 아예 빼놓고 키보드를 사용한 것으로 유명했죠. '생활의 달인'이라는 TV 프로그램에 나오는 사람들도 자기만의 도구나 방법을 갖고 있는 것을 흔히 보게 됩니다.

파워포인트도 전문가만의 방법이 있습니다. 전문가들처럼 빠르고 효과적으로 파워포인트를 다루려면 전문가들의 방법을 내 것으로 만들어야 합니다.

지금부터 파워포인트 전문가들은 빠른 실행 도구 모음을 어떻게 만들어 놓고 사용하는지 알려드리겠습니다. 필자가 10년이 넘는 실무 경험을 통해 완성한 '빠른 실행 도구 모음'을 여러분께 공개합니다. 눈으로만 보지 말고 직접 설정해 보세요!

지금 해야 된다! } 전문가의 빠른 실행 도구 모음 가져오기

1 앞서 배운 방법대로 [PowerPoint 옵션] 창을 띄웁니다. 창의 오른쪽 아래에 있는 [가져오기/내보내기] 버튼을 클릭하고 [사용자 지정 파일 가져오기]를 실행합니다.

▶ 이 방법은 2010 이상 버전부터 적용할 수 있습니다. 2007 버전 사용자는 [가져오기/내보내기] 버튼이 없으니 결과만 확인한 후 [옵션 - 빠른 실행 도구 모음]에서 똑같이 설정하세요. 낮은 버전이라 없는 기능도 제법 있습니다.

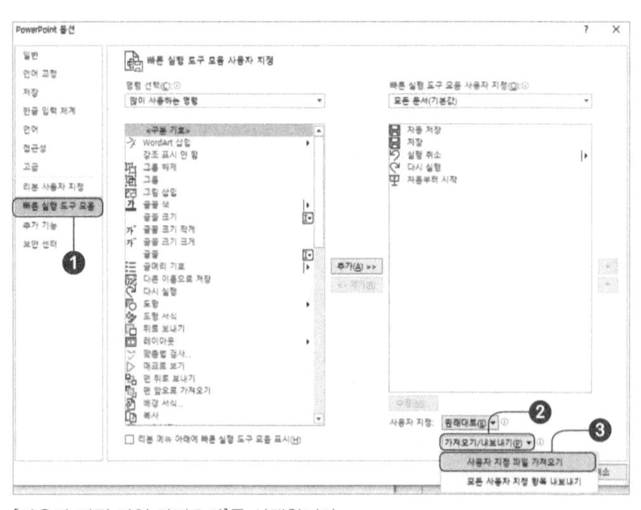

[사용자 지정 파일 가져오기]를 선택합니다.

2 [파일 열기] 창이 나타나면 [03장] 폴더에서 'PowerPoint Customizations.exportedUI' 파일을 선택하고 [열기] 버튼을 누릅니다.

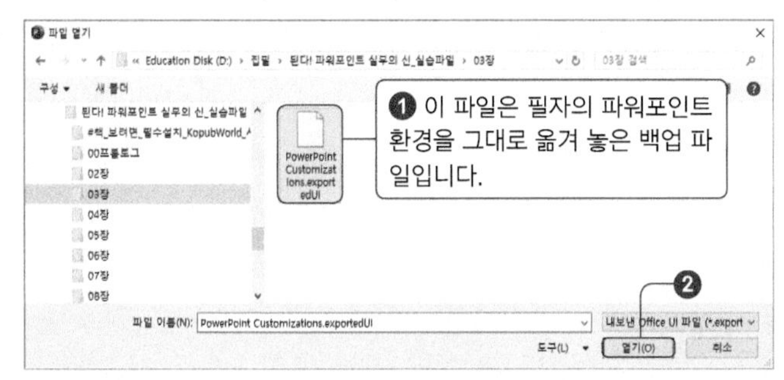

파일 이름이 참 길지만 이 파일이 여러분의 파워포인트를 편리하게 만들어 줄 것입니다.

3 기존의 빠른 실행 도구 모음을 변경해도 좋은지 묻는 창이 나타나면 [예] 버튼을 누릅니다.

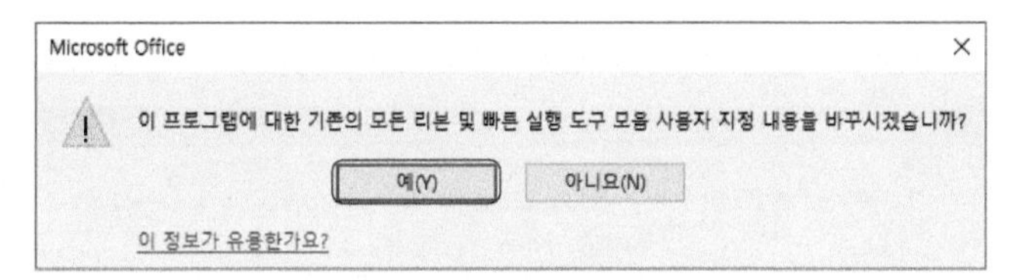

현재 설정된 메뉴를 바꿔도 괜찮은지를 묻는 창입니다. 당연히 바꿔야죠.

4 많은 명령이 한꺼번에 빠른 실행 도구 모음에 추가된 것을 확인할 수 있습니다. [확인] 버튼을 누릅니다.

백업해 놓은 명령들이 추가됐습니다.

5 파워포인트 최상단에 메뉴가 추가된 것을 볼 수 있습니다.

빠른 실행 도구 모음이 화면 가장 윗줄에 나타났습니다.

빠른 실행 도구 모음의 위치를 옮겨 보세요

지금은 빠른 실행 도구 모음이 리본 메뉴 위에 있습니다. 현재 상태로 빠른 실행 도구 모음을 사용해도 되지만 몇 가지 불편한 점이 있습니다.

빠른 실행 도구 모음의 오른쪽에 있는 메뉴들이 제목표시줄에 가려 접혀 있고 파워포인트 파일의 이름도 잘 보이지 않습니다. 그리고 특정 개체를 선택하면 [서식] 탭이 활성화되면서 빠른 실행 도구 모음이 접혀버립니다. 무엇보다 작업 화면과 빠른 실행 도구 모음 사이의 거리가 멀어 작업 시간이 많이 걸립니다. 그러나 걱정할 필요 없습니다. 빠른 실행 도구 모음을 리본 메뉴 아래로 옮길 수 있으니까요.

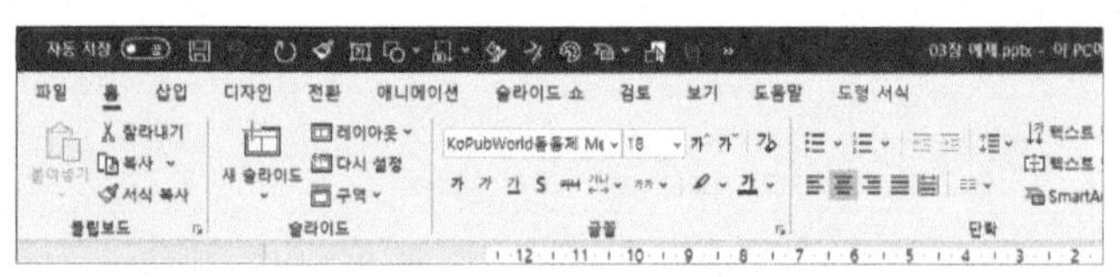

빠른 실행 도구 모음이 리본 메뉴 위에 있으면 수시로 접히기 때문에 사용하기 불편합니다.

지금 해야 된다! } 빠른 실행 도구 모음을 리본 메뉴 아래로 옮기기

1 [파일 - 옵션] 메뉴를 클릭해 [PowerPoint 옵션] 창을 띄웁니다. 왼쪽 명령 상자 아래에 있는 [리본 메뉴 아래에 빠른 실행 도구 모음 표시] 항목을 체크한 후 [확인] 버튼을 누릅니다.

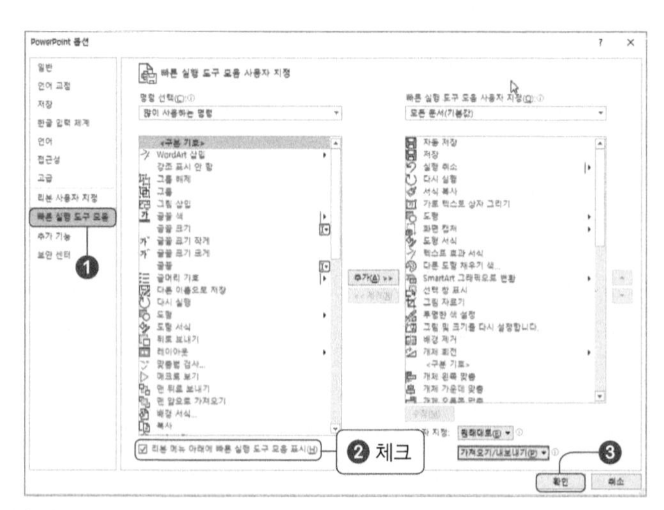

[리본 메뉴 아래에 빠른 실행 도구 모음 표시]를 체크합니다.

2 빠른 실행 도구 모음이 리본 메뉴 아래로 옮겨진 것을 확인할 수 있습니다.

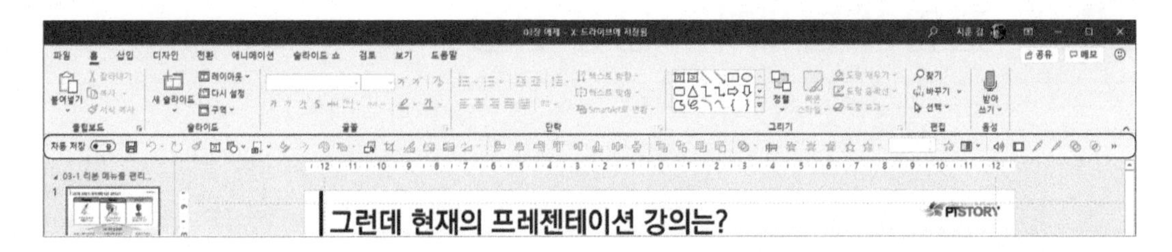

백업 파일을 만들어 보세요

현재 설정해 놓은 빠른 실행 도구 모음은 백업 파일로 저장할 수 있습니다. [PowerPoint 옵션] 창에서 내보내기를 하면 'PowerPoint Customizations.exportedUI' 파일이 만들어지는데, 이 파일을 메일이나 클라우드 공간에 꼭 저장해 놓기 바랍니다. 그러면 혹시 PC방이나 다른 자리에서 파워포인트 작업을 하게 되더라도 백업 파일을 다운로드해 가져오기만 하면 어디서든 나만의 작업 환경을 그대로 사용할 수 있습니다.

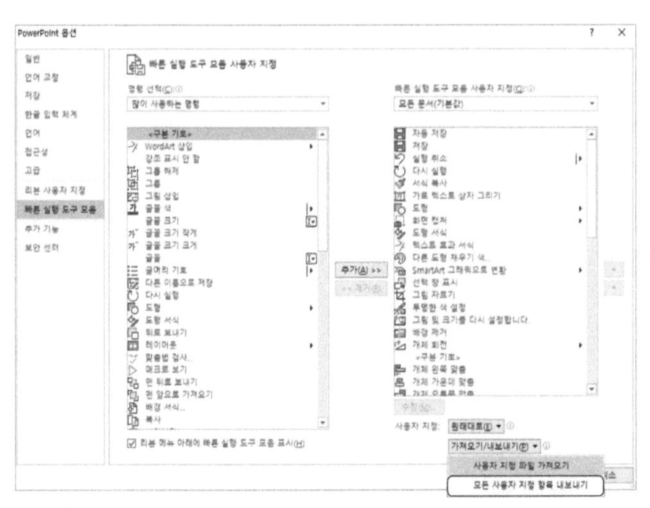

[모든 사용자 지정 항목 내보내기]를 누르면 백업 파일을 만들 수 있습니다.

전문가의 빠른 실행 도구 모음 설정 방법을 배웠습니다. 아직은 뭔지도 모르는 아이콘으로 가득찬 파워포인트 화면이 낯설게 느껴지시죠? 적응하려면 시간이 필요하겠지만, 이 책의 실습은 이렇게 설정해 둔 **빠른 실행 도구 모음에 있는 기능을 주로 사용**하기 때문에 이 책을 끝까지 따라 하다 보면 충분히 익숙해질 겁니다. 차근차근 끝까지 학습해 보세요!

03-4 작업이 편해지는 옵션 설정

작업 환경 때문에 사용자들이 불편을 겪는 이유를 분석해 작업 환경을 좀 더 바꿔 보겠습니다. 'PowerPoint 옵션' 창에서 몇 가지만 바꾸면 파워포인트를 훨씬 더 편하게 다룰 수 있습니다. 앞으로 소개할 몇 가지 노하우를 적용해 전문가의 작업 환경을 완성해 봅시다.

첫째, 한/영 자동 고침 옵션을 해제하세요

Q. 영문으로 텍스트를 입력해야 하는데, 일부 글자가 자꾸 한글로 바뀝니다. 왜 그런가요?

한/영 자동 전환 옵션이 설정돼 있기 때문입니다. 원래는 키보드의 [한/영] 키를 누르지 않아도 언어를 인식해 자동으로 전환해 주는 편리한 기능이지만, 실무에서는 오히려 불편합니다. [파일] 탭에서 [옵션] 메뉴를 선택합니다. [언어 교정] 탭 → [자동 고침 옵션]을 누릅니다. [자동 고침] 창이 뜨면 [한/영 자동 고침] 항목을 체크 해제합니다.

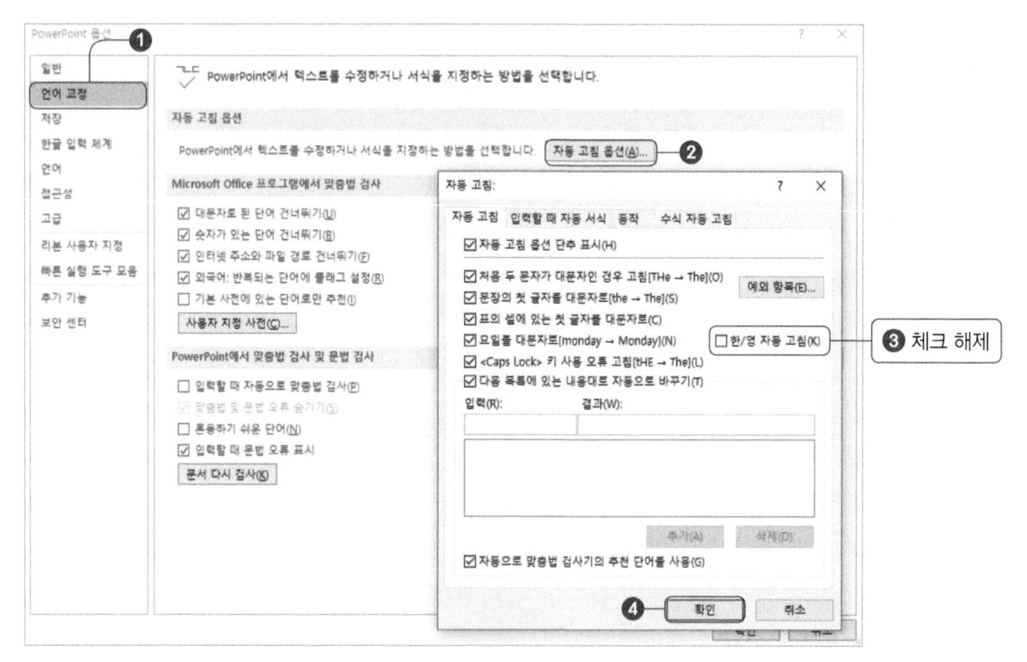

자동으로 전환되는 게 더 불편합니다.

둘째, 실행 취소 횟수는 미리 최대한으로 조정하세요

Q. 작업을 20번까지 취소할 수는 있지만, 그 이상은 안 됩니다. 왜 그런가요?

여느 프로그램과 마찬가지로 실행했던 작업을 취소하는 단축키는 Ctrl + Z 키입니다. 파워포인트는 기본적으로 실행 취소 횟수가 20회입니다. 그러나 실행 취소 횟수를 최대 150회까지 늘릴 수 있습니다.

이번에는 [고급] 탭으로 들어갑니다. [편집 옵션]에 있는 [실행 취소 최대 횟수]를 150으로 설정합니다.

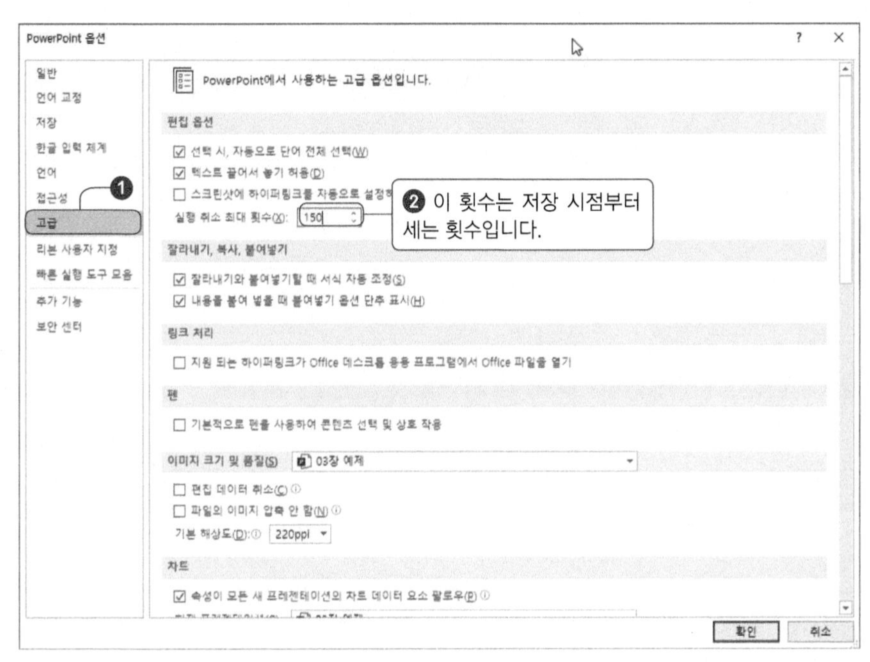

실무에서는 작업을 취소해야 할 일이 많습니다. 미리 늘려 놓으세요!

셋째, 인쇄는 고품질로 설정하세요

> Q. 투명 효과가 있는 그라데이션 도형을 인쇄했는데 투명 효과가 안 나타납니다. 왜 그런가요?

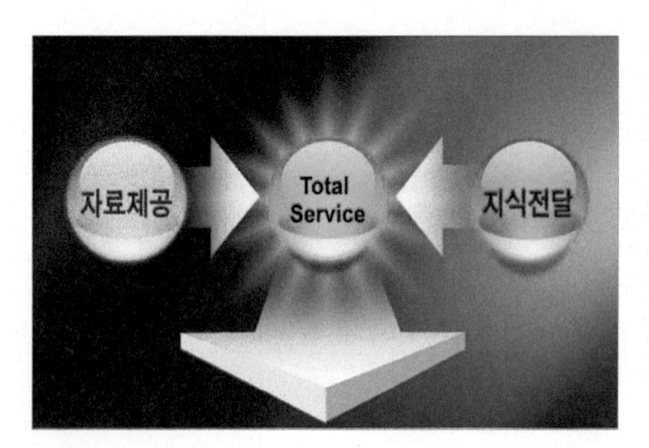

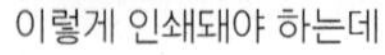
이렇게 인쇄돼야 하는데

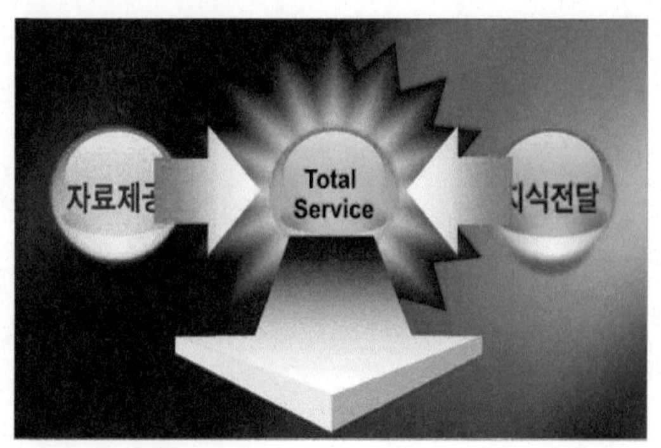

이렇게 인쇄될 수 있습니다.

이 문제를 해결하려면 [고품질] 인쇄 옵션을 사용해야 합니다. [고급] 탭을 클릭한 후 스크롤 막대를 내리고 [인쇄] 영역의 [고품질] 항목을 체크합니다. 그러면 투명 효과가 있는 그라데이션 개체도 깔끔하게 인쇄할 수 있습니다.

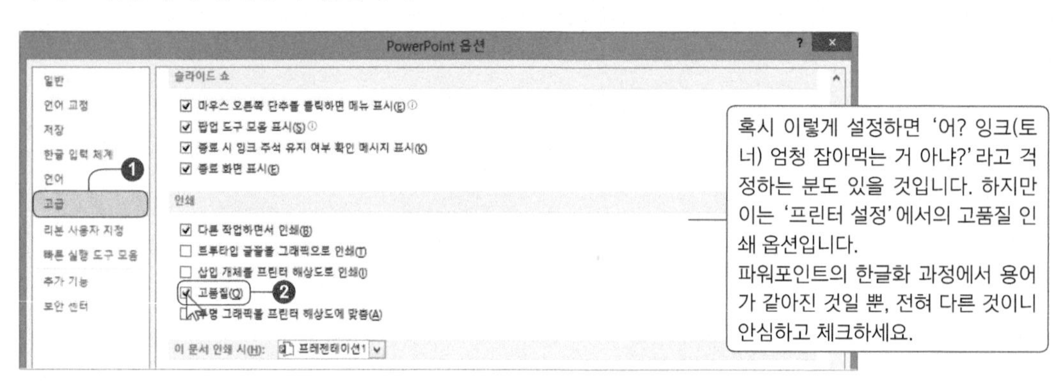

[고품질] 항목을 체크한 후 인쇄하세요!

그런데 왜 이 좋은 옵션이 기본으로 켜 있지 않은 걸까요? 파워포인트는 윈도우에서 사용하는 GDI+(Graphics Device Interface Plus)라는 그래픽 엔진 기술을 사용합니다. 그런데 이 그래픽 엔진의 특성상 투명도가 적용된 그라데이션 개체를 인쇄하면 데이터를 프린터로 보내는 과정에서 데이터 병목 현상이 발생합니다. 쉽게 말해, 인쇄하기까지 시간이 엄청 오래 걸립니다. 그래서 필자는 파워포인트는 발표용 프로그램이고 인쇄는 참고용으로 주로 쓰기 때문에 데이터 병목 현상을 예방할 목적으로 고품질 인쇄 설정을 기본 설정에서 빼놓았을 거라고 추측합니다.

넷째, 리본 메뉴를 접었다 펼쳐 보세요

Q. 리본 메뉴 때문에 파워포인트 편집 화면이 너무 좁아요. 넓힐 수 없나요?

모니터의 최대 지원 해상도가 낮다면 리본 메뉴의 아이콘이 큰 대신 편집 화면은 좁기 때문에 작업하기 불편할 수 있습니다. 게다가 빠른 실행 도구 모음까지 한 줄 더 생기면 화면은 더 좁아질 수밖에 없습니다.

이럴 때는 화면 우측 상단에 있는 ^ 버튼을 클릭해 리본 메뉴를 잠시 접어 두고 화면을 넓게 사용하세요. 리본 메뉴를 접어 두면 상단 탭을 직접 눌러 펼치는 풀다운(Pull Down) 메뉴 형태로 변경됩니다. 또는 특정 탭을 더블클릭하거나 단축키를 사용해도 리본 메뉴를 접었다 펼칠 수 있습니다. Ctrl + F1 키를 반복해 눌러 보세요.

▶ 2007 버전에는 버튼이 따로 없습니다. 탭을 더블클릭하거나 단축키를 사용하세요.

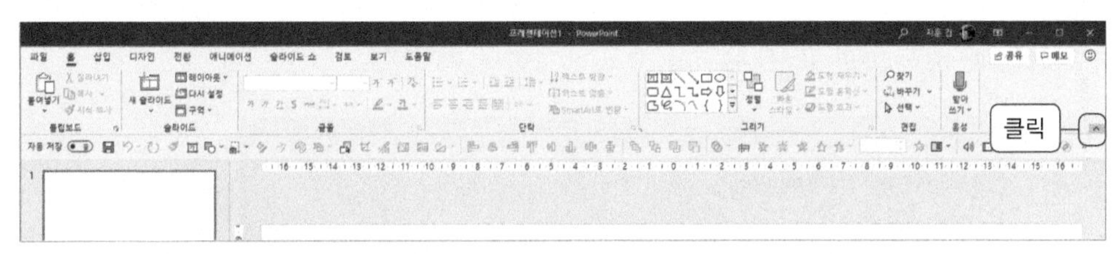

편집 화면이 좁아 작업이 불편하다면 우측 상단의 ^을 클릭해 보세요.

리본 메뉴가 접히면 편집 화면이 넓어집니다.

다섯째, 파워포인트 시작 화면을 변경해 보세요

2013 이상 버전 사용자 한정

Q. 파워포인트를 실행했을 때 시작 화면이 테마 선택 화면입니다. 빈 화면으로 시작할 수는 없나요?

파워포인트를 시작할 때 첫 화면에 등장하는 테마 선택 화면이 편리하기도 하지만, 이런 기본 테마들을 자주 사용하지 않고 주로 빈 화면으로 시작하는 것을 선호하는 사용자라면, 오히려 작업 화면으로 넘어가기까지 단계가 늘어나 불편합니다.

2013 이상 버전의 시작 화면

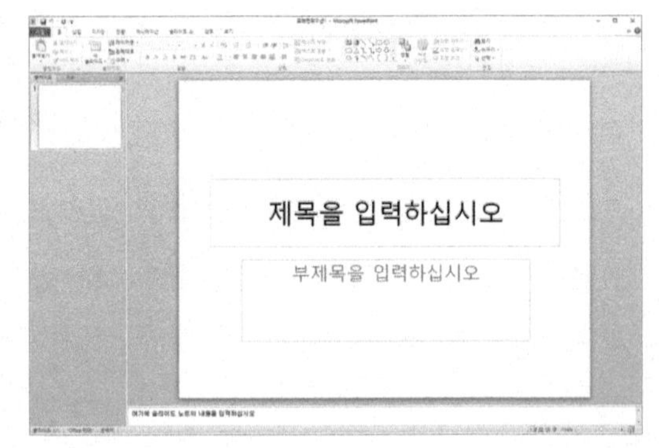

2007, 2010 버전의 시작 화면

▶ 2007과 2010 버전에서는 파워포인트를 켜면 바로 작업할 수 있는 빈 화면이 나타났지만, 2013 버전부터는 테마를 선택하는 화면이 나타납니다.

프로그램을 시작할 때 빈 화면으로 시작하고 싶다면 [일반] 탭 → [시작 옵션]에서 [이 응용 프로그램을 시작할 때 시작 화면 표시] 옵션을 체크 해제하면 됩니다.

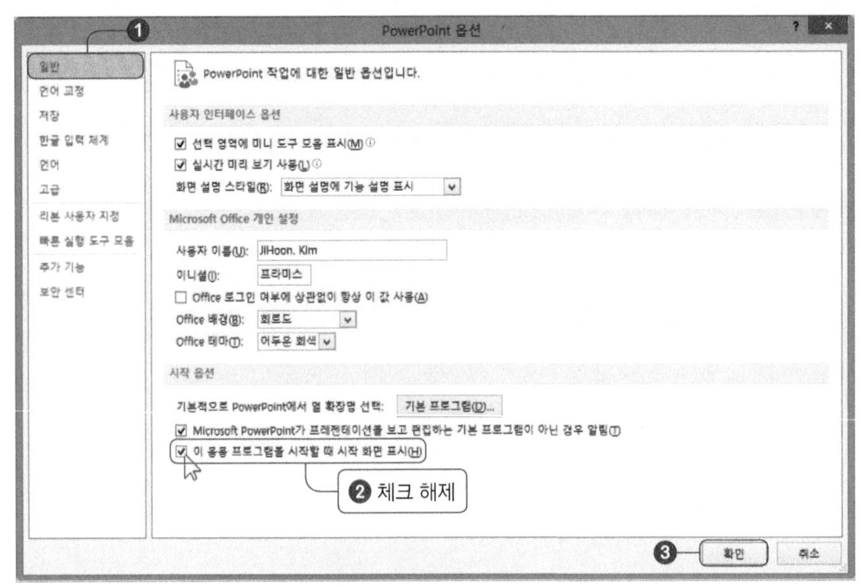

위와 같이 설정하면 파워포인트를 켤 때 테마 선택 화면이 나타나지 않습니다.

여섯째, 화면 상단의 'Microsoft 검색 상자'는 축소해 두세요

> 오피스 365 버전 사용자 한정
>
> Q. 제목 표시줄에 검색 창이 하나 있어 신경이 쓰이는데, 그건 도대체 뭐예요?

검색 상자는 필요한 기능이 어디에 있는지 찾지 못해 헤매는 사람들을 위해 오피스 365 버전부터 추가된 파워포인트 내의 검색 엔진입니다. 예를 들어 '그림'을 입력하면 그림과 관련된 기능을 바로 찾아 누를 수 있게 해 주는 것이죠.
그러나 이 책의 독자라면 03-1절에서 메뉴를 찾는 요령을 학습했으니 필요 없을 것입니다. 오히려 자리만 차지하고 방해가 될 수 있으니 축소해 두는 것이 좋겠습니다.

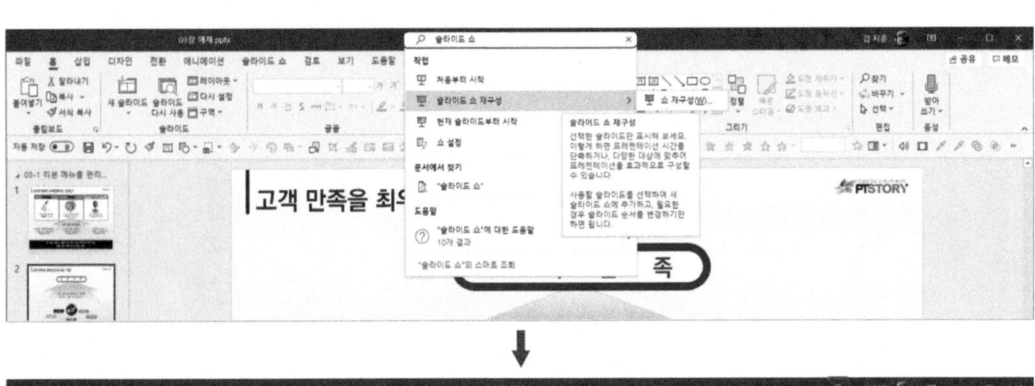

'PowerPoint 옵션' 창을 연 후 왼쪽 상단의 [일반] 탭을 클릭하면 [기본적으로 Microsoft 검색 상자 축소] 옵션이 나타납니다. 이 부분에 체크하면 검색 상자가 오른쪽으로 이동하면서 돋보기 아이콘으로 축소됩니다. 이 검색 상자는 필요시 단축키 Alt + Q로 언제든 불러올 수 있으니 평소에는 이렇게 축소해 두세요.

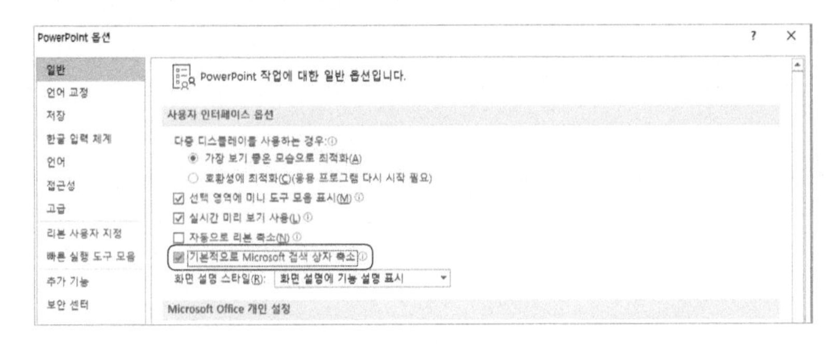

일곱째, 자동 저장 기능은 클라우드에서만 동작합니다

오피스 365 버전 사용자 한정

Q. 자동 저장 버튼이 있는데 꺼져 있어요. 이게 뭔가요?

작업을 하다 보면 저장과 관련된 실수를 자주 하게 되죠. 그래서 오피스 365 버전부터는 자동 저장을 지원합니다. 일정한 시간 주기로 자동 저장한 버전을 관리해 주는 이 기능은 원드라이브와 같은 클라우드에 파일을 저장했을 때만 작동합니다. 클라우드에 익숙한 사람이라면 좋겠지만, 그렇지 않은 사람은 저장이 느리고 답답할 수 있습니다. 꼭 필요한 사람이 아니라면 꺼 두는 것이 좋습니다.

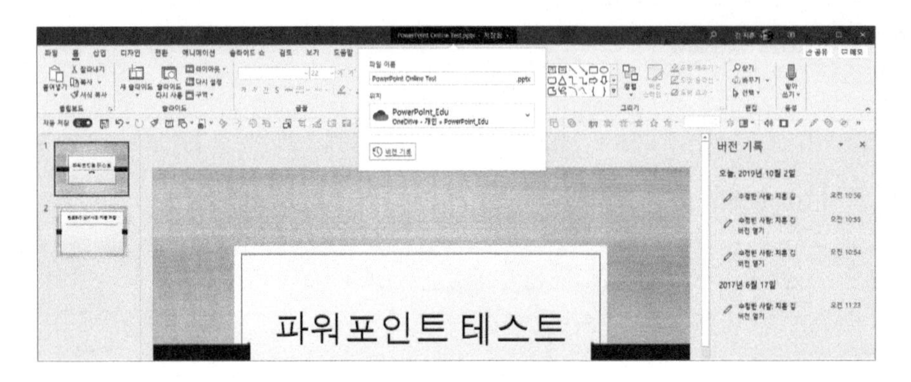

'PowerPoint 옵션' 창을 연 후 왼쪽의 [저장] 탭을 클릭하고 [PowerPoint에서 기본적으로 OneDrive 및 SharePoint Online 파일 자동 저장] 옵션을 체크 해제한 다음, [기본적으로 컴퓨터에 저장] 옵션에 체크하세요.

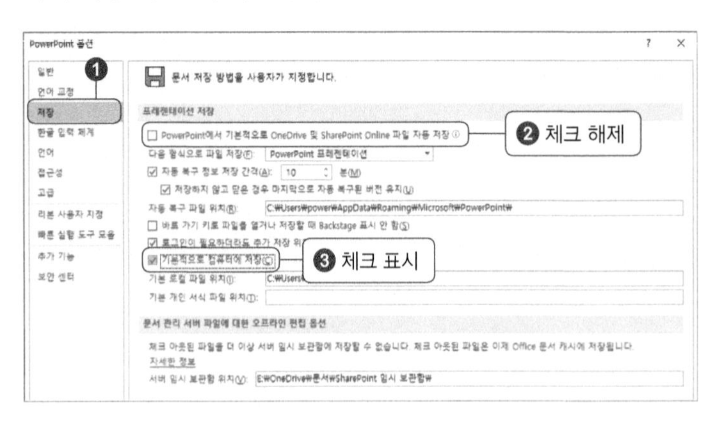

여덟째, 디자인 아이디어를 사용하지 않으려면 끄세요

오피스 365 버전 사용자 한정

Q. 그림을 넣을 때마다 화면 오른쪽에 '디자인 아이디어'가 나와 불편해요. 끌 수 없나요?

그림을 넣을 때 파워포인트에서 제시해 주는 '디자인 아이디어' 기능은 디자인이 어렵고 고민이 될 때 도움이 됩니다. 하지만 단순하고 깔끔한 디자인으로 작업하고 있는데 오히려 화려한 디자인 아이디어 창이 계속 뜬다면 매번 그 창을 닫기 불편할 것입니다. 'PowerPoint 옵션' 창을 연 후 왼쪽 상단의 [일반] 탭을 클릭하고 아래쪽으로 스크롤해 [디자인 아이디어를 자동으로 표시] 옵션을 해제하세요. 그러면 더 이상 디자인 아이디어가 표시되지 않습니다.

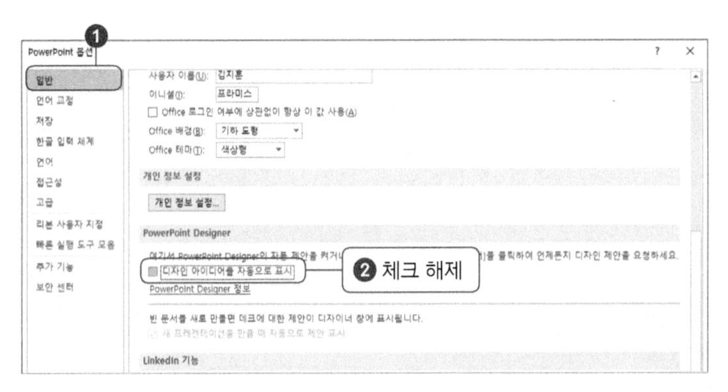

▶ 2019 버전에서는 옵션에서 디자인 아이디어를 끄는 항목이 없습니다. 작업 과정에서 디자인 아이디어가 화면 오른쪽에 표시될 때 [새 프레젠테이션에 대한 아이디어 표시 중지]를 클릭하세요.

03-5 파워포인트에 딱 좋은 무료 글꼴 설치하기

이 책은 'Kopub World' 서체로 예제를 진행합니다. 꼭 설치하세요!

무료 글꼴로도 충분해요

전문가들은 파워포인트에서 제공하는 기본 글꼴을 거의 사용하지 않습니다. 기본 글꼴은 범용적으로 쓰여 호환은 잘되지만, PT 자료의 품질을 고려할 때 조금 아쉬운 게 사실입니다.
하지만 굳이 유료 글꼴을 사용하지 않아도 무료 글꼴만으로도 얼마든지 디자인을 돋보이게 할 수 있습니다. 요즘은 다양한 기관과 기업에서 홍보나 캠페인을 목적으로 무료 글꼴을 많이 배포하고 있습니다. 이 중에서도 파워포인트에 활용하기 좋은 글꼴이 많습니다.

가독성 좋은 무료 글꼴! Kopub World 서체 설치하기

Kopub World 서체는 대한출판인회의에서 출판 시장 활성화를 위해 무료로 배포하는 글꼴입니다. 이 글꼴은 무료이지만, 현직 PT 디자이너들이 애용할 정도로 완성도가 높습니다.
이 책의 모든 예제는 좋은 디자인을 위해 Kopub World 서체와 기본 글꼴을 사용합니다.

▶ Kopub World 서체를 설치하지 않고 이 책을 보면 약간의 제약이 따르니 꼭 설치하세요.

이 글꼴은 포털 사이트에서 'Kopub World 서체'를 검색하거나 아래의 인터넷 주소로 접속해 간단한 등록 정보만 남기면 무료로 다운로드할 수 있습니다.

http://www.kopus.org/Biz/electronic/Font.aspx

[전문가의 조언] 설치해 두면 유용한 글꼴 - 나눔글꼴, 서울서체

기본 글꼴만큼 대중적으로 사용하는 대표 무료 글꼴 두 가지를 더 소개합니다.

① 나눔글꼴

나눔글꼴은 네이버에서 제공하는 무료 글꼴입니다. 나눔글꼴은 종류가 다양합니다. https://hangeul.naver.com/2017/nanum에 접속한 후 '나눔글꼴 모음'을 다운로드하고 한꺼번에 설치해 활용해 보세요.

② 서울서체

서울서체는 서울특별시에서 제공하는 무료 글꼴입니다. https://www.seoul.go.kr/seoul/font.do에 접속한 후 파일을 다운로드해 설치할 수 있습니다.

서울서체는 정체와 장체가 있습니다. 장체는 정체보다 세로로 긴 글꼴입니다. 필자는 정체로 설치할 것을 권장합니다.

파워포인트 전문가
나눔 고딕
파워포인트 전문가
나눔 명조
파워포인트 전문가
서울남산체
파워포인트 전문가
서울한강체

글꼴 깨짐 현상에 대처하는 두 가지 방법

문서에 사용된 글꼴이 없는 PC에서 파워포인트 파일을 열면 다른 글꼴로 대체해 줍니다. 이렇게 되면 텍스트가 서로 겹쳐 보이거나 도형 안에 있어야 할 텍스트가 도형 밖으로 튀어나오는 경우가 생기죠. 흔히 이런 현상을 '글꼴이 깨진다'라고 표현합니다.

글꼴이 정상적인 화면

글꼴이 깨진 화면

글꼴 깨짐 현상을 예방하는 방법은 두 가지입니다. 첫 번째 방법은 PC에 없는 글꼴을 설치한 후 다시 문서를 여는 것입니다. 글꼴을 설치하는 과정이 필요하기 때문에 조금 시간이 걸리더라도 가장 확실한 방법입니다.

두 번째 방법은 없는 글꼴을 PC에 설치돼 있는 다른 글꼴로 변경하는 것입니다. 해당 글꼴과 가장 유사한 글꼴로 변경하면 됩니다. 하나하나 클릭해 글꼴을 변경할 수 있지만, 많이 번거롭습니다. 이때 [글꼴 바꾸기] 기능을 이용하면 한 번에 바꿀 수 있습니다.

[홈] 탭 → [편집] 그룹 → [바꾸기] 내림 버튼(▼)을 누른 후 [글꼴 바꾸기]를 선택합니다.

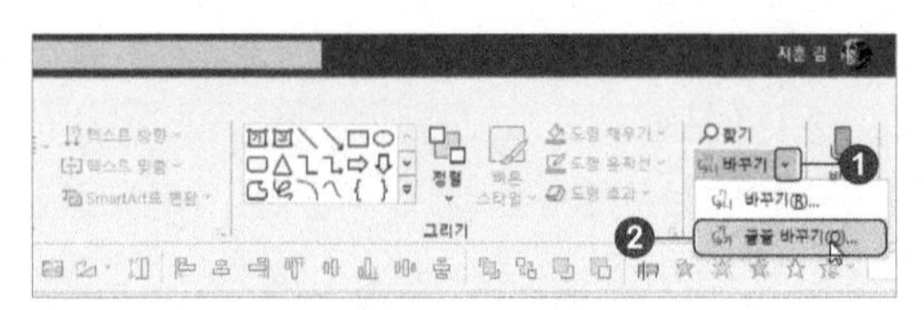

[글꼴 바꾸기]로 글꼴을 한 번에 바꾸세요.

[글꼴 바꾸기] 창이 나타나면 '현재 글꼴'에서 깨진 글꼴을 선택한 후 '새 글꼴'에서 대체할 글꼴을 선택하고 [바꾸기] 버튼을 누르면 문서 안에 있는 해당 글꼴이 전부 바뀝니다.

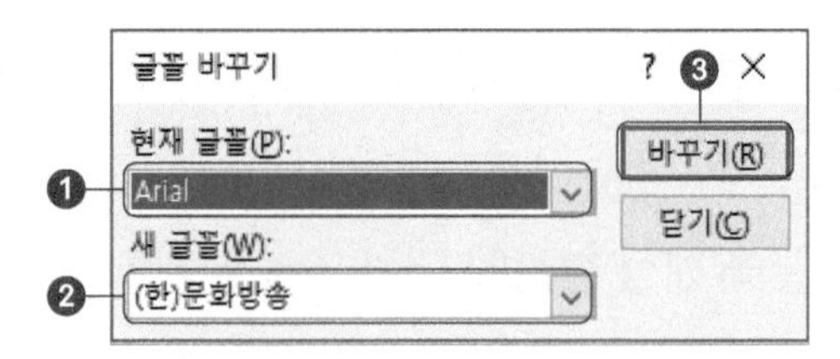

깨진 글꼴과 바꿀 글꼴을 각각 선택한 후 [바꾸기] 클릭!

글꼴 깨짐 현상을 예방하는 방법

파워포인트 문서를 저장할 때 아예 **글꼴을 포함해 저장**하면 글꼴 깨짐 현상을 예방할 수 있습니다. 파워포인트 문서를 외부에 전송하거나 강연장에 있는 PC를 사용해 프레젠테이션을 해야 하는 경우, 해당 PC에 내가 사용한 글꼴이 있는지 알기 어렵습니다. 없는 글꼴을 설치해도 되지만 글꼴이 하나가 아니라면 상황이 매우 곤란해지겠죠?
파워포인트 문서를 저장할 때는 글꼴을 포함해 저장해 보세요. 어느 PC에서 열어도 문제 없이 사용할 수 있습니다. 단, 이 기능을 사용하면 글꼴을 포함하기 때문에 파일의 용량이 늘어납니다.

[PowerPoint 옵션] 창에서 [저장] 탭을 선택한 후 화면 아래에 있는 [파일의 글꼴 포함]을 체크하면 됩니다. 단, 이 옵션은 다른 옵션과 달리, 한 번 설정하면 그 파일에만 적용됩니다. 따라서 사용자는 파일을 저장할 때마다 글꼴 포함 옵션을 선택할지 판단해야 합니다.

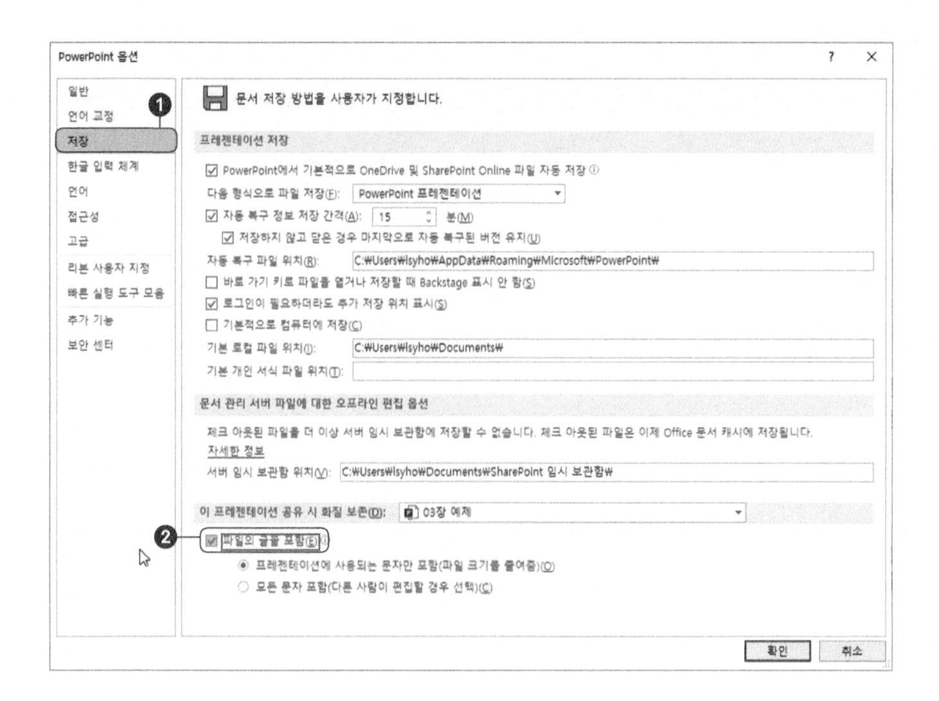

[파일의 글꼴 포함]을 선택하면 아래 두 옵션 중 하나를 반드시 선택해야 합니다.

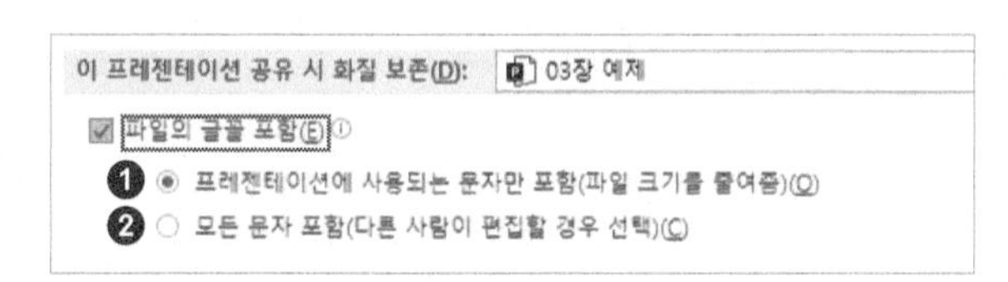

❶ **[프레젠테이션에 사용되는 문자만 포함(파일 크기를 줄여줌)]**: 이 옵션을 선택하고 파일을 저장하면 문서에서 사용한 문자 텍스트의 글꼴 정보만 포함하기 때문에 파일 크기는 작지만, 문서에서 사용하지 않은 다른 문자를 새로 입력하면 그 문자는 깨져 나타납니다.

❷ **[모든 문자 포함(다른 사람이 편집할 경우 선택)]**: 이 옵션을 선택하고 파일을 저장하면 문서에서 사용한 문자(텍스트) 외에 다른 문자를 추가로 입력할 수 있습니다. 즉, 누구나 어디서든 자유롭게 편집할 수 있습니다. 다만, 한 단어만 사용했더라도 무조건 전체 글꼴 정보를 포함하기 때문에 파일의 용량이 커집니다.

김 대리의 스프링 노트 03

- 리본 메뉴 다루기 **03-1**

① 개체 더블클릭 ② 마우스 오른쪽 버튼 클릭 ③ 큰 범주부터 좁혀가기

- 빠른 실행 도구 모음 **03-2, 03-3**

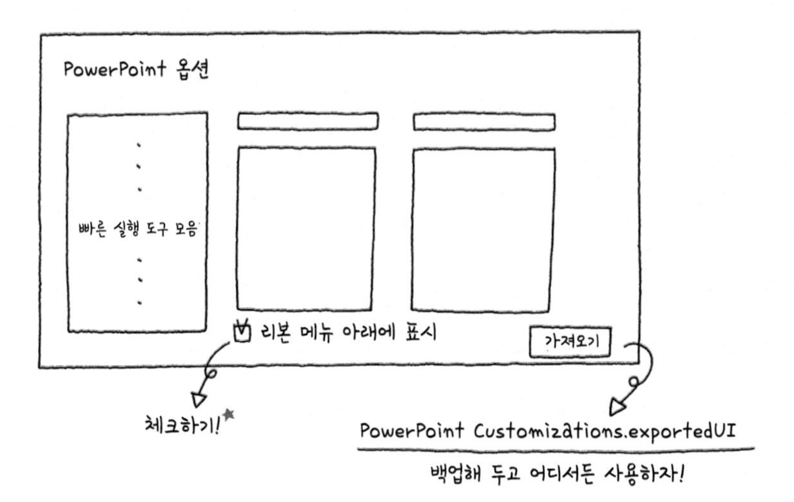

- 작업이 편해지는 옵션 설정 **03-4**

① 한/영 자동 고침 옵션 해제

② 실행 취소 횟수 150회로 변경

③ 인쇄는 고품질로!

④ 리본 메뉴를 접으면 작업 공간이 훨씬 넓어진다는 사실!

⑤ 파워포인트 시작 화면을 빈 화면으로 변경하자.

⑥ 상단의 검색 상자 축소

⑦ 자동 저장 기능도 해제해 둘 것!

⑧ 디자인 아이디어 기능 끄기

오피스 365 버전을 쓸 경우

- 자주 쓰는 무료* 글꼴 **03-5**

① Kopub World 서체

② 나눔글꼴

③ 서울서체

'김 대리의 스프링 노트'가 잘 이해되지 않는다면 한 번 더 복습해 보세요!

텍스트 입력도 스마트하게

쉬는 시간에 친구와 사적인 이야기를 나누다가 "근데 이번 시간엔 뭐해?"라고 물었다.
"너, 파워포인트에서 텍스트 입력은 잘했겠지?"
뜬금없이 묻는 친구.

"텍스트 입력은 기본 아냐?"
"과연 그럴까? 그럼 '스마트아트' 라고 혹시 알아?"
친구는 뭔지 모를 미소를 머금고 있다.

"그거야 알지. 그런데 쓸모없는 게 많아서 잘 안 써."
"그럴 줄 알았어. 쉬는 시간 끝났네. 들어가세, 수강생 친구."
초보자들도 할 줄 아는 텍스트 입력과 별 쓸모없는 스마트아트?
거기에 무슨 특별한 게 있을까?
친구가 나를 무시하는 듯한 느낌이 들어 조금 발끈했다.
그때까지만 해도 내가 얼마나 바보같이 일했는지 몰랐다.

#미니도구 #자간과장평 #목록수준 #줄과단락 #눈금자 #스마트아트

04-1 편집이 빨라지는 미니 도구 활용법

파워포인트 작업을 할 때 가장 많이 다루게 되는 개체는 **'텍스트'**, **'도형'**, **'그림'**입니다.
많은 사람이 텍스트의 크기와 색을 바꾸거나 정렬할 때 대부분 [홈] 탭에 있는 메뉴를 사용합니다. 도형과 그림 역시 색을 넣거나 스타일을 입히는 간단한 작업을 위해 [서식] 탭을 누르는 분들이 정말 많습니다. 그런데 이렇게 여러 탭을 옮겨 다니며 작업을 하다 보면 결국 시간을 낭비할 수밖에 없습니다.
미니 도구를 적극적으로 이용하면 이 개체들을 자유자재로 다룰 수 있고 작업 속도도 높일 수 있습니다.

미니 도구를 사용해 텍스트, 도형 그리고 그림 개체를 편집해 보겠습니다. 미니 도구와 리본 메뉴 사용법의 차이를 직접 느껴 보세요.

▶ 텍스트의 미니 도구는 모든 버전에서 사용할 수 있습니다. 하지만 도형과 그림 개체의 미니 도구는 2013 버전부터 사용할 수 있습니다.

지금 해야 된다! } 미니 도구로 개체 편집하기

1 텍스트 미니 도구 사용하기

먼저 **텍스트** 개체를 편집해 보겠습니다. '**04장 예제**.pptx'를 열고 1번 슬라이드를 선택합니다. 프로젝트 이름의 오른쪽에 있는 텍스트만 드래그로 선택합니다. 그러면 아래와 같이 텍스트 미니 도구가 자동으로 나타납니다. 글꼴은 [KoPubWord돋움체 Medium], 글꼴 크기는 17, 글꼴 색은 [검정, 텍스트 1]로 변경합니다.

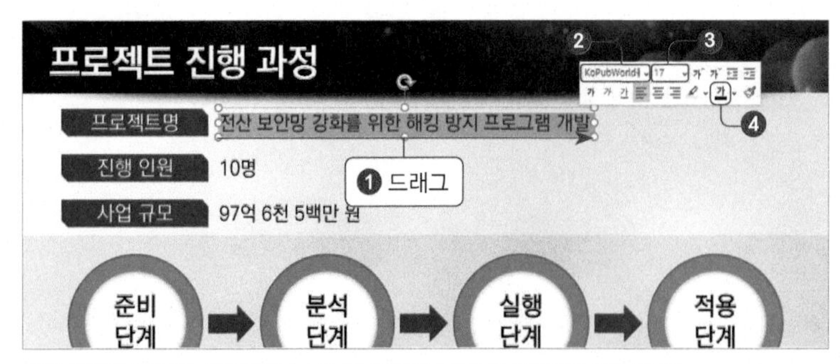

화면 상단의 리본 메뉴까지 마우스 커서를 움직이지 않아도 간단하게 해결됩니다.

2 도형 미니 도구 사용하기

이번에는 **도형** 개체를 미니 도구로 편집해 보겠습니다. 가장 왼쪽의 바깥쪽에 있는 원 도형을 마우스 오른쪽 버튼으로 클릭해 도형 미니 도구가 나타나면 [스타일] 메뉴를 선택하고 [미세 효과 - 회색, 강조 3]을 클릭합니다. 그러면 아래와 같이 원 도형의 스타일이 바뀐 것을 확인할 수 있습니다.

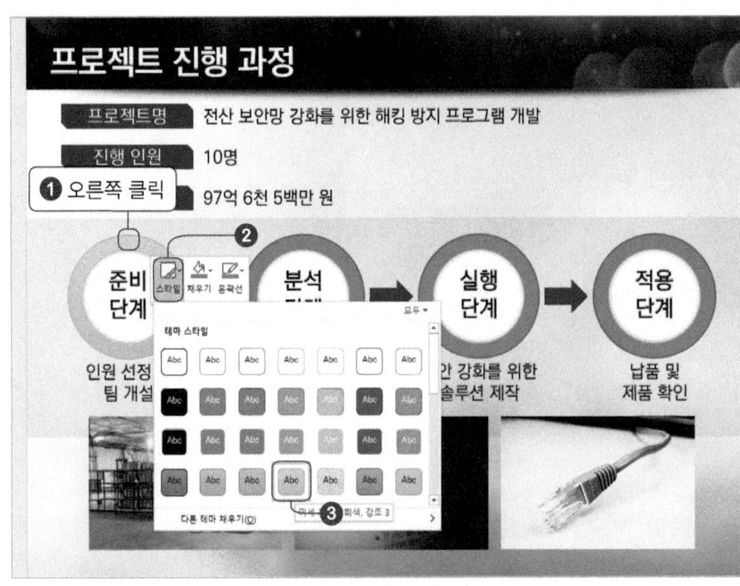

도형의 스타일도 손쉽게 바꿀 수 있습니다.

▶ 도형의 미니 도구는 2013 이상 버전부터 사용할 수 있습니다.

나머지 도형들도 아래와 같이 스타일을 적용합니다.

두 번째 바깥쪽 원 도형 ▶ [미세 효과 - 파랑, 강조 5]
세 번째 바깥쪽 원 도형 ▶ [미세 효과 - 녹색, 강조 6]
네 번째 바깥쪽 원 도형 ▶ [미세 효과 - 주황, 강조 2]

도형 미니 도구에서는 '스타일' 외에도 '채우기'와 '윤곽선' 서식도 빠르게 적용할 수 있습니다. 이처럼 앞으로 도형을 다룰 때는 미니 도구를 적극적으로 사용해 보세요.

3 그림 미니 도구 사용하기

마지막으로 **그림** 개체를 편집해 보겠습니다. 가장 왼쪽에 있는 그림 개체를 마우스 오른쪽 버튼으로 클릭해 그림 미니 도구가 나타나면 [스타일] 메뉴의 아래쪽에 있는 [원근감 있는 그림자, 흰색]을 선택합니다. 이와 동일한 방법으로 나머지 두 그림에도 서식을 적용합니다.

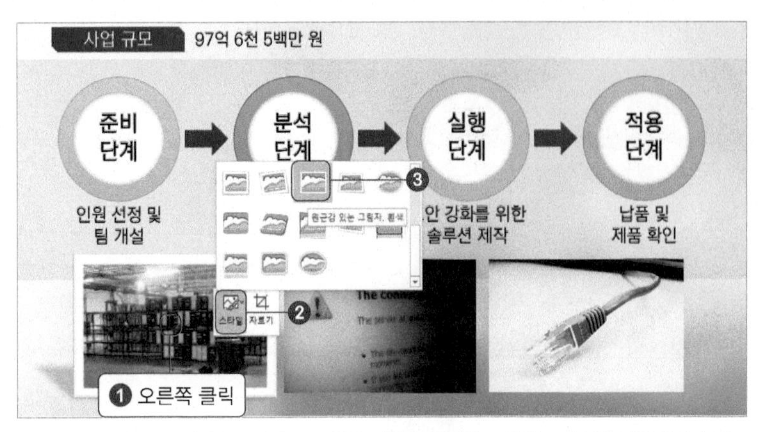

다른 탭 메뉴를 보고 있더라도 마우스 오른쪽 버튼을 클릭해 그림의 스타일을 적용하거나 자르기를 할 수 있습니다.

▶ 그림의 미니 도구는 2013 이상 버전부터 사용할 수 있습니다.

이 페이지의 모든 편집이 끝났습니다. 이 방법을 활용하면 '텍스트', '도형', '그림'을 편집할 때 굳이 리본 메뉴까지 마우스 커서를 움직이지 않고도 클릭만으로 개체를 손쉽게 편집할 수 있습니다.

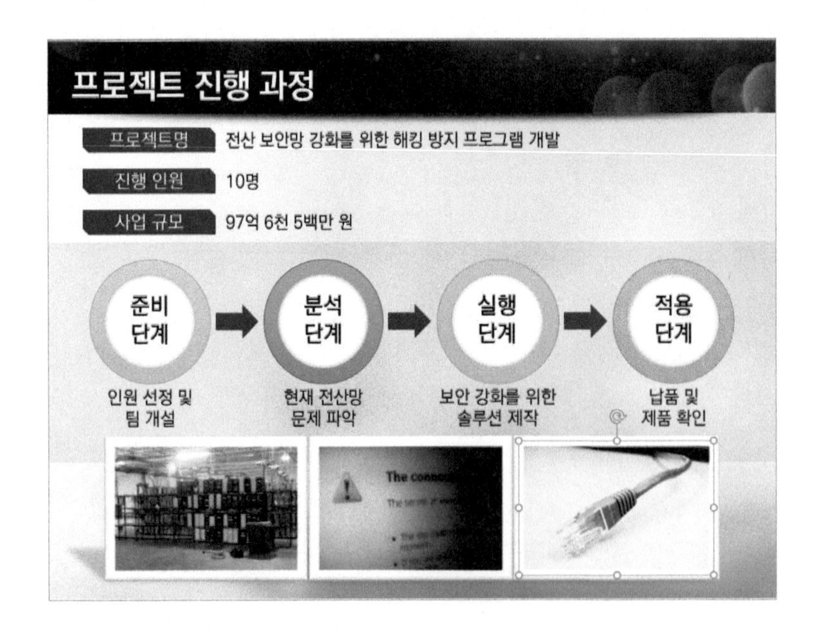

04-2 자간 및 장평 기능의 활용

자간과 장평을 조절하는 방법

텍스트를 편집하다 보면 정해진 공간에 필요한 글자가 모두 들어가지 않을 때가 있습니다. 이럴 때 글꼴 크기를 작게 해 억지로 넣으면 뒤쪽의 청중은 잘 보이지 않을 수 있기 때문에 바람직한 방법이 아닙니다. 이런 경우에는 글꼴 크기를 조절하는 대신 '자간'과 '장평'을 조절하는 게 좋습니다.

파워포인트에는 공식적으로 '자간'과 '장평'이라는 용어를 쓰진 않지만, 흔히 쓰는 개념이므로 정리하고 시작하겠습니다.

자간(Character Spacing): 개별 문자 사이의 간격

장평(Character Horizontally Scale): 개별 문자의 가로 비율

자간은 글자 사이의 간격, 장평은 글자가 뚱뚱하거나 홀쭉한 것을 가리키는 말이구나!

지금 해야 된다! } 도형 크기에 맞게 자간 조절하기

1 '04장 예제.pptx' 파일의 2번 슬라이드를 선택합니다. 본문 오른쪽에 있는 텍스트 상자를 선택하고 [홈] 탭의 [글꼴] 그룹을 가만히 보고 있으면 어떤 버튼인지 느낌이 올 것입니다. 이 버튼이 맞습니다. 그런데 다른 텍스트들도 한꺼번에 바꾸는 것이 좋겠죠.

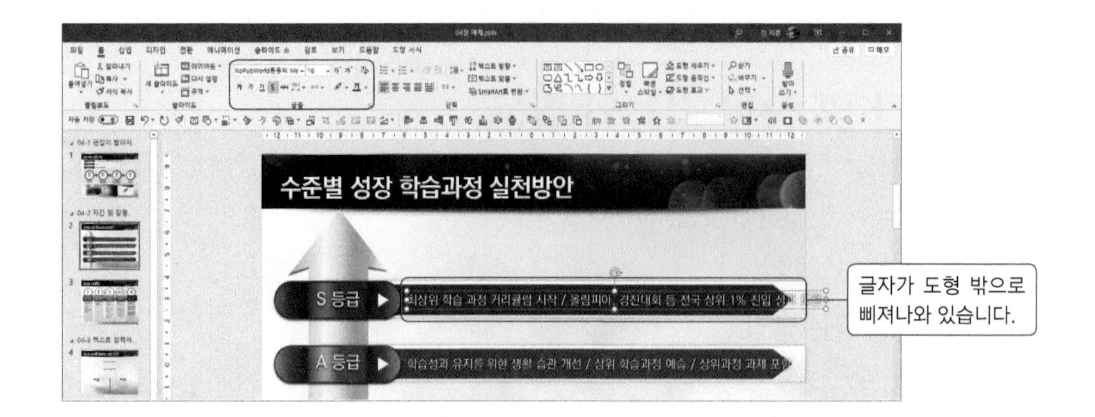

❷ 텍스트들을 한꺼번에 바꿔 보겠습니다. Shift 키를 누른 채 다른 텍스트 상자를 하나씩 클릭해 모두 복수 선택한 후 [문자 간격] 버튼을 누릅니다. 내림 메뉴가 나타나면 현재 [표준으로]가 선택돼 있는 것을 확인할 수 있는데, [좁게]로 변경하면 간단하게 해결됩니다.

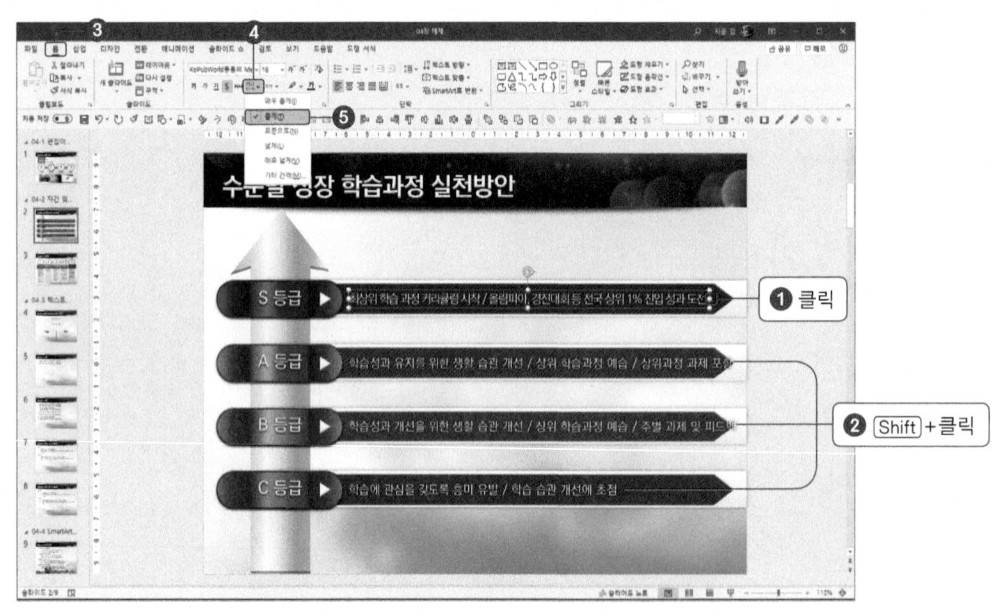

자간만 바꿔도 전체 텍스트 길이를 조절할 수 있습니다.

지금 해야 된다! } 장평 조절하기

실무에서는 글자 하나 때문에 줄이 바뀌는 경우가 자주 생깁니다. 참 아쉽죠. 한 글자 때문에 전체 글꼴 크기를 줄여야 하다니…. 바로 이럴 때, 앞서 말한 자간으로도 해결되지 않는다면 장평으로 텍스트의 가로 길이를 좁혀 주는 방법을 써 보세요. 파워포인트에서는 이처럼 장평을 좁혀야 하는 경우가 더 많습니다.

그런데 아쉽게도 파워포인트는 원래 장평 조절 기능을 제공하지 않습니다. 하지만 두 가지만 바꾸면 장평을 조절하는 것과 같은 효과를 낼 수 있습니다.

① '서식 옵션' 변경: [도형의 텍스트 배치] 옵션 해제
② '텍스트 효과' 적용: [변환]-[휘기]-[사각형] 적용

순서는 상관없지만, 두 가지 요소를 모두 적용해야 합니다.

1 '서식 옵션' 변경: [도형의 텍스트 배치] 옵션 해제

3번 슬라이드를 열고 각 숫자 아래의 텍스트 상자 5개를 Shift 키를 누르면서 모두 선택합니다. 그런 다음, 빠른 실행 도구 모음에서 [텍스트 효과 서식] 버튼(가)을 클릭하고 [텍스트 옵션 - 텍스트 상자( )]에 들어갑니다. 여기서 [도형의 텍스트 배치] 옵션을 체크 해제합니다.

▶ 2010 이하 버전에서는 텍스트 효과 서식(가) 창을 열고 [텍스트 상자] 탭에서 [도형의 텍스트 배치] 옵션을 체크 해제합니다.

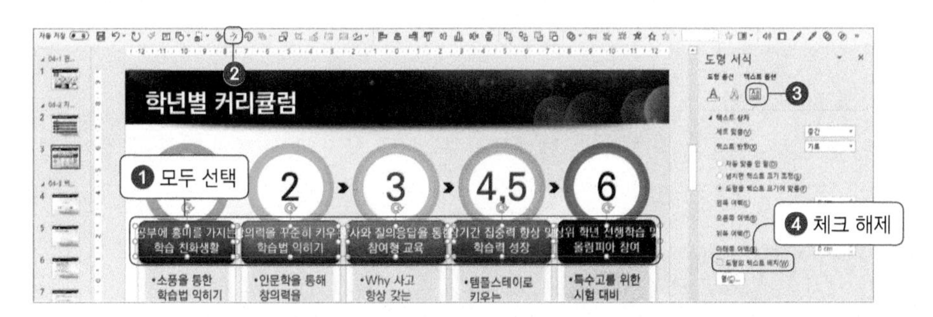

그러면 텍스트 상자의 크기가 텍스트가 입력된 가로 너비에 맞게 조절됩니다.

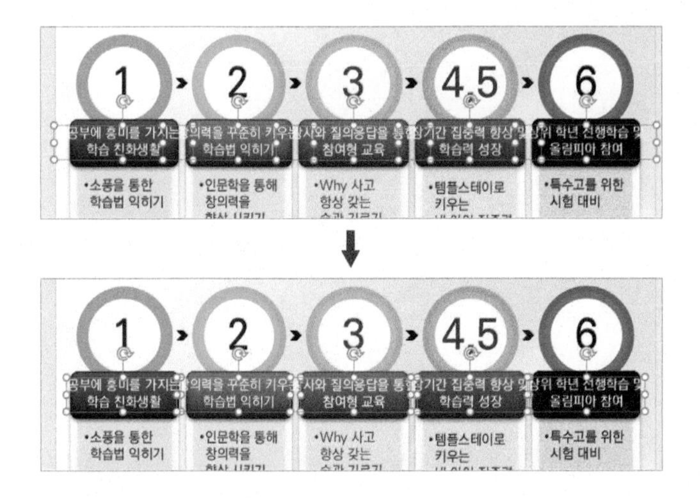

❷ '텍스트 효과' 적용: [변환]-[휘기]-[사각형] 적용

텍스트 상자가 모두 선택된 상태에서 [도형 서식] 탭 → [텍스트 효과] → [변환]을 클릭하고 [사각형]을 선택합니다. 그러면 텍스트가 상자에 맞게 살짝 커질 겁니다. 이와 같이 변환 효과는 도형에 맞게 장평을 강제로 조절해 줍니다.

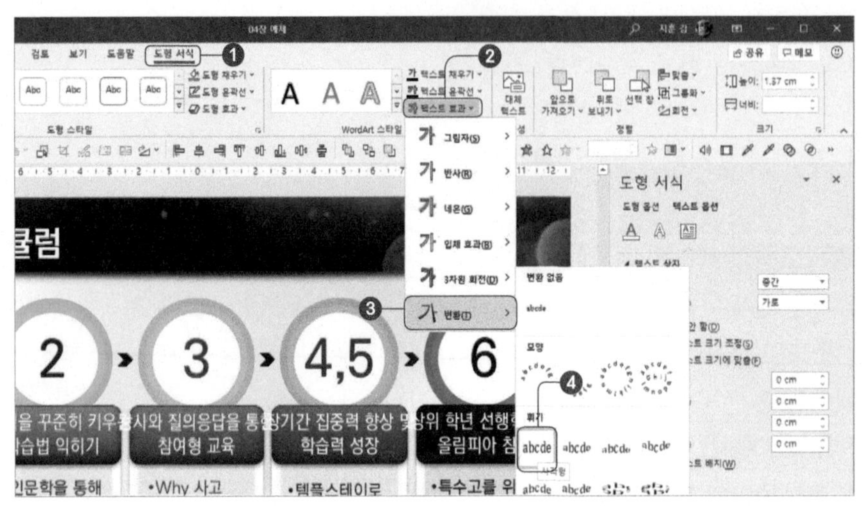

변환 효과는 텍스트 상자의 크기에 맞게 텍스트의 장평을 강제로 맞추는 설정입니다.

순서에 상관없이 이렇게 두 가지만 적용하면, 텍스트를 텍스트 상자의 크기에 맞도록 강제 설정할 수 있습니다.

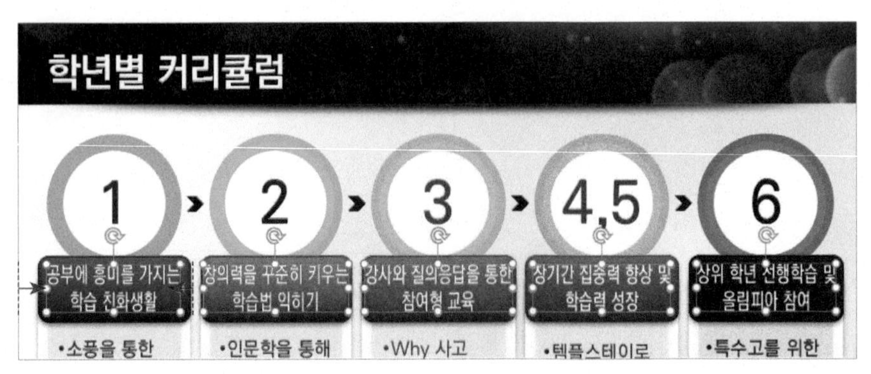

텍스트 상자의 크기를 조절해 원하는 자리에 넣습니다.

❸ 이제 텍스트 상자의 가로 너비를 마우스로 조절해 배경이 되는 도형 안에 넣기만 하면 됩니다. 물론 이 상태에서 앞서 학습한 자간도 조절할 수 있습니다. 텍스트가 도형 안에 예쁘게 들어가도록 자간과 장평을 조절해 보세요.

▶ Ctrl 키를 누르면 중심을 고정한 상태에서 크기를 줄일 수 있습니다.

04-3 텍스트 입력하고 목록 수준 설정하기

지금까지 당신은 텍스트를 잘못 입력하고 있었을지도 모른다!

아마 '나는 잘했는데?'라고 생각하는 분들이 있을 텐데요. 과연 그럴까요? 파워포인트에서 가장 많이 사용하는 것 중 하나가 바로 '텍스트 상자'입니다. 그러나 필자가 강의를 나가 보면 파워포인트를 10년 가까이 써 온 경력자 중에서도 텍스트 상자를 잘 만들지 못하는 분들을 많이 봅니다.

지금 해야 된다! } 텍스트 크기를 변경해 보세요

1 4번 슬라이드를 열면 똑같은 텍스트가 2개 보입니다. 마우스를 드래그해 두 텍스트 상자를 모두 선택하고 Ctrl +] 키를 눌러 텍스트 크기를 키웁니다.

파워포인트전문가클럽 카페매니저

파워포인트전문가클럽 카페매니저

> 텍스트 크기 작게: Ctrl + [키
>
> 텍스트 크기 크게: Ctrl +] 키

▶ 2013 이상 버전에서 이 단축키가 실행되지 않는 이유는 파워포인트의 업데이트가 안 돼 있기 때문입니다. 이때, 다른 단축키는 가능합니다.
텍스트 크기 작게: Ctrl + Shift + < 키
텍스트 크기 크게: Ctrl + Shift + > 키

2 처음에는 똑같았지만 텍스트의 크기를 키우고 보니 텍스트의 배치가 달라졌습니다. 한쪽은 텍스트의 줄이 바뀌었고 다른 한쪽은 텍스트가 한 줄로 입력돼 상자의 크기가 바뀌었습니다. 어느 쪽이 편리할까요? 이런 차이가 왜 생기는지 다음 실습에서 확인해 보겠습니다.

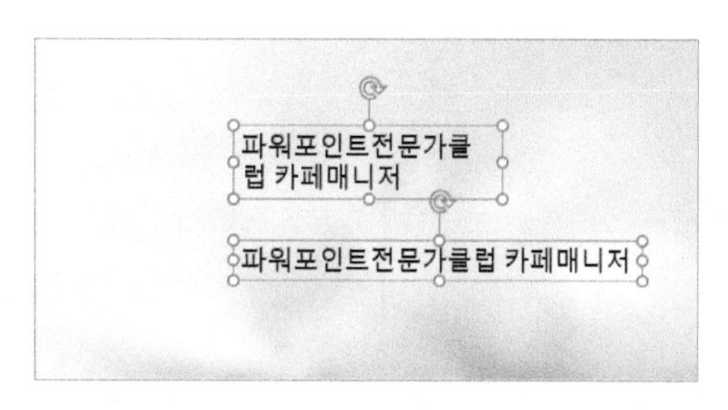

지금 해야 된다! } 전문가답게 텍스트 상자 삽입하기

지금까지 텍스트 상자를 만들 때 아래 그림처럼 [홈] 탭이나 [삽입] 탭에서 [텍스트 상자]를 눌렀나요? 빠른 실행 도구 모음에서 [가로 텍스트 상자] 버튼을 누르면 텍스트 상자를 빠르게 만들 수 있습니다.

▶ 빠른 실행 도구 모음 설정 방법은 03-3절을 참조하세요.

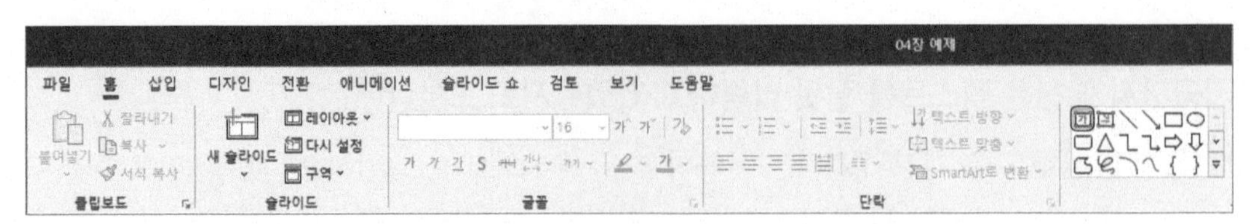

지금까지 [홈] 탭에서 [가로 텍스트 상자] 버튼을 눌렀거나

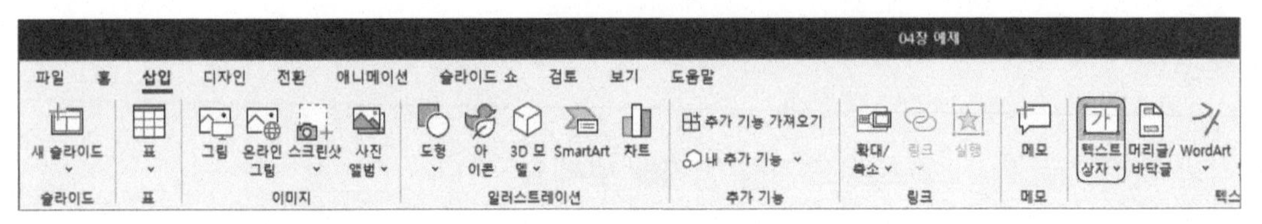

[삽입] 탭에서 텍스트 상자를 만들었다면

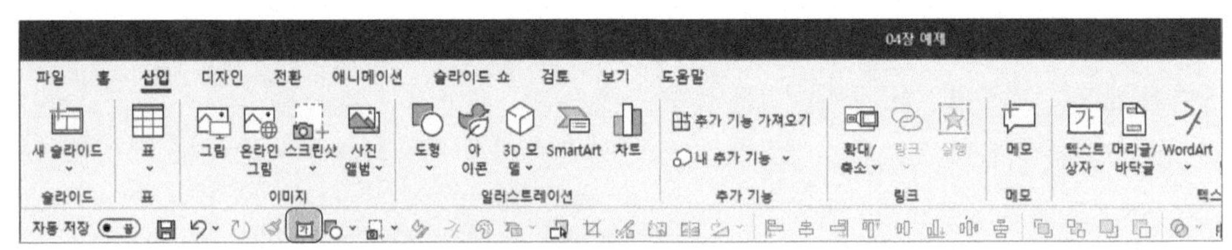

앞으로는 빠른 실행 도구 모음에서 가장 빠르게 텍스트 상자를 삽입하세요.

1 빠른 실행 도구 모음에서 [가로 텍스트 상자] 버튼을 클릭합니다. 아래 그림처럼 왼쪽 빈 공간에 마우스를 드래그해 텍스트 상자를 만들고 '파워포인트전문가클럽 카페매니저'라고 입력합니다.

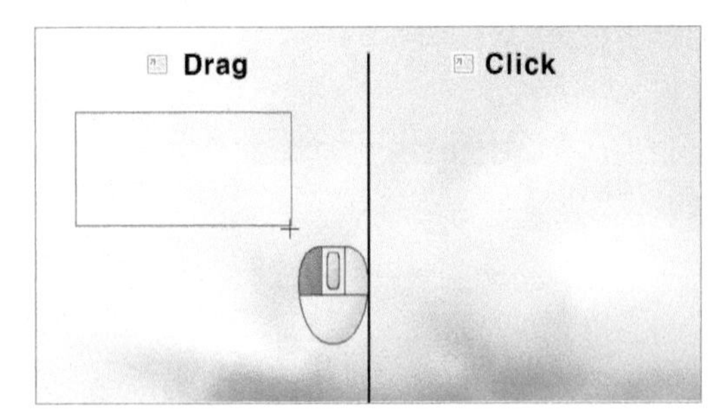

마우스를 드래그해 텍스트 상자를 만들면

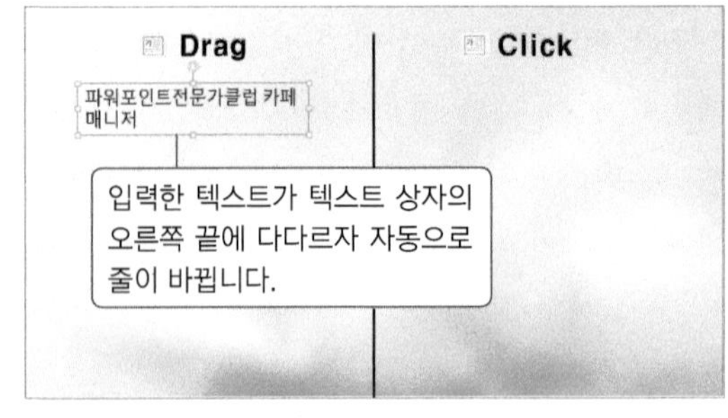

텍스트의 줄이 저절로 바뀔 수 있습니다.

2 이제 다른 방법으로 해 보겠습니다. 다시 빠른 실행 도구 모음에서 [가로 텍스트 상자] 버튼을 클릭하고 오른쪽 빈 공간을 한 번만 클릭합니다. 그리고 곧바로 '파워포인트전문가클럽 카페매니저'라고 입력해 보세요. 이 경우, 입력되는 상자의 크기가 텍스트의 길이에 맞춰 자동으로 조절되기 때문에 더 편리하게 사용할 수 있습니다.

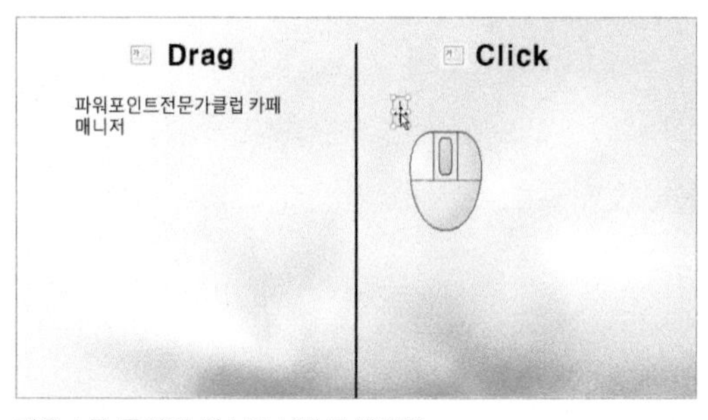

마우스를 클릭해 텍스트 상자를 만들면

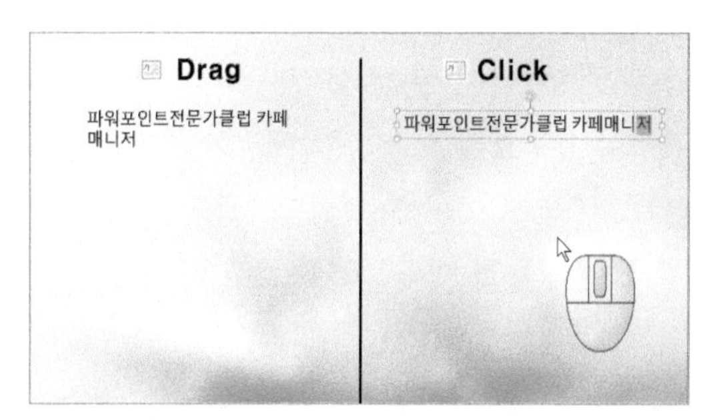

텍스트의 길이에 맞춰 텍스트 상자가 늘어납니다.

▶ 이런 차이가 생기는 이유는 앞서 04-2절에서 장평을 조절할 때 학습했던 [도형의 텍스트 배치] 옵션이 텍스트 상자를 만든 방법에 따라 자동으로 다르게 설정되기 때문입니다.

줄과 단락을 구분해 입력하는 방법

줄을 바꿔 텍스트를 입력할 때, 아무 생각 없이 Enter 키로 줄을 바꾸면 번호가 자동으로 매겨지거나 글머리 기호가 붙는 경우가 있습니다. 이때 보통의 초보자들은 5번 슬라이드처럼 Backspace 키로 글머리 기호를 지우고 Spacebar 키를 여러 번 눌러 텍스트의 시작 위치를 윗줄과 맞추려고 하는데, 딱 맞지 않을 때가 있습니다.

1. 줄 바꾸는 것조차 마음대로 되지 않네요.
2. 다들 스페이스 바로 들여쓰기를 만들곤 하지요?

1. 줄 바꾸는 것조차 마음대로 되지 않네요.
 다들 스페이스 바로 들여쓰기를 만들곤 하지요?

자동으로 생긴 글머리 번호 2를 지우고 Spacebar 키로 시작 위치를 띄어 맞추려고 했던 경험이 있죠?

'줄'을 바꾸는 것과 '단락'을 바꾸는 것은 엄연히 다릅니다. 그렇기 때문에 이 둘을 구분해 사용하는 것이 가장 중요하죠. 먼저 줄과 단락은 입력하는 방법부터 다릅니다.

줄을 바꿀 때는 Shift + Enter 키, 단락을 나눌 때는 Enter 키를 누릅니다. 6번 슬라이드를 보면 줄과 단락의 차이를 쉽게 확인할 수 있습니다. 이 슬라이드에는 단락이 2개 있습니다. 글머리 번호 1번이 첫 번째 단락, 글머리 번호 2번이 두 번째 단락입니다. 그리고 각 단락은 4줄로 구성돼 있군요.

1. 동해물과 백두산이 마르고 닳도록(Shift+Enter)
   하느님이 보우하사 우리 나라 만세(Shift+Enter)
   무궁화 삼천리 화려 강산(Shift+Enter)
   대한사람 대한으로 길이 보전하세(Enter)
2. 이 기상과 이맘으로 충성을 다하여(Shift+Enter)
   괴로우나 즐거우나 나라 사랑하세(Shift+Enter)
   무궁화 삼천리 화려 강산(Shift+Enter)
   대한사람 대한으로 길이 보전하세

Shift + Enter 키로 줄을 바꾸면 텍스트 앞에 글머리 기호나 숫자가 생기지 않습니다.

줄과 단락을 구분하는 이유는 '서식' 때문입니다. 단락은 서식을 갖는 기본 단위입니다. 예를 들어 [홈] 탭을 보면 [단락] 그룹이 있습니다. 하지만 [홈] 탭에 [줄] 그룹은 없죠? 줄은 단락 안에 포함되는 개념으로, 단순히 시각적으로 텍스트를 아래로 내릴 뿐입니다.

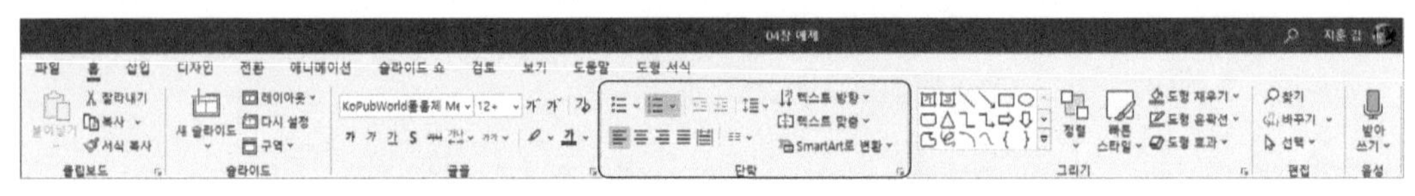

정렬 기능을 포함해 번호 매기기, 글머리 기호 등 각종 서식을 '단락' 단위로 적용할 수 있습니다.

[전문가의 조언] 생각보다 많은 곳에서 줄과 단락을 구분합니다

메신저나 PC 버전의 카카오톡 채팅 창에서도 줄과 단락이 구분됩니다. Enter 키만 누르면 채팅 내용이 바로 전송되지만, Shift + Enter 키를 누르면 전송되지 않고 줄만 바뀌기 때문에 한 번에 많은 내용을 전송할 수 있습니다.
메일이나 각종 커뮤니티의 게시판 글 역시 Shift + Enter 키가 그냥 Enter 키와는 다르게 적용되는 것을 볼 수 있습니다. 워드, 한글 등 워드프로세서 계열은 이와 동일한 개념을 갖고 있습니다.

목록 수준과 텍스트 시작 위치 설정하기

문서에 내용이 많을 때는 '글머리 기호'나 '번호 매기기'를 사용해 보기 편하게 정리합니다. 글머리 기호나 번호 매기기가 적용된 단락 하나하나를 '목록'이라 부르는데, 목록은 상위 또는 하위 수준을 가질 수 있습니다.

대한민국 헌법을 예로 들어 설명하면 1조, 2조…의 '조'는 상위 목록이고 1항, 2항…의 '항'은 하위 목록입니다. 통상적으로 상위 목록은 하위 목록보다 텍스트가 크고 강조돼 있으며, 시작 위치도 하위 목록보다 왼쪽에 위치합니다.

그런데 이렇게 목록 수준을 만들면 텍스트의 시작 위치가 마음에 들지 않는 경우가 종종 발생합니다. 어떤 경우는 너무 붙어서, 어떤 경우는 너무 떨어져서 보기 싫을 때가 있습니다.

제1조
-대한민국은 민주공화국이다.
-대한민국의 주권은 국민에게 있고, 모든 권력은 국민으로부터 나온다.
제2조
-대한민국의 국민이 되는 요건은 법률로 정한다.
-국가는 법률이 정하는 바에 의하여 재외국민을 보호할 의무를 진다.

글머리 기호와 텍스트의 시작 지점이 너무 가깝습니다.

제1조
① 대한민국은 민주공화국이다.
② 대한민국의 주권은 국민에게 있고, 모든 권력은 국민으로부터 나온다.
제2조
① 대한민국의 국민이 되는 요건은 법률로 정한다.
② 국가는 법률이 정하는 바에 의하여 재외국민을 보호할 의무를 진다.

목록 번호와 텍스트 시작 지점이 너무 멉니다.

두 경우 모두, 세 번째 이야기에서 학습할 '슬라이드 마스터'에서 쉽게 해결할 수 있지만, 지금은 텍스트의 시작 위치를 설정하는 방법을 알아보겠습니다.

지금 해야 된다! 〉 목록 수준과 텍스트 시작 위치 설정하기

초보자는 텍스트의 크기를 조정하거나 Spacebar 키를 활용해 시작 위치를 맞추는 경향이 있는데, 이는 매우 잘못된 방법입니다. 나중에 추가로 편집할 때 매우 불편하기 때문입니다.

1 7번 슬라이드를 열고 대한민국 헌법 제1조 1항과 2항의 목록 수준을 자유롭게 변경해 보세요. 목록 수준을 변경하는 방법은 아래와 같습니다.

목록 수준 내리기: [홈] 탭 → 목록 수준 늘림 버튼( ) 클릭 또는 Tab 키
목록 수준 올리기: [홈] 탭 → 목록 수준 줄임 버튼( ) 클릭 또는 Shift+Tab 키

목록 수준을 내리거나 올릴 때는 텍스트 맨 앞쪽에 마우스 커서를 올려놓은 후에 작업하면 됩니다. 여러 단락을 동시에 조정하려면 블록으로 한 번에 지정하면 됩니다.

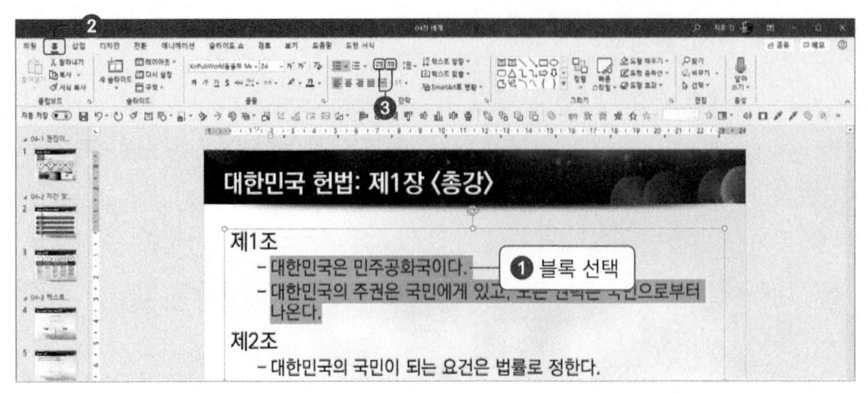

제1조 아래의 1~2항 부분을 블록 선택 후 Tab 키와 Shift+Tab 키를 반복해 눌러 보세요.

2 8번 슬라이드를 엽니다. 1, 2항의 목록 수준 번호와 텍스트 사이의 거리가 너무 멀어 눈에 거슬립니다. 텍스트의 시작 위치를 설정해 보겠습니다. 이때 필요한 것이 '눈금자' 기능입니다. 눈금 팁을 조정해 아래 그림과 같이 텍스트의 시작 위치를 조절해 보세요.

▶ 눈금자가 보이지 않는다면 [보기] 탭 → [표시] 그룹에서 선택하거나 슬라이드 빈 공간에서 마우스 오른쪽 버튼을 클릭한 후 [눈금자]를 클릭하면 됩니다.

눈금 팁을 이용해 글머리 기호와 텍스트 사이의 간격을 조절합니다.

[전문가의 조언] 연속되지 않은 단락은 Ctrl 키로 블록 선택하세요

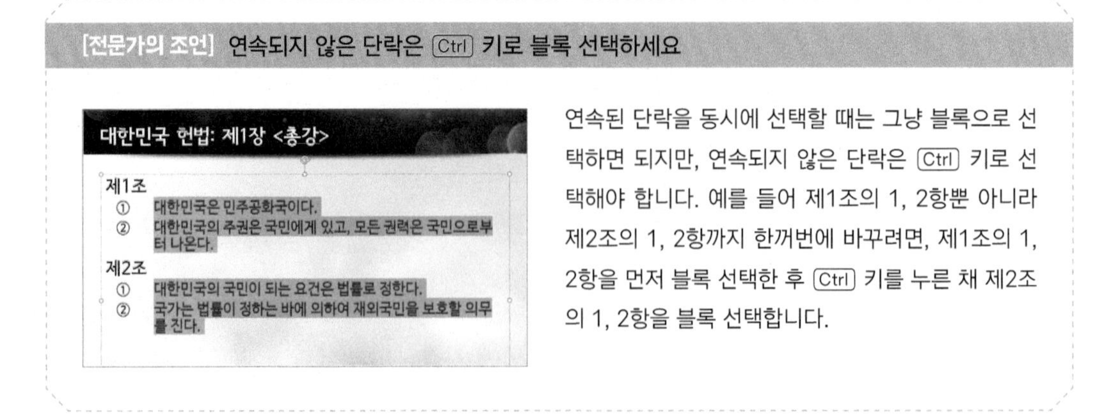

연속된 단락을 동시에 선택할 때는 그냥 블록으로 선택하면 되지만, 연속되지 않은 단락은 Ctrl 키로 선택해야 합니다. 예를 들어 제1조의 1, 2항뿐 아니라 제2조의 1, 2항까지 한꺼번에 바꾸려면, 제1조의 1, 2항을 먼저 블록 선택한 후 Ctrl 키를 누른 채 제2조의 1, 2항을 블록 선택합니다.

04-4 스마트아트의 실전 응용 기술

최단 시간에 시각화하는 멋진 기술

파워포인트는 정보를 시각적으로 전달하는 도구입니다. 이미 첫 번째 이야기에서 도해화, 도식화, 다이어그램 등의 시각화가 왜 중요한지 학습했던 것을 기억하실 겁니다. 파워포인트에 텍스트만 가로로 늘어놓는 것은 가로로 입력한 워드프로세서 글에 지나지 않습니다. 따라서 시각화 과정을 거쳐야 하는데요. 문서에 익숙한 사람들에게는 시각화 과정이 말처럼 쉽지 않습니다.
이 책은 파워포인트에 관한 것인데, 앞의 04-3절에서 왜 워드프로세서에 가까운 내용을 배웠을까요? 텍스트 목록의 수준을 설정하는 부분을 설명한 이유가 바로 여기에 있습니다.
이번 절에서는 스마트아트(SmartArt) 도구를 사용해 시각화하는 방법을 배웁니다. '어? 나 그거 아는데?'라고 생각하신 분들은 보통 [삽입] 탭 → [SmartArt] 버튼을 누를 것입니다. 하지만 이는 초보적인 방법에 불과합니다. 지금부터 스마트아트를 전문가답게 사용하는 방법을 자세히 살펴보겠습니다.

지금 해야 된다! } 스마트아트 제대로 활용하기

1 9번 슬라이드를 엽니다. 아래 그림처럼 목록 수준이 잘 정의됐다면 이 상태에서 바로 시각화할 수 있습니다.

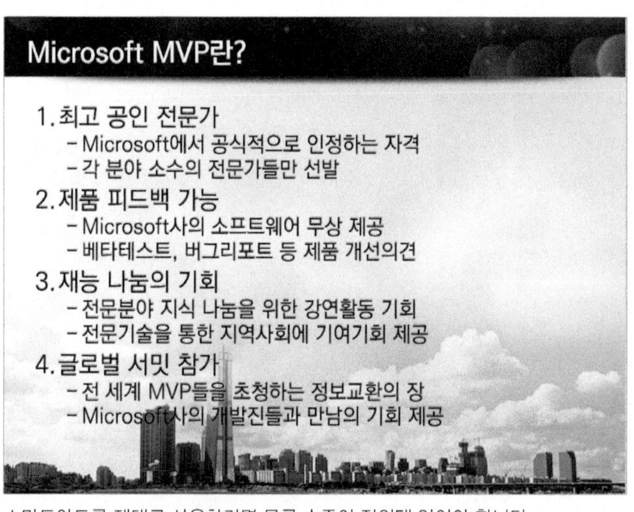

스마트아트를 제대로 사용하려면 목록 수준이 정의돼 있어야 합니다.

▶ 앞 절에서 배운 대로 [Tab] 키와 [Shift] + [Tab] 키를 사용하면 목록 수준을 변경할 수 있습니다.

❷ 그림처럼 본문 텍스트 상자를 선택한 후 빠른 실행 도구 모음의 [아이콘]를 클릭합니다.

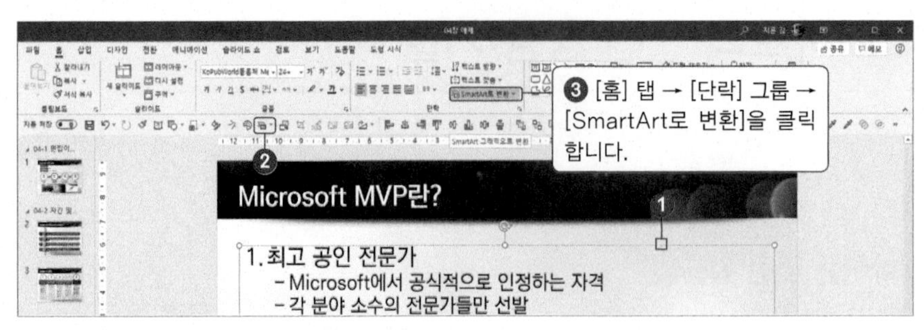

스마트아트를 사용하면 빠르게 시각화할 수 있습니다.

▶ [삽입] 탭의 [SmartArt] 버튼이 아닙니다. 이 예제처럼 도해할 텍스트가 이미 있으면 [SmartArt 변환] 버튼을 사용하세요.

❸ 기본 도해 목록 위에 마우스 커서를 올려놓으면 미리볼 수 있으며, 클릭하면 바로 적용됩니다. 여기서는 기본 도해 20개 중 여덟 번째에 있는 [연속 그림 목록형]을 선택하세요.

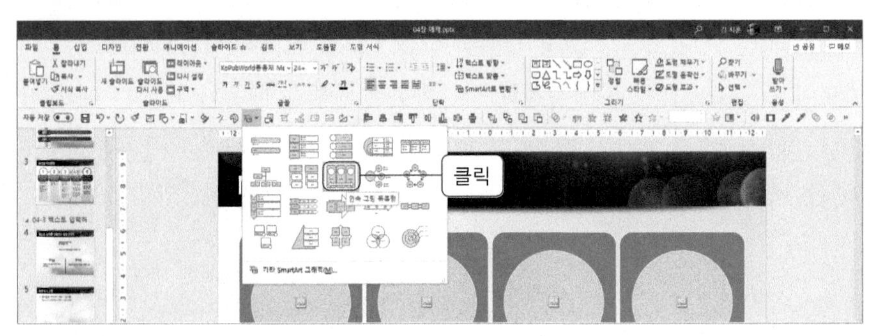

[연속 그림 목록형]을 선택합니다.

[전문가의 조언] 더 많은 도해는 없나요?

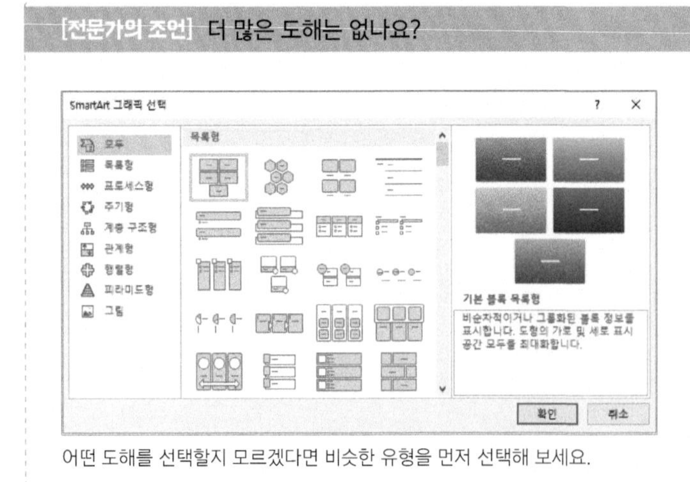

어떤 도해를 선택할지 모르겠다면 비슷한 유형을 먼저 선택해 보세요.

[SmartArt로 변환] → [기타 SmartArt 그래픽]을 누르면 여러 유형의 도해를 확인할 수 있습니다. 실무에서는 업무에 딱 맞는 도해가 없을 수 있는데, 일단 원하는 것과 비슷한 도해를 선택한 후 나중에 변경해 쓰는 방법도 있습니다. 만약 생각한 대로 도해가 되지 않았다면 텍스트의 목록 수준 정의가 제대로 돼 있는지 다시 한번 확인해 보세요.

4 이런 기능을 처음 접했다면 조금 놀라셨을 텐데요. 이는 시작에 불과합니다. 그림 삽입 아이콘이 없는 도해도 있지만, 예제와 같은 경우에는 그림을 바로 삽입할 수 있습니다. 동그라미 안쪽의 그림 삽입 아이콘( )을 클릭합니다. 가장 위에 있는 [파일에서 - 찾아보기]를 선택합니다.

▶ 을 누르지 않고 그림을 넣는 방법도 있습니다. 그림 파일이 있는 폴더에서 그림 파일을 선택하고 Ctrl+C 한 후 그림 개체 틀을 선택하고 Ctrl+V 하면 됩니다.

▶ 2010 이하 버전에서는 그림 삽입 아이콘( )을 누르면 바로 파일 탐색 창이 나타납니다.

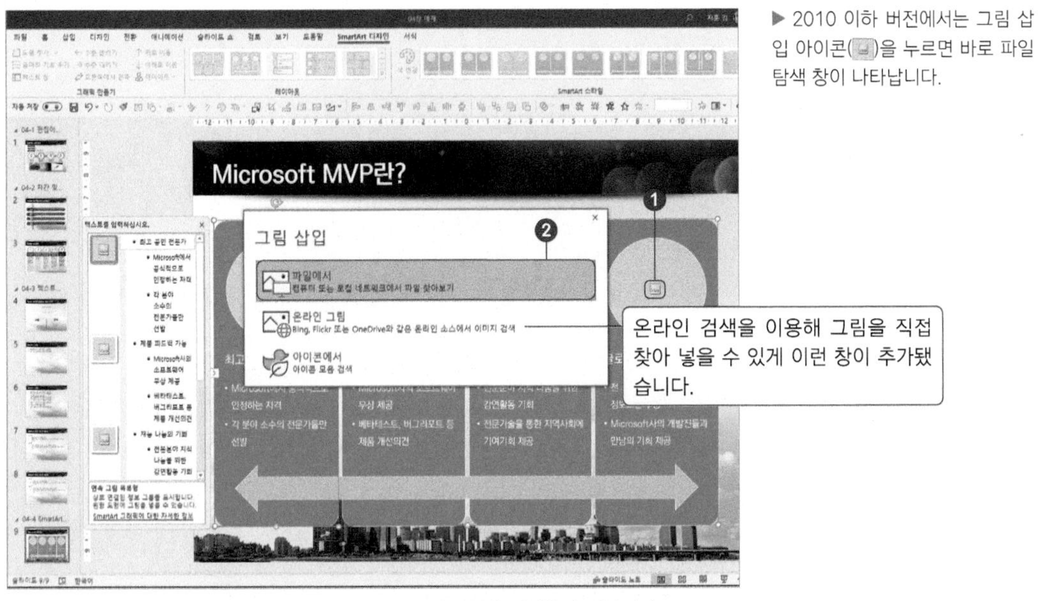

[파일에서 - 찾아보기]를 선택하면 내 컴퓨터에 있는 그림 파일을 삽입할 수 있습니다.

[전문가의 조언] 그림 삽입 창이 달라진 것 같아요

2010 이하 버전에서 그림 삽입 아이콘( )을 누르면 윈도우의 파일 탐색 창이 떴지만, 2013 버전부터는 마이크로소프트 사의 빙(Bing) 이미지 검색이나 원드라이브(OneDrive), 페이스북(Facebook), 플리커(Filcker) 등과 같은 계정을 추가해 그림 파일을 검색할 수 있습니다.

5 왼쪽부터 'A.전문가.jpg', 'B.피드백.jpg', 'C.재능나눔.jpg', 'D서밋참가.jpg' 순입니다. [04장] 폴더에서 해당 그림을 찾아 차례대로 삽입합니다. 그림이 해당 영역에 딱 맞게 자동으로 삽입됩니다.

▶ 실수로 그림을 잘못 넣었다면, 잘못 넣은 그림을 선택한 후 [서식] 탭 → [도형 채우기 - 그림]을 눌러 그림을 바꾸면 됩니다.

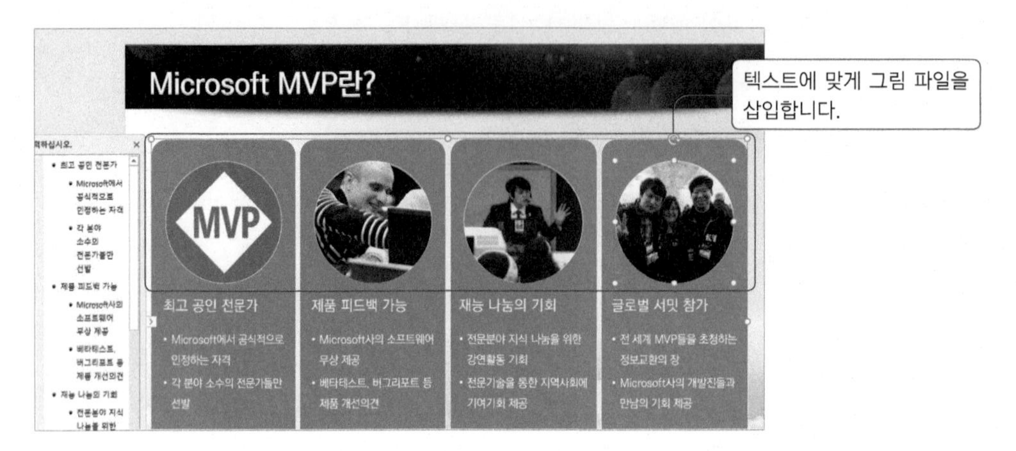

6 그림을 넣긴 했지만 바탕색이 똑같아서 다소 밋밋해 보입니다. 색 감각이 있다면 직접 색을 바꾸겠지만, 색 감각이 없는 사람은 이마저도 고민일 것입니다. 이럴 때는 [SmartArt 도구 - 디자인] 탭에서 [색 변경( )]을 눌러 색상을 손쉽게 바꿀 수 있습니다. 여기서는 색상형에서 가장 오른쪽에 있는 옵션을 선택하겠습니다.

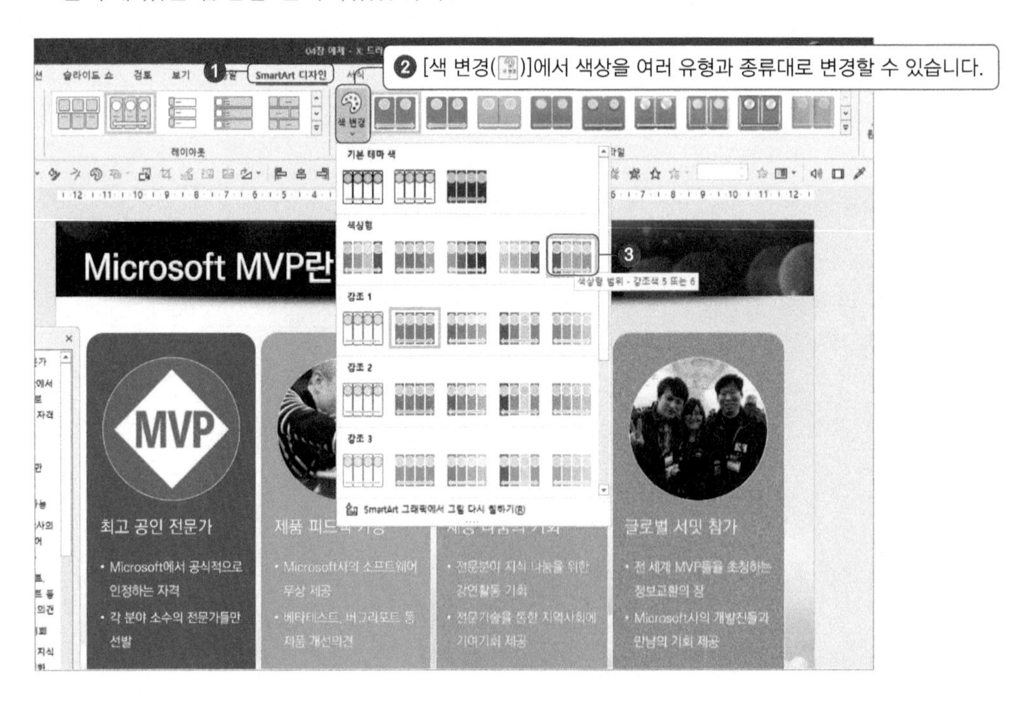

[전문가의 조언] 다른 유형의 색상을 쓰고 싶어요

여기서 나타나는 색은 10장에서 학습할 '슬라이드 마스터'의 색 테마를 따릅니다. 선택한 슬라이드만 테마 색을 바꾸려면 [디자인] 탭 → [적용] 그룹의 [자세히(▼)] 버튼 → [색]을 클릭하면 됩니다. 그러나 테마의 [색]을 그냥 바꿔버리면 현재 파워포인트 자료에 있는 모든 개체의 색이 바뀔 수 있으니 주의해야 합니다. 해당 슬라이드만 바꾸길 원한다면, 원하는 테마 색의 유형 위에 마우스 커서를 올려놓은 후 오른쪽 버튼을 클릭하고 [선택한 슬라이드에 적용]을 클릭합니다. 그런 다음, [SmartArt 도구 - 디자인] 탭 → [색 변경( )]을 다시 눌러 보세요. 색이 달라진 것을 확인할 수 있습니다.

그러나 필자는 이 작업 방법을 권장하지 않습니다. 향후 테마 색이 서로 다른 문서 간에 복사/붙여 넣기가 진행된다면 기본적으로는 대상 문서의 색 테마를 따르게 되므로 의도하지 않게 색이 바뀔 수 있기 때문입니다.

[전문가의 조언] [색 변경]의 종류가 많은데, 어떤 것을 골라야 할까요?

- **색상형**: 다양한 색을 섞어 선택할 수 있습니다.
- **강조형**: 테마 강조색별로 같은 색의 명도를 조정해 놓은 것으로, 통일감을 원할 때 주로 선택합니다.

※ 일반적으로 프레젠테이션에서는 색상형을 많이 사용합니다.

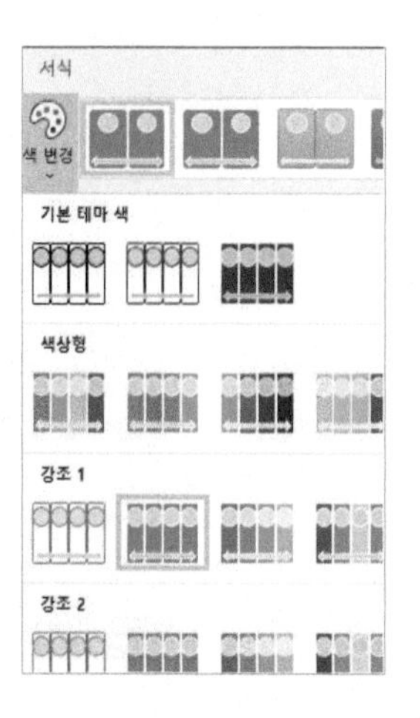

7 디자인을 좀 더 멋스럽게 바꿀 수도 있습니다. [SmartArt 스타일] 그룹의 [자세히(▼)] 버튼을 누르면 총 14가지의 스타일이 나타납니다. 이 중 원하는 스타일을 적용합니다. 여기서는 일곱 번째에 있는 [경사]를 선택하겠습니다.

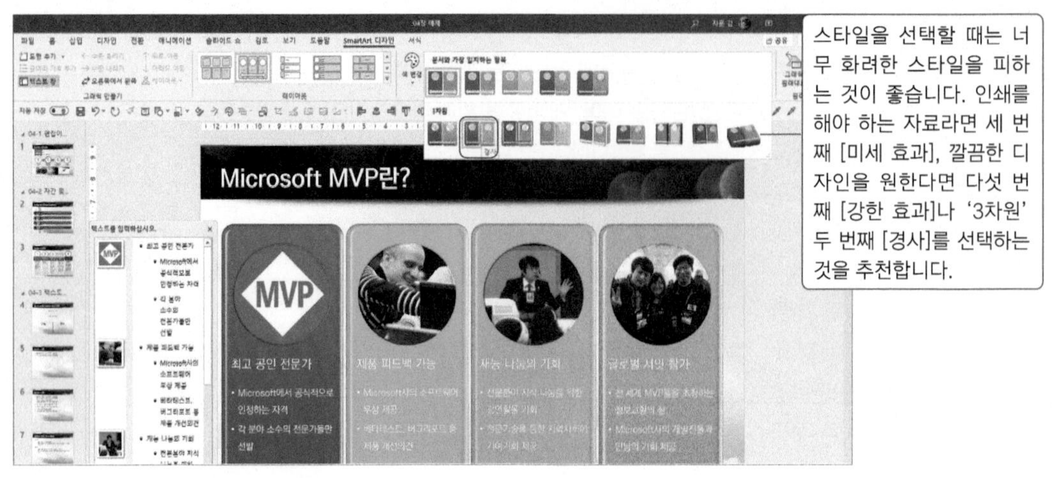

[SmartArt 스타일] 그룹의 [자세히(▼)] 버튼을 눌러 원하는 스타일을 적용해 보세요.

8 이제 기본적인 사용 방법을 넘어 실무 활용으로 넘어가 보겠습니다. 현재 적용된 스마트아트를 보면 한 가지 문제가 있습니다. 바로 아래쪽의 화살표가 내용과 맞지 않는다는 것입니다. 각 내용은 수준이 동등한데, 화살표 때문에 오해의 소지가 있습니다. 화살표를 지우기 위해 화살표를 선택하고 Del 키를 아무리 눌러도 삭제되지 않습니다. 왜 그럴까요?
그 이유는 마이크로소프트 사의 SmartArt 그래픽이라는 기술을 이용해 자동으로 구현된 화살표이기 때문입니다.

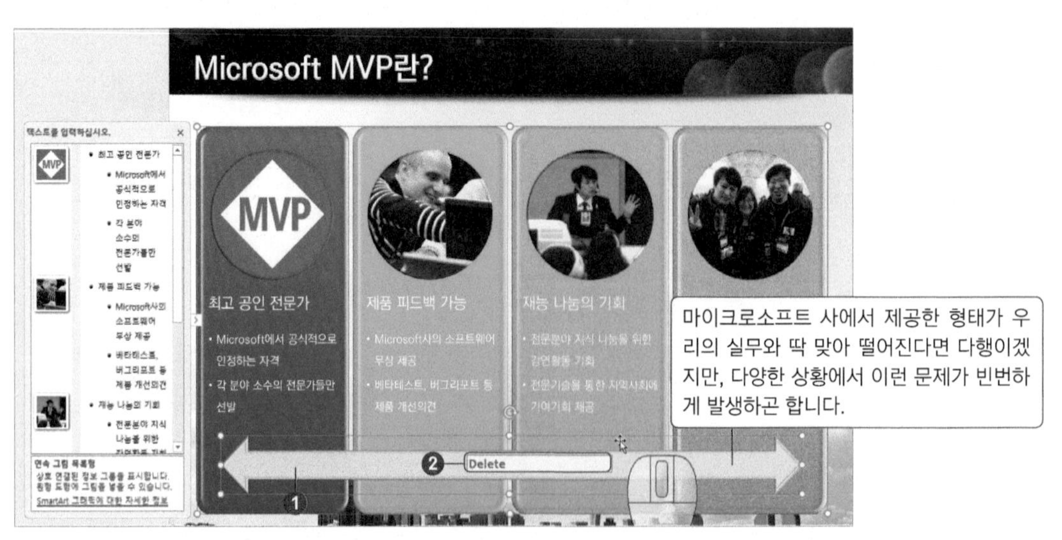

Del 키를 눌러도 화살표가 삭제되지 않습니다.

9 그렇다고 해서 처음부터 새로 만들 수도 없는 일입니다. 스마트아트 개체를 선택한 후 [SmartArt 도구 - 디자인] 탭 → [원래대로] 그룹을 살펴보면 [변환]이라는 버튼이 있습니다. 이 버튼을 클릭하면 스마트아트 상태의 개체를 깨고 우리가 평소 사용하던 도형으로 변환해 사용할 수 있습니다. 여기서는 [변환 - 도형으로 변환]을 선택합니다.

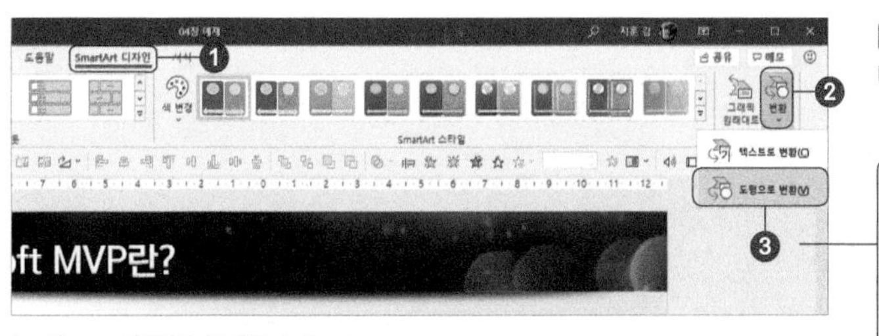

[도형으로 변환]을 선택합니다.

▶ 2007 버전에는 아쉽게도 [변환] 버튼이 없기 때문에 강제 그룹 해제를 이용해야 합니다.

[변환] 옵션은 두 가지입니다.
텍스트로 변환: 지금까지의 작업을 포기하고 원래의 텍스트 상태가 됩니다.
도형으로 변환: 스마트아트 상태를 포기하고 일반적인 도형 상태가 됩니다.

스마트아트 개체를 선택한 후 강제로 그룹 해제(Ctrl + Shift + G)를 실행해도 이와 똑같은 효과를 볼 수 있습니다. 이 경우에는 편집과 삭제를 할 수 있습니다. 화살표 개체만 선택하고 Delete 키를 눌러 지워 주세요.

▶ 그룹 기능은 05-7절에서 상세하게 설명합니다.

10 아래쪽을 채우고 있던 화살표를 삭제하니 뭔가 좀 허전해졌습니다. 필자가 아래쪽에 배경처럼 넣어 둔 빌딩 그림을 선택하고 마우스 오른쪽 버튼을 클릭해 '맨 앞으로 가져오기'를 선택하세요. 멋진 완성본이 나올 것입니다.

뒤에 깔려 있던 이미지를 맨 앞으로 가져오면 완성됩니다.

지금까지 텍스트의 목록 수준을 정의하고 스마트아트로 변환해 시각화하는 방법을 배웠습니다. 10장에서 배울 슬라이드 마스터와 이 스마트아트를 연계해 사용하면 작업 시간을 대폭 단축할 수 있으니, 꾸준히 연습해 자신의 실력으로 만들어 보세요.

김 대리의 스프링 노트 04

- 미니 도구 사용하는 방법 **04-1**

미니 도구 ⇒ 개체를 빠르게 편집할 수 있다!

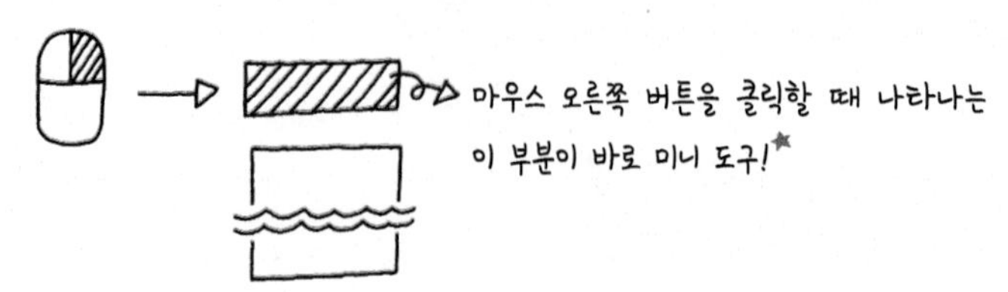

- 자간과 장평 **04-2**

– 자간: 가 ① 나 ② 다

[홈] 탭 → [글꼴] 그룹 → 가나
①, ② 사이를 조절!

– 장평: ← 가나다 →
또는
→ 가나다 ←

① [도형 서식]에서 [도형의 텍스트 배치] 옵션 체크 해제!

② [서식] 탭 → [텍스트 효과] 메뉴 → [변환 - 사각형] 버튼 선택!

- 텍스트 입력할 때는 이것만 주의하자! **04-3**

– 텍스트 상자: 텍스트 상자를 만들 때는 드래그 x, 클릭 O

– 줄 변경 = Shift + Enter 키

– 단락 변경 = Enter 키

– 눈금자 사용하기

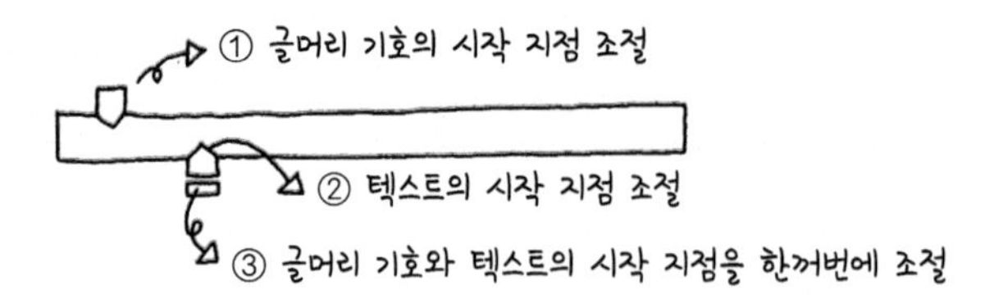

- 가장 빠르게 시각화하는 방법 **04-4**

① 텍스트의 문단 수준 정의하기: Tab, Shift + Tab

② 스마트아트로 변환하기: [홈] 탭 → [단락] 그룹 → [SmartArt로 변환]

'김 대리의 스프링 노트'가 잘 이해되지 않는다면 한 번 더 복습해 보세요!

파워포인트 드로잉 핵심 기술

나는 친구가 파워포인트를 다루는 속도를 보고 큰 충격을 받았다. 친구의 작업 속도는 프로게이머의 손놀림을 떠올리게 했다.

"오늘은 교육이니까 일부러 천천히 하는 것 같은데, 빠른 작업 속도의 비결이 뭐냐?"
"당연히 단축키지."
"비법 같은 게 있지 않아?"
"비법? 너, 개체 2개를 그룹 지을 때 어떻게 해?"
"그야, 그 개체들을 잡아 마우스 오른쪽 버튼으로…."
"그럼 밑에 깔려 있는 개체를 가장 위로 끌어올릴 때는?"
"그것도 마우스 오른쪽 버튼으로…."
"그게 잘못된 거야. 그걸 나는 '익숙함의 함정'이라고 하지."
"!!!"

#조합키 #개체정렬 #개체순서 #그룹 #자유형도형 #점편집 #도형병합 #회전 #대칭

05-1 조합키를 꼭 알아야 할까?

파워포인트는 다른 소프트웨어와 달리 직관적인 도구이므로 체계적인 교육 없이도 목표한 결과물을 어느 정도 만들어 낼 수 있습니다. 그러나 필자가 많은 기관과 기업에 강의를 다니면서 현업의 실무자들을 연구해 본 결과, 파워포인트 업무에서 스트레스를 받는 주요 부분은 '작업 시간'이었습니다.

작업 시간이 오래 걸리는 이유가 무엇일까요? 그 원인은 바로 개체를 선택하고 색을 칠하고 선을 긋고 순서를 조정하고 줄을 맞추는 등의 아주 사소한 작업들에 있습니다. 문제는 이 작업이 문제라는 사실조차 모른 채 '나는 디자인을 못해'라며 자신의 디자인 실력만 탓하고 있다는 것입니다.

모든 분야의 전문가들이 **백 투 더 베이직**(Back to the Basic)을 강조하는 데는 그만한 이유가 있습니다. 좋은 기능을 배워 시간을 줄이는 것도 의미가 있지만, 그 차이는 단지 10분 내외일 뿐입니다. 실제 업무 시간을 줄이려면 늘 하고 있는 사소한 작업 방식을 단 1초라도 줄여야 합니다. 이 장에서는 이런 사소한 작업 시간을 줄이는 방법을 알아보겠습니다.

사소한 작업 시간을 줄이는 조합키

사소한 작업의 시간을 줄일 수 있는 대표적인 방법은 바로 '조합키의 활용'입니다. 조합키는 키보드 왼쪽 하단의 Shift, Ctrl, Alt 키를 말하는데, 단독으로 누르면 아무런 반응도 없지만, 다른 키와 조합하면 여러 반응이 일어납니다. 그동안 적극적으로 활용하지 않았다면, 작업 속도를 몇 배 이상 향상시킬 수 있습니다.

프로게이머처럼 현란하고 빠른 손동작으로 파워포인트를 다루려면 조합키의 사용은 필수입니다. 마우스를 잡은 손 못지않게 키보드를 만지는 손의 역할도 매우 중요합니다.

조합키의 속성

각 조합키는 일반적으로 아래와 같은 속성을 갖고 있습니다.

Shift	Ctrl	Alt
복수 선택	복수 선택	
15° 단위 각도 회전 (Alt + ←, →)	중심 고정 (Shift + ↑, ↓, ←, →)	
정다각형 도형 그리기 (정사각형, 정오각형 등)	키보드로 개체 미세 조정 (눈금 격자 일시 해제)	마우스로 개체 미세 조정 (눈금 격자 일시 해제)
대각선 방향으로 크기 조절 시 비율 유지	편집 화면 확대/축소 (마우스의 휠)	
개체 수평/수직 이동	개체 복사	

대부분의 실무자는 이 속성 중 절반 정도를 이미 사용하고 있습니다. 하지만 한 번에 정리해 본 적은 별로 없을 것입니다. 지금 당장 이 조합키를 모두 외울 필요는 없습니다.

▶ 05-2절부터 실습을 통해 차근차근 학습하겠습니다.

조합키의 활용

각 조합키(Shift, Ctrl, Alt)는 독립적으로도 제 기능을 수행하지만, 둘 이상을 서로 조합해 사용할 수도 있습니다. 물론 이때도 각 키의 속성은 그대로 적용됩니다.
아래와 같은 상황에서 조합키를 서로 조합해 사용할 수 있습니다.

삽입한 도형을 수평으로(Shift) 복사(Ctrl)하고 싶을 때

개체의 비율을 유지하면서(Shift) 중심을 고정하고(Ctrl) 마우스로 미세하게(Alt) 크기를 조정하고 싶을 때

중심을 고정한 채(Ctrl) 정다각형 도형을 그리고(Shift) 싶을 때

작업 속도를 몇 배 이상 향상시키기 위해 이제부터 이 조합키를 익혀 보겠습니다.

05-2 직선적인 성향의 Shift 키

첫 번째로 소개할 조합키는 Shift 키입니다. Shift 키는 직선적이고 똑바르고 딱딱 정해진 것을 좋아합니다. 시간을 정확히 맞춰 생활하거나 모든 물건을 반듯하게 정리하는 사람을 떠올려 보세요. 이런 분이 Shift 키와 비슷하다고 연상하면 기억하기 쉽습니다.

속성 ① - 수직, 수평으로 이동하기

Shift 키는 직선적인 성향 그대로 개체를 수직이나 수평으로 이동시킵니다. 실무에서 텍스트, 이미지, 도형 등의 개체를 수직이나 수평으로 움직이고 싶을 때가 많은데, 그냥 움직이면 똑바로 움직이기가 쉽지 않습니다. 하지만 Shift 키를 누른 채 개체를 움직이면 방향이 틀어질 일이 없습니다.

지금 해야 된다! } 가운데 있는 도형을 마우스로 선택해 움직여 보세요

'**05장 예제**.pptx' 파일을 열고 1번 슬라이드를 클릭합니다. 화면 가운데 있는 개체를 점선으로 그려진 오른쪽 원 도형에 딱 맞게 이동시켜 보겠습니다.

먼저 마우스 개체를 선택하고 그냥 움직여 보세요. 똑바로 이동하기가 어려울 것입니다. Ctrl + Z 키를 눌러 처음 상태로 되돌리겠습니다.

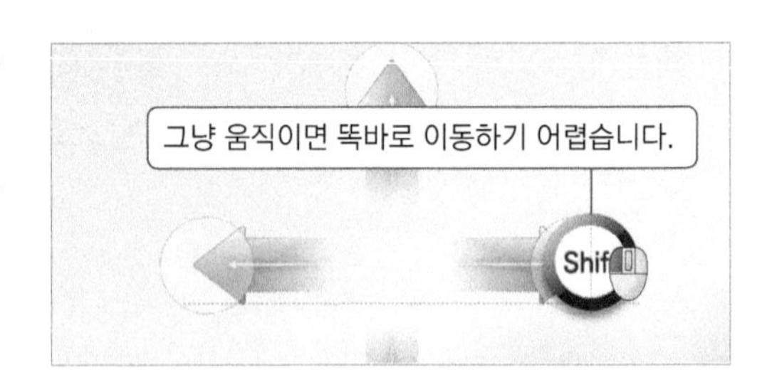

이번에는 Shift 키를 누른 채 이리저리 움직여 보세요. 마우스만 이용할 때와 차이를 느낄 수 있을 것입니다.

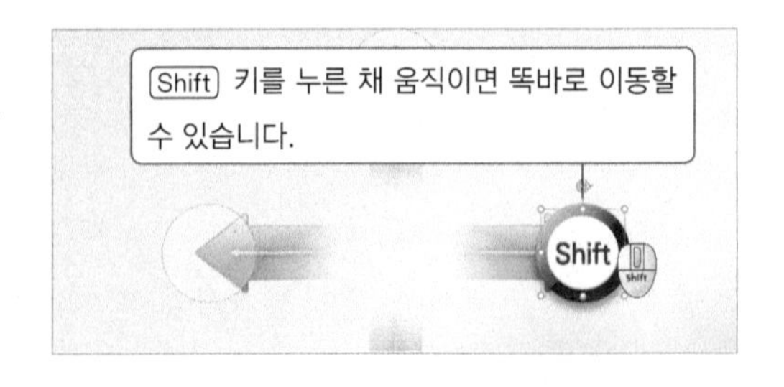

속성 ② - 15°씩 회전하기

두 번째 속성 역시 [Shift] 키의 딱딱함이 그대로 드러납니다. 간단한 속성이므로 빠르게 넘어가겠습니다.

지금 해야 된다! } 나침반 바늘을 45°로 맞춰 보세요

2번 슬라이드를 열고 나침반 바늘을 클릭해 선택합니다. 회전 핸들(◎)이 나타나면, 마우스를 클릭한 채 마우스를 이리저리 회전시켜 봅니다. 이어서 [Shift] 키를 누른 채 회전시켜 보면 15°씩 돌아가는 것을 확인할 수 있습니다. 차이가 느껴지나요? 이제 나침반의 붉은 바늘을 45°로 맞춰 보세요.

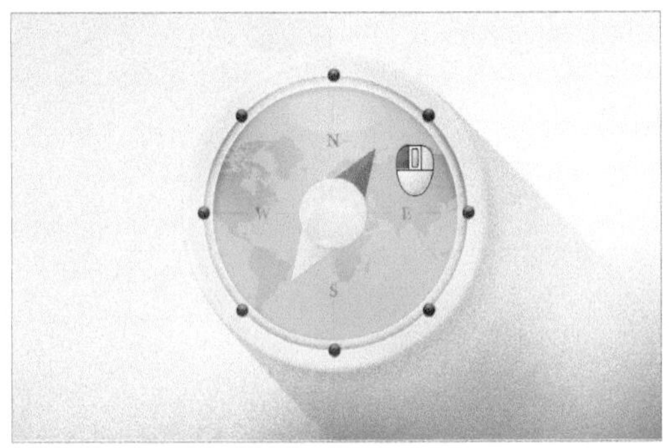

그냥 돌리면 부드럽게 돌아갑니다.

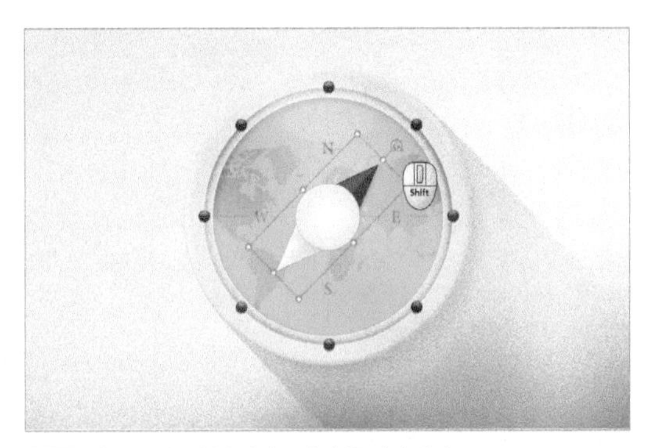

[Shift] 키를 누른 채 돌리면 15°씩 돌아갑니다.

[전문가의 조언] 키보드만으로 개체 회전하기

2010 버전 이상이라면 키보드만으로도 개체를 회전시킬 수 있습니다. 개체가 선택된 상태에서 [Alt] 키를 누른 채 왼쪽, 오른쪽 방향키를 번갈아 눌러 보세요. [Shift] 키를 누른 채 마우스로 회전시키는 것과 같은 효과를 확인할 수 있습니다.

속성 ③ - 수직 / 수평 / 45° 직선 그리기

[Shift] 키의 딱딱한 속성은 선을 그릴 때도 적용할 수 있습니다. 파워포인트에서는 많은 경우에 선이 사용되지만, 예제에서는 간단하게 지시선을 직접 그리는 방법을 학습해 보겠습니다.

▶ 파워포인트에는 지시선과 텍스트 상자가 합쳐진 '설명선' 도형도 있습니다. 하지만 설명선 도형을 삽입하면, 텍스트 상자의 크기에 따라 지시선의 각도가 달라지는 문제가 있습니다. 이럴 때는 지시선을 직접 그리고 각도를 맞추는 것이 훨씬 보기 좋습니다.

지금 해야 된다! } 45° 대각선과 직선을 그려 보세요

3번 슬라이드를 열고 [삽입] 탭에서 [도형 - 선]을 선택합니다. 먼저 마우스로 자유롭게 직선을 그려 보세요. 이번에는 Shift 키를 누른 채 자유롭게 그려 봅니다. 이렇게 Shift 키는 수평선, 수직선, 대각선(45°, 135°, 225°, 315°) 방향으로 그릴 수 있도록 스냅을 걸어 줍니다.
이제 연습했던 선들을 지우고 미완성된 지시선을 완성해 보세요.
선을 똑바로 그리고 싶다면 Shift 키를 누르며 작업해야 한다는 것을 꼭 기억하세요.

그냥 그리면 수직/수평/45°로 그리기 어렵습니다.

Shift 키를 누르면 그리기 쉽습니다!

▶ 선을 긋다 보면 '연결점'들이 나타날 것입니다. 이 점들은 개체들을 서로 연결해 주는 기능을 하는데, 이 연결점으로 선을 연결하면 개체를 움직이거나 크기를 조절하더라도 연결 상태를 유지할 수 있습니다. 이 예제의 목적은 Shift 키의 속성을 배우는 것이므로 연결점은 무시하고 작업하면 됩니다.

[전문가의 조언] 지시선을 만들 때 꼭 직선 2개로 만들 필요는 없다

파워포인트 2010 버전부터는 '자유형' 도형을 이용해 직선 2개로 만드는 것보다 지시선을 훨씬 효과적으로 만들 수 있습니다. [삽입] 탭에서 [도형 - 자유형] 메뉴를 선택하고 Shift 키를 누른 채 마우스 왼쪽 버튼으로 하나씩 점을 찍습니다. 그러면 선이 연결된 상태로 수직/수평/45° 선을 쉽게 그릴 수 있습니다. 점을 모두 찍었으면 Esc 키를 눌러 종료합니다.

▶ 이 방법은 05-8절에서 자세히 배웁니다.
▶ 2007 버전에서도 자유형 선 도형을 사용할 수 있지만 Shift 키의 스냅이 적용되지 않습니다.

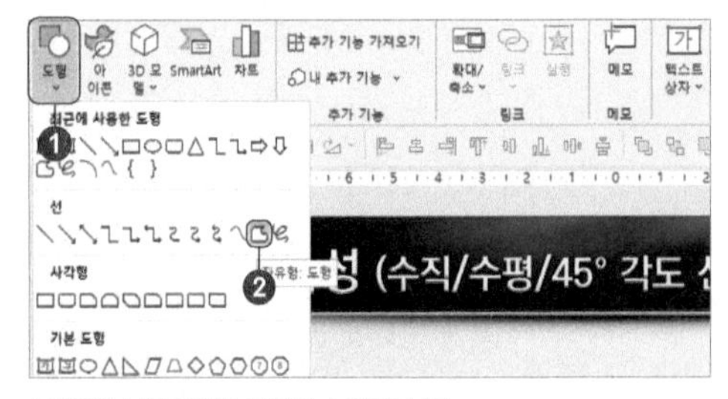

도형에서 [자유형] 도형을 선택합니다.

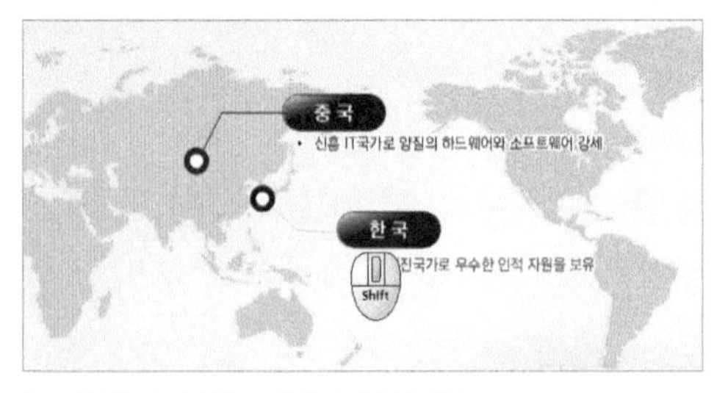

Shift 키를 누르면서 그릴 수 있습니다!

속성 ④ - 정다각형 도형 그리기

앞에서 Shift 키는 똑바른 성향을 갖고 있다고 했습니다. 이러한 속성은 실무에서 많이 사용하는 정다각형을 그릴 때도 사용됩니다. 확인만 하고 빠르게 넘어가세요.

지금 해야 된다! } 정다각형을 그려 보세요

4번 슬라이드를 연 후 사각형을 그리고 다시 Shift 키를 누른 채 그려 보면서 정사각형이 그려지는지 확인해 보세요.

▶ 단, Shift 키를 누르면서 그렸다고 해 모든 도형이 '무조건' 정다각형이 되는 것은 아닙니다. 도형에서 '육각형' 도형을 선택하고 Shift 키를 누르면서 그린 후 확인해 보세요.

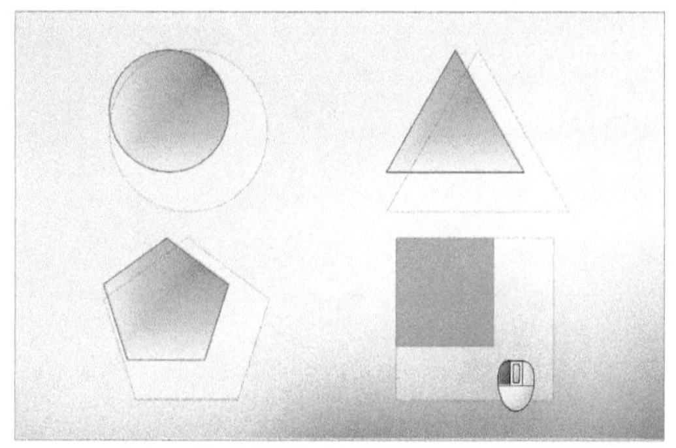
그냥 그리면 직사각형이 그려집니다.

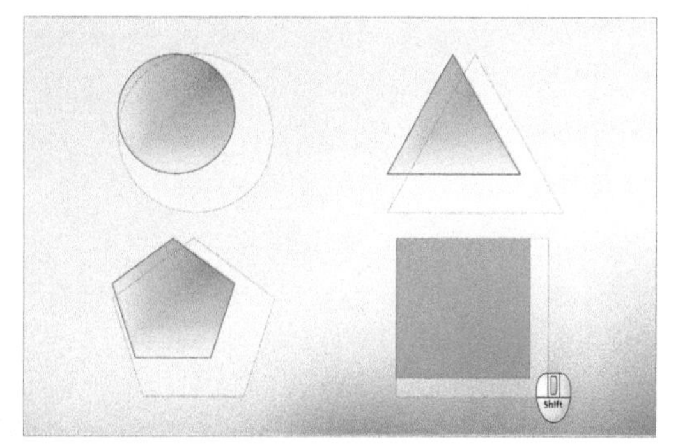
Shift 키를 누르고 그리면 정사각형이 그려집니다.

속성 ⑤ - 비율을 유지한 채 개체 크기 조절하기

파워포인트에 많이 사용하는 이미지, 도형, 차트 등의 크기를 변경할 때는 비율을 유지하는 것이 좋습니다. Shift 키는 대각선 방향으로 개체의 크기를 조절할 때도 똑바로 조절할 수 있도록 스냅을 걸어 줍니다.

지금 해야 된다! } 비율을 유지한 채 크기를 조절해 보세요

5번 슬라이드에 있는 여성 그림이 다소 큰 것 같습니다. 여성 그림 개체를 선택하고 왼쪽 위에 있는 '크기 조절 핸들'을 클릭한 채 마우스를 자유롭게 움직여 봅니다. 이 상태에서 Shift 키를 눌러 보세요. 가로세로 비율이 유지된 채 크기가 바뀌는 것을 확인할 수 있습니다. 텍스트가 가려지지 않을 만큼 그림 크기를 적당히 줄입니다. Shift 키의 비율 유지 속성은 개체의 대각선 방향에 있는 크기 조절 핸들을 사용할 때만 적용됩니다.

▶ Shift 키와 함께 Ctrl 키를 사용하면 개체의 중심을 기준으로 크기가 조절됩니다. 신기하죠? Ctrl 키의 상세한 활용 방법은 다음 절에서 설명하겠습니다.

그림이 너무 커서 텍스트와 겹치네요.

[Shift] 키를 누르면서 조절하면 비율이 유지됩니다.

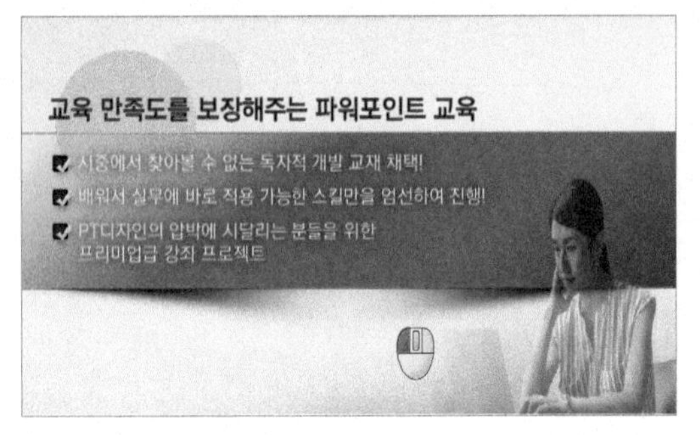

[Shift] 키를 누르지 않으면 이렇게 되거나

이렇게 될 수 있으니 조심하세요!

[전문가의 조언] 비율을 유지할 때 [Shift] 키, 습관되면 좋다!

그림을 삽입하면 [가로 세로 비율 고정] 옵션이 자동으로 켜지기 때문에 [Shift] 키를 누르지 않고 모서리에 있는 크기 조절 핸들만 조절해도 그림 비율이 유지됩니다.
하지만 도형을 삽입하거나 그림을 다른 개체와 그룹으로 묶으면 이 옵션이 자동으로 꺼지기 때문에 개체의 크기를 조절할 때는 습관적으로 [Shift] 키를 사용하는 것이 좋습니다.
[가로 세로 비율 고정] 옵션은 [그림 서식] 창에서 설정할 수 있습니다.

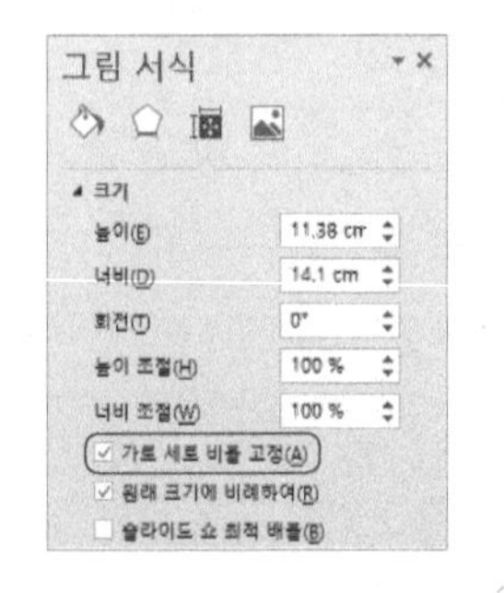

속성 ⑥ - 복수 선택 및 해제

복수 선택이란, 클릭이나 영역으로 여러 개체를 동시에 선택하는 것을 말합니다. 여러 개체의 색이나 글꼴 등을 한꺼번에 변경할 때 많이 사용하는 중요한 동작입니다.
복수 선택과 가장 잘 어울리는 조합키가 바로 [Shift] 키입니다.

지금 해야 된다! } 특정 개체만 복수 선택하고 해제해 보세요

1 6번 슬라이드를 열고 아래 그림을 보면서 실습해 보세요. Shift 키를 누른 채 오른쪽의 '특별계정사업부', '펀드사업', '리스크관리팀', '신탁팀', 'FA센터', '연구조정실'을 하나씩 클릭해 총 6개의 개체를 복수 선택합니다.

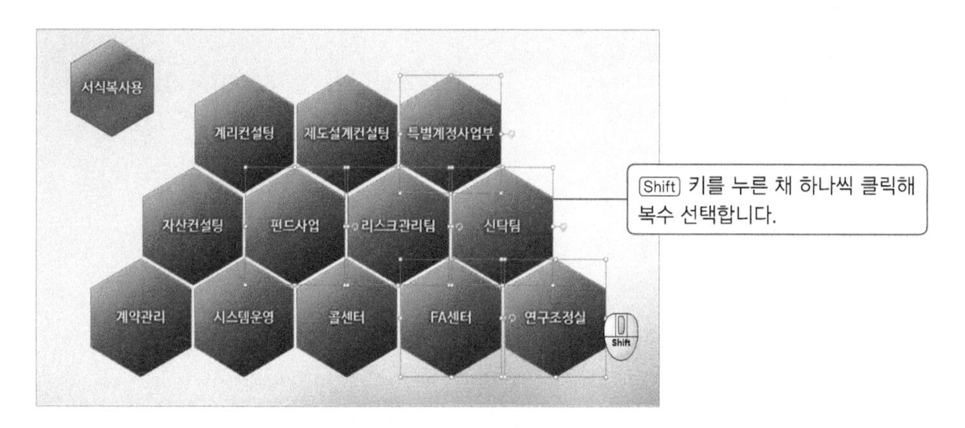

2 이 상태에서 '리스크관리팀'만 선택 해제해 보겠습니다. Shift 키를 누른 채 '리스크관리팀'을 다시 한 번 클릭하면 선택이 해제됩니다. Shift 키를 누른 채 아래 그림과 같이 '리스크관리팀'을 영역으로 선택해도 선택을 해제할 수 있습니다.

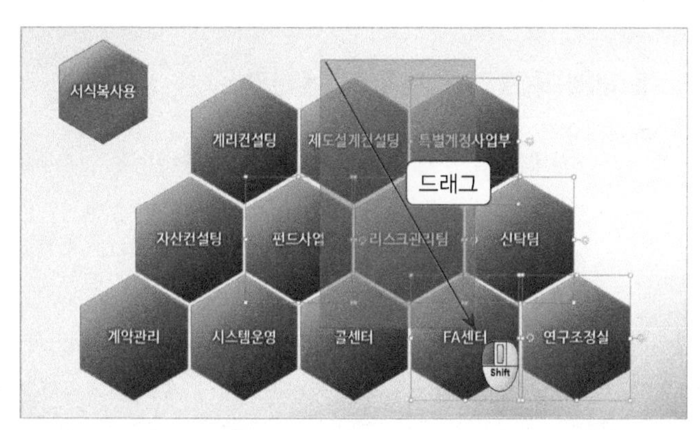

Shift 키를 누른 채 제외하고 싶은 개체만 클릭하거나 드래그로 선택합니다.

▶ 드래그로 선택할 경우, 개체가 드래그한 영역을 조금이라도 벗어나면 선택되지 않습니다.

[전문가의 조언] 복수 선택과 선택 해제는 원래 Ctrl 키로 하는 것 아닌가요?

네, 그것도 일부는 맞습니다. 2019 버전과 오피스 365 버전에서는 Ctrl 키를 Shift 키와 동일하게 사용할 수 있도록 개선됐습니다. 하지만 그 이하의 버전에서 Ctrl 키의 복수 선택은 영역으로 제외 선택을 할 수 없으며, 하나씩 클릭해 복수 선택할 때 조금이라도 움직이면 복사될 우려가 있기 때문에 가급적 Shift 키 사용을 권장합니다. 이는 다음 절에서 자세히 설명하겠습니다.

05-3 자기중심적인 성향의 Ctrl 키

두 번째로 소개할 조합키는 Ctrl 키입니다. Ctrl 키는 자기중심적인 성향을 띠고 있습니다. 이번에도 연상 기억법을 사용해 볼까요? 자기 자신이 중심이 돼야만 직성이 풀리고 모든 것이 자기로부터 시작되고 마무리돼야 하는 사람들이 있습니다. 이런 분들이 Ctrl 키와 비슷하다고 연상하면 기억하기 쉽습니다.

속성 ① - 중심을 고정하고 크기 조절하기

선택한 개체의 중심 위치를 변경하지 않고 크기만 조절하고 싶을 때가 있습니다. 이때 아무것도 누르지 않고 크기를 조절하면 한쪽 방향으로만 조절되기 때문에 중심을 다시 맞춰야 합니다. 이럴 때 Ctrl 키를 사용하면 개체의 **중심을 그대로 유지한 채 크기를 변경**할 수 있습니다. 개체의 크기 조절 핸들을 잡고 조절할 때 Ctrl 키를 누르고만 있으면 중심이 흐트러지지 않습니다.

지금 해야 된다! } 중심을 고정한 채 개체의 크기를 조절해 보세요

7번 슬라이드를 열고 왼쪽에 있는 개체를 클릭하면 크기 조절 핸들이 나타납니다. 먼저 왼쪽에 있는 개체의 가로 폭을 늘이고 오른쪽에 있는 개체도 크기를 조절하되, 이번에는 Ctrl 키를 누른 채 마우스를 움직여 보세요. 차이를 느끼셨다면 충분합니다.

▶ 크기 조절 핸들을 잡고 Shift 키와 Ctrl 키를 함께 사용하면 개체의 중심으로부터 원본 개체의 가로, 세로 비율을 유지한 채 크기를 조절할 수 있습니다. 실무에서는 두 조합키를 함께 사용하는 경우가 많습니다.

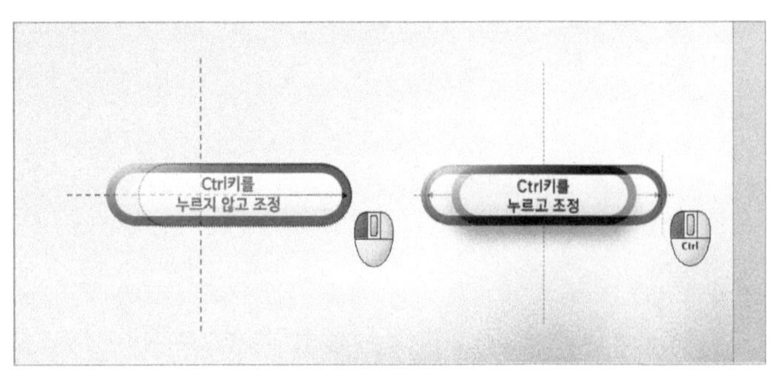

개체의 크기를 조절할 때 Ctrl 키를 누르면 중심이 고정된 채 크기가 조절됩니다.

속성 ② - 중심을 고정하고 그리기

중심 고정 성향의 Ctrl 키는 도형을 새로 그릴 때도 작용합니다. 도형을 그린 후에 중심 위치로 옮겨 놓는 것보다 처음 그릴 때부터 Ctrl 키를 사용하면 개체를 클릭한 중심에서부터 그릴 수 있어 매우 유용합니다.

지금 해야 된다! } 중심점을 지정해 정원을 그려 보세요

8번 슬라이드를 열고 [삽입] 탭에서 [도형 - 타원]을 선택합니다. 아래 그림처럼 정원을 그려야 하므로 정다각형을 그려 주는 Shift 키는 기본으로 눌러야 합니다. 먼저 Ctrl 키를 누르지 않은 채 마우스를 클릭해 그려 봅니다. 그런 다음, Shift 키와 Ctrl 키를 함께 누른 채 '후쿠시마' 텍스트 가운데에 마우스 커서를 올려놓고 적당히 그려 봅니다.

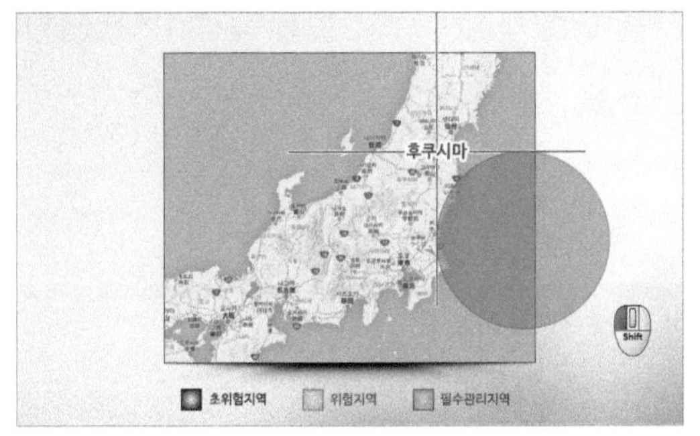

Ctrl 키를 누르지 않고 그리면, 처음 클릭한 지점이 도형의 모서리가 됩니다.

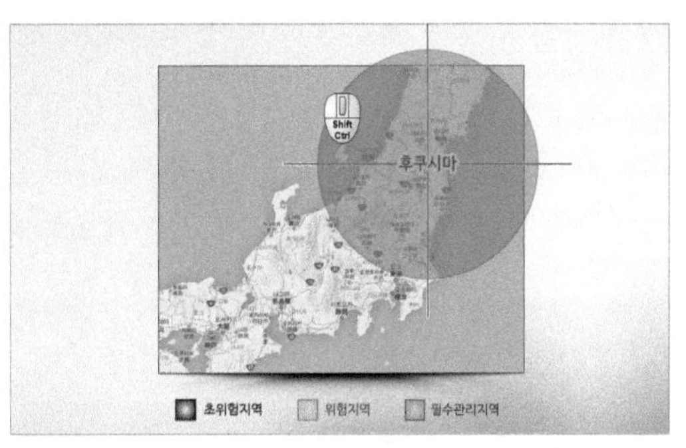

Ctrl 키를 누른 채 그리면, 내가 클릭한 지점이 도형의 중심이 됩니다.

속성 ③ - 편집 화면 확대/축소하기

보통 Ctrl 키를 누른 채 마우스휠을 움직여 편집 화면을 확대하거나 축소합니다. 그러나 크기가 작은 개체를 편집하거나 특정 개체만 섬세하게 작업해야 할 때는 **선택한 개체를 중심으로 화면을 확대**할 필요가 있습니다. 9번 슬라이드를 열어 보세요.

▶ 만약 휠마우스가 아니라면 Ctrl 키를 누른 채 화면 오른쪽 아래에 있는 [확대/축소] 버튼을 클릭하거나 드래그하면 됩니다.

지금 해야 된다! } 슬라이드를 중심으로 편집 화면 확대/축소하기

1 아무것도 선택하지 않은 상태에서 Ctrl 키를 누른 채 마우스의 휠을 올리거나 아래로 내리면 **슬라이드를 중심으로** 편집 화면이 확대/축소됩니다.

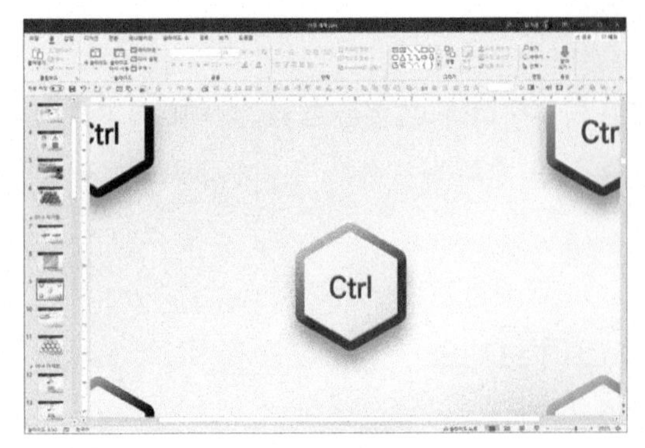

Ctrl 키를 누른 채 휠을 올리면 화면이 확대됩니다.

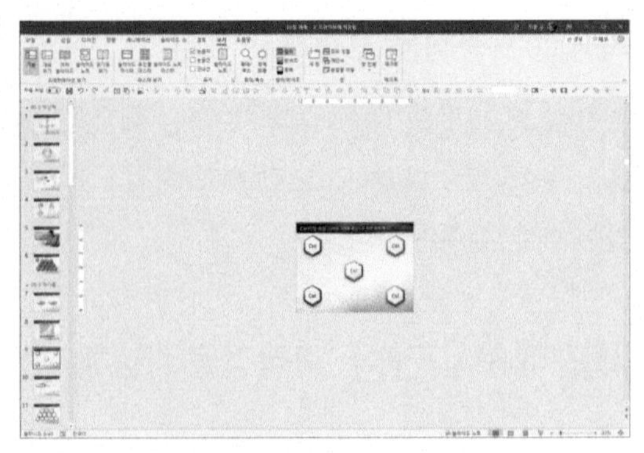

Ctrl 키를 누른 채 휠을 내리면 화면이 축소됩니다.

지금 해야 된다! } 선택한 개체를 중심으로 편집 화면 확대/축소하기

1 이번에는 특정 개체를 선택한 상태에서 Ctrl 키를 누른 채 마우스의 휠을 움직여 보겠습니다. 마우스 휠을 올리거나 아래로 내리면 **선택한 개체를 중심으로** 편집 화면이 확대/축소되는 것을 볼 수 있습니다.
섬세하게 편집할 때 매우 중요한 기능이므로 꼭 기억해 두세요.

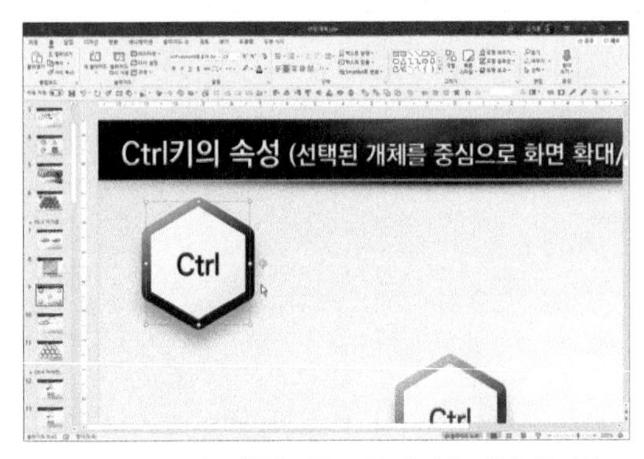

특정 개체를 선택하고 Ctrl 키를 누른 채 마우스휠을 올리면 그 개체를 중심으로 화면이 확대됩니다.

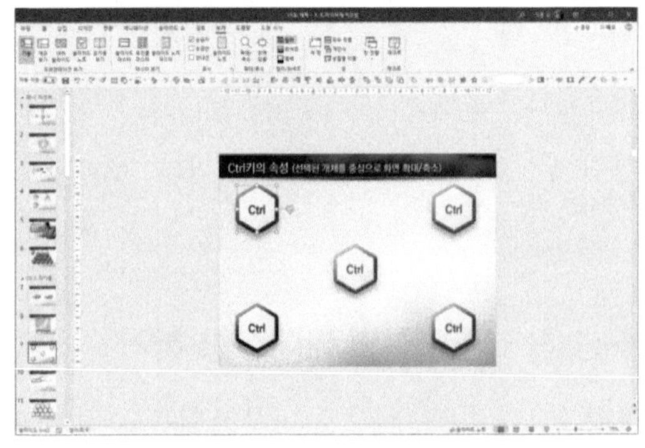

특정 개체를 선택하고 Ctrl 키를 누른 채 마우스휠을 내리면 그 개체를 중심으로 화면이 축소됩니다.

[전문가의 조언] 편집 화면이 너무 크거나 작다면 [창에 맞춤] 버튼!

편집 화면이 너무 작거나 클 때 [창에 맞춤(⊕)] 버튼을 한 번만 클릭하면 현재 창 크기로 순식간에 맞출 수 있습니다. 실무에서 매우 유용한 기능 중 하나입니다.

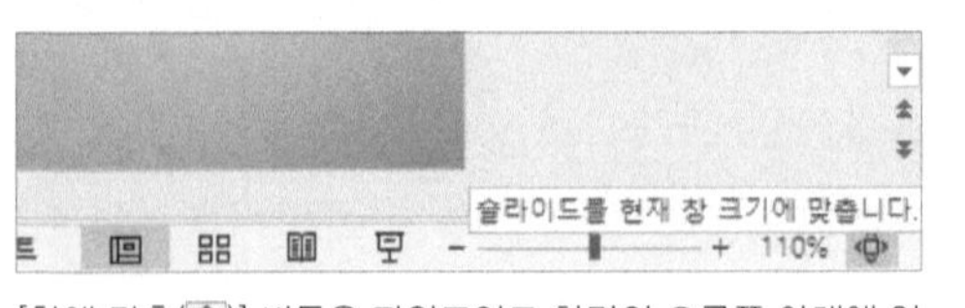

[창에 맞춤(⊕)] 버튼은 파워포인트 화면의 오른쪽 아래에 있습니다.

속성 ④ - 개체 복사하기

복사만큼 업무 효율을 높여 주는 기능도 없을 것입니다. 지금까지는 단축키(Ctrl+C, Ctrl+V)를 많이 사용했을 텐데요. 실무에서는 조합키로 복사하는 방법을 더 많이 사용합니다.

지금 해야 된다! } 조합키로 개체 복사하기

10번 슬라이드로 이동합니다. 원본 개체를 선택하고 Ctrl 키를 누른 채 드래그하면 원본 개체가 마우스를 움직인 자리에 복사됩니다. 실무에서는 수직/수평의 속성을 가진 Shift 키와 복사의 속성을 가진 Ctrl 키를 조합해 복사하는 수직 복사와 수평 복사가 많이 사용됩니다. 그동안 이 방법을 사용하지 않았다면 여러 번 연습해 보세요.

▶ 혹시 잘 안 된다면, 텍스트를 클릭했기 때문입니다. 도형의 윤곽선에 가깝게 클릭해야 개체를 정확하게 선택할 수 있습니다.

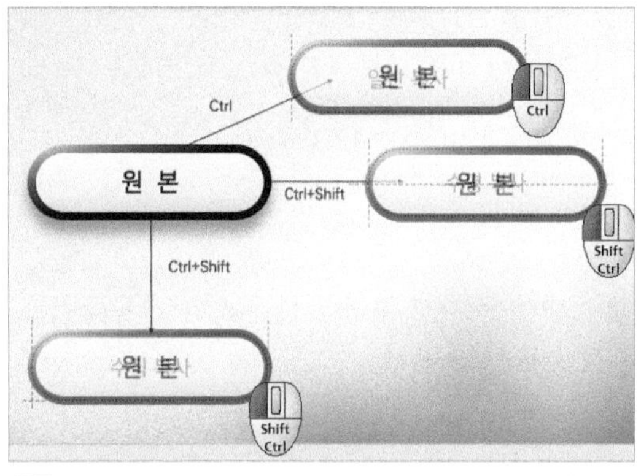

Ctrl 키와 Shift 키를 함께 사용하면 수직/수평으로 복사할 수 있습니다.

속성 ⑤ - 단순 복수 선택은 가능, 그러나 사용 금지!

여러 개체를 동시에 작업하고 싶을 때, Ctrl 키를 사용해도 Shift 키처럼 여러 개체를 복수 선택할 수 있습니다. 대부분의 독자들은 그동안 Ctrl 키로 복수 선택했을 겁니다. 하지만 파워포인트 실무에서는 Ctrl 키로 복수 선택을 하지 않는 것이 좋습니다. 그 이유는 아래와 같은 단점 때문입니다.

영역 제외 선택 불가: 선택된 여러 개체 중 일부를 영역으로 제외시키려 해도 선택에서 제외되지 않습니다.
클릭해 복수 선택시 복사될 우려: 여러 개체를 하나씩 클릭해 복수 선택하던 중 마우스를 잘못 움직이면 Ctrl 키의 속성으로 여러 개체가 복사될 수 있습니다.

최신 버전인 2019 버전과 오피스 365 버전에서는 Shift 키와 동일하게 영역 제외 선택이 가능하도록 개선했습니다. 하지만 여전히 잘못 움직일 경우, 의도하지 않은 여러 개체가 복사될 우려가 있기 때문에 복수 선택 작업에서는 Shift 키의 사용을 권장합니다.

지금 해야 된다! } [Ctrl] 키로 복수 선택 및 해제하기 / 선택 제외하기

1 11번 슬라이드를 엽니다. 오른쪽 그림처럼 파란색 테두리의 개체들만 [Ctrl] 키를 누른 채 하나씩 클릭해 복수 선택해 보세요. 선택된 것을 확인했다면 [Ctrl] 키를 누른 채 '신탁팀'만 선택을 해제해 보세요. 여기까지는 [Shift] 키와 똑같습니다.

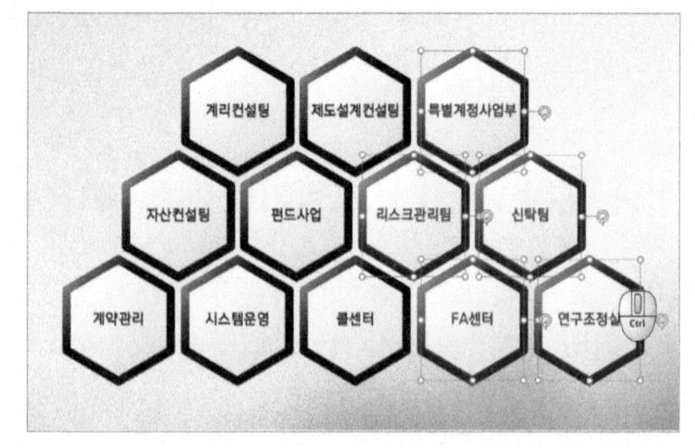

[Ctrl] 키를 누른 채 클릭하거나 드래그해 개체를 선택합니다.

2 이번에는 다시 파란색 테두리의 개체들만 모두 복수 선택한 후 [Ctrl] 키를 사용해 오른쪽 그림처럼 영역으로 '신탁팀'만 제외해 보세요.

▶ 현재 사용 중인 버전이 2007~2016 버전이라면 영역 제외가 되지 않습니다.

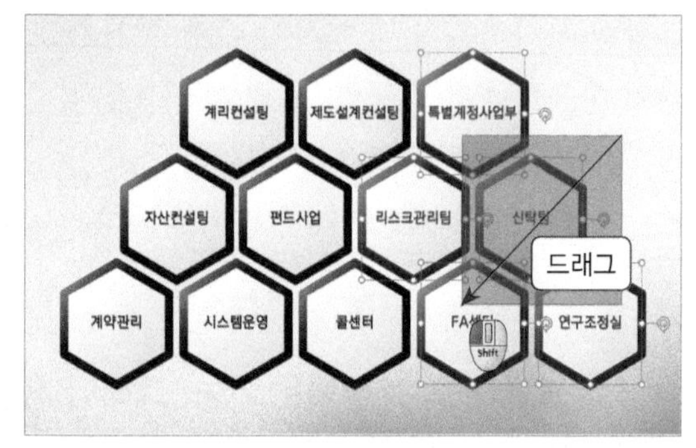

2019, 오피스 365 버전부터는 [Ctrl] 키로 영역 제외를 할 수 있습니다.

05-4 미세한 성향의 [Ctrl]/[Alt] 키와 눈금 및 안내선

미세한 성향의 [Ctrl]/[Alt] 키

파워포인트 작업을 하다 보면 아래 그림처럼 개체의 위치를 미세하게 조절하거나 크기를 맞춰야 할 때가 있습니다. 이때 유용한 조합키가 [Ctrl] 키와 [Alt] 키입니다. 지금부터는 [Ctrl] 키와 [Alt] 키의 미세한 속성과 반드시 알아 둬야 할 눈금 및 안내선을 알아보겠습니다.

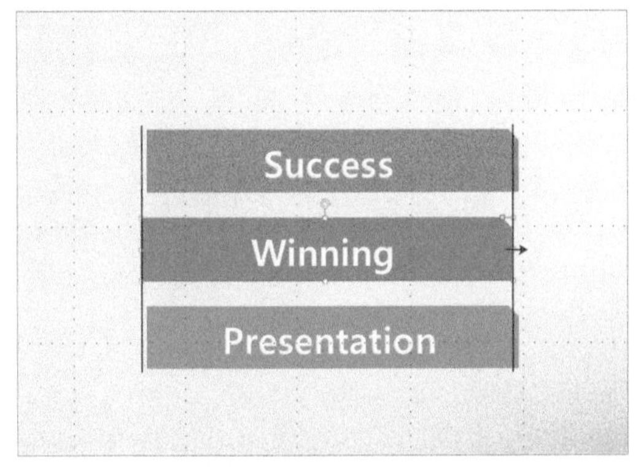

키보드 방향키로 위치를 조절하면 너무 크게 움직입니다.

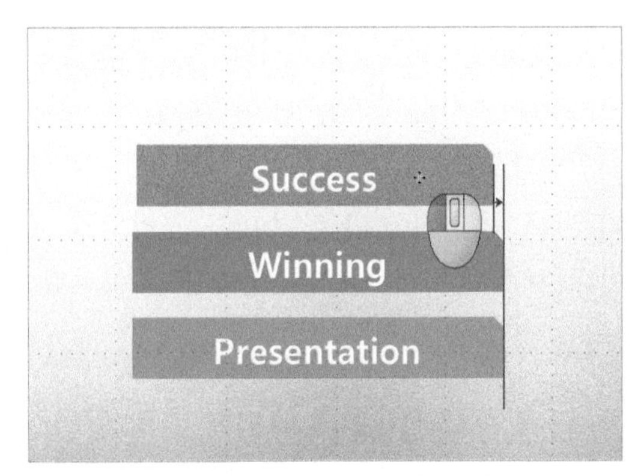

마우스로 크기를 조절할 때도 너무 크게 움직입니다.

지금 해야 된다! } 키보드로 미세하게 작업할 때는 [Ctrl] 키

12번 슬라이드를 보면 'Winning'이라는 개체가 약간 왼쪽으로 튀어나와 있습니다. 키보드의 좌우 방향키를 눌러 정확하게 맞추고 싶은데 그냥 해 보면 쉽지 않습니다. 이 경우, [Ctrl] 키와 방향키([←], [↑], [→], [↓])를 이용하면 개체를 미세하게 움직일 수 있습니다.

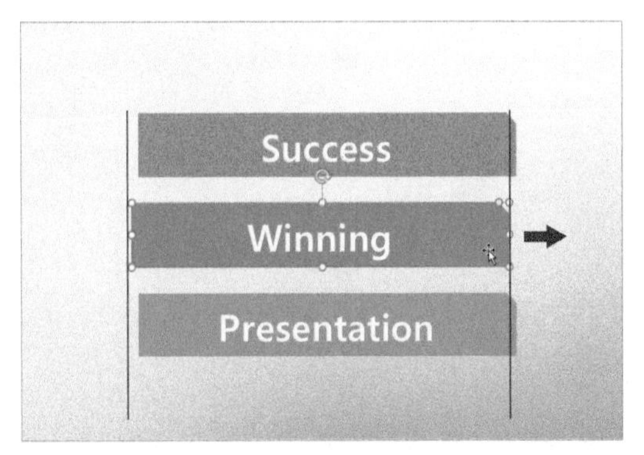

키보드로 개체를 미세하게 움직일 때는 [Ctrl] 키를 사용합니다.

지금 해야 된다! } 마우스로 미세하게 작업할 때는 Alt 키

13번 슬라이드로 이동합니다. 이번에는 'Success'라는 개체의 크기가 다른 개체에 비해 조금 작고 위치도 어긋나 보입니다. 마우스로 개체의 크기나 위치를 다른 개체와 똑같이 맞추고 싶은데 그냥 해 보면 쉽지 않습니다. 이 경우, Alt 키를 이용하면 개체를 미세하게 조절할 수 있습니다.

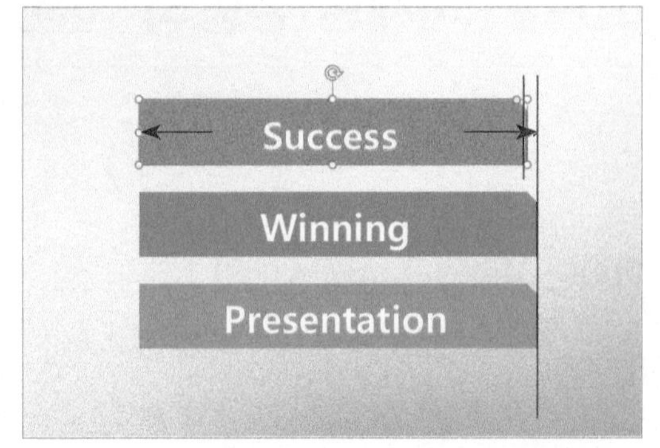

마우스로 개체를 미세하게 움직일 때는 Alt 키를 사용합니다.

만약 앞의 실습에서 Ctrl 키와 Alt 키를 누르지 않았는데도 점선이 자동으로 보이면서 개체가 잘 맞춰졌다면 '스마트 가이드'라는 기능이 작동한 것입니다.
기본적으로 켜져 있던 이 스마트 가이드의 설정을 바꿀 수 있는 [눈금 및 안내선] 창과 미세한 작업의 원리를 알아보겠습니다.

어? 이상하다. 나는 Alt 키를 안 눌러도 잘 맞춰지는데?

'눈금 및 안내선'에 그 원리가 들어 있었다!

편집 화면의 빈 공간에서 마우스 오른쪽 버튼을 클릭한 후 [눈금 및 안내선]을 클릭해 설정 창을 열어 보겠습니다.

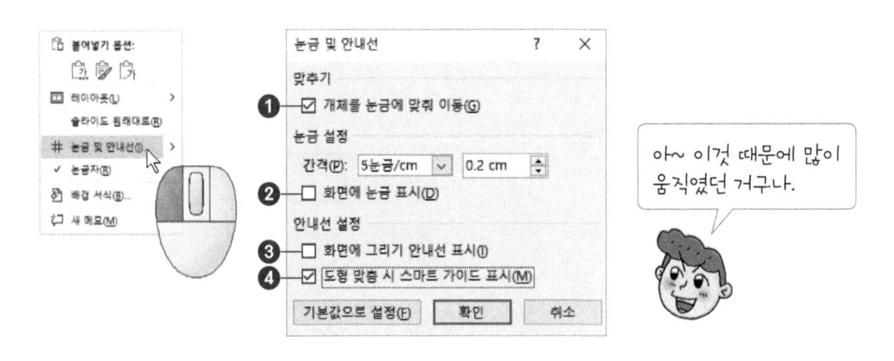

옵션 ❶ 개체를 눈금에 맞춰 이동

5장의 예제 파일은 필자가 미리 '개체를 눈금에 맞춰 이동' 옵션을 켜 뒀습니다. 이는 개체를 키보드나 마우스로 움직일 때 눈금이나 안내선에 스냅을 걸어 주는 옵션입니다.

▶ '개체를 눈금에 맞춰 이동' 옵션은 2013 버전부터 기본적으로 꺼져 있습니다.

그러면 이 옵션을 꺼 두는 것이 좋을까요? 일반적으로는 개체를 보이지 않는 눈금 격자에 잘 맞춰 주기 때문에 정렬 작업이 편리하므로 켜 두는 것이 좋습니다. 필요에 따라 키보드로 미세한 작업을 할 때는 Ctrl 키, 마우스로 미세한 작업을 할 때는 Alt 키로 이 눈금 격자를 일시적으로 무시하면서 사용할 수 있기 때문입니다.

옵션 ❷ 화면에 눈금 표시(단축키: Shift + F9 키)

이 옵션은 마치 모눈종이처럼 편집 화면에 눈금 격자(0.2cm 간격)를 표시합니다. 일반적으로는 작업에 방해가 되므로 평소에는 끄고 작업하다가 필요에 따라 단축키로 켜고 작업하세요.

옵션 ❸ 화면에 그리기 안내선 표시(단축키: Alt + F9 키)

안내선은 여러 슬라이드에 걸쳐 점선으로 표시되지만 인쇄되거나 슬라이드 쇼에서 보이지 않기 때문에 화면의 제목 레이아웃, 부제목 레이아웃, 본문의 영역 지정 등 위치를 통일할 때 편리하게 활용할 수 있습니다. 안내선은 마우스 오른쪽 버튼으로 추가할 수 있으며, Ctrl 키로 복사할 수도 있습니다. 안내선을 지울 때는 기존의 안내선과 겹치거나 슬라이드 밖으로 빼면 됩니다. 평소에는 안내선을 꺼 두고 작업하다가 필요에 따라 단축키로 켜는 것이 좋습니다.

옵션 ❹ 도형 맞춤 시 스마트 가이드 표시

스마트 가이드는 개체 이동, 크기 조절 등과 같은 작업을 할 때 자동으로 다른 개체의 끝선을 인식해 스냅을 걸어 주면서 점선을 표시해 주는 기능입니다. 하지만 실무에서는 개체가 많거나 맞추지 않아야 하는 경우에도 등장하기 때문에 스마트 가이드가 오히려 불편할 때도 있습니다. 이런 경우에는 다음 절에서 학습할 '정렬 기능'으로 맞추는 것이 바람직합니다.

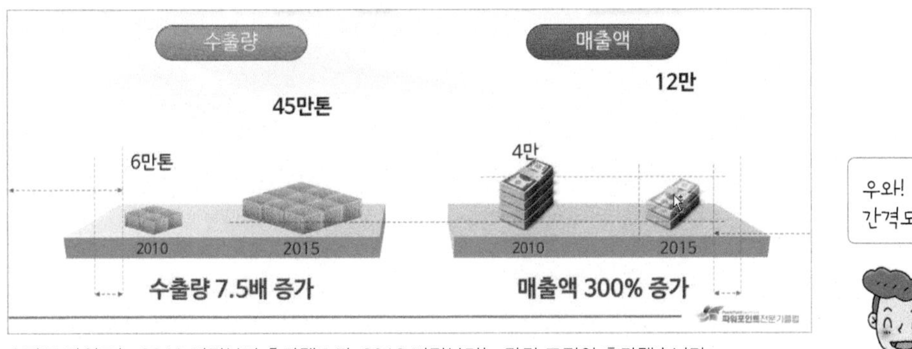

스마트 가이드는 2010 버전부터 추가됐으며, 2013 버전부터는 간격 조정이 추가됐습니다.

05-5 가장 빠르게 정렬하기

파워포인트 문서를 디자인할 때 시간을 가장 많이 낭비하는 작업이 바로 '정렬'입니다. 물론, 05-4절에서 배운 [눈금 및 안내선] 기능이나 [스마트 가이드] 기능을 사용하면 개체를 정렬할 수 있습니다. 하지만 개체가 많으면 작업이 번거로울 수밖에 없습니다. 이 경우, '정렬' 기능을 사용하면 여러 개체를 자동으로 정렬할 수 있습니다.

지금 해야 된다! } 맞춤/배분 정렬 버튼 확인하기

14번 슬라이드를 보세요. 이 기능을 이미 알고 있는 독자라면 A~E 개체를 선택하고 리본 메뉴에서 [서식] 탭 → [정렬] 그룹 → [맞춤] 버튼을 누르거나 [홈] 탭 → [그리기] 그룹 → [정렬 → 맞춤] 버튼을 눌러 정렬할 것입니다. 그러나 이는 결코 좋은 방법이 아닙니다.

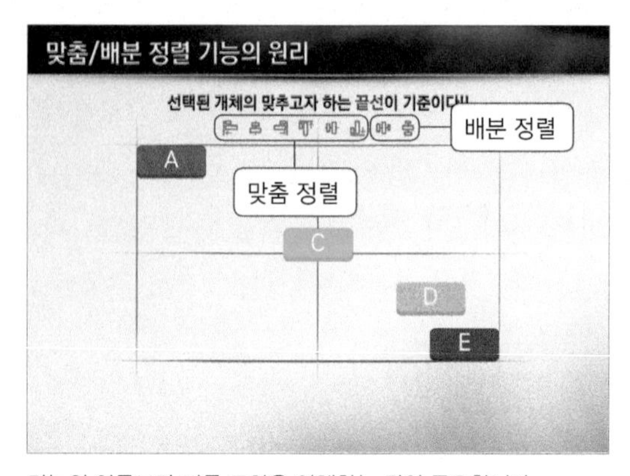

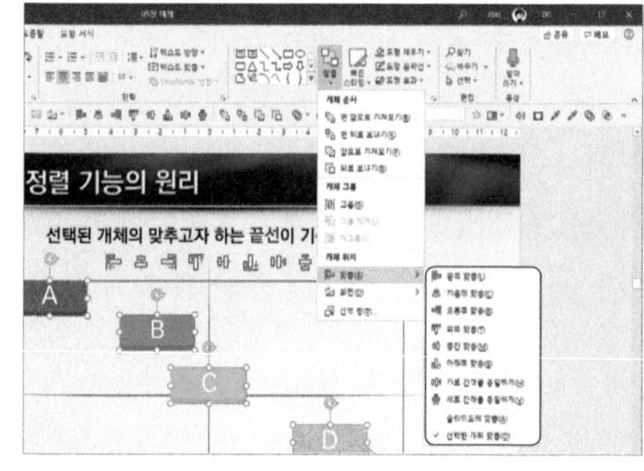

기능의 이름보다 버튼 모양을 이해하는 것이 중요합니다.

필자가 가장 강조하는 것이 '늘 하고 있는 작업의 시간을 단 1초라도 줄여라'입니다. 정렬 기능을 빠르게 사용하려면 **빠른 실행 도구 모음**에서 바로 사용하는 것이 좋습니다.

▶ 빠른 실행 도구 모음으로 작업 환경을 설정하지 않았다면 03-2, 03-3절을 참조해 해당 기능을 설정한 후 실습을 이어 나가시기 바랍니다.

정렬도 다 같은 정렬이 아니다 - 맞춤 정렬과 배분 정렬

정렬 기능은 성격에 따라 여섯 가지 맞춤 정렬과 두 가지 배분 정렬로 나눌 수 있습니다. 버튼이 많아 어려울 것 같다고요? 아닙니다. 각 버튼의 모양이 의미하는 끝선의 위치를 잘 살펴보면 누구나 이해할 수 있습니다.

맞춤 정렬	가로 또는 세로로 기준선을 두고 기준선에 맞게 모든 개체를 정렬하는 기능
배분 정렬	각 개체 사이의 간격을 가로 또는 세로로 동일하게 맞추는 기능

지금 해야 된다! } 기준선으로 모여라! - 맞춤 정렬의 원리

1 맞춤 정렬 기능은 총 여섯 가지입니다. 3개는 세로, 나머지 3개는 가로를 기준선으로 갖는 정렬 기능입니다. 맞춤 정렬은 기준이 되는 끝선의 위치를 이해하는 것이 중요합니다. 15~20번 슬라이드를 열고 A~E 개체를 복수 선택한 후 **빠른 실행 도구 모음**에 추가한 버튼으로 실습해 보세요.

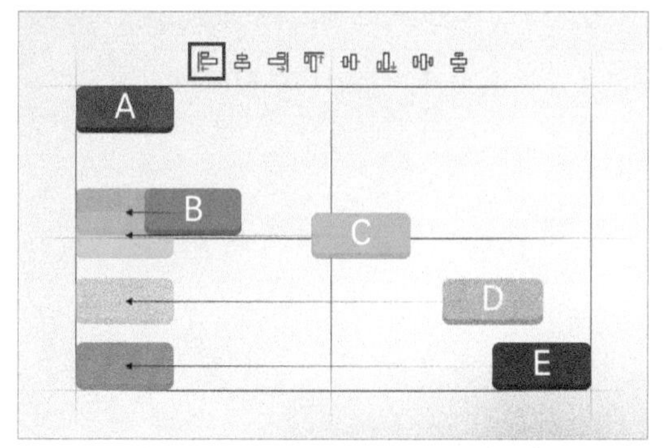

[개체 왼쪽 맞춤] 버튼을 클릭하면, A의 왼쪽 끝선을 기준으로 정렬됩니다.

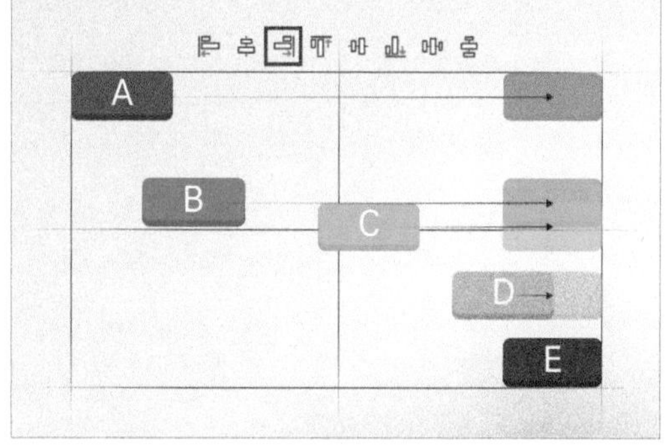

[개체 오른쪽 맞춤] 버튼을 클릭하면, E의 오른쪽 끝선을 기준으로 정렬됩니다.

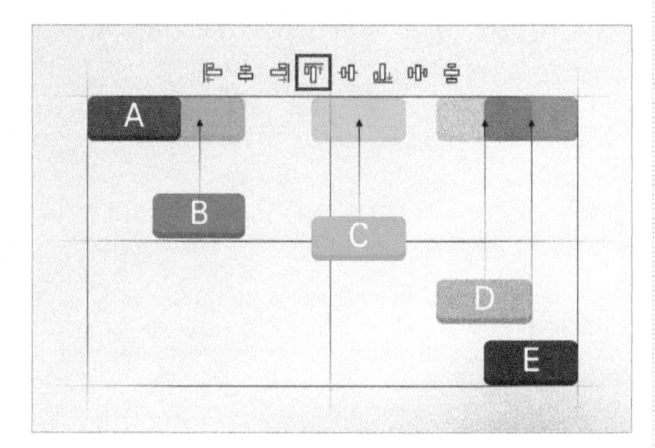

[개체 위쪽 맞춤] 버튼을 클릭하면, A의 위쪽 끝선을 기준으로 정렬됩니다.

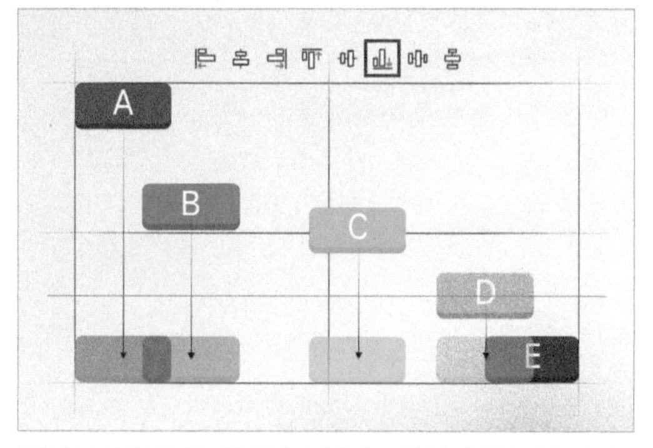

[개체 아래쪽 맞춤] 버튼을 클릭하면, E의 아래쪽 끝선을 기준으로 정렬됩니다.

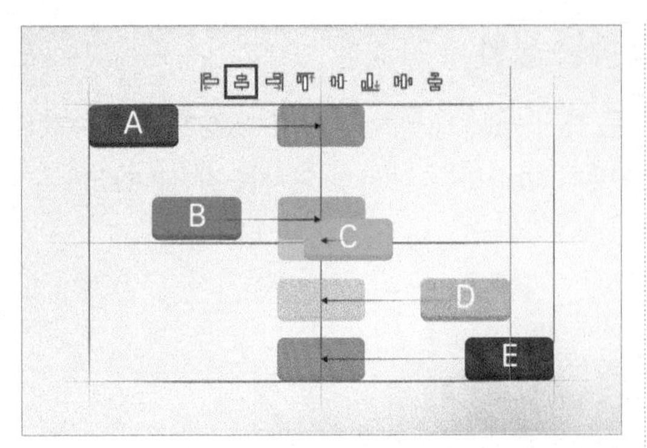

[개체 가운데 맞춤] 버튼을 클릭하면, A의 왼쪽 끝선과 E의 오른쪽 끝선 1/2 지점을 기준으로 정렬됩니다.

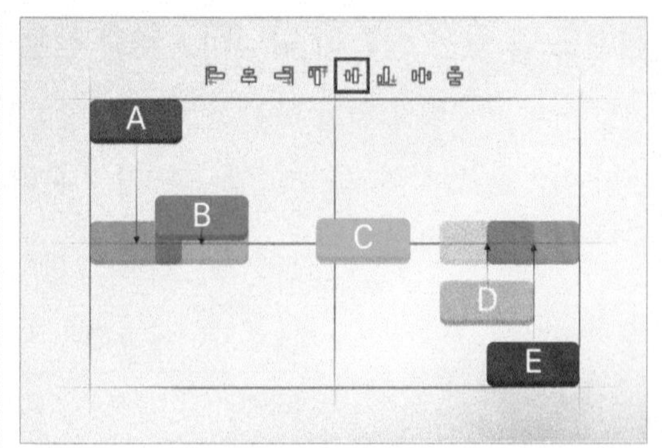

[개체 중간 맞춤] 버튼을 클릭하면, A의 위쪽 끝선과 E의 아래쪽 끝선 1/2 지점을 기준으로 정렬됩니다.

지금 해야 된다! } 같은 간격으로 맞추자! - 배분 정렬의 원리

배분 정렬 기능은 가로든 세로든 선택한 양쪽 끝의 개체는 고정된 채로, 나머지 개체 사이의 간격만 똑같이 맞추는 기능입니다.

가로 간격을 동일하게	왼쪽과 오른쪽 끝에 있는 개체는 고정, 나머지 개체의 가로 간격이 조정됩니다.
세로 간격을 동일하게	위쪽과 아래쪽 끝에 있는 개체는 고정, 나머지 개체의 세로 간격이 조정됩니다.

21~22번 슬라이드를 열고 A~E 개체들을 복수 선택한 채 배분 정렬을 실습해 보세요.

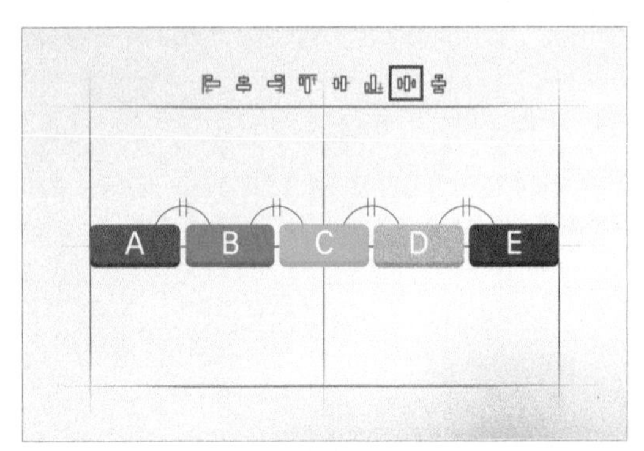

[가로 간격을 동일하게] 버튼을 클릭하면, 양쪽 끝에 있는 A와 E는 고정된 채 나머지 B, C, D의 가로 간격만 똑같이 맞춥니다.

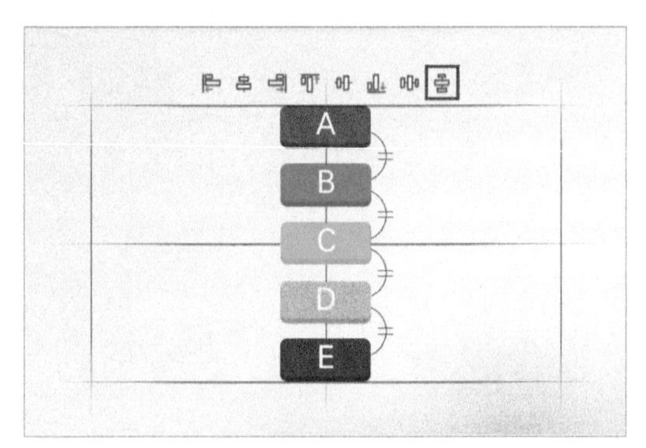

[세로 간격을 동일하게] 버튼을 클릭하면, 양쪽 끝에 있는 A와 E는 고정된 채 나머지 B, C, D의 세로 간격만 똑같이 맞춥니다.

[전문가의 조언] 그런데 저는 뭔가 조금 이상하게 정렬되는 거 같아요

혹시 맞춤/배분 정렬 과정에서 뭔가 이상하게 동작한다고 생각된다면 건드리지 말아야 할 곳을 누른 것입니다. 이때 점검해야 할 곳이 있습니다. A~E 개체들을 복수 선택하고 [서식] 탭 → [정렬] 그룹 → [맞춤] 버튼을 누르고 들어가 아랫부분을 점검해 보세요.

파워포인트의 기본 설정 상태는 여러 개체를 선택했을 때 '선택한 개체 맞춤'입니다. 23번 슬라이드처럼 실무에서 하나의 개체를 선택했을 때는 자동으로 '슬라이드에 맞춤'이 선택되므로 매번 바꿀 필요가 없습니다. 이 부분을 '슬라이드에 맞춤'으로 선택해 불편해 하는 분들이 종종 있습니다.

왼쪽 맞춤(L)
가운데 맞춤(C)
오른쪽 맞춤(R)
위쪽 맞춤(T)
중간 맞춤(M)
아래쪽 맞춤(B)
가로 간격을 동일하게(H)
세로 간격을 동일하게(V)
슬라이드에 맞춤(A)
✓ 선택한 개체 맞춤(O)

여러 개체를 선택했을 때의 기본값입니다. 이 부분을 서로 바꾸지 마세요!

슬라이드에 맞춤	하나의 개체를 선택했을 때 자동으로 활성화됩니다. 개체의 끝선을 무시하고 슬라이드 화면의 상하좌우 끝 지점을 기준으로 강제 정렬합니다.
선택한 개체 맞춤 (기본 값)	여러 개체를 선택했을 때 자동으로 활성화됩니다. 선택된 개체의 끝선을 기준으로 정렬합니다(앞에서 학습한 방법).

개체를 하나만 선택한 후 정렬하면 슬라이드를 기준으로 움직이므로

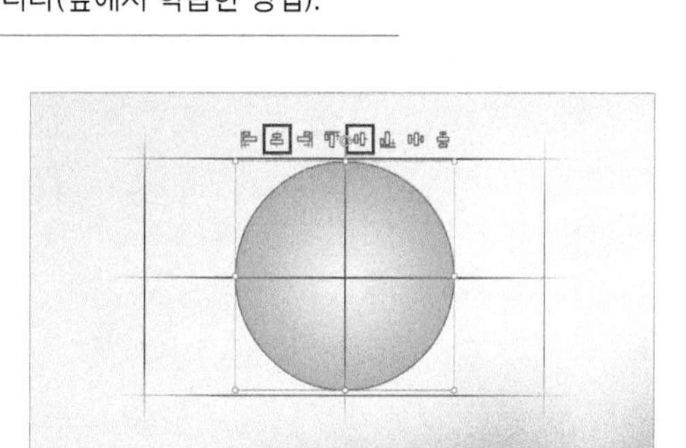

[개체 가운데 맞춤]과 [개체 중간 맞춤] 버튼을 누르면 슬라이드의 정중앙에 위치시킬 수 있습니다.

지금 해야 된다! } 이걸 알아야 완벽하다! 대각선으로 정렬하기

지금까지는 어렵지 않았을 것입니다. 24번 슬라이드를 열고 대각선 정렬에 도전해 보세요. 필자는 대각선 정렬을 제대로 할 수 있어야 맞춤/배분 정렬 기능을 완벽히 이해하고 있다고 생각합니다.

▶ 대각선 정렬에 성공했다면 다음 예제로 바로 넘어가도 됩니다!

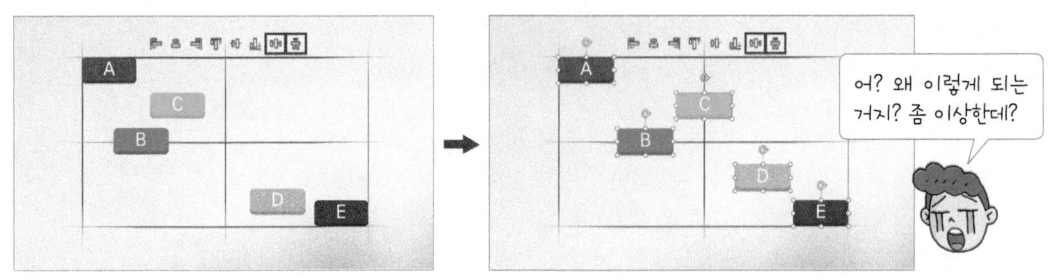

배분 정렬을 사용해 대각선으로 정렬해 볼까?

혹시 위의 왼쪽 그림 상태에서 오른쪽 그림 상태로 바뀐 상태라면 A~E 개체를 복수 선택하고 [가로 간격을 동일하게]와 [세로 간격을 동일하게] 버튼을 누른 것이고 정렬은 어느 정도 알지만 아직 완벽하게 이해하지 못한 것입니다. 위의 오른쪽 화면을 다시 잘 보세요. 누른 버튼의 이름대로 개체들의 가로 간격과 세로 간격이 정확하게 같지만 A~E 개체들이 대각선으로 나열되지는 못했습니다.

아직 잘 이해되지 않는다면, 25번 슬라이드를 열고 다시 한번 도전해 보세요. 차이를 느끼셨나요?

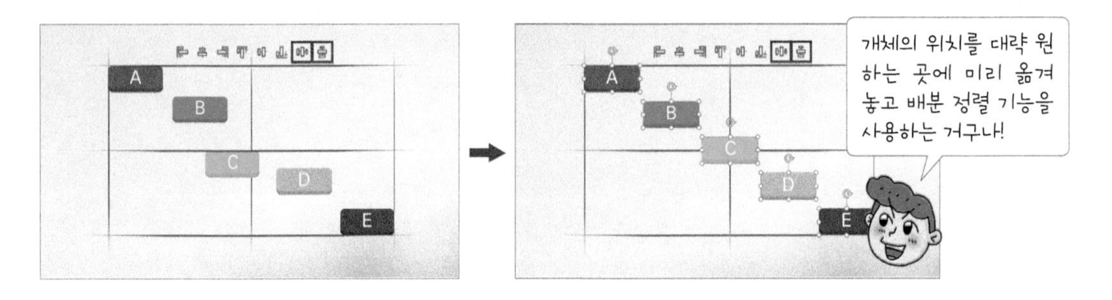

그렇습니다. 필자가 '**선택된 개체의 맞추고자 하는 끝선이 기준이다**'를 계속 강조한 이유가 여기에 있습니다. 배분 정렬을 하기 전에는 개체의 현재 위치에 따른 끝선을 반드시 고려해야 합니다. 개체의 배열 위치를 봤을 때 개체의 끝이 어디인지 확인하고 맞지 않으면 **의도하는 배열 상태로 대략적으로라도 옮겨 놓아야만 배분 정렬을 했을 때 원하는 결과를 얻을 수 있습니다.**

지금까지 맞춤 정렬과 배분 정렬을 배웠습니다. 우선 이 기능을 정확히 이해하는 것이 중요합니다. 하지만 이후에는 작업 시간 단축에 꼭 필요한 정렬 기능을 얼마나 빨리 사용할 수 있는지가 더 중요해질 겁니다. **빠른 실행 도구 모음**의 사용이 익숙해질 때까지 충분히 연습하세요.

지금 해야 된다! } 맞춤 정렬과 배분 정렬로 조직도를 예쁘게 정렬해 보세요

조직도는 맞춤 정렬과 배분 정렬 기능을 얼마나 잘 습득했는지 가늠해 볼 수 있는 좋은 예제 중 하나입니다.

26번 슬라이드를 열면 전문가의 손길을 기다리는 미완성의 조직도가 보입니다. 여기저기 흩어져 있는 각 부서와 팀을 정리하면서 맞춤 정렬과 배분 정렬을 사용해 보세요. 아래 오른쪽 화면처럼 바로 정렬했다면, 다음 페이지는 넘어가도 됩니다.

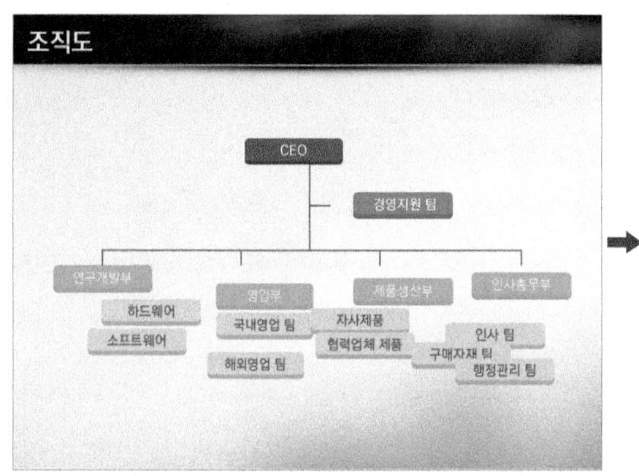

어떻게 정리하면 좋을까요?

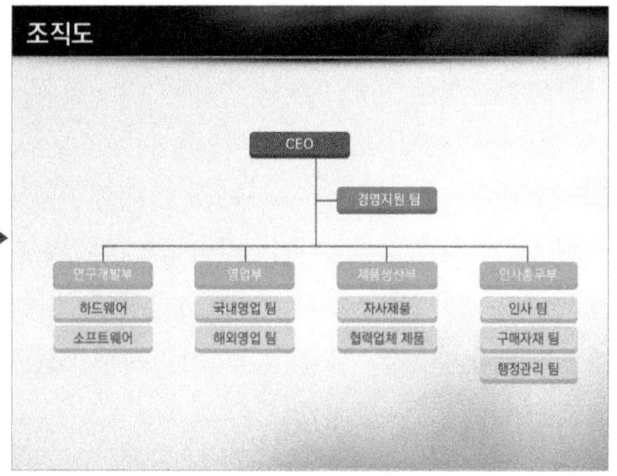

정렬 기능을 사용해 조직도를 빠르게 완성해 봅시다.

1 'CEO' 개체를 선택하고 [가운데 맞춤]을 누릅니다. 하나의 개체를 선택하면 '슬라이드에 맞춤'이 자동으로 작동하기 때문에 가운데로 맞춰진 것입니다.

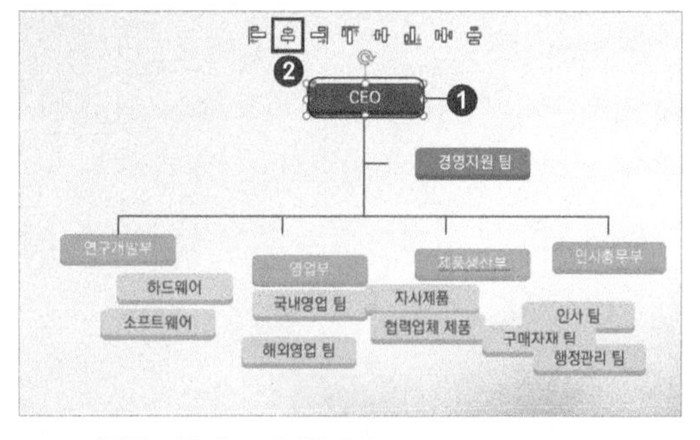

CEO 개체를 가운데로 정렬합니다.

2 녹색 4개의 부서 개체들을 복수 선택한 후 '연구개발부'가 가장 위쪽에 있으므로 [개체 위쪽 맞춤]을 사용해 위쪽으로 정렬하고 양쪽 끝부분이 맞춰져 있으므로 [가로 간격을 동일하게] 버튼을 클릭합니다.

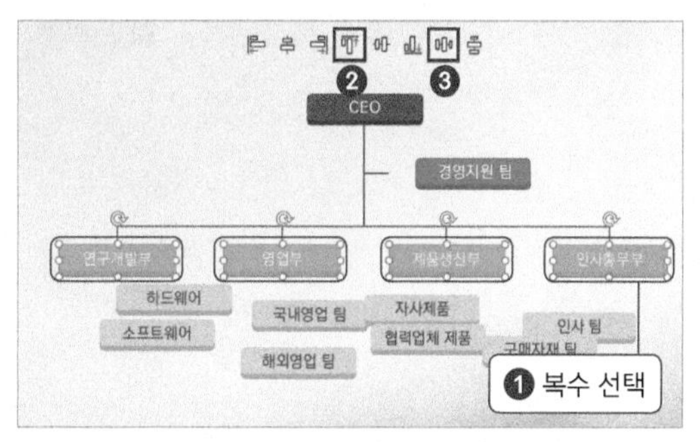

부서들을 위쪽 맞춤하고 가로 간격을 똑같이 정렬합니다.

❸ 가장 왼쪽에 있는 '연구개발부'와 그 아래 2개 팀을 선택하고 '연구개발부'가 가장 왼쪽에 있으므로 [개체 왼쪽 맞춤]을 눌러 정렬합니다. 이와 마찬가지로 '영업부' 아래의 2개의 팀도 '영업부'가 가장 왼쪽에 있으므로 [개체 왼쪽 맞춤]으로 정렬하고 '경영지원팀'과 '제품생산부'를 복수 선택하면 제품생산부가 왼쪽에 있으므로 [개체 왼쪽 맞춤]으로 해결됩니다.

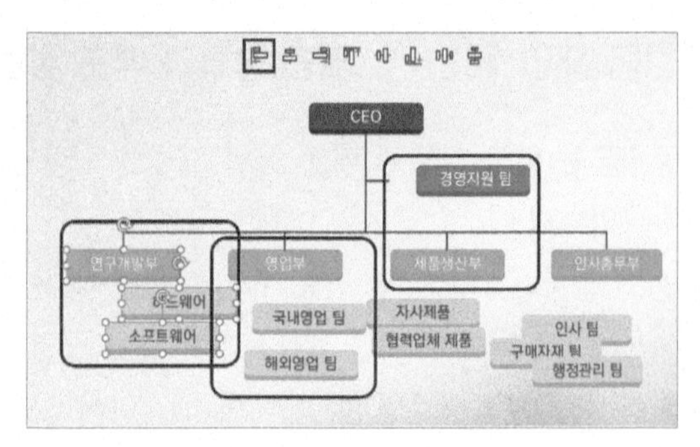

이것들은 왼쪽으로 정렬하면 끝!

❹ '제품생산부' 아래의 2개 팀은 [개체 오른쪽 맞춤]으로 정렬하고 '인사총무부' 아래의 3개의 팀도 인사총무부가 가장 오른쪽에 있으므로 [개체 오른쪽 맞춤]으로 정렬하면 해결됩니다.

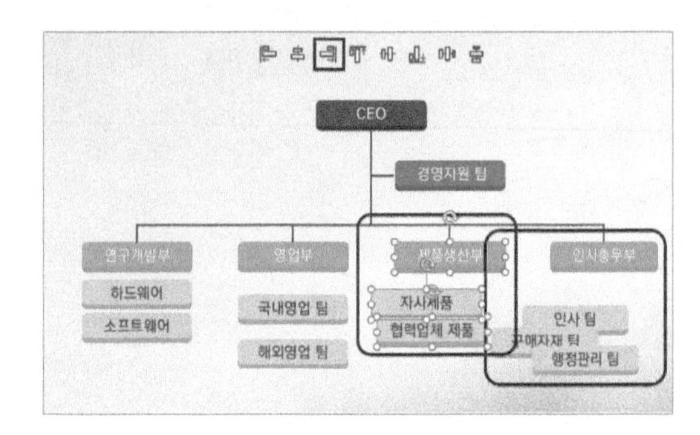

이것들은 오른쪽으로 정렬하면 끝!

❺ 이제 거의 다 왔습니다. '하드웨어' 팀을 비롯한 총 4개의 첫 번째 팀들을 복수 선택하고 '하드웨어' 팀이 가장 위에 있으므로 [개체 위쪽 맞춤]으로 정렬하고 이와 같은 방법으로 소프트웨어 팀을 비롯한 두 번째 팀들을 복수 선택한 후 [개체 위쪽 맞춤]으로 정렬하면 완성입니다.

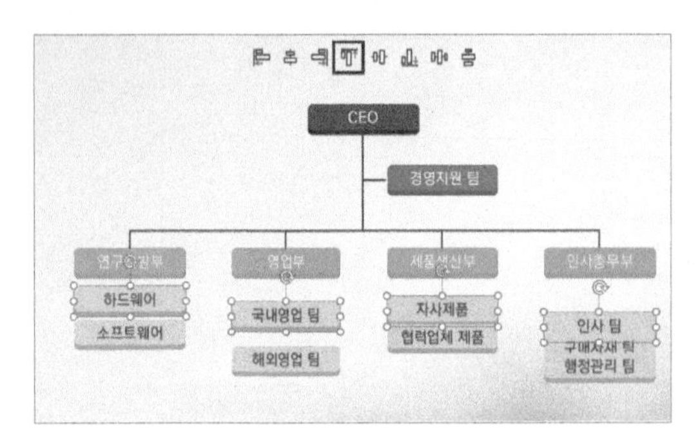

이것들은 위쪽으로 정렬하면 되고

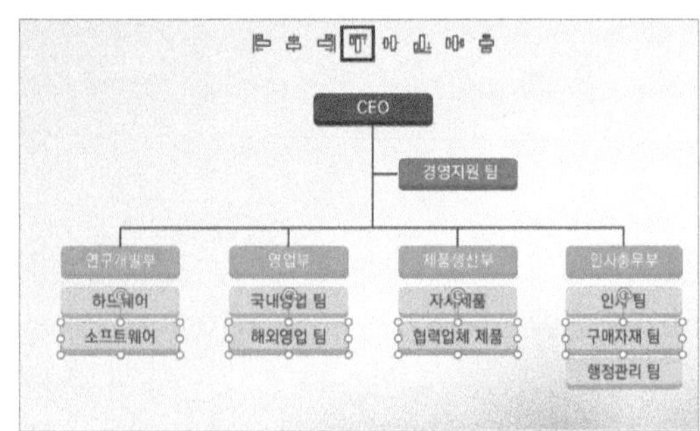

이것들도 위쪽으로 정렬하면 완성!

05-6 개체 순서 조정하기

그래픽 편집 프로그램으로 잘 알려진 포토샵(Adobe Photoshop)에는 '레이어(Layer)'라는 개념이 있습니다. 층간 구조 개념인데요. 파워포인트도 이 레이어 개념을 적용한 프로그램입니다. 파워포인트는 개체가 생성되는 순서대로 차곡차곡 쌓이게 되는데, 때로는 먼저 넣은 개체가 뒤에 넣은 개체에 가려 보이지 않기도 합니다. 이때 '순서 조정 기능'을 사용하면 각 개체의 순서를 마음대로 조정할 수 있습니다.

당신의 순서 조정 습관은 잘못됐다

05장 예제 파일에서 27번 슬라이드를 열면 아래와 같은 화면을 볼 수 있습니다. 슬라이드 위에 노란색 포스트잇이 다섯 장 있는데, 왼쪽에서 세 번째 포스트잇을 맨 앞으로 보내고 싶습니다. 그동안 어떻게 작업했나요?

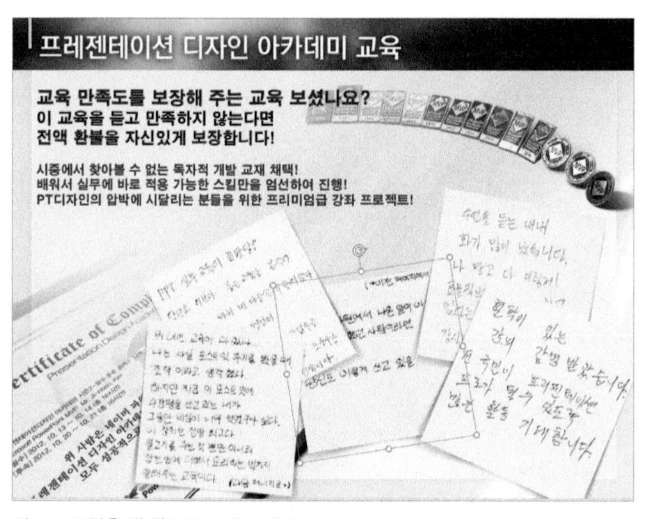

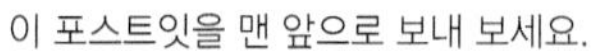
이 포스트잇을 맨 앞으로 보내 보세요.

이 책을 읽는 독자의 대부분은 아래 화면처럼 리본 메뉴에서 [정렬] 버튼을 눌러 작업하거나 마우스 오른쪽 버튼을 눌러 작업할 것입니다. 필자는 바로 이 방법이 잘못됐다고 강조하는 것입니다.

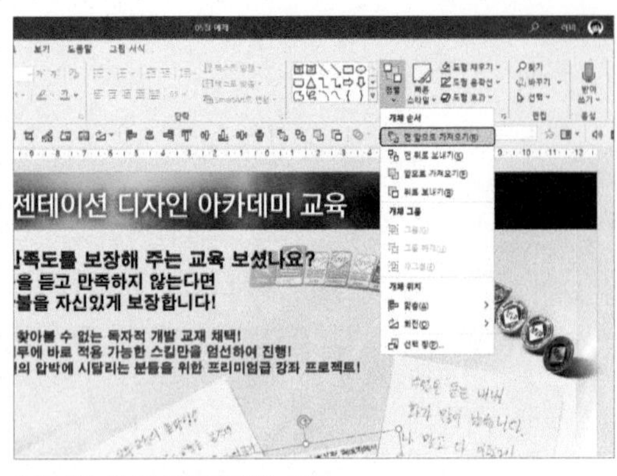

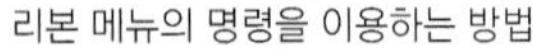

리본 메뉴의 명령을 이용하는 방법

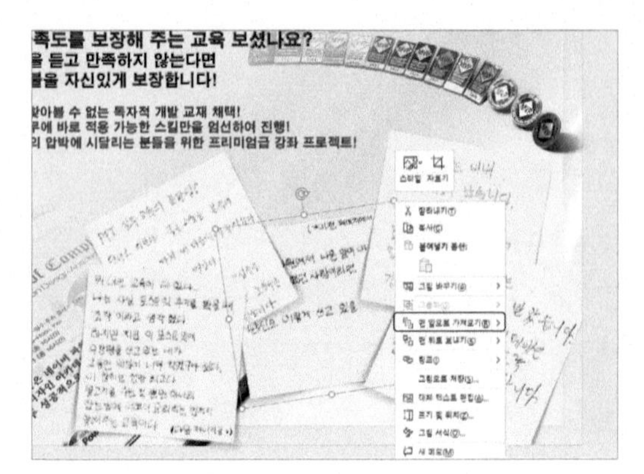

마우스 오른쪽 버튼을 이용하는 방법

'작업이 되는데 무슨 말이지?'라고 생각하시겠지만, 순서 조정 기능은 파워포인트 작업에서 맞춤/배분 정렬 기능 못지않게 많이 사용하는 기능입니다. 위와 같은 방법들은 마우스가 움직이는 거리도 길고 클릭하는 횟수도 많아 작업 시간이 늘어날 수밖에 없습니다.

클릭 한 번으로 개체 순서를 조정하는 방법

맞춤/배분 정렬과 마찬가지로 순서 조정 기능을 빠르게 사용하려면 **빠른 실행 도구 모음**에서 클릭 한 번으로 사용하는 것이 좋습니다.

빠른 실행 도구 모음에 추가된 4개의 순서 조정 버튼 모양을 잘 살펴보세요. 각 버튼에서 노란색이 무엇을 의미하는지 생각하면서 살펴보면 누구나 이해할 수 있습니다. 순서 조정은 각 버튼에서 노란색 사각형이 어디에 위치하는지만 잘 살펴보면 쉽습니다.

▶ 아직 작업 환경을 설정하지 않았다면 03-2, 03-3절을 참조해 해당 기능을 설정한 후 실습을 이어 나가세요.

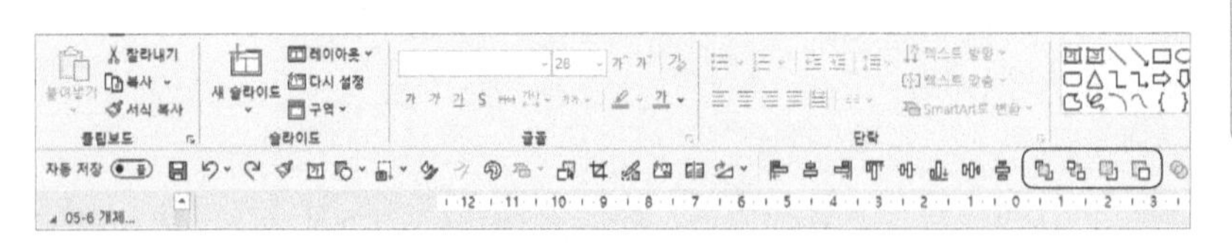

아하! 빠른 실행 도구 모음에 개체 순서 조정 버튼이 이미 있었구나!

지금 해야 된다! } 버튼 모양을 이해하면 기능이 보입니다

05장 예제 파일에서 28~32번 슬라이드를 열고 3이 적혀 있는 개체를 선택한 후 연습해 보세요. 참고로, 슬라이드 제목 및 본문 영역의 레이아웃도 개체로 인식하기 때문에 개체 순서를 조정할 때는 이 점에 유의해야 합니다.

사용 빈도 매우 높음

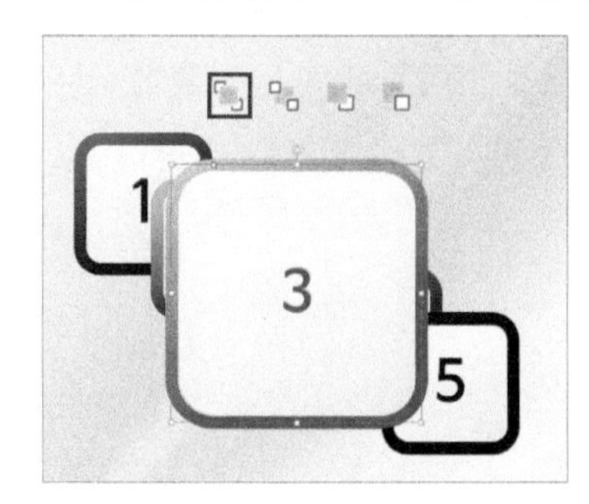

선택된 개체를 맨 앞으로 가져옵니다.

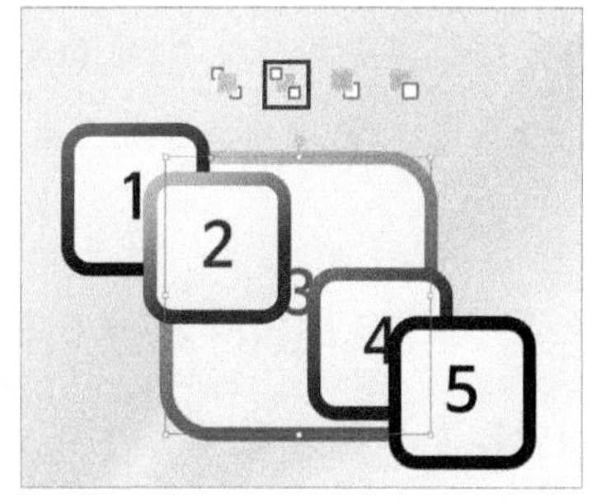

선택된 개체를 맨 뒤로 보냅니다.

사용 빈도 비교적 낮음

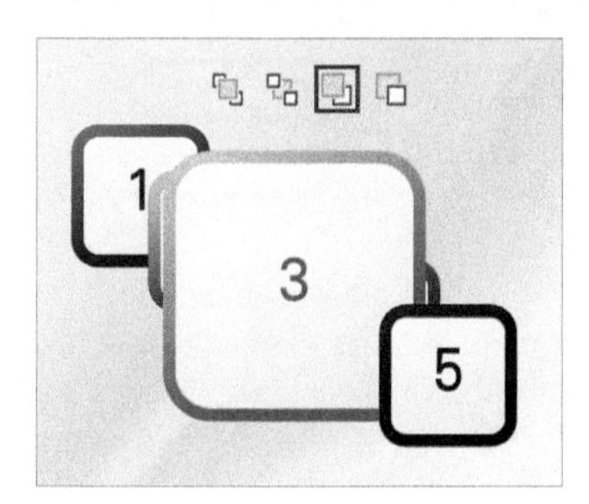

선택된 개체를 한 단계 앞으로 가져옵니다.

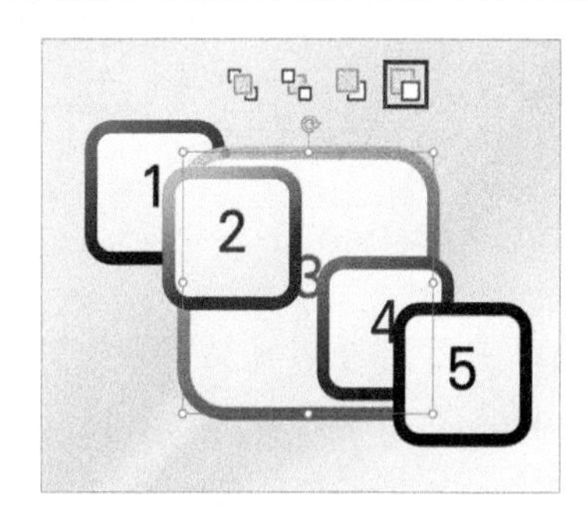

선택된 개체를 한 단계 뒤로 보냅니다.

[전문가의 조언] 개체 순서 조정 버튼 단축키

개체 순서 조정 버튼을 단축키로 외워 빠르게 작업하는 전문가들도 있습니다. 이는 메뉴 자체에서 동작하는 키를 이용하는 방법을 응용한 것입니다.

- **[맨 앞으로 가져오기]**: 개체를 마우스 오른쪽 버튼으로 클릭 → R → R
- **[맨 뒤로 보내기]**: 개체를 마우스 오른쪽 버튼으로 클릭 → K → K
- **[앞으로 가져오기]**: Ctrl + Shift +]
- **[뒤로 보내기]**: Ctrl + Shift + [

2019 버전, 오피스 365 버전부터 사용 가능

05-7 그룹으로 묶어 한꺼번에 작업하기

파워포인트는 여러 도형과 개체를 다루면서 작업합니다. 여러 개의 개체를 조합해 완성된 하나의 디자인을 만들기도 합니다. 개체 한두 개가 아닌, 많은 개체를 다뤄야 하는 상황에서는 그룹 기능이 꼭 필요합니다. 개체를 그룹으로 묶으면 그룹 단위로 관리할 수 있어 편리합니다.

그룹 기능을 제대로 배워야 하는 이유

33번 슬라이드를 보면, 그룹 기능이 왜 중요한지 알 수 있습니다.

크기를 조절하기 전

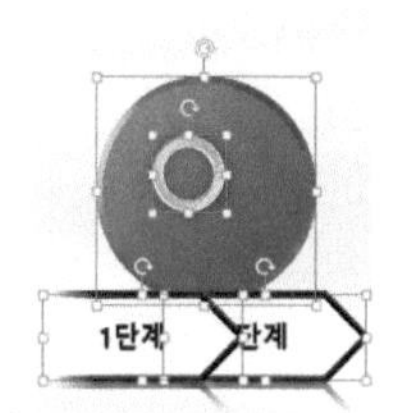

그룹 상태가 아닐 때 크기를 조절한 후

그룹 상태에서 크기를 조절한 후

여러 개체의 크기를 한 번에 조절해야 할 때 그룹으로 묶지 않으면, 파워포인트는 각 개체를 독립적으로 인식하기 때문에 개체들의 크기가 따로따로 변경됩니다.

▶ 크기 조절을 할 때는 Shift 키를 누른 채 모서리에 있는 크기 조절 핸들을 움직여야 원본 개체의 비율이 유지된다는 것도 잊지 마세요.

이제부터 실습해 보겠습니다. 다음 34번 슬라이드에서 왼쪽 개체들은 그룹을 설정하고 오른쪽 개체들은 그룹을 해제해 보세요.

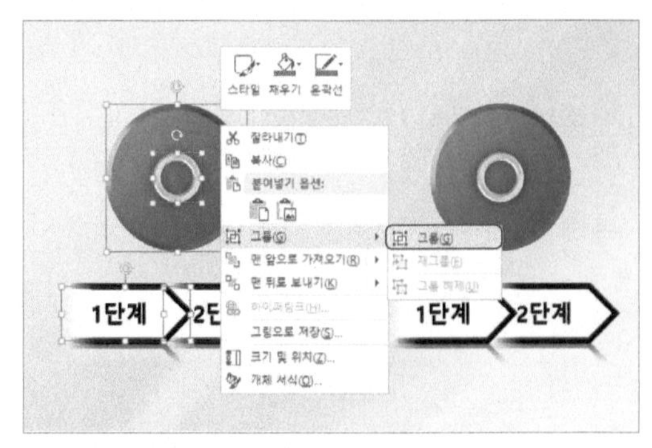

그동안 마우스 오른쪽 버튼으로 그룹을 지정하고

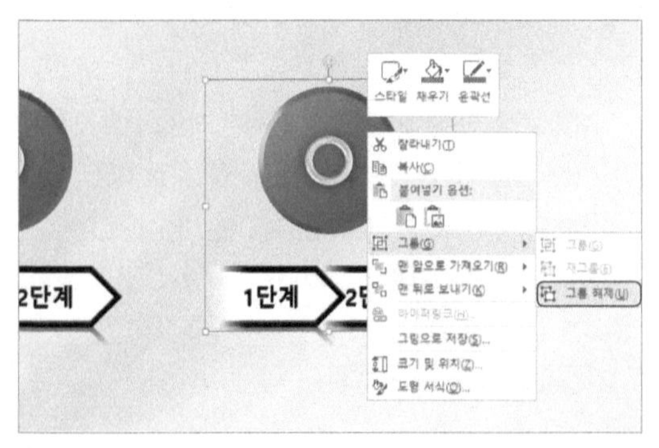

마우스 오른쪽 버튼으로 그룹을 해제하지 않았나요?

잘못된 습관이 시간을 다 잡아먹는다

이번에도 마우스 오른쪽 버튼이나 리본 메뉴를 사용했나요? 필자는 이것 역시 '습관의 함정'임을 강조하고 싶습니다. 물론 많은 사람이 이렇게 작업하지만, 이 기능의 사용 빈도를 고려할 때 이렇게 작업하는 것은 시간을 낭비하는 원인이 됩니다.

그룹 기능은 단축키가 빠릅니다!

그룹 지정	Ctrl+G	그룹을 지정할 때는 그룹(Group)이므로 Ctrl+G!
그룹 해제	Ctrl+Shift+G	그룹을 해제할 때는 여기에 Shift 키를 함께 누르면 OK!

직접 실습해 보세요! 다섯 번 반복해 그룹을 지정하고 해제해 보세요. 반복해 연습하면 금방 숙달될 겁니다. 단축키도 어렵지 않으니 지금 당장 외워버립시다.

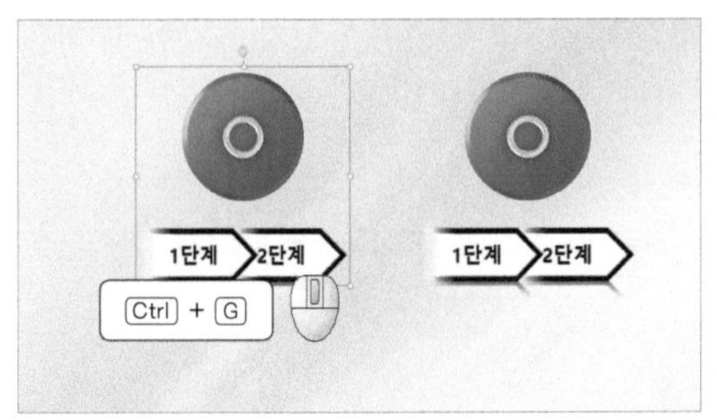

Ctrl+G 키로 그룹 지정하기

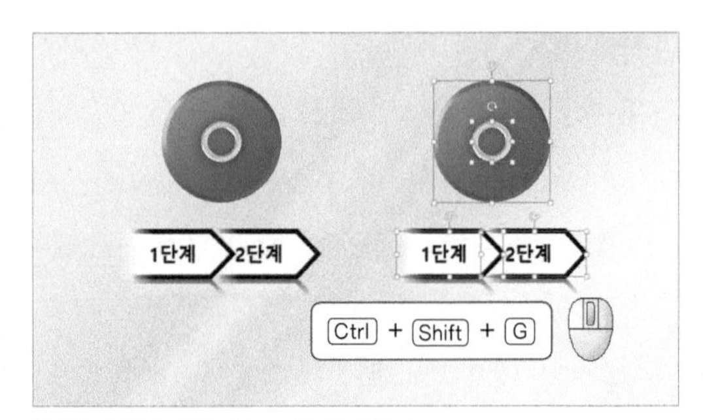

Ctrl+Shift+G 키로 그룹 해제하기

[전문가의 조언] 그룹 기능을 사용할 때 자주 묻는 질문

그룹 안에 있는 개체를 편집하고 싶어요!

그룹을 해제하지 않고도 그룹으로 지정한 채 그룹 안에 있는 개체를 편집할 수 있습니다. 그룹을 선택하고 바로 이어서 그룹 내부에 있는 개체를 한 번 더 클릭하면 됩니다. 이렇게 선택된 개체는 서식, 위치, 크기를 자유롭게 변경할 수 있습니다.

애니메이션 효과가 사라졌어요!

그룹을 지정하고 해제하는 것은 새로운 개체가 생성되고 사라지는 것과 같습니다. 따라서 특정 개체에 애니메이션 효과가 적용돼 있었다면 그룹을 지정하거나 해제하는 순간, 적용된 애니메이션이 사라지므로 주의해야 합니다.

지금 해야 된다! } 도해의 크기를 키워 보세요

1 35번 슬라이드의 '상황별 긴급대처 방안 4단계'의 전개형 도해가 슬라이드 크기에 비해 너무 작아 보입니다. 일단 모든 개체를 선택한 후 그룹을 지정하지 않고 바로 크기를 키워 보세요.

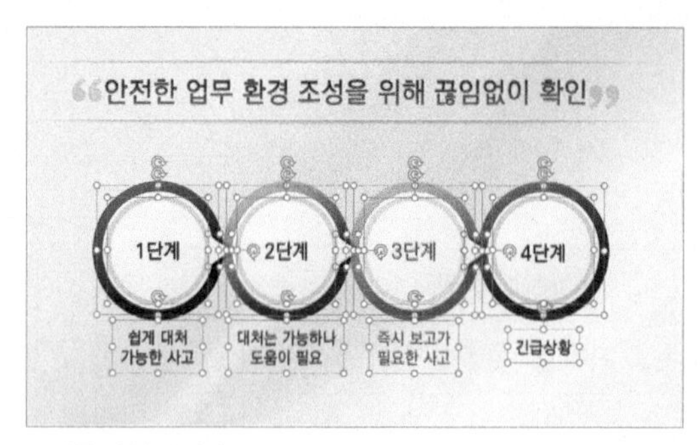

도해를 키워 봅시다.

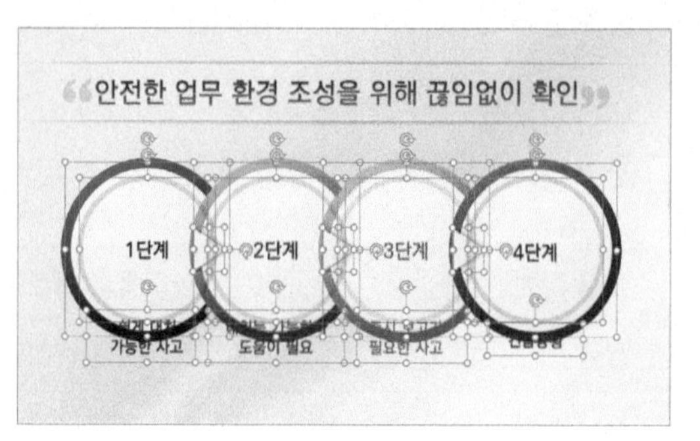

그냥 키우면 개체들이 따로 놉니다. 망해쓰요~

2 Ctrl + Z 키를 눌러 실행을 취소한 후 개체들을 그룹으로 묶고 크기를 조절해 보겠습니다. 기억하시죠? Ctrl + Shift 키를 누른 채 대각선 방향으로 조절하면, 중심을 고정(Ctrl)한 채 비율을 유지(Shift)하면서 크기를 조절할 수 있습니다.

▶ 조합키의 속성이 기억나지 않는다면 05-1, 05-2절을 참고하세요.

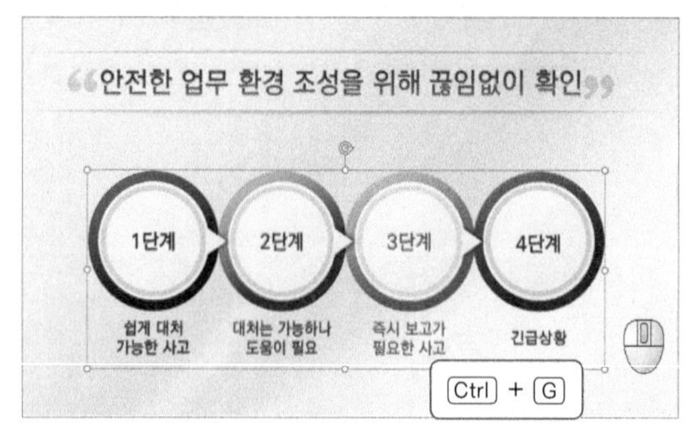

먼저 Ctrl + G 키로 그룹화하고

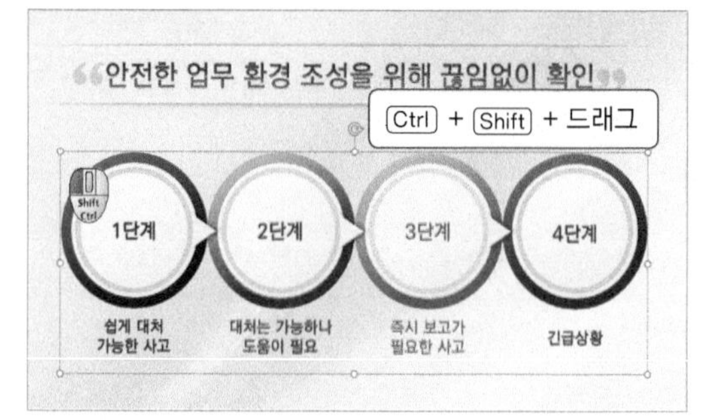

Ctrl + Shift 키로 중심을 고정한 채 크기를 조절합니다.

[전문가의 조언] 도형의 크기 변화는 텍스트 크기와 별개로 동작한다

도형의 크기가 커지거나 작아지더라도 텍스트의 크기는 그에 비례해 변하지 않습니다. 따라서 텍스트 크기는 따로 조절해야 합니다. 텍스트의 크기는 단축키로 조절하세요.

04-2절에서 배운 [텍스트 효과 - 변환] 서식을 미리 텍스트 상자에 적용해 놓았다면, 도형의 크기에 따라 텍스트 크기도 변할 수 있습니다.

텍스트 크기 작게	Ctrl + Shift + < 또는 Ctrl + [
텍스트 크기 크게	Ctrl + Shift + > 또는 Ctrl +]

▶ 파워포인트 버전의 업데이트 상황에 따라 Ctrl + [(]) 단축키가 작동하지 않을 수 있습니다. 꼭 최신 버전으로 업데이트하세요!

05-8 자유형 선 도형과 점 편집으로 새 도형 만들기

새 도형을 만들어 보세요

'**자유형**' 선 도형과 '**점 편집**'을 사용하면 파워포인트가 제공하지 않는 새로운 도형을 만들 수 있습니다. **자유형** 선 도형으로 새 도형의 윤곽을 그리고 **점 편집**으로 상세하게 편집하면 됩니다. 두 기능은 많이 알려져 있지만 적극적으로 사용하는 사람은 드뭅니다. 하지만 자신에게 필요한 도형을 직접 만들 수만 있다면 슬라이드를 개성 있게 연출할 수 있기 때문에 전문가의 핵심 스킬에서 빠져서는 안 될 중요한 기능입니다.

'**자유형**' 선 도형과 '**점 편집**'을 사용하면 어떤 도형을 만들 수 있을까요? 대표적인 예가 '지도' 입니다. 세계 지도나 대한민국 지도는 그림 파일로 쉽게 구할 수 있지만, 지역별로 세분화된 지도는 많지 않기 때문에 직접 만들어야 할 때가 있습니다. 36번 슬라이드의 서울 지도와 강남구 지도는 자유형 선 도형과 점 편집만으로 만든 도형입니다.
하지만 실무에서는 직접 지도를 만드는 작업이 정말 필요한지 신중하게 판단해야 합니다. 지도의 크기나 기대하는 완성도에 따라 상당한 시간이 필요하기 때문입니다.

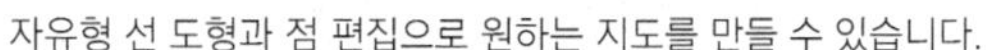
자유형 선 도형과 점 편집으로 원하는 지도를 만들 수 있습니다.

자유형 선 도형을 그리는 두 가지 방법

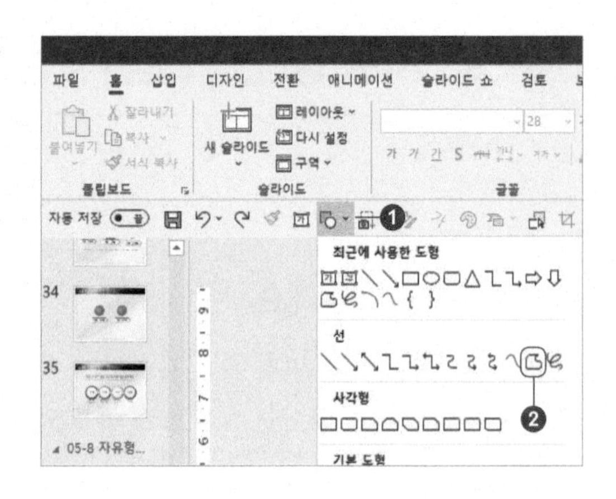

먼저 37번 슬라이드를 열고 자유형 선 도형을 그리는 방법부터 알아보겠습니다. 자유형 선 도형은 [홈] 탭과 [삽입] 탭에서 선택할 수 있지만, 빠른 실행 도구 모음을 이용하면 가장 빠르게 삽입할 수 있습니다. 빠른 실행 도구 모음에서 [도형] → [자유형] 선을 클릭합니다.

자유형 선 도형을 선택하고 슬라이드 창으로 내려오면 마우스 커서가 + 모양으로 변경됩니다. 이 상태가 되면 자유형 선 도형을 그릴 수 있습니다. 일단 화면의 점선을 무시하고 아무 곳이나 그려 보세요.

자유형 선 도형을 그리는 방법은 두 가지입니다. 방법에 따라 결과가 달라지므로 언제, 어떻게 사용하면 좋을지 미리 잘 익혀 둘 필요가 있습니다.

방법 1 - 드래그(Drag) 방법으로 그리기

마우스 왼쪽 버튼을 클릭한 채 마우스를 천천히 원을 그리듯 그려 보세요(로봇이 아닌 이상 원을 똑바로 그리기는 어렵습니다). 처음 클릭한 지점에 정확히 마우스를 놓으면 도형이 닫히며 완성됩니다. 만약 처음 클릭한 지점에 마우스를 놓지 않았다면 선이 마우스를 따라다닐 것입니다. 이때는 정확하게 처음 클릭한 지점에 가서 마우스를 클릭하면 도형이 닫히고 도형을 닫히지 않을 경우에는 Esc 키를 누르면 마우스를 누르고 있던 지점에서 이어진 선이 떨어지면서 단선만 남습니다.

방법 2 - 클릭(Click) 방법으로 그리기

자신에게 필요한 특정 형태의 도형을 그릴 때 유용합니다. 마우스로 한 번 클릭한 후 그리고 싶은 다각형의 꼭지점을 클릭하며 돌아다닙니다(한 번 클릭한 후 다른 지점으로 이동할 때는 마우스를 누르지 않습니다). 처음 클릭한 지점으로 가서 정확히 마우스를 클릭하면 도형이 닫히며 완성됩니다. 다른 지점에서 단선으로 마무리 지으려면 Esc 키를 누르거나 그곳에서 더블클릭합니다. 실무에서는 클릭으로 그리는 방법이 드래그로 그리는 방법보다 사용 빈도가 높습니다.

쉽지 않겠지만, 이번에는 필자가 안내한 37번 슬라이드의 점선을 따라 그려 보세요.

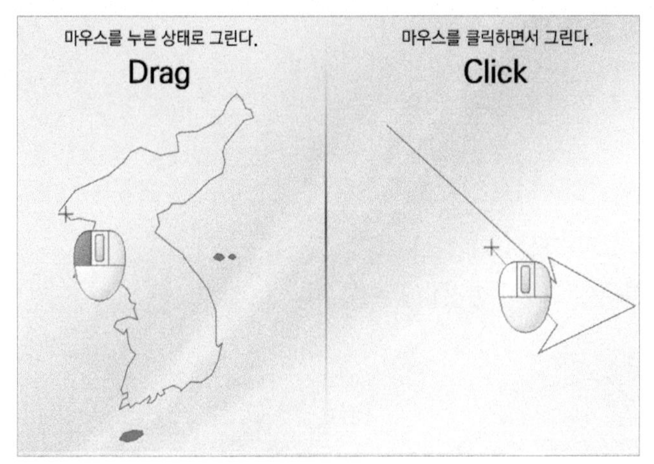

자유형 선 도형은 드래그나 클릭으로 그릴 수 있습니다. 자유롭게 연습해 보세요!

▶ 자유형 선 도형도 기존 도형처럼 채우기 색이나 테두리 등 서식을 지정할 수 있고 점 편집을 사용해 자유롭게 편집할 수 있습니다.

새로운 화살표 만들기 - 점 편집

앗! 실수로 잘못 그렸네. 어쩌지….

열심히 클릭해 자유형 선 도형을 그리다 마지막에 실수했다고요? 걱정하지 마세요! 도형을 지우고 처음부터 새로 그리지 않아도 됩니다. 점 편집을 사용하면 자유형 선 도형으로 그린 도형을 내가 원하는 모양으로 다시 편집할 수 있기 때문입니다.

38번 슬라이드의 왼쪽에 그려진 지도를 마우스 오른쪽 버튼으로 도형을 누르고 [점 편집]을 클릭합니다. 도형이 점 편집 상태가 되면 도형을 그릴 때 찍은 점들이 보입니다. 이 점들과, 점과 점을 잇는 테두리선을 편집하면 모양을 변경할 수 있습니다.

마우스 오른쪽 버튼을 누르면 점 편집을 선택할 수 있습니다.

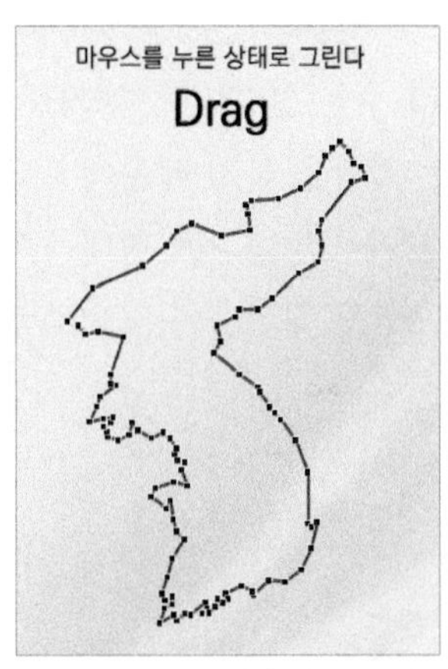

드래그로 그린 자유형 선 도형은 점 편집 상태가 되면 컴퓨터가 알아서 자동으로 찍은 무수히 많은 점이 나타납니다.

지금 해야 된다! } 점 편집으로 화살표 모양 수정하기

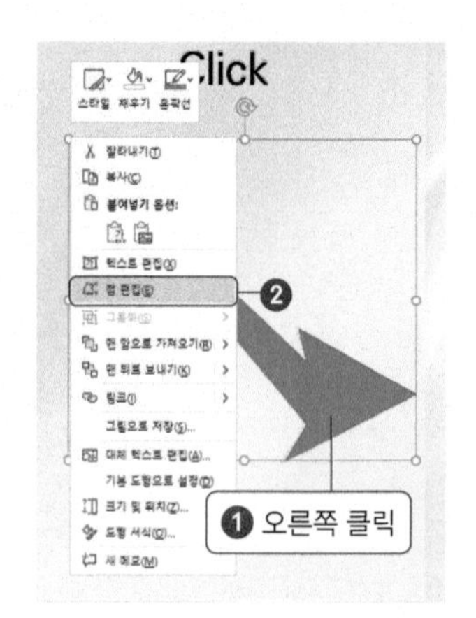

38번 슬라이드의 오른쪽에 그려진 기본 화살표를 내가 원하는 형태로 바꾸는 연습을 해 보겠습니다.

1 화면 오른쪽에 자유형 선 도형으로 그린 화살표가 하나 보입니다. 마우스 오른쪽 버튼으로 화살표를 누르고 [점 편집] 메뉴를 클릭합니다.

▶ 도형 위에서 마우스 오른쪽 버튼을 클릭할 때 너무 오래 클릭하거나 조금이라도 움직이면서 클릭하면 다른 메뉴가 나타날 수 있으니 주의하세요.

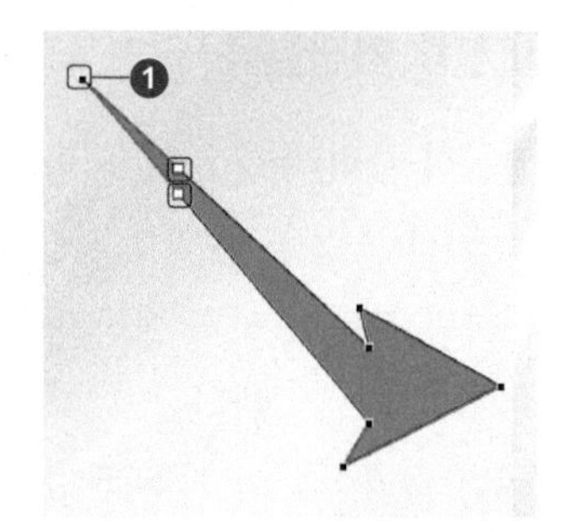

2 점 편집 상태가 되면 화살표 꼬리 부분에 있는 점 ❶을 정확하게 마우스로 클릭합니다. 그러면 꼭지점 양쪽으로 파란색 얇은 선과 함께 그 끝에 흰색 점(앵커포인트)이 2개 나타납니다.

▶ 점이 갑자기 사라졌나요? 점을 편집하는 과정에서 점을 잘못 클릭하면 바로 점 편집 모드를 벗어납니다. 이때는 다시 점 편집 모드로 들어가야 합니다.

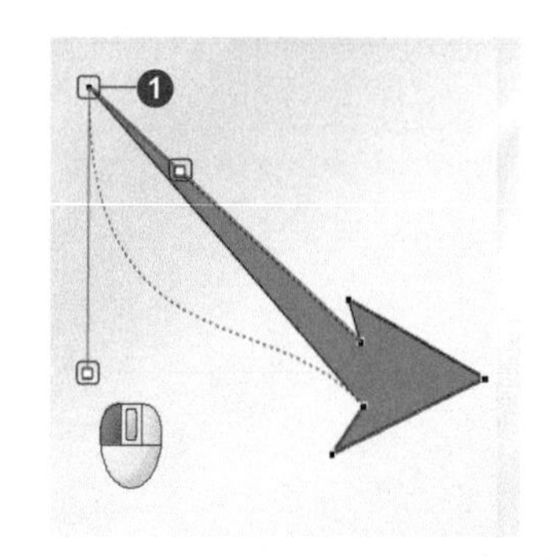

3 아래쪽 앵커포인트를 클릭한 채 밑으로 당겨 보세요. 앞에서 클릭한 편집 점(❶)과 앵커포인트를 잇는 직선이 나타납니다. 이는 어느 점의 앵커포인트인지 알려 주는 선입니다. 앵커포인트는 이웃한 선을 자석처럼 끌어당기는 역할을 하기 때문에 이것을 이용하면 우리가 원하는 자연스럽게 휘어진 화살표 형태를 만들 수 있습니다. 오른쪽 그림처럼 앵커포인트 직선을 수직으로 맞춰 주세요.

4 계속해서 점 ❸을 클릭한 후 그 점에서 나온 앵커포인트를 오른쪽 그림처럼 조절해 자연스럽게 오른쪽 아래로 향하는 곡선을 만들어 보겠습니다.

우리가 조절하고자 하는 선에 이웃한 앵커포인트는 되도록 짧게 하되, 지금은 그 선이 거의 수평이 되도록 맞춰 보세요. 그런 다음 ❶을 클릭하고 아까 조절했던 점을 좀 더 움직여 보세요. 자연스러운 휘어짐을 연출할 수 있을 것입니다.

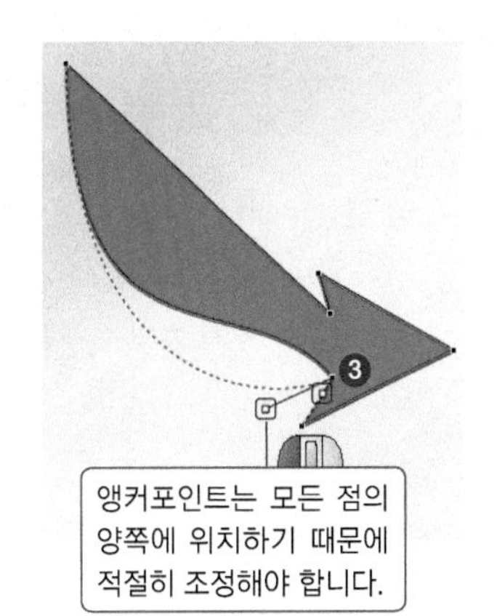

5 위쪽 선도 같은 방법으로 조절하면 되겠죠? 다시 점 ❶을 클릭하면 앞에서 이동시킨 앵커포인트가 그대로 나타납니다. 이번에는 오른쪽 앵커포인트를 그림처럼 조절해 S자를 그리는 곡선처럼 만듭니다.

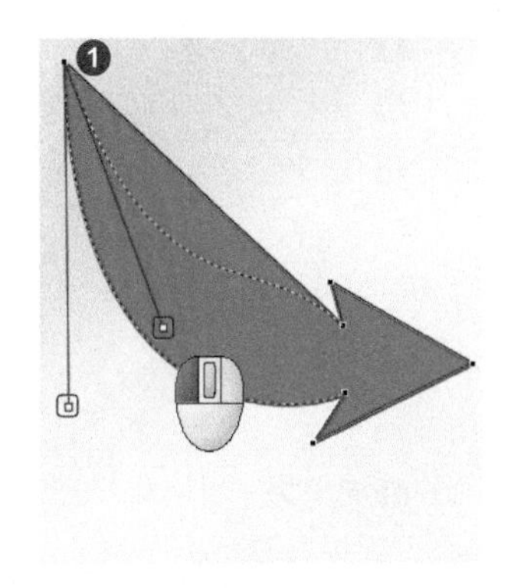

6 마지막으로 점 ❹를 클릭해 4와 같은 방법으로 앵커포인트를 조절해 화살표를 완성합니다.

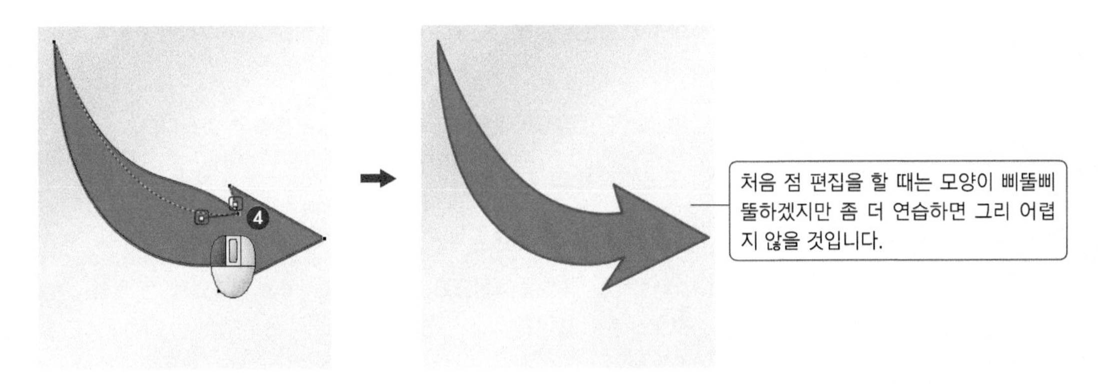

[전문가의 조언] 점 편집이 내 뜻대로 되지 않아 화가 날 때!

점 편집을 하다가 예상치 못했던 모양으로 변형되거나 뜻대로 수정되지 않을 때는 세부적으로 점을 다듬어야 합니다. 점 편집 상태에서 각 점 또는 테두리선 위에 마우스 커서를 올려놓고 마우스 오른쪽 버튼을 클릭하면 다양한 편집 기능을 불러올 수 있습니다.

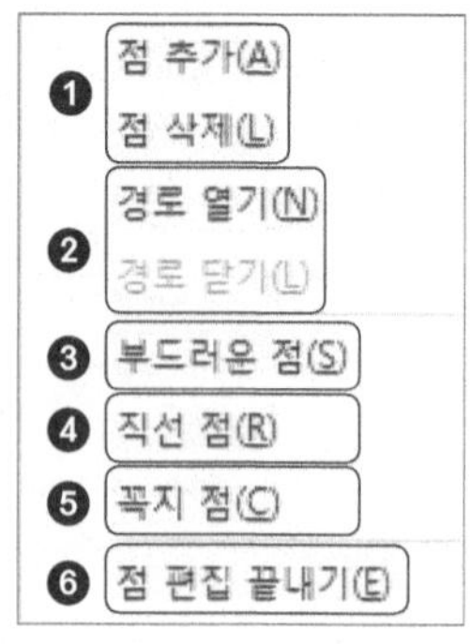

점 위에서 마우스 오른쪽 버튼 클릭 시

선 위에서 마우스 오른쪽 버튼 클릭 시

기능	설명
❶ 점 추가 / 점 삭제	선택한 위치에 점을 추가하거나 삭제할 수 있습니다.
❷ 경로 열기 / 경로 닫기	'경로 열기'는 완전히 닫히지 않은 열린 도형, '경로 닫기'는 열린 도형을 완전히 닫힌 하나의 도형으로 만들어 주는 기능입니다.
❸ 부드러운 점	점 양쪽 앵커포인트를 대칭으로 똑같이 조절할 수 있습니다.
❹ 직선 점	점 양쪽의 앵커포인트를 대칭으로 조절하지만, 길이를 각각 다르게 조절할 수 있습니다.
❺ 꼭지 점	점 양쪽의 앵커포인트를 비대칭으로 각각 다르게 조절할 수 있습니다.
❻ 점 편집 끝내기	점 편집 모드를 종료합니다.
❼ 세그먼트 삭제	해당 선이 삭제되면서 경로가 열립니다.
❽ 직선 세그먼트 / 곡선 세그먼트	'직선 세그먼트'는 곡선을 직선으로 만들어 주고 '곡선 세그먼트'는 직선을 곡선으로 만들어 줍니다.

05-9 도형 병합으로 새로운 도형 만들기

앞서 '자유형 선 도형'과 '점 편집'으로 기존에 없던 도형을 만드는 방법을 알아봤습니다. 파워포인트의 상위 버전에서는 새로운 도형을 만드는 방법이 한 가지 더 있습니다. 바로 **'도형 병합'**이라는 기능입니다. '자유형 선 도형'과 '점 편집'이 자유롭게 그림을 그리는 듯한 느낌이라면, '도형 병합'은 마치 제도를 하는 느낌이 들 것입니다. 이 기능을 이용하면 단순한 도형을 새로운 도형으로 쉽게 만들 수 있습니다.

도형 병합 기능이 상위 버전에서 새로 추가된 기능이라는 이유로 '이것으로 만든 자료가 하위 버전에서 뭔가 문제가 생기지 않을까?' 하는 걱정은 하지 않아도 됩니다. 도형 병합 기능으로 만든 도형들은 하위 버전에서 완벽히 호환됩니다.

도형 병합 기능을 사용하기 전에

도형 병합에는 '통합', '결합', '교차', '빼기', '조각'이라는 다섯 가지 기능이 있습니다. 이 기능들은 도형 하나만으로는 사용할 수 없고 **반드시 2개 이상의 도형을 선택해야만** 버튼이 활성화됩니다.

방법 1. [도형 서식] 탭 → [도형 삽입] 그룹 → [도형 병합] 버튼 이용(2013 버전 이상만 가능)
방법 2. 빠른 실행 도구 모음의 버튼 이용(2013 버전 이상만 가능)
방법 3. 빠른 실행 도구 모음의 버튼 이용(단, 조각 기능은 없음)

이 작업의 특성상, 편하게 작업하려면 **빠른 실행 도구 모음**을 이용하는 것이 좋습니다. 빠른 실행 도구 모음에 추가된 버튼의 모양과 위치를 꼭 확인하세요.

▶ 2010 버전은 **방법 3.**만 가능합니다.

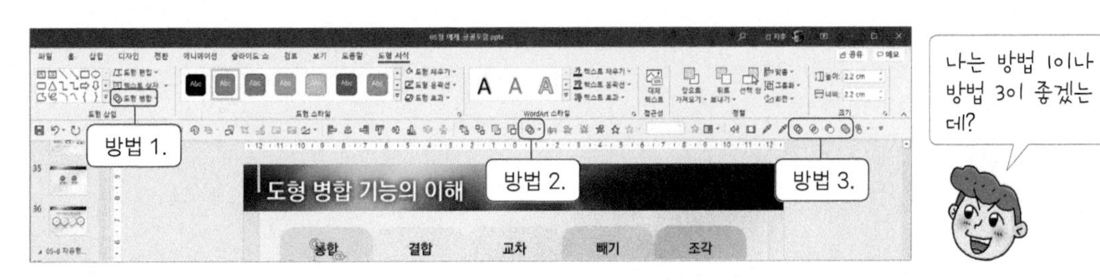

나는 방법 1이나 방법 3이 좋겠는데?

지금 해야 된다! } '도형 병합' 기능, 직접 경험해 보자!

5장 예제의 39번 슬라이드를 연 후 2개의 도형을 선택하고 '통합', '결합', '교차', '빼기', '조각' 기능을 각각 한 번씩 사용해 보세요. 직접 실습해 봐야 각 기능의 명칭은 무엇인지, 이 기능을 사용한 후에 도형들이 어떻게 되는지, 그 특징은 무엇인지, 적용되는 느낌은 어떤지를 알 수 있습니다.

이름	기능 설명	버전	특징
통합	도형들이 합쳐짐	2010 이상	• 영역으로 복수 선택 시 위에 있는 것을 우선해 통합 • 하나씩 복수 선택 시 먼저 선택한 것을 우선해 통합
결합	겹친 부분만 제외됨	2010 이상	• 사용 빈도 낮음 • 결합한 도형들은 겹쳐진 부분만 제외되고 하나의 도형이 됨 • 도형이 3개 이상 겹칠 시 짝수로 겹친 부분은 제외되지 않음
교차	겹친 부분만 남음	2010 이상	• 사용 빈도 낮음 • 복수의 도형에서 사용 시 가장 많이 겹친 부분만 남음
빼기	겹친 도형의 한쪽이 빠짐	2010 이상	• 영역으로 복수 선택 시 위쪽 개체가 빠짐 • 하나씩 복수 선택 시 먼저 선택한 개체를 우선해 빠짐
조각	겹친 도형이 조각남	2013 이상	• 겹친 부분의 선이 지나간 자리는 모두 분리 • 단, 도형과 선은 조각 불가능 • 2회 연속으로 사용하지 않도록 주의

▶ 2010 버전에서는 리본 메뉴에서 찾을 수 없기 때문에 빠른 실행 도구 모음에 추가된 메뉴를 이용해야 합니다. 03-3절에서 안내한 '빠른 실행 도구 모음'을 세팅하면 나열된 메뉴 중 가장 오른쪽에서 도형 병합 버튼 4개를 찾을 수 있습니다.

▶ 2016 버전까지는 '통합' 기능이 '병합'이라는 이름으로 사용됐으며, 기능은 같습니다.

기능 자체는 단순하고 쉽습니다. 하지만 실무에서 이런 기능을 어떻게 쓰는지 모르면 아무런 소용이 없겠죠? 도형 병합 기능 중 가장 많이 사용하는 '빼기'와 '조각' 기능을 이용해 실무에서 어떻게 쓰면 좋을지 알아보겠습니다.

지금 해야 된다! } '빼기'를 이용해 특정 부분을 하이라이트로 강조하기

도형 병합 중 '빼기'를 이용하면 누구나 원하는 특정 부분을 직관적으로 강조할 수 있습니다.

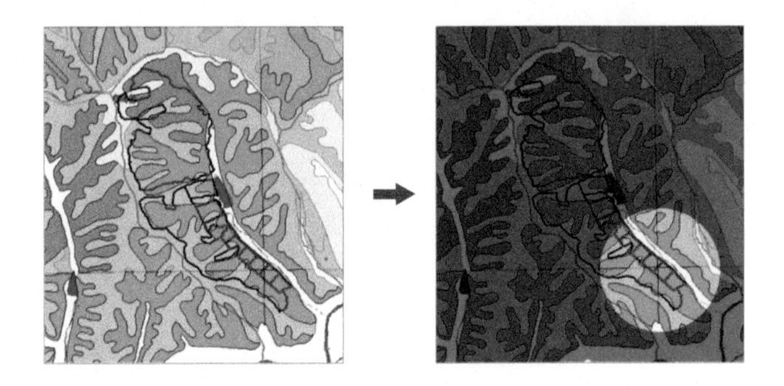

1 05장 예제 파일의 40번 슬라이드를 여세요. 도형 중에서 '타원'을 선택한 후 지도 내에서 표시하고 싶은 영역에 Ctrl 키(중심 고정)와 Shift 키(정방형)를 누르면서 정원을 그립니다.

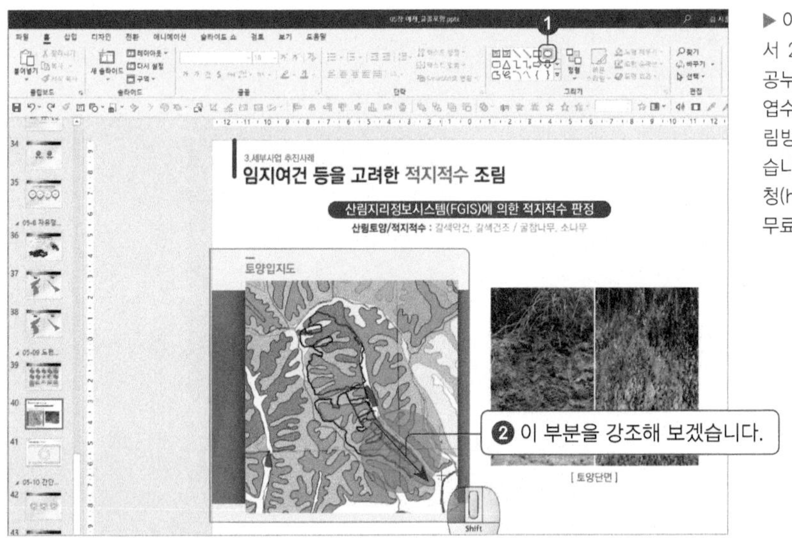

▶ 이 예제는 '산림청 산림자원과'에서 2015년 11월 8일에 작성해 공공누리 제1유형으로 개방한 '5. 활엽수의 경제적 가치 제고를 위한 조림방법 개선_최종.pptx'를 이용했습니다. 해당 저작물의 원본은 '산림청(http://www.forest.go.kr)'에서 무료로 다운로드할 수 있습니다.

2 나중에 강조할 같은 크기의 정원이 1개 더 필요합니다. 그려진 정원 개체를 선택하고 Ctrl 키(복사)와 Shift 키(수평 유지)를 누르면서 오른쪽에 미리 복사해 둡니다.

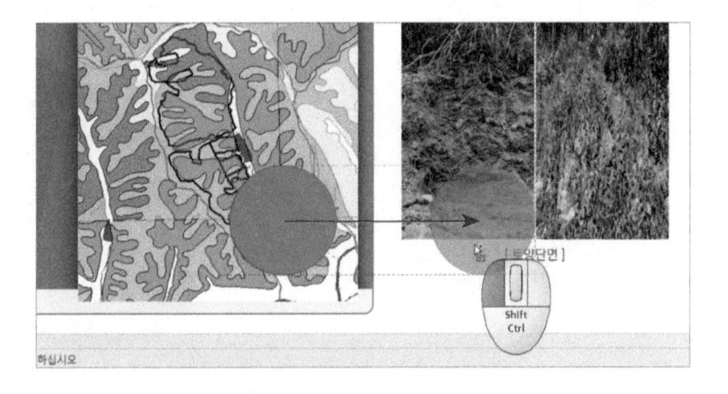

❸ 도형 삽입에서 '사각형'을 선택합니다. 왼쪽 지도의 크기와 같도록 사각형을 만듭니다. 그러면 당연히 ❶에서 그렸던 원을 덮으면서 그려질 것입니다.

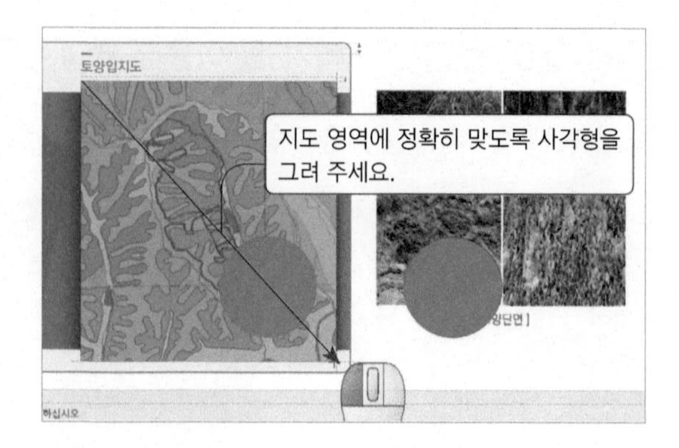

❹ 이제 아래에 깔려 있는 원을 위로 올려야 합니다. 그림을 잘 보고 영역으로 선택(드래그)해 원만 선택합니다. 그리고 빠른 실행 도구 모음에서 '맨 앞으로 가져오기'(아이콘)를 클릭해 맨 위로 올려 주세요.

▶ 사실 순서를 조정하지 않고 곧바로 '결합' 기능을 사용해도 되지만, '빼기' 기능의 이해를 돕기 위해 이렇게 설명합니다.

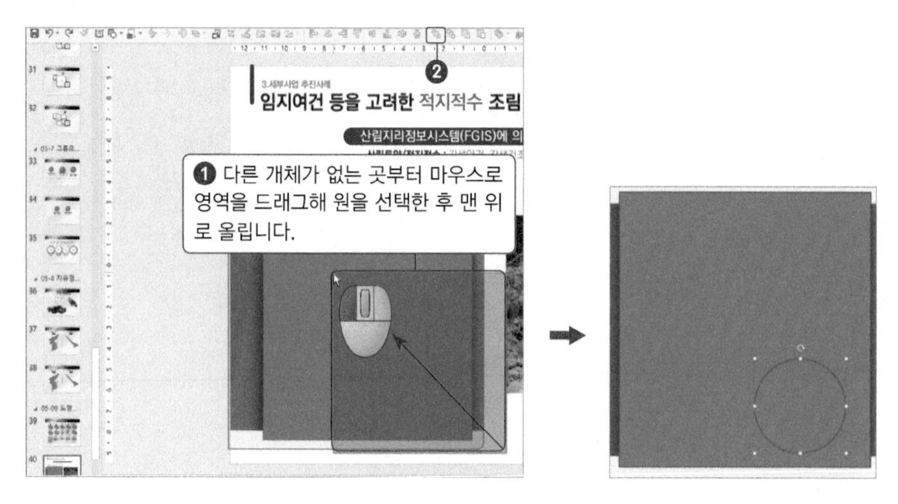

❺ 이제 드디어 구멍을 뚫을 차례입니다. 나란히 놓여 있는 사각형과 원을 순서대로 선택하고 빠른 실행 도구 모음에 있는 '빼기(아이콘)'를 선택합니다. 그러면 사각형에서 원이 올라가 있는 부분에 맞게 구멍이 뚫립니다!

▶ 빼기 기능은 선택하는 순서를 기억합니다. 영역으로 복수 선택할 때는 위의 개체를 빼고 클릭해 하나씩 복수 선택할 때는 뒤에 선택한 개체를 뺍니다.

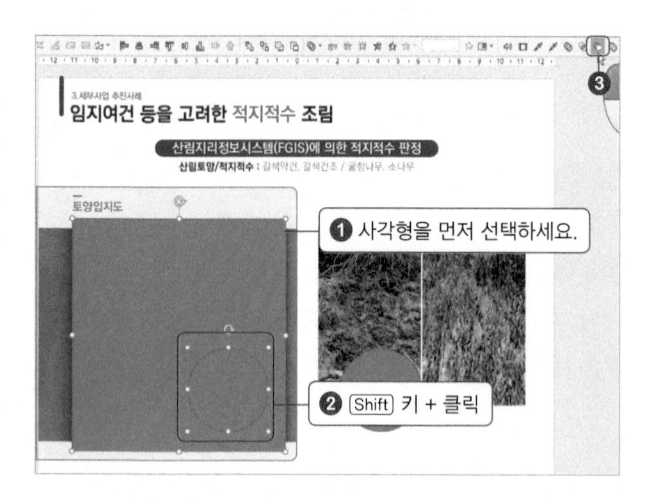

6 이제 구멍이 뚫린 이 사각형에 검은색을 칠하고 서식에서 반투명하게 해 하이라이트시킬 차례입니다. 구멍 뚫린 사각형을 선택하고 [홈] 탭 → [그리기] 그룹 → [도형 채우기]에서 '검정', [도형 윤곽선]에서 [윤곽선 없음]을 적용합니다. 그런 다음, [도형 서식] 창에서 채우기의 투명도를 '50%'로 적용하면 됩니다.

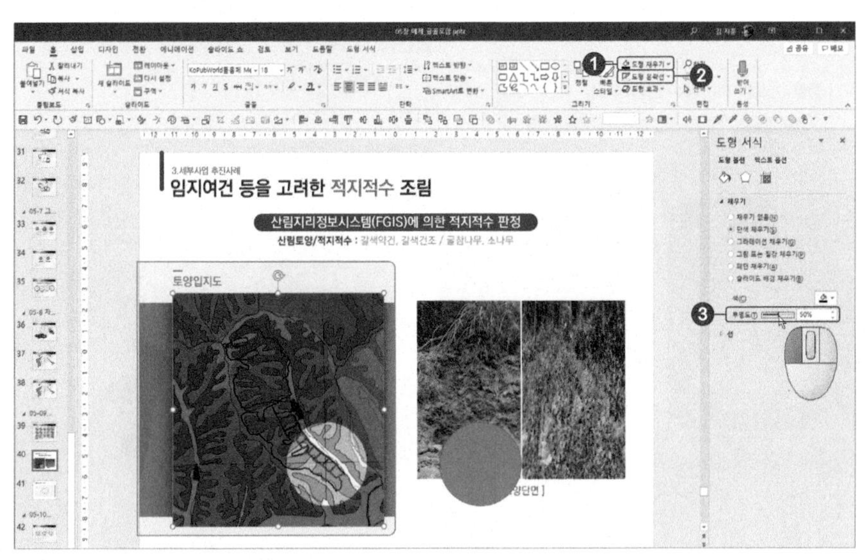

▶ 도형을 선택한 채 마우스 오른쪽 버튼을 누른 후 [채우기]와 [윤곽선]을 변경해도 되고 [도형 서식] 창에서 직접 모두 작업해도 됩니다.

7 이게 끝이 아닙니다. 이 부분이 더 눈에 띄도록 강조하는 작업을 해 보겠습니다. 2번 작업에서 복사해 뒀던 원을 선택하고 빠른 실행 도구 모음에서 '맨 앞으로 가져오기'(⧉)를 클릭합니다. 그런 다음, Shift 키를 누른 채 수평으로 이동해 구멍 뚫린 원으로 정확히 이동합니다.

▶ 마우스를 이용해 수평으로 이동할 때는 Shift 키를 누르면서 작업합니다. 위치가 자꾸 어긋난다면 Alt 키로 미세하게 조정해 보세요. 이 부분은 05-2, 05-4절에서 학습했습니다.

8 [홈] 탭 → [그리기] 그룹의 [도형 채우기]는 [채우기 없음], [도형 윤곽선]은 '노랑', [윤곽선 두께]는 '3pt'로 설정하세요.

9 이렇게 강조한 부분의 실제 사진이 어떤지 화살표로 가리키면 청중이 더 잘 이해할 수 있을 것입니다. 05-8절에서 학습한 대로 화살표를 직접 그리거나 앞서 만들었던 화살표를 복사해 가져와 넣은 후 회전시키는 것도 좋은 방법입니다. 화살표의 색은 눈에 띄게 빨간색을 적용해 주세요.

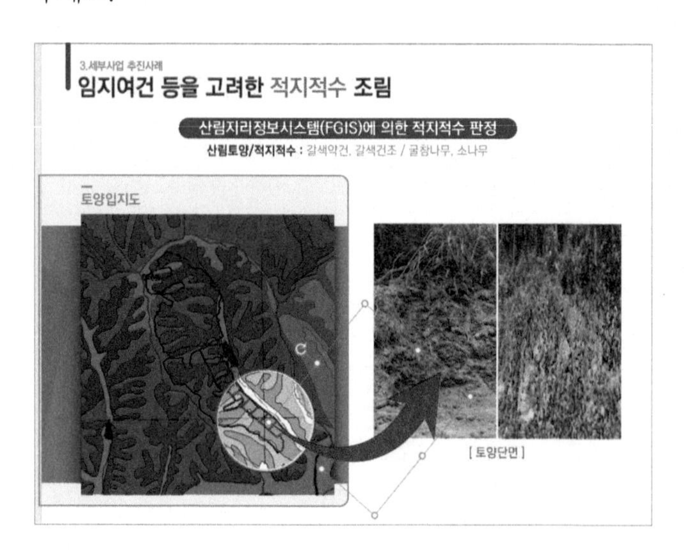

▶ 2019, 오피스 365 버전을 사용하고 있다면 이런 과정 없이 [삽입] 탭 → [일러스트레이션] 그룹 → [아이콘] 버튼을 선택해 원하는 형태의 화살표를 찾아 넣고 색을 바꾸면 됩니다.

[전문가의 조언] 2019, 오피스 365 버전부터는 '아이콘'을 제공합니다

한동안 파워포인트에서 클립아트 기능이 불안정했습니다. 그 이유는 마이크로소프트 사에서 기존의 촌스러웠던 클립아트를 탈피해 최신 트랜드에 맞춘 아이콘으로 업데이트했기 때문입니다.
그 전까지 가독성 좋고 깔끔한 디자인을 선호하는 사람들은 인포그래픽 느낌의 아이콘을 따로 인터넷에서 다운로드해 사용해 왔습니다.
2019, 오피스 365 버전에서는 [삽입] 탭 → [일러스트레이션] 그룹 → [아이콘] 버튼을 확인할 수 있습니다. 이 아이콘들은 SVG(Scalable Vector Graphics) 형식, 즉 벡터 그래픽 형태로 제공하기 때문에 크기를 변경해도 깨지지 않으며, 강제로 그룹 해제해 도형으로 바꿔 자유롭게 활용할 수도 있습니다.

아이콘은 꾸준히 업데이트되고 있지만 아직까지는 종류가 다양하지 않습니다. 원하는 아이콘이 보이지 않는다면 외부 사이트에서 SVG 파일을 다운로드해 사용해도 됩니다.

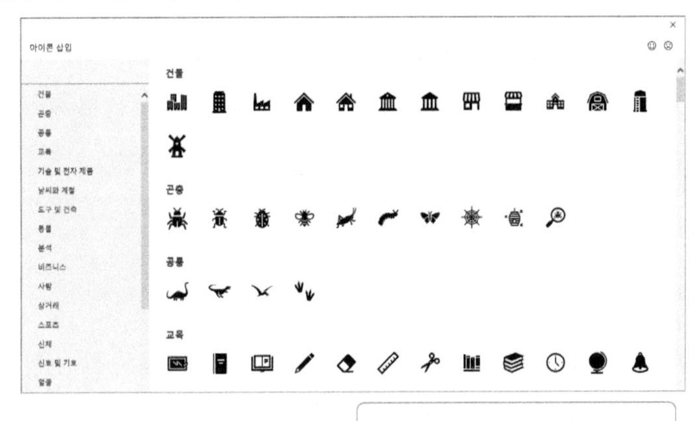

▶ 아쉽게도 2013 이하 버전에서는 외부 SVG 파일을 넣을 수 없습니다. 2016 버전 이상부터 가능합니다.

우와! 파워포인트 최신 버전에는 아이콘이 포함돼 있구나! 좋은데?

- **필자가 추천하는 SVG 소스 사이트**

  www.flaticon.com
  www.iconfinder.com
  iconmonstr.com
  thenounproject.com
  www.myiconfinder.com

지금 해야 된다! } '조각'을 이용해 네 가지 내용을 멋있게 꾸미기

도형 병합 기능 중 '조각' 기능을 이용하면 복잡한 도형도 손쉽게 만들 수 있습니다. 41번 슬라이에 필자가 미리 '모서리가 둥근 직사각형' 5개와 '정원' 도형을 정확하게 배치해 뒀습니다. 이 도형들을 도형 병합을 이용해 시각화해 보겠습니다.

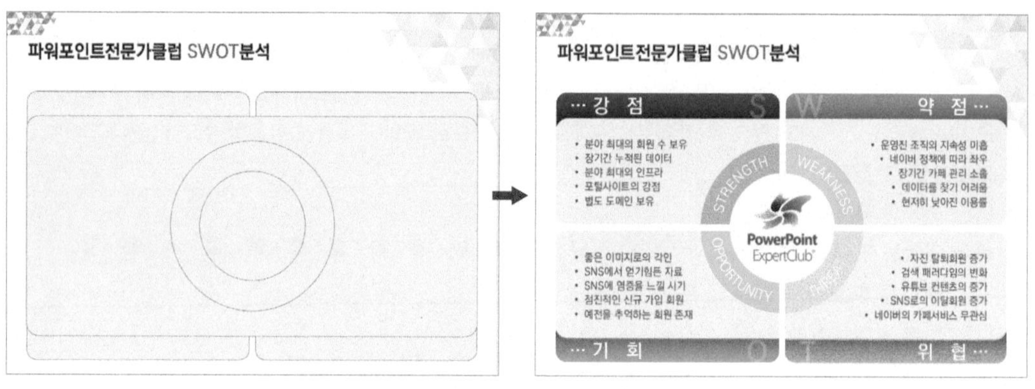

완성된 모습

1 개체들의 위치는 옮기지 않고 슬라이드 안에 있는 모든 도형을 선택해 주세요. 그리고 빠른 실행 도구 모음에서 '조각'( ) 기능을 선택합니다. 이때 주의할 점은 '조각' 기능을 딱 한 번만 눌러야 한다는 것입니다.

▶ 조각 기능을 두 번 연속으로 사용하면 겹쳐진 선들 때문에 오류가 납니다. 주의하세요.

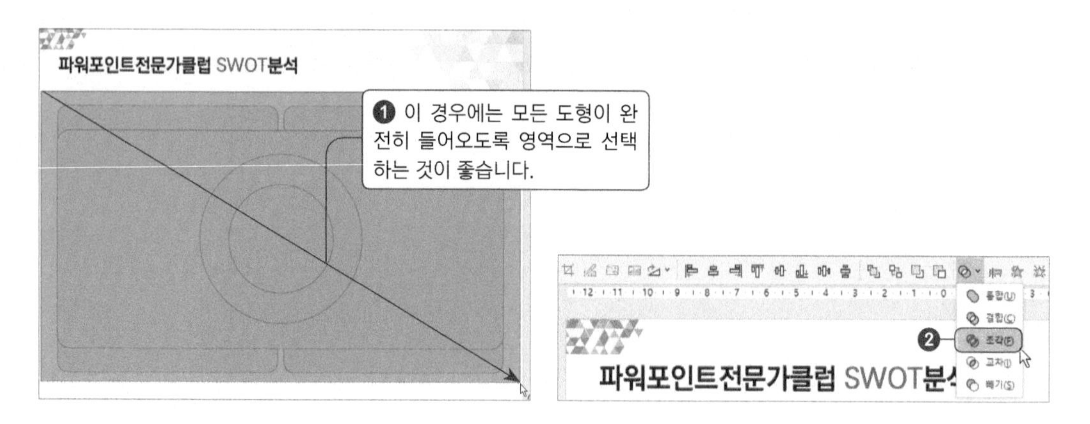

각각의 조각으로 나뉘었다면 빈 곳을 클릭해 개체 선택을 해제합니다.

2 이제 개체들이 움직이지 않게 주의하고 각 개체를 클릭해 보면서 점검하세요. 그러면 모든 도형에서 서로 겹쳐진 부분의 선이 지나간 자리가 쪼개지면서 각각의 도형으로 분리되는 것을 볼 수 있습니다.

▶ 만약 직선과 도형을 복수 선택했을 경우, 조각 기능이 작동하지 않습니다.

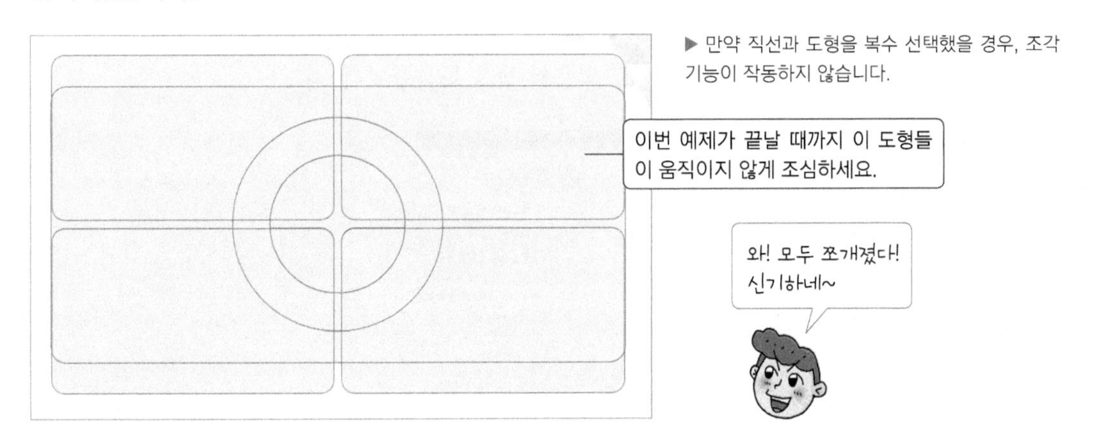

3 쪼개진 도형을 모두 사용하진 않을 것입니다. 필요 없는 개체를 지워 보겠습니다. 아래 화면을 참고해 붉은색으로 표시한 개체 13개를 복수 선택한 후 Delete 키를 눌러 삭제하세요.

▶ 개체를 복수 선택할 때는 Shift 키를 이용하세요. 이는 05-2절 속성 ⑥에서 학습했습니다.

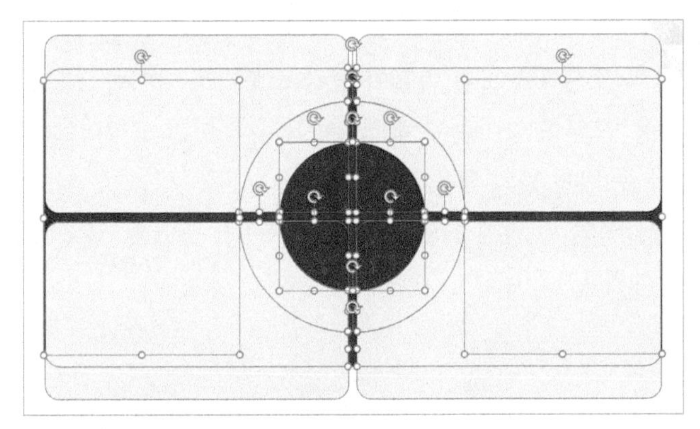

표시한 것들을 모두 선택해 사정 없이 지우자!

4 불필요한 개체를 지우고 나니 멋진 다이어그램의 형태가 만들어졌습니다. 이제 색을 칠해 꾸며 보겠습니다.

2013 버전 이상을 사용하고 있다면 다른 곳의 색상을 쉽게 복사해 올 수 있습니다. ❶, ❷ 도형을 Shift 키로 복수 선택한 후 [홈] 탭 → [그리기] 그룹 → [도형 채우기 - 스포이트]를 사용해 슬라이드 바깥쪽의 첫 번째 원에 클릭하고 적용된 색을 복사합니다.

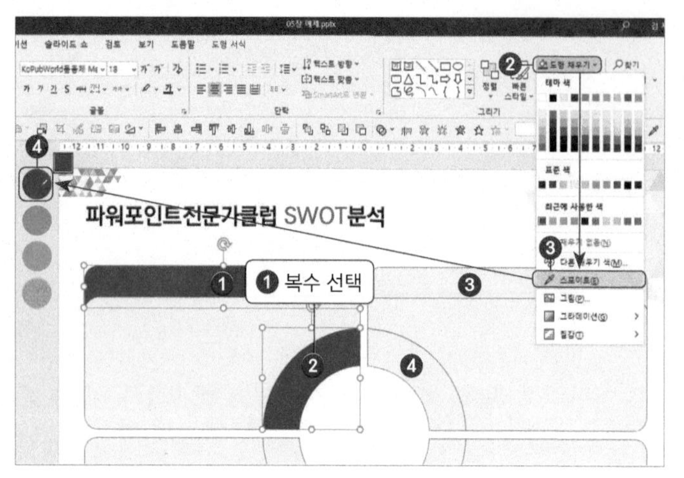

5 색상 복사가 이 방법만 있는 것은 아닙니다. 또 다른 방법으로 실습해 보겠습니다. ❸, ❹ 도형을 복수 선택하고 빠른 실행 도구 모음의 오른쪽을 보면 똑같이 생긴 스포이트 아이콘 2개가 나란히 보일 겁니다. 왼쪽 아이콘이 **도형용**, 오른쪽 아이콘이 **텍스트용**입니다. 이건 도형이므로 왼쪽 아이콘을 클릭하고 슬라이드 바깥쪽 두 번째 원의 색을 복사합니다.

이와 마찬가지 방법으로 ❺, ❻ 도형은 바깥쪽의 세 번째 원의 색, ❼, ❽ 도형은 네 번째 원의 색을 복사하세요.

▶ 2010 버전 이하 사용자라면 앞에서 진행한 대로 [서식 복사]로 작업하세요.

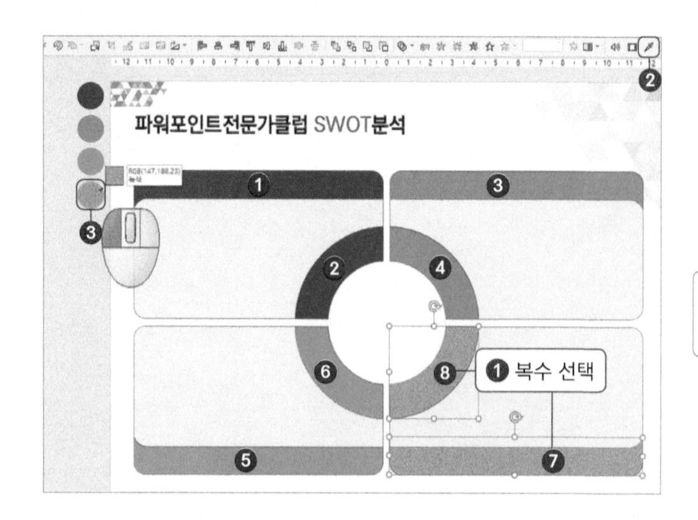

6 이후 도형들 안에 텍스트를 넣을 계획인데, 가운데 비어 있는 원을 둘러싸고 있는 막힌 원호 도형들의 색이 너무 강한 것 같습니다.

❷, ❹, ❻, ❽ 도형들을 Shift 키로 복수 선택한 후 빠른 실행 도구 모음의 단추를 눌러 [도형 서식] 창을 띄우고 [채우기] 항목에서 [투명도]에 '60%'를 적용하세요.

▶ 2016 이하 버전에서 복수 선택해 투명도를 조절하면 색이 똑같아지므로 하나씩 선택해 작업하세요.

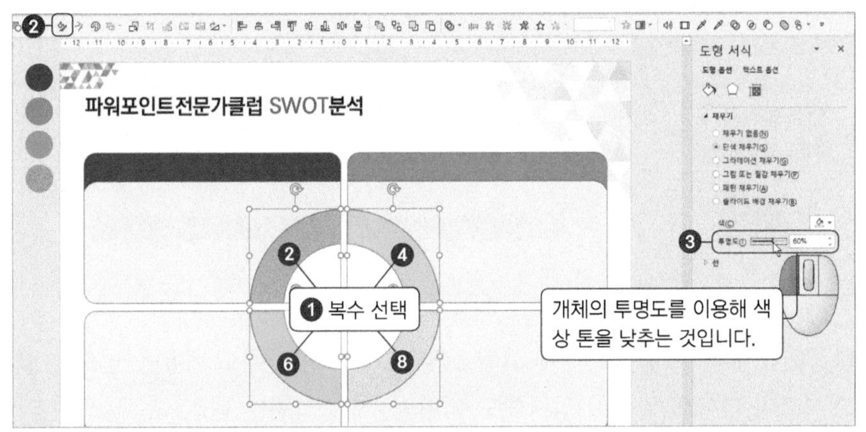

▶ 화면 오른쪽의 '도형 서식'은 파워포인트 디자인 작업에서 많이 사용합니다. 이는 08장에서 자세히 학습합니다.

7 파워포인트 디자인에 깊이감을 더하는 데 그라데이션만큼 좋은 게 없습니다. ❶ 도형을 선택하고 [홈] 탭 → [그리기] 그룹 → [도형 채우기 → 그라데이션 → 선형 위쪽]을 적용해 보세요. 아래쪽이 같은 색상 내에서 약간 어두워지며 분위기가 좋아집니다. ❸ 도형에도 '선형 위쪽'을 적용합니다.

▶ 그라데이션 기술은 08-1절에서 본격적으로 다룹니다.

아래의 ❺, ❼ 도형은 같은 방법으로 작업하되 '선형 아래쪽' 그라데이션을 적용하세요.

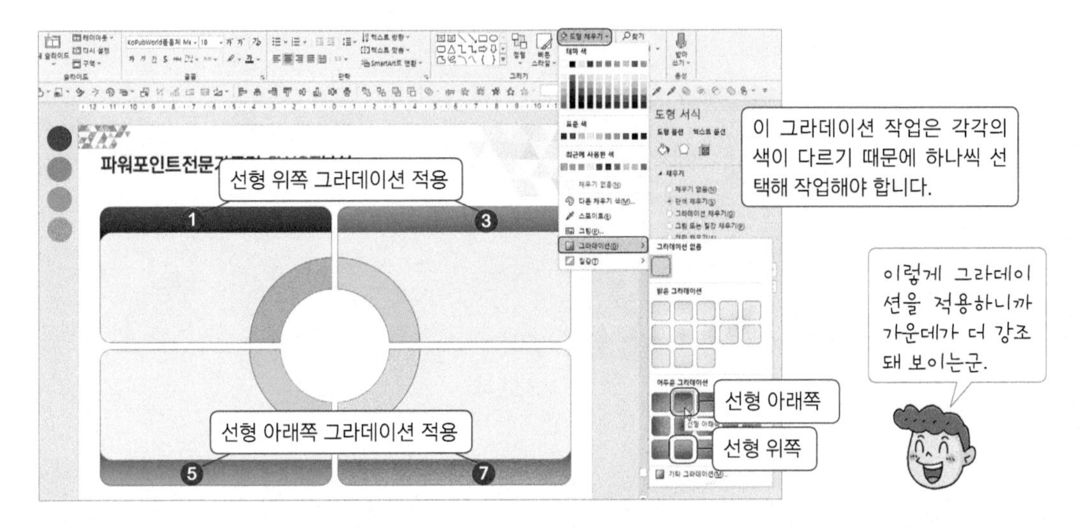

8 이렇게 색을 넣었기 때문에 이제 각 개체를 구분해 주던 선들은 지우는 게 깔끔합니다. 슬라이드 안에 있는 모든 도형을 영역으로 선택하고 [홈] 탭 → [그리기] 그룹 → [도형 윤곽선 → 윤곽선 없음]을 적용해 선을 없애 주세요.

▶ 2010 버전 이상이라면 마우스 오른쪽 버튼으로도 할 수 있습니다.

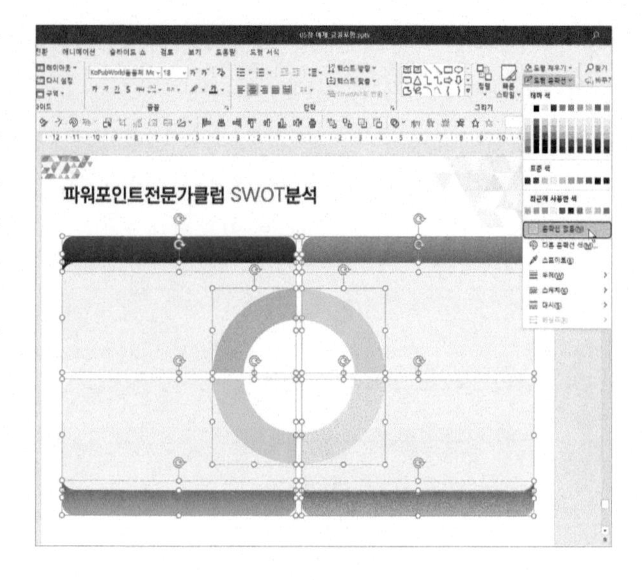

9 다이어그램이 완성됐습니다. 이제 가운데에 그림을 넣고 각 도형 안에도 내용을 넣으면 좋을 것 같지 않나요? 시간이 많다면 일일이 입력해도 되지만, 이는 그림과 텍스트만 넣으면 되므로 시간 문제일 것입니다. 이렇게 한 번 해 보겠습니다. 빠른 실행 도구 모음에서 **선택 창**( ) 아이콘을 찾아 눌러 주세요. 오른쪽에 선택 창이 열리면 꺼져 있는 '그룹 1'을 켜거나 [모두 표시] 버튼을 눌러 주세요. 그러면 모든 내용이 나오면서 순식간에 내용이 채워집니다. 사실 필자가 미리 넣어 두고 꺼둔 것입니다. 2번 작업에서 개체를 움직이지 말라고 한 것은 바로 이 때문입니다.

▶ 원래 이 선택 창 기능은 [홈] 탭 → [편집] 그룹 → [선택 → 선택 창]을 차례대로 눌러야 합니다. 마우스로 뭔가를 클릭하는 듯한 아이콘 모양을 잘 기억해 두세요.

[전문가의 조언] 개체의 선택을 도와주는 파워포인트의 레이어 '선택 창'

파워포인트에서는 밀도가 높은 슬라이드를 제작하거나 애니메이션 작업을 할 때 개체가 너무 많아 관리하기 어려울 때가 있습니다. 이 경우, 쉽게 선택할 수 있게 도와주는 창이 숨어 있습니다. 이 선택 창 기능은 [홈] 탭 → [편집] 그룹 → [선택] → [선택 창]을 차례대로 누르거나 빠른 실행 도구 모음에 추가된 선택 창() 아이콘을 누르면 열립니다.

선택 창을 열면 슬라이드 창에 있는 모든 개체의 목록이 나타납니다. 슬라이드 창에서 개체를 선택했을 경우, 목록에서 선택됐다는 표시가 나타나고 슬라이드 창에서 선택하지 않고 이 목록에서 개체의 고유 이름을 클릭해도 슬라이드 창에서 그 개체가 선택됩니다. 개체의 이름은 자동으로 부여되지만, 원할 경우 개체 이름을 더블클릭해 수정한 후에 사용할 수도 있습니다. 눈 아이콘() 표시를 이용해 해당 개체를 지우지 않고 잠시 꺼 두고 작업할 수 있는데, 실무에서는 주로 개체끼리 겹쳐 특정 개체를 마우스로 선택하기 어렵거나 복잡한 애니메이션을 다룰 때 많이 사용합니다.

다른 그래픽 편집 프로그램의 레이어 개념과 같습니다.

05-10 간단하지만 유용한 회전과 대칭

05-2절에서 배운 대로 Shift 키를 누른 채 회전 조정 핸들을 이용해 개체를 회전시키면 15°씩 돌아갑니다. 하지만 실무에서는 개체를 90°씩 회전시키거나 대칭시켜야 하는 경우가 더 많습니다.

▶ 2010 버전 이상이라면 Alt 키를 누른 채 왼쪽, 오른쪽 방향키(←, →)를 눌러도 똑같이 15°씩 회전합니다.

회전

5장 예제의 42번 슬라이드를 열어 보세요. 나침반의 바늘 개체를 선택하고 빠른 실행 도구 모음에서 [개체 회전( )] 버튼을 클릭하면 선택된 개체를 쉽게 회전하거나 대칭으로 처리할 수 있는 다섯 가지 메뉴가 나타납니다. 버튼의 모양과 위치를 잘 기억해 두세요.

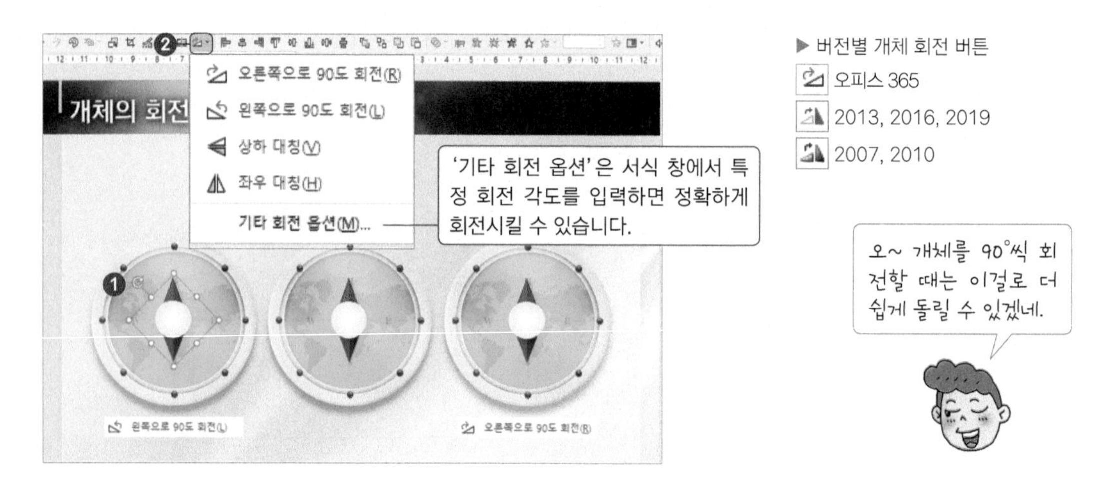

대칭

이번에는 회전보다 더 중요한 대칭을 알아보겠습니다. 말 그대로 버튼을 이용해 개체를 상하로 뒤집거나( ) 좌우로 뒤집는 것( )입니다.

회전은 조합키로도 어느 정도 작업할 수 있지만, 대칭을 마우스만으로 작업하면 상하좌우의 비율을 맞추는 것이 매우 어렵습니다. 그러니 이 부분은 꼭 실습해 보세요!

지금 해야 된다! } 그림 대칭시키기

05장 예제의 43번 슬라이드를 선택합니다. 화면을 보니 사람이 텍스트를 등지고 있습니다. 슬라이드 디자인의 구도상 왠지 불편하죠? 좌우로 뒤집는 것이 더 좋을 것 같습니다.

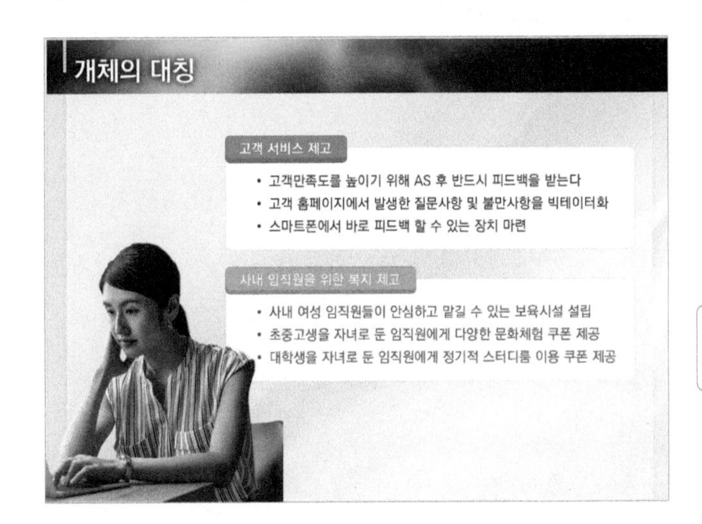

텍스트를 등지고 있어서 뭔가 부자연스러워 보이는군.

사람 그림을 선택하고 빠른 실행 도구 모음에서 [개체 회전 - 좌우 대칭(⚠)]을 클릭하면 바깥쪽으로 약간 나가 보이는데, Shift 키를 이용해 오른쪽으로 적당히 수평으로 이동해 보세요. 훨씬 안정적인 구도가 됐습니다.

좌우 대칭을 이용해 이미지를 변경합니다.

김 대리의 스프링 노트 05

- 조합키의 속성 제대로 이해하자 **05-2, 05-3, 05-4**

[Ctrl] 키: 자기중심적 성향

[Shift] 키: 직선적 성향

[Alt] 키: 마우스로 미세 조정

※ 조합키를 적극적으로 쓰면 작업 속도 200% 이상 올라감!

- 빠른 실행 도구 모음을 이용하면 작업이 빨라진다! **05-5, 05-6, 05-10**

빠른 실행 도구 모음 이용
- 정렬:★
- 배분:★
- 개체 순서:
- 회전&대칭:

- 그룹으로 개체를 묶는 방법 **05-7**

– 그룹 지정: [Ctrl] + [G]

– 그룹 해제: [Ctrl] + [Shift] + [G]

– 여러 개체의 크기를 동시에 키우려면 반드시 그룹 지정을 사용하자!★

- 원하는 도형을 그리고 싶다면? **05-8**

– 자유형 선 도형과 점 편집으로 원하는 도형을 마음껏 그리자!

예 지도, 화살표 등

- 도형 병합 **05-9**

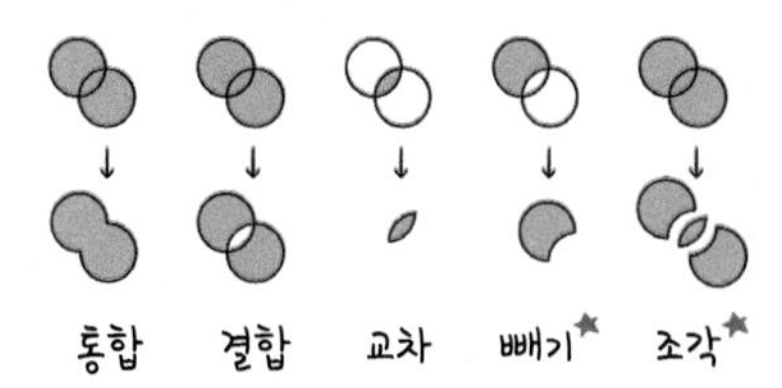

'김 대리의 스프링 노트'가 잘 이해되지 않는다면 한 번 더 복습해 보세요!

당신이 아는 복사, 그것이 전부가 아니다!

교육 중에 도착한 이 부장님의 문자.
'김 대리, 교육은 받을 만한가? 이번 행사 잘 치를 수 있게 설명회 자료 잘 부탁하네. 수고하게.'

고민하다가 둘이 있을 때 넌지시 친구에게 한마디를 했다.
"야, 근데…. 내가 만들 자료 때문에 그러는데…."
"소스를 달라고?"
"교육은 다 들을 건데, 소스 좀 주면 안 되냐?"
"복사해서 붙이려고 그러지? 근데, 너 복사는 제대로 해?"
"그야 뭐…. 최고의 기술이잖아. Ctrl+C, Ctrl+V…."
"그래. 맞는데, 복사는 그게 전부가 아니야."

이건 또 뭔 소리인가?
"파워포인트에 복사 기술은 한두 개가 아니야. 그것까지 알면 제대로 활용할 수 있을 거야. 마침 이번 시간에 그걸 교육할 거야. 잘 들어 둬."

#복사하기 #복제하기 #서식복사 #스포이트도구

06-1 복사와 복제의 차이를 아시나요?

복사! 단축키가 아니라 조합키를 사용하세요

먼저 '복사' 기능입니다. [홈] 탭에서 직접 [복사]와 [붙여 넣기] 버튼을 클릭해도 되지만, 실무에서는 단축키를 많이 사용합니다. 특정 개체를 선택하고 Ctrl+C 키를 눌러 복사하면 화면은 그대로지만 컴퓨터는 이를 클립보드에 임시로 저장해 놓습니다. 이어서 Ctrl+V 키를 누르면 개체의 오른쪽 아래에 새 개체가 나타납니다. 클립보드는 가장 최근에 복사한 개체를 계속 기억하기 때문에 붙여 넣기를 여러 번 할 수 있습니다.
그런데 전문가들은 복사 단축키를 잘 사용하지 않습니다. 복사한 개체를 다시 움직여 원하는 위치로 가져다 놓는 작업이 번거롭기 때문입니다. 그 대신 전문가들은 개체를 복사할 때 Ctrl 키와 마우스를 사용합니다. 수직이나 수평으로 복사할 때는 Shift 키도 함께 사용해 원하는 곳에 바로 위치시킵니다. 복사/붙여 넣기는 단축키보다 조합키를 사용하는 것이 훨씬 편리합니다.

'**06장 예제**.pptx' 파일을 열고 1번 슬라이드를 클릭합니다. 화면에 보이는 개체를 자유롭게 복사/붙여 넣기해 보세요.

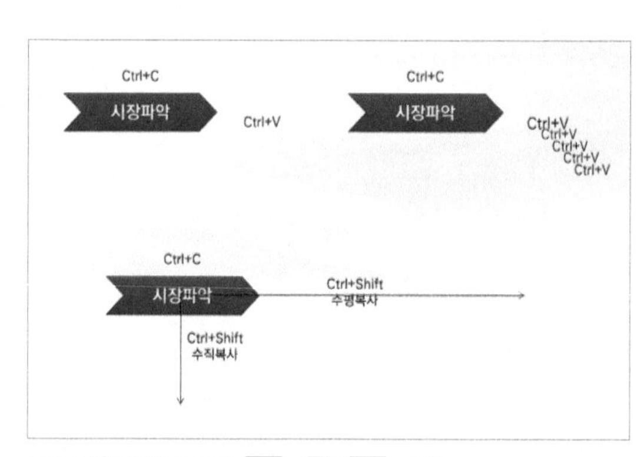

국민 단축키 아닙니까? Ctrl+C, Ctrl+V

복제! 복사와 붙여 넣기를 한 번에

'복제'는 마이크로소프트 오피스에서 제공하는 강력한 기능입니다. 우리가 잘 알고 있는 복사/붙여 넣기는 최소 2번의 과정을 거쳐야 하지만, 복제는 단 한 번으로 끝납니다. 복제 기능의 또 다른 특징은 개체를 연속 복제할 수 있다는 점입니다.

개체를 선택한 후 Ctrl+D 키를 누르면 개체가 복제됩니다. 이후 복제된 개체를 원하는 곳으로 움직이고 다시 Ctrl+D를 누르면 첫 개체와 복제된 개체 간의 거리와 방향을 그대로 반영해 다음 개체를 복제합니다. 잘 활용하면 반복 작업을 많이 줄일 수 있겠죠? 실제로 전문가들은 개체를 아무리 많이 복제해도 동시에 정렬할 수 있는 복제 기능을 애용합니다.

아래의 주의 사항을 확인한 후 2번 슬라이드를 클릭해 직접 실습해 보세요.

먼저 ❶을 선택한 후 Ctrl 키를 누른 채 D 키를 한 번만 톡 누르세요(Ctrl + D 키를 계속 누르고 있으면 개체가 연속해서 쭉 생깁니다.).

복제는 ❷를 선택한 후 Ctrl+D(최초 복제) → 이동(마우스나 키보드) → Ctrl+D(연속 복제) 순으로 작동합니다. 최초 복제한 개체의 선택이 풀리면 연속 복제가 되지 않기 때문에 복제 작업 중간에 다른 개체를 클릭하거나, 도형 안의 텍스트를 클릭하거나, 여백을 클릭하지 않도록 주의하세요.

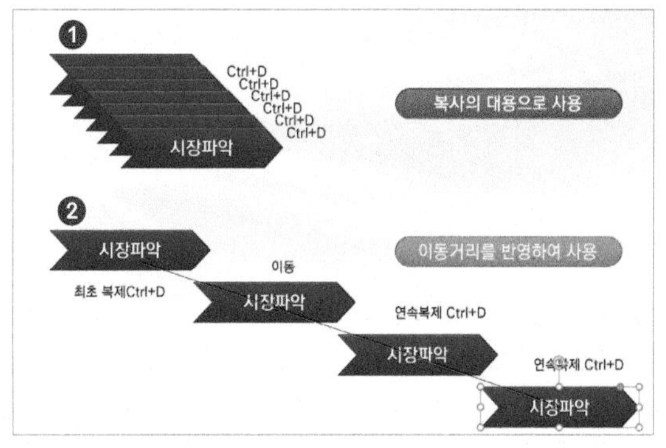

복제 기능은 복사 대용으로도 좋지만, 연속 복제가 가능합니다.

지금 해야 된다! } 개체와 그림 복제하기

❶ 복제 기능은 특정 개체를 연속적으로 배치할 때 매우 유용합니다. 먼저 3번 슬라이드를 열어 단계별 전략 도해를 완성해 보겠습니다. 첫 번째 그림 위에 있는 개체를 클릭한 후 Ctrl+D 키를 누릅니다. 복제된 개체를 수직과 수평을 맞춰 두 번째 그림 위로 옮깁니다.

❷ Ctrl+D 키를 연속으로 두 번 누르고 오른쪽과 같이 개체 안에 있는 텍스트를 각각 '사업안정화', '사업확장', '신가치 창출'이라고 수정하면 단계별 전략이 완성됩니다.

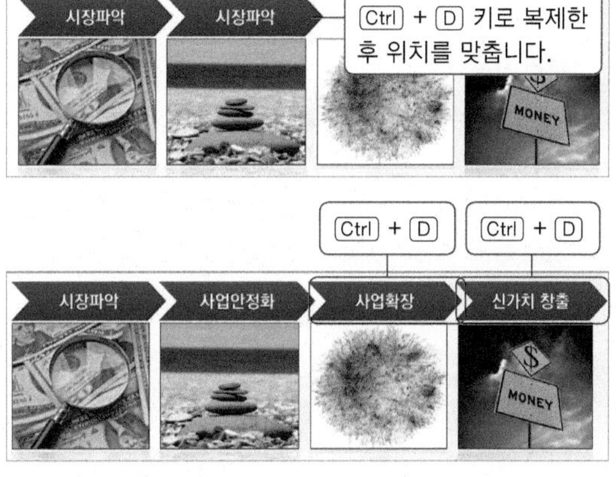

복제한 후 텍스트만 수정하면 끝!

3 다음으로 수출량을 나타내는 상자 그림과 돈다발 그림을 복제해 보겠습니다. 수출량 '45만톤' 아래쪽에 있는 상자 그림을 클릭하고 Ctrl+D 키를 누릅니다. 복제된 개체를 드래그해 기존 그림 위로 옮긴 후 Ctrl+D 키를 한 번 더 누릅니다.

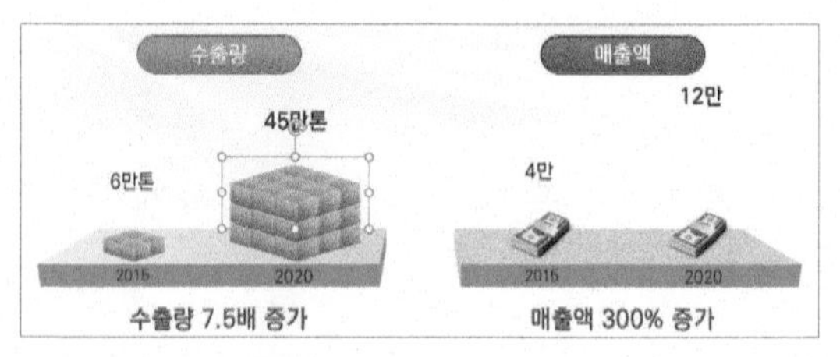

복제 기능으로 상자를 쌓아 보세요!

4 같은 방법으로 매출액을 나타내는 돈다발 그림을 복제해 보겠습니다. 매출액 '4만'과 '12만' 아래에 있는 돈다발 그림을 Ctrl+D 키로 적당히 쌓아 올려 보세요.

▶ 개체가 조금 비스듬히 올라가며 복제된다면, 첫 번째 개체의 수직 위치가 맞지 않았던 것입니다. 일단 정확히 겹쳐 배치하고 키보드 방향키로 조절한 후 Ctrl+D를 눌러도 됩니다.

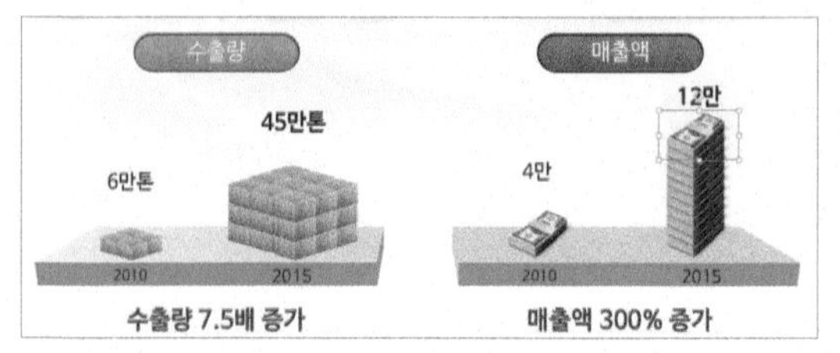

복제 기능으로 돈다발을 쌓아 보세요!

[전문가의 조언] 2010 이상 버전이라면 스마트 가이드로 수직/수평을 맞추세요!

복제할 때는 첫 번째 복제한 개체를 잘 배치하는 것이 중요합니다. 자칫 수직이나 수평이 맞지 않은 채로 연속해서 복제하면 기울어지기 때문입니다.
스마트 가이드를 사용하면 첫 번째 복제한 개체를 배치할 때 수직과 수평을 쉽게 맞출 수 있습니다(단, 스마트 가이드는 2010 버전부터 사용할 수 있습니다).
[보기] 탭 → [표시] 그룹의 [확장] 버튼을 누르면 [눈금 및 안내선] 창이 나타납니다. 여기서 [도형 맞춤 시 스마트 가이드 표시] 옵션을 체크합니다. 그러면 마우스로 개체를 이동할 때 수직, 수평, 중심에 맞춰 점선이 자동으로 나타나는데, 이 점선에 맞게 개체를 배치하면 됩니다.

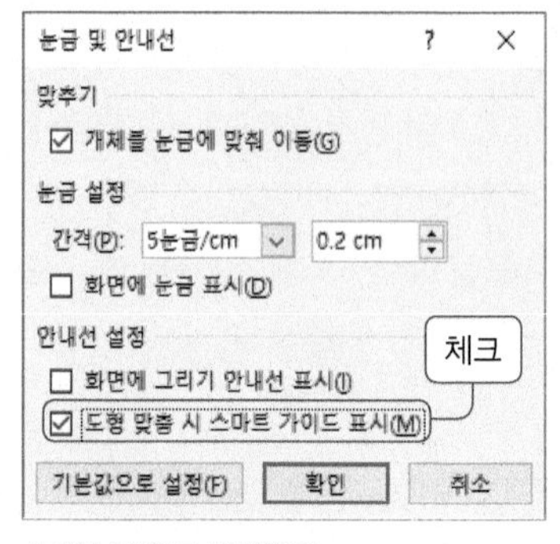

스마트 가이드 실행하기

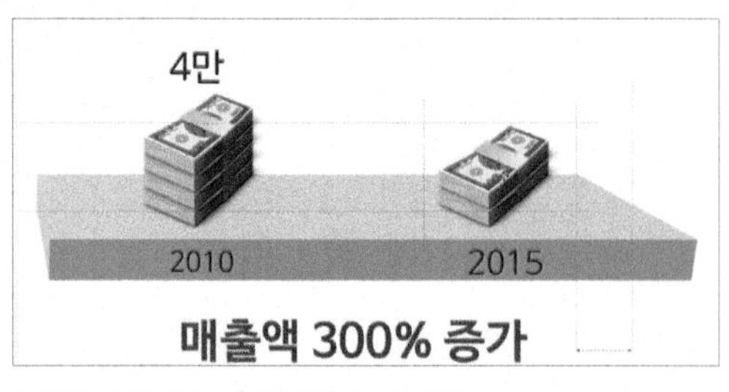

스마트 가이드에 맞춰 편리하게 작업하자!

06-2 서식 복사의 막강한 파워를 즐겨 보자!

디자인이 쉬워지는 서식 복사 기능

복사와 복제 기능으로 화면에 개체를 가득 채웠다면 보기 좋게 디자인해야 합니다. 이때 꼭 필요한 기능이 서식 복사입니다. 서식 복사는 말 그대로 개체에 적용된 서식을 복사하는 기능입니다. 글꼴, 글꼴 크기와 같은 텍스트 서식이나 채우기 색, 테두리선과 같은 도형 서식을 복사해 붙여 넣을 수 있습니다. 굉장히 유용한 기능이죠. 디자인 단계로 넘어오면 복사나 복제보다 서식 복사 기능이 더 중요해집니다. 다음 실습을 통해 서식 복사 기능이 얼마나 강력한지 직접 느껴 보시기 바랍니다.

지금 해야 된다! } 서식 복사만으로 디자인하기

06장 예제 파일을 열고 4번 슬라이드를 클릭합니다. 화면의 개체가 모두 같은 색입니다.

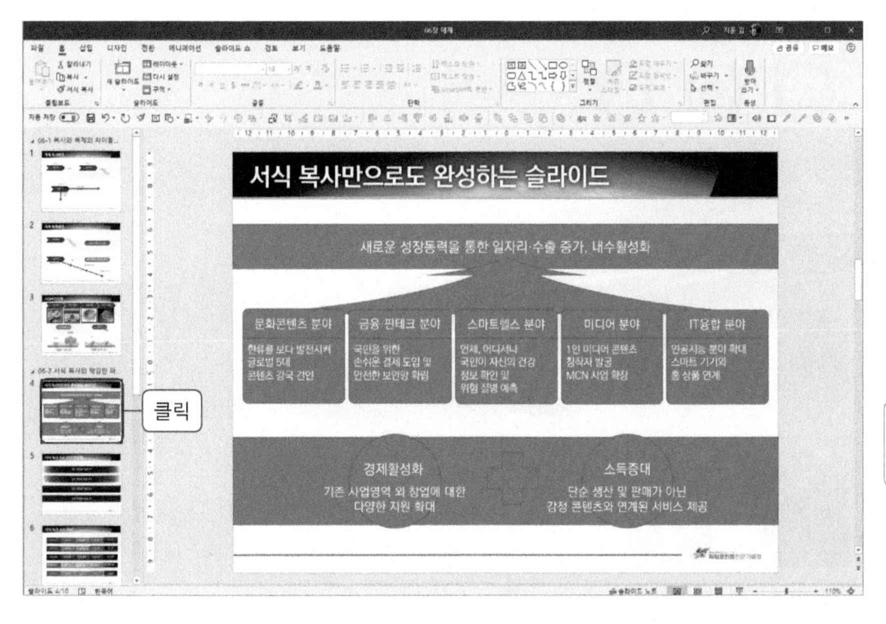

헐!? 이걸 언제 다 디자인하지?

5~9번 슬라이드에는 강조 문장, 바(Bar), 원, 박스, 화살표에 적용할 수 있는 다양한 서식이 있습니다. 이 서식들을 활용해 4번 슬라이드를 실무 디자인에 맞게 변경해 보겠습니다.

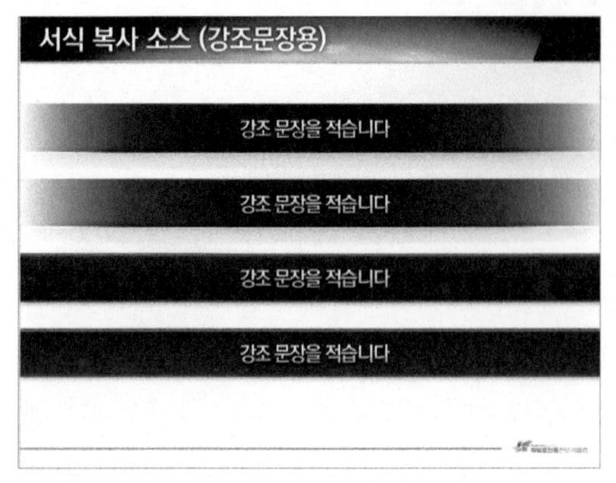

강조 문장 서식

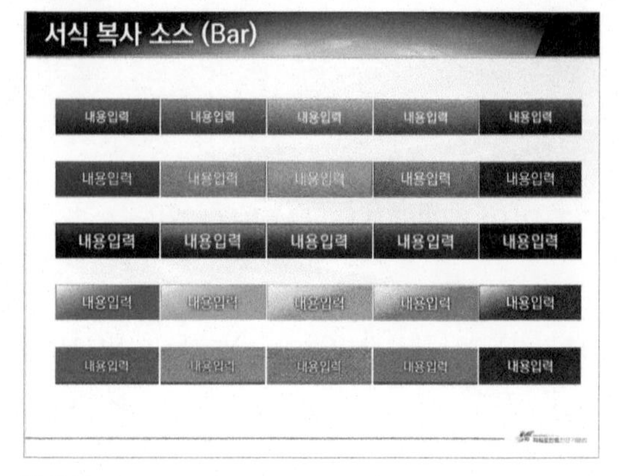

바 서식

원 서식

박스 서식

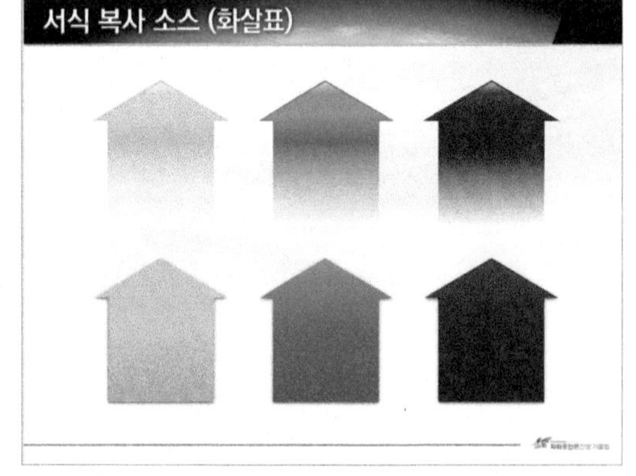

화살표 서식

❶ 먼저, 강조 문장부터 변경해 보겠습니다. 5번 슬라이드에서 마음에 드는 개체를 고릅니다. 저는 첫 번째 개체를 선택하겠습니다. 개체를 선택한 후 [홈] 탭 → [서식 복사] 버튼을 클릭합니다.

[홈] 탭 → [서식 복사] 버튼을 클릭합니다.

❷ [서식 복사] 버튼을 누르면 마우스 커서의 오른쪽에 서식 복사 아이콘이 나타납니다. 이 상태에서 4번 슬라이드로 이동한 후 '새로운 성장동력을 … 내수활성화'라고 적혀 있는 개체를 클릭합니다. 아래와 같이 서식이 적용된 것을 확인할 수 있습니다. 깜짝 놀랐나요? 아직 끝이 아닙니다.

강조 메시지 부분에 서식이 적용된 모습

❸ 이제는 좀 더 빠르게 화살표를 바꿔 보겠습니다. 9번 슬라이드로 이동한 후 마음에 드는 개체를 고릅니다. 첫 번째에 있는 화살표를 선택하고 **빠른 실행 도구 모음**의 [서식 복사( )] 버튼을 클릭합니다. 그리고 다시 4번 슬라이드로 이동한 후 화살표 개체를 클릭하면 서식이 적용되는 것을 볼 수 있습니다.

이렇게 하면 굳이 [홈] 탭까지 가서 버튼을 누를 필요가 없습니다. 간단하죠? 앞으로는 서식을 복사하고 원하는 개체를 클릭하기만 하면 됩니다.

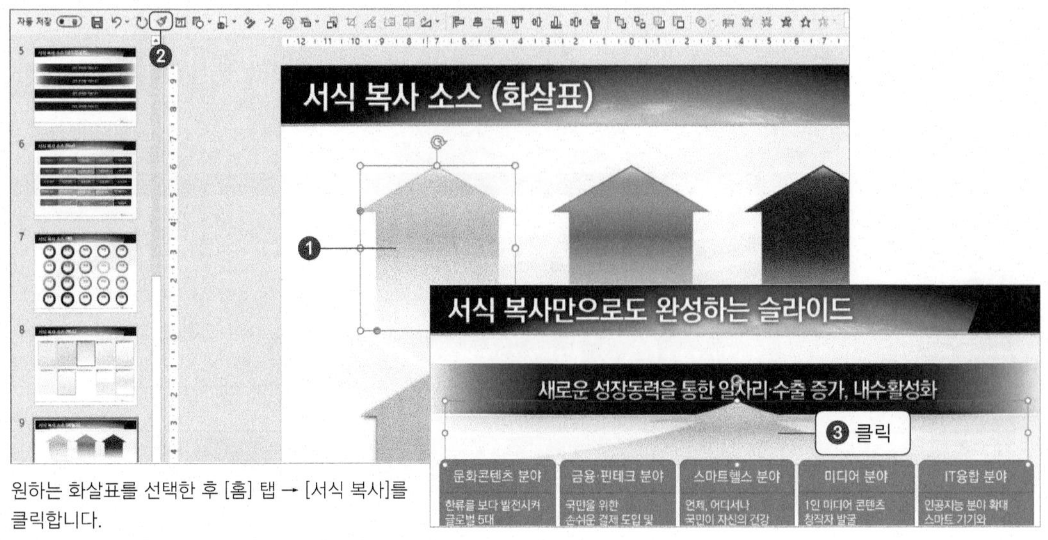

원하는 화살표를 선택한 후 [홈] 탭 → [서식 복사]를 클릭합니다.

화살표에 서식이 적용된 모습

❹ 서식 복사는 빠른 실행 도구 모음을 사용해도 되지만 단축키를 사용하면 더 빠르게 작업할 수 있습니다. 지금부터는 단축키로 서식 복사를 해 보겠습니다. 6번 슬라이드에서 첫 번째 줄의 서식을 클릭한 후 서식 복사 단축키인 Ctrl + Shift + C 키를 누릅니다. 그리고 4번 슬라이드로 이동해 '문화콘텐츠 분야'라고 적혀 있는 개체를 클릭하고 서식 붙여 넣기 단축키인 Ctrl + Shift + V 키를 누릅니다.

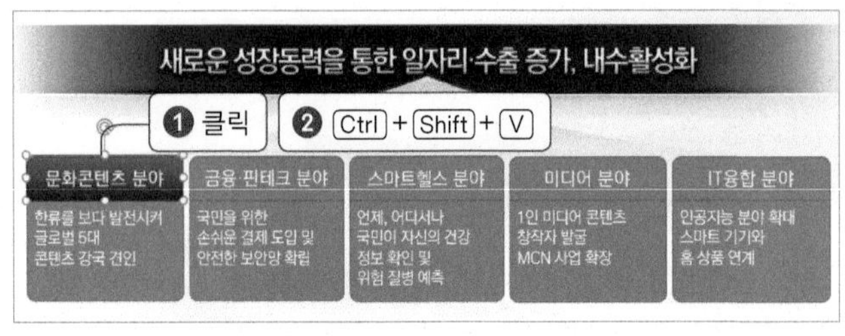

서식 복사는 단축키를 사용하면 빠릅니다.

▶ 만약 PC에 캡처 프로그램인 '알캡처'가 설치돼 있다면 서식 복사의 단축키 Ctrl + Shift + C를 사용할 때 단축키가 중복되는 경우가 있습니다. 알캡처의 환경설정에서 단축키를 다른 단축키로 변경하시기 바랍니다.

▶ 서식 복사가 잘 안 되는 이유는 서식 복사를 할 때 개체 선택을 잘못했기 때문입니다. 텍스트가 있는 개체일 경우, 텍스트를 선택하고 작업하면 텍스트에만 서식이 복사됩니다. 여기서는 개체의 테두리를 선택하고 작업해야 텍스트뿐 아니라 도형 서식도 함께 복사할 수 있습니다.

❺ 같은 방법으로 나머지 4개 분야도 서로 다른 서식을 적용합니다. 리본 메뉴가 아니라 단축키를 사용하세요. 금방 익숙해질 겁니다.

다른 분야의 제목에도 같은 방법으로 서식 복사합니다.

6 이제 분야별 내용이 적혀 있는 개체를 바꿔 보겠습니다. 그런데 이 개체는 도형과 텍스트 상자가 서로 나뉘어 있기 때문에 각각 서식 복사를 해야 합니다.

먼저 8번 슬라이드에서 다섯 번째 개체를 선택하고 서식 복사(Ctrl+Shift+C)를 합니다. 다시 4번 슬라이드로 이동해 Shift 키로 5개의 분야별 내용 박스 개체를 복수 선택한 후 서식 붙여 넣기(Ctrl+Shift+V)를 합니다.

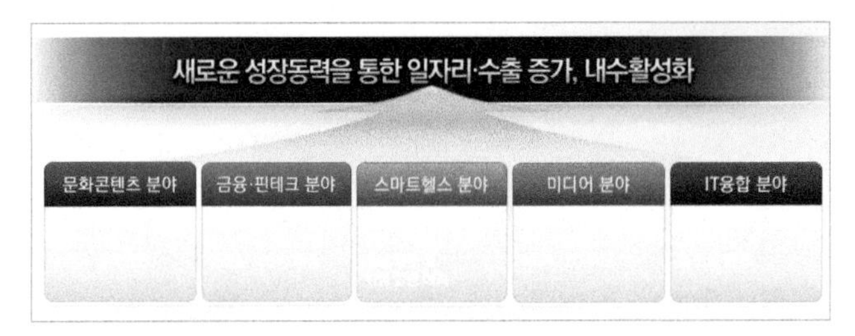

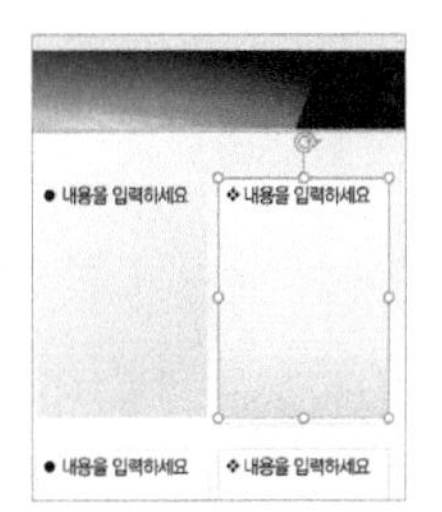

박스 서식을 복사합니다.

7 다시 8번 슬라이드로 돌아와 오른쪽 5번째 텍스트 상자의 테두리를 선택한 후 같은 방법으로 서식 복사해 5개의 텍스트 상자를 복수 선택하고 서식을 붙여 넣습니다. 그러면 분야별 소개 내용까지 완성된 것을 확인할 수 있습니다.

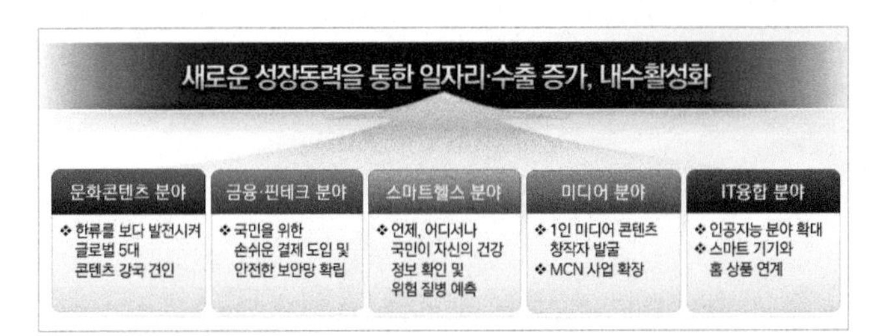

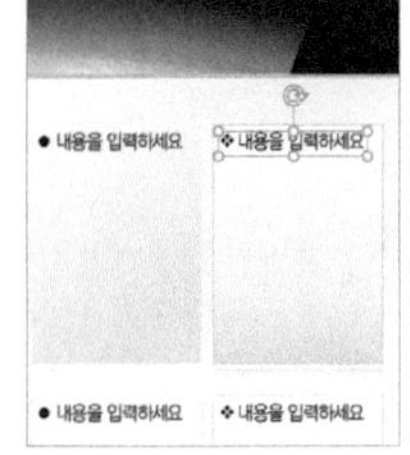

박스 안에 있는 텍스트도 서식 복사합니다.

8 화면 아래에 있는 원 개체도 서식 복사하겠습니다. 7번 슬라이드로 이동해 마음에 드는 원 서식을 서식 복사한 후 4번 슬라이드로 이동해 서식을 붙여 넣습니다.

원 개체에 텍스트도 서식 복사한 모습

⑨ 같은 방법으로 '내용'이라고 적혀 있는 텍스트 상자를 서식 복사해 4번 슬라이드에 있는 개체에 붙여 넣고 '내용입력'이라고 적혀 있는 텍스트 상자도 서식 복사해 붙여 넣습니다.

원 안의 텍스트 서식 적용 후

⑩ 계속해서 원 개체의 배경이 되는 개체에 어울리는 서식을 8번 슬라이드에서 가져옵니다. 마지막으로 더하기 모양의 도형은 6번 슬라이드에서 서식 복사해 4번 슬라이드에 붙여 넣으면 됩니다. 그러면 아래와 같이 완성된 모습을 확인할 수 있습니다.

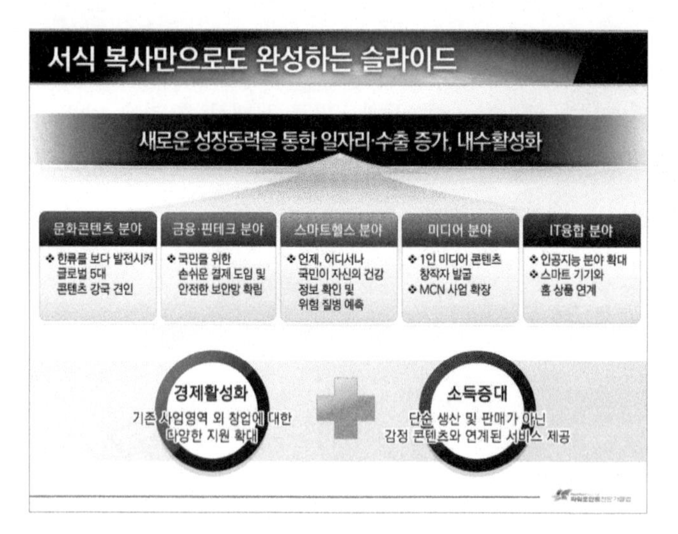

고급 소스를 모으고 슬라이드를 완성한다

서식 복사 기능만으로 디자인을 완성했습니다. 어떤가요? 나만의 서식 소스만 있으면, 서식 복사 기능 하나만 알아도 앞으로 걱정할 일은 없겠죠? 텍스트의 종류와 색깔, 3차원 효과 등 파워포인트 안에서 적용한 서식이라면 무엇이든 복사할 수 있습니다. 또한 단축키(Ctrl+Shift+C, Ctrl+Shift+V)를 사용하면 훨씬 빠르게 작업할 수 있다는 것도 꼭 기억하기 바랍니다.

서식 복사하기	원본 개체를 선택하고 Ctrl+Shift+C
서식 붙여넣기	복사할 대상을 선택하고 Ctrl+Shift+V

06-3 잘 만든 슬라이드의 색, 내 것으로 손쉽게

색만 복사하는 스포이트 도구

스포이트. 과학 시간에 사용했던 기억이 있죠?

현장에 가 보면 "나는 디자인 감각이 없다"라고 말하는 분들을 자주 봅니다. 그러나 파워포인트는 디자인 전문가를 위한 프로그램이 절대 아닙니다. 파워포인트가 **테마**나 **스타일**처럼 누구라도 쉽게 디자인할 수 있는 다양한 기능을 제공하는 이유도 여기에 있습니다.

지금 소개할 **스포이트** 기능도 그중 하나입니다. 과학 시간에 스포이트를 사용해 용액의 일부를 빨아들여 다른 곳으로 옮긴 것처럼, 파워포인트 2013 버전부터는 다른 개체의 색을 뽑아 내 그대로 사용할 수 있는 스포이트 도구를 제공합니다.

지금 해야 된다! } 색상 감각이 없다? 그럼 베끼세요!

1 06장 예제 파일을 열고 10번 슬라이드를 클릭합니다. 슬라이드 창 왼쪽에 그림이 하나 있습니다. 스포이트 도구로 그림의 색상을 복사해 슬라이드를 완성해 보겠습니다. 먼저 '3단계' 원을 클릭한 후 [홈] 탭 → [그리기] 그룹 → [도형 채우기 - 스포이트]를 선택합니다.

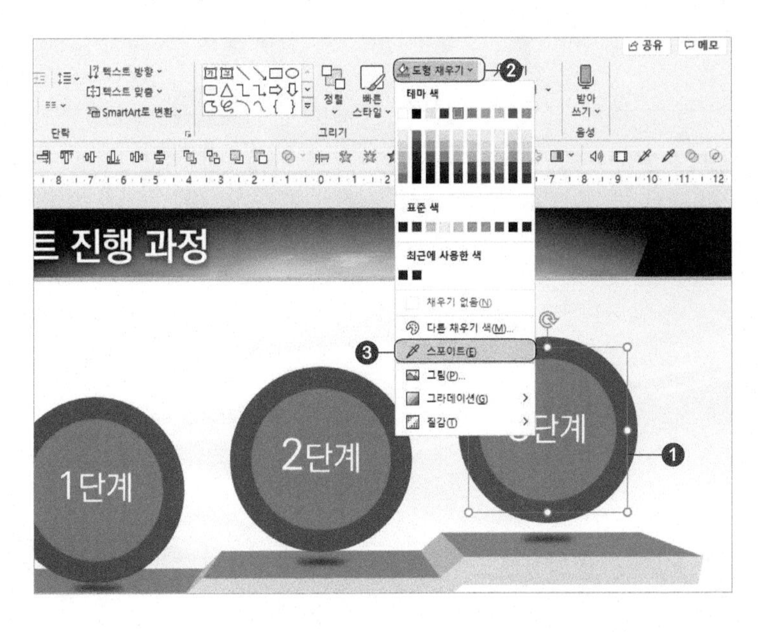

▶ 개체를 선택하고 [서식] 탭에서 할 수도 있습니다. 스포이트 옆에 있는 알파벳 [E]를 기억해 두세요.

❷ 마우스 커서가 스포이트 모양으로 변한 것을 볼 수 있습니다. 마우스를 왼쪽 그림으로 옮겨 배경 위에 올려놓으면 마우스 커서의 오른쪽 윗부분에 해당 색상이 나타납니다. 이 지점에서 마우스를 한 번 클릭하면 '3단계' 원의 채우기 색이 선택한 배경 색상으로 변경됩니다.
1단계와 2단계 개체도 Shift 키로 복수 선택한 후 같은 색을 적용해 보세요.

❸ 이 과정을 이해했다면 더 빠른 방법을 사용해 보겠습니다. 3단계 개체만 선택한 후 [도형 윤곽선] 버튼을 클릭합니다. 메뉴가 펼쳐지면 곧바로 키보드의 E 키를 누른 후 핑크색에 클릭해 보세요. 선의 색도 그대로 적용됩니다.

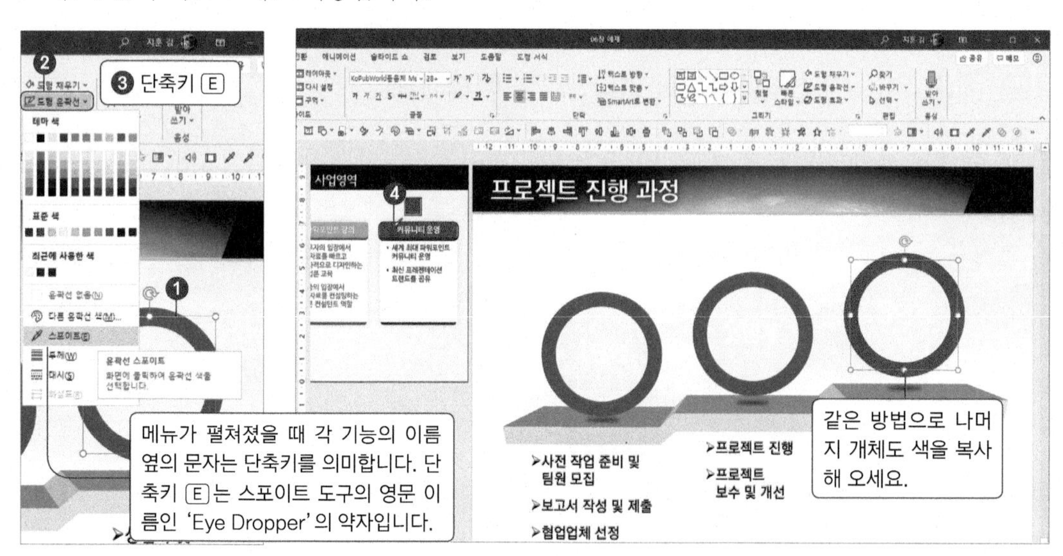

4 이번에는 텍스트의 색을 복사하기 위해 또 다른 방법을 사용해 보겠습니다. 실무에서 이렇게 스포이트로 색을 복사할 때는 윤곽선보다 도형의 색과 텍스트의 색을 많이 복사해 오게 됩니다. 필자가 **빠른 실행 도구 모음**의 오른쪽에 스포이트 도구 2개를 나란히 추가해 뒀습니다. 아이콘의 모양은 똑같은데, 용도는 각각 다릅니다. 기억하세요. 왼쪽의 것이 **도형용**, 오른쪽의 것이 **텍스트용**입니다.

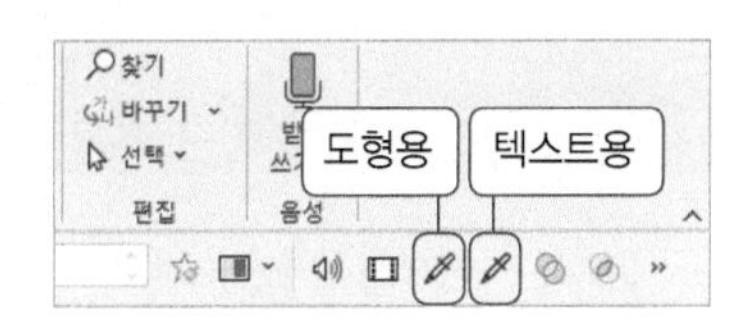

▶ 2010버전 이하 버전에서는 스포이트 기능이 없으므로 03-3절처럼 빠른 실행 도구 모음을 설정해도 스포이트 도구가 보이지 않습니다.

5 3단계 개체와 그 개체 아래에 있는 텍스트를 Shift 키로 복수 선택합니다. 빠른 실행 도구 모음에 추가된 오른쪽의 스포이트 버튼을 클릭하고 왼쪽 스크린샷 소스에서 진한 색을 복사하세요. 텍스트의 색이 복사되는 것을 볼 수 있습니다.

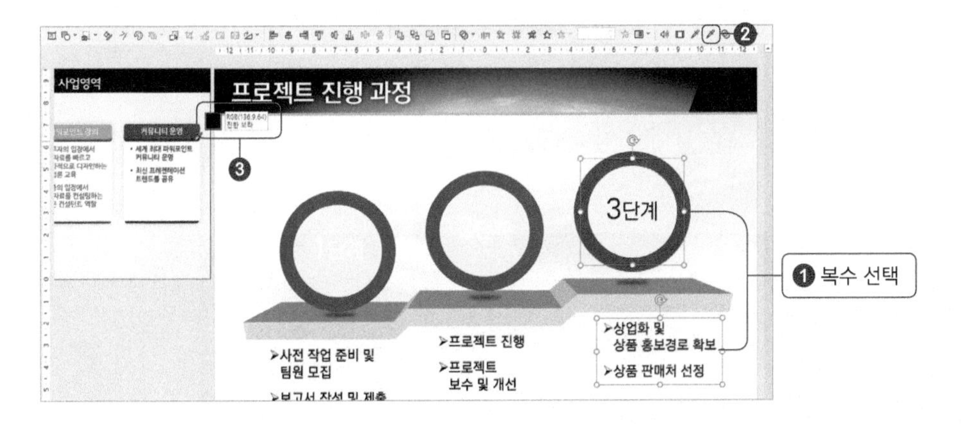

6 같은 방법으로 나머지 개체들의 텍스트 색도 복사하면 완성됩니다.

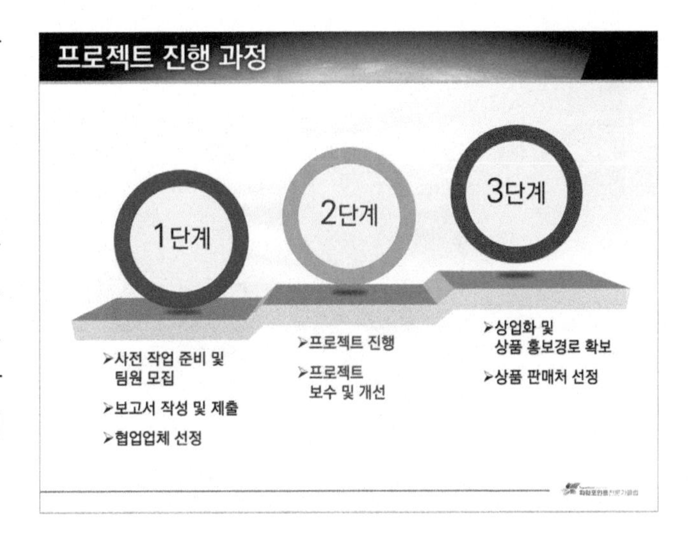

이렇게 제대로 한번 활용하고 나면 스포이트는 잊을 수 없는 기능이 될 것입니다. 그동안 원했던, 정말 편한 기능이니까요! 이제 이 기능 하나면 전문가들이 만들어 둔 색도 내 것이 됩니다.

[능력자의 조언] 학습한 파워포인트 단축키를 바탕화면 배경으로 설정하세요

파워포인트 작업을 힘들어하는 이유 중 하나는 단축키를 잘 사용하지 못하는 데 있습니다. 하지만 파워포인트의 모든 단축키를 외워야 하는 것은 아닙니다. 각자 자주 사용하는 기능이 다르고 업무의 패턴도 다를 수밖에 없으므로 이런 점을 고려해 단축키를 위한 바탕 화면 이미지를 제작했습니다.

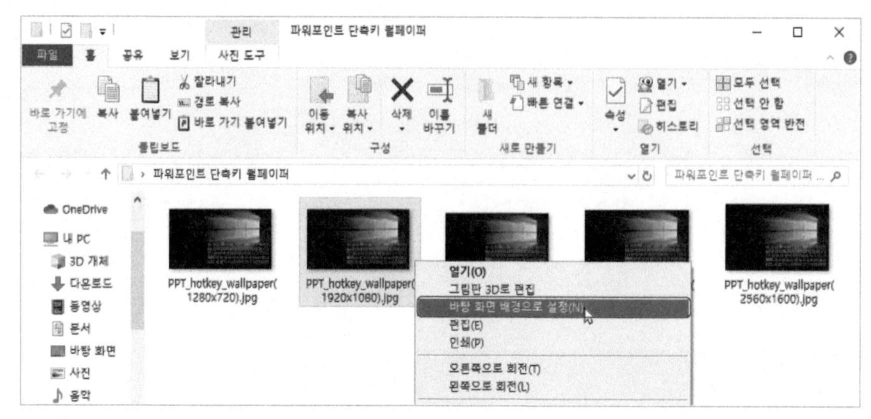

[파워포인트 단축키 월페이퍼] 폴더의 이미지를 마우스 오른쪽 버튼으로 눌러 [바탕 화면을 배경으로 설정]을 누르면 됩니다.

윈도우 10의 기본 화면에서 단축키가 가려지지 않도록 화면의 오른쪽 하단에 배치했습니다.

이제 파워포인트 작업을 하던 중 단축키 [Win] + D 키를 누르면 단축키를 언제든지 확인할 수 있습니다.

▶ [Win] + D는 보고 있던 창을 내리고 바탕 화면을 보는 단축키입니다.

김 대리의 스프링 노트 06

- 복사와 복제 구분해 사용하기 **06-1**

– 복사&붙여 넣기: Ctrl + C, V

– 복제*: Ctrl + D

– 거리와 방향을 계산해 복사할 수 있는 똑똑한 기능!

- 서식 복사하는 방법 **06-2**

– 서식 복사하기*: Ctrl + Shift + C

– 복사한 서식 붙여 넣기: Ctrl + Shift + V

– 텍스트, 도형 가리지 않고 파워포인트에서 만든 개체라면 무엇이든 서식 복사할 수 있다!

- 색도 복사할 수 있다! **06-3**

– 개체 선택 ⟶ [스포이트 기능]* 실행 ⟶ 복사하고 싶은 색을 클릭!
단, 2013 버전부터 사용할 수 있음!

– 색을 입히는 모든 메뉴에서 사용 가능!
예 도형 채우기, 도형 윤곽선, 텍스트 채우기, 텍스트 윤곽선

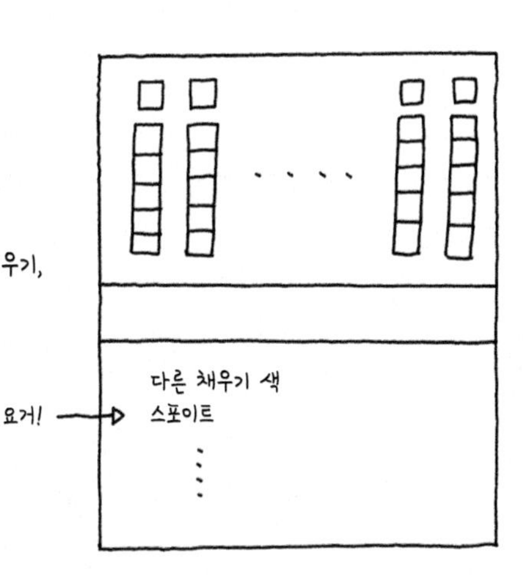

'김 대리의 스프링 노트'가 잘 이해되지 않는다면 한 번 더 복습해 보세요!

디자인 기술의 탁월함을 만나다

07 • 이미지, 이렇게까지 할 수 있다

08 • 우아함을 더하는 기술, 그라데이션과 3차원 서식

09 • 지금보다 더! 전달력을 높여 줄 표와 차트

10 • 궁극의 기술, 슬라이드 마스터

11 • 다이내믹한 프레젠테이션을 위한 멀티미디어 파일 활용 기법

{ 본격적으로 배우는 파워포인트 디자인 기술 }

그렇게 첫날 교육이 끝났다. 머릿속이 꽉 차버린 느낌이었다.
교육을 받느라 많이 지쳐 있었지만, 수업 중에 도착한 이 부장님의 문자 메시지를 다시 보니 부담스러웠다. 이번 설명회 자료를 제대로 끝내려면 오늘 교육 내용을 복습해야겠다 싶어 노트북을 열고 쭉 살펴봤다. 1초라도 빠르게 작업하기 위해 미리 작업 환경을 설정해야 한다니…. 어찌 보면 당연한 얘긴데, 신입사원 시절에 들었던 오피스 교육에서도 이런 얘기를 해 준 강사는 없었다. 침대에 누워도 교육 내용이 자꾸 머릿속에 맴돌았다. 그만큼 친구가 진행하는 교육이 준 충격의 여파는 컸다.

다음 날, 강연장에 들어가니 친구는 이미 나와 강의 준비를 하고 있었다.
"오늘은 일찍 왔네? 잠은 잘 잤어?"
"응, 잘 잤어. 너도 어제 고생 많았겠더라."
"고생은 무슨. 내 직업인데…. 너는 어때? 교육은 따라올 만해?"
"그럼, 당연하지. 오늘도 잘 부탁합니다. 명강사님~"
"야! 간지럽거든. 앞으로 그런 말 하지 마."
친구가 꽤 경력 있는 PT 컨설턴트라는 것은 알았지만, 진짜 대단한 전문가라는 생각이 들었다. 이제라도 잘못된 습관들을 발견한 게 얼마나 다행인가.
"오늘은 그림, 도형 등 각 개체를 직접 디자인해 보는 건가?"
"응, 맞아. 아마 파워포인트 퀄리티를 200%는 끌어올릴 수 있을 걸? 그리고 파워포인트에서 가장 중요한 궁극의 기술, 슬라이드 마스터도 배우게 돼."
나는 그 '궁극의 기술'이란 비유가 가슴 속에 남았다.
'이게 무슨 '파워포인트 필살기'라도 된다는 말인가? 도대체 어떤 기능일까?'
나는 기대감을 안고 강연장으로 들어갔다.

이미지, 이렇게까지 할 수 있다

친구가 진행하는 교육은 실제 성공했던 기업 자료를 수시로 보여 주면서 논리의 흐름, 핵심 메시지, 디자인 레이아웃, 기획 등을 현장감 있고 재미있게 분석해 주는 방식으로 진행됐다.

"그런데 이런 자료를 보니 어떠세요?"
교육에 참여하고 있는 분들이 다들 괜찮다는 반응이다.

"이런 자료의 공통점이 또 하나 있습니다. 바로 이미지를 여러분들과는 다르게 사용하고 있다는 것이죠. 그동안 이미지를 네모 형태로만 넣어 왔거나 이미지를 텍스트나 도형과 함께 활용할 때의 애매한 상황을 경험했다면, 이번 시간의 내용에 집중해 보시기 바랍니다."

#이미지보정 #이미지효과 #자르기 #스크린샷 #로고캡처
#투명한색설정 #배경제거 #레이어마스크효과

07-1 포토샵이 부럽지 않다! 색 보정하기

열 마디 문장보다 한 장의 사진이 주는 메시지가 더 강력할 수 있습니다. 파워포인트는 이미지를 세련되게 활용하는 것 역시 굉장히 중요한 오피스 프로그램이기 때문에 이미지를 보정 또는 편집할 수 있는 기능들을 기본으로 제공합니다. 사진 편집 전문 프로그램인 포토샵을 다룰 줄 안다면 좋겠지만, 파워포인트만으로도 포토샵 못지않은 효과를 낼 수 있습니다.
그동안 기본 옵션이 너무 많아 무엇을 선택해야 좋을지 몰라 망설인 적이 있죠? 지금부터 전문가가 추천하는 이미지 보정 옵션을 소개해드리겠습니다. 적은 노력으로 세련된 디자인을 할 수 있습니다.

지금 해야 된다! } 단 두 번의 클릭으로 사진의 품질 높이기

사진작가가 찍은 사진은 보정할 필요가 없지만 직접 촬영한 사진을 활용해야 할 경우 '선명도'와 '밝기/대비'를 조절하면 칙칙한 이미지의 품질을 더 높일 수 있습니다. '**07장 예제**.pptx' 파일을 열고 1번 슬라이드를 선택합니다. 왼쪽 아래의 이미지를 더블클릭해 [서식] 탭이 열리면 [조정] 그룹에서 [수정( )] 메뉴를 클릭하세요.

1 '선명도'는 원본 바로 오른쪽을 선택!

'선명도 조절' 항목에서 다섯 가지 기본 옵션 중 가운데 위치한 그림이 원본입니다. 이 원본을 기준으로 왼쪽으로 갈수록 부드러워지고 오른쪽으로 갈수록 선명해집니다. 보통 가장 오른쪽의 것이 좋다고 생각할 수 있지만, 이미지를 강제로 선명하게 조절하다 보니 이미지가 다소 거칠어지게 됩니다. 일반적인 이미지의 경우, 필자는 **원본의 바로 오른쪽 옵션**을 추천합니다.

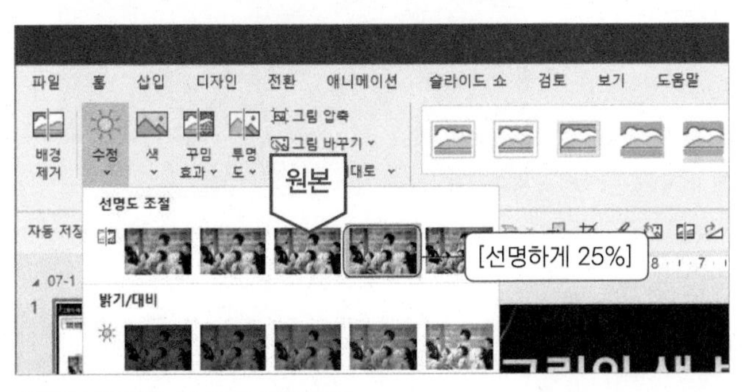

왼쪽은 부드럽게, 오른쪽은 선명하게!

▶ 2007 버전은 '선명도' 옵션이 없습니다.

2 '밝기/대비'는 원본 바로 오른쪽 아래를 선택!

같은 왼쪽 아래 이미지를 선택하고 수정( ) 버튼을 눌러 '밝기/대비' 항목을 보면 무려 25가지 기본 옵션이 나타납니다. 가운데에 위치한 것이 원본입니다. 오른쪽 아래로 갈수록 밝기와 대비가 강해지고 왼쪽 위로 갈수록 약해집니다. 일반적인 이미지의 경우, 필자는 **원본의 바로 오른쪽 아래 옵션**을 추천합니다.

▶ 2007 버전에서는 [밝기] 버튼과 [대비] 버튼이 별도로 나뉘어 있습니다.

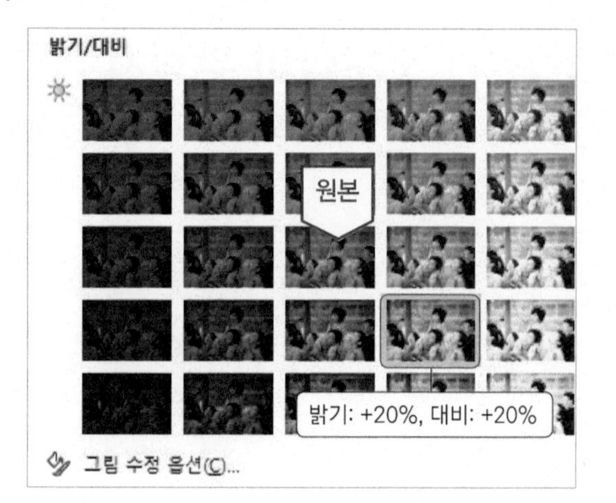

자, 이제 오른쪽 원본 이미지와 왼쪽 이미지를 비교해 보세요. 왼쪽 이미지가 훨씬 좋은 느낌이 들 것입니다. 앞으로는 필자가 추천한 옵션을 바탕으로 융통성 있게 응용해 보세요.

선명도, 밝기/대비 조절

원본 사진과의 비교

그렇네! 작업한 사진이 훨씬 화사하고 나아 보여!

[전문가의 조언] 선명도를 최대로 올리면 좋지 않나요?

'선명도는 높을수록 좋지 않을까?'라고 생각할 수 있습니다. 그렇지 않습니다. 파워포인트에서 이미지의 선명도를 올리는 방법은 라식/라섹 수술처럼 각막의 초점을 다시 맞추는 방식이 아닙니다. 이미지는 색깔을 가진 수많은 정사각형으로 구성돼 있습니다. 이 사각형들을 '픽셀(pixel)'이라 부르죠.

파워포인트에서 선명도를 높이는 방법은 비슷해 보이는 색이 구분되도록 색을 조절하는 방식입니다.

이렇게 하면 전체적으로 봤을 때 이미지가 뚜렷해 보이는 효과가 있습니다. 그러나 픽셀의 색 차이가 심해지면 부자연스럽고 느낌이 거칠어집니다. 우리가 생각하는 선명함과는 거리가 있지요. 그렇기 때문에 선명도는 과하지 않게 설정하는 것이 좋습니다.

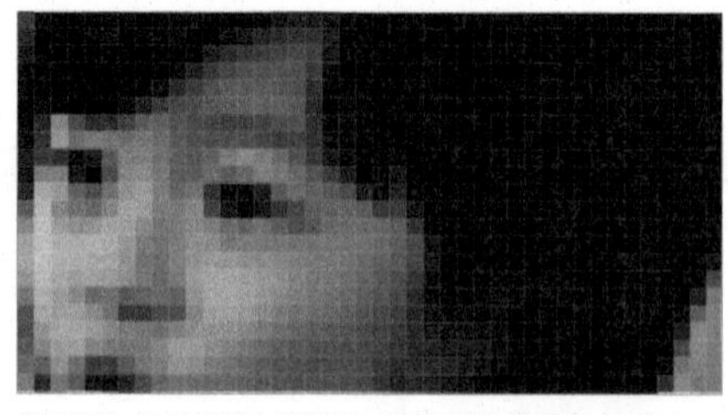

이미지는 정사각형 모양의 픽셀로 구성돼 있습니다.

[전문가의 조언] 대비를 높이니까 이미지가 선명해 보여요. 더 강하게 하면 안 되나요?

대비를 주면 밝은 부분과 어두운 부분이 만나는 곳에 경계가 생기면서 피사체가 또렷하게 보입니다. 그러나 대비가 너무 강하면 밝은 부분 안 또는 어두운 부분 안에서 피사체의 경계가 흐려져 정작 강조하고 싶은 피사체가 잘 안 보일 수 있습니다. 적절한 대비는 좋지만 과한 대비는 오히려 독이 될 수 있다는 것을 잊지 마세요!

색 채도, 색조, 다시 칠하기

2번 슬라이드를 선택합니다. 이미지를 더블클릭하고 [조정] 그룹 → [색( )] 버튼을 클릭하면 '색 채도', '색조' 그리고 '다시 칠하기' 옵션이 나타납니다. 앞에서 배운 [수정] 버튼에 비해 사용 빈도는 떨어지지만 상황에 따라 다채롭게 연출할 수 있는 옵션들입니다.

[색 채도]와 [색조] 옵션을 조절해 보세요.

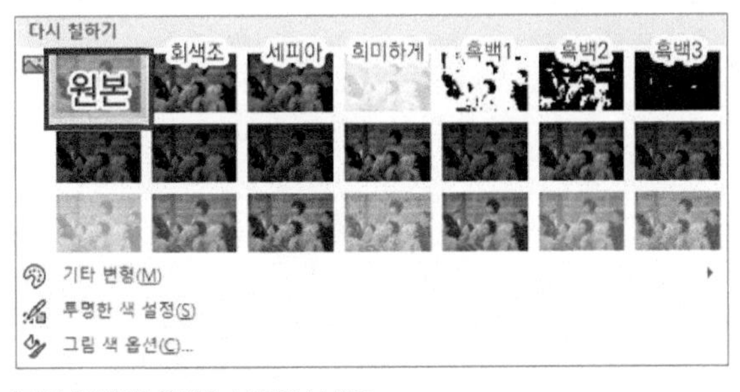

[다시 칠하기] 옵션을 선택해 보세요.

색 채도	왼쪽으로 갈수록 색이 빠지고 오른쪽으로 갈수록 색이 과해집니다. 채도는 너무 높이지 않는 것이 좋습니다.
색조	왼쪽으로 갈수록 차가운 느낌이 들고 오른쪽으로 갈수록 따뜻한 느낌이 듭니다. 사용 빈도는 낮습니다.
다시 칠하기	다양한 색깔을 가진 이미지를 단색으로 표현하는 효과입니다. 단순하고 심플한 느낌을 줄 때 사용합니다.

꾸밈 효과 - 파워포인트에서도 사진 앱의 필터를 쓸 수 있다?

스마트폰에서 쉽게 볼 수 있는 앱 중 하나가 필터 기능이 있는 사진 편집 앱입니다. 많이 사용해 보셨겠지만 필터는 색상이나 특수 효과로 이미지를 손쉽게 변환해 주는 역할을 합니다. 이 필터와 같은 효과를 내는 게 바로 파워포인트의 '꾸밈 효과'입니다.

▶ 단, 꾸밈 효과는 파워포인트 2010 버전부터 제공합니다.

3번 슬라이드를 열어 주세요. 화면 오른쪽에 있는 예제 그림을 더블클릭하고 [그림 서식] 탭 → [조정] 그룹 → [꾸밈 효과]를 선택하세요. 23가지의 섬네일 효과를 마우스 커서만 올려놓아도 미리볼 수 있고 적용할 수도 있습니다.

▶ 2019 이하 버전에서는 [그림 도구 - 서식] → [조정] 그룹 → [꾸밈 효과] 버튼입니다.

꾸밈 효과를 한 번 적용한 후 다시 [꾸밈 효과] 버튼을 누르고 [꾸밈 효과 옵션]을 클릭하면 화면 오른쪽에 나타나는 [그림 서식] 창에서 효과의 수준을 직접 조절할 수 있습니다.

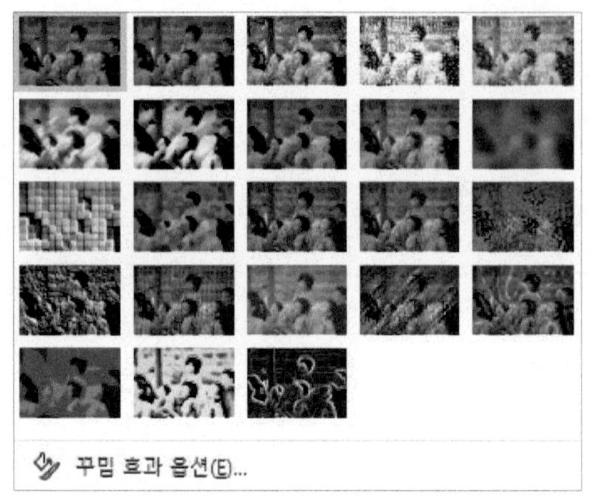

[꾸밈 효과]를 선택하면 필터 효과 23가지를 섬네일 형식으로 보여 줍니다.

[전문가의 조언] 아웃 포커싱 효과 만들기

꾸밈 효과는 다른 기능과 함께 쓸 때 막강한 효과를 발휘합니다. 대표적인 예가 아웃 포커싱(Out Focusing)입니다. 꾸밈 효과의 '흐리게'와 07-4절에서 배울 '배경 제거' 기능을 함께 사용하면 아웃 포커싱 효과를 낼 수 있습니다. 같은 그림을 한 장 더 복사한 후 하나는 [배경 제거] 기능으로 배경만 투명하게 만들고 다른 하나는 [꾸밈 효과]로 전체를 흐리게 만듭니다. 이후 두 장을 앞뒤로 겹쳐 놓으면 피사체가 선명하게 드러나는 효과를 볼 수 있습니다.

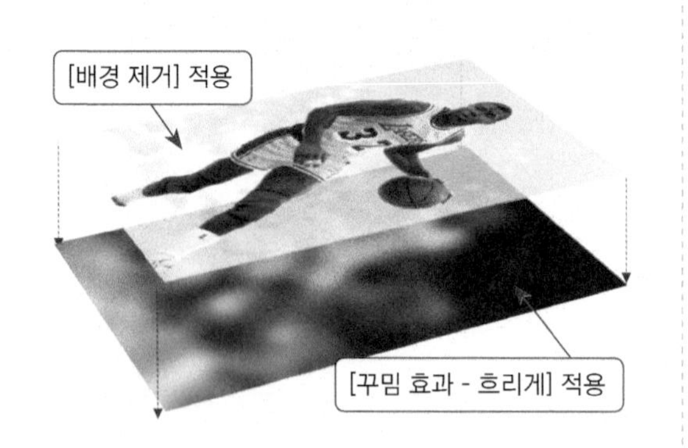

[전문가의 조언] 텍스트가 잘 보이는 그림 연출 기법

실무에서는 이미지와 텍스트를 함께 쓰는 경우가 많습니다. 이미지를 설명해 줄 내용이 필요하기 때문이죠. 이때 문제가 되는 것이 '텍스트를 어디에 놓을 것인가?'입니다. 공간이 넉넉하다면 상관없지만, 공간이 부족하다면 이미지 위에 텍스트를 올려야 하는 경우도 많습니다. 이 경우, 당연히 텍스트가 잘 보이도록 올려야 할 텐데요.
아래를 보고 어떤 방법이 가장 좋을지 생각해 볼 필요가 있습니다.

방법 1. 만약 텍스트를 흰색으로 바꾸면 더 잘 보일 것입니다. 그러나 배경이 되는 그림의 색상에 따라 텍스트가 확실하게 보이지 않을 수 있습니다.

방법 2. 이미지를 희미하게 바꾼 후 텍스트를 입력하기도 합니다. 하지만 이번에는 이미지가 잘 보이지 않습니다.

방법 3. 익숙하죠? 파워포인트를 조금이라도 다뤄 봤다면 손쉽게 활용할 수 있는 방법입니다. 하지만 이미지가 도형에 덮이고 조금 촌스러운 느낌이 듭니다.

방법 4. 방법 3.을 응용한 패턴으로, 그림 위에 그라데이션 도형을 올리고 그 위에 텍스트를 올려 텍스트와 그림을 가장 자연스럽게 표현했습니다.

이것은 텍스트 아래의 사각형 도형에 그라데이션을 해야 하므로 지금은 06-2절에서 배운 [서식 복사]로 처리하고 8장에서 투명도 그라데이션을 학습한 후 도전해 보시기 바랍니다.

07-2 이미지 자르기의 파워를 느껴 보자

이미지 활용 기술의 백미는 바로 '자르기'입니다. 어쩌면 이 기술을 단순히 이미지 한쪽을 자르는 평범한 기술이라고 생각할지 모르겠습니다. 하지만 이미지 자르기는 그렇게 단순한 기술이 아닙니다.

이 기술의 응용 범위는 매우 넓습니다. 이미지를 사용하는 방법만 보더라도 전문가인지 초보자인지를 바로 판단할 수 있을 만큼 말이죠.

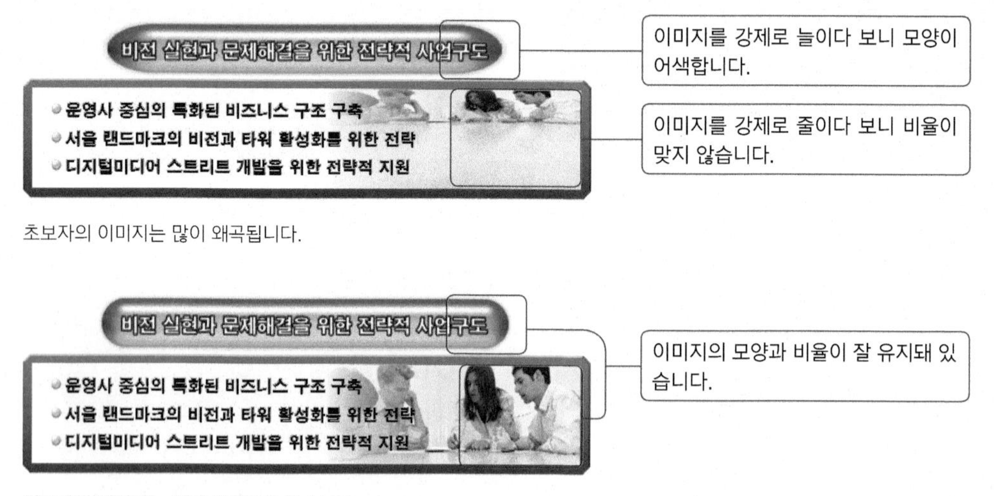

초보자의 이미지는 많이 왜곡됩니다.

전문가의 이미지는 절대 왜곡되지 않습니다.

초보자의 이미지는 위 첫 번째 그림처럼 많이 왜곡됩니다. 이미지의 비율을 고려하지 않고 무턱대고 이미지의 크기를 늘이거나 줄이기 때문입니다. 반면, 두 번째 그림은 왜곡된 이미지가 없습니다. 이와 같이 만들려면 단순히 이미지만 잘 잘라 넣는다고 되는 것이 아닙니다. 여기에는 전문가의 활용 기술이 필요합니다. 지금부터 이미지 자르기 기술의 기본부터 활용까지 차례대로 실습해 보겠습니다.

▶ 07-5절에서 자르기 기술을 이용한 이미지의 마스크 기술을 배우고 12-5절에서 애니메이션 효과와 함께 이미지 자르기 응용 기술을 하나 더 실습할 수 있습니다.

지금 해야 된다! } 이미지의 한쪽만 자르기

5번 슬라이드를 열면 사람들이 회의하는 모습이 나타납니다. 그런데 책상이 조금 길어서 그림의 일부가 상자 바깥으로 나가 있습니다. 상자 안에 넣으려고 그림의 크기를 줄이면 비율이 왜곡되죠. 이때는 필요 없는 부분을 자르면 됩니다.

1 이미지를 선택하고 마우스 오른쪽 버튼을 눌러 [자르기( )]를 클릭합니다.

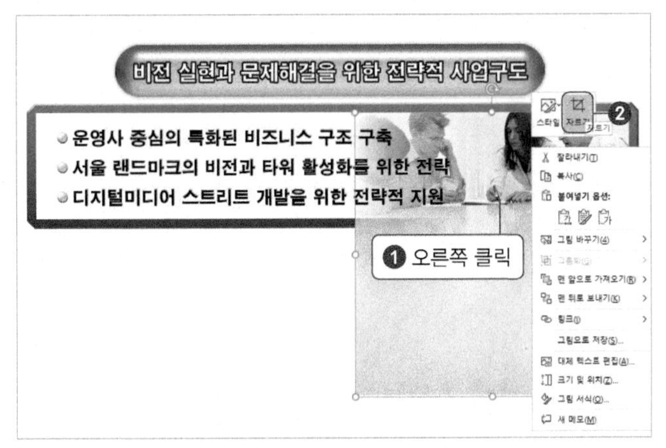

[자르기] 기능도 미니 도구를 이용하면 빠릅니다.

▶ 2007 버전에서는 이미지를 더블클릭한 후 [서식] 탭 → [자르기] 버튼을 누릅니다.

▶ 미니 도구 활용법은 04-1절을 참조하세요.

2 아래 그림처럼 이미지 주변에 '자르기 조절 핸들'이 나타납니다. 6시 방향의 자르기 조절 핸들에 마우스 커서를 올려놓으면 마우스 커서가 'ㅜ'로 변합니다.

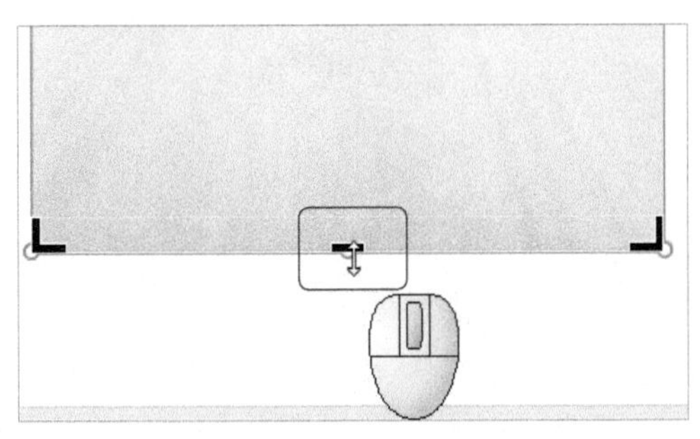

마우스 커서가 이렇게 되면 자를 수 없고

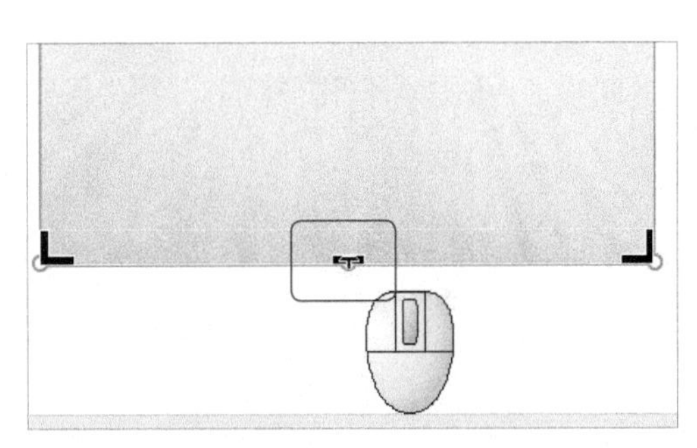

이렇게 되면 자를 수 있습니다.

3 이제 마우스를 누른 채 위로 드래그합니다. 이때 나타나는 음영 부분이 잘릴 영역입니다.

▶ 2007 버전에서는 잘릴 영역이 음영으로 나타나지 않고 바로 잘립니다.

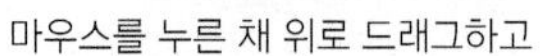

마우스를 누른 채 위로 드래그하고

빈 곳을 클릭하면 음영 부분이 사라집니다.

지금 해야 된다! } 이미지 자르기 활용: 왜곡 현상 없이 이미지 크게 만들기

지금까지는 기본에 불과합니다. 이제 자르기의 활용 기술을 알아보겠습니다. 아래 그림처럼 바(Bar) 형태의 이미지에 긴 텍스트를 넣어야 할 때, 대부분은 이미지가 왜곡되더라도 바를 그냥 늘입니다.

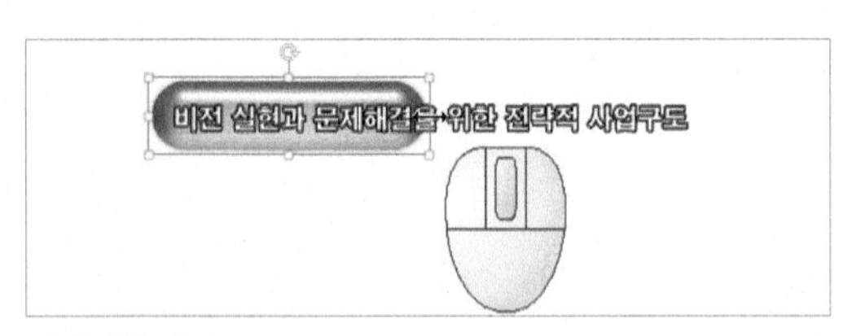

이 멀쩡한 바를

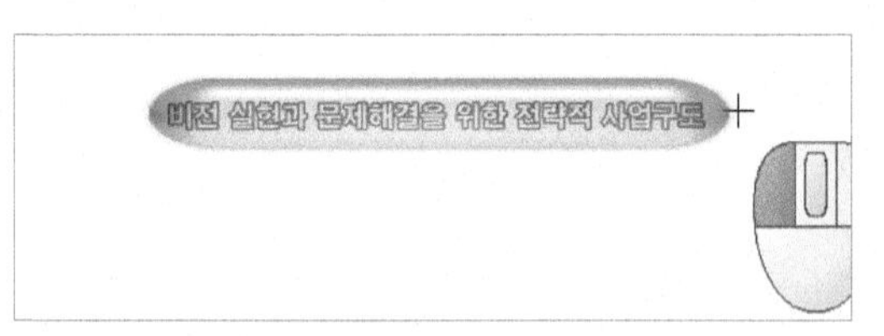

이렇게 늘이면 초보자가 되는 겁니다.

어떻게 하면 이미지를 왜곡하지 않고 똑같은 형태의 바를 길게 만들 수 있는지 실습해 보겠습니다.

1 바 개체를 선택하고 Ctrl + Shift 키를 누른 채 마우스로 드래그해 수평으로 2개 더 복사합니다.

▶ 조합키로 수평 복사하는 방법은 05-3절을 참조하세요.

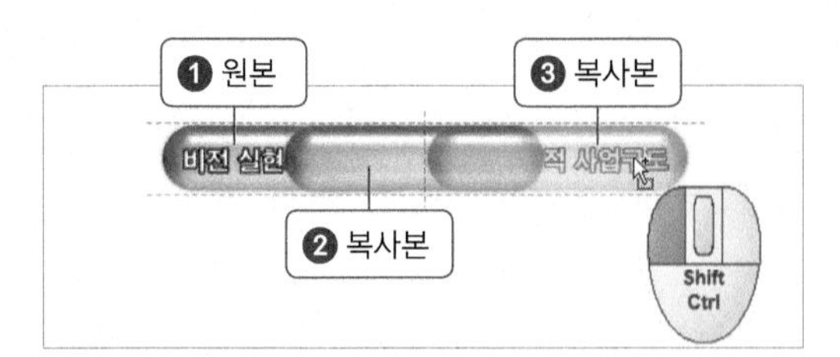

Ctrl + Shift 키는 계속 누르고 있고 마우스만 연속해 두 번 클릭, 드래그하세요.

2 왼쪽에 있는 원본을 ❶번, 가운데 바를 ❷번, 오른쪽 바를 ❸번이라 부르겠습니다. ❶번 바를 선택한 후 앞에서 실습한 [자르기] 기능으로 오른쪽을 절반 정도 자릅니다.

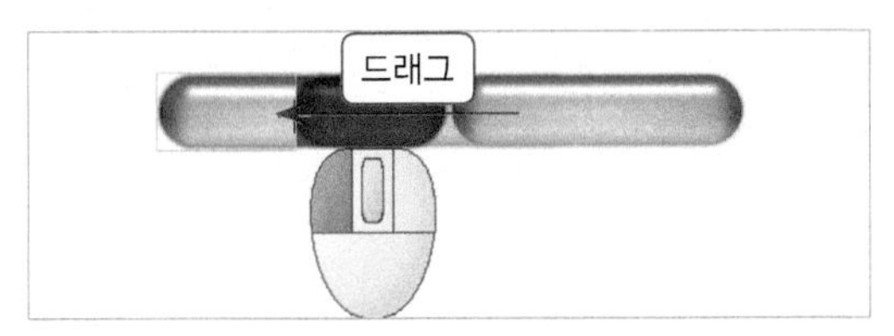

❶ 번 바의 오른쪽을 절반 정도 자릅니다.

3 ❸번 바를 선택한 후 이번에는 왼쪽을 절반 정도 자릅니다.

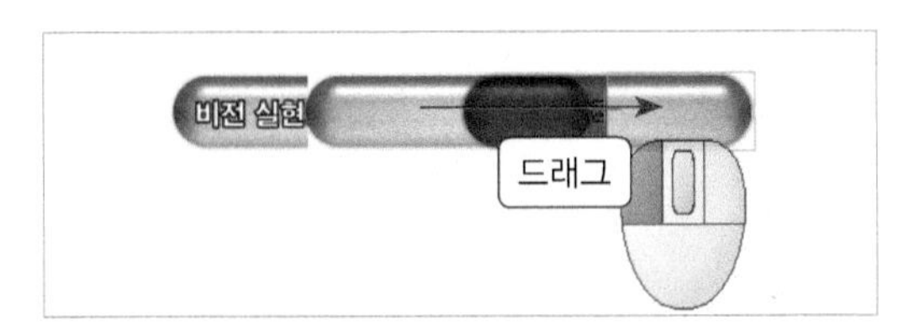

❸ 번 바의 왼쪽을 절반 정도 자릅니다.

4 ❷번 바를 선택한 후 가운데를 조금 남기고 양쪽을 모두 자릅니다. 이쯤되면 왜 이렇게 자르는지 느낌이 올 것입니다.

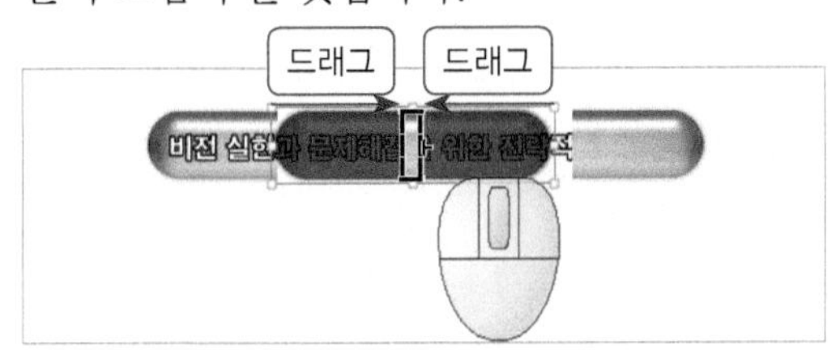

❷ 번 바의 양쪽을 자릅니다. 이제 눈치챘나요?

5 양쪽을 자른 ❷번 바의 가로 길이를 조절해 전체 바의 길이를 마음껏 늘이거나 줄일 수 있게 된 것입니다. 빈 곳을 클릭해 자르기 기능을 풀고 다시 선택하면 크기 조절 핸들이 나타납니다. 이제 양쪽으로 늘이기만 하면 온전한 바를 만들 수 있습니다.

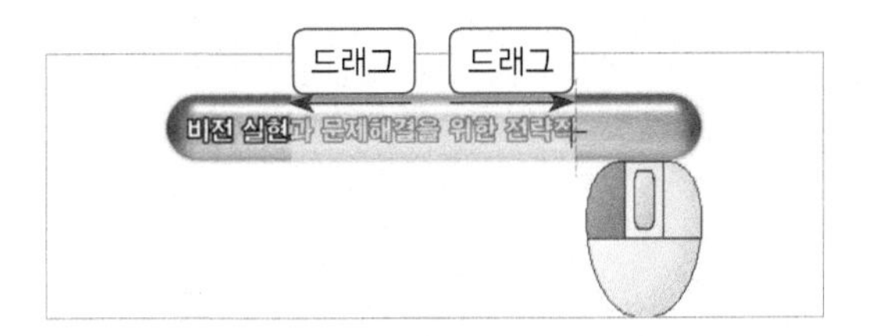

6 Shift 키를 누른 채 바 3개를 복수 선택하고 Ctrl + G 키를 눌러 그룹으로 설정합니다.

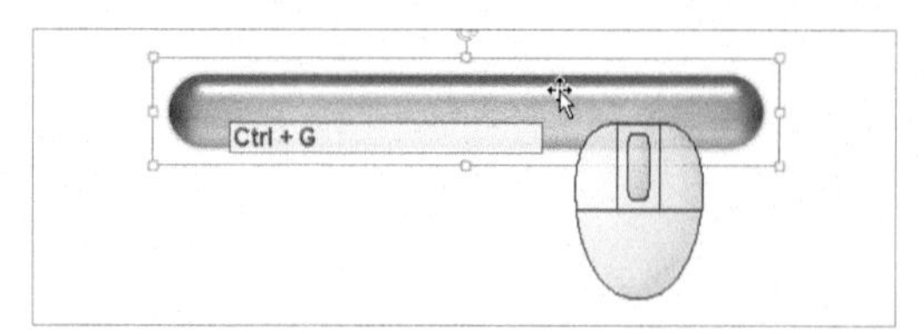

다루기 쉽게 그룹으로 지정합니다.

7 그룹으로 설정하니 텍스트가 아래에 깔리고 말았군요. 마지막으로 빠른 실행 도구 모음에서 [맨 뒤로 보내기( )]를 눌러 바를 텍스트 아래로 보냅니다. 이렇게 이미지 자르기 응용 기술로 제목 바를 멋지게 완성했습니다.

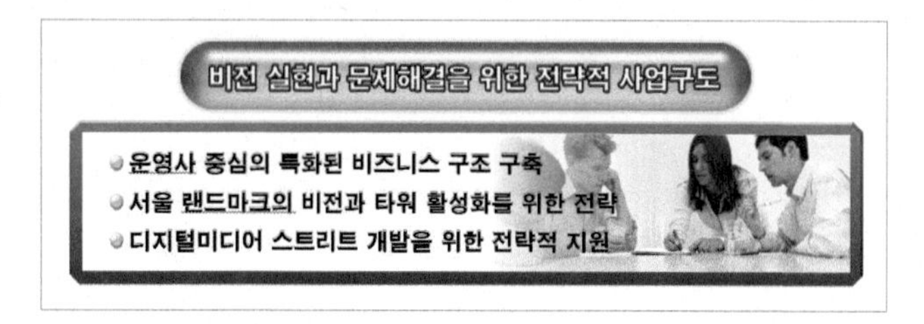

[전문가의 조언] 잘라버린 이미지 되살리기

"원래 이미지를 다시 쓰고 싶어요. 원본은 이미 잘렸는데 어떻게 하죠?"라고 묻는 분들이 있습니다. 걱정하지 마세요. 이미 자른 이미지라도 원래 이미지로 다시 되살릴 수 있습니다.

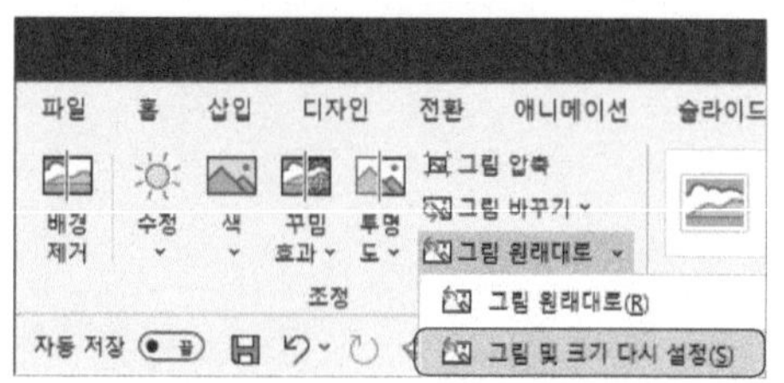

이미 자른 그림도 복원할 수 있습니다. 마음껏 자르세요.

1. 완성된 제목 바(Bar)를 하나 복사합니다.
2. Ctrl + Shift + G 키를 눌러 그룹을 해제합니다.
3. 빠른 실행 도구 모음의 '그림 및 크기 다시 설정

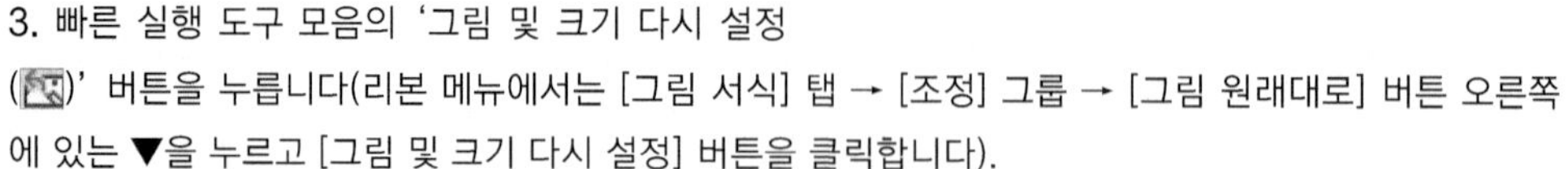

( )' 버튼을 누릅니다(리본 메뉴에서는 [그림 서식] 탭 → [조정] 그룹 → [그림 원래대로] 버튼 오른쪽에 있는 ▼을 누르고 [그림 및 크기 다시 설정] 버튼을 클릭합니다).

▶ 2007 버전에서는 [그림 원래대로] 버튼만 누르면 됩니다.

07-3 스크린샷 기능 활용하기

파워포인트에 이미 들어 있는 기능, 스크린샷!

화면 캡처 기능을 말하는 '스크린샷'은 컴퓨터로 문서 작업을 할 때 빠지지 않는 기능입니다. 인터넷 언론 기사나 따로 저장할 수 없는 웹페이지 화면이 필요할 때 아주 유용합니다.

이는 파워포인트 2010 버전부터 포함되기 시작한 기능인데, 교육을 나가 보면 모르는 분들이 생각보다 많습니다. 사용자들이 자주 쓰는 기능이 포함된 것은 좋은 일이죠. 따로 프로그램을 설치하는 수고를 하지 않아도 되니까요.

6번 슬라이드에서 [삽입] 탭 → [스크린샷] 메뉴를 클릭합니다. 그러면 아래와 같은 작은 창을 볼 수 있습니다. 이 창은 두 부분으로 구성돼 있습니다.

▶ 만약 회사의 PC에서 작업하고 있다면 스크린샷 기능이 동작하지 않을 수 있습니다. 회사의 보안 정책에 따라 보안 소프트웨어가 작동하기 때문입니다. 이 경우라면 실습할 수 없으니 다음 절로 건너뛰세요.

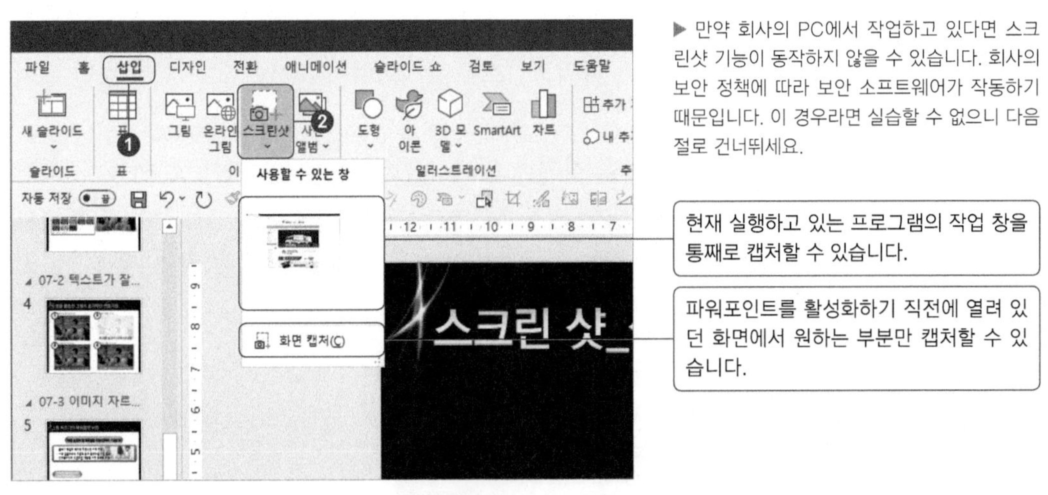

[스크린샷] 기능은 파워포인트 2010 버전부터 사용할 수 있습니다.

섬네일 이미지가 보이는 윗부분(사용할 수 있는 창)은 현재 컴퓨터에서 실행 중인 프로그램의 작업 창을 표시합니다. 필자는 인터넷 창을 하나만 띄워 놓았기 때문에 섬네일이 하나만 있는 것입니다.

섬네일을 클릭하면 편집 중인 슬라이드에 해당 창의 스크린샷이 원본 크기로 삽입됩니다. 단, 이 방법은 내가 원하는 영역을 지정할 수 없다는 단점이 있습니다.

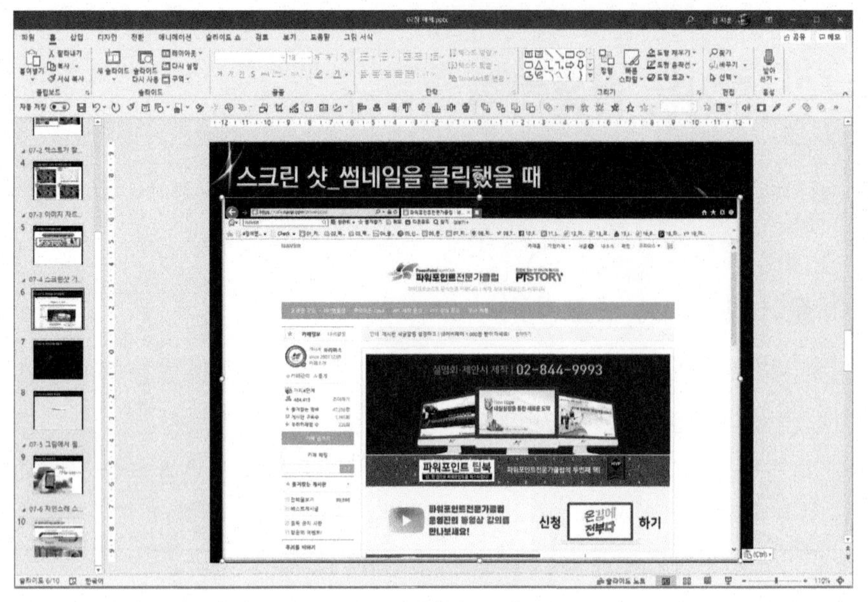

섬네일을 누르면 편집 슬라이드에 자동으로 그 창의 화면이 삽입됩니다.

이 점을 보완한 것이 아랫부분의 [화면 캡처(C)] 기능입니다. 이 기능을 선택하면 원하는 영역을 직접 지정해 캡처할 수 있습니다. 단, 파워포인트를 활성화하기 직전에 열려 있던 창만 캡처할 수 있습니다.

7번 슬라이드로 이동합니다. 뉴스 기사를 찾거나 웹서핑을 하다가 파워포인트로 이동해 [화면 캡처(C)]를 실행하면, 아래 그림처럼 파워포인트 직전에 보던 창이 나타납니다. 잠시 후 화면이 뽀얗게 흐려지면서 마우스 커서가 + 모양으로 변경되면 원하는 부분을 드래그해 보세요.

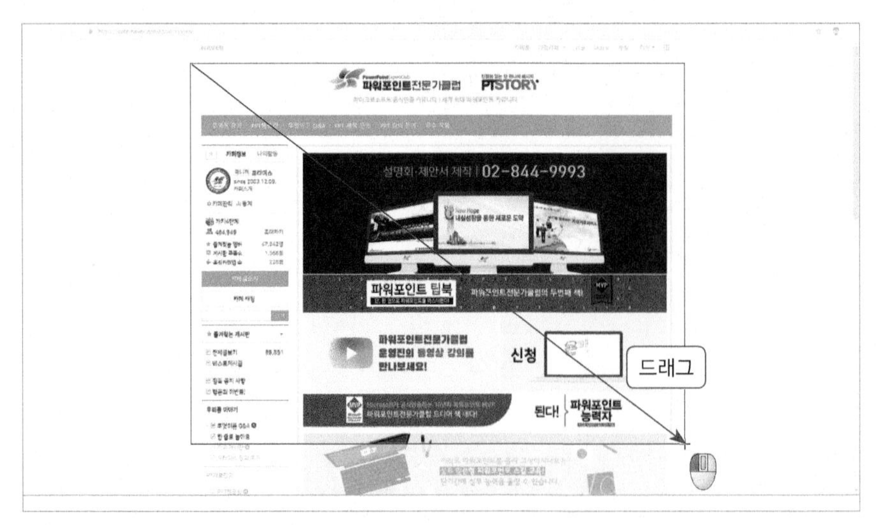

[화면 캡처(C)]를 누르면 원하는 부분만 캡처할 수 있습니다.

마우스를 놓으면 드래그한 영역만큼 슬라이드에 삽입된 것을 확인할 수 있습니다.

원하는 부분을 캡처하면 원본 크기로 삽입됩니다.

지금 해야 된다! } 웹사이트의 로고 캡처한 후 배경 투명하게 만들기

스크린샷 기능을 제대로 써먹는 순간은 파워포인트 자료에 필요한 특정 로고를 홈페이지에서 캡처할 때가 아닐까요? 작업을 하다 보면 웹사이트의 로고를 캡처할 일이 많습니다.

그런데 스크린샷 하나만으로는 부족합니다. 왜냐하면 주위 배경까지 캡처되기 때문입니다. 지금부터는 로고의 주위 배경까지 없애 깔끔한 로고를 만드는 전문가의 노하우를 배워 보겠습니다.

1 8번 슬라이드로 이동하면 흰색 배경의 '파워포인트전문가클럽' 카페의 로고가 캡처돼 있습니다.

로고와 함께 캡처된 흰색 배경이 조금 거슬리는데, 이것도 간단하게 제거해 보겠습니다. 로고를 선택한 상태에서 **빠른 실행 도구 모음**에 있는 [투명한 색 설정( )] 버튼을 클릭한 후 슬라이드 창으로 내려오면 마우스의 커서가 모양으로 변한 것을 볼 수 있습니다.

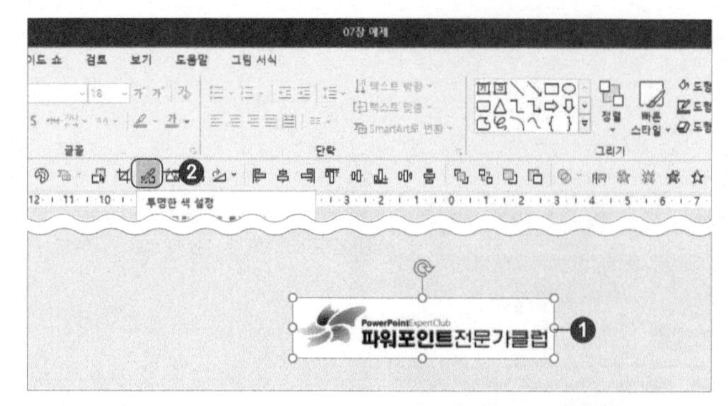

빠른 실행 도구 모음에서 [투명한 색 설정] 버튼을 누르면 가장 빠릅니다.

▶ [투명 색 설정] 기능은 [서식] 탭 → [조정] 그룹에서 [색] 버튼을 눌러야 사용할 수 있지만, 경로가 복잡하므로 빠른 실행 도구 모음에 있는 버튼을 사용합니다. 버전별로 버튼( )의 모양이 다르므로 유의하세요.

: 2007, 2010 버전
: 2013, 2016, 2019 버전
: 오피스 365 버전

2 이제 이 마우스 커서를 로고 주변의 배경 부분에 클릭하면 배경이 감쪽같이 제거됩니다. 이때 주의할 점은 '투명해지는 기준 지점이 어디인가?' 하는 것입니다. 화살표 커서의 촉이 아니라 펜처럼 생긴 커서( )의 **'ㄴ'자 모양의 가장 뾰족한 지점이 기준이 된다는 것**을 잊지 마세요. 어떤가요? 이제부터는 배경 없는 로고를 다룰 수 있을 것입니다.

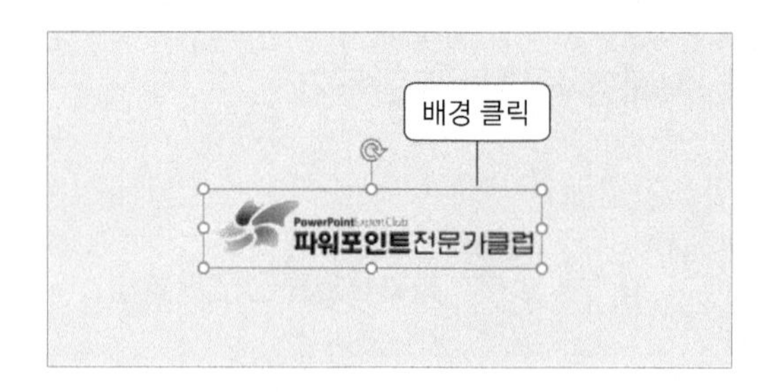

▶ 이 기능은 단색 하나만 투명하게 만들 수 있으므로 배경에 다른 색이나 그라데이션이 있으면 제대로 작동하지 않습니다. 이 경우에는 07-4절에서 배울 배경 제거 기능을 사용하면 됩니다.

[전문가의 조언] 투명한 색 설정을 사용할 때 이것은 명심하세요

앞서 설명한 '스크린샷'과 '투명한 색 설정'의 콤보 스킬은 많은 분이 원하던 방법일 겁니다. 로고는 별것 아닌 것 같아도 은근히 신경쓰이는 부분이니까요. 단, 이 방법을 사용할 때 유의할 점이 있습니다.

이는 완벽한 방법이 아니라는 것입니다. 투명한 색 설정은 마우스로 클릭한 부분의 색상과 같은 색상만 없애 줍니다. 그래서 배경이 단색이 아니면 깔끔하게 없어지지 않습니다.

오른쪽 그림은 앞의 예제를 거쳐 완성한 로고입니다. 실제로는 흰색 부분이 완전히 제거되지 않았습니다. 제거한 배경색이 로고 안에도 포함돼 있다면 이 그림처럼 로고 부분에 구멍이 뚫릴 수 있습니다.

로고의 흰색 부분이 깔끔하게 제거되지 않았습니다.

로고를 가장 깔끔하게 얻는 방법은 로고의 원본 파일을 사용하는 것입니다. 그리고 배경이 투명한 상태로 저장할 수 있는 png 파일을 사용하는 것이 좋습니다.

07-4 그림에서 필요 없는 배경 제거하기

배경만 빼도 분위기가 달라진다

이미지 편집 실무에서 꼭 필요하고 많은 분들이 원하는 기능이 '배경 제거'입니다. 이 기능을 잘 쓰면 단조로운 슬라이드를 훨씬 다채롭게 만들 수 있습니다.
예를 들어, 보고서나 발표 자료의 마지막 페이지에서 강렬한 메시지를 남기고 싶은데 배경 제거가 안 됐다면? 아마 아래 왼쪽 그림과 같이 보일 것입니다. 이 경우, 이미지에 따라 상당히 단조롭고 답답해 보이는 페이지가 될 수 있습니다.

배경이 제거된 그림과 그렇지 않은 그림은 극명한 차이를 보입니다.

위의 두 그림을 비교해 보세요. 핵심 메시지를 좀 더 효과적으로 전달하려면 오른쪽 그림처럼 **스마트폰을 들고 있는 손**만 보이는 것이 좋지 않을까요? 파워포인트의 배경 제거 기능을 사용하면 포토샵 없이도 왼쪽 그림을 오른쪽 그림처럼 만들 수 있습니다.

▶ 배경 제거 기능은 2010 버전부터 제공합니다. 2007 버전은 '투명한 색 설정'만 사용할 수 있습니다.

[전문가의 조언] 배경 제거 기능을 잘 사용하기 위한 두 가지 전제 조건

조건 1. 고해상도 그림 파일을 준비한다.
조건 2. 경계선이 보일 만큼 떼어 내려는 부분과 남길 부분의 명도 차이가 명확해야 한다.

지금 해야 된다! } 원하지 않는 배경 제거하기

1 07장 예제 파일을 열고 9번 슬라이드로 이동합니다. 화면에 보이는 이미지를 더블클릭하면 리본 메뉴의 [그림 - 서식] 탭이 열리는데, 가장 왼쪽의 [배경 제거( )]를 클릭합니다.
그러면 이미지의 일부 영역이 핑크색으로 변합니다. 결론부터 말씀드리면 컬러 부분만 살아남고 **핑크색 부분은 투명하게 사라질 영역**입니다. 지금 상태대로라면 스마트폰이나 손도 제대로 살리지 못하겠군요. 파워포인트는 이제 우리의 마우스를 기다리고 있습니다.

이미지를 더블클릭한 후 [그림 - 서식] 탭의 [배경 제거]를 누릅니다.

▶ 2019 이하 버전에서는 [그림 도구 - 서식] 탭에 있습니다.

[배경 제거]를 누른 후 모습

[전문가의 조언] 2016 이하의 버전에서는 '영역 지정'이 먼저입니다!

2016 이하 버전은 핑크색이 생기는 부분은 같지만, 이미지의 안쪽에 선택 프레임이 생깁니다. 컬러 부분은 선택 프레임의 안쪽에만 나타나기 때문에 크기를 직접 조절해야 합니다. 원하는 영역이 프레임 안에 들어오도록 크기 조절 핸들을 조절하세요.

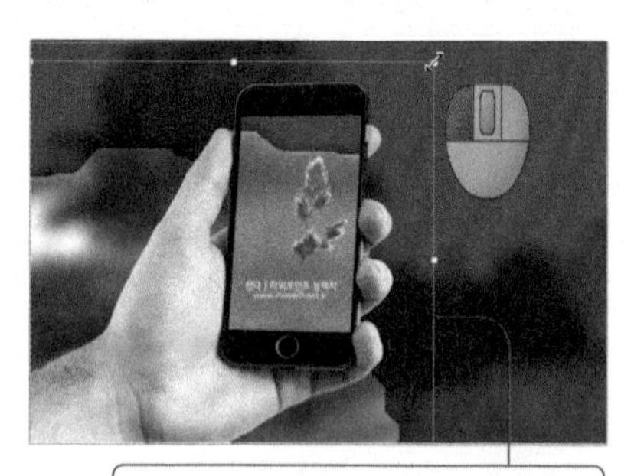

이 프레임 영역은 미세한 차이에도 핑크색 영역이 변하기 때문에 필자의 화면과 다를 수 있습니다.

2 아직 완벽하지는 않죠? 이제부터는 섬세한 편집이 필요합니다. 위의 리본 메뉴를 보면 [배경 지우기] 탭에 있는 버튼을 사용해 제거할 영역과 보관할 영역을 표시해 보겠습니다. 아래 설명을 잘 기억하고 실습해 보세요.

보관할 영역 표시	이미지에서 살릴 영역을 지정합니다. 클릭하거나 드래그하면 초록색 반투명한 선이 그려지면서 핑크색 부분이 컬러로 표시됩니다.
제거할 영역 표시	이미지에서 삭제할 영역을 지정합니다. 클릭하거나 드래그하면 붉은색 반투명한 선이 그려지면서 컬러 부분이 핑크색으로 표시됩니다.
변경 내용 모두 취소	이미지에 ⊕ 표시와 ⊖ 표시했던 모든 내용을 취소합니다.
변경 내용 유지	이미지에 ⊕ 표시와 ⊖ 표시했던 모든 내용을 확정합니다. 보통은 이 버튼을 사용하지 않고 작업 완료 후 빈 공간을 클릭합니다.

⊕를 누르고 다시 살릴 부분을 드래그합니다.

⊖를 누르고 제거할 부분을 드래그합니다.

너무 많은 작업을 하면 이미지가 손상될 수 있으므로 총 작업 횟수(클릭 수)를 줄이는 것이 중요합니다. 명도 차이가 별로 없거나 머리카락 등과 같이 너무 얇은 선은 작업이 불가능합니다.

[전문가의 조언] 2016 이하의 버전에서는 작업 방식이 다르다

2016 이하 버전에서는 직선으로 작업하게 되는데, 화면에 ⊕와 ⊖가 표시됩니다. 처음에 길게 작업해 총 작업의 횟수를 줄이는 것이 중요합니다. 잘못 작업했을 때는 [표시 삭제( )] 버튼을 이용해 작업을 부분 취소할 수 있습니다.

실수하더라도 되돌릴 수 있으니 마음 편히 작업하세요.

❸ 이제 완벽하다고 생각하면 빈 공간을 한 번만 클릭하세요. 스마트폰과 손 부분을 제외한 배경이 투명하게 바뀌었습니다. 혹시 작업이 더 필요하다면 다시 [배경 제거] 버튼을 클릭해 작업을 이어 나갈 수 있습니다.

깔끔하죠?

[전문가의 조언] 배경이 깔끔하게 제거되지 않는다고요?

예제와 달리 실무에서는 배경이 제대로 제거되지 않을 수 있습니다. 이유는 단순합니다. 이미지 자체의 색상 때문입니다. 배경을 제대로 제거하기 위해서는 예제처럼 배경과 피사체의 구별이 확실한 이미지를 선택해야 합니다. 만약 피사체와 배경이 정확히 구분되지 않는다면, 즉 비슷한 색깔을 갖고 있다면 배경을 깔끔하게 제거할 수 없습니다.

컴퓨터는 이미지의 구성 단위인 픽셀 정보로 피사체와 배경을 구별합니다. 따라서 배경색과 피사체의 색이 비슷하다면 픽셀 정보도 비슷할 수밖에 없기 때문에 파워포인트는 이 둘을 잘 구별하지 못합니다. 따라서 예제 이미지처럼 배경과 피사체가 확실히 구별되는 이미지 위주로 사용하기 바랍니다.

07-5 자연스럽게 스며드는 이미지 연출하기

이미지는 텍스트로만 이뤄진 파워포인트 문서에 재미와 몰입감을 줄 수 있는 중요한 요소입니다. 실무에서 문서를 만들어 나가다 보면 가끔 한쪽이 비어 보일 때가 있습니다. 다음 내용을 끌어 넣으려고 하면 너무 많아지고 그렇다고 빼 놓자니 너무 비어 보이는 그런 상황이 있죠. 그래서 빈 자리에 내용에 부합되는 이미지를 찾아 넣긴 했는데, 이미지가 보통 사각형 형태이다 보니 예쁘지 않을 때가 있습니다. 별의 별 작업을 다 해 봐도 전문가처럼 되지는 않는군요.

그림의 크기 강제로 줄이면 이미지가 찌그러져 보입니다.

부드러운 가장자리 기능을 사용하면 이미지의 사방이 흐려집니다.

같은 내용인데도 오른쪽 이미지처럼 멋지게 편집된 전문가의 슬라이드가 부럽지 않으세요? 전문가들은 포토샵을 할 줄 알기 때문에 이런 이미지 효과를 주는 게 어렵지 않겠지만, 보통의 실무자들은 '이것이 파워포인트의 한계인가?'라는 생각을 하게 됩니다. 그러나 파워포인트에서 제공하는 몇몇 옵션을 활용하면 포토샵을 사용하지 않아도 원하는 이미지를 자연스럽게 삽입할 수 있습니다. 이 기술은 우리가 원하는 기술이므로 꼭 마스터해 두세요!

전문가의 슬라이드는 이미지 역시 본문의 내용에 자연스럽게 스며들게 만듭니다.

지금 해야 된다! } 포토샵처럼 자연스럽게 스며드는 이미지 연출하기

7장 예제 파일의 10번 슬라이드를 열어 주세요. 위쪽의 내용은 작성이 완료된 상태에서 아래쪽에 관련된 이미지를 삽입했는데, 하늘 부분을 자르기도 애매하고 크기를 아래로 줄여도 이미지가 찌그러지므로 보기에 좋지 않습니다. 이제 전문가의 방법을 배워 보겠습니다.

▶ 이런 상태에서는 이미지의 선정도 중요합니다. 덜 중요한 쪽이 자연스럽게 날아가도 될 이미지를 선정하세요.

1 이미지를 더블클릭하고 [그림 서식] 탭 → [그림 스타일] 그룹 → [그림 효과 - 반사 - 반사 옵션]을 클릭합니다.

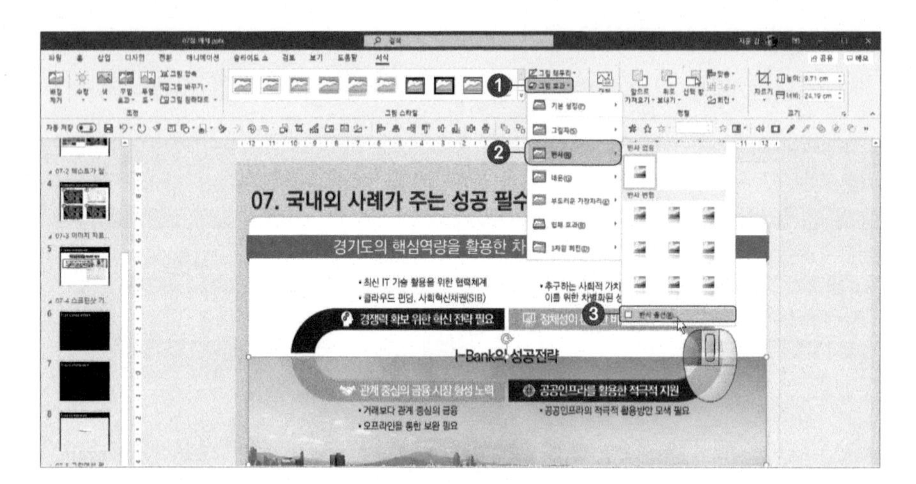

▶ 2007 버전에서는 [반사 옵션] 메뉴가 없으므로 최대한 길게 반사시키고 **4**번으로 넘어가세요.

2 화면 오른쪽에 [그림 서식] 창이 열리면 딱 두 가지만 바꾸겠습니다. 먼저 반사 옵션 중 '크기' 항목의 레버를 오른쪽과 왼쪽으로 천천히 움직여 보세요. 이미지 아래로 반사되는 효과가 나왔다 들어갔다 할 것입니다. 가장 오른쪽, 100%로 적용합니다.

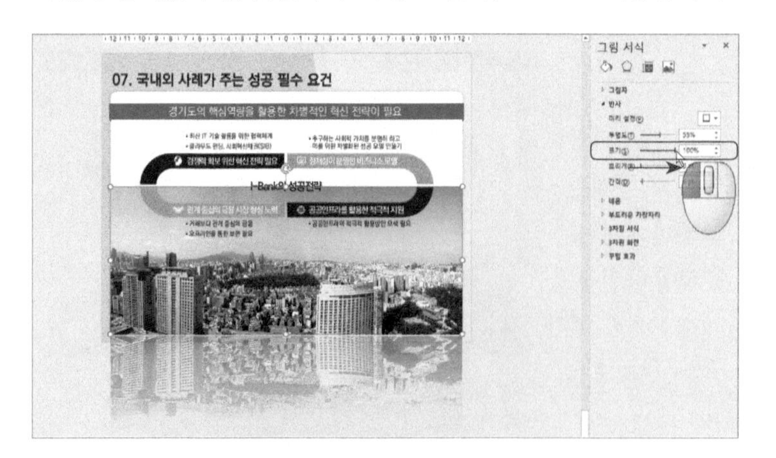

▶ 2010 버전에서는 별도의 창이 뜰 뿐 똑같습니다.

와~ 반사 부분의 크기를
이렇게 조절할 수 있구나!

3 이제는 투명도를 조절해 보겠습니다. 반사 옵션 중 '투명도' 항목의 레버를 오른쪽과 왼쪽으로 천천히 움직여 보세요. 이미지 아래로 반사되는 효과의 투명도가 조절되는 것이 보일 것입니다. 가장 왼쪽, 0%로 적용합니다.

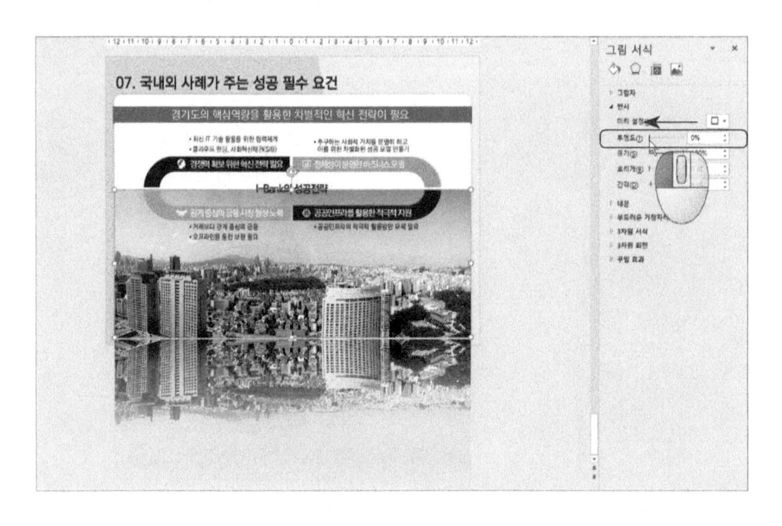

반사 기능은 원래 유리에 비친 듯한 느낌을 연출해 주는 기능인데, 지금은 그 목적으로 쓰려는 것이 아닙니다. **아래의 반사 영역만 쓰려는 것**이죠.

4 원래는 여기서 바로 잘라 내기(Ctrl + X)와 붙여 넣기(Ctrl + V)를 하면 되지만, 이해를 돕기 위해 여기서는 반사된 이미지를 선택하고 복사하기(Ctrl + C)와 붙여 넣기(Ctrl + V)를 사용하세요. 그리고 절대로 복사된 이미지를 움직이지 마세요.

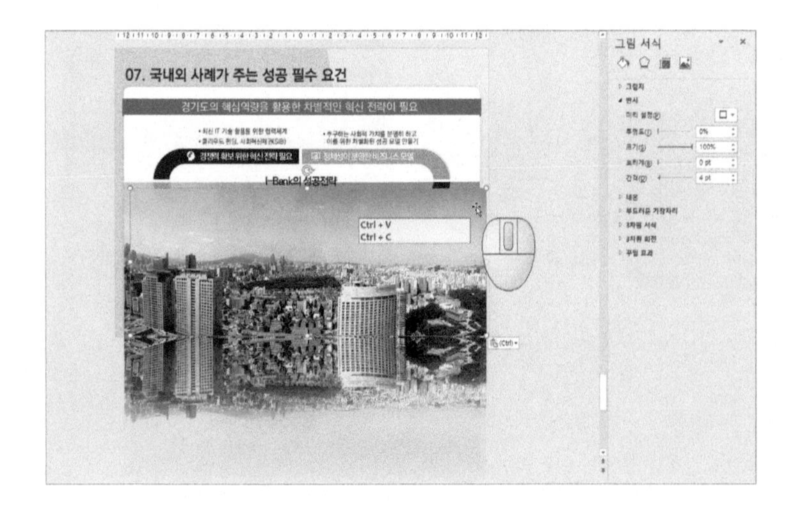

5 붙여진 이미지의 오른쪽 아래에 붙여 넣기 옵션이 붙어 있습니다. 두 가지의 옵션 중 오른쪽의 '그림'을 클릭해 다시 붙여 넣습니다.
왼쪽은 흔히 많이 사용하는 원본 그대로 붙여 넣는 것이고 오른쪽은 좀 다릅니다. 새롭게 다시 태어나는, 그야말로 PNG 형식의 이미지로 붙여지게 됩니다.

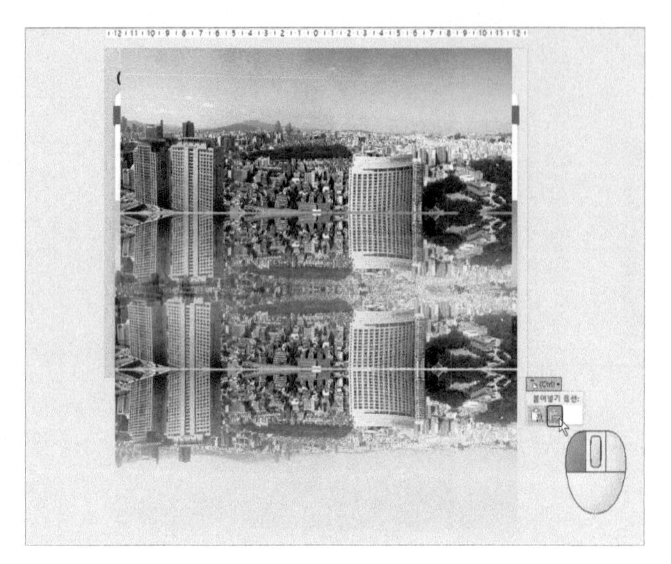

▶ 2013 버전 이상일 경우, 이 과정에서 이미지의 크기가 다시 화면에 맞도록 재설정될 수 있습니다. 이 경우라면 빠른 실행 도구 모음에서 [그림 및 크기 다시 설정()] 버튼을 눌러 똑같은 크기로 붙여 주세요.

붙여 넣기 옵션? 귀찮게 왜 이런 과정을 거치는 거지?

6 이제 기존의 이미지는 옆으로 잠깐 치워 주세요. 새로 붙여진 이미지를 선택하고 마우스 오른쪽 버튼을 눌러 [자르기]를 선택합니다. 반사된 부분만 남도록 위쪽 원본 영역을 아래로 정확하게 잘라 줍니다.

▶ 자르기 기술은 이미 07-2절에서 학습했습니다.

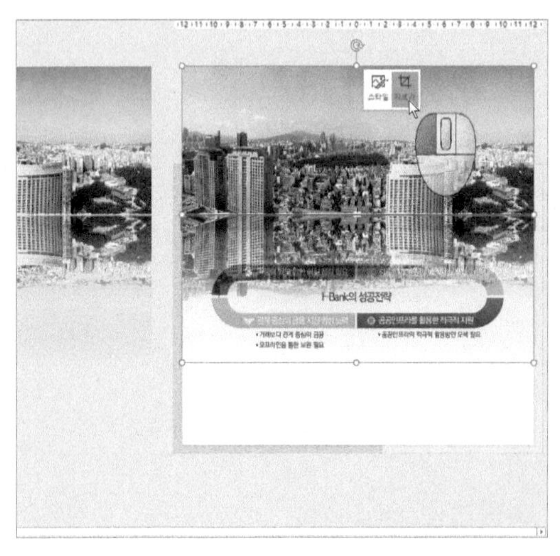

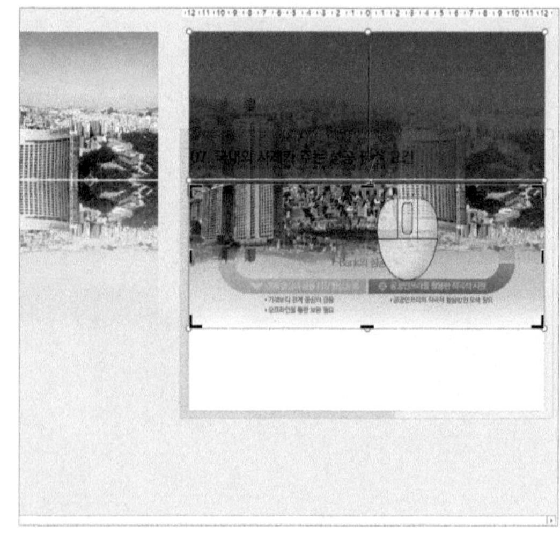

[전문가의 조언] '반사된 효과'는 실제로 존재하는 것이 아니다!

전문가는 왜 기껏 만든 결과물을 새로 붙여 넣었을까요? ❸번 과정에서 만들어진 이미지에서 위쪽을 잘라 보시면 반사된 부분마저도 없어지는 것을 볼 수 있습니다. ❸번 과정에서 만든 이미지에서 아래쪽으로 우리가 보고 있는 반사 영역은 실제로 존재하는 것이 아니라 파워포인트상에서 설정만 하고 있는 것입니다.

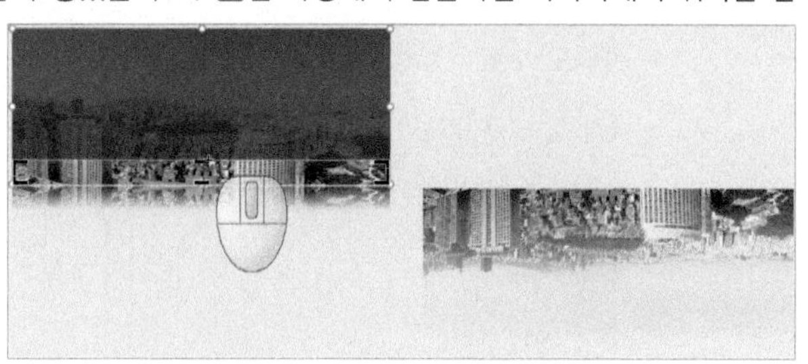

❼ 앞서 만든 반사된 개체를 선택해 빠른 실행 도구 모음의 '맨 뒤로 보내기( )'로 기존 내용 뒤로 보냅니다. 그리고 [개체 회전( )] 버튼을 눌러 [상하 대칭( )]으로 정확하게 뒤집은 후 예쁘게 배치하면 완성됩니다.

이제 원본 개체는 쓰지 않을 것이므로 Delete 키로 지워도 됩니다.

[전문가의 조언] 다른 고급스러운 방법도 있다!

이미지를 고급스럽게 넣을 수 있는 또 다른 방법이 궁금하다면 필자의 블로그 글을 참고하세요.

- 고수처럼 그림 삽입하기 1탄: https://knight07.blog.me/220674236595
- 고수처럼 그림 삽입하기 2탄: https://knight07.blog.me/220676421115

김 대리의 스프링 노트 07

- 선명도와 밝기/대비 조정하기 **07-1**

– 가장 많이 활용하는 기능!

– 효과는 과하지 않도록 주의!

선명도

원본

밝기/대비

원본

- 이미지 자르기 활용 기술 **07-2**

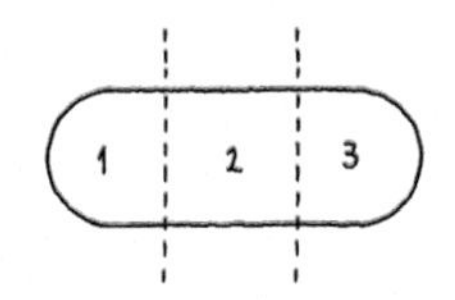

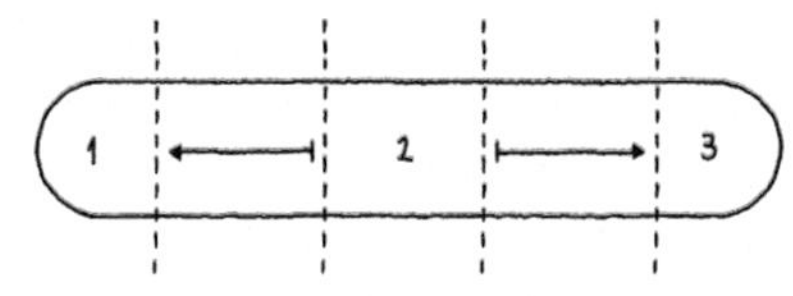

① 개체를 2개 더 복사한 후 차례대로
왼쪽, 가운데, 오른쪽 부분만 남기고 자르기

② 원하는 길이만큼 1번과 3번을 떨어뜨려
놓고 2번 개체를 좌우로 늘이기

- 로고 삽입하는 방법 **07-3**

① [스크린샷] 기능으로 로고 캡처!

② [그림 서식] 탭 → [색 – 투명한 색 설정] 버튼 클릭!

③ 로고 배경에 마우스를 올린 후 클릭만 하면 끝!

실무 활용도 100%!

- 배경 투명하게 만들기 **07-4**

① 피사체와 배경이 잘 구별되는 그림 고르기

② [그림 서식] 탭 → [배경 제거] 버튼 클릭!

③ 제거할 영역을 마우스로 조정하기

④ ⊖, ⊕로 제거할 영역과 살릴 영역 표시하기

- 자연스럽게 스며드는 이미지 연출하기 **07-5**

① 스며들면서 날릴 부분을 위쪽으로 두고 반사 효과 주기

② 잘라 내기 Ctrl + X
붙여 넣기 Ctrl + V 연속 사용

③ 붙여 넣기 옵션을 클릭해 그림으로 붙이기

④ 자르기로 원본 영역 삭제

⑤ 회전/대칭 도구로 원하는 형태로 만들어 사용

'김 대리의 스프링 노트'가 잘 이해되지 않는다면 한 번 더 복습해 보세요!

우아함을 더하는 기술, 그라데이션과 3차원 서식

파워포인트도 체계적으로 배우니 배울 게 많다는 생각이 들었다.
오랜만에 교육을 장시간 들으니 피곤해서 기지개를 쭉 켜며 물었다.
"으아~ 피곤하다. 근데 이번 시간은 뭐 배워?"
"아, 이번 시간은 좀 어려운 건데…. 고급 개체 제작 기술?"
그랬다. 내가 만든 글자와 친구가 만든 글자가 달랐다.
도형도 내 껀 허접하고 친구 껀 고급스럽고…. 그래서 물었다.
"야, 안 그래도 물어보려고 했어. 같은 PPT로 만든 건데 왜 네가 만든 건 고급스러운 거야?"
"그랬겠지. 나는 그걸 초보자들이 느끼는 '첫 번째 벽'이라고 해."
"첫 번째 벽?"
"그래. 퀄리티(Quality)의 벽이야. 내 기준에선 이걸 넘으면 중급이고 이걸 넘어야 파워포인트가 쉬워져. 조금 어렵지만 한번 해 보자고."

#그라데이션옵션 #3차원서식과회전 #RGB값 #그림자효과

08-1 그라데이션 효과

그라데이션 효과는 모든 사람이 탐내는 기능이지만 정작 잘 쓰는 사람은 드뭅니다. 설정해야 할 옵션이 낯설고 가짓수도 많기 때문입니다. 그렇다면 각 옵션만 제대로 이해하면 그라데이션을 잘 쓸 수 있지 않을까요? 이번 장에서는 실습과 함께 그라데이션 옵션을 상세하게 설명합니다. 차분히 따라 해 보세요.

그라데이션으로 세련되게 표현해 볼까요?

그라데이션의 정의는 아래와 같습니다.

그라데이션(gradation) = 서로 다른 색(색상, 명도, 채도)을 점진적으로 변화시키는 표현

어렵게 이해할 필요 없이 아래 그림의 '화살표'와 '확대 표시'를 보면 쉽게 알 수 있습니다.

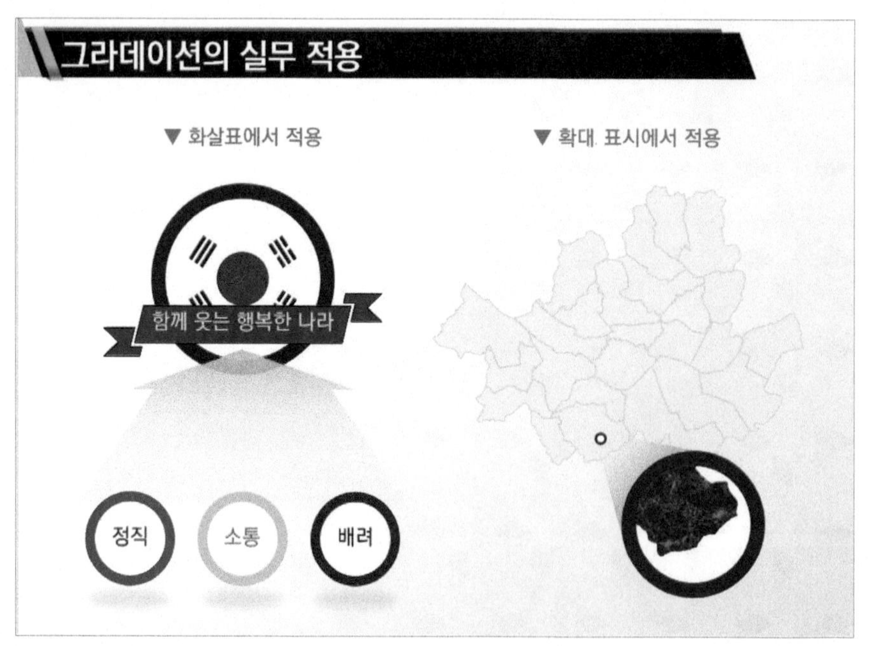

노란색이 짙어지는 방향으로 시선이 자연스럽게 이동했나요? 이 정도의 기술이라면 배워 볼 만하지 않나요?

그라데이션은 문서의 품격을 높이는 핵심 기능입니다. 그렇기 때문에 평소 '내가 만든 도형이나 텍스트는 왜 이렇게 촌스러울까?'라고 생각했던 분들에게는 이번 장이 매우 중요합니다. 필자는 그라데이션을 파워포인트를 배울 때 만나게 되는 첫 번째 장벽인 '서식의 벽'이라고 말합니다. 이 벽을 넘지 못해 포기했다는 분들을 정말 많이 만났습니다. 이번 장을 이용해 이 벽을 넘어 봅시다. 이 벽을 넘으면, 파워포인트 중급 레벨에 첫발을 내딛는 것입니다.

이번 장에서는 앞의 예제 슬라이드를 직접 만들면서 그라데이션을 배워 보겠습니다. 하지만 본격적으로 실습하기 전에 그라데이션에서 사용하는 다양한 옵션을 먼저 살펴볼 필요가 있습니다.

▶ 그라데이션 효과는 '도형 채우기'와 '도형 윤곽선'에 모두 적용할 수 있지만 여기서는 도형 채우기만 다룹니다.

그라데이션 효과는 옵션 8개로 만들어요

그라데이션에는 '종류', '방향', '각도', '중지점', '색', '위치', '투명도', '밝기'의 여덟 가지 옵션이 있습니다. 그라데이션을 제대로 사용하기 위해서는 이 8개 옵션을 이해해야 합니다.

종류가 많다고 겁먹을 필요는 없습니다. 실제로는 세 종류의 옵션인데, 이를 세밀하게 구분해 여덟 가지로 늘어난 것뿐이니까요. 유사한 성격끼리 묶으면 3개 그룹으로 만들 수 있습니다. 이를 중요도 순서로 나열하면 '각도', '중지점', '종류' 순입니다.

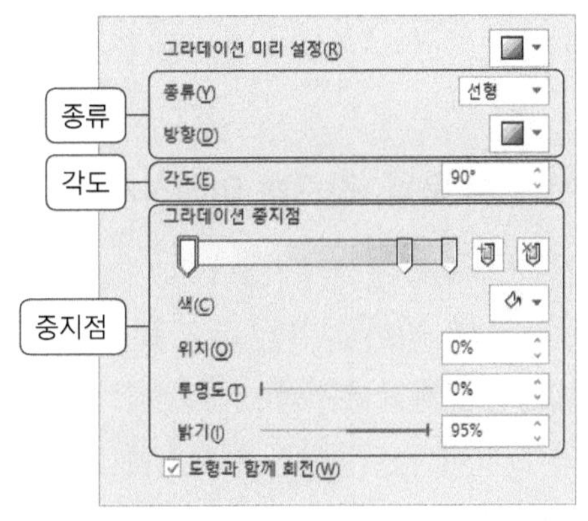

그라데이션의 다양한 옵션

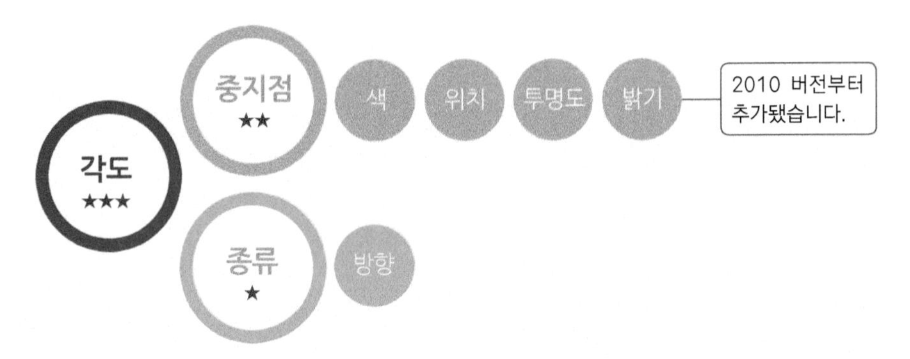

그라데이션 효과 옵션은 각도, 종류, 중지점의 3개 그룹으로 구분합니다.

[전문가의 조언] 2007 버전은 그라데이션 중지점 막대기가 없는데요?

2007 버전의 중지점 인터페이스는 2010 이상 버전처럼 직관적인 인터페이스가 아니라 목록형 인터페이스로 '중지점 선택'과 '위치'가 분리돼 있습니다. 따라서 사용자가 직관적으로 이용하기 어려운 면이 있습니다. 그러나 원리는 똑같습니다.

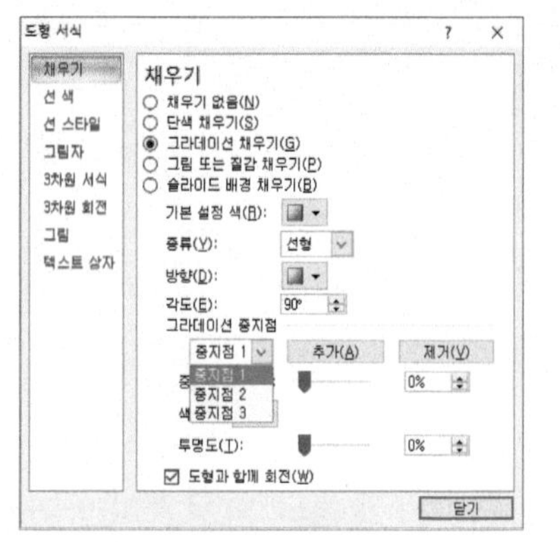

2007 버전의 중지점 인터페이스

첫 번째 묶음, 각도를 이해하세요

첫 번째 묶음은 '각도'입니다. 여기서 각도란, 색이 변해가는 방향을 의미합니다. 각도 옵션은 바로 밑에 있는 그라데이션 중지점 옵션과 함께 생각해야 쉽습니다. 각도에 따라 그라데이션 중지점 막대기가 개체에 어떻게 적용되는지를 알면, 개체에 표현될 그라데이션을 쉽게 상상할 수 있기 때문입니다.

▶ 첫 번째 묶음 '각도'와 두 번째 묶음 '중지점'을 설명할 때 그라데이션 종류는 선형으로 고정하겠습니다. 선형은 실무에서 가장 많이 사용하는 그라데이션입니다.

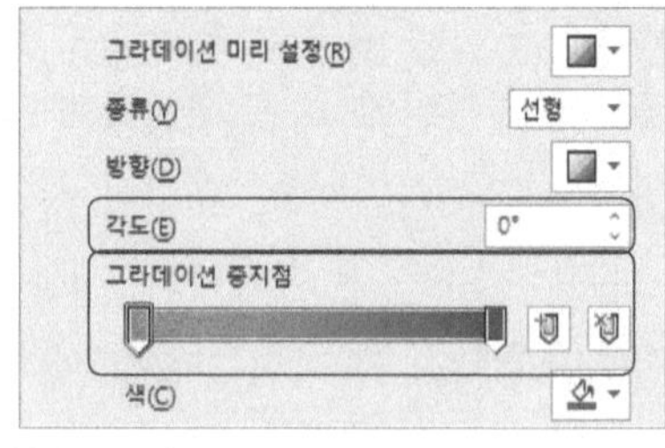

'각도'는 '그라데이션 중지점 막대기'와 함께 생각하세요.

그라데이션 각도를 쉽게 설명하기 위해 원 도형으로 그라데이션 효과를 적용해 봤습니다. 아래 그림과 위의 중지점 그림 그리고 각도를 잘 살펴보세요. 이해되셨나요?

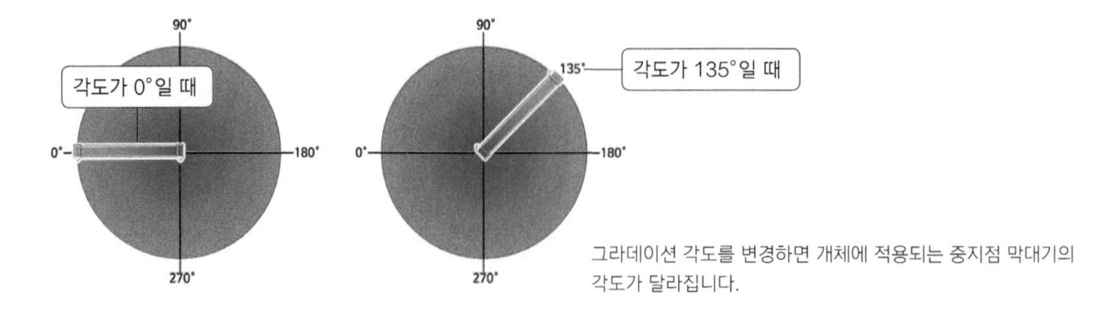

그라데이션 각도를 변경하면 개체에 적용되는 중지점 막대기의 각도가 달라집니다.

지금 해야 된다! } 그라데이션 각도 이해하기

앞에서 설명한 원리를 머릿속에 새겨 넣고 실습해 보겠습니다. '08장 예제.pptx' 파일을 열고 1번 슬라이드로 이동합니다.

1 왼쪽 사각형은 현재 0°로 설정돼 있는 그라데이션 각도를 45°로 변경하겠습니다. 사각형 위에서 마우스 오른쪽 버튼을 클릭하고 [도형 서식]을 선택합니다.

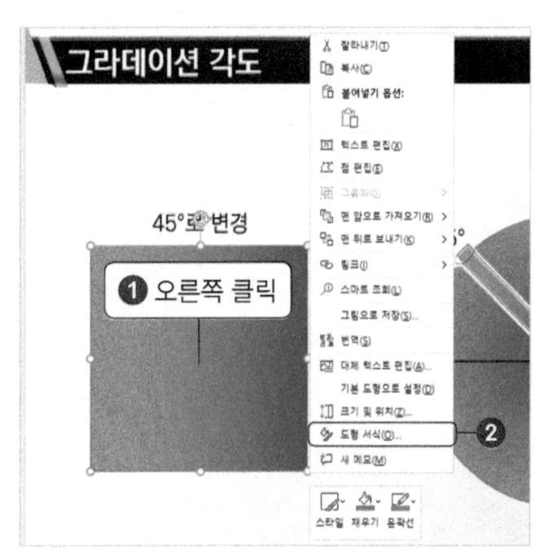

마우스 오른쪽 버튼을 클릭한 후 [도형 서식]을 선택합니다.

2 화면 오른쪽에 [도형 서식] 창이 나타나면 [각도] 옵션에 '45'를 입력합니다. 그러면 왼쪽 사각형의 그라데이션 방향이 45°로 바뀌고 오른쪽 원에 표시된 막대기 안의 색 변화와 같은 형태로 바뀝니다. 그라데이션 각도 옵션이 정확히 이해될 때까지 각도를 다양하게 입력하면서 연습해 보세요.

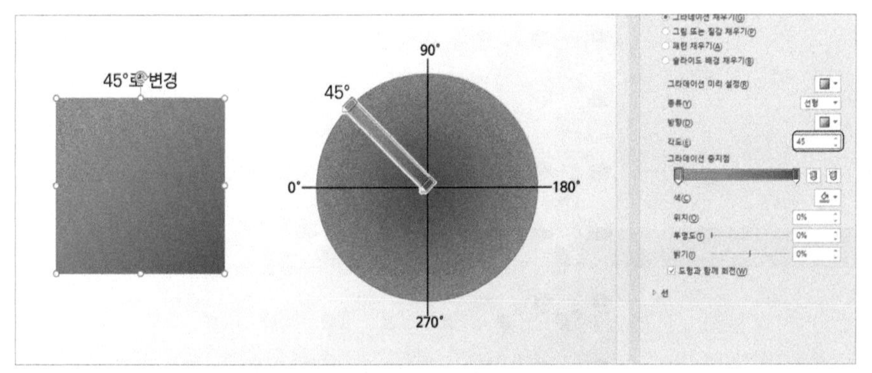

왼쪽 사각형에 45° 그라데이션 효과가 적용됐습니다.

두 번째 묶음, 중지점을 이해하세요

두 번째 묶음은 '중지점'입니다. 중지점은 '색', '위치', '투명도', '밝기' 옵션을 갖고 있습니다. 여기서 중지점은 생소할 텐데, 속이 텅 빈 스포이트라고 생각하면 이해하기 쉽습니다. 만약 스포이트가 여러 개 있다면? 당연히 중지점이 여러 개라는 의미입니다.

중지점에 딸린 네 가지 옵션 중에서 가장 중요한 것은 '위치'입니다. 색깔, 투명도, 밝기는 채우기 서식에서 자주 사용하는 옵션과 같습니다. 따라서 위치 옵션만 잘 이해하면 중지점 묶음도 어렵지 않게 사용할 수 있습니다.

▶ 2007 버전은 '밝기' 옵션이 없습니다.

지금 해야 된다! } 중지점 설정하기

2번 슬라이드로 이동합니다. 슬라이드 화면 왼쪽에 중지점을 설정하는 방법이 3단계로 소개돼 있습니다. 우리가 실습할 대상은 오른쪽에 있는 검은색 도형입니다. 이 밋밋한 검은색 도형에 그라데이션으로 색을 입혀 보겠습니다.

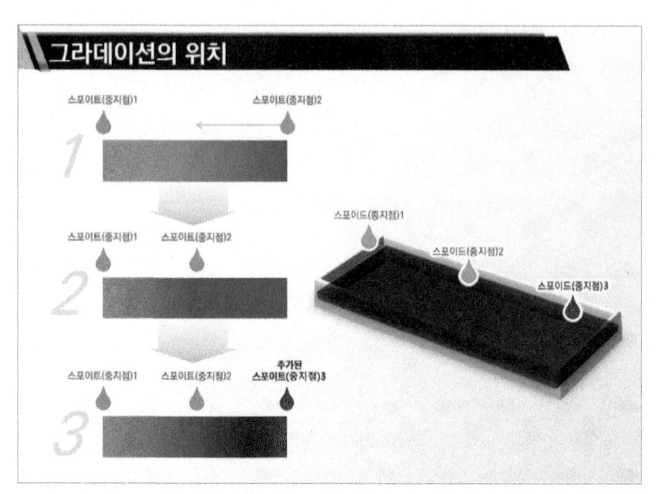

중지점을 설정하는 3단계 방법입니다.

1 검은 도형에 마우스 커서를 올려놓고 마우스 오른쪽 버튼을 클릭해 [도형 서식]을 클릭합니다. 화면 오른쪽에 설정 창이 나타나면 [채우기 - 그라데이션 채우기]를 선택합니다.

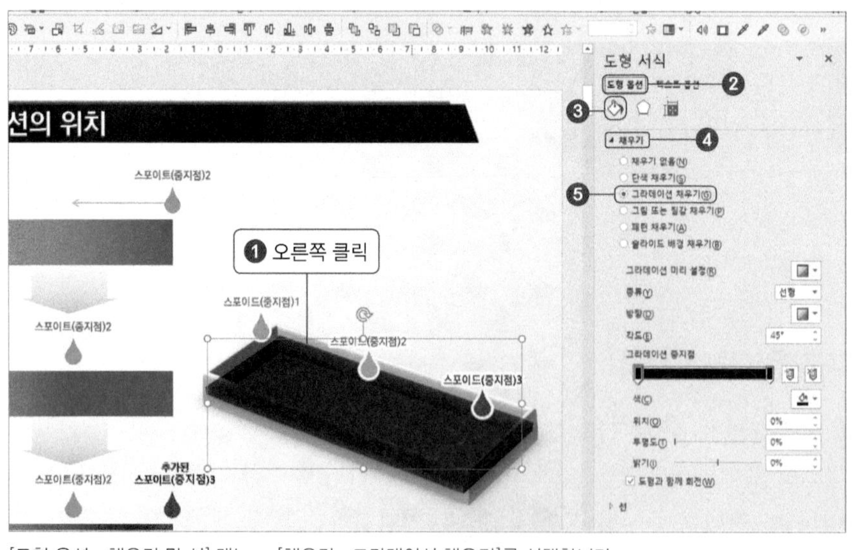

[도형 옵션 - 채우기 및 선] 메뉴 → [채우기 - 그라데이션 채우기]를 선택합니다.

▶ 2010 이하 버전은 ❷, ❸번 과정 없이 바로 진입합니다.

2 [그라데이션 중지점]에서 왼쪽 중지점을 클릭하고 그 아래에 있는 [색] 옵션에서 [녹색]을 선택합니다.

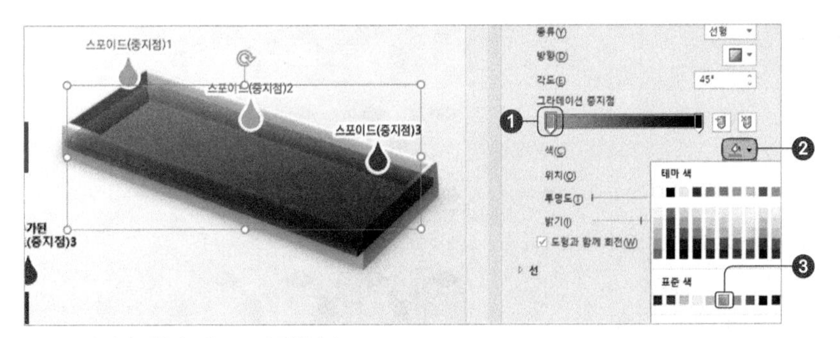

왼쪽 중지점의 색을 녹색으로 변경합니다.

3 오른쪽 중지점은 [색] 옵션을 [연한 파랑]으로 선택합니다. 그러면 아래 그림처럼 그라데이션 효과가 나타난 것을 확인할 수 있습니다. 여기까지가 1단계 과정입니다.

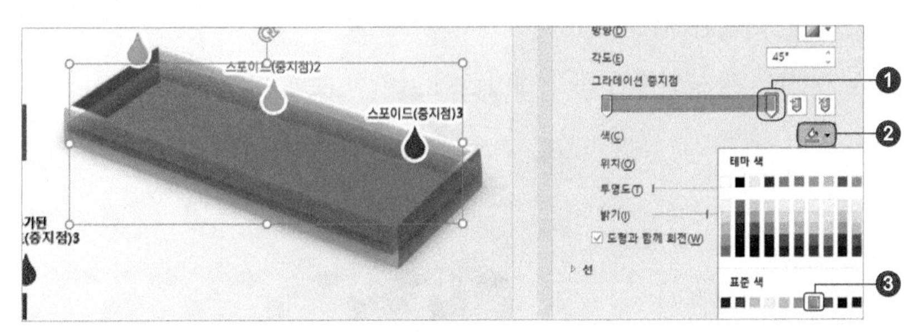

오른쪽 중지점의 색을 '연한 파랑'으로 변경합니다.

4 이제 2단계 과정을 진행하겠습니다. 오른쪽 중지점의 [위치] 옵션이 50%가 될 때까지 오른쪽 중지점을 왼쪽으로 드래그합니다.

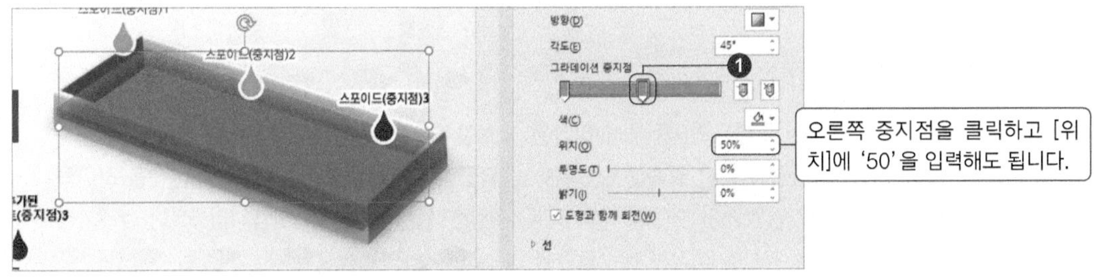

오른쪽 중지점의 위치를 '50%'로 맞추세요.

5 마지막 3단계 과정입니다. 여기서는 빨간색 중지점을 추가해 보겠습니다. 막대기 오른쪽에 있는 표시를 누릅니다. 막대기 위에 임의의 공간을 마우스로 클릭해도 중지점이 추가됩습니다. 만약 실수로 중지점을 하나 더 추가했다면 해당 중지점을 클릭한 후 를 누르면 제거됩니다.

▶ 2010 이상 버전에서는 중지점을 막대기 밖으로 드래그해 제거할 수 있습니다.

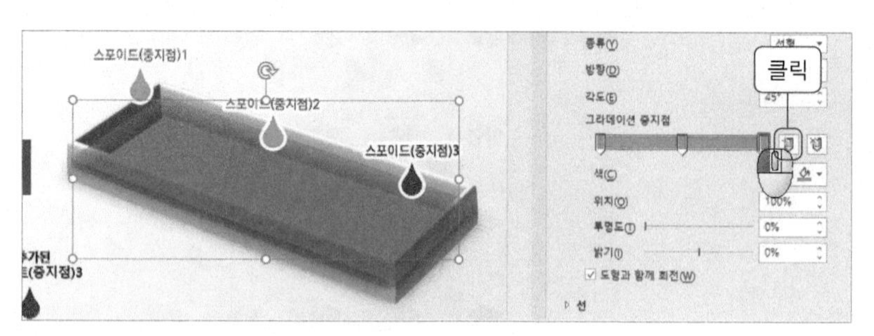

그라데이션 중지점 막대기 위를 마우스로 클릭하면 중지점이 추가됩니다.

6 새 중지점이 나타나면 드래그해 가장 오른쪽에 배치하거나 [위치]에 '100'을 입력합니다. 마지막으로 [색] 옵션은 [빨강]으로 변경합니다.
슬라이드 왼쪽에 소개된 3단계 그림과 동일하게 그라데이션이 나타난 것을 확인할 수 있습니다.

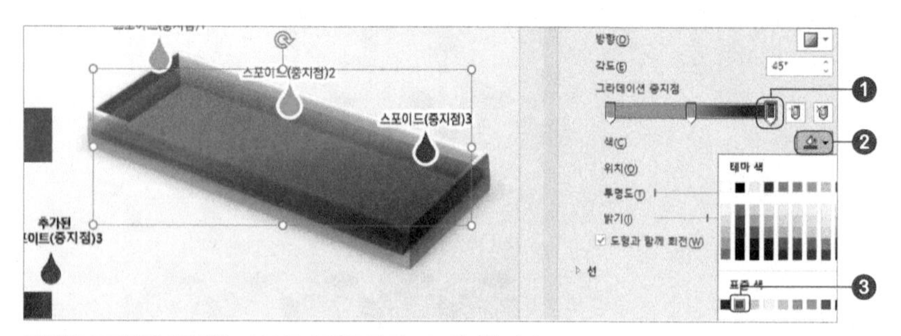

세 번째 중지점을 [위치]는 100%, [색]은 빨강으로 변경합니다.

[전문가의 조언] 직접 느끼면서 익숙해지세요

그라데이션이 어려운 이유는 '각도'와 '중지점'이라는 생소한 옵션 때문입니다. 그래서 그 변화를 눈으로 보고 미묘한 차이를 직접 느끼면서 익숙해지는 것이 중요합니다. 다행히 그라데이션은 옵션을 하나씩 설정할 때마다 개체에 바로 반영되기 때문에 작업과 동시에 변화를 확인할 수 있습니다. 색이 변해가는 방향 그리고 각 색이 놓이는 위치를 생각하면서 옵션을 이것저것 눌러 보세요.

세 번째 묶음, 종류를 이해하세요

지금까지 각도와 중지점 묶음을 잘 실습했다면 그라데이션의 90%를 이해했다고 볼 수 있습니다. 이제 세 번째 묶음인 '종류'만 남았습니다. 종류는 색이 변하는 형태에 따라 선형, 방사형, 사각형, 경로형으로 구분됩니다.

종류 묶음은 각도와 중지점 묶음에 비해 중요도는 떨어지지만, 그라데이션을 다양하게 표현할 수 있는 옵션입니다. 직접 예제를 실습하면서 종류별로 그라데이션 효과가 어떻게 다른지 확인해 보겠습니다.

지금 해야 된다! } 그라데이션 종류별로 효과 비교하기

3번 슬라이드를 클릭합니다. 도형이 5개 있는데, 자세히 살펴보면 모든 도형의 그라데이션 종류가 선형으로 동일하다는 것을 알 수 있습니다. 선형은 이처럼 색의 변화가 직선 형태로 나타나는 것을 의미합니다. 참 쉽죠?

이제 각 도형을 '방사형', '사각형', '경로형'으로 변경하면서 선형과 어떻게 다른지 확인해 보겠습니다.

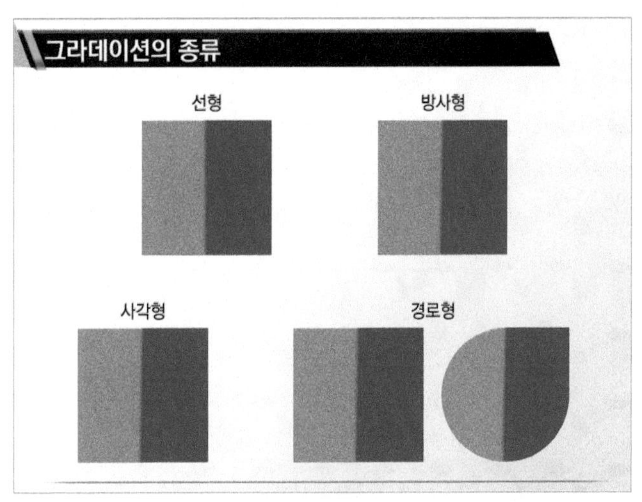

그라데이션 종류는 색이 변하는 형태에 따라 네 가지로 구분됩니다.

1 '방사형' 텍스트 아래에 있는 도형을 선택한 후 마우스 오른쪽 버튼을 클릭해 [도형 서식]을 선택합니다. 그러면 화면 오른쪽에 아래와 같은 창이 나타납니다. 지금 단계에서는 다른 옵션은 잠시 잊고 [종류] 옵션만 생각하세요. [종류] 옵션을 '선형'에서 '방사형'으로 바꾸면 아래 그림과 같이 원 형태로 색이 변하는 것을 확인할 수 있습니다.

그라데이션 종류를 선형에서 방사형으로 바꿔 보자!

중지점 2개가 거의 겹쳐 있는 게 보이나요? 두 중지점의 거리가 좁아야 색이 확실하게 구분되기 때문에 이해를 돕기 위해 임의로 가깝게 조정한 것입니다.

▶ '방사형'은 실무에서 그다지 많이 쓰는 방식이 아닙니다.

❷ 같은 방법으로 '사각형' 텍스트 아래에 있는 도형의 [종류] 옵션을 '선형'에서 '사각형'으로 바꿉니다. 사각형은 방사형과 비슷합니다. 단지 원이 아닌 각진 사각 형태로 색이 변한다는 차이만 있습니다.

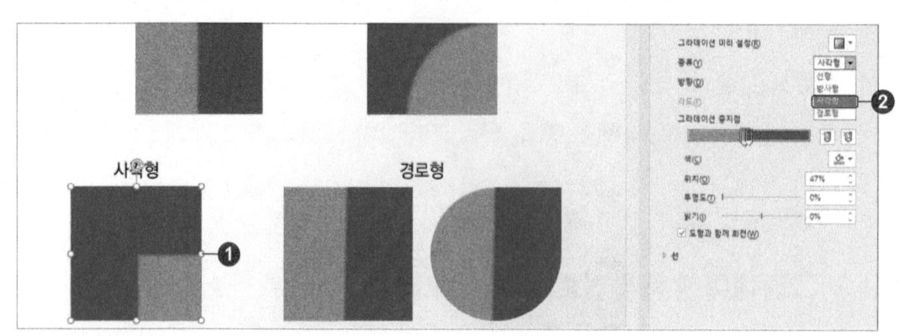

▶ '사각형' 역시 실무에서 그다지 많이 쓰는 방식이 아닙니다.

그라데이션 종류를 선형에서 사각형으로 바꿔 보자!

❸ 다음은 경로형입니다. 두 도형을 모두 선택하고 [종류] 옵션을 '경로형'으로 바꿉니다. 경로형은 도형의 모양대로 그라데이션이 표현되는 특징을 갖습니다. 사각형 도형은 사각형 모양으로, 물방울 도형은 물방울 모양으로 그라데이션이 나타납니다.

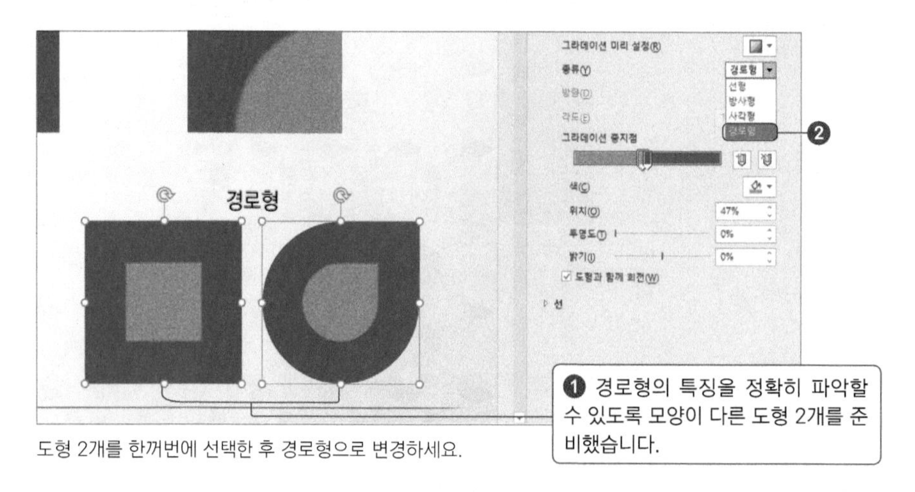

도형 2개를 한꺼번에 선택한 후 경로형으로 변경하세요.

그라데이션은 종류별로 사용하는 옵션이 달라요

앞에서 각도와 중지점 묶음을 배울 때 우리는 그라데이션 종류를 선형으로 고정시켜 놓고 실습했습니다. 그런데 여기서 그라데이션 종류에 따른 옵션들을 다시 한번 살펴볼 필요가 있습니다.

우리가 학습한 '각도' 옵션 외에도 '방향'이라는 옵션이 있는데요, 이 옵션은 자주 쓰는 특정 각도(45°의 배수 등)를 미리 정해 놓은 것에 지나지 않습니다. 그러나 그라데이션 종류를 선형이 아닌 다른 종류로 바꾸면 얘기가 달라집니다.

방사형, **사각형** 그라데이션에서는 '방향' 옵션만 활성화되는데, 여기서 방향은 **'그라데이션이 퍼지는 시작점'**을 의미합니다. 그런데 **경로형은 '도형의 모양을 그대로 따라가며 그라데이션'**되는 특징 때문에 '각도'와 '방향' 옵션도 비활성화됩니다.

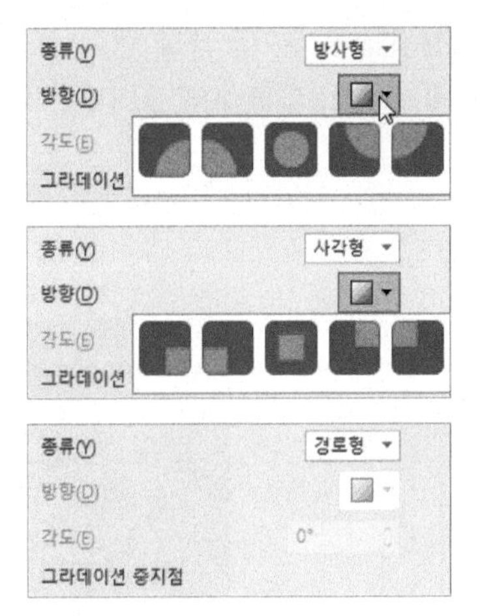

방사형과 사각형은 각도, 경로형은 각도와 방향 옵션이 활성화되지 않습니다.

지금 해야 된다! } 그라데이션 방향 옵션 이해하기

1 4번 슬라이드를 클릭합니다. 도형 위에 마우스 커서를 올려놓고 오른쪽 버튼을 클릭해 [도형 서식] 메뉴로 들어갑니다. [방향] 옵션을 '오른쪽 아래 모서리에서'부터 '왼쪽 위 모서리에서'까지 차례대로 클릭하면서 그 차이를 직접 확인합니다.

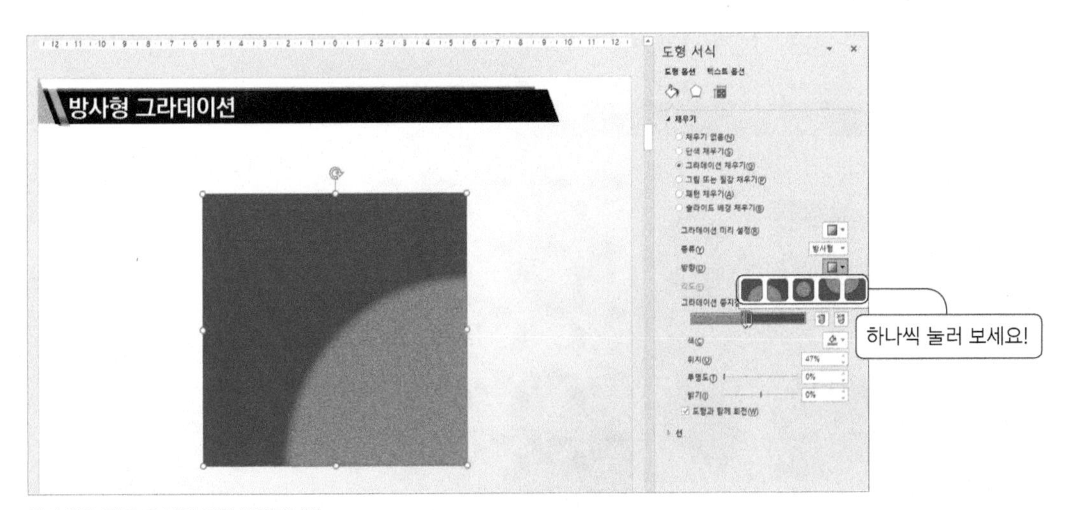

방사형은 각도 옵션이 비활성화됩니다.

❷ 5번 슬라이드를 선택합니다. [방향] 옵션을 '오른쪽 아래 모서리에서'부터 '왼쪽 위 모서리에서'까지 차례대로 클릭하면서 그 차이를 직접 확인합니다.

사각형은 각도 옵션이 비활성화됩니다.

❸ 6번 슬라이드로 이동합니다. 선형 그라데이션이 적용된 8개의 도형이 보입니다. 모든 도형을 선택하고 그라데이션 [종류]를 '경로형'으로 변경합니다. 아래 그림과 같은 모습을 확인할 수 있습니다.

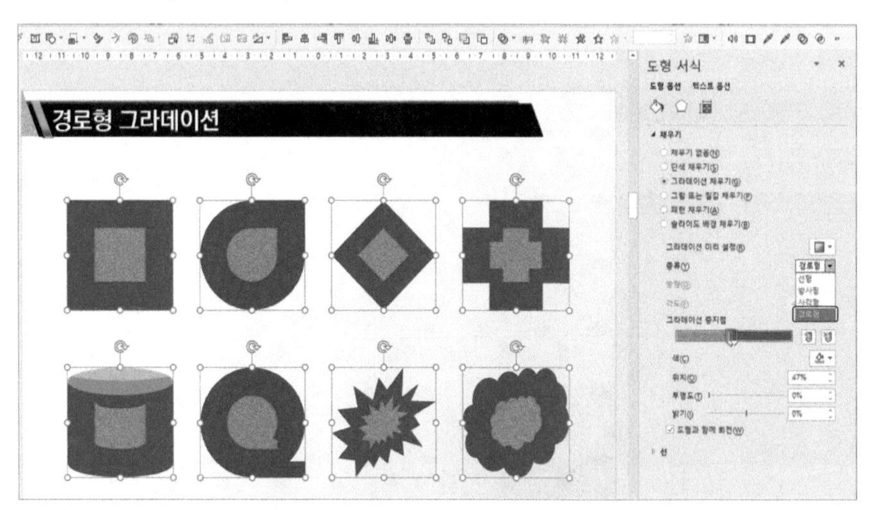

경로형은 도형의 모양대로 그라데이션이 나타나며 방향과 각도 옵션이 비활성화됩니다.

실무에서는 그라데이션을 화살표와 확대 표시로 자주 사용해요

실무에서는 그라데이션 효과를 어떻게 사용할까요? 실무에서 쉽게 접할 수 있는 그라데이션 개체는 바로 '화살표'와 '확대 표시'입니다. 누구나 사용하고 싶어 하지만 잘 사용하지 못하는 그것! 예제를 이용해 그라데이션 실무 활용법을 알아보겠습니다.

지금 해야 된다! } 화살표 도형에 그라데이션 효과 나타내기

7번 슬라이드를 클릭합니다. 슬라이드 안의 화살표와 확대 표시 도형이 모두 단색입니다. 이 두 도형에 그라데이션 효과를 입혀 보겠습니다.

1 먼저 화살표 도형부터 시작해 볼까요? 마우스 오른쪽 버튼으로 화살표를 클릭하고 [도형 서식]에 들어가 [채우기] 옵션을 [단색 채우기]에서 [그라데이션 채우기]로 바꿉니다.

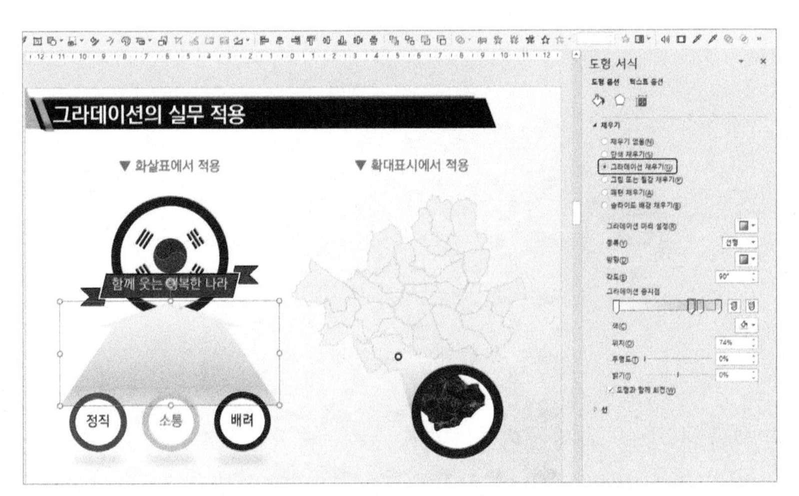

먼저 화살표 도형에 그라데이션 효과를 입혀 보겠습니다.

▶ 파워포인트는 이전에 사용한 그라데이션 효과를 새로 만든 도형에 자동으로 적용하기 때문에 앞부분에서 적용한 그라데이션이 화살표에 그대로 적용될 수 있습니다. 작업 시간을 줄이려는 배려라고 볼 수 있지요. 물론, 파일을 껐다 켜면 옵션 설정이 전부 초기화됩니다. 이 실습은 초기화된 상태를 기준으로 설명합니다.

2 화살표의 촉 부분은 선명하게 나타내고 '정직', '소통', '배려'라고 적힌 도형과 맞닿는 화살표 아랫부분이 자연스럽게 표현될 수 있도록 그라데이션을 적용하겠습니다. [종류]는 '선형', [각도]는 '90°'로 바꿉니다.

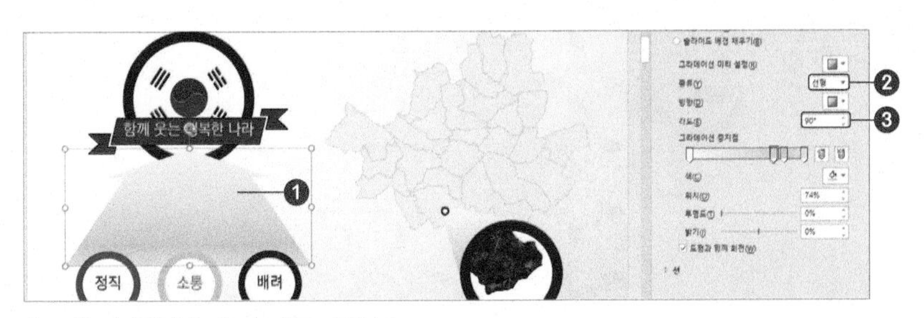

[종류]는 '선형', [각도]는 '90°'로 바꿉니다.

❸ 각도를 바꿨다면 이제 중지점들의 위치와 색만 조정하면 됩니다. 중지점 4개 중에 중간에 있는 중지점을 모두 제거합니다. 제거할 중지점을 클릭하고 막대기 바깥으로 드래그하거나 삭제할 중지점을 선택한 후 [아이콘]을 클릭하면 됩니다.

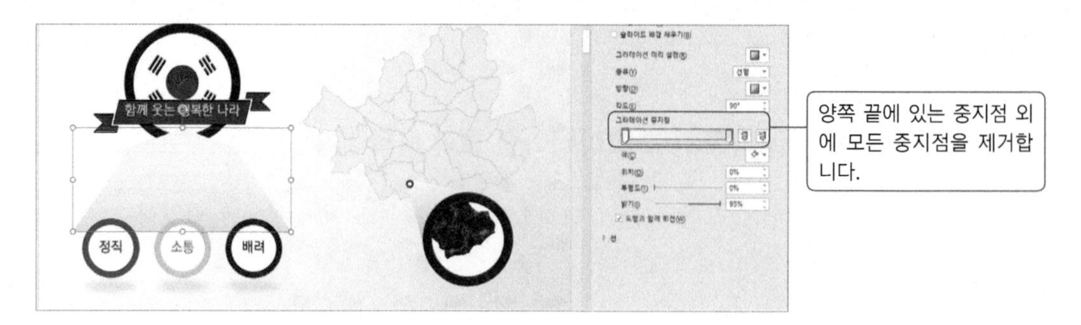

❹ 가장 왼쪽에 있는 시작 중지점을 클릭하고 [색] 옵션에서 [주황]을 선택합니다.

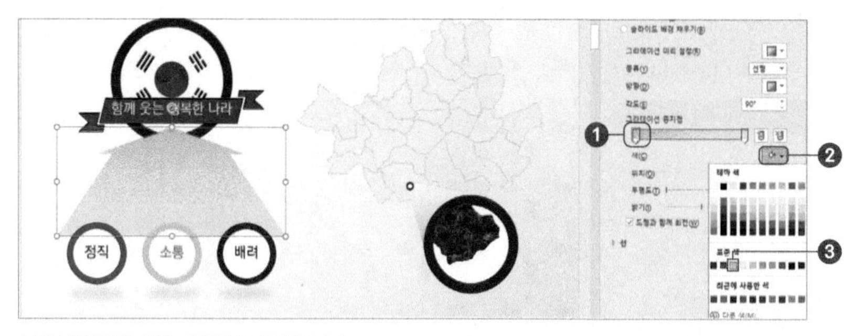

시작 중지점의 색을 주황으로 변경합니다.

❺ 오른쪽 끝나는 중지점의 색을 [노랑]으로 바꿉니다. 여기서는 두 중지점의 색을 다르게 적용했지만, 중지점의 색이 무조건 달라야 하는 것은 아닙니다. 색이 같으면 투명도로 그라데이션 느낌을 줄 수 있기 때문에 둘 다 주황이거나 노랑이어도 됩니다.

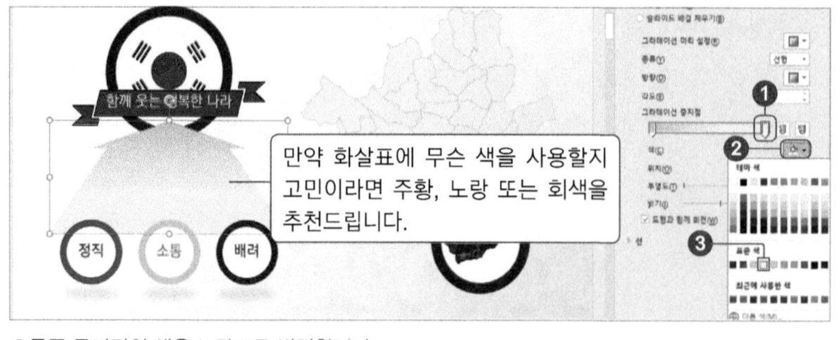

▶ 2013 이상 버전은 서로 전혀 다른 색을 사용할 경우, 투명하게 하더라도 그 색의 잔영이 남을 수 있습니다. 그러니 비슷한 색을 고르세요.

오른쪽 중지점의 색을 노랑으로 변경합니다.

6 이제 '정직', '소통', '배려'라고 적혀 있는 원 도형과 맞닿는 화살표 아랫부분이 자연스럽게 표현될 수 있도록 옵션을 설정하겠습니다. 이때 필요한 옵션이 [투명도]입니다. 오른쪽에 있는 노랑 중지점을 클릭한 후 [투명도]에 '100'을 입력합니다. 아래와 같이 화살표 아랫부분이 자연스럽게 표현됩니다.

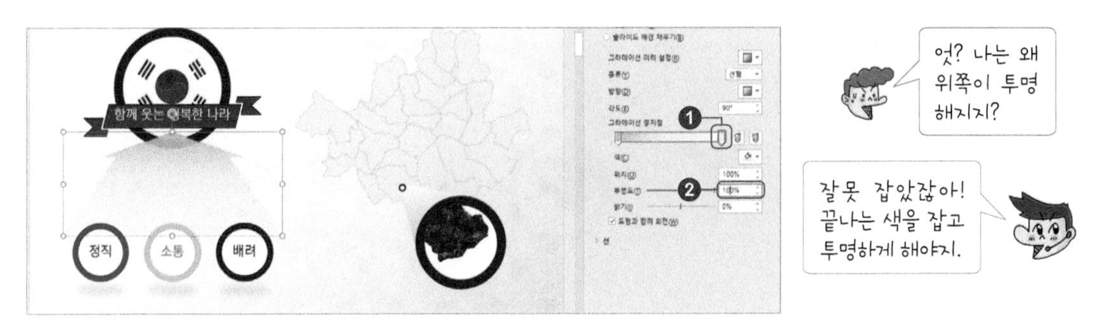

노랑 중지점의 투명도를 '100%'로 변경합니다.

7 화살표 촉 부분을 조금 진하게 표현해 볼까요? 왼쪽에 위치한 주황색 중지점을 오른쪽으로 조금씩 드래그하면서 색의 변화를 확인합니다. 여기서는 위치를 33%까지 이동하겠습니다. 이렇게 설정하면 0~33%에 해당하는 위치까지는 투명도가 없는 주황색이 나타납니다.

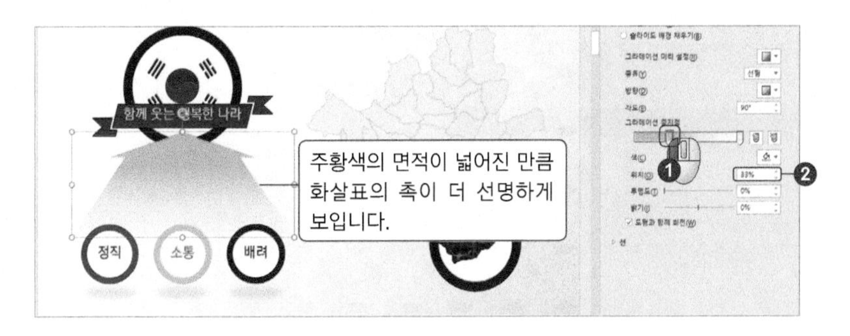

지금 해야 된다! } 확대 표시 도형에 그라데이션 효과 나타내기

이번에는 7번 슬라이드의 오른쪽 도형에 특정 부분이 점점 확대돼 보이는 그라데이션 효과를 적용해 보겠습니다. 그 전에 한 가지 사전 작업이 필요합니다. 바로 '자유형' 선 도형으로 확대 표시 도형을 만드는 일입니다. 화면을 보면 필자가 확대 표시 도형을 미리 그려뒀습니다. 직접 만들어 보며 연습을 해야 하니, 보신 후 우선 지우세요.

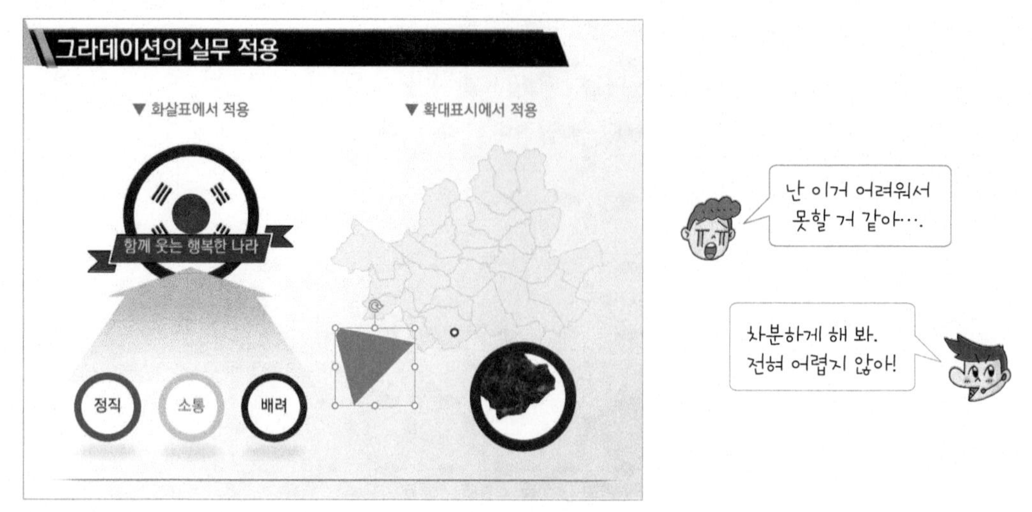

예시로 만든 확대 표시 도형을 확대해 본 후 지워 주세요. 직접 만들어 보겠습니다.

1 '자유형' 선 도형 만들기

'자유형' 선 도형은 파워포인트에서 제공하는 기본 도형 외에 내가 원하는 모양으로 도형을 만들 수 있는 기능입니다. 내가 원하는 도형을 만들 수 있다는 것은 큰 장점이지만, 익숙하지 않은 분들은 어렵게 느낄 수 있습니다. 다행히 여기서 우리가 만들 도형의 형태는 간단합니다. 빠른 실행 도구 모음에서 [도형]을 클릭하고 [자유형]을 선택합니다.

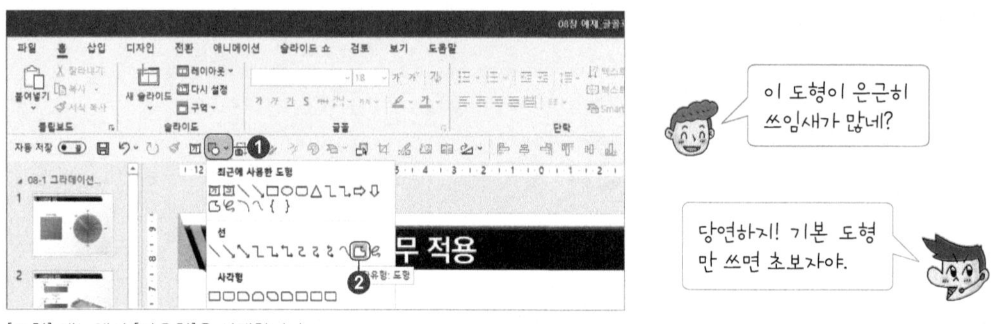

[도형] 메뉴에서 [자유형]을 선택합니다.

2 마우스 커서가 + 모양으로 바뀌면 화면을 연이어 클릭하면서 도형을 만들 수 있습니다. 우리가 클릭할 부분은 총 네 군데입니다. 아래 그림처럼 확대가 시작되는 부분에서 두 곳, 확대가 끝나는 부분에서 두 곳입니다. 위치를 확인하셨나요? 화면을 확대하면 쉽게 클릭할 수 있습니다. Esc 키를 눌러 자유형 도형 삽입 상태를 해제한 후 녹색 지도를 클릭하고

▶ 개체를 선택하고 확대하면 화면이 선택한 개체를 중심으로 확대됩니다. 화면을 확대한 후 스크롤 막대로 다시 화면을 움직여 개체를 찾아가지 않아도 되는 거죠. 간단하지만 매우 유용한 기능입니다. 꼭 기억하세요!

Ctrl 키를 누른 채 마우스휠을 올려 화면을 확대하세요. 다시 [자유형]을 선택한 후 이미지에 표시된 네 곳을 시계 방향으로 하나씩 클릭합니다.

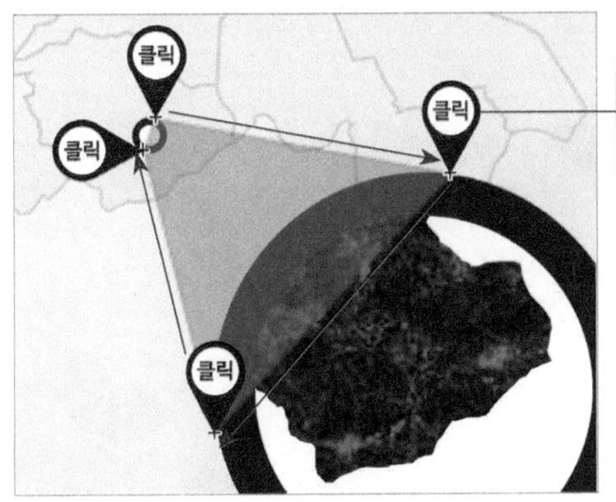

클릭한 상태에서 마우스를 움직이면 삐뚤삐뚤해집니다. 4개 지점에 클릭만 해 보세요.

클릭만 하면 다각형 도형을 만들 수 있습니다.

3 처음 클릭한 지점에 마우스 커서를 올려놓으면 반투명 도형이 나타납니다. 이때 마우스를 한 번 더 클릭하면 도형이 닫히면서 완성됩니다.

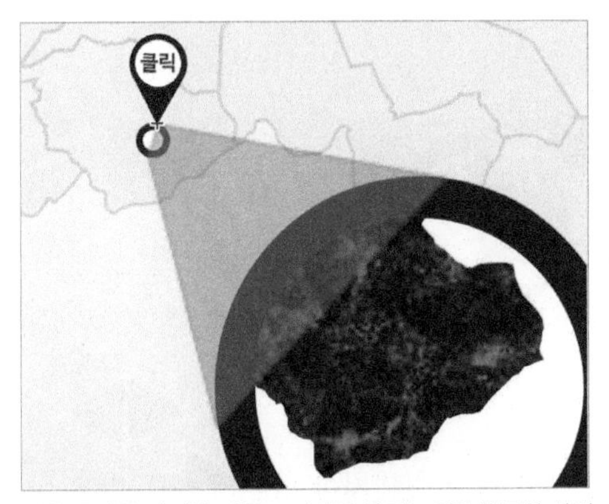

처음 클릭한 지점에 마우스 커서를 올려놓으면 반투명 상태의 도형이 나타납니다.

▶ 2010 이하 버전에서는 반투명 도형이 나타나지 않으므로 그냥 클릭하면 도형이 닫힙니다.

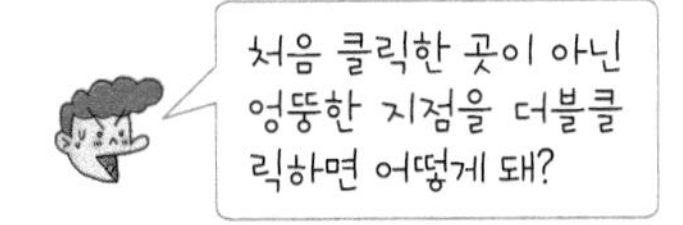

어떻게 되긴…. 그냥 단선으로 남는 거지.

4 그라데이션 적용하기

도형을 만들었으니 이제 그라데이션만 적용하면 되겠죠? 방법은 화살표 도형에서 실습한 것과 같습니다. 하지만 좀 더 쉽고 빠른 방법이 있습니다. 06장에서 배운 내용을 떠올려 볼까요? 바로 '서식 복사'입니다. 서식 복사는 특정 개체의 서식을 그대로 가져올 수 있는 기능입니다. 우리는 앞에서 이미 화살표 도형에 그라데이션을 적용했습니다. 이 서식을 그대로 가져와 보겠습니다. 먼저 Ctrl 키를 누른 채 마우스휠을 내려 화면을 축소하세요. 그런 다음, 왼쪽에 있는 화살표를 선택하고 서식 복사 단축키인 Ctrl + Shift + C 키를 누릅니다.

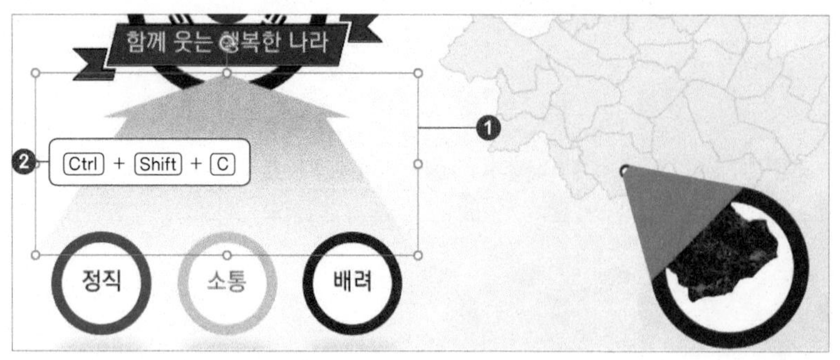

화살표를 선택한 후 Ctrl + Shift + C 키를 누릅니다.

5 이제 새로 만든 확대 표시 도형을 선택하고 서식 붙여 넣기 단축키인 Ctrl + Shift + V 키를 누릅니다. 놀랍게도 화살표 도형의 서식과 동일한 그라데이션이 순식간에 입혀집니다. 이렇듯 서식 복사와 서식 붙여 넣기는 아주 중요한 단축키입니다. 꼭 기억하세요!

서식 복사가 적용된 모습입니다.

6 그런데 조금 이상해 보입니다. 작은 원에서 큰 원으로 점점 선명해져야 하는데, 생뚱맞은 방향입니다. 당연합니다. 해당 서식은 화살표 도형의 서식을 복사했기 때문에 각도가 90°여서 그렇습니다. 도형을 클릭해 직접 확인해 보세요.

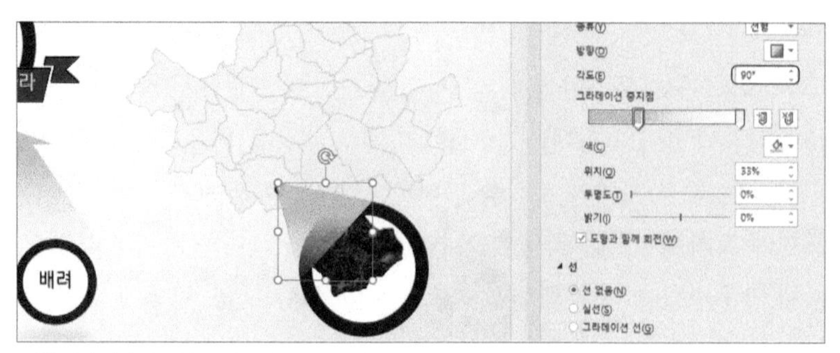

도형 서식에서 각도를 수정해 볼까요?

7 각도를 몇 도로 바꾸면 될까요? 그라데이션 각도를 설명할 때 공부했던 그림을 떠올려 보세요. 각도의 숫자를 높이면 그라데이션 중지점 막대가 끝나는 색을 중심축으로 시작 색이 시계 방향으로 돌아간다고 생각하면 적절한 각도를 찾을 수 있습니다. 지금은 [각도]에 '225'를 입력합니다.

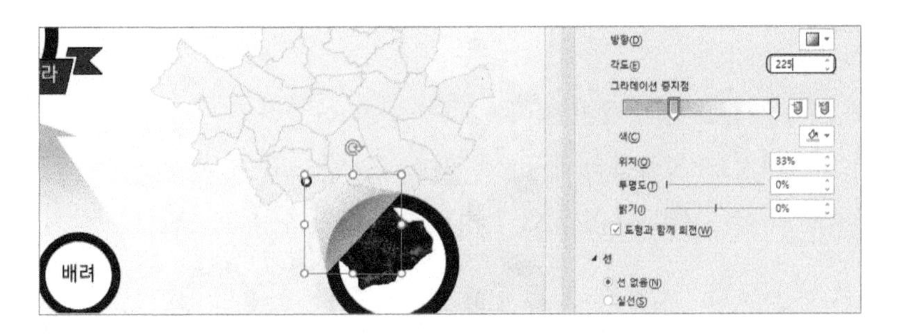

8 도형을 지도 밑으로 내리는 게 자연스럽겠죠? 녹색 지도와 동그라미를 함께 선택한 후 마우스 오른쪽 버튼을 클릭해 [맨 앞으로 가져오기]를 선택합니다.

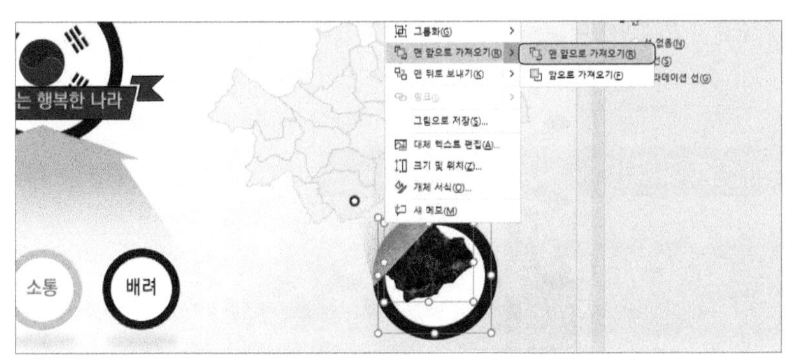

'녹색 지도'와 '큰 동그라미'를 맨 앞으로 가져오세요.

9 마지막으로 중지점의 위치를 조금씩 옮기면서 그라데이션 효과를 섬세하게 조정하면 확대 표시 도형이 완성됩니다.

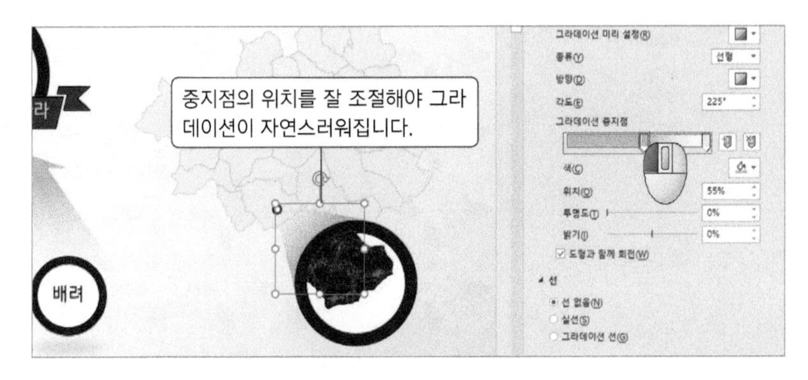

08-2 3차원 서식과 3차원 회전

3D 영화를 보면 내가 진짜 하늘을 날고 절벽에서 떨어지는 것 같은 아찔함을 느낍니다. 입체 영상이 사실감을 더해 주기 때문이지요. 지금부터 배울 3차원 효과의 목표도 3D 영화와 같습니다. 바로 '사실감'입니다. 3차원 서식은 제법 손이 많이 가지만 입체감이 주는 효과만큼은 탁월합니다.

아래 그림을 잠시 살펴볼까요? 3차원 서식은 각 개체 홀로 쓰이는 경우가 거의 없습니다. 아래 그림처럼 텍스트와 함께 사용해 다양하고 독특하게 연출하는 게 일반적입니다. 누가 봐도 세련되고 멋진 3차원 효과! 넘사벽이라 생각하고 포기하긴 아직 이릅니다. 본문을 꼼꼼히 읽고 차분히 따라 해 보세요. 묵은 답답함을 여기서 꼭 풀고 가시기 바랍니다.

▶ 여기서는 '3차원 서식'과 '3차원 회전'을 묶어 3차원 효과라고 부릅니다.

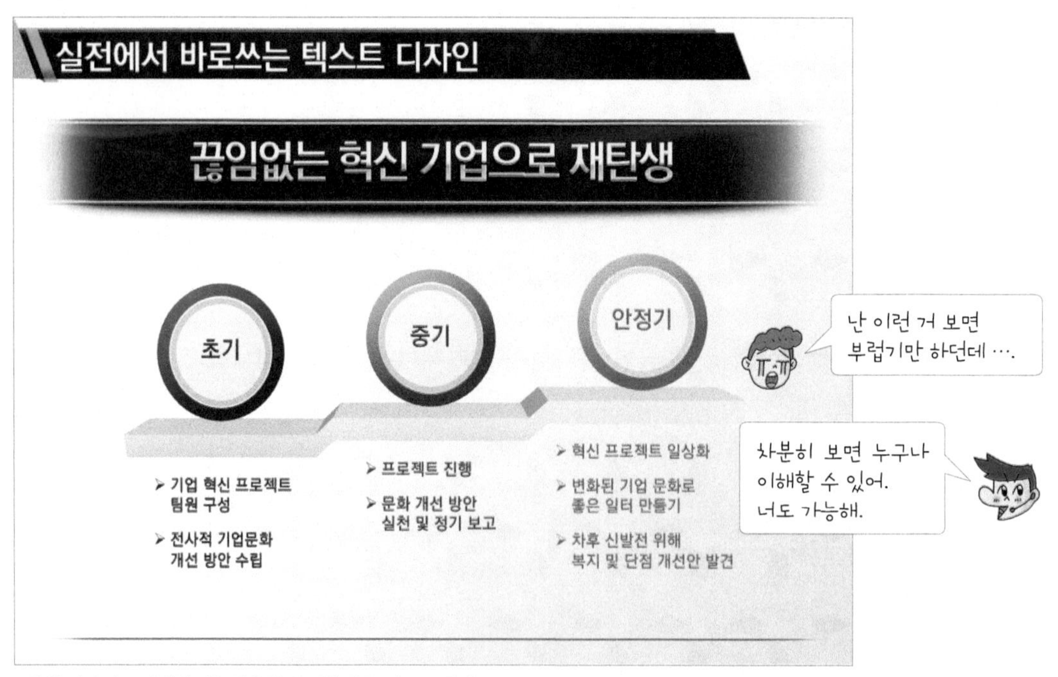

3차원 서식과 그라데이션을 이용해 완성한 실무 텍스트 효과

3차원 서식은 '정면'과 '측면' 모습을 동시에 생각하세요

파워포인트는 2차원으로 된 평면 슬라이드 위에 텍스트, 이미지, 도형과 같은 개체를 올려놓는 방식으로 자료를 만듭니다. 비유하자면 책상 위에 흰색 도화지가 있고 그 종이를 위에서 바라보는 모습입니다. 그렇기 때문에 평소 우리는 개체의 '높이'를 전혀 신경쓰지 않습니다.
3차원 효과의 기본 원리는 개체에 높이를 적용하는 것입니다. 그러나 파워포인트는 개체의 높이를 미리 보여 주는 기능을 제공하지 않습니다. 3차원 효과가 어려울 수밖에 없는 이유가 바로 여기에 있습니다. 결국 개체의 높이를 머릿속으로 상상할 수 있어야 3차원 서식을 제대로 사용할 수 있습니다.

아래 그림을 꼭 기억하세요. 이번 단원에서는 슬라이드의 정면과 측면, 이렇게 두 가지 모습이 자주 등장합니다. 정면은 우리가 평소에 보는 슬라이드의 모습, 측면은 슬라이드의 아랫부분을 90°로 세운 모습입니다. 측면 모습도 같이 확인하는 이유는 측면을 봐야 개체의 높이를 확인할 수 있기 때문입니다.

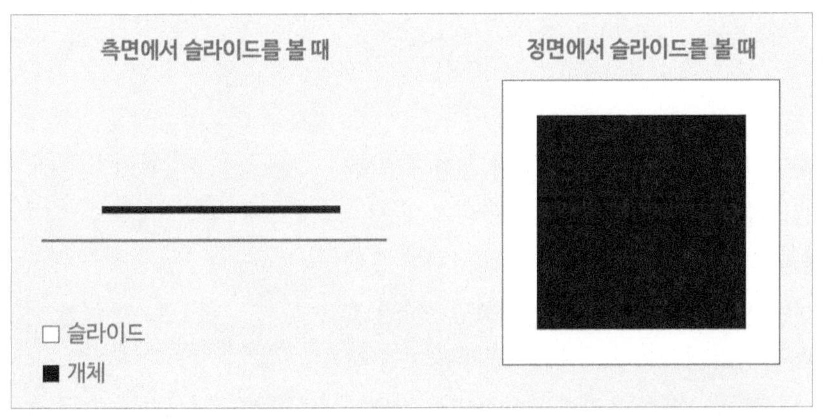

측면 모습은 3차원 효과의 특징을 표현하기 위해 바닥에서 약간 띄워 놓았습니다. 실제로는 슬라이드 위에 딱 붙어 있다고 생각하면 됩니다.

3차원 서식 옵션 이해하기

3차원 서식도 그라데이션 못지않게 옵션을 여러 개 갖고 있습니다. '위쪽 입체', '아래쪽 입체', '높이', '너비', '깊이', '외형선', '재질' 그리고 '조명'까지 참 다양합니다. 그러나 그라데이션 옵션을 공부할 때처럼 성격이 유사한 옵션끼리 묶어 학습하면 쉽게 이해할 수 있습니다. 이제부터 각 옵션이 지칭하는 부분이 어디인지 실습으로 하나하나 짚어 보겠습니다.

지금 해야 된다! } 3차원 서식 옵션 이해하기 - 위쪽 입체 그리고 너비와 높이

❶ 08장 예제 파일의 8번 슬라이드를 클릭합니다. 마우스 오른쪽 버튼으로 도형을 클릭하고 [도형 서식] 메뉴를 선택합니다.

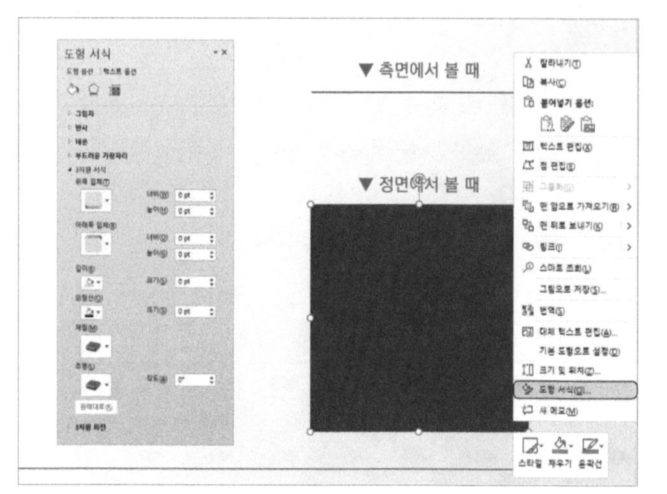

3차원 서식을 사용하려면 정면과 측면 모습을 꼭 이해해야 합니다.

❷ 화면 오른쪽에 [도형 서식] 창이 나타나면 [도형 옵션 - 효과] 메뉴 → [3차원 서식]을 클릭합니다. 가장 먼저 알아볼 옵션은 [위쪽 입체]입니다. 이 옵션에는 [너비]와 [높이]라는 세부 옵션이 딸려 있습니다. 이 세 가지 옵션만 정확히 이해하면 3차원 효과의 절반을 아는 것과 마찬가지입니다. '위쪽'은 '정면'이란 단어와 같다고 생각하면 쉽습니다. 평소 우리가 파워포인트 작업을 할 때 보는 그 모양입니다.

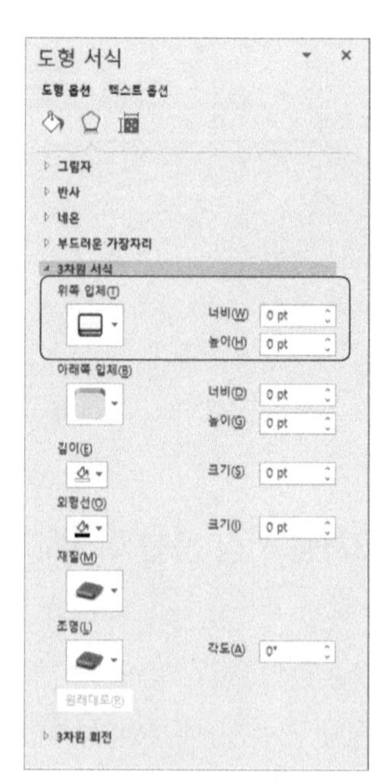

3차원 서식에서 볼 수 있는 다양한 옵션들

3 9번 슬라이드를 클릭합니다. 슬라이드 왼쪽에 있는 메뉴 이미지의 설정값대로 슬라이드 오른쪽 아래 도형에 3차원 서식을 적용하겠습니다. [위쪽 입체] 옵션은 [각지게]를 선택하고 [너비]와 [높이]에 각각 '30'을 입력합니다. 그러면 아래 그림과 같은 모습으로 바뀌는 것을 확인할 수 있습니다. '정면'은 평소에 작업하는 모습이라고 했습니다. 정면 작업을 할 때 아래 그림과 같은 '측면' 그림을 상상할 수 있어야 합니다.

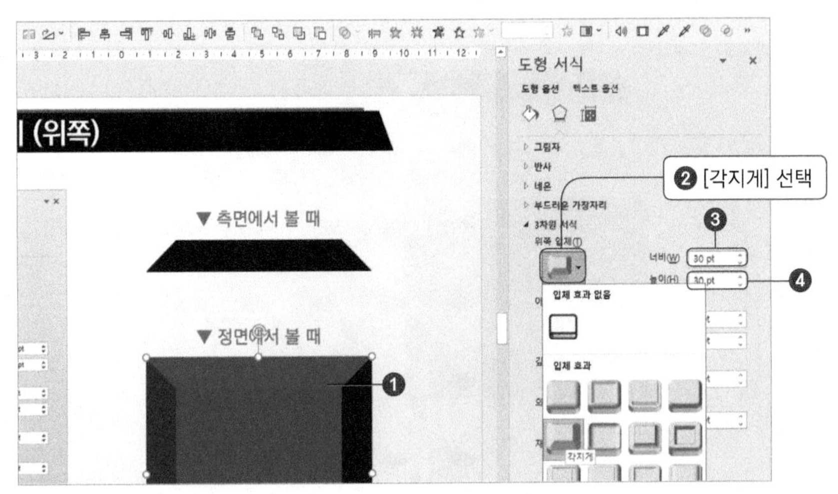

너비와 높이를 적용하자 측면 모습이 사다리꼴 모양으로 변경됐습니다.

4 10번 슬라이드를 보면 너비가 어느 부분을 의미하는지 알 수 있습니다. 너비는 개체를 정면에서 봤을 때 입체감이 나타나는 부분입니다. 마치 도형의 윤곽선처럼 보이기도 합니다. 측면과 정면 도형의 [너비]에 '50'을 입력합니다. 아래와 같은 그림을 확인할 수 있습니다.

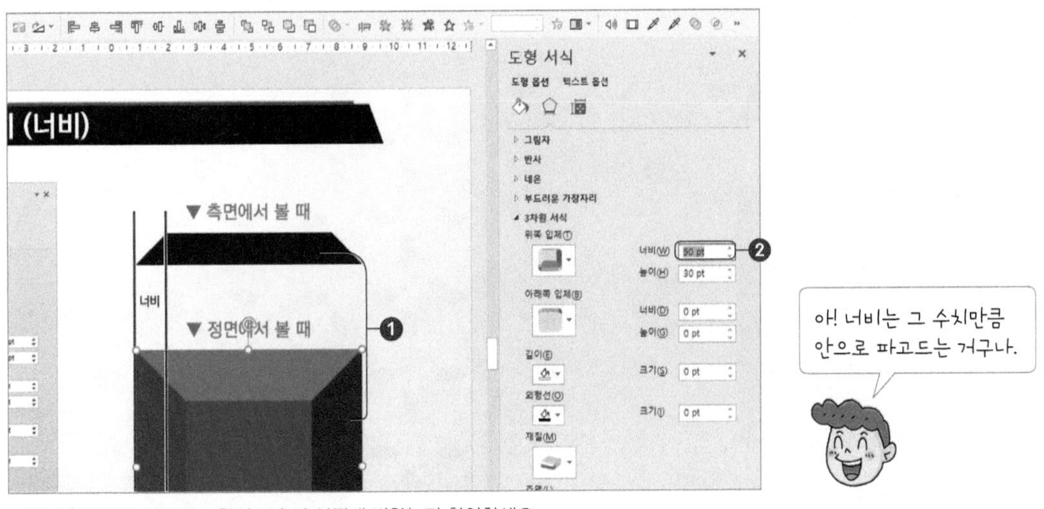

너비를 '50'으로 바꾸면 도형의 모습이 어떻게 변하는지 확인하세요.

5 '높이'는 무엇일까요? 높이는 정면이 아닌 측면에서 정확하게 확인할 수 있습니다. 11번 슬라이드를 클릭합니다. 높이가 어느 부분을 말하는지 이해되지요? 정면에서 볼 때는 감이 안 오지만, 측면에서 보면 높이가 무엇을 말하는지 명확하게 알 수 있습니다.

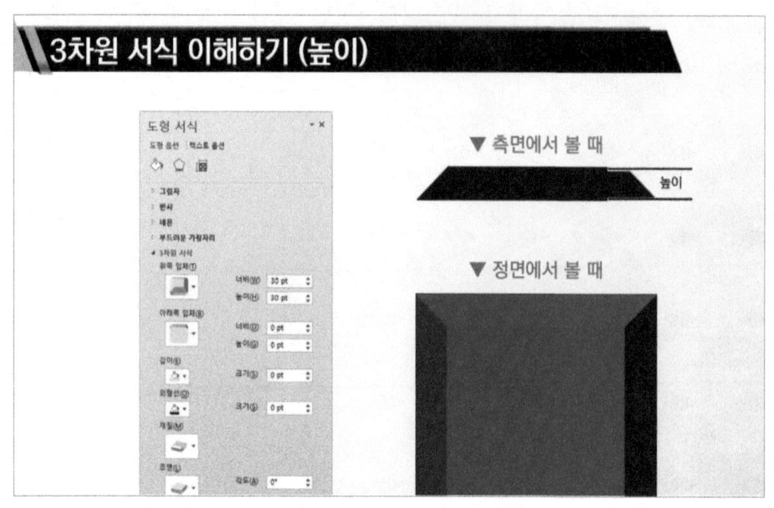

표시된 영역이 도형의 높이를 의미합니다.

6 정면에서도 높이의 변화를 가늠할 수 있습니다. 높이를 높이면 정면에 보이는 너비 부분의 색이 진해지기 때문입니다. 빛을 받는 부분과 받지 못하는 부분의 명암차가 뚜렷해지면서 나타나는 효과입니다. 직접 확인해 볼까요? 측면과 정면 도형을 모두 선택하고 [높이] 옵션에 '60'을 입력합니다. 정면 그림은 너비 부분의 색이 진해지고 측면 그림은 세로 길이가 아래쪽으로 더 길어진 것을 확인할 수 있습니다.

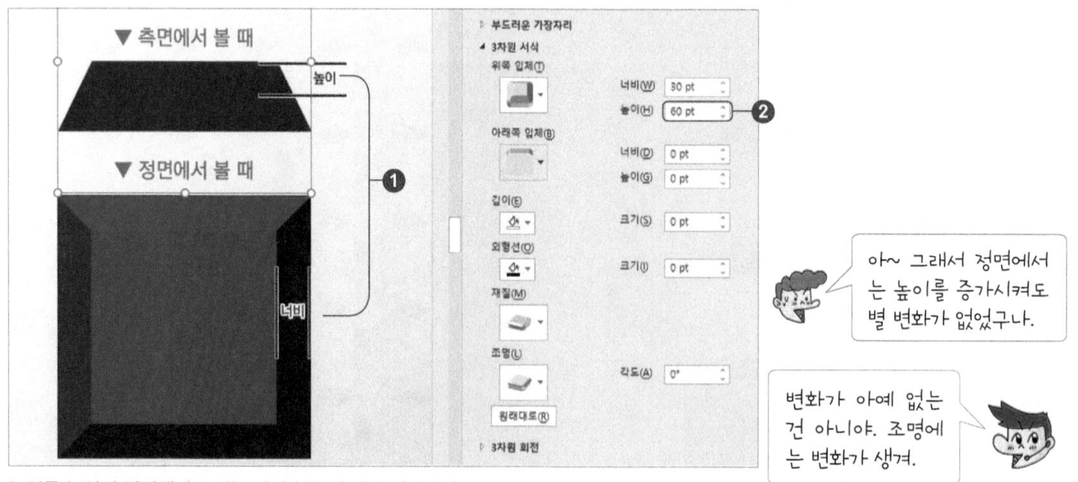

높이를 높이면 정면에서 보이는 너비 부분의 색이 진해집니다.

아래쪽 입체와 깊이

3차원 서식에서 말하는 '위쪽 입체' 그리고 너비와 높이 옵션을 이해했으면 '아래쪽 입체' 옵션도 쉽게 이해할 수 있습니다. 방향만 다를 뿐, 원리는 같기 때문입니다. 즉, 사각형이든 삼각형이든 특정 개체에 입체 효과를 적용하면 위쪽(위쪽 입체)과 아래쪽(아래쪽 입체)이 더 붙는다고 생각하면 됩니다.

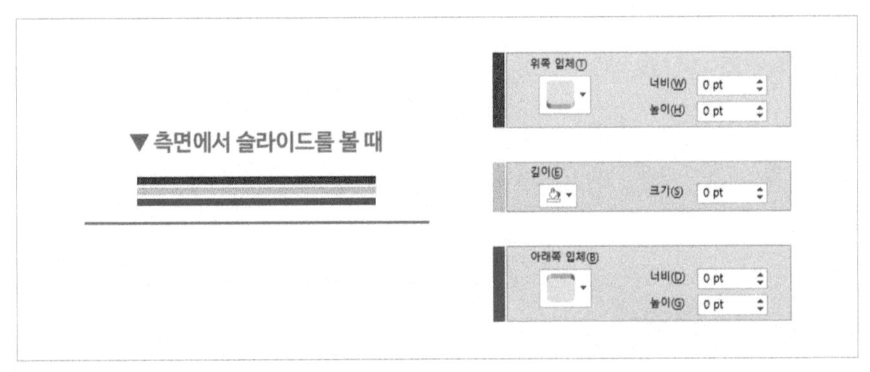

3차원 서식은 위쪽, 깊이, 아래쪽의 3개 면으로 구분됩니다.

'깊이' 옵션은 무엇을 의미할까요? 깊이는 위쪽과 아래쪽 사이에 있는 개체의 '중간 높이'라고 할 수 있습니다. 여기서는 위쪽 입체, 아래쪽 입체 그리고 깊이 옵션을 적용한 결과만 확인해 보겠습니다. 12번 슬라이드를 클릭합니다. 3차원 서식이 적용된 모습이 보이나요? 위쪽, 아래쪽 그리고 깊이가 어느 부분을 의미하는지 쉽게 이해될 것입니다.

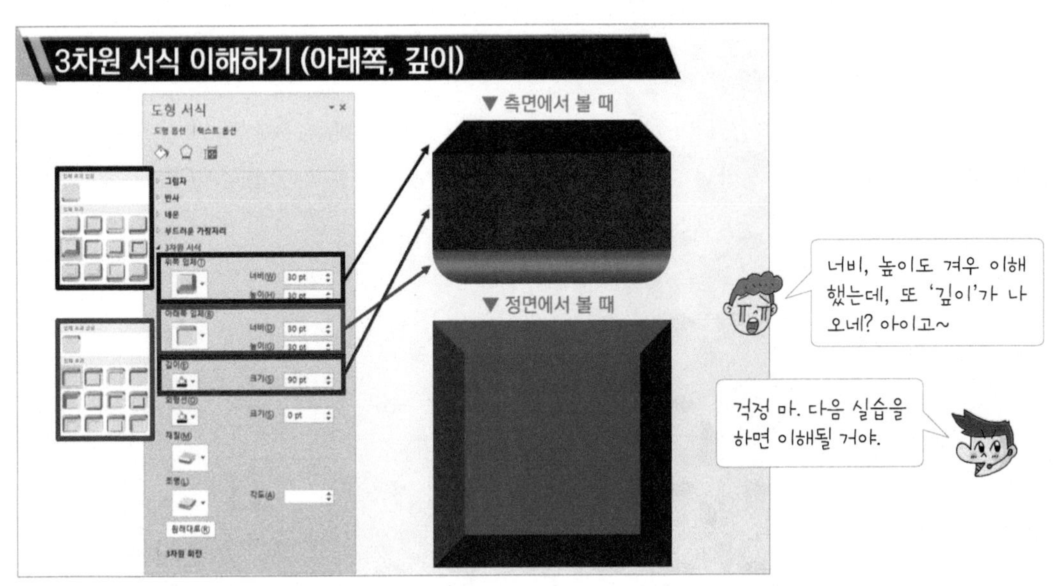

3차원 서식이 모두 적용됐을 때의 모습입니다.

3차원 회전 이해하기

사실 도형을 회전시키지 않으면 '아래쪽 입체'와 '깊이' 옵션의 값을 설정해도 정면에서는 아무런 변화가 없습니다. 아래쪽 입체와 깊이는 위쪽 입체(정면) 밑에서 구현되기 때문입니다. 그렇다면 아래쪽 입체와 깊이는 어떻게 확인할 수 있을까요? 네, 맞습니다. 도형을 조금만 회전시키면 되겠죠? 즉, 아래쪽 입체와 깊이 옵션은 개체를 회전시킬 때 유용한 옵션입니다.

지금 해야 된다! } 개체를 3차원으로 회전시키기

1 13번 슬라이드를 클릭합니다. 두 도형은 마치 서로 다른 도형인 듯 보이지만, 크기와 3차원 효과가 동일하게 적용된 똑같은 도형입니다. 단지 회전 값만 다를 뿐입니다. 정면으로 보이는 도형을 마우스 오른쪽 버튼으로 클릭하고 [도형 서식] 메뉴를 선택합니다.

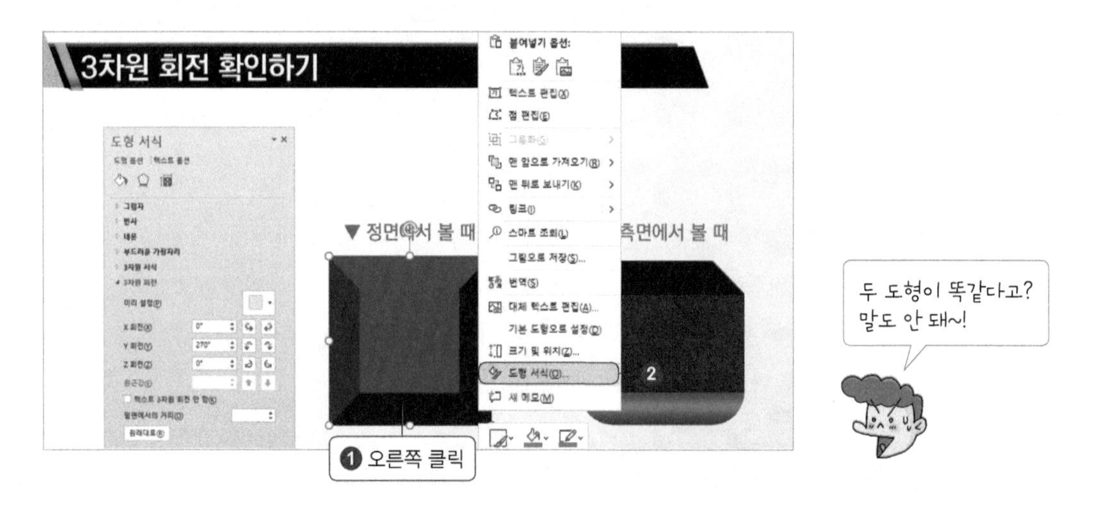

2 화면 오른쪽에 [도형 서식] 창이 나타나면 [도형 옵션 - 효과] 메뉴 → [3차원 회전]을 클릭해 [Y 회전] 값을 '270°'로 변경합니다. 두 도형의 모양이 같아진 것을 확인할 수 있습니다.

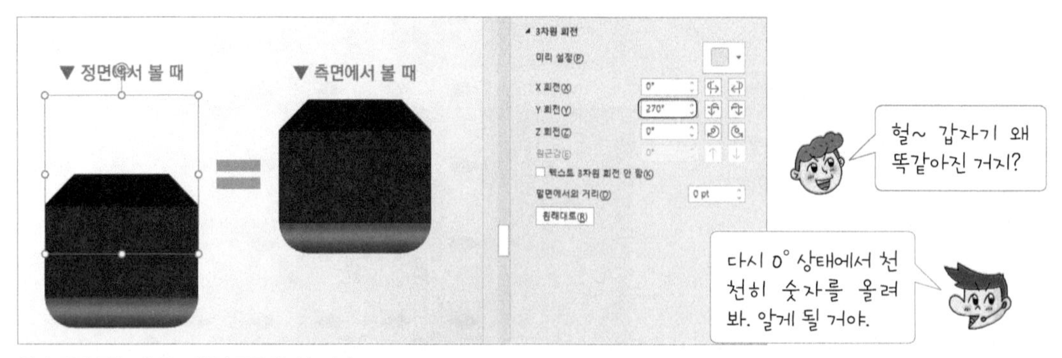

회전 값만 줬는데 두 도형이 똑같아졌습니다.

[전문가의 조언] 3차원 회전은 '미리 설정' 옵션을 적극적으로 활용하세요!

3차원 회전 관련 옵션들은 크게 '미리 설정'과 '회전'으로 나눌 수 있습니다. 이중 '회전' 옵션에 있는 X, Y, Z 회전은 수학 시간에 자주 봤던 X, Y, Z축과 같은 의미입니다. 그러나 실무에서 각각의 회전 값을 일일이 입력하는 일은 드뭅니다. 따라서 각 축을 기준으로 회전한다는 의미 정도만 이해해도 충분합니다.
그래서 실무에서는 '미리 설정' 옵션을 많이 사용합니다. 활용도가 높은 3차원 회전 효과를 미리보고 선택할 수 있기 때문입니다. '미리 설정' 옵션에서 3차원 서식을 선택한 후 필요에 따라 '회전' 옵션으로 세밀하게 조정하는 것이 훨씬 더 좋은 방법입니다.

▶ 3차원 서식 옵션에서 '텍스트 3차원 회전 안 함' 옵션을 선택하면 도형은 회전하지만 도형 안에 있는 텍스트는 회전하지 않고 평범하게 나타납니다.

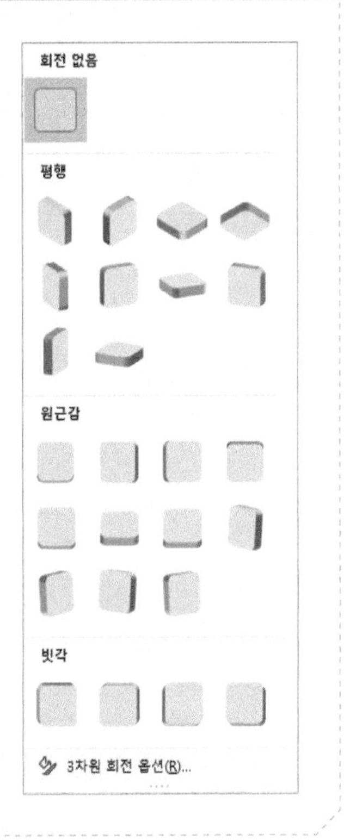

3차원 서식 - 외형선, 재질 그리고 조명

여기까지 잘 따라오셨다면 3차원 효과에 대해 90% 정도 이해하신 것입니다. 이제 3차원 서식에서 남은 옵션은 외형선, 재질, 조명입니다. 이 옵션들은 실무에서 활용 빈도가 크진 않지만, 입체 효과를 섬세하게 표현할 때 유용합니다.

지금 해야 된다! } 외형선, 재질 그리고 조명 옵션 설정하기

1 먼저 외형선! 일단 외형선이 어느 부분을 나타내는지 확인해 보겠습니다. 14번 슬라이드를 선택합니다. 정면과 측면 도형을 모두 선택하고 마우스 오른쪽 버튼을 클릭해 [개체 서식] 메뉴를 선택합니다. [3차원 서식]에서 [외형선] 옵션의 색을 [주황]으로 바꾸고 [크기]에 '8'을 입력합니다. 아래 그림을 보면 [외형선] 옵션은 [깊이] 옵션과 밀접한 관계가 있는 것을 확인할 수 있습니다.

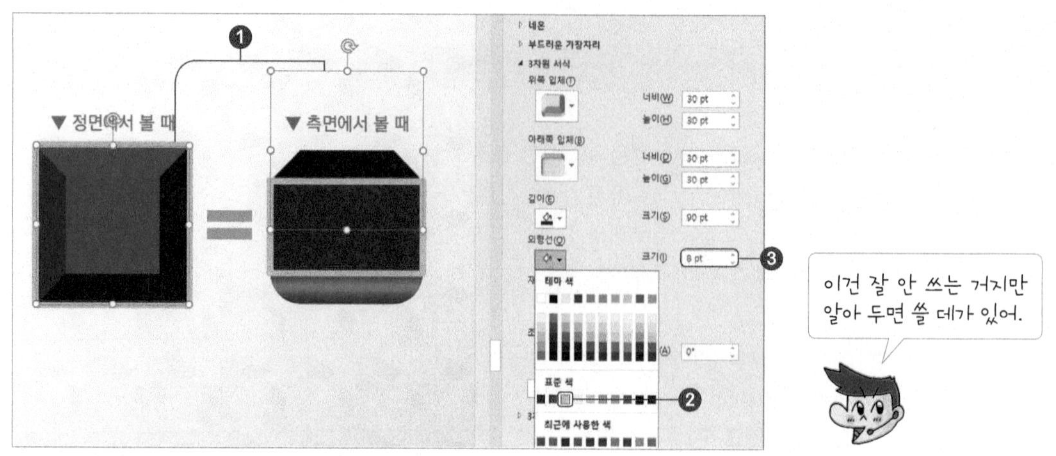

외형선의 색은 주황을 선택하고 크기는 '8'을 입력합니다.

2 두 번째로 재질! [재질] 옵션을 설정하면 같은 색이라도 다른 질감을 표현할 수 있습니다. 15번 슬라이드를 클릭하고 [3차원 서식] 메뉴로 들어갑니다. [재질] 옵션을 자유롭게 바꾸면서 재질에 따라 달라지는 질감의 차이를 확인해 보세요.

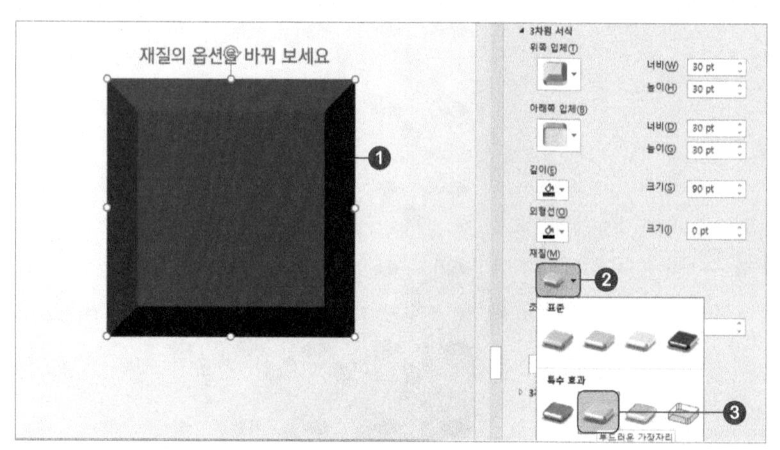

재질은 표준, 특수 효과, 반투명 등 총 11가지 옵션이 있습니다.

3 마지막으로 조명! [조명] 옵션을 이용하면 입체 효과가 주는 느낌을 따뜻하게 또는 차갑게 만들 수 있습니다. [재질] 옵션과 성격이 비슷하나 [조명] 옵션은 [각도]라는 세부 옵션이 있습니다. 여기서 각도는 빛이 비추는 방향을 뜻하며, 0°~359.9°까지 변경할 수 있습니다. 16번 슬라이드를 클릭하고 자유롭게 [조명] 옵션을 바꿔가며 차이를 확인해 보세요.

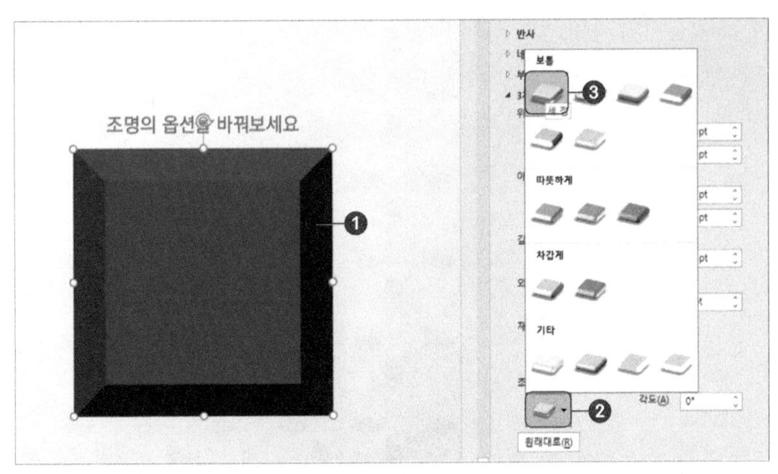

조명 옵션은 15가지 종류가 있고 각도를 0°~359.9°까지 변경할 수 있습니다.

3차원 서식을 텍스트에 사용해 보세요

지금까지 알아본 3차원 서식을 실무에서 어떻게 적용하면 좋을까요? 필자는 도형에 효과를 주기보다는 텍스트에 3차원 서식을 사용해 볼까 합니다. 그라데이션과 함께 사용하면 핵심 문장을 효과적으로 강조할 수 있기 때문입니다.

강조 텍스트를 꾸미는 대표적인 방법은 메탈 효과를 이용하는 것입니다. 3차원 서식으로 메탈 효과를 어떻게 표현할지, 어떤 차이가 나는지 직접 확인해 보겠습니다.

지금 해야 된다! } 메탈 효과를 이용해서 텍스트 강조하기

17번 슬라이드로 이동합니다. 화면 상단에 '끊임없는 혁신 기업으로 재탄생'이라는 강조 문장이 있습니다. 그런데 현재는 흰색으로 채워져 있어서 생각만큼 강조돼 보이지 않죠? 여기에 메탈 효과를 적용해 보겠습니다.

1 강조 문장을 블록 선택한 후 마우스 오른쪽 버튼을 클릭하고 [텍스트 효과 서식]을 선택합니다.

▶ 2010 이하 버전에서는 [텍스트 효과 서식] 창과 [도형 서식] 창이 별도로 분리돼 있습니다.

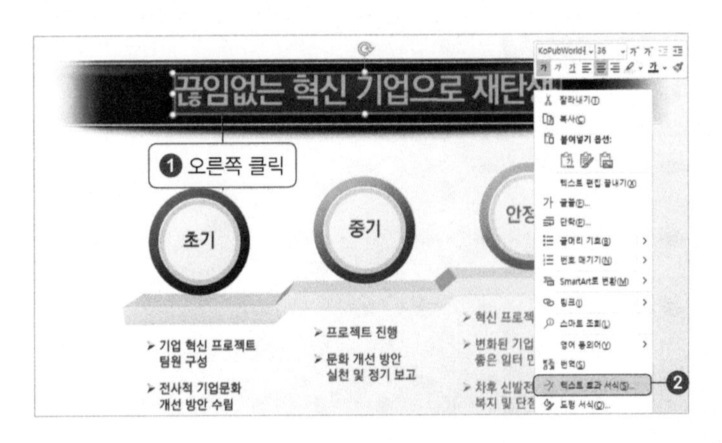

2 먼저 그라데이션을 입혀 보겠습니다. [텍스트 옵션 - 텍스트 채우기 및 윤곽선] 메뉴에서 [그라데이션 채우기]를 선택합니다. [종류]는 '선형', [각도]는 '90°'로 설정합니다. 그런 다음, 중지점을 4개 만들고 위치 값을 아래와 같이 입력합니다.

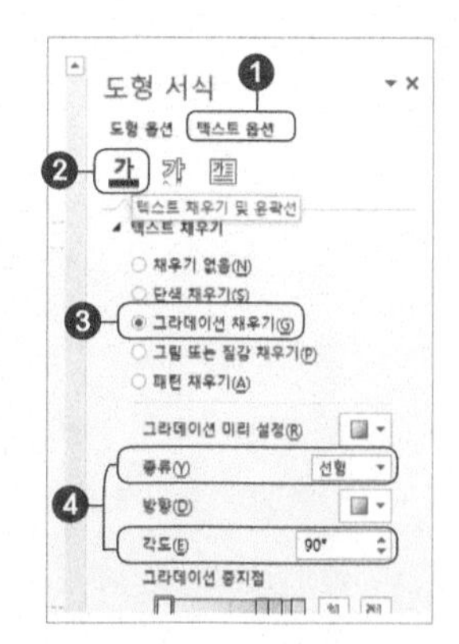

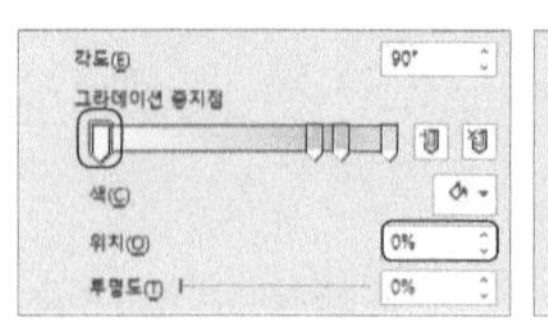
중지점 1을 0%에 위치

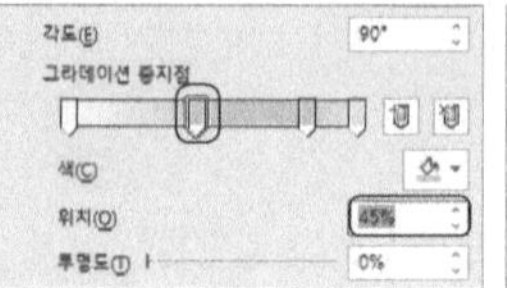
중지점 2를 45%에 위치

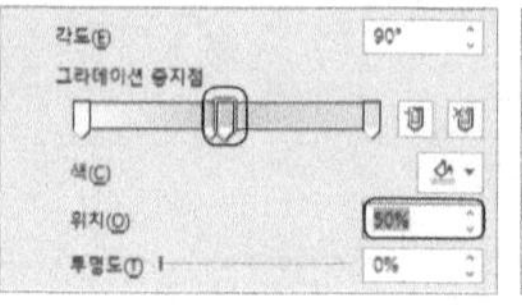
중지점 3을 50%에 위치

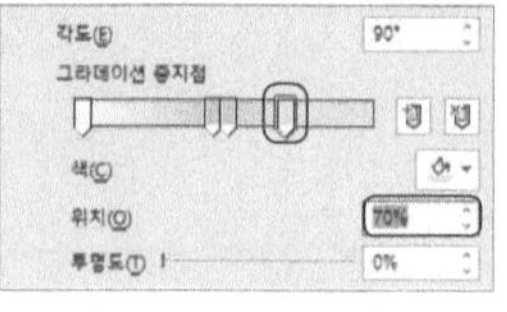
중지점 4를 70%에 위치

3 이어서 색을 변경합니다. 세 번째 색만 연한 회색(흰색, 배경 1, 25%, 더 어둡게)으로 변경하고 나머지는 모두 흰색으로 변경하세요.

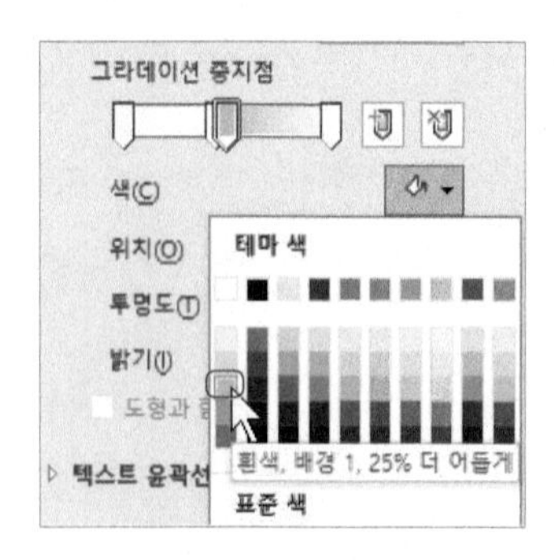

그라데이션이 적용된 모습입니다.

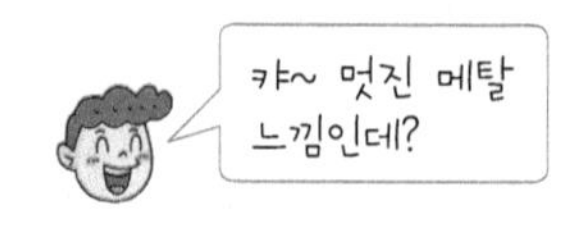

3차원을 배웠으니 텍스트에도 적용해 보자!

4 그라데이션을 적용했지만 입체적인 느낌이 조금 부족해 보입니다. 3차원 서식을 이용해 이를 보완해 보겠습니다. [텍스트 옵션 - 텍스트 효과] 메뉴에서 [3차원 서식]을 선택하고 [위쪽 입체] 옵션을 [각지게]로 설정합니다.

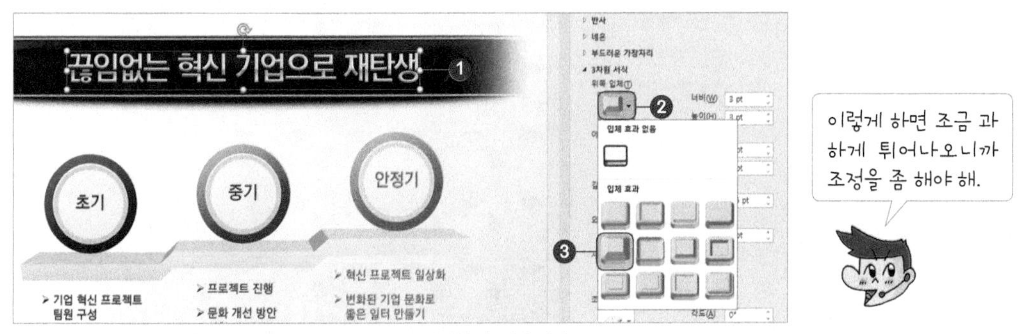

그라데이션에 3차원 서식을 지정하면 강조 효과를 극대화할 수 있습니다.

5 [너비]와 [높이]는 둘 다 '1pt'로 변경합니다. 이 수치는 고정된 값이 아닙니다. 먼저 1pt로 설정한 후 최종 결과물이 마음에 들지 않으면 다시 조절하면 됩니다. 이어서 [재질]은 [금속]으로 변경합니다. 얇게 입체 느낌을 주는 것입니다.

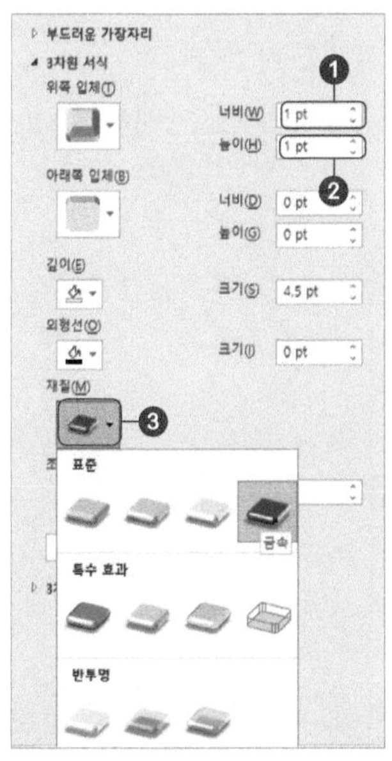

[너비]와 [높이] 모두 '1pt', [재질]은 '금속'으로 지정합니다.

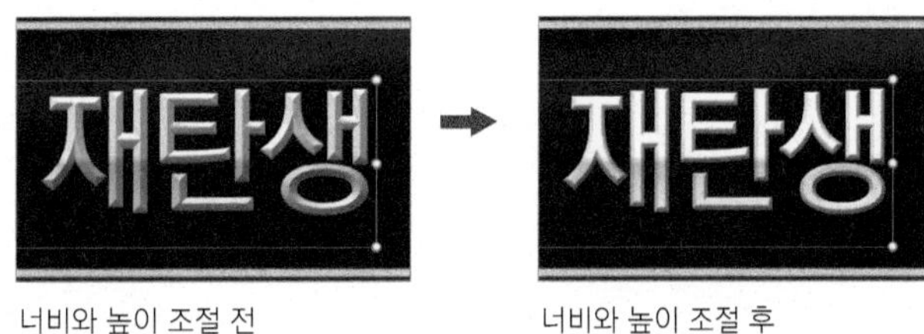

너비와 높이 조절 전

너비와 높이 조절 후

6 [조명]은 [균형있게]로 변경하고 조명의 [각도]는 '80°'로 변경합니다. 높이, 너비와 마찬가지로 조명의 각도 또한 최종 결과물이 마음에 들지 않으면 다시 조절하면 됩니다.

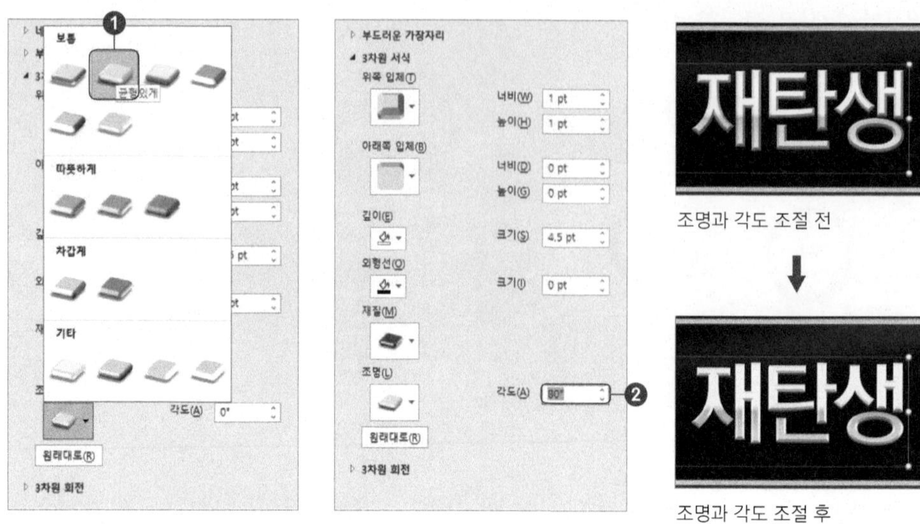

조명과 각도 조절 전

조명과 각도 조절 후

[조명]은 '균형있게'로 지정합니다.

[각도]는 80°로 변경합니다.

7 입체감이 많이 살아났나요? 지금까지 '그라데이션'과 '3차원 서식'만으로 텍스트에 입체감을 만들어 봤습니다. 이제 입체감을 더 자연스럽게 표현하는 방법을 알려드리겠습니다. 오른쪽 [도형 서식] 창에 있는 [그림자] 메뉴가 보이나요? [미리 설정] 옵션에서 [오프셋 아래쪽]을 선택합니다.

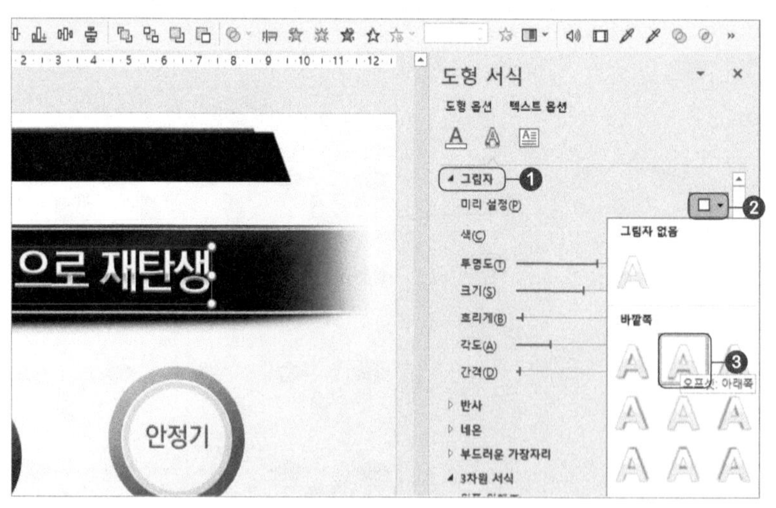

그림자 효과로 입체감을 더 자연스럽게 표현해 보겠습니다. [그림자] → [미리 설정] → [오프셋 아래쪽]을 선택합니다.

8 그림자의 [투명도]를 '20%', [간격]을 '5pt'로 변경합니다.

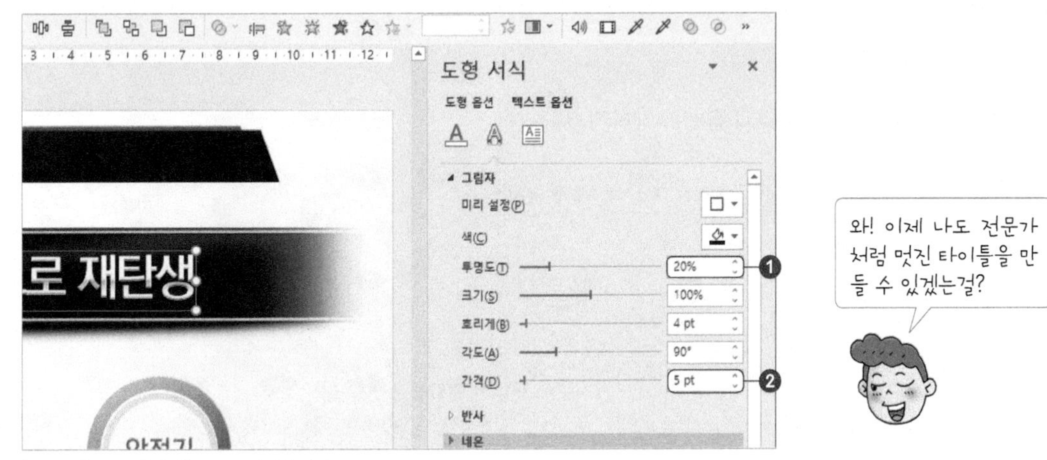

[투명도] 20%, [간격] 5pt로 지정합니다.

9 아래 그림처럼 완성된 효과를 확인할 수 있습니다. '그라데이션'과 '3차원 서식'으로 메탈 효과를 주고 '그림자' 효과로 입체감을 강조해 봤습니다.

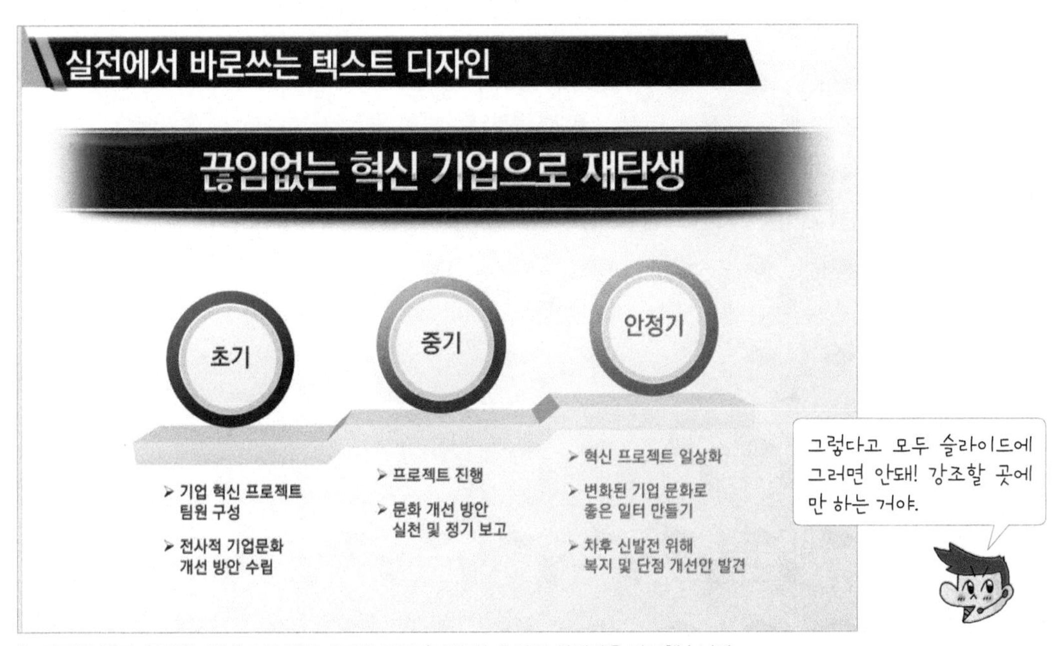

'그라데이션'과 '3차원 서식'으로 메탈 효과를 주고 '그림자' 효과로 입체감을 강조했습니다.

김 대리의 스프링 노트 08

• 그라데이션 효과 옵션 이해하기 **08-1**

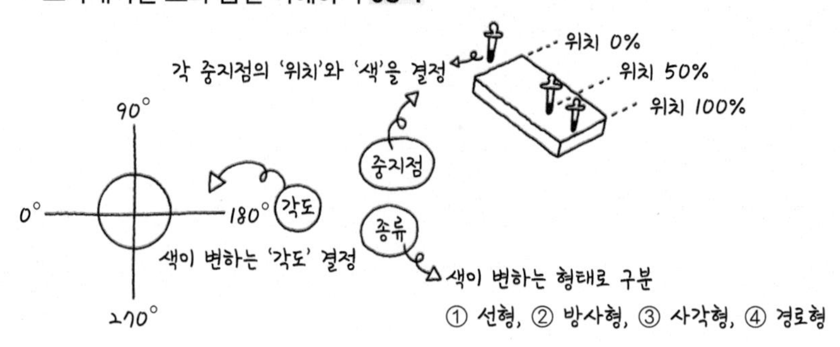

• 화살표 도형과 확대 표시 도형 **08-1**

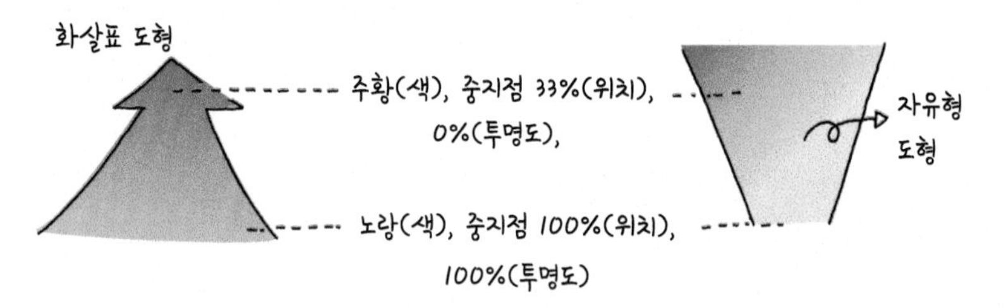

• 3차원 서식과 3차원 회전 **08-2**

-3차원 서식

측면에서 보는 개체의 모습 정확히 이해하기!

-3차원 회전

'미리 설정' 기능 적극 활용하기!

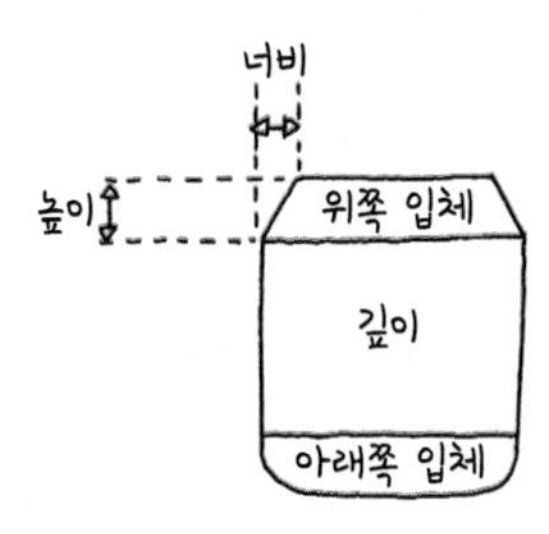

'김 대리의 스프링 노트'가 잘 이해되지 않는다면 한 번 더 복습해 보세요!

지금보다 더!
전달력을 높여 줄 표와 차트

쉬는 시간에 하늘 위에 떠가는 구름을 보니 부장님의 지시가 다시 떠올라 몸서리쳤다. 신제품의 성분표나 차트를 어떻게 넣을지도 막막해 친구에게 대뜸 물었다.

"그나저나, 너 엑셀도 잘하겠다?"

"아니. 나 엑셀 잘 못해."

"야, 그게 말이 돼? MVP라는 사람이…. 차트 같은 것도 필요하잖아."

"그래. 그렇지만 내가 엑셀 MVP는 아니잖아." 안 그래도 이번 시간에 간단하게 표와 차트 기능은 이야기할 건데, 내가 보는 기준에서의 차트는 어떤 메시지로 잘 표현되는지가 중요해."

#표스타일옵션 #세로막대형차트 #차트변경하기 #차트에그라데이션입히기 #선과표식

09-1 표를 손쉽게 다루는 방법

표를 삽입하는 것은 어렵지 않습니다. [삽입] 탭 → [표] 메뉴를 클릭했을 때 행과 열의 개수대로 만들면 되니까요. 오히려 표를 넣은 후 그 표를 수정하고 다듬는 게 중요한데, 이때 [표 디자인] 탭과 [레이아웃] 탭을 확실하게 알고 있어야 합니다.

시각적 요소를 다루는 '표 디자인' 탭

[표 디자인] 탭(2019 이하 버전에서는 [표 도구 - 디자인] 탭)

[표 디자인] 탭은 각 셀의 음영이나 색, 테두리, 스타일 등을 자유롭게 설정할 수 있습니다. 이 탭에서 중요한 그룹이 바로 맨 왼쪽에 있는 '표 스타일 옵션' 그룹입니다. 그 이유는 잠시 후 직접 실습하면서 확인해 보겠습니다.

공간적 요소를 다루는 '레이아웃' 탭

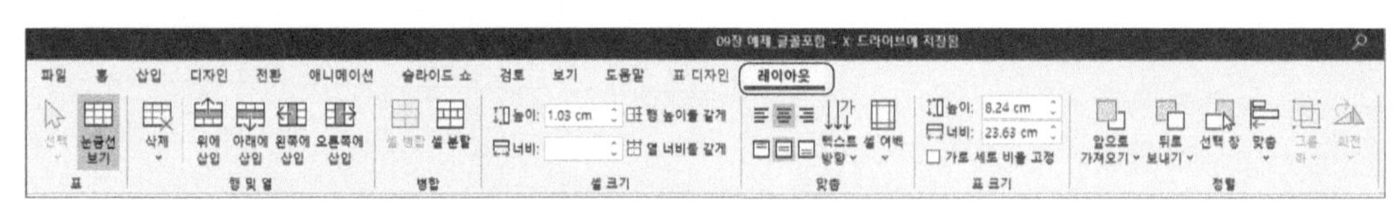

[레이아웃] 탭(2019 이하 버전에서는 [표 도구 - 레이아웃] 탭)

[레이아웃] 탭은 마우스 오른쪽 버튼으로 하기 어려운 '셀 크기' 그룹과 '맞춤' 그룹을 꼭 체크해 볼 필요가 있습니다. 이외에도 엑셀에서 복사해 PPT에 표 형태로 삽입할 때 여백이 원하는 대로 들어오지 않아 어려움을 겪는 경우가 많습니다. 따라서 '셀 여백'도 활용하는 것이 좋습니다.

[전문가의 조언] 2019 이하 버전은 메뉴 모양이 조금 다릅니다

오피스 365 버전과 2019 이하 버전은 메뉴가 조금씩 다릅니다. 2019 이하 버전에서는 [표 도구 - 디자인] 탭, [레이아웃] 탭으로 표시되지만, 기능은 같습니다.

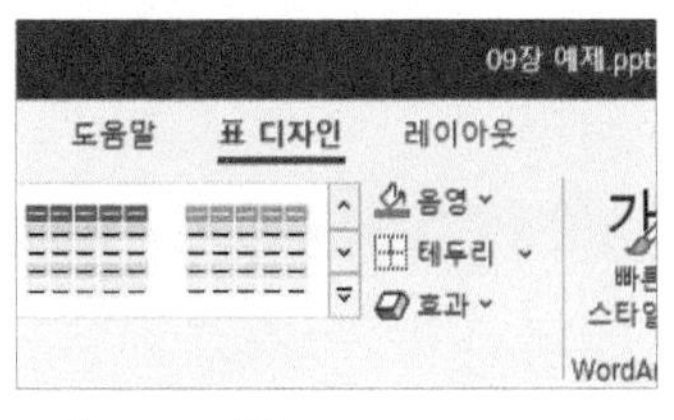

오피스 365 버전

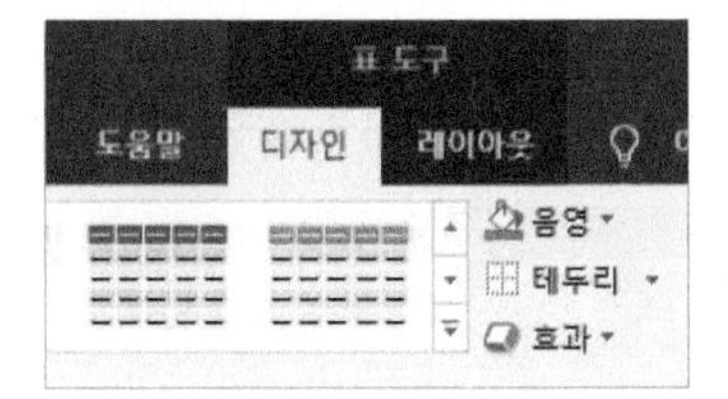

2019 이하 버전

'표 스타일'이 아니라 '표 스타일 옵션'이 먼저다

그동안 표를 삽입하고 나면 별 생각 없이 리본 메뉴에서 마음에 드는 표 스타일을 적용했을 겁니다. 그런데 표를 만들다 보면 첫 행이나 마지막 행을 특별히 강조하고 싶을 때가 있습니다. 이 경우에도 리본 메뉴에 있는 음영이나 테두리 메뉴를 사용해 서식을 임의로 적용했을 겁니다. 개체만 선택하면 원하는 메뉴가 리본 메뉴에 자동으로 나타나기 때문에 쉽게 적용할 수 있고 작업 흐름도 자연스러워 보입니다. 하지만 표에서만큼은 효율적이지 않습니다.

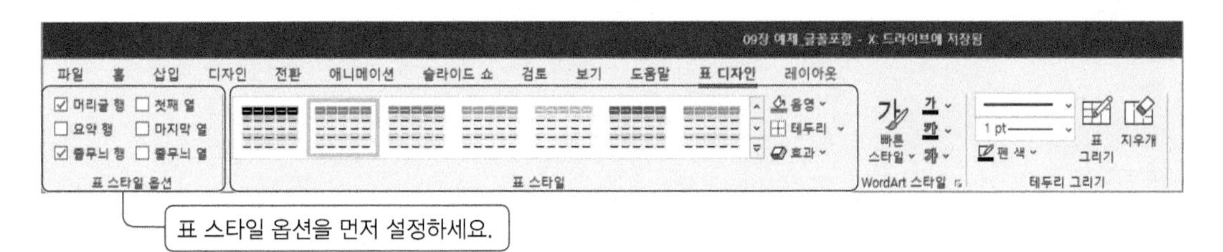

표를 디자인하는 작업은 알게 모르게 손이 많이 갑니다. 표의 음영, 테두리, 병합 여부 그리고 표 안에 들어가는 텍스트의 서식도 함께 고려해야 하는 작업이라 그만큼 시간도 많이 들죠.

작업 시간을 줄여 주고 효율적으로 표를 디자인할 수 있게 해 주는 메뉴가 바로 [표 디자인] 탭에 있는 '표 스타일 옵션'입니다. 이 옵션을 이용하면 머리글 행과 요약 행, 첫째 열과 마지막 열 등 중요한 부분을 빠르게 꾸밀 수 있습니다. 지금까지 일일이 셀 블록을 잡고 색깔을 바꿨나요? 이제부터는 전문가의 노하우를 배워 더 효율적으로 바꿔 보세요.

▶ 파워포인트에서는 표의 첫째 행을 '머리글 행', 마지막 행은 '요약 행'이라고 부릅니다.

지금 해야 된다! } 머리글 행과 요약 행을 강조하는 표 만들기

1 '**09장 예제**.pptx' 파일을 열고 1번 슬라이드를 클릭합니다. 머리글 행은 강조돼 있는데 합계가 입력된 요약 행은 평범합니다. 머리글 행뿐 아니라 요약 행까지 쉽고 빠르게 강조해 표를 완성해 보겠습니다. 표의 바깥쪽 테두리를 더블클릭하거나 표를 선택하면 나타나는 [표 디자인] 탭을 직접 클릭합니다.

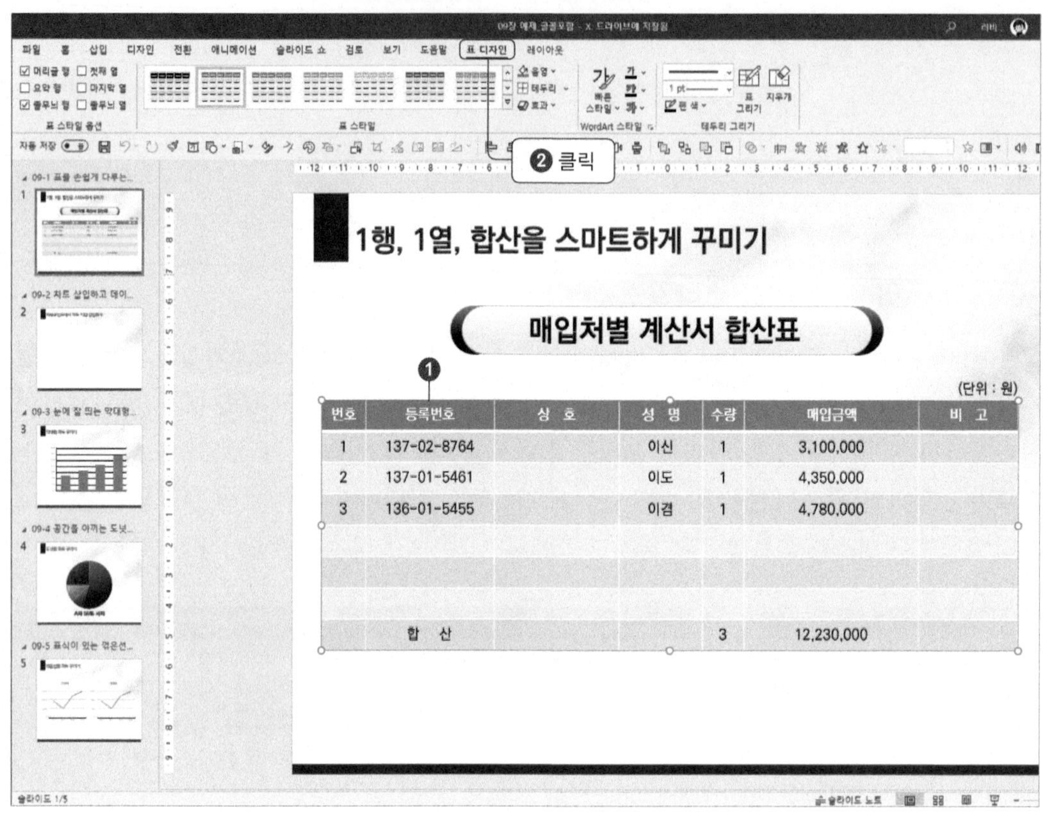

표를 꾸밀 때는 [표 디자인] 탭을 선택합니다.

2 지금 보이는 리본 메뉴에서 가장 중요한 메뉴가 왼쪽에 있는 [표 스타일 옵션] 그룹의 메뉴들입니다. 머리글 행, 요약 행, 줄무늬 행, 첫째 열, 마지막 열, 줄무늬 열, 이렇게 6개 옵션을 설정할 수 있습니다. 표를 삽입하면 기본으로 머리글 행과 줄무늬 행이 선택됩니다. 일단 모든 옵션을 체크 해제합니다.

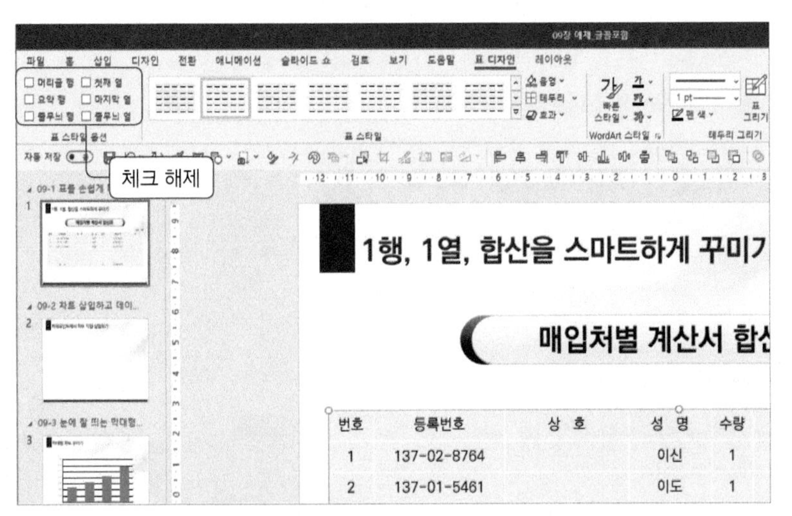

[표 스타일 옵션]에서 모든 옵션을 체크 해제합니다.

3 이제 각 옵션을 하나씩 체크하면서 어떤 부분이 변하는지 확인해 보겠습니다.

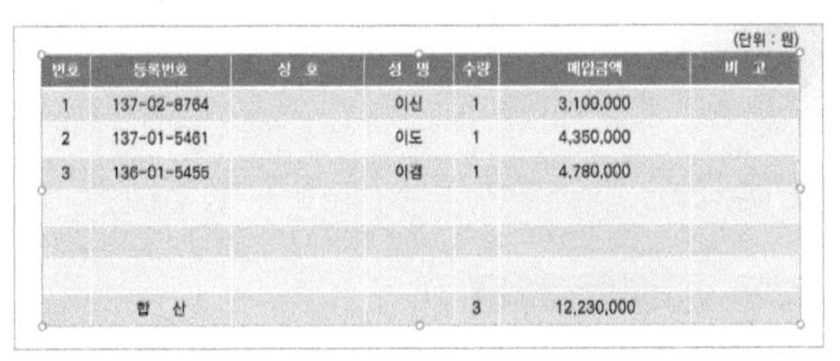

(단위 : 원)

번호	등록번호	상 호	성 명	수량	매입금액	비 고
1	137-02-8764		이신	1	3,100,000	
2	137-01-5461		이도	1	4,350,000	
3	136-01-5455		이겸	1	4,780,000	
	합 산			3	12,230,000	

[머리글 행] 선택

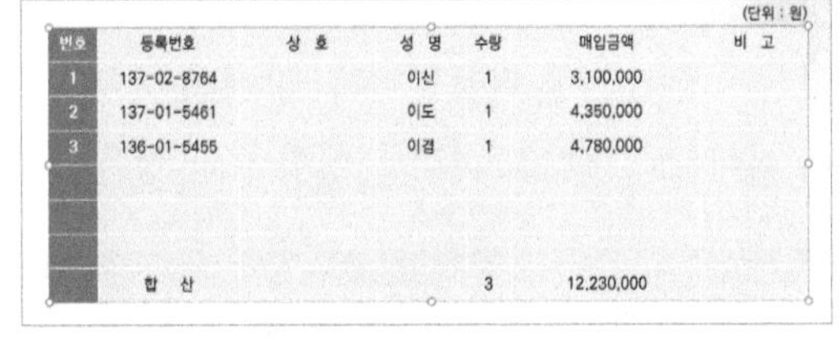

(단위 : 원)

번호	등록번호	상 호	성 명	수량	매입금액	비 고
1	137-02-8764		이신	1	3,100,000	
2	137-01-5461		이도	1	4,350,000	
3	136-01-5455		이겸	1	4,780,000	
	합 산			3	12,230,000	

[첫째 열] 선택

(단위 : 원)

번호	등록번호	상 호	성 명	수량	매입금액	비 고
1	137-02-8764		이신	1	3,100,000	
2	137-01-5461		이도	1	4,350,000	
3	136-01-5455		이겸	1	4,780,000	
	합 산			3	12,230,000	

[요약 행] 선택

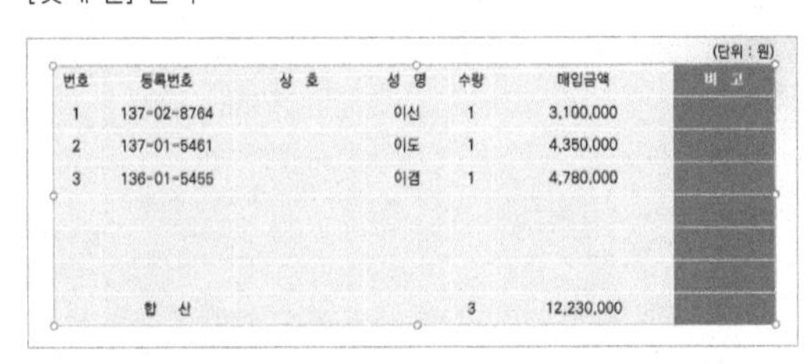

(단위 : 원)

번호	등록번호	상 호	성 명	수량	매입금액	비 고
1	137-02-8764		이신	1	3,100,000	
2	137-01-5461		이도	1	4,350,000	
3	136-01-5455		이겸	1	4,780,000	
	합 산			3	12,230,000	

[마지막 열] 선택

(단위 : 원)

번호	등록번호	상 호	성 명	수량	매입금액	비 고
1	137-02-8764		이신	1	3,100,000	
2	137-01-5461		이도	1	4,350,000	
3	136-01-5455		이겸	1	4,780,000	
	합 산			3	12,230,000	

[줄무늬 행] 선택

(단위 : 원)

번호	등록번호	상 호	성 명	수량	매입금액	비 고
1	137-02-8764		이신	1	3,100,000	
2	137-01-5461		이도	1	4,350,000	
3	136-01-5455		이겸	1	4,780,000	
	합 산			3	12,230,000	

[줄무늬 열] 선택

4 [표 스타일 옵션] 그룹의 옵션들은 원하는 표의 구성에 따라 자유롭게 선택하면 됩니다. 여기서는 [머리글 행], [요약 행], [줄무늬 행] 옵션을 선택하겠습니다.

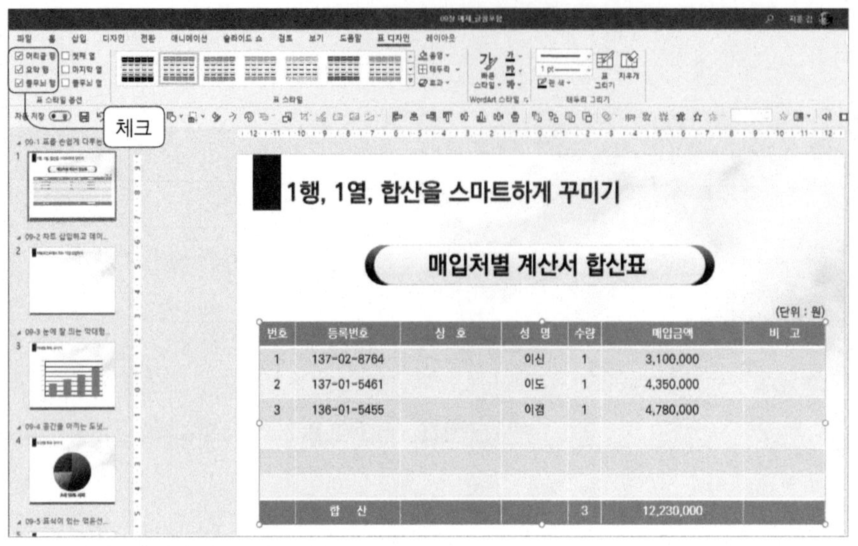

[머리글 행], [요약 행], [줄무늬 행] 옵션을 선택합니다.

5 이제 표 스타일을 적용할 차례입니다. [표 스타일] 그룹에서 [자세히(▼)] 버튼을 클릭합니다. 그러면 파워포인트가 기본으로 제공하는 표 스타일 목록이 펼쳐집니다. 종류가 워낙 많아 무엇을 선택해야 할지 난감하죠? 필자는 '[중간] 항목 세 번째 줄에서 두 번째 스타일'인 [보통 스타일 3 - 강조 1]을 적용합니다. 앞에서 줄무늬 행을 선택해 행들이 잘 구분되기 때문에 테두리선은 최대한 생략하고 머리글 행과 요약 행을 적당히 강조할 수 있는 스타일을 선정한 것입니다.

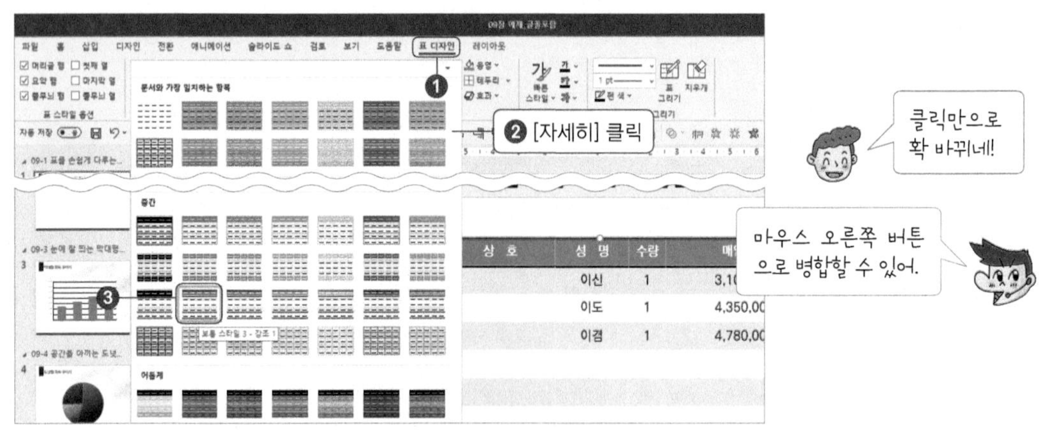

[중간] 항목의 세 번째 줄에서 두 번째 스타일을 선택합니다.

6 전체적인 표 디자인이 끝났습니다. 간단하죠? 이제 표의 모양을 잡고 텍스트만 잘 정리하면 됩니다. 이때 필요한 게 [레이아웃] 탭입니다. [레이아웃] 탭을 클릭합니다. 먼저 '합산'의 앞뒤 셀들을 하나로 병합하겠습니다. 요약 행의 1~4열을 드래그로 선택한 후 [병합] 그룹에서 [셀 병합] 메뉴를 클릭합니다.

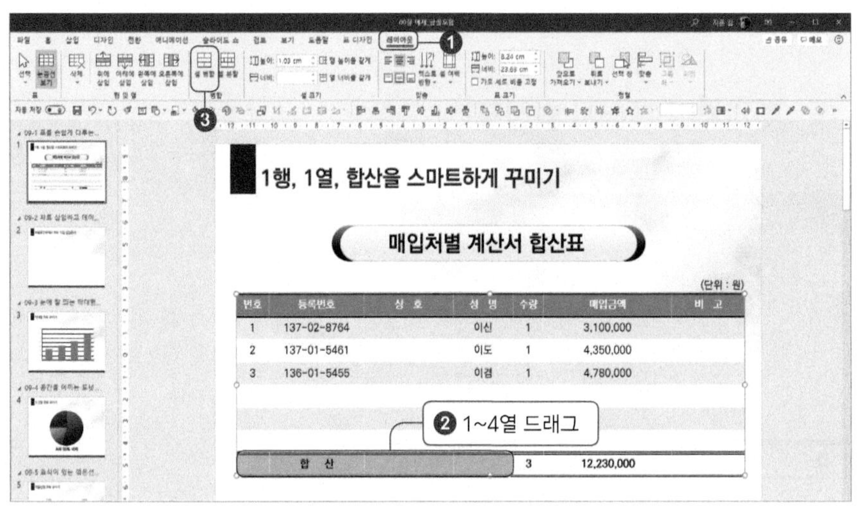

표의 모양을 잡을 때는 [레이아웃] 탭을 선택합니다.

7 마지막으로 열의 너비를 텍스트의 길이에 맞게 손쉽게 바꿔 보겠습니다. '등록번호' 열의 오른쪽 테두리에 마우스 커서를 올려놓으면 ⫲로 바뀝니다. 이때 더블클릭하면 '등록번호'의 열 너비가 텍스트 길이에 따라 자동으로 조절됩니다. 표의 전체 길이가 변경됐다면 다시 조절합니다.

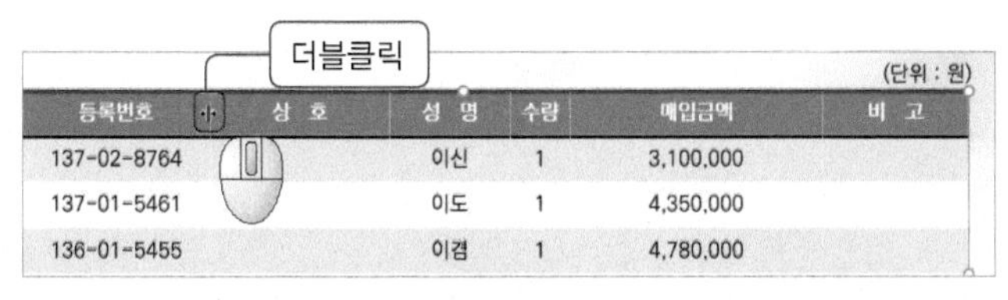

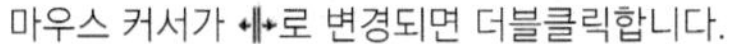
마우스 커서가 ⫲로 변경되면 더블클릭합니다.

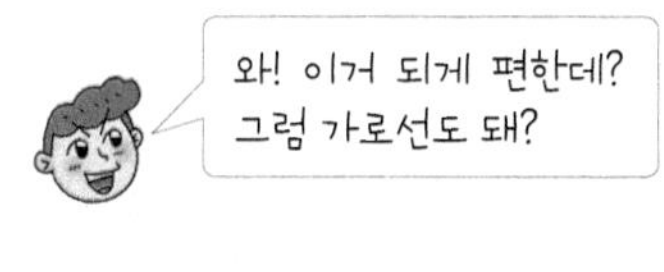

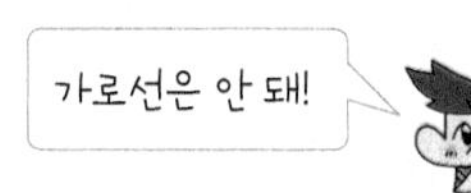

이로써 머리글 행과 요약 행을 강조한 표가 완성됐습니다. 훨씬 깔끔하죠? 꼭 기억하세요. 셀 서식을 바꿀 때는 표 스타일 옵션에서 강조할 행 또는 열을 먼저 선택하는 것이 중요합니다. 그러고 나서 표 스타일을 적용하고 표의 모양을 상세히 잡아 나가면 됩니다.

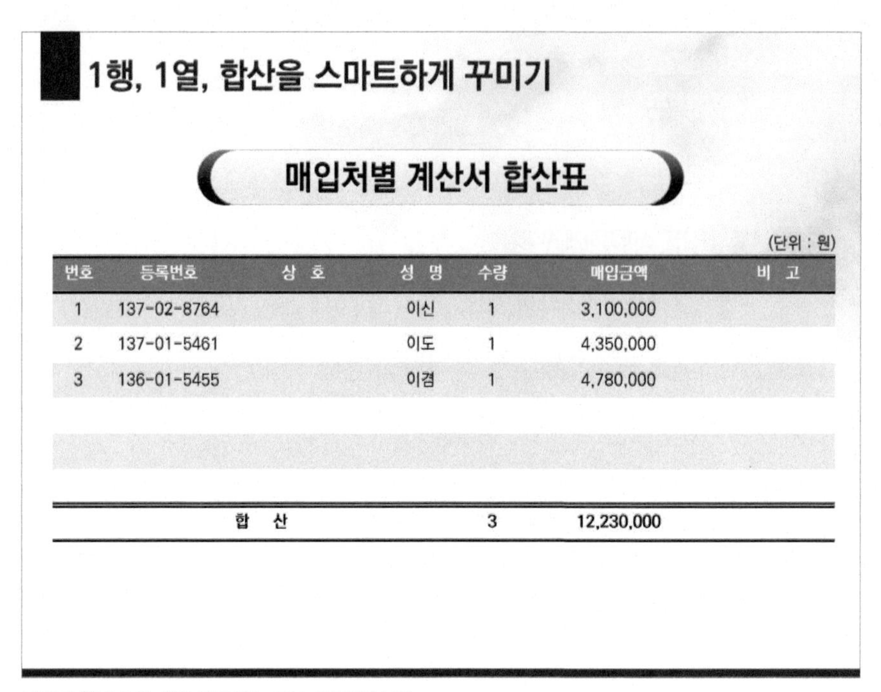

머리글 행과 요약 행을 강조하는 표를 완성했습니다.

09-2 차트 삽입하고 데이터 입력하기

엑셀? No! 파워포인트에서 직접 차트를 만들자

차트는 논리적인 주장을 펼칠 때 유용합니다. 보고서든 발표 자료든 상대방을 설득하는 것이 목적이기 때문에 각종 차트가 자주 등장하죠. 그런데 많은 분들이 차트라고 하면 가장 먼저 엑셀을 떠올립니다. 그래서일까요? 파워포인트에서 차트를 사용할 때 대부분 엑셀에서 차트를 만들고 파워포인트로 연동시킵니다. 그러나 이렇게 하면 두 문서 가운데 하나만 없어도 문제가 됩니다. 게다가 두 문서를 모두 관리해야 하기 때문에 번거롭죠.

차트는 파워포인트에서 직접 삽입하는 방법을 추천합니다. 파워포인트의 차트 삽입은 데이터를 입력할 때만 엑셀 기능을 끌고 오는 방식이기 때문에 데이터를 입력하기도 쉽고 관리하기도 도 편리합니다. 그럼 실습해 볼까요?

지금 해야 된다! } 세로 막대형 차트 삽입하기

1 09장 예제 파일의 2번 슬라이드로 이동하면 빈 화면이 나타납니다. 이곳에 직접 차트를 넣어 보겠습니다. [삽입] 탭을 클릭하고 [일러스트레이션] 그룹 → [차트] 메뉴를 선택합니다.

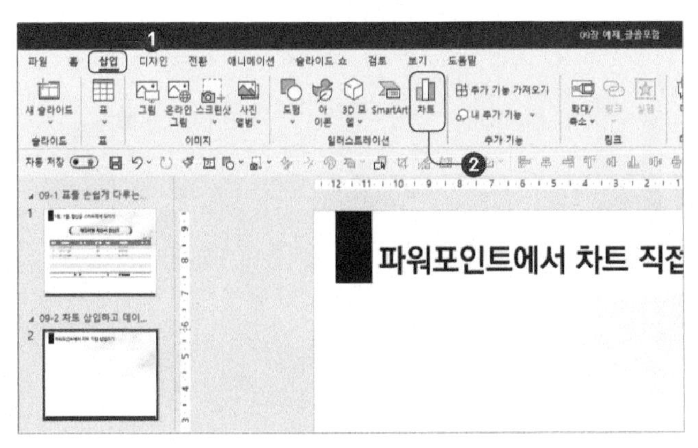

차트 삽입 메뉴는 [삽입] 탭에 있습니다.

❷ [차트 삽입] 창에서 다양한 종류의 차트를 확인할 수 있습니다. 여기서는 실무에서 자주 사용하는 막대형 차트를 넣어 보겠습니다. [세로 막대형 - 묶은 세로 막대형]을 선택한 후 [확인] 버튼을 클릭합니다.

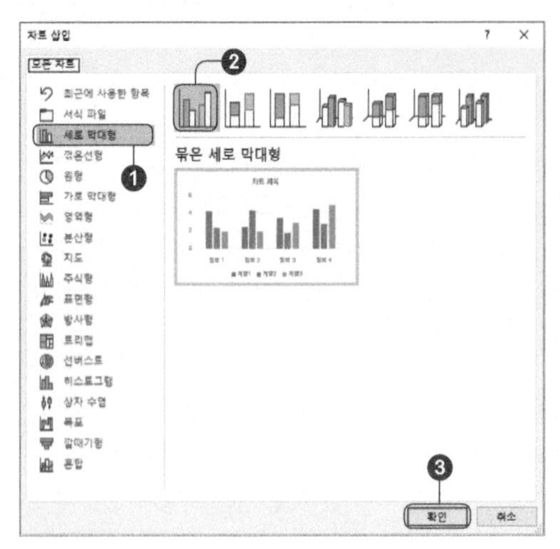

[세로 막대형 - 묶은 세로 막대형] 차트를 선택합니다.

❸ 차트가 생성된 동시에 임의의 데이터가 입력된 창이 나타납니다. 이 창은 데이터를 편집할 때만 나타납니다. 굳이 별도의 엑셀 파일을 만들 필요가 없는 것이죠.

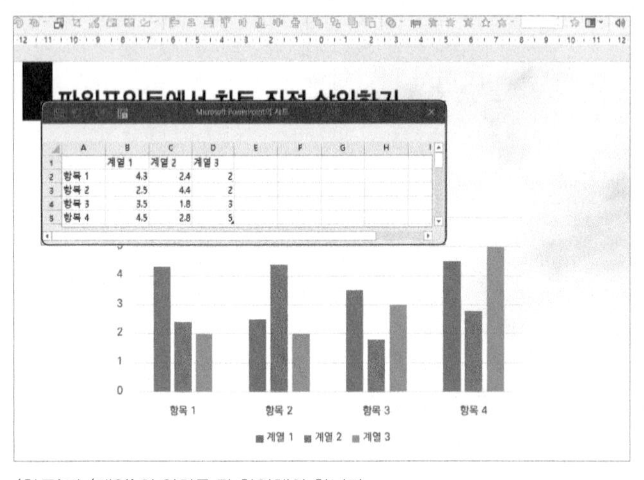

'항목'과 '계열'의 위치를 잘 확인해야 합니다.

4 데이터를 수정해 보겠습니다. 현재 항목 1, 계열 1이 만나는 [B2] 셀에 '4.3'이 입력돼 있습니다. 이 셀을 더블클릭한 후 '1.1'을 입력하고 Enter 키를 누릅니다. 그러면 가장 왼쪽에 있는 막대가 확 줄어든 것을 확인할 수 있습니다. 이렇듯 데이터를 수정하면 차트에 즉각 반영됩니다.

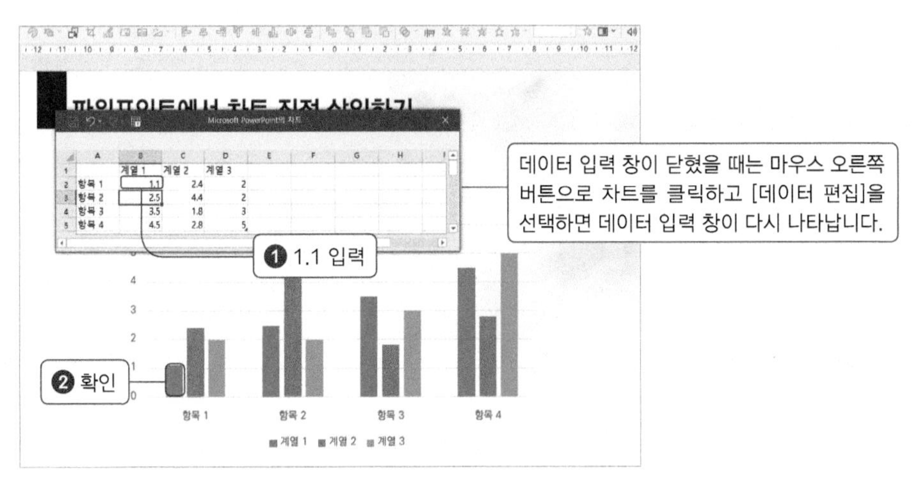

데이터를 수정하면 차트에 즉각 반영됩니다.

5 차트 오른쪽으로 버튼이 3개 보입니다. 이 버튼들을 이용하면 차트를 빠르고 쉽게 편집할 수 있습니다. 예를 들어 차트의 다양한 요소를 나타내거나 숨기고 싶다면 맨 위의 [차트 요소(+)] 버튼을 클릭하면 됩니다. 여기서는 [축 제목]을 추가로 선택하겠습니다.

▶ 이 3개 버튼은 2013 버전부터 사용할 수 있습니다. 2010 이하 버전은 리본 메뉴에서 편집할 수 있습니다.

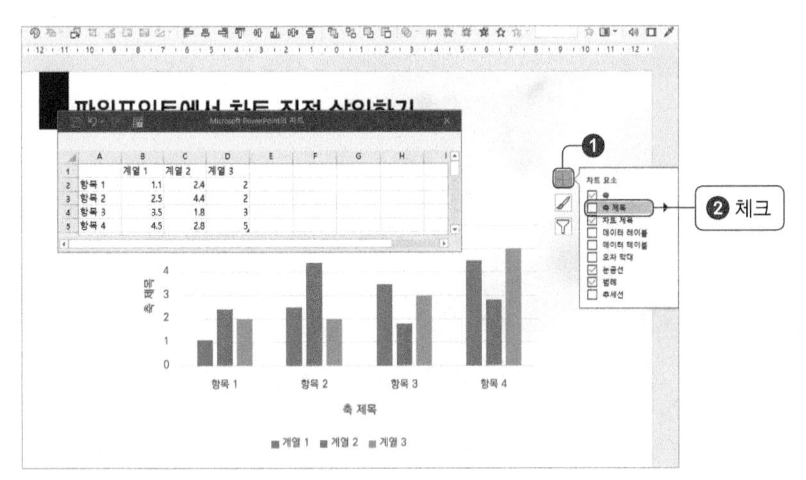

+를 누르고 축 제목을 선택합니다.

❻ 두 번째는 [차트 스타일(🖌)] 버튼입니다. 차트 스타일은 리본 메뉴에서도 바꿀 수 있지만, 이 버튼을 사용하면 리본 메뉴까지 마우스를 이동하지 않고도 빠르게 변경할 수 있습니다. [스타일 3]으로 변경해 보죠.

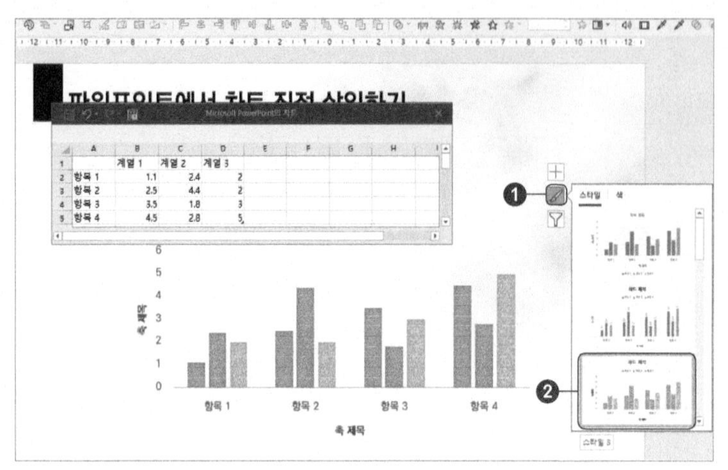

🖌 버튼을 누르면 차트 스타일을 변경할 수 있습니다.

❼ 마지막은 [차트 필터(▼)] 버튼입니다. 이 버튼을 누르면 원하는 항목과 계열만 선택해서 볼 수 있습니다. 차트가 어떻게 변하는지 자유롭게 선택해 보세요. 마음껏 변경해 봤다면 다시 [차트 필터(▼)]를 열고 계열과 범주 항목을 모두 선택한 후 [적용] 버튼을 누릅니다.

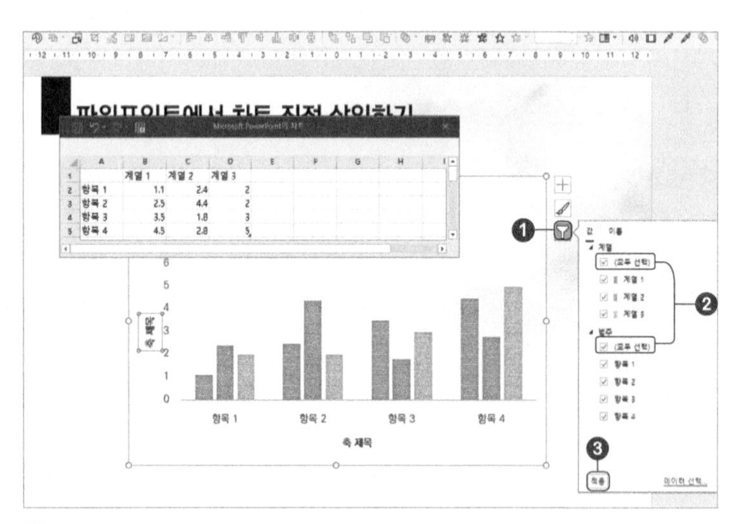

▼ 버튼을 누르면 계열과 범주를 선택할 수 있습니다.

8 차트가 화면에 꽉 차도록 크기를 키워 보겠습니다. 차트의 왼쪽 아래에 있는 크기 조절 핸들을 드래그합니다. 다른 크기 조절 핸들도 적당히 움직여 보세요.

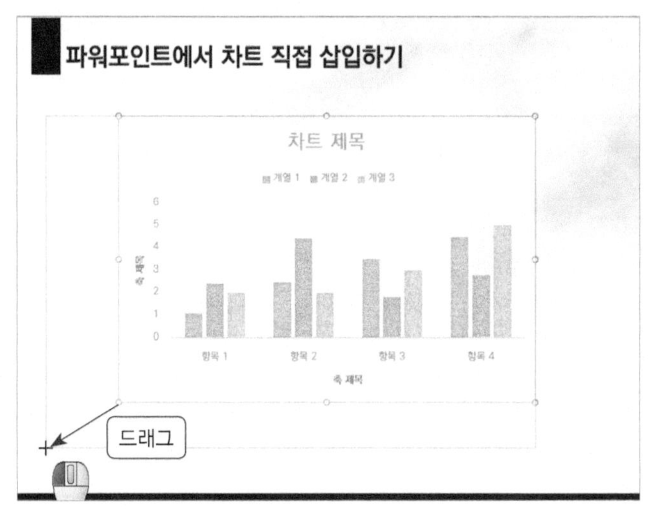

차트의 크기 조절 핸들을 드래그하세요.

차트의 크기가 변하면 막대의 너비와 높이도 자동으로 조절된다구!

9 직접 '차트 제목'과 '축 제목'을 입력해 보세요. 그런 다음, [데이터 편집]을 열고 '항목'과 '계열' 이름도 자유롭게 수정해 아래 그림처럼 차트를 완성해 보세요.

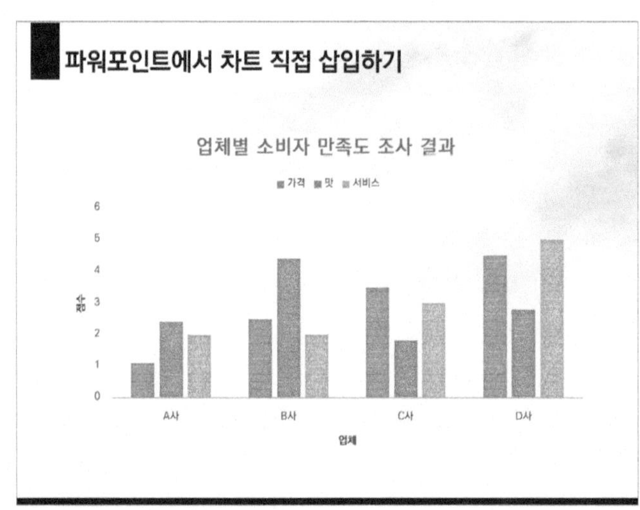

옵션을 자유롭게 수정해 나만의 차트를 완성해 보세요.

09-3 눈에 잘 띄는 막대형 차트 꾸미기

차트는 차트 기능에서!

차트를 삽입하는 것은 간단하지만, 차트를 보기 좋게 꾸미는 일은 쉽지 않습니다. 그래서 차트에 자신 없는 분들은 막대형 차트를 만들 때 차트 기능을 사용하지 않고 직사각형 도형을 삽입해 막대형 차트처럼 만들기도 합니다. 데이터의 수정이 많지 않다면 괜찮겠지만, 그렇지 않다면 그때마다 막대의 길이를 수정해야 하므로 손이 많이 갑니다. 차트를 쉽게 꾸미려고 하다가 오히려 일이 더 커질 수 있는 거죠. 그리 좋은 습관은 아닙니다. 차트를 만들 때는 가급적 차트 기능을 사용하는 것이 좋습니다.

차트를 구성하는 요소와 영역 이해하기

많은 사람이 차트 꾸미는 작업을 어려워합니다. 왜 그럴까요? 그 이유는 차트를 구성하는 요소는 하나가 아니기 때문입니다. 차트는 축, 눈금선, 막대 등 여러 요소로 이뤄져 있습니다. 이 요소들의 서식을 모두 고려해야 차트의 완성도를 높일 수 있는데, 차트 요소에 대한 이해 없이 무작정 서식을 바꾸려고 하다 보니 어려울 수밖에 없는 것입니다.
차트를 보기 좋게 꾸미려면, 먼저 차트를 구성하는 요소를 이해하고 각 요소에 해당하는 영역을 구분할 수 있어야 합니다. 그렇지 않으면 차트의 이곳저곳을 클릭하면서 서식을 바꿀 때 내가 원하는 곳이 아니라 다른 곳의 서식이 바뀌는 당황스러운 일이 발생합니다.
아래 그림에서 가장 기본이 되는 다섯 가지 구성 요소를 확인해 보세요.

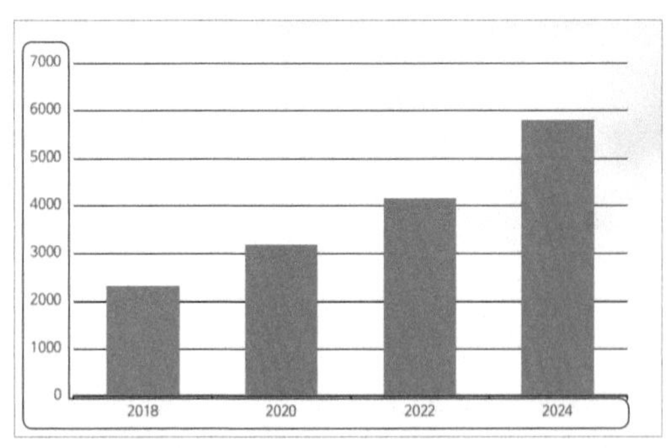

축 서식(가로 축과 세로 축으로 구분됩니다.

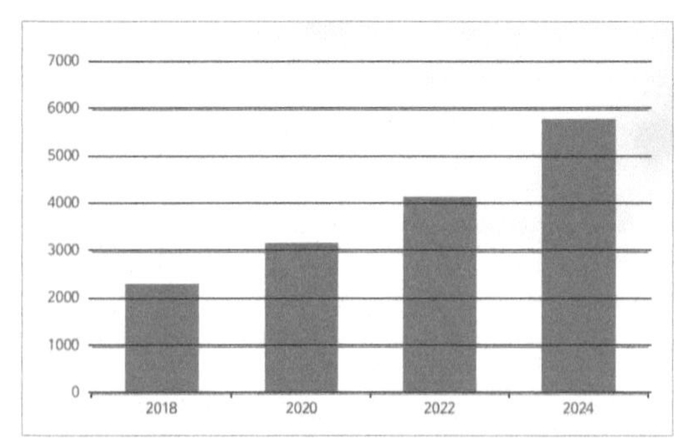

눈금선 서식

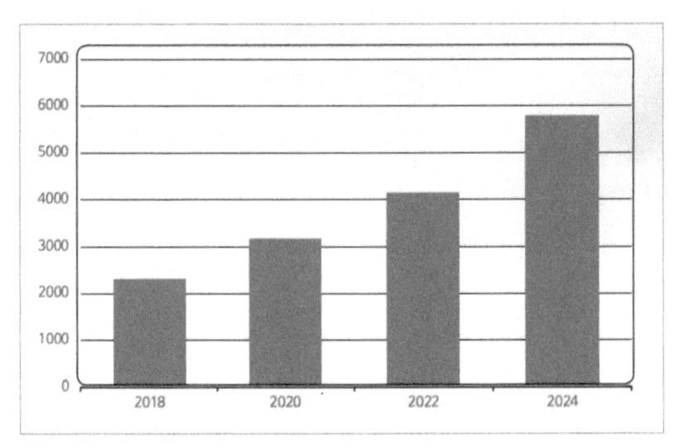

그림 영역 서식

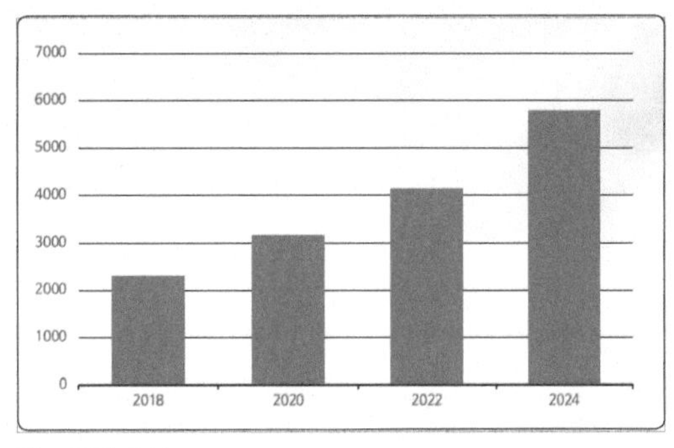

차트 영역 서식

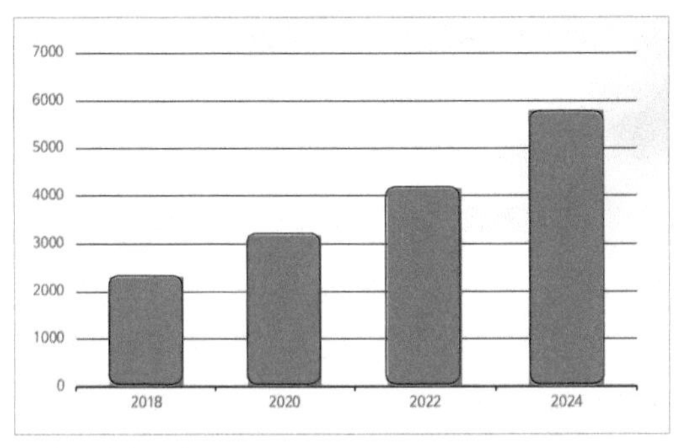

데이터 계열 서식

차트만 잘 꾸며도 전달력이 높아집니다. 아래 실습을 차근차근 따라 해 보세요. 차트를 구성하는 각 요소의 서식을 바꿀 때마다 차트가 어떻게 변하는지 눈여겨보면서 실습하기 바랍니다.

지금 해야 된다! } 막대형 차트 꾸미기

1 3번 슬라이드로 이동합니다. 우리가 평소 쉽게 볼 수 있는 막대형 차트가 있습니다. 그런데 눈금선이 짙은 실선인 데다 눈금이 축 밖으로 삐져나와 있어 막대가 눈에 확 띄지 않습니다. 이 실선들을 하나씩 정리해 줘야겠죠?
먼저 차트 왼쪽에 있는 세로 축의 서식을 깔끔하게 바꿔 보겠습니다. 세로 축을 선택한 후 마우스 오른쪽 버튼을 클릭해 [축 서식] 메뉴를 선택합니다.

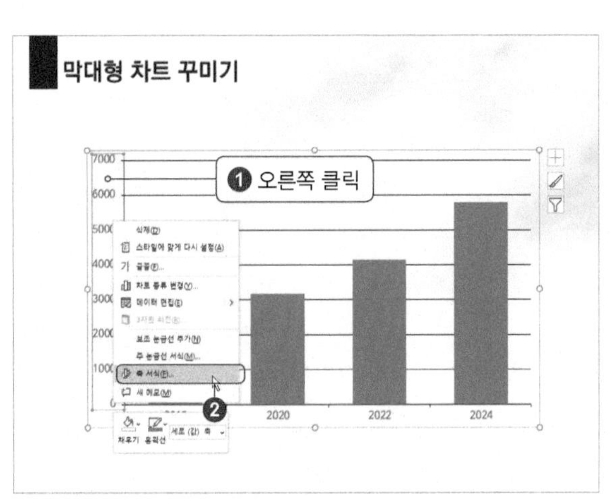

숫자 부분을 마우스 오른쪽 버튼으로 클릭해야 합니다.

❷ [축 서식] 창이 나타나면 [축 옵션] 메뉴 아래에 있는 [채우기 및 선(◇)]을 클릭한 후 [선] 항목에서 [선 없음] 옵션을 선택합니다. 그런 다음, 차트 바깥을 한 번 클릭하면 세로 축이 사라진 것을 확인할 수 있습니다. 도형의 윤곽선을 없애는 것과 비슷하지요?

▶ 2010 이하 버전에서는 별도의 창이 나타나는데, [선 색 - 선 없음]을 선택합니다.

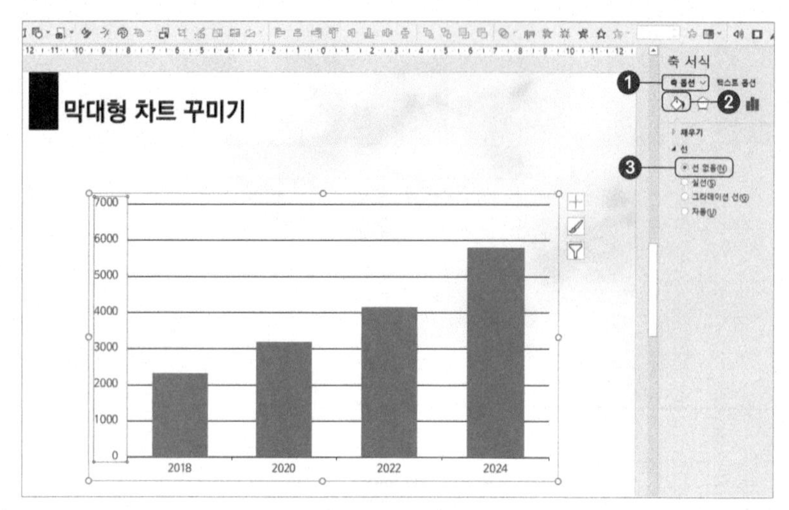

[선] 항목에서 [선 없음]을 선택합니다.

❸ 이번에는 가로 축을 선택합니다. 앞에서 [축 서식] 창을 띄워 놓았기 때문에 클릭만 해도 창이 그대로 나타납니다. [축 옵션(▥)]을 클릭한 후 [눈금] 항목에서 [주 눈금]을 [없음]으로 변경합니다. 가로 축 아래로 삐져나와 있던 눈금이 사라진 것을 확인할 수 있습니다.

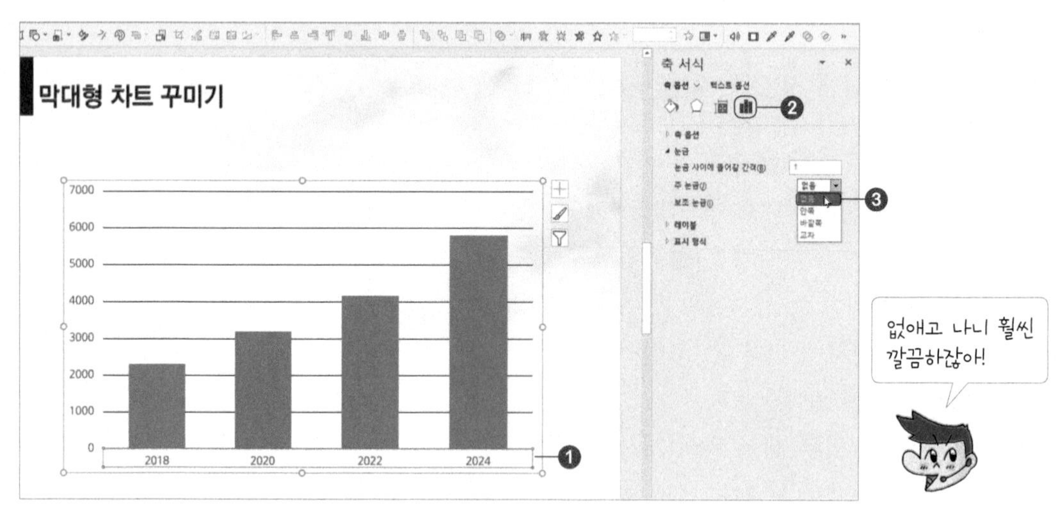

가로 축 주 눈금을 [없음]으로 설정합니다.

4 이어서 가로 축 아래의 실선을 강조해 보겠습니다. 가로 축의 아무 숫자나 클릭하고 [채우기 및 선(◇)]에서 [선 - 실선]을 클릭합니다. [색]은 [검정, 텍스트 1]을 선택하고 [너비]에 '1.5'를 입력합니다. 가로 축 실선이 진하고 두껍게 바뀐 것을 확인할 수 있습니다.

▶ 2013 버전에서는 [너비] 메뉴가 [두께]로 표기돼 있습니다.
▶ 2010 이하 버전에서는 [선 스타일 - 너비]를 조정합니다.

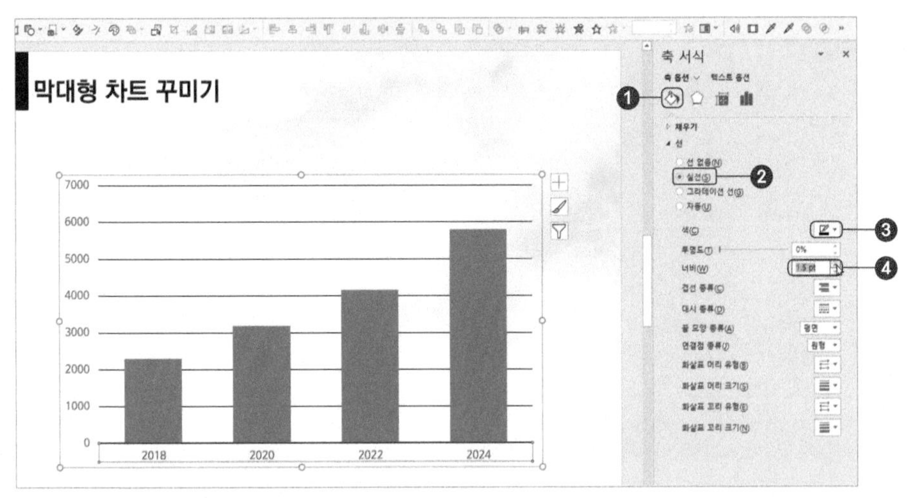

실선의 [색]은 '검정', [두께]는 '1.5pt'로 설정합니다.

5 다음으로 수정할 요소는 '눈금선'입니다. 가로 축 위에 있는 눈금선 하나를 선택합니다. 그러면 모든 눈금선이 선택됩니다. 화면 오른쪽의 [주 눈금선 서식] 창에서 [선 - 실선]을 클릭하고 [색]은 [흰색, 배경 1, 25% 더 어둡게]를 선택합니다. 눈금선이 얇고 연해져 막대가 더 강조돼 보입니다.

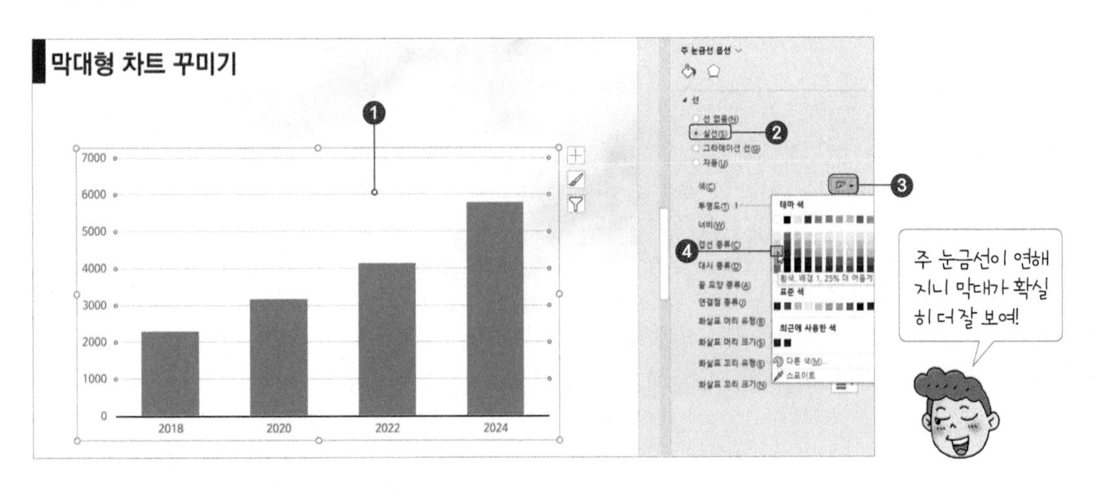

지금까지 세로 축, 가로 축 그리고 눈금선을 수정했습니다. 선 정리는 모두 끝났습니다.

6 이제 막대 부분을 꾸며 보겠습니다. 쉽게 단색으로 채워도 괜찮지만, 앞에서 배운 그라데이션 효과를 적용하면 더 멋지게 표현할 수 있습니다. 막대를 클릭하고 [채우기] 항목에서 [그라데이션 채우기]를 선택합니다.

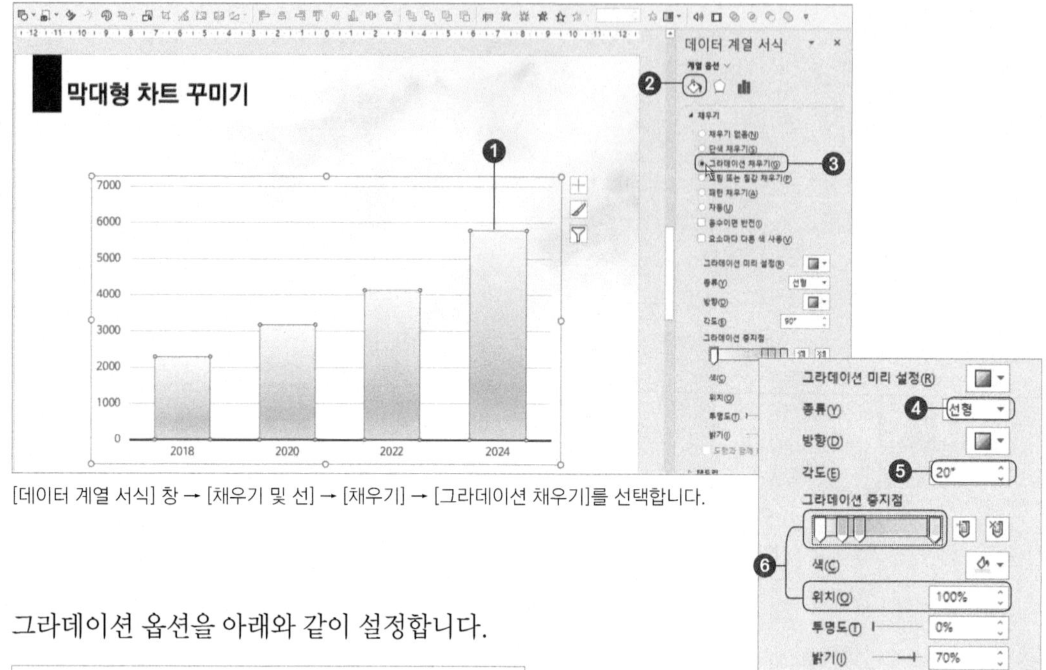

[데이터 계열 서식] 창 → [채우기 및 선] → [채우기] → [그라데이션 채우기]를 선택합니다.

08-1절에서 배운 대로 그라데이션 옵션을 변경합니다.

그라데이션 옵션을 아래와 같이 설정합니다.

[종류]: 선형	[각도]: 20 °
[중지점 1] 위치: 0%	[중지점 2] 위치: 20%
[중지점 3] 위치: 35%	[중지점 4] 위치: 100%

7 이제 막대에 색을 입혀 보겠습니다. 그라데이션에서는 투명도를 많이 쓰는데, 여기서는 색상 차이를 이용해 입체감을 표현하겠습니다. 빛을 받아 생기는 명암의 차이를 이용해 막대에 입체감을 주려는 것입니다. 이를 위해서는 현재 설정된 옵션에서 색(RGB 값)만 조정해 주면 됩니다.

먼저 모든 중지점을 같은 색으로 만들어야 합니다. 가장 왼쪽에 있는 중지점을 선택합니다. 이어서 [색] 옵션의 [다른 색]을 클릭합니다.

▶ RGB는 적색, 녹색, 청색을 혼합해 원하는 색을 만드는 방식입니다.

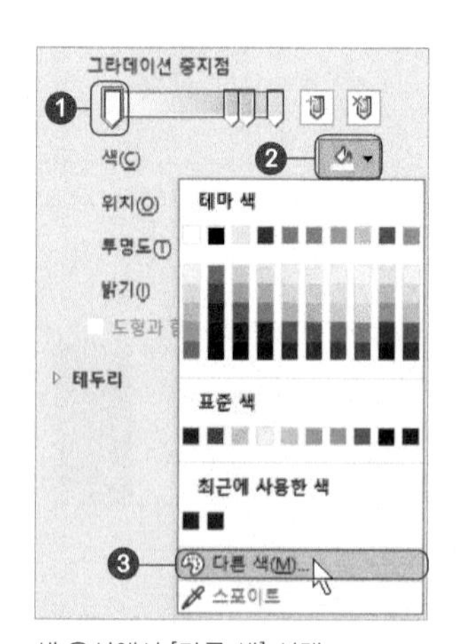

색 옵션에서 [다른 색] 선택

[색] 창이 나타나면 [사용자 지정] 탭을 누르고 [색 모델]을 [RGB]로 바꿉니다. 이어서 [빨강], [녹색], [파랑]에 각각 '29', '119', '217'을 입력합니다.
나머지 중지점 3개도 같은 방법으로 색을 변경합니다.

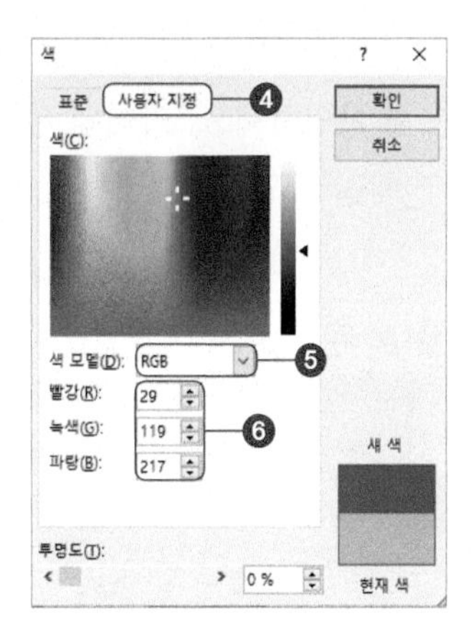

8 이제 입체감이 살도록 각각의 색을 조정할 겁니다. 가장 왼쪽에 있는 중지점을 선택한 후 다시 [색] 옵션에서 [다른 색]을 누릅니다. 그런 다음, [색] 창의 세로 막대 오른쪽에 있는 ◀를 위로 끝까지 올립니다. 그러면 RGB 값이 255, 255, 255로 변경된 것을 확인할 수 있습니다. 즉, 흰색이 된 겁니다.

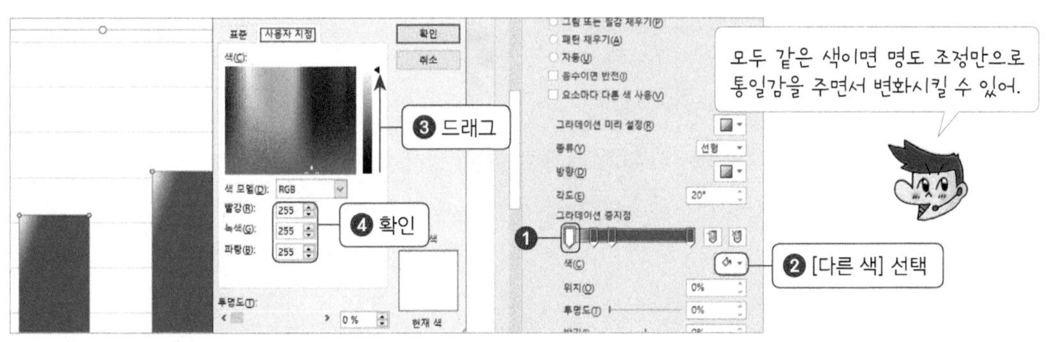

가장 왼쪽 중지점을 선택한 후 RGB 값을 255, 255, 255로 변경합니다.

9 이제 두 번째 중지점입니다. 방법은 같습니다. 조금 전에는 ◀를 끝까지 올려 흰색을 만들었죠? 이번에는 3/4만 올립니다. 기존에 적용한 색보다 연해졌습니다. 이렇게 하는 이유는 빛을 받는 부분, 즉 막대의 왼쪽 윗부분을 더 밝게 표현하기 위해서입니다.

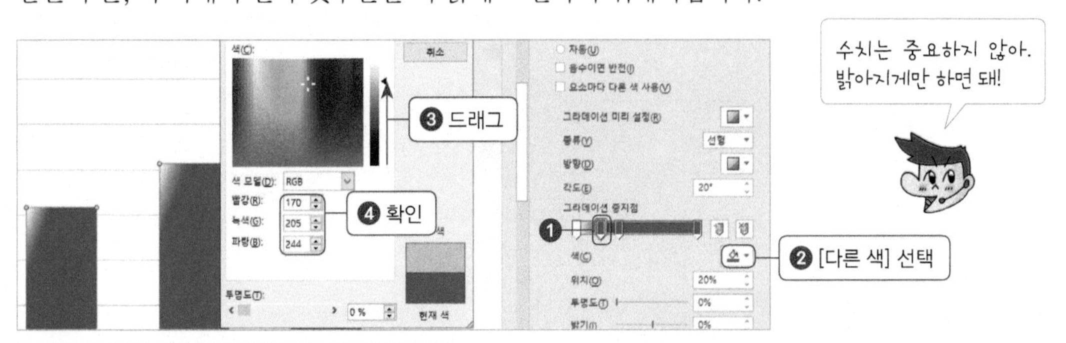

두 번째 중지점은 세로 막대 부분을 3/4 정도만 올립니다.

10 자, 이쯤에서 막대를 한번 확인해 볼까요? 차트 바깥을 클릭해 막대가 선택되지 않은 상태에서 확인하세요. 막대의 왼쪽 위 모서리 부분이 빛을 받은 것처럼 약간 희미해졌습니다. 그런데 배경색도 연하다 보니 막대의 모서리가 뭉개져 보입니다. 윤곽선을 적용해 막대와 배경을 명확히 구분해 보겠습니다. 다시 막대를 선택한 후 [채우기 및 선(◇)] - 테두리]를 클릭하고 [실선]을 선택합니다. 윤곽선 색도 지정해야겠죠? [색] 옵션에서 [다른 색]을 누릅니다.

▶ 2010 이하 버전에서는 [테두리 색]을 선택하고 작업하면 됩니다.

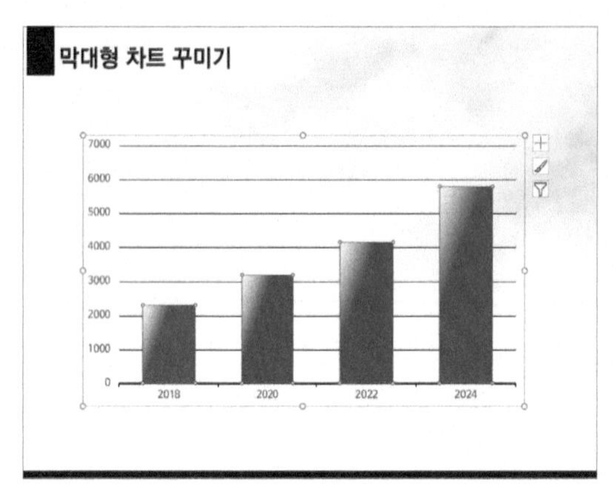

배경색도 연하다 보니 막대의 모서리가 뭉개져 보입니다.

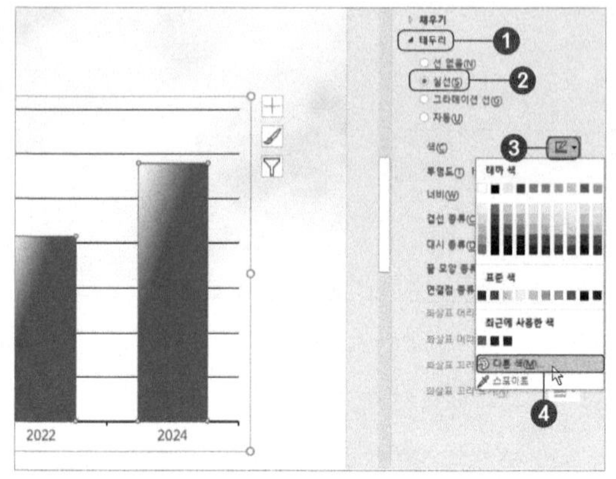

막대에 윤곽선을 넣으면 막대와 배경을 명확히 구분할 수 있습니다.

[색] 창이 나타나면 [사용자 지정] 탭을 클릭하고 RGB 값에 각각 '29', '119', '217'을 입력합니다. 윤곽선의 색은 막대에 입힌 색과 같은 색을 입히면 됩니다.

▶ 2013 이상 버전이라면 일일이 수치를 넣지 않아도 [스포이트] 기능으로 파란색 부분을 찍으면 됩니다.

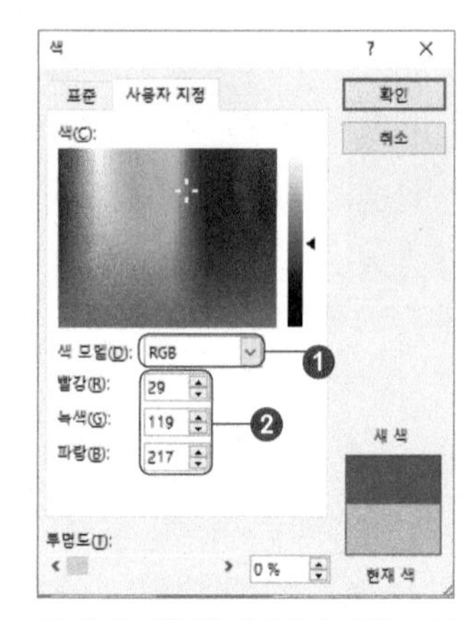

윤곽선은 막대의 색과 같은 색으로 설정합니다.

최종 완성된 모습입니다. 막대와 배경이 잘 구분돼 훨씬 명확하게 보입니다. 이번 실습 내용은 그라데이션과 윤곽선을 이용한 입체 표현을 일반 도형에도 응용할 수 있는 알짜 기법이니 꼭 기억하시기 바랍니다.

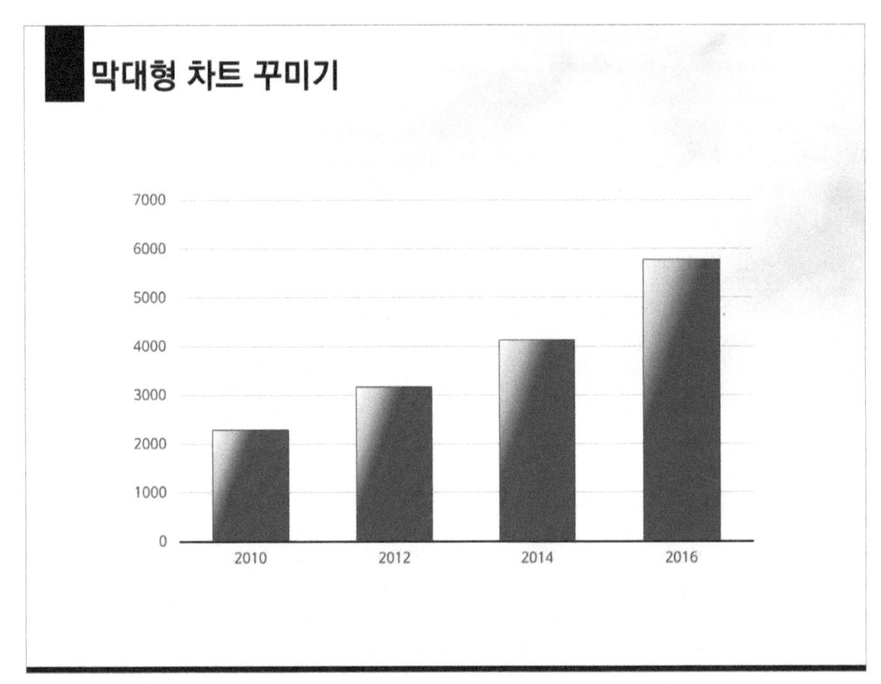

윤곽선을 주니 막대가 더 분명하게 보입니다.

자주 써먹어야지!

● 2007 ● 2010 ● 2013 ● 2016 ● 2019 ● Office 365

09-4 공간을 아끼는 도넛형 차트 꾸미기

공간을 효율적으로 사용할 수 있는 도넛형 차트

텍스트로 꽉 채운 슬라이드를 보면 조금 답답해 보입니다. 내용을 하나라도 더 담으려고 여백을 없애고 글자 크기도 줄이고 개체 사이 간격도 최소화한 보고용 문서는 더 말할 것도 없지요. 발표용이든 보고용이든 PPT 문서를 작성하는 사람이라면, 슬라이드라는 제한된 공간을 어떻게 효율적으로 사용할지 고민할 수밖에 없습니다.

차트도 마찬가지입니다. 특히 원형 차트는 각 항목의 비율을 시각적으로 잘 표현할 수 있는 반면, 면적을 가장 많이 차지합니다. 이러한 이유로 원형 차트 대신 도넛형 차트를 많이 사용합니다. 도넛형 차트는 안쪽이 꽉 찬 원형 차트에 비해 가볍고 깔끔한 느낌을 줍니다. 게다가 가운데 빈 영역에 텍스트를 넣을 수 있어서 공간도 아끼고 텍스트도 강조할 수 있는 이점이 있어 실무에서 자주 사용합니다.

지금 해야 된다! } 도넛형 차트로 바꾸고 차트 꾸미기

1 4번 슬라이드를 클릭합니다. 전형적인 원형 차트가 있습니다. 이 차트를 도넛형 차트로 변경해 보겠습니다. 먼저 원형 그래프를 선택합니다. 리본 메뉴에서 [차트 디자인] 탭을 선택하고 [차트 종류 변경] 메뉴를 클릭합니다.

▶ 2019 이하 버전 사용자라면 [차트 도구 - 디자인] 탭을 선택합니다.

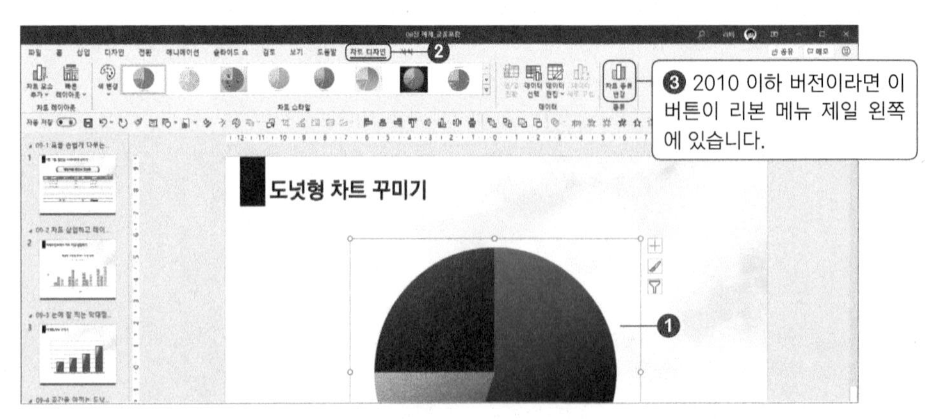

[차트 디자인] 탭에서 [차트 종류 변경] 메뉴를 선택합니다.

2 [차트 종류 변경] 창이 나타납니다. 여기서 [원형 - 도넛형]을 선택하면 원형 차트가 도넛형 차트로 바뀝니다. 이어서 차트 아래쪽 텍스트 상자를 드래그해 차트 가운데의 빈 공간으로 이동시킵니다.

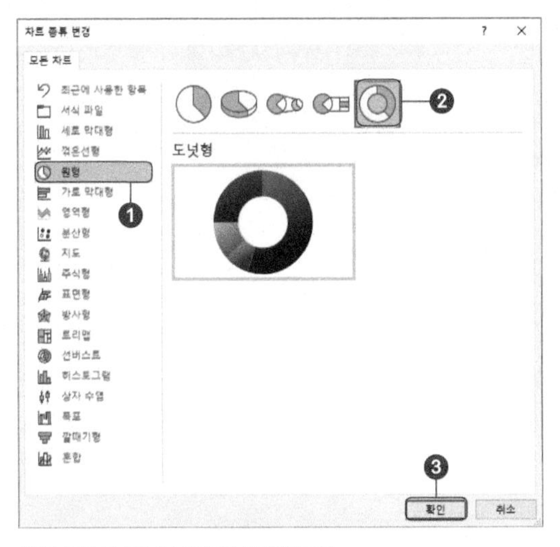

원형 차트를 도넛형 차트로 변경합니다.

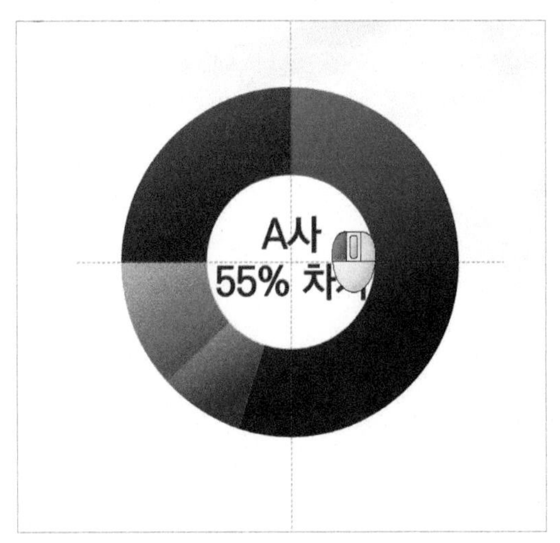

텍스트를 원형 차트 안으로 옮겨 넣으세요!

[전문가의 조언] 파워포인트 2007, 2010 버전은 도넛형 차트가 따로 있어요

2007, 2010 버전은 도넛형이 따로 있다!

파워포인트 2013 버전부터는 도넛형 차트가 원형 차트 안에 있습니다. 하지만 2007, 2010 버전에는 2013 버전과 달리 도넛형 차트가 별도로 존재합니다.

❸ 지금은 차트 안에 텍스트가 꽉 찬 느낌이죠? 빈 공간의 크기를 조절해 여유 있고 가벼운 느낌으로 바꿔 보겠습니다. 먼저 차트를 선택합니다. 이때 도넛 도형을 정확히 클릭해야 합니다. 그런 다음, 마우스 오른쪽 버튼을 클릭하고 [데이터 계열 서식]을 선택합니다.

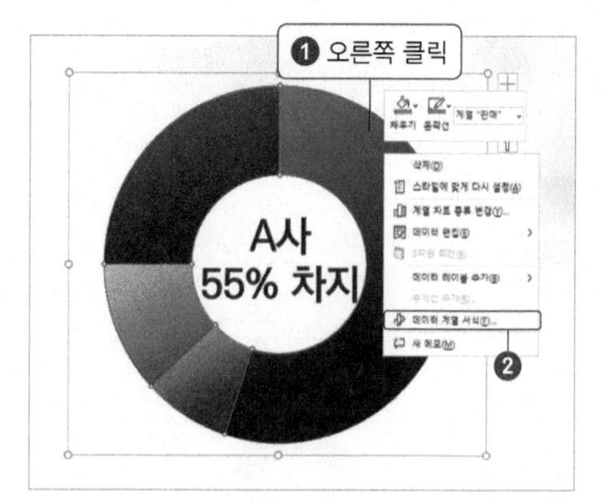

마우스 오른쪽 버튼을 클릭한 후 [데이터 계열 서식]을 선택합니다.

❹ [계열 옵션]에서 [도넛 구멍 크기]를 조절하겠습니다. 지금 예제에서는 65%가 좋아 보입니다. 입력란에 '65'를 입력합니다.

▶ 만약 [도넛 구멍 크기] 값이 0%면 원형 차트가 됩니다.

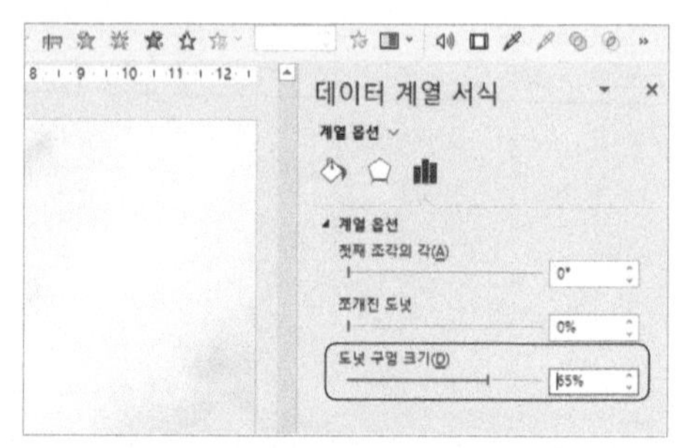

도넛 구멍 크기를 자유롭게 조절할 수 있습니다.

❺ 이번에는 차트 안에 지시선 역할을 할 도형을 삽입해 텍스트를 강조해 보겠습니다. 차트에 도형을 응용해 넣으면 더 섬세하고 세련되게 표현할 수 있습니다. 빠른 실행 도구 모음에서 [도형] 아이콘을 누른 후 [삼각형]을 선택합니다.

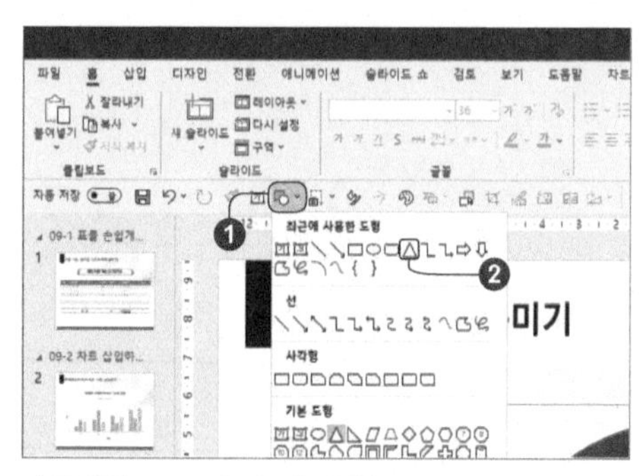

빠른 실행 도구 모음에서 [도형]을 클릭합니다.

6 A 사(55%)를 나타내는 곳은 파란색 도형입니다. 따라서 파란색 도형의 3시 또는 4시 방향에 삼각형을 만듭니다. 삼각형의 끝이 텍스트를 향하도록 회전시켜 배치합니다.

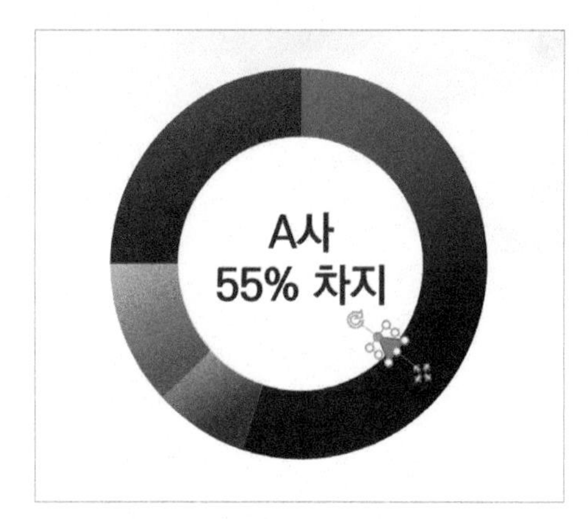

삼각형 도형을 3~4시 방향에 놓습니다.

7 이제 해당하는 도넛 부분과 같은 색으로 삼각형에 색을 입히면 됩니다. 마우스로 삼각형을 클릭하고 [도형 서식] 탭 → [도형 채우기] 메뉴 → [스포이트]를 선택합니다.

▶ 2010 이하 버전 사용자라면 스포이트 기능이 없으므로 [다른 색]을 선택하고 RGB 값으로 '31', '63', '114'를 각각 입력하면 됩니다.

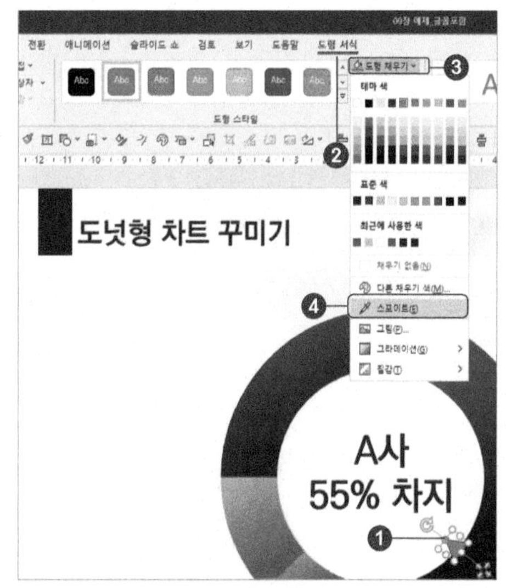

스포이트 기능을 사용해 삼각형 도형에 색을 입혀 보겠습니다.

8 차트는 현재 그라데이션 효과가 적용된 상태입니다. 가장 유사한 색을 입히기 위해 삼각형 도형과 가장 가까운 부분을 스포이트로 클릭합니다.

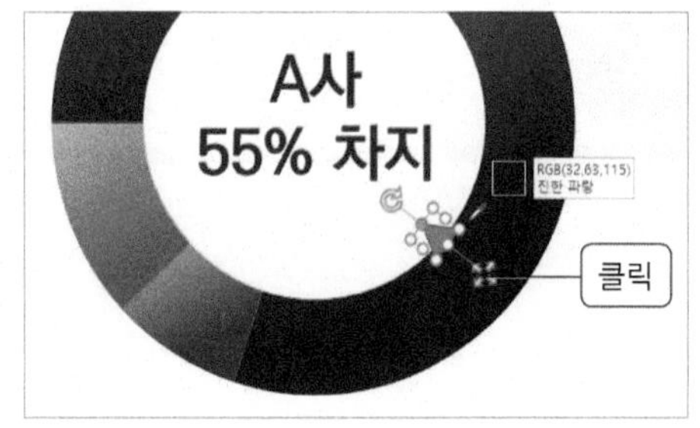

삼각형과 도넛 그래프가 겹쳐진 곳을 스포이트로 클릭합니다.

9 삼각형 도형이 파란색으로 채워졌습니다. 그런데 희미한 윤곽선이 보이죠? 윤곽선이 보이지 않도록 설정하겠습니다. 오른쪽의 [도형 서식] 창에서 [선 - 선 없음]을 선택합니다.

삼각형 도형의 윤곽선을 [선 없음]으로 설정합니다.

도넛형 차트를 완성했습니다. [데이터 계열 서식]에서 빈 공간의 크기를 조절하는 방법과 삼각형 도형을 이용해 텍스트를 강조하는 방법만 기억하면 도넛형 차트도 문제 없이 만들 수 있겠죠?

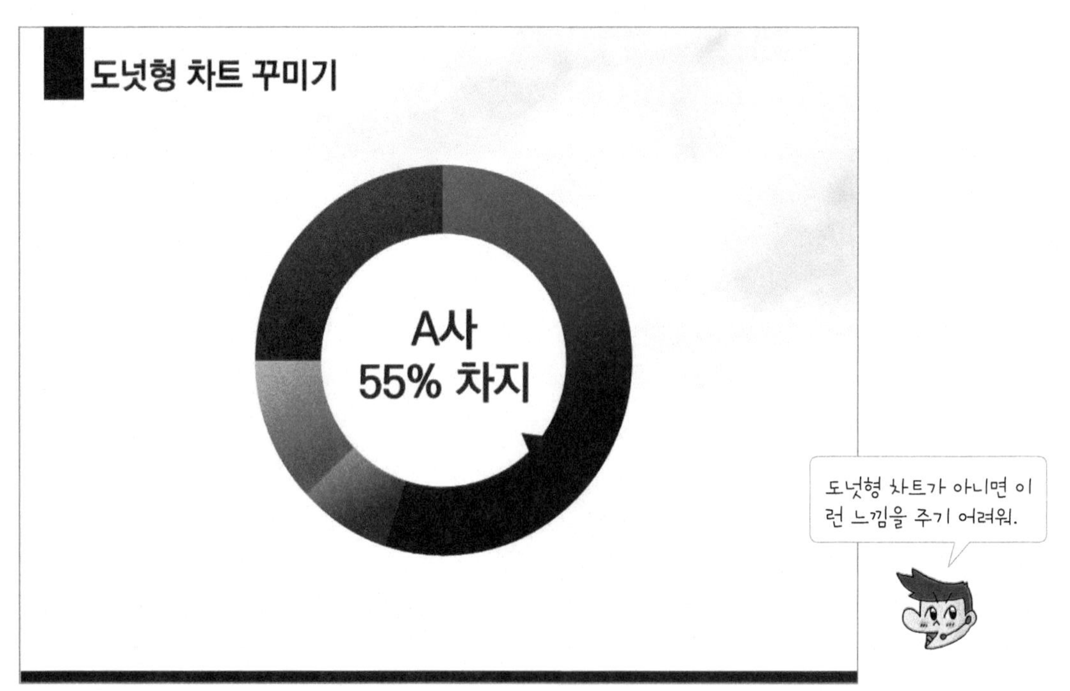

도넛형 차트를 완성했습니다.

09-5 표식이 있는 꺾은선형 차트 꾸미기

부실한 꺾은선형 차트를 살찌우자

막대형 차트만큼이나 많이 사용하는 차트가 '꺾은선형' 차트입니다. 꺾은선형 차트는 시간에 따라 변화하는 데이터의 추세를 볼 때 유용합니다. 한 가지 아쉬운 점은 디자인이 부실하다는 겁니다. 꺾은선형은 기본적으로 선이 얇고 표식이 작아 눈에 잘 들어오지 않습니다.
꺾은선형을 잘 표현하려면 '선'과 '표식'이라는 두 요소를 반드시 고려해야 합니다. 선의 두께와 표식의 크기를 살찌워야 하기 때문이죠. 이 점에 유의하면서 아래 예제를 직접 실습해 보세요.

지금 해야 된다! } 꺾은선형 차트 꾸미기

1 5번 슬라이드를 보면 아래와 같은 그림을 확인할 수 있습니다. 평소 쉽게 볼 수 있는 꺾은선형 차트가 좌우에 똑같이 놓여 있습니다. 오른쪽 차트를 꾸민 후 두 차트를 비교해 보겠습니다.

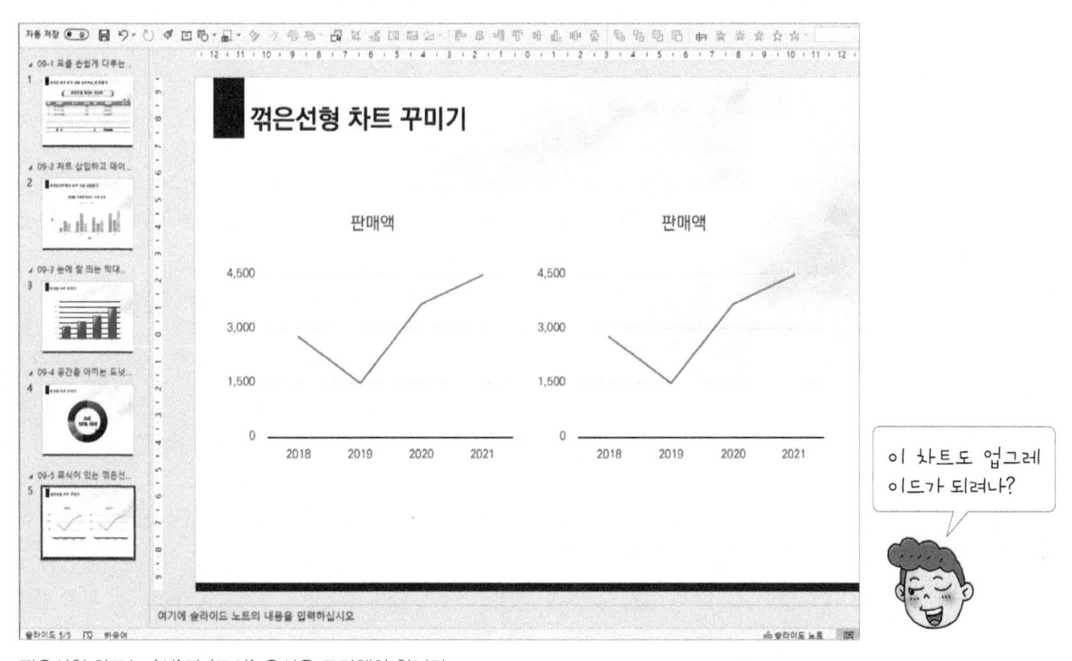

꺾은선형 차트는 '선'과 '표식' 옵션을 고려해야 합니다.

2 오른쪽 차트를 선택하고 [차트 디자인] 탭을 클릭합니다. [종류] 그룹에서 [차트 종류 변경] 메뉴를 선택합니다. 창이 나타나면 [표식이 있는 꺾은선형]을 선택합니다.

▶ 2010 이하 버전에서는 이 버튼이 리본 메뉴 제일 왼쪽에 있습니다.

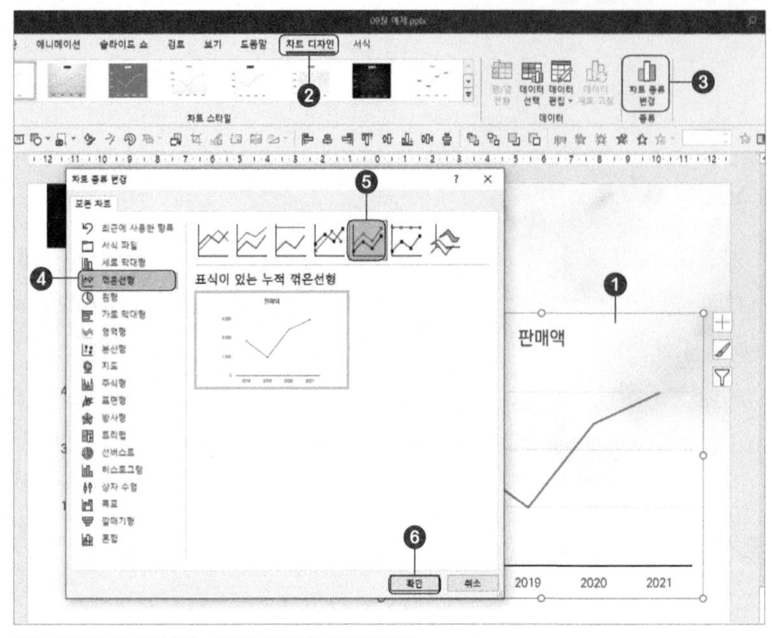

차트 종류를 [표식이 있는 꺾은선형]으로 변경합니다.

3 차트 안의 '꺾은선'을 마우스 오른쪽 버튼으로 클릭하고 [데이터 계열 서식]을 선택합니다.

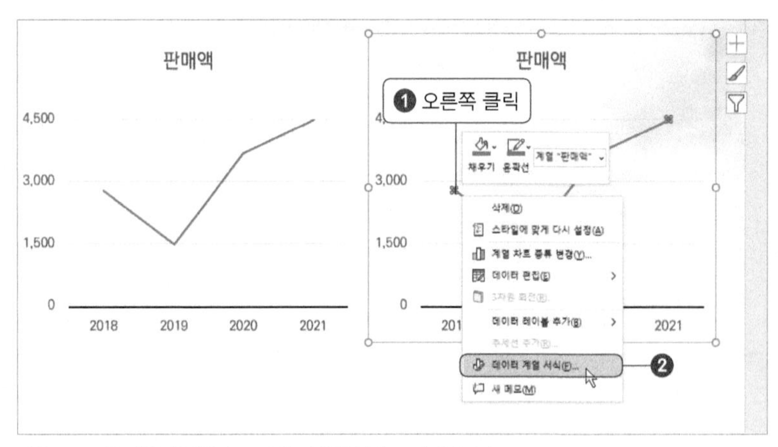

마우스로 꺾은선을 선택하면 표식이 선택된 상태로 나타납니다.

❹ 화면 오른쪽에 [데이터 계열 서식] 창이 나타나면 [채우기 및 선(🖌) - 표식]을 선택합니다. [표식 옵션]에서 [기본 제공]을 클릭하고 [형식]은 원(•), [크기]는 '10'을 입력합니다.

▶ 2010 이하 버전에서는 그냥 [표식 옵션] 탭을 누르면 됩니다.

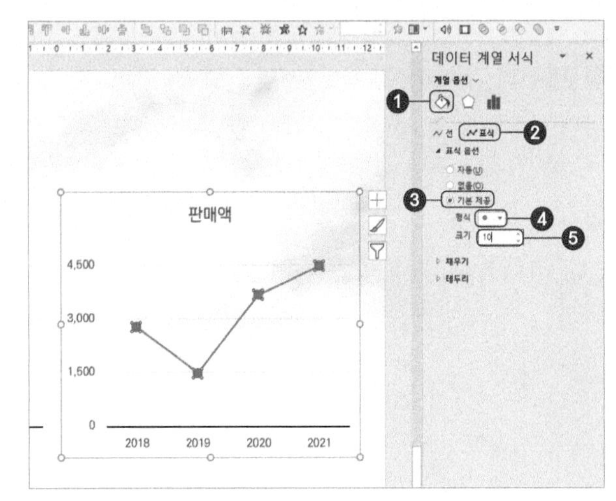

표식을 만들자 연도별 판매액이 눈에 확 들어옵니다.

❺ 표식이 커져 눈에 잘 띄죠? 이제 표식을 흰색으로 채우겠습니다. [채우기 및 선(🖌) - 표식]을 선택합니다. [채우기 - 단색 채우기]를 선택하고 [색] 옵션을 [흰색, 배경 1]로 변경합니다.

▶ 2010 이하 버전에서는 [표식 채우기] 탭입니다.

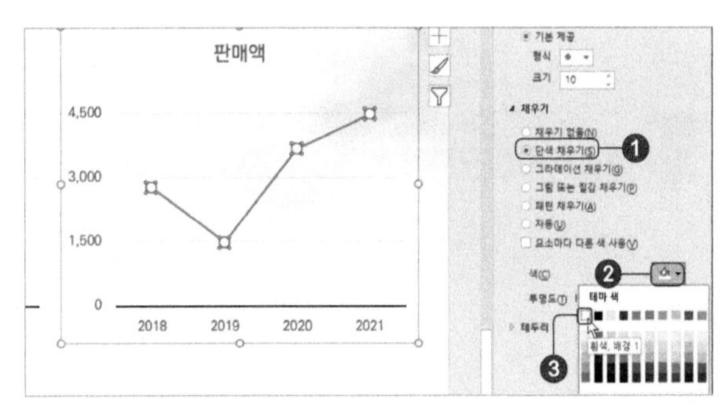

표식의 색을 흰색으로 변경합니다.

❻ [표식] 메뉴에서 [테두리 - 실선]을 선택하고 [너비]를 '3pt'로 변경합니다. 표식에 대한 서식을 모두 설정했습니다.

▶ 2010 이하 버전에서는 [표식 선 스타일] 탭입니다.

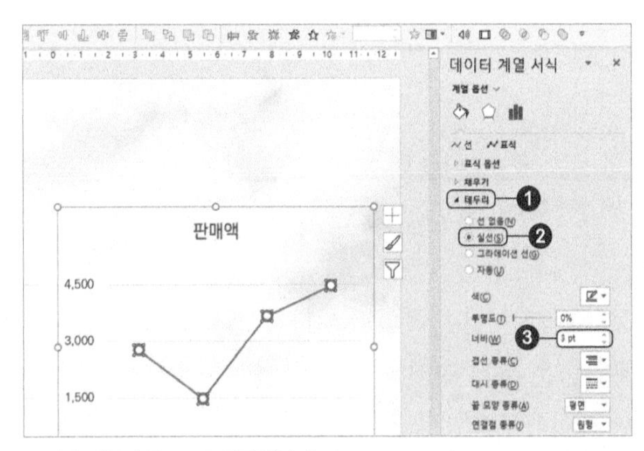

표식의 테두리를 3pt로 변경합니다.

7 다음은 '선'입니다. 선 두께는 표식의 테두리 두께와 같아야 자연스럽습니다. [채우기 및 선(◇) - 선]을 클릭한 후 [실선]을 선택하고 [너비]에 '3'을 입력합니다.

▶ 2010 이하 버전에서는 [선 스타일] 탭입니다.

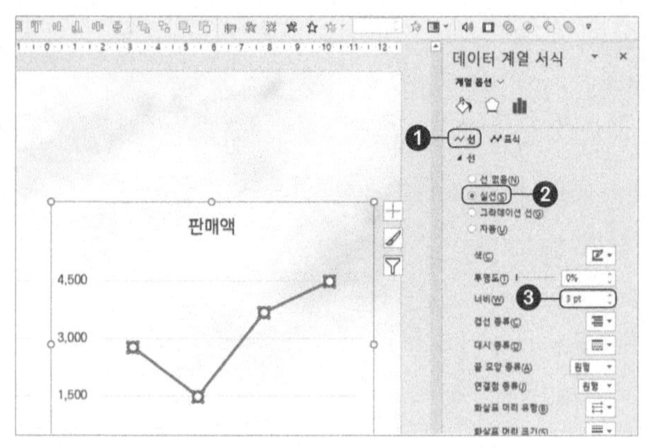

실선의 두께를 '3pt'로 변경합니다.

8 선의 색깔도 표식의 테두리 색과 똑같이 맞춰 줍니다. 그래야만 하나의 개체라는 인식을 확실히 심어 줄 수 있기 때문입니다. 색깔을 같게 하고 나면 최종 완성입니다. 어떤가요? 평소 자주 보던 왼쪽 차트보다 오른쪽 차트가 훨씬 더 눈에 잘 들어오지요?

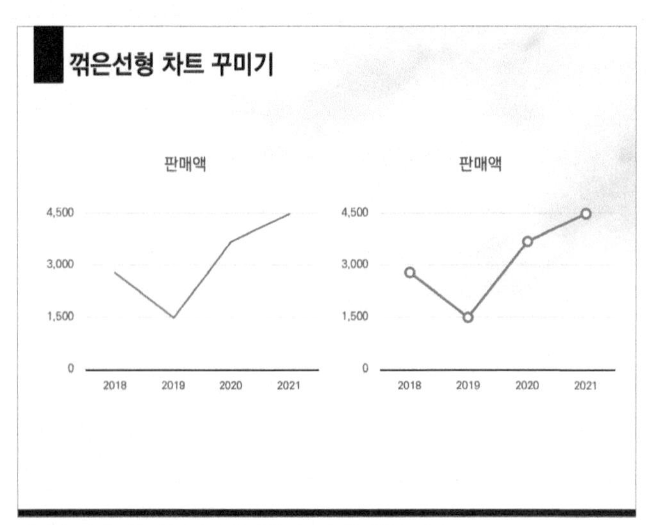

선과 표식 옵션을 설정해 꺾은선형 차트를 완성했습니다.

선형 차트는 선이 하나로 지나갈 경우, 다른 차트에 비해 뭔가 허전한 면이 있습니다. 그래서 전문가들은 누적 영역형 차트를 선택해 그 영역 안에 연하고 부드러운 관련 그림을 넣어 줌으로써 데이터의 의미를 부각시키기도 합니다.

김 대리의 스프링 노트 09

- 표 스타일 옵션을 먼저 설정한다 **09-1**

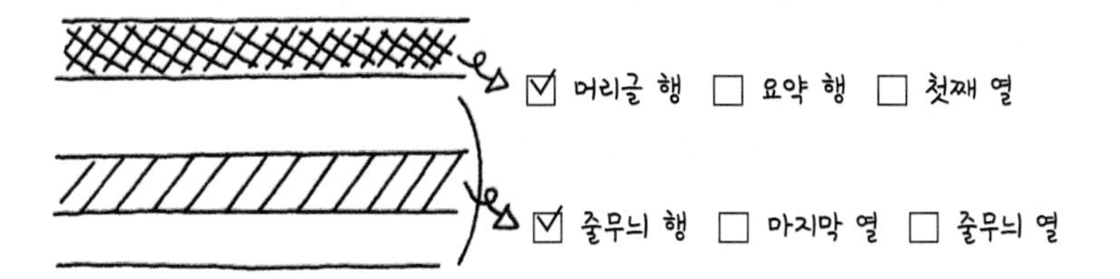

- 막대형 차트 꾸미기 **09-2, 09-3**

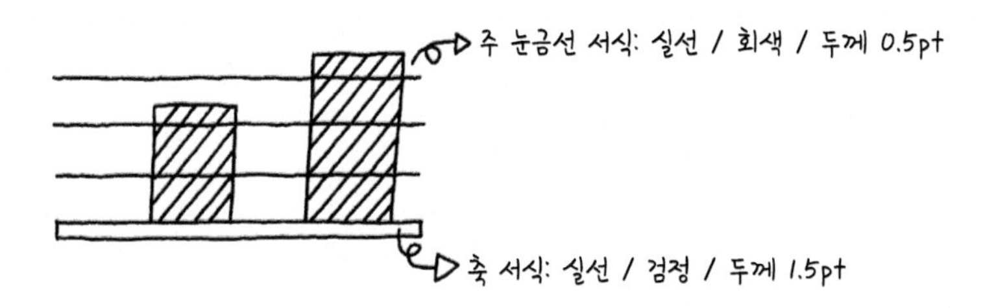

- 도넛형 차트 활용법 **09-4**

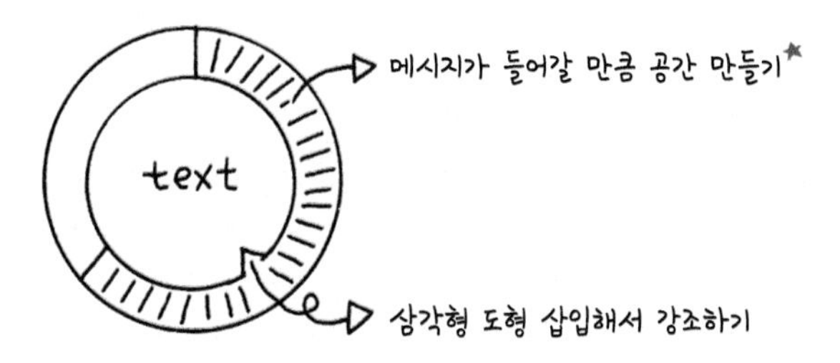

- 꺾은선형 차트 꾸미기 **09-5**

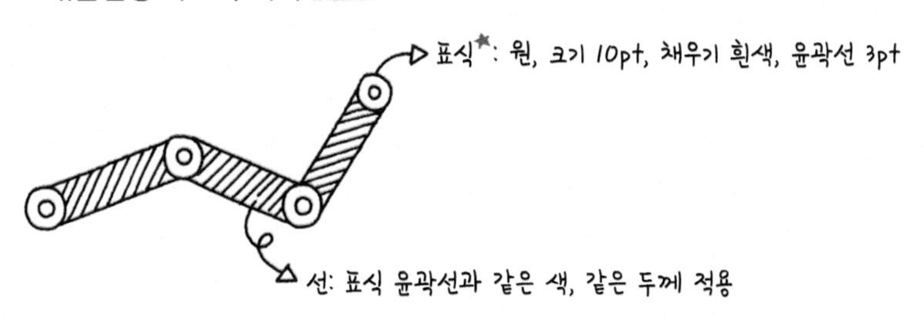

'김 대리의 스프링 노트'가 잘 이해되지 않는다면 한 번 더 복습해 보세요!

궁극의 기술, 슬라이드 마스터

"지금까지 배운 것 중에서 뭐가 제일 어려웠어?"

"네가 '첫 번째 벽'이라고 했던 그라데이션?"

"음. 그랬겠지. 이제 '두 번째 벽'을 진행할 건데…. 이게 더 중요하니 정신 바짝 차리고 들어."

이 말을 들으니 덜컥 겁이 났다. 아까 배운 것보다 어렵다니….

"그…. 그래? 두 번째 벽…. 그게 뭔데?"

"슬라이드 마스터!"

"에이~ 그거 PPT 배경 아냐? 별 쓸모도 없고…."

"배경뿐이라면 내가 '두 번째 벽'이라고 했겠어?"

"네가 우리 사무실 왔던 날, 텍스트 상태에서 순식간에 파워포인트로 변환했던 장면 기억나?"

"그걸 어떻게 잊겠어."

"그 근본이 되는 게 바로 이 기술이야."

#슬라이드마스터 #마스터레이아웃 #양식함 #레이아웃변경하기

10-1 슬라이드 마스터의 정체와 필요성

슬라이드 마스터의 정체, 한마디로 양식함이다

민원서류를 발급받기 위해 관공서에 가면 양식지가 비치된 테이블을 볼 수 있습니다. 양식지는 말 그대로 양식이 기록돼 있는 종이입니다. 서류 발급에 필요한 기본 정보, 즉 이름, 주소 등의 기입란에 필요한 정보만 써서 제출하면 민원서류를 발급해 줍니다.

관공서에서 볼 수 있는 양식지

만약 양식지 대신 빈 종이를 사용해야 한다면 민원인이 직접 빈 종이에 줄을 긋고 표를 만들어, 어느 한 칸에 '이름'이라 적고 그 옆 칸에 자기 이름을 쓰는 귀찮은 일이 발생할 겁니다. 공무원의 일 처리도 늦어질 수밖에 없겠죠. 그래서 서로의 편리함을 위해 양식지를 비치해 놓은 것입니다.
파워포인트에서는 '슬라이드 마스터'가 바로 그 양식지 역할을 합니다. 반복해서 사용하는 양식을 미리 만들어 놓고 필요할 때마다 꺼내 사용하는 것이죠.

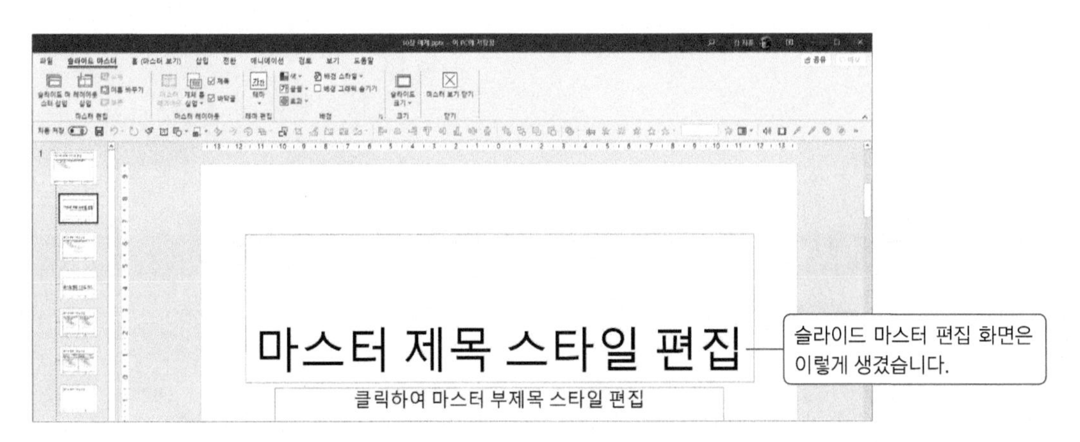

위는 슬라이드 마스터 편집 화면입니다. 평소에 사용하는 슬라이드 편집 화면과 비슷하게 생겼죠? 그래서 헷갈려하는 분들이 많습니다. 일단 여기서는 다음만 기억하면 됩니다.

"슬라이드 마스터는 양식함이다!"

슬라이드 마스터의 필요성

누군가는 이렇게 말합니다.

A. "슬라이드 마스터를 쓰니까 오히려 불편하던걸?"
B. "우리는 예외로 써야 할 슬라이드가 있어서 모두 마스터로 통일하면 오히려 불편해요."
C. "안 써도 충분히 만들 수 있는데 뭐. 괜히 머리만 아파."

각 질문에 대해 솔직하게 말씀드리면 이렇습니다.

A. 슬라이드 마스터를 어설프게 사용하신 분입니다. 무조건 편리합니다.
B. 슬라이드 마스터에서도 예외적인 슬라이드를 만들 수 있습니다.
C. 슬라이드 마스터의 맛을 아직 못 보신 분입니다. 습관을 고칠 필요가 있습니다.

슬라이드 마스터를 쓰지 않으면 어떤 일이 발생하는지 확인해 보죠. '**10장 예제 슬라이드 마스터 미사용**.pptx' 파일을 열고 F5 키를 눌러 쇼 보기를 실행해 넘겨 보면서 이상한 점을 찾아보고 Esc 키를 눌러 쇼 보기가 끝나면 편집 화면에서도 이상한 점을 찾아보세요.

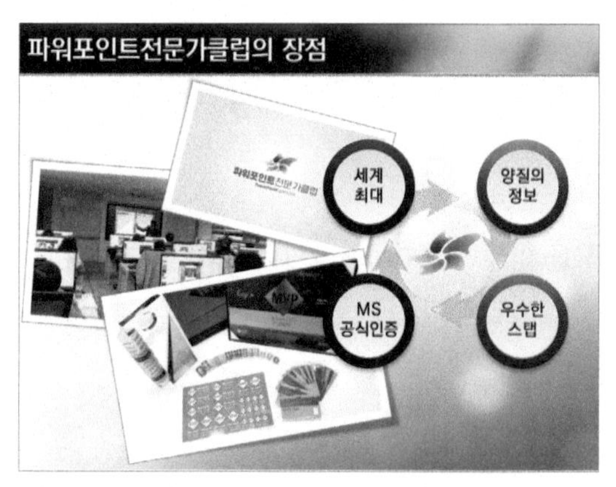

예제 1번 슬라이드

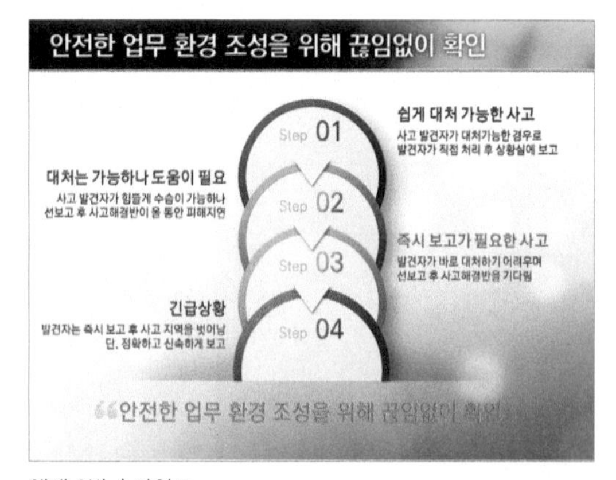

예제 2번 슬라이드

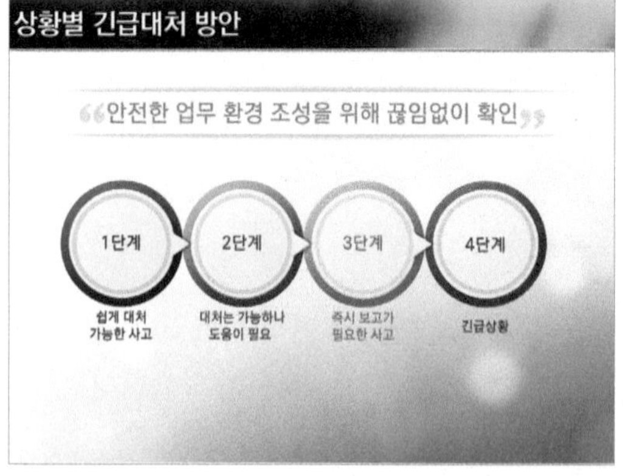

예제 3번 슬라이드

어떤가요? 슬라이드마다 제목의 위치가 조금씩 다른 게 금세 눈에 띄지요? 게다가 일반 편집 화면에서 마우스의 영역으로 여러 개체를 복수 선택해 보세요. 자꾸 배경이 선택될 겁니다.
이렇게 문서를 제작하면 몇 가지 심각한 문제가 발생합니다. 이는 슬라이드 마스터의 필요성과 직결됩니다!

1 가독성 저하 슬라이드의 제목처럼 일관성이 있어야 할 개체의 위치가 서로 다르면 가독성을 떨어뜨릴 뿐 아니라 집중력을 분산시킵니다. 이는 내용을 정확히 전달해야 할 비즈니스 문서에서 치명적인 단점이 될 수 있습니다.

2 디자인 및 수정 작업 시간 증가 슬라이드별로 제목의 위치와 색상, 글꼴과 크기를 수정하려면 시간이 많이 걸립니다. 슬라이드 마스터를 사용하면, 슬라이드 마스터 편집 화면에서 한 번만 수정해도 모든 슬라이드를 동시에 바꿀 수 있습니다.

3 용량 증가 슬라이드 마스터를 사용한 문서와 그렇지 않은 문서는 겉보기엔 똑같아 보여도 용량 차이가 납니다. 슬라이드 마스터를 사용하면 개체를 하나만 만들고 각 슬라이드가 이를 공통으로 사용하지만, 슬라이드 마스터를 사용하지 않으면 똑같은 개체를 각 슬라이드마다 따로 만들어야 합니다. 그만큼 파일의 용량이 커지게 되죠. 성능이 좋지 않은 컴퓨터에서 문서를 열 경우, 슬라이드 쇼가 버벅거린다거나 예측하기 힘든 다른 문제가 발생할 수 있습니다.

결론적으로, 위의 세 가지 경우를 방지하려면 슬라이드 마스터를 사용하는 것이 좋습니다.

10-2 슬라이드 마스터 실행 방법 및 화면 구성 이해하기

슬라이드 마스터, 들어가고 나오는 방법부터 바꾸자!

슬라이드 마스터는 그 특성상 한 번에 모든 것을 완벽하게 세팅하기 어렵습니다. 슬라이드 마스터는 계속 들락날락하면서 수정하게 되는데, 잘 사용하려면 가장 기본이 되는 **들어가고 나오는 방법**부터 바꿔야 합니다. '어? 나는 잘하고 있었는데?'라며 별 기대를 안 하실지도 모르겠습니다. 혹시 아래 방법을 사용하지 않았나요? 그 차이를 직접 느껴 보시기 바랍니다.

지금 해야 된다! } 조금 불편한 슬라이드 마스터 들락날락하기

1 '**10장 예제**.pptx' 파일을 엽니다. 먼저 리본 메뉴를 이용해 슬라이드 마스터를 실행해 보겠습니다. [보기] 탭 → [마스터 보기] 그룹 → [슬라이드 마스터] 버튼을 선택합니다.

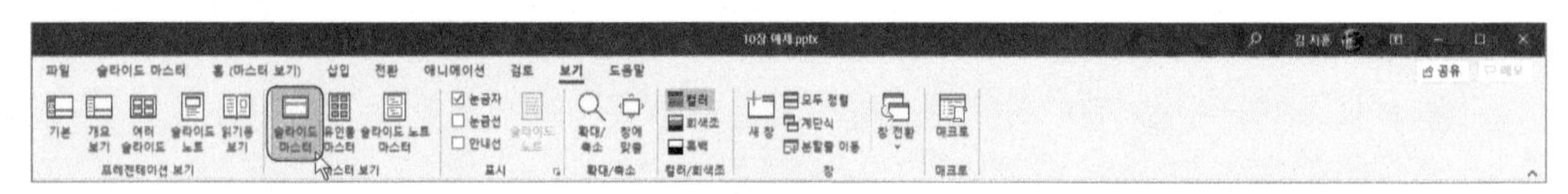

[보기] 탭 → [마스터 보기] 그룹 → [슬라이드 마스터] 버튼을 선택합니다.

2 [삽입] 탭에서 아무 개체나 넣어 보세요. 그 다음에 슬라이드 마스터를 닫아 보겠습니다. [슬라이드 마스터] 탭 → [닫기] 그룹 → [마스터 보기 닫기] 버튼을 클릭합니다. 어떤가요? 리본 메뉴를 사용하면 클릭 단계도 많고 그만큼 시간도 많이 걸립니다.

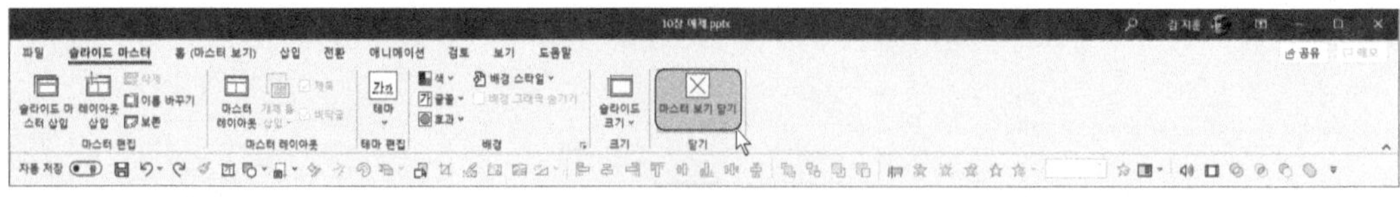

[슬라이드 마스터] 탭 → [닫기] 그룹 → [마스터 보기 닫기] 버튼을 클릭합니다.

지금 해야 된다! } 훨씬 편리한 슬라이드 마스터 들락날락하기

1 앞 페이지에서 넣었던 개체를 다시 지워 보겠습니다. 전문가가 슬라이드 마스터로 들어갈 때는 Shift 키를 누른 상태에서 화면 우측 하단에 [기본 보기(▣)] 버튼을 클릭합니다. 이렇게 하면 슬라이드로 바로 들어갈 수 있습니다.

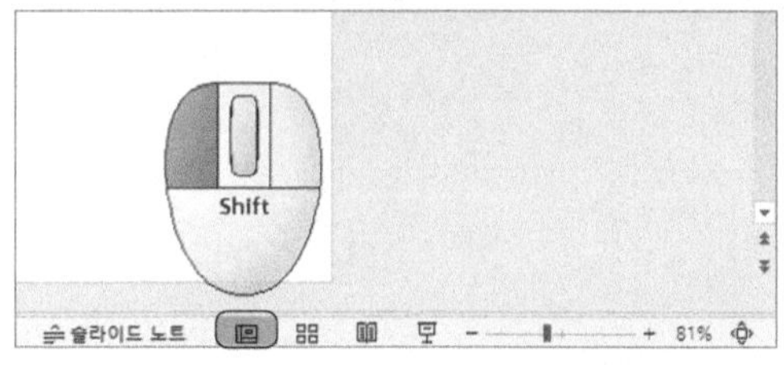

Shift 키를 누른 상태에서 [기본 보기] 버튼을 클릭합니다.

2 이제 슬라이드 마스터로 들어왔으니 개체를 지울 수 있습니다. 이제 나가 볼까요? 다른 버튼이 아닙니다. [기본 보기(▣)] 버튼을 다시 클릭하면 슬라이드 마스터를 나올 수 있습니다.

[기본 보기] 버튼을 한 번만 클릭합니다.

기억하세요. Shift 키를 누른 채 [기본 보기(▣)] 버튼을 클릭하면 마스터 슬라이드로 들어갈 수 있고 다시 누르면 나올 수 있다는 것을요. 딱 10번만 연습해 보세요.

슬라이드 마스터는 어떻게 구성돼 있을까?

파워포인트 2003 버전까지는 슬라이드 마스터를 잘 썼는데, 2007 버전부터 메뉴가 복잡해져서 사용하기 어렵다는 분들이 많습니다. 종류가 많아 복잡해 보일 뿐, 알고 나면 별것 아닙니다. 다시 한번 다음만 기억하세요.

> "슬라이드 마스터는 슬라이드가 아니다! '양식함' 이다!"

슬라이드 마스터(양식) 화면 좌측을 보면 2단계 트리 구조가 보입니다. 가장 위에 있는 레이아웃을 '슬라이드 마스터'라고 부르는데, 이를 군대식으로 말하면 대장 역할을 하는 레이아웃입니다. 한편, 그 아래에 나란히 배치된 레이아웃은 '마스터 레이아웃'이라 부르는데, 군대식으로 말하면 병사 역할을 하는 레이아웃입니다.

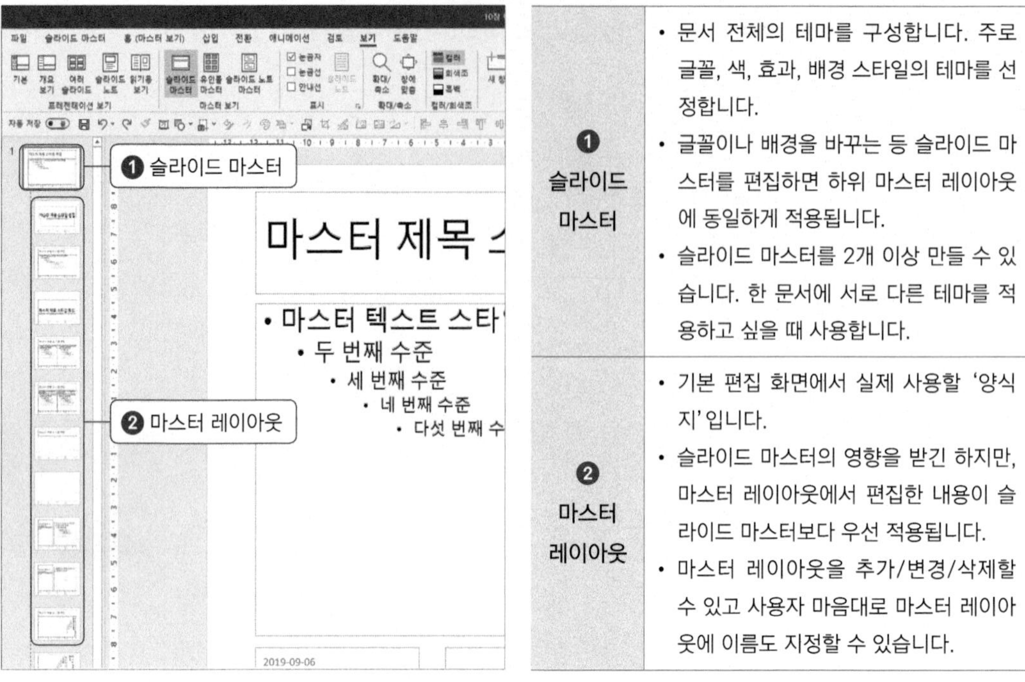

❶ 슬라이드 마스터	• 문서 전체의 테마를 구성합니다. 주로 글꼴, 색, 효과, 배경 스타일의 테마를 선정합니다. • 글꼴이나 배경을 바꾸는 등 슬라이드 마스터를 편집하면 하위 마스터 레이아웃에 동일하게 적용됩니다. • 슬라이드 마스터를 2개 이상 만들 수 있습니다. 한 문서에 서로 다른 테마를 적용하고 싶을 때 사용합니다.
❷ 마스터 레이아웃	• 기본 편집 화면에서 실제 사용할 '양식지'입니다. • 슬라이드 마스터의 영향을 받긴 하지만, 마스터 레이아웃에서 편집한 내용이 슬라이드 마스터보다 우선 적용됩니다. • 마스터 레이아웃을 추가/변경/삭제할 수 있고 사용자 마음대로 마스터 레이아웃에 이름도 지정할 수 있습니다.

슬라이드 마스터는 '슬라이드 마스터'와 '마스터 레이아웃'으로 구성돼 있습니다.

슬라이드 마스터는 이와 같이 문서에 통일감을 부여하고 싶을 때 사용합니다. 하지만 실무에서는 통일감을 줄 수 있는 요소가 별로 없기 때문에 슬라이드 마스터를 많이 다루지 않습니다. 이보다는 마스터 레이아웃을 잘 만드는 게 훨씬 중요합니다.

개념 정리가 좀 됐나요? 여기까지 잘 따라오셨다면 슬라이드 마스터의 정체에 대해 감을 잡으셨을 겁니다. 최소한 겁먹지 않을 상태는 된 것이죠.
이제 이 정리된 개념을 바탕으로 '파워포인트의 핵'이라 불리는 슬라이드 마스터를 정복해 보겠습니다. 양식지라고 부른 마스터 레이아웃을 전문가답게 사용하는 방법, 빠르게 사용하는 방법, 내용은 그대로 두고 양식을 변경하는 방법까지 꼼꼼히 알아보겠습니다. 슬라이드 마스터를 나의 업무에 맞게 어떻게 구성할지 확실하게 배워 둔다면 작업의 효율을 현격히 높일 수 있습니다!

10-3 슬라이드 마스터 완전 활용법

이제 우리가 할 일은 문서의 콘셉트에 맞게 마스터 레이아웃(양식)을 미리 구성하는 것입니다. '10장 예제.pptx' 파일을 열어 보세요. 이 문서는 인쇄용 제안서를 A4 비율로 설정해 슬라이드 마스터를 전혀 손대지 않고 내용만 수준별로 입력해 놓은 초안 수준의 파일입니다.
지금부터 이 문서에 배경 그림, 취향에 맞는 글꼴의 크기나 색상, 위치 등을 설정할 것입니다. 백문이 불여일견! 백견이 불여일타! 복잡하고 어려워 보이는 내용도 직접해 보면 훨씬 쉽게 이해할 수 있습니다. 자신감을 갖고 차근차근 따라해 보세요!

마스터 레이아웃 정돈하기

파워포인트는 마스터 레이아웃을 11개나 기본으로 제공합니다. 하지만 실무에서는 모든 레이아웃을 골고루 사용하지 않습니다. 게다가 목차나 엔딩처럼 정작 필요한 레이아웃은 제공하지 않죠. 나만의 멋진 테마를 만들기 위한 첫 번째 작업은 불필요한 레이아웃은 삭제하고 필요한 레이아웃은 새로 추가하는 것입니다.

지금 해야 된다! } 불필요한 마스터 레이아웃 삭제하기

작업 중에 헷갈리지 않으려면 잘 사용하지 않는 마스터 레이아웃은 미리 정리하는 게 좋습니다.

1 10장 예제 파일을 열고 10-2절에서 배운 방법대로 슬라이드 마스터 편집 화면으로 들어가겠습니다. Shift 키를 누른 채 [기본 보기(▣)] 버튼을 클릭합니다.

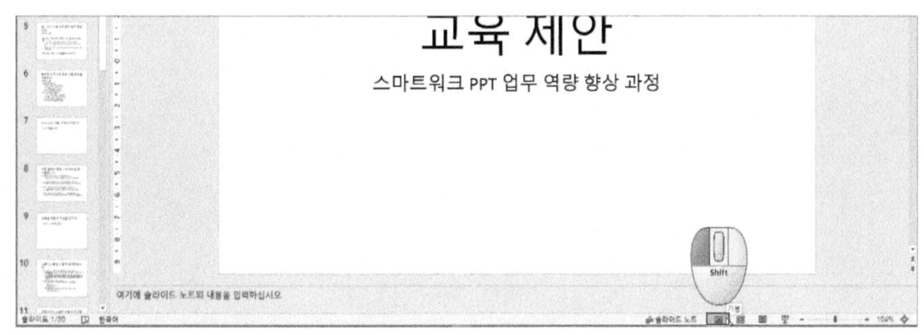

Shift 키를 누른 상태에서 [기본 보기(▣)] 버튼을 클릭합니다.

2 화면 왼쪽에 슬라이드 마스터 1개와 마스터 레이아웃 11개가 나타납니다. 11개 레이아웃 중에서 아래 그림처럼 자주 쓰는 레이아웃들만 남기고 [Del] 키를 눌러 모두 삭제하겠습니다. 마스터 레이아웃 위에 마우스 커서를 올려놓으면 레이아웃의 이름을 확인할 수 있습니다.

▶ 필요한 레이아웃은 상황에 따라 다를 수 있습니다.

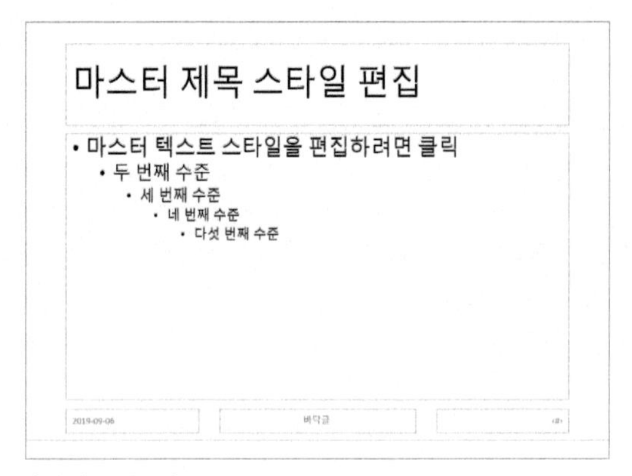

슬라이드 마스터

'제목 슬라이드' 레이아웃

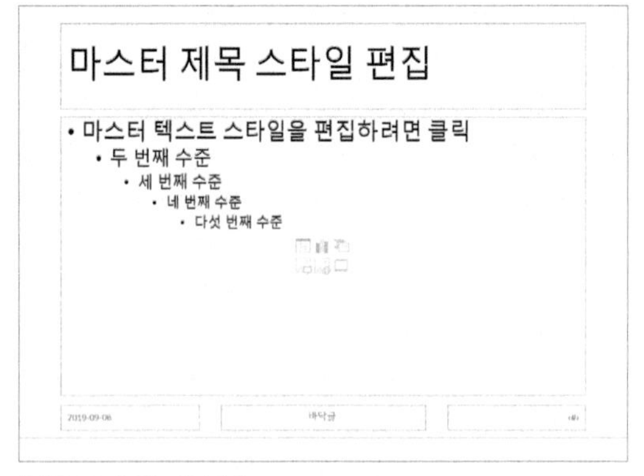

'제목 및 내용' 레이아웃

'구역 머리글' 레이아웃

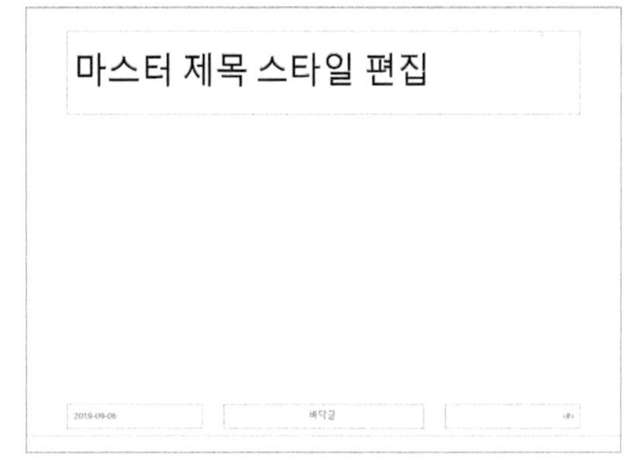

'제목만' 레이아웃

'빈 화면' 레이아웃

[전문가의 조언] 마스터 레이아웃을 삭제할 수 없는 경우

오른쪽 그림처럼 마우스 커서를 마스터 레이아웃 위에 올려놓으면 레이아웃 이름과 함께, 현재 사용 중인 슬라이드 번호를 확인할 수 있는데요. 해당 레이아웃을 사용하고 있는 슬라이드가 있다면 그 레이아웃은 삭제할 수 없습니다.

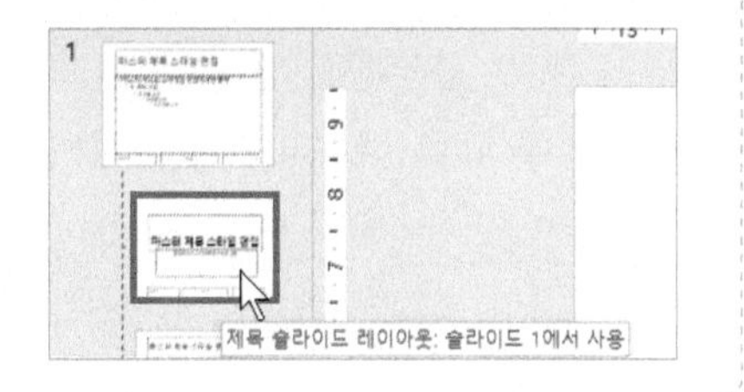

3 불필요한 마스터 레이아웃을 삭제하고 나니 아래 그림처럼 레이아웃이 5개 남았습니다.

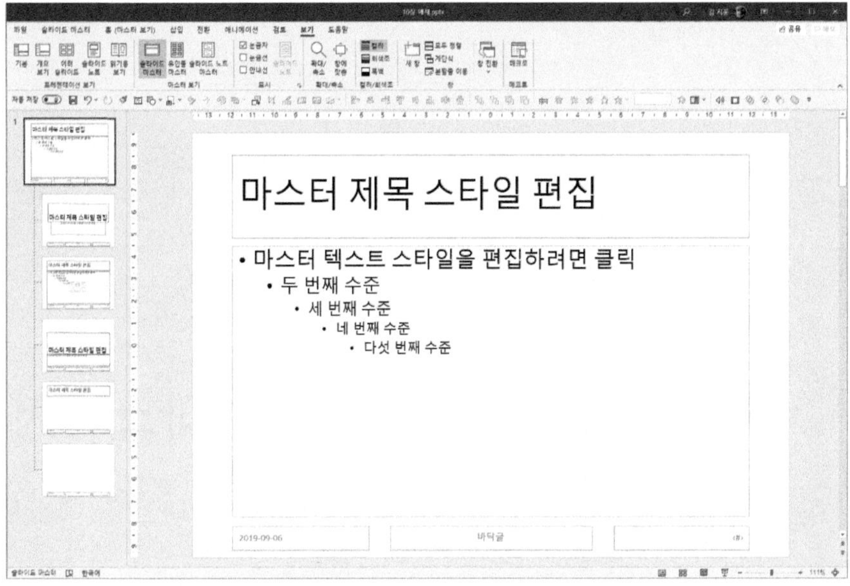

최종적으로 마스터 레이아웃이 5개 남았습니다.

[전문가의 조언] 삭제한 마스터 레이아웃을 되살릴 수는 없나요?

슬라이드 마스터를 새로 만들면 마스터 레이아웃이 모두 다시 생기기 때문에 여기서 필요한 레이아웃만 다시 골라 쓸 수 있습니다. 쓰지 않는 레이아웃은 과감히 삭제하세요.

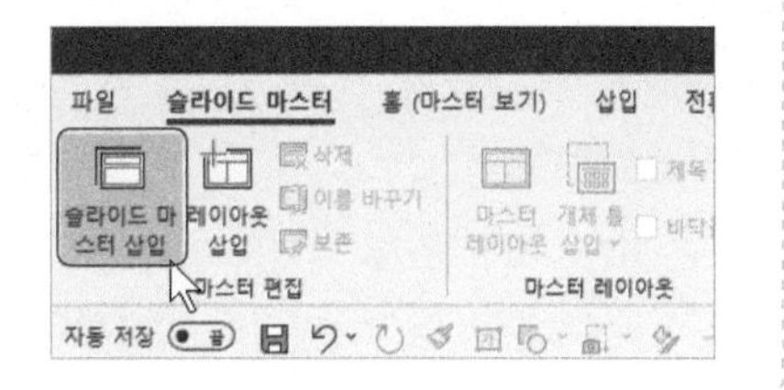

지금 해야 된다! } 레이아웃을 추가하는 두 가지 방법

실무에서는 자주 쓰지만 파워포인트에는 없는 레이아웃이 있습니다. 대표적인 예로는 '목차'와 '엔딩'을 들 수 있는데요. 이럴 때는 레이아웃을 직접 추가해 만들기도 합니다. 레이아웃의 구성을 용도에 맞게 편집하는 방법은 이어지는 실습에서 차례대로 배웁니다. 여기서는 새로운 마스터 레이아웃을 추가하는 두 가지 방법을 먼저 배워 보겠습니다.

1 첫 번째 방법은 새로운 레이아웃을 삽입하는 것입니다. '제목만' 레이아웃과 '빈 화면' 레이아웃 사이를 마우스 오른쪽 버튼으로 누르고 [레이아웃 삽입]을 클릭합니다. 그러면 '제목만' 레이아웃과 형태가 똑같은 레이아웃이 추가됩니다.
추가되는 것을 확인했다면 다음 실습을 위해 삭제합니다.

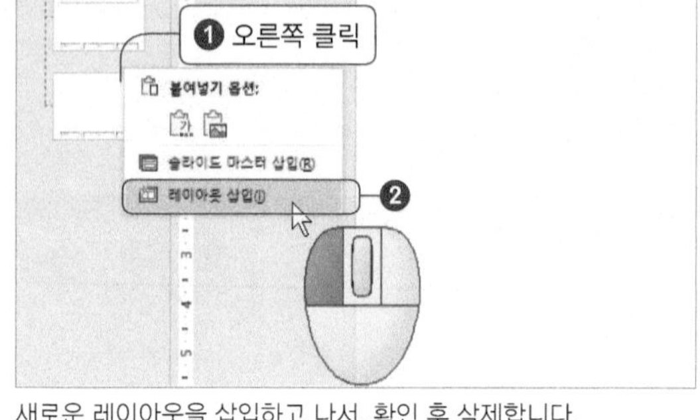

새로운 레이아웃을 삽입하고 나서, 확인 후 삭제합니다.

2 두 번째 방법은 기존 레이아웃을 복제하는 것입니다. '제목 및 내용' 레이아웃을 선택하고 Ctrl + D 키를 누릅니다. 바로 아래에 똑같은 슬라이드가 복제됐습니다. 간단하죠?

▶ Ctrl + C, V를 눌러 복사할 수도 있습니다.

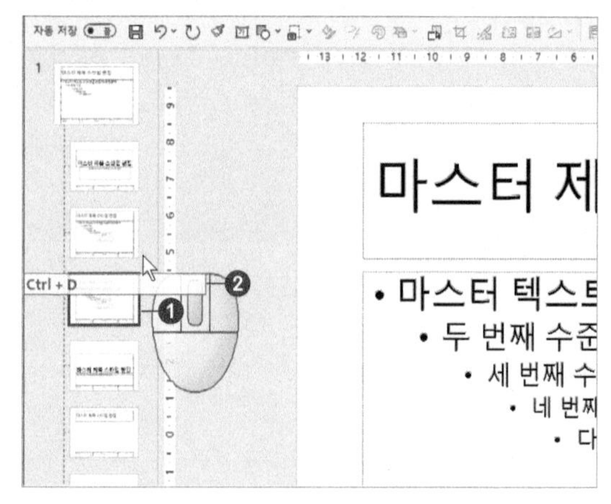

개체뿐 아니라 슬라이드도 복제할 수 있구나!

[전문가의 조언] 쓰지 않는 레이아웃을 변경해 사용할 수도 있습니다

꼭 새로운 레이아웃을 추가하지 않아도 됩니다. 기존에 쓰지 않던 레이아웃을 변형해 원래 레이아웃의 목적과 다르게 사용하는 방법도 있습니다.

지금 해야 된다! } 마스터 레이아웃의 이름 바꾸기

잘 사용하지 않는 레이아웃은 삭제했고 없는 레이아웃은 추가했으므로 필요한 레이아웃은 어느 정도 갖춘 셈입니다. 이제는 각 레이아웃에 제대로 된 이름을 지어 줄 차례입니다. 그냥 쓰면 되는데 굳이 이름을 짓는 이유는 실무에서 이름을 관리하지 못하면 십중팔구 헷갈리기 때문입니다.

1 각 레이아웃에 마우스 커서를 올려놓고 이름을 확인해 보세요. 방금 복제한 세 번째 레이아웃의 이름은 '1_제목 및 내용'이라고 나옵니다. 다섯 번째 레이아웃의 이름은 '제목만'입니다. 이 이름만 보고는 레이아웃의 쓰임을 정확히 알기 어렵죠? 따라서 레이아웃의 이름은 용도에 맞게 미리 바꿔 주는 게 좋습니다.

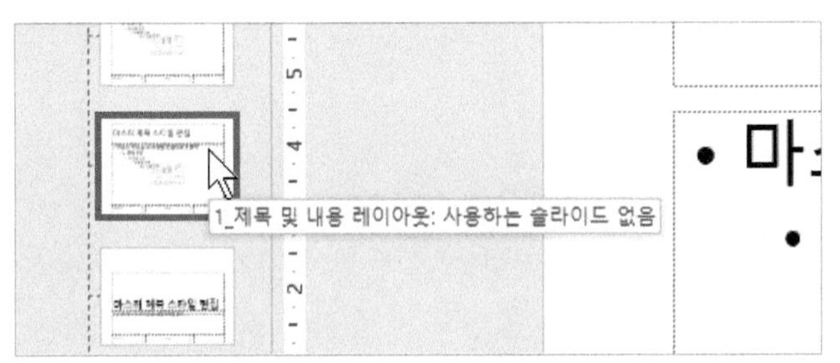

누가 봐도 레이아웃의 쓰임을 쉽게 알 수 있는 이름으로 바꾸는 것이 좋습니다.

▶ 복제된 레이아웃의 이름은 기존 레이아웃의 이름 앞에 '(숫자)_'가 붙습니다.

▶ 새로운 레이아웃을 추가하면 '사용자 지정'이라는 이름이 자동으로 설정됩니다.

2 우리가 추가했던 '1_제목 및 내용' 레이아웃의 이름을 바꿔 보겠습니다. 세 번째 레이아웃을 마우스 오른쪽 버튼으로 누르고 [레이아웃 이름 바꾸기]를 클릭합니다. [레이아웃 이름 바꾸기] 창이 나타나면 '목차'라고 입력하고 [이름 바꾸기] 버튼을 클릭합니다.

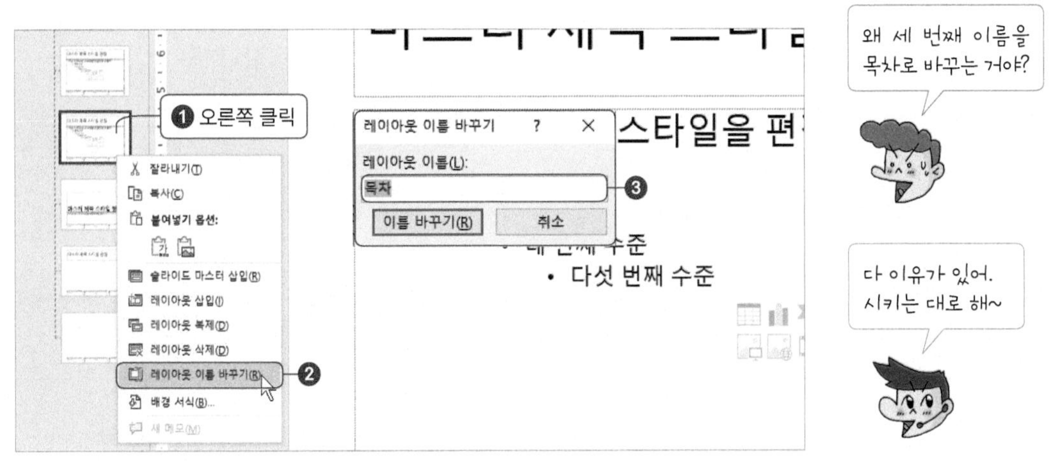

레이아웃 이름을 입력하고 Enter 키를 눌러도 됩니다.

3 마우스 커서를 다시 올려놓으면 이름이 '목차'로 바뀐 것을 확인할 수 있습니다. 이와 같은 방법으로 나머지 레이아웃의 이름을 아래 표와 같이 바꿉니다. 이 과정에서 절대 순서를 위아래로 바꾸지 마세요. 그 이유는 차차 설명하겠습니다.

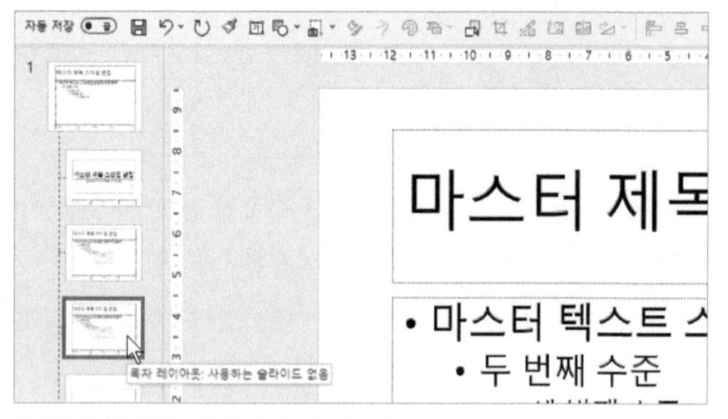

아하 이게 '목차'에 사용할 레이아웃이구나!

순서	레이아웃 이름
1	제목 슬라이드(변경 안 함)
2	제목 및 내용(변경 안 함)
3	1_제목 및 내용 → **목차**
4	구역 머리글 → **간지**
5	제목만 → **엔딩**
6	빈 화면(변경 안 함)

마스터 레이아웃 편집하기

본격적으로 마스터 레이아웃을 편집해 볼 차례입니다. 지정한 이름에 맞게 각각의 레이아웃을 꾸며야겠죠? 먼저 배경을 넣고 마스터 레이아웃을 구성하고 있는 개체 틀을 하나씩 편집해 보겠습니다. 배경을 넣는 것만으로도 밋밋한 레이아웃의 분위기를 확 바꿀 수 있습니다. 차분히 따라 하면서 자신만의 레이아웃을 만들어 보세요!

지금 해야 된다! } 마스터 레이아웃 배경 꾸미기

1 마스터 레이아웃 중 첫 번째 레이아웃인 '제목' 레이아웃의 배경을 그림으로 채워 보겠습니다. 해당 레이아웃을 마우스 오른쪽 버튼으로 누르고 [배경 서식]을 클릭합니다.

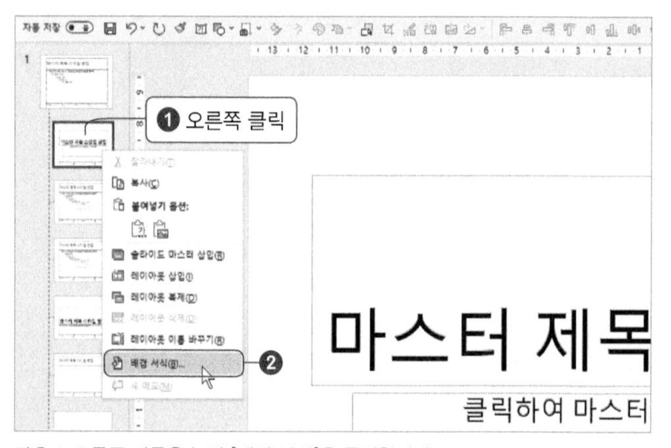

마우스 오른쪽 버튼을 눌러 [배경 서식]을 클릭합니다.

▶ 배경 그림을 채우지 않고 그냥 삽입하면 슬라이드 크기를 바꿀 때 왜곡될 수 있고(397쪽 참조), 슬라이드 마스터 편집을 할 때도 계속 선택돼 불편할 수 있습니다.

2 [배경 서식] 창에서 [채우기 - 그림 또는 질감 채우기]를 선택하면 임의의 그림이 들어가는데, [삽입] 버튼을 눌러 **'10장 마스터1 표지.jpg'**를 삽입합니다.

▶ 2013년 버전 이하에서는 [삽입] 버튼이 [파일]로 돼 있으며, 기능은 같습니다.

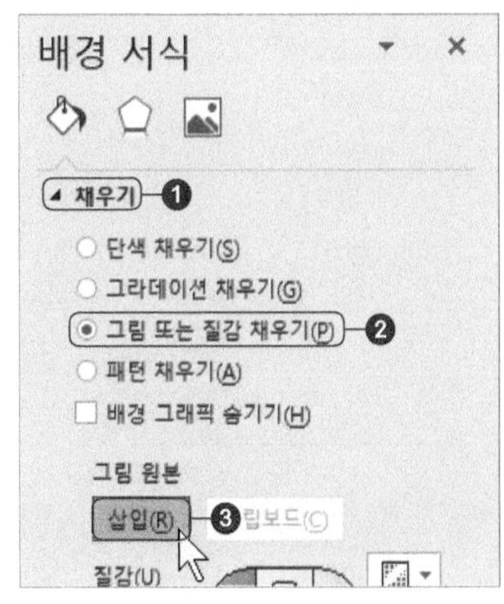

그림을 삽입하면

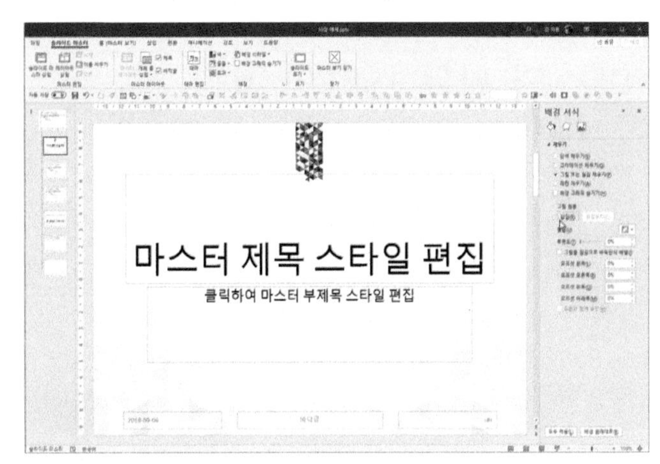

슬라이드 크기에 맞게 배경으로 채워집니다.

3 배경이 될 그림만 먼저 넣은 것이므로 텍스트의 위치나 서식이 마음에 들지 않을 것입니다. 앞으로 이 배경에 맞게 예쁘게 만들 것이니 이와 같은 방법으로 나머지 레이아웃에도 배경 그림을 삽입하세요.

제목 및 내용 - 10장 마스터2 내용.jpg
목차 - 10장 마스터3 목차.jpg
간지 - 10장 마스터4 간지.jpg
엔딩 - 10장 마스터5 엔딩.jpg

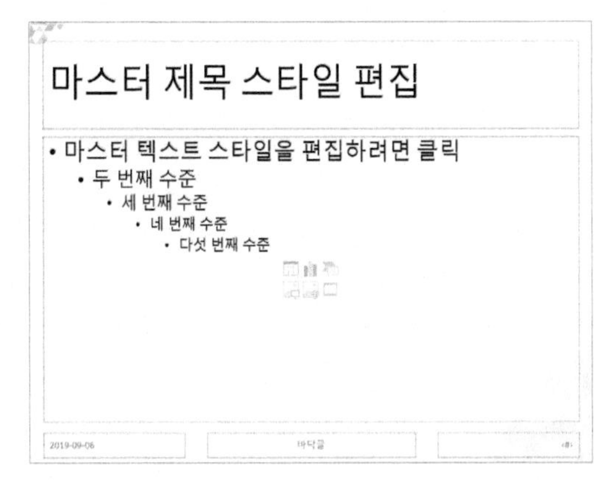

'제목 및 내용' 레이아웃

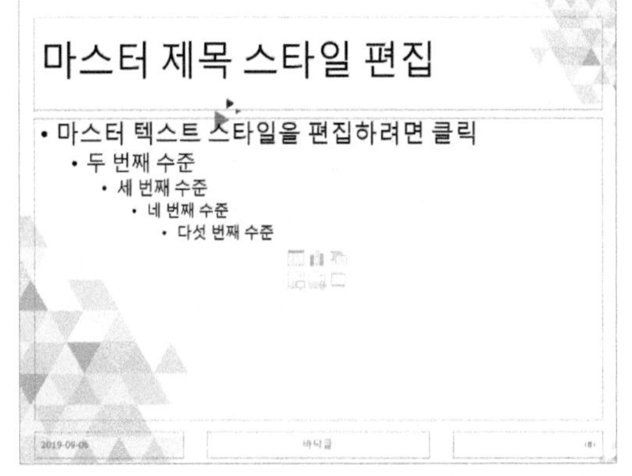

'목차' 레이아웃

'간지' 레이아웃

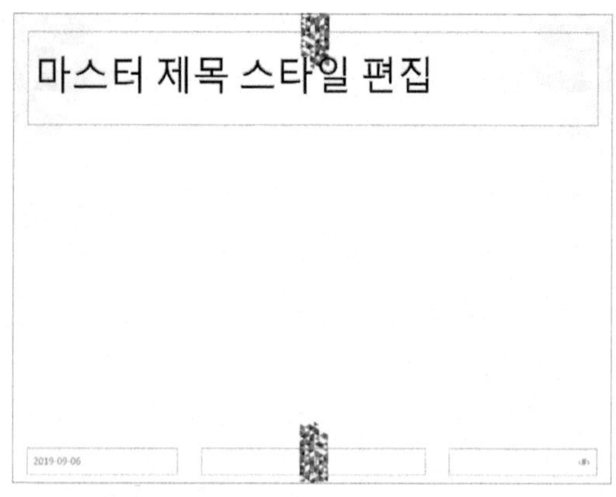

'엔딩' 레이아웃

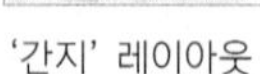 배경 그림은 그림 삽입보다 그림 채우기로 넣으세요!

일반적인 방법으로 그림을 삽입하고 '맨 뒤로 보내기'를 눌러도 슬라이드 밖에서는 선택되지 않기 때문에 배경처럼 사용할 수 있습니다. 틀린 방법은 아니지만 슬라이드 마스터 내에서 편집하다 보면 실수로 배경이 선택되기 때문에 불편할 수 있습니다. 전문가들은 배경이 고정되는 채우기 방법을 선호합니다.

지금 해야 된다! } 레이아웃의 개체 틀 꾸미기

슬라이드 마스터 내에서 텍스트 상자처럼 보이는 '개체 틀'은 슬라이드 마스터에서만 사용하는 독특한 개념입니다. 텍스트 상자와는 전혀 다른 속성을 가진 일종의 프로그래밍된 상자라고 보면 됩니다. 개체 틀은 하나의 '양식' 또는 이미 양식을 반영한 '견본'에 가깝습니다.
마스터 레이아웃은 이러한 개체 틀로 구성돼 있고 텍스트가 개체 틀에 들어오면 개체 틀이 갖고 있는 서식 정보를 자동으로 입힙니다. 그렇기 때문에 같은 내용이라도 적용하는 레이아웃에 따라 다양하게 표현할 수 있는 것입니다.

1 먼저 글꼴을 맞춰 통일감을 줘 볼까요? 상위 슬라이드 마스터를 편집하면 하위 마스터 레이아웃에 동일하게 적용된다는 특징을 활용하면 됩니다. '마스터 제목 스타일 편집'이라고 적혀 있는 제목 개체 틀을 선택하고 글꼴을 [KoPubWorld돋움체 Bold]로 변경합니다. 이어서 아래의 내용 개체 틀을 선택한 후 글꼴을 [KoPubWorld돋움체 Medium]로 바꿉니다.

▶ 아직 글꼴이 없다면 03-5절을 참조하세요.

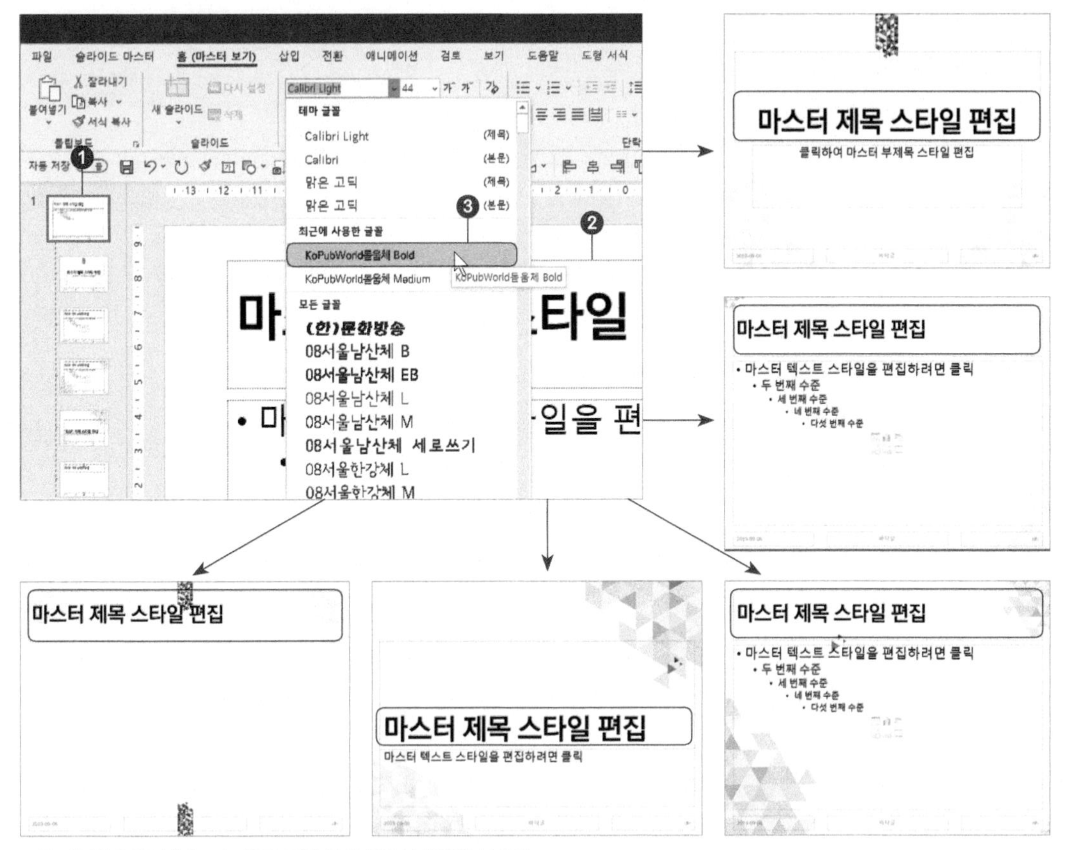

모든 레이아웃에서 '마스터 제목' 개체 틀의 글꼴이 변경됐습니다!

2 이제 각 레이아웃을 하나씩 꾸며 보겠습니다. '제목 슬라이드' 레이아웃으로 이동합니다. 먼저 불필요한 바닥글을 제거하겠습니다. [슬라이드 마스터] 탭 → [마스터 레이아웃] 그룹 → [바닥글]의 체크를 해제합니다.

바닥글의 체크를 해제하면

날짜, 바닥글, 슬라이드 번호 개체 틀이 사라집니다.

3 제목 텍스트가 아래로 내려와 있네요. 제목 텍스트 박스를 선택한 후 [홈(마스터 보기)] 탭 → [단락] 그룹에서 [텍스트 맞춤 - 중간]으로 맞춥니다.

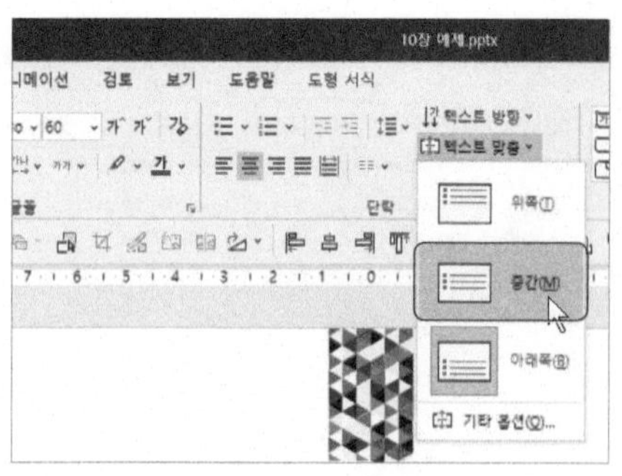

텍스트의 위치가 중간으로 정렬됩니다.

4 아래 그림처럼 개체 틀의 위치와 크기를 조정한 후 서식을 변경해 마스터 제목을 강조해 보세요. 다 했다면 아래에 '로고.png'를 삽입합니다.

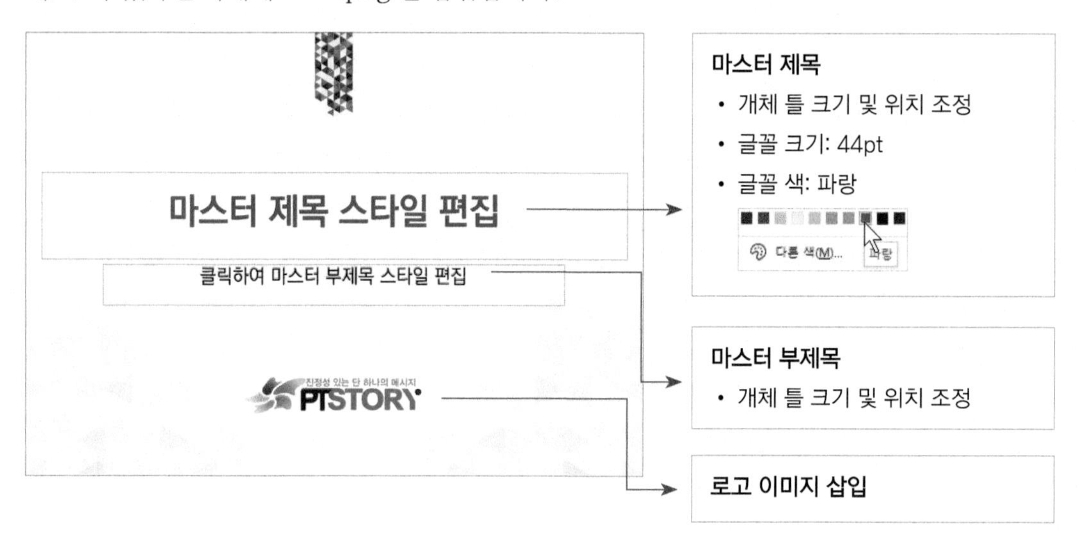

5 다음은 '제목 및 내용' 레이아웃입니다. 먼저 화면 아래에 있는 개체 틀을 아래 그림처럼 정리합니다. 사용하지 않을 날짜 개체 틀은 삭제하고 바닥글 개체 틀의 텍스트는 왼쪽 정렬해 슬라이드 왼쪽 아래, 슬라이드 번호 개체 틀은 크기를 조절해 오른쪽 아래에 배치합니다.

개체 틀도 크기와 위치를 자유롭게 조절할 수 있습니다.

6 제목 개체 틀의 글꼴 크기가 다소 커 보입니다. 단축키 Ctrl + [를 사용해 글꼴 크기를 32pt로 줄입니다. 제목 개체 틀의 크기는 적당히 조절하세요. 여기서 중요한 것은 개체 틀의 위치를 보면서 맞추는 것이 아니라 제목 텍스트의 위치를 보고 맞춰야 한다는 것입니다.

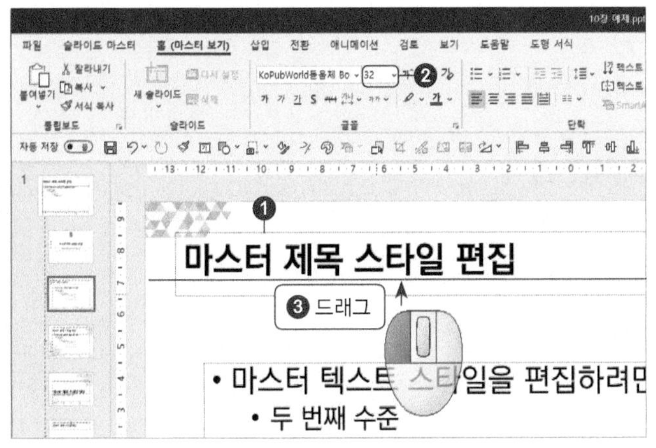

글꼴 크기를 줄이고 개체 틀의 크기와 위치를 조절합니다.

▶ 글꼴 크기 조정의 단축키가 작동하지 않는다면 04-3절을 참고하세요.

7 제목이 작아지니 내용과 많이 멀어졌습니다. 마스터 텍스트 개체 틀의 크기도 상하좌우로 크기를 키웁니다. 이어서 글머리 기호 및 목록 수준을 설정하겠습니다. 조직마다 조금씩 다르겠지만, 실무에서 첫 번째 수준의 글머리 기호를 점으로 표시하는 곳은 거의 없으므로 번호로 바꿔 보겠습니다.

마스터 텍스트 개체 틀의 첫 번째 줄 가장 앞을 클릭하고 마우스 오른쪽 버튼을 눌러 [번호 매기기( )]를 누릅니다.

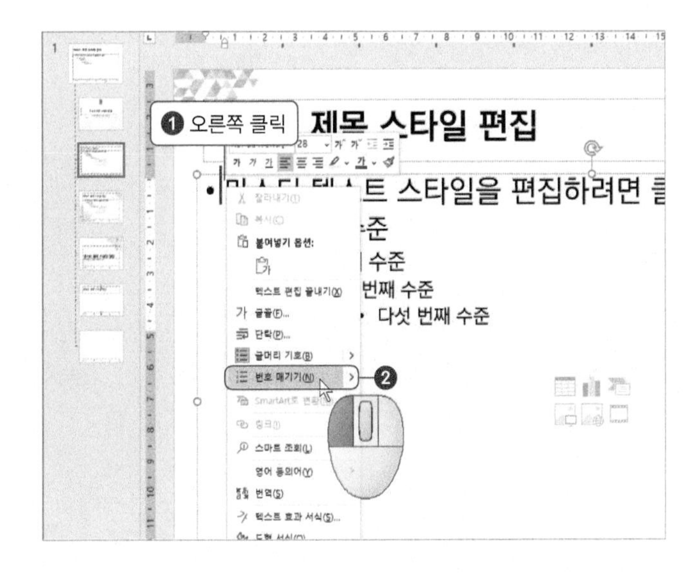

8 두 번째 수준은 작은 줄표(-)로 바꿔 보겠습니다. 먼저 두 번째 줄 가장 앞쪽을 클릭합니다. 그런 다음, 마우스 오른쪽 버튼 옆의 〉를 누르고 가장 아래의 [글머리 기호 및 번호 매기기]를 선택합니다.

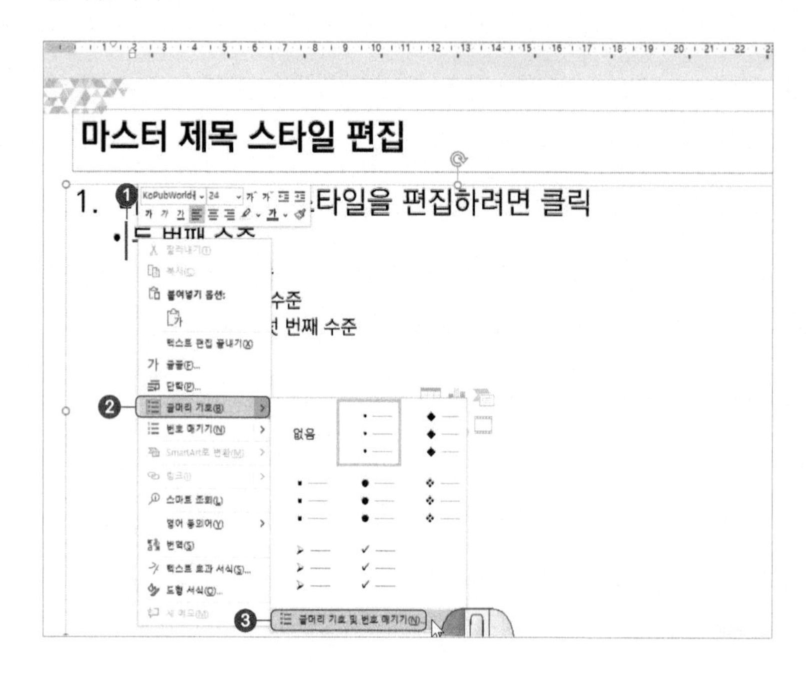

▶ [홈(마스터 보기)] 탭 → [글머리 기호(☰)] 버튼을 눌렀을 때 아래의 [글머리 기호 및 번호 매기기]를 클릭해도 됩니다.

창이 나타나면 아래의 [사용자 지정]을 클릭합니다. [기호] 창에서 작은 줄표(-)를 찾아 선택하고 [확인] 버튼을 누른 후 원래 창에서도 한 번 더 [확인] 버튼을 누릅니다. 두 번째 수준의 글머리 기호(☰)]가 줄표(-)로 바뀐 것을 확인할 수 있습니다.

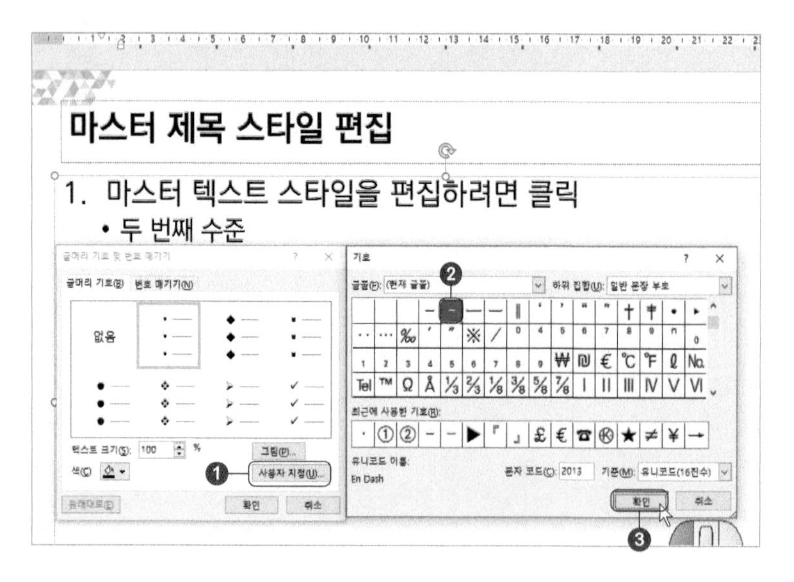

▶ 찾기 어려우면 문자 코드 입력란에 '2013'을 입력해 찾을 수 있습니다.

9 내용 텍스트가 전반적으로 큰 것 같습니다. 내용 개체 틀의 테두리를 선택한 후 단축키 Ctrl + [를 사용해 텍스트 크기를 한 단계 줄입니다. 아무래도 '첫 번째 수준'은 굵게 강조되는 것이 좋을 것 같으니 '첫 번째 수준'의 텍스트를 블록 설정하고 Ctrl + B를 눌러 굵게 강조합니다. '세 번째 수준'부터는 자유롭게 바꾸세요.

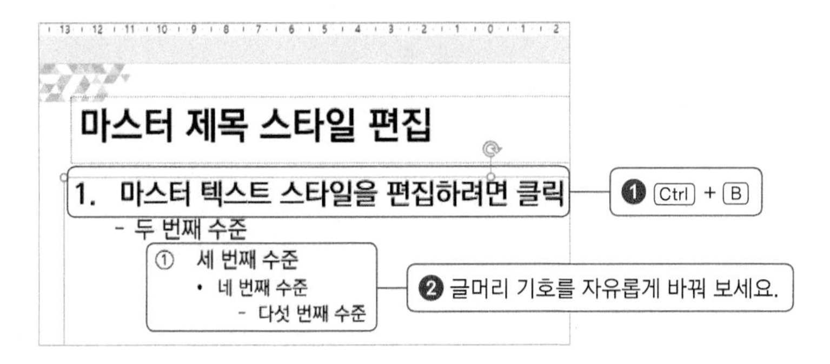

10 내용의 텍스트가 제목보다 약해야 하므로 약간 진한 회색을 적용하세요. 그리고 미묘하게 어긋나 있는 글머리 기호 및 번호, 첫 텍스트 위치를 그림을 참고해 적당히 조절하세요. 마지막으로 오른쪽 상단에 '로고.png'를 작게 줄여 삽입합니다.

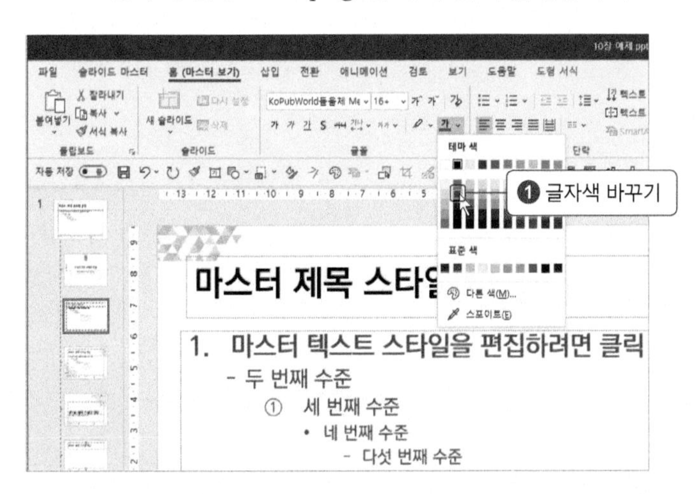

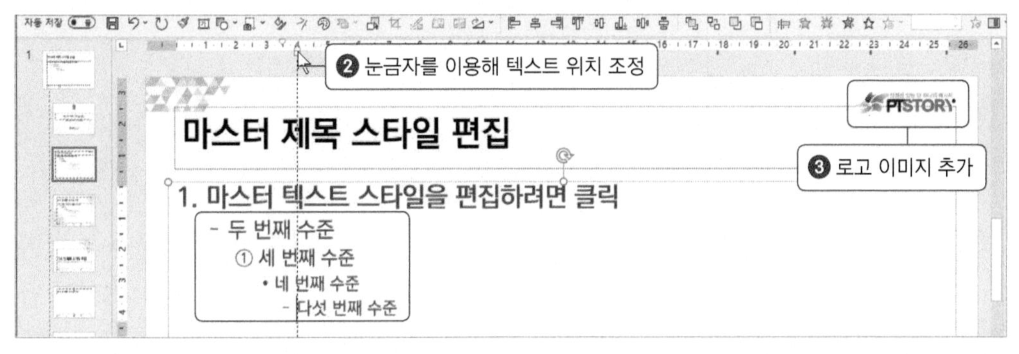

11 이제 감이 잡히시나요? 지금까지 배운 기술을 총동원해 나머지 레이아웃들도 꾸며 보겠습니다. 각자 자유롭게 꾸며 보거나 아래 예시를 따라 꾸며 보세요.

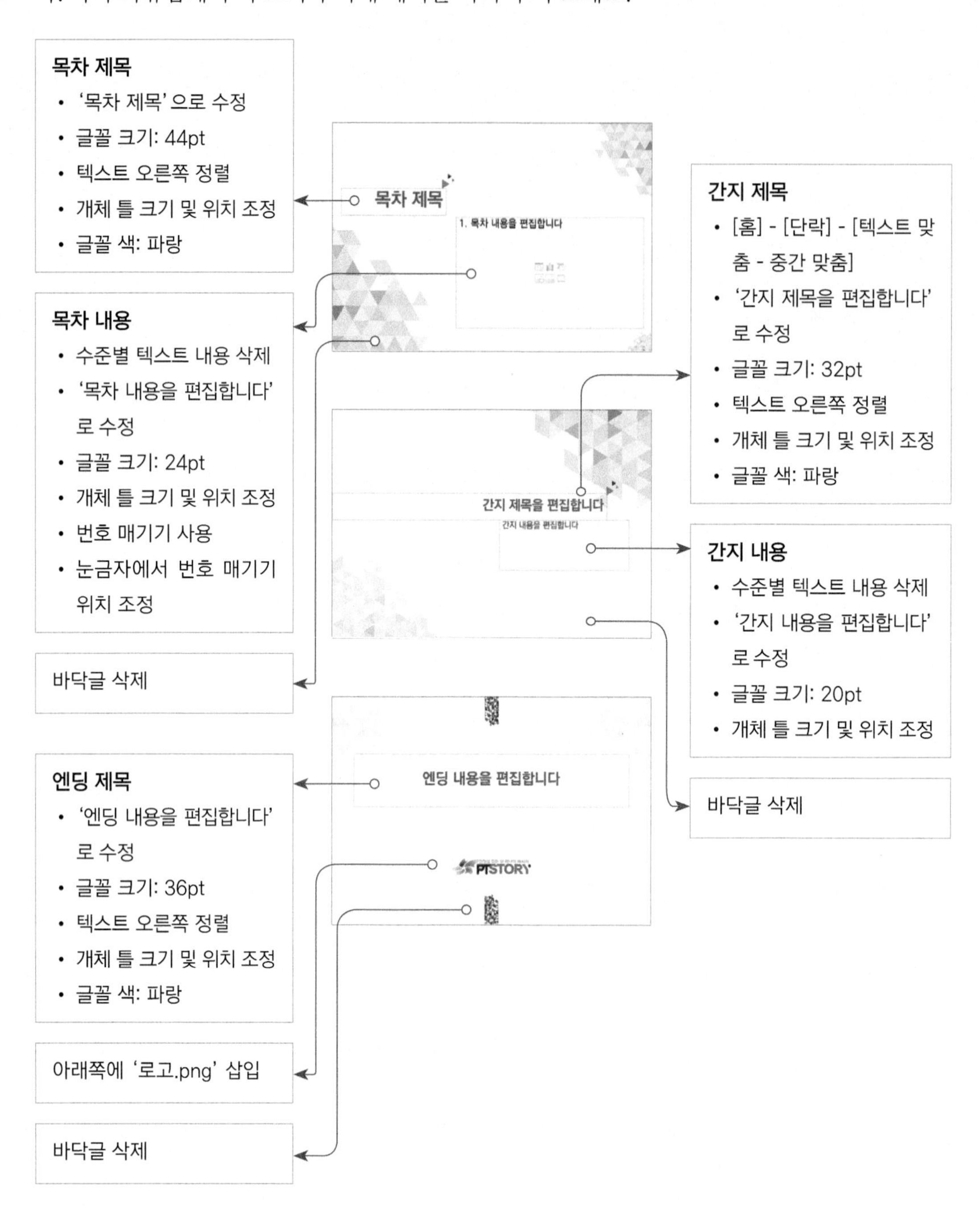

슬라이드 마스터 작업은 한 번에 완성되는 것이 아니라 조금씩 보완하면서 최적화하는 과정이라 할 수 있습니다. 슬라이드 마스터와 기본 편집 화면을 수시로 넘나들면서 글꼴의 크기는 적당한지, 색상이 배경과 어울리는지 등 세세하게 검토하는 과정이 꼭 필요합니다.

내가 만든 슬라이드 마스터 멋지게 사용하기

레이아웃 준비가 끝났다면 이제 멋지게 사용할 일만 남았습니다. 마스터 레이아웃은 특정 슬라이드의 레이아웃을 변경하거나 슬라이드를 새롭게 추가할 때 사용할 수 있습니다. 특히, 레이아웃 변경은 아주 놀라운 기능입니다. 내용은 건드리지 않고 각 레이아웃에 만들어 놓은 양식에 맞춰 슬라이드 디자인이 자동으로 변하기 때문입니다.

그럼 지금부터 레이아웃을 변경하고 또 적용하는 방법을 차례대로 실습해 보겠습니다.

지금 해야 된다! } 슬라이드의 레이아웃 변경하기

1 화면 하단의 [여러 슬라이드(⊞)]를 클릭해 슬라이드 마스터 편집 화면을 빠져나온 후 화면 크기를 적당히 확대해 보세요. 모든 레이아웃에 배경이 입혀진 것을 볼 수 있습니다. 그런데 지금은 표지와 내용, 딱 두 가지 레이아웃만 적용된 상태입니다. 슬라이드의 용도에 맞게 레이아웃을 적용해 보겠습니다.

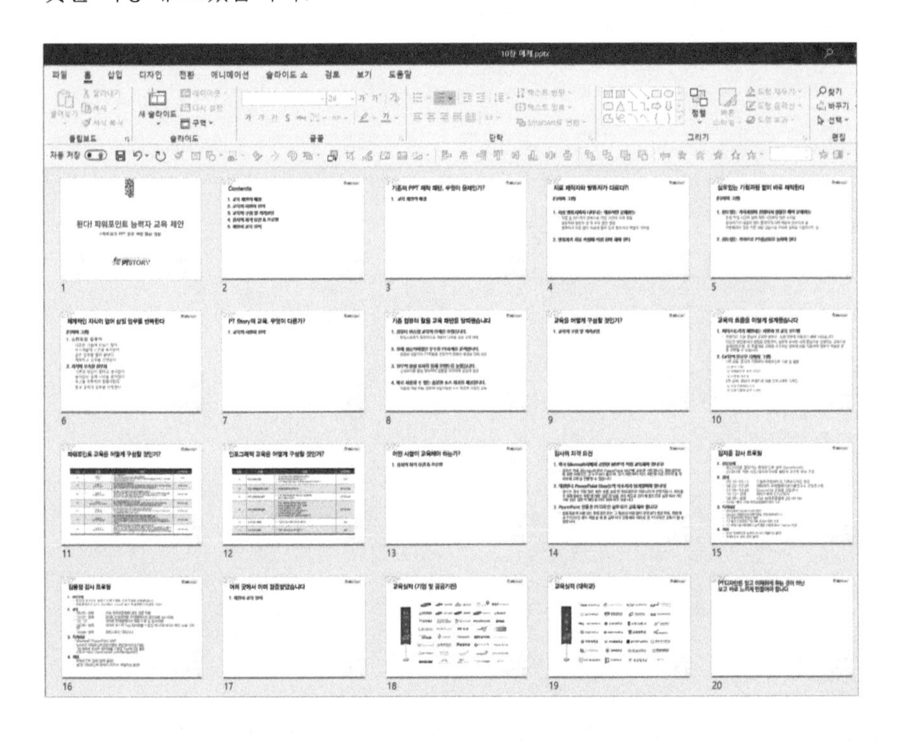

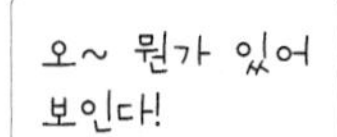

[전문가의 조언] 내용이 개체 틀에 입력돼 있어야 가능합니다

레이아웃 양식에 맞춰 텍스트가 자유자재로 들어갈 수 있는 이유는 텍스트가 개체 틀에 입력돼 있기 때문입니다. 일반 텍스트 상자에 들어 있는 텍스트는 개체 틀로 찾아 들어갈 수 없습니다.

❷ 2번 슬라이드를 클릭한 후 [홈] 탭 → [슬라이드] 그룹 → [레이아웃]을 클릭하고 [목차] 레이아웃을 선택합니다. '내용' 레이아웃에서 '목차' 레이아웃으로 바뀝니다.

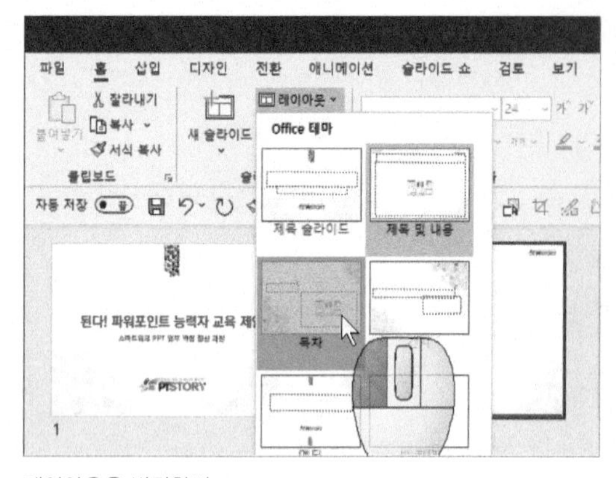

레이아웃을 변경하면

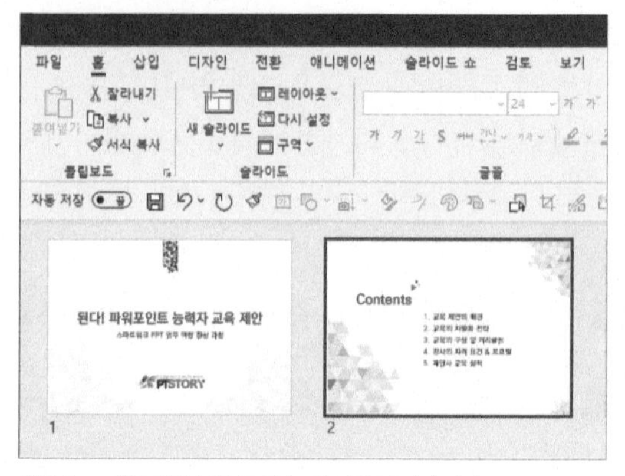

내용은 그대로지만 내용을 담는 양식이 달라집니다.

❸ 3, 7, 9, 13, 17번 슬라이드는 '간지' 레이아웃, 20번 슬라이드는 '엔딩' 레이아웃으로 바꿉니다. 그러면 아래와 같이 완성된 모습을 볼 수 있습니다.

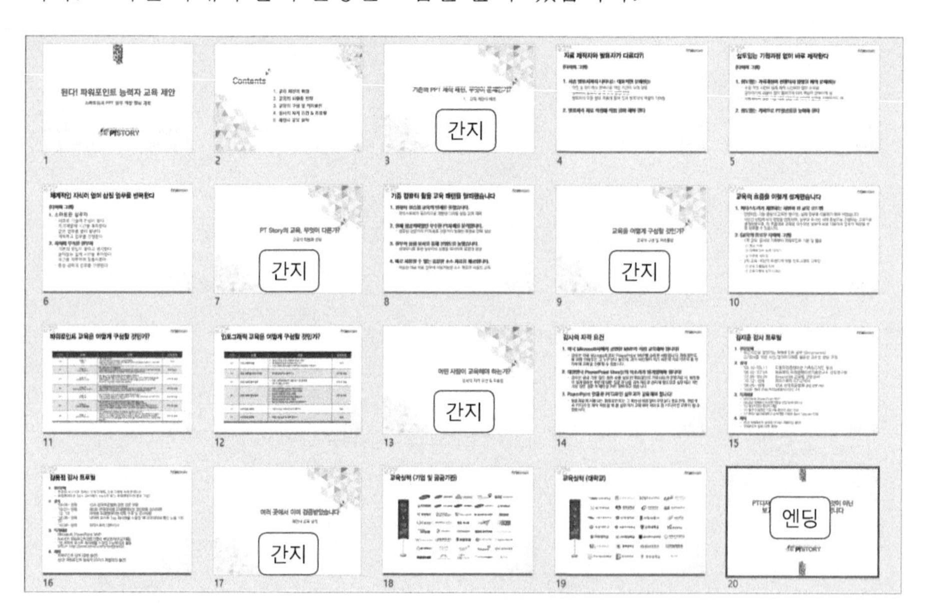

[전문가의 조언] 빠르게 초안을 만드는 전문가의 연속 기술

슬라이드 마스터와 스마트아트로 빠르게 시각화하는 기술(04-4절)을 연계하면 시너지 효과를 낼 수 있습니다. 레이아웃을 적용해 양식을 입혔다면 본문 텍스트를 스마트아트로 시각화해 보세요. 02-1절에서 김 대리가 무척 놀라워했던 바로 그 기술입니다!

지금 해야 된다! } 슬라이드 추가할 때 레이아웃 적용하기

양식을 바꾸는 방법은 배웠습니다. 그러면 슬라이드 마스터에 있는 양식을 어떻게 불러올 수 있을까요? 슬라이드 마스터만 잘 구성돼 있다면 원하는 레이아웃을 선택해 불러올 수 있습니다. 여기서는 '간지' 레이아웃이 적용된 빈 슬라이드를 추가해 보겠습니다.

4번 슬라이드를 선택한 후 [홈] 탭 → [슬라이드] 그룹 → [새 슬라이드] 아래쪽의 ▼ 버튼을 누릅니다. 레이아웃 목록이 펼쳐지면 [간지]를 클릭해 보세요. 4번 슬라이드 다음에 [간지]의 빈 양식이 추가되므로 자유롭게 입력만 하면 되겠죠?

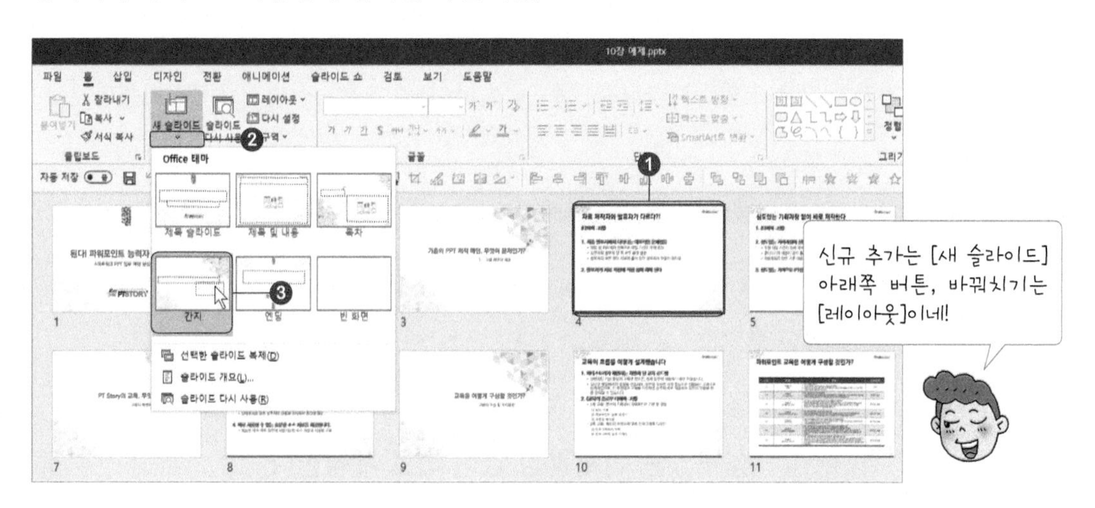

실무에서는 여러 사람이 협업해 제작하는 경우가 많습니다. 아무리 잘 만들었더라도 잘 모르는 사람이 슬라이드 마스터를 무시하고 제목의 크기나 색상 등을 직접 수정하면 전체적인 통일감이 떨어질 것입니다. 하지만 슬라이드 마스터를 이용해 만든 자료라면 원래 상태로 한 번에 되돌릴 수 있습니다.

지금 해야 된다! } 틀어져 버린 제목, 슬라이드 마스터로 바로 잡기

1 5번 슬라이드를 열고 제목을 선택한 후 좀 심하다 싶을 정도로 글꼴을 키우거나 색상과 위치를 임의로 변경해 보세요.

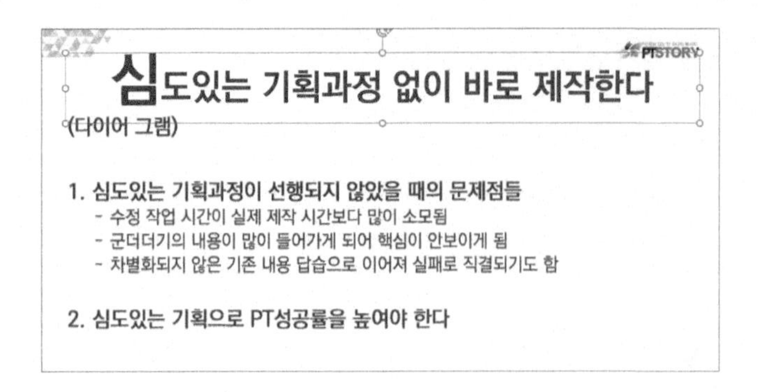

❷ 만약 여러 사람이 작업한 문서를 합치는 과정에서 이런 슬라이드를 만나면 조금 화가 나는 상황입니다. 그러나 그렇게 작업한 사람이 슬라이드 마스터에 손을 대지 않았고 제목 개체 틀에 입력했다면 걱정할 필요가 없습니다. [홈] 탭 → [슬라이드] 그룹 → [다시 설정] 버튼만 누르면 됩니다.

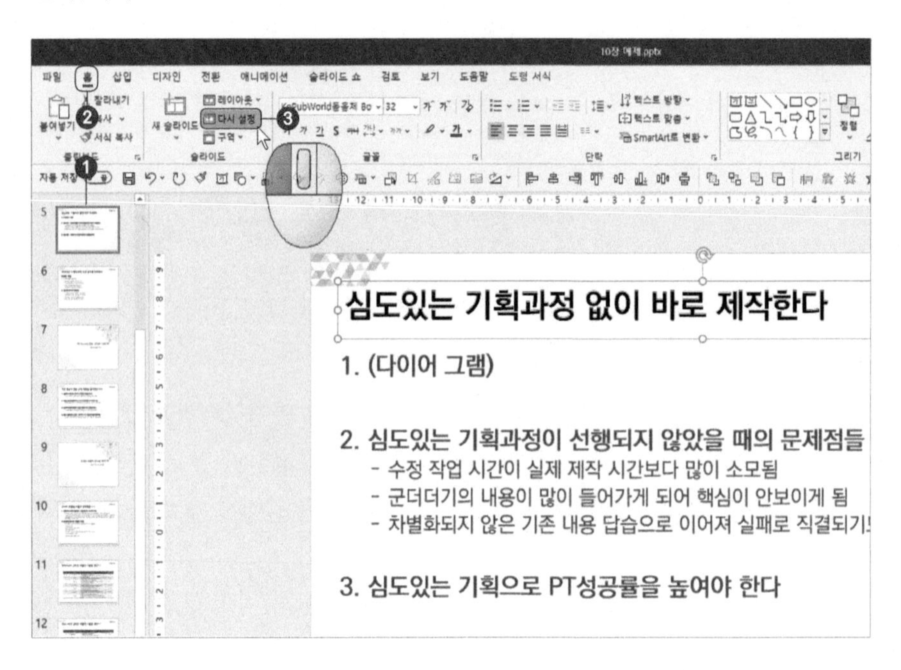

▶ 2010 버전 이하에서는 이 버튼이 [원래대로]로 돼 있습니다.

그렇습니다. 슬라이드 마스터의 설정대로 리셋(reset)되는 것입니다. 전체적인 통일감을 유지하고 싶을 때 유용한 기능이니 꼭 알아 두시기 바랍니다. 그러나 슬라이드 마스터에서 개체 틀까지 수정 또는 삭제했거나 제목을 개체 틀에 입력하지 않고 그냥 텍스트 상자로 입력했다면 어쩔 수 없습니다. 향후 원활한 작업을 위해 슬라이드 마스터의 개체 틀에 입력하세요.

김 대리의 스프링 노트 10

- 슬라이드 마스터는 양식함이다! **10-1, 10-2**

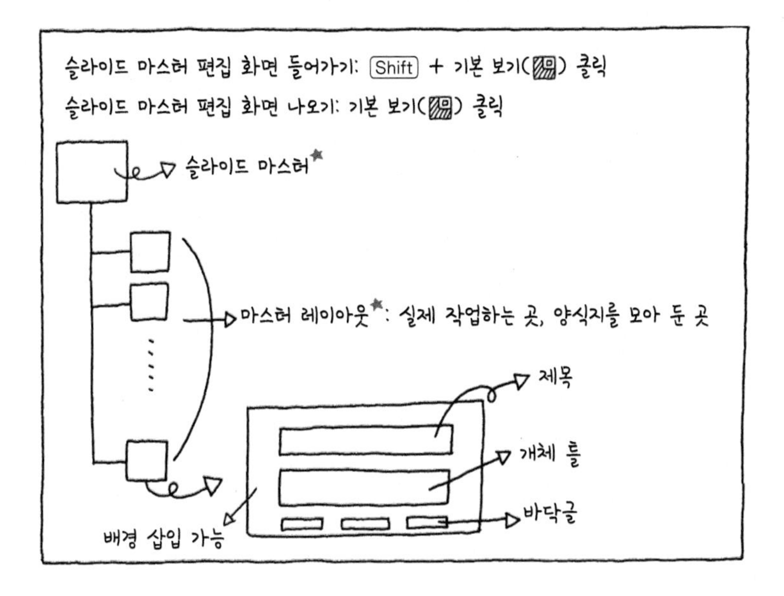

- 슬라이드 마스터 완전 활용법 **10-3**

– 레이아웃 이름 바꾸기: 레이아웃 오른쪽 클릭 → [레이아웃 이름 바꾸기] 클릭!
– 글머리 기호 바꾸기: [홈(마스터 보기)] → [글머리 기호] 클릭!
– 레이아웃 적용하기: [홈] → [레이아웃] 클릭!

- 초안을 빠르게 만드는 전문가의 연속 기술 **10-3**

- 1차 초안 만들기
- 레이아웃 적용하기
- 시각화하기

'김 대리의 스프링 노트'가 잘 이해되지 않는다면 한 번 더 복습해 보세요!

다이내믹한 프레젠테이션을 위한 멀티미디어 파일 활용 기법

아침에 친구가 교육이 시작되기 전에 분석해 줬던 ○○기업의 PPT 자료가 나에게 무척 강렬한 인상을 남겼다.

"네가 수업 시간에 보여 줬던 기업 자료 말야. 성우의 멋진 음성과 함께 뭔가 역동적으로 진행되던데, 그게 파워포인트만으로 가능한 거야?"
"응. 그거? 성우 음성은 스튜디오에서 녹음한 것을 삽입한 거고 앞의 인트로 부분은 동영상을 넣은 거야. 쉬워."
"너한테는 쉽겠지."
"한 문장의 글보다는 이미지가 더 많은 말을 할 수 있고 하나의 이미지보다는 동영상이 더 많은 말을 할 수 있지. 그래서 사용한 거야."
"네 말이 맞긴 한데…. 난 그런걸 다루는 게 어렵더라구. 막상 넣었는데 현장에서 잘 안 될 때도 있고 말이야."
"그래. 몇 가지 흔히 실수하는 부분만 알아 두면 너도 충분히 쓸 수 있어."

#삽입과연결의차이 #동영상편집기술 #반복재생 #BGM삽입 #유튜브활용법

11-1 멀티미디어 파일 삽입하고 재생하기

엉뚱한 장면에서 오디오 파일이 재생되거나 야심차게 준비한 동영상이 아예 재생되지 않고 내 컴퓨터에서는 잘 실행되던 동영상 파일이 다른 컴퓨터에서는 열리지 않는 상황이 가끔 발생합니다. 이러한 현상이 나타나는 원인은 어디에 있을까요?

사고를 예방하는 멀티미디어 활용 3대 원칙

필자가 파워포인트전문가클럽에 올라온 멀티미디어 관련 문제를 하나씩 해결하면서 만든 것이 '멀티미디어 활용 3대 원칙'입니다. 웬만한 미디어 관련 문제는 이 세 가지 원칙 안에서 해결할 수 있을 정도로 잘 만든 원칙이라 자부합니다.

원칙 1	**PPT 파일과 멀티미디어 파일은 항상 같은 폴더에 둔다.** PPT 작성 때부터 발표 순간까지 멀티미디어 파일이 어디 있는지 찾는 번거로움을 줄일 수 있습니다.
원칙 2	**파일을 옮기거나 다른 곳에 전송할 때는 폴더 자체를 움직인다.** 급한 마음에 실수로 파일만 옮겼다가 발표 때 동영상이 안 나오는 당혹스러운 상황을 예방할 수 있습니다.
원칙 3	**호환성이 높은 파일 형식을 사용한다.** 내 컴퓨터에서는 잘 나오는데, 다른 컴퓨터에서는 나오지 않는 상황을 예방할 수 있습니다. 예 동영상: wmv 소리: wav, mp3

멀티미디어 파일을 사용할 예정이라면 호환성이 높은 파일을 사용하세요. 보관할 때는 항상 파워포인트 파일과 같은 폴더에 두고 파일을 옮겨야 할 때는 파일이 아니라 폴더 자체를 옮기세요. 작은 습관이지만 큰 사고를 예방할 수 있는 최선의 방법입니다.
멀티미디어는 프레젠테이션에서 아주 중요하지만, 실수가 많이 생깁니다. 멀티미디어 활용 3대 원칙을 꼭 기억하고 이어지는 실습을 차분히 따라 해 보세요.

지금 해야 된다! } 내 PC에서 동영상 파일 삽입하고 재생하기

동영상 파일이나 소리 파일이나 삽입하는 방법은 동일합니다. 여기서는 동영상 파일로 실습하면서 멀티미디어 파일을 어떻게 삽입하는지 배워 보겠습니다.

1 '**11장 예제**.pptx' 파일을 열고 1번 슬라이드로 이동합니다. 빠른 실행 도구 모음 오른쪽의 [비디오 삽입(□)] 버튼을 찾아 누릅니다.

▶ 리본 메뉴에서는 [삽입] 탭의 가장 오른쪽에 [미디어] 그룹이 나타나는데, 여기서 동영상이나 소리 파일을 삽입할 수 있습니다.

2 파일 탐색 창이 나타나면 '**11장 영상 예제**.mp4' 파일을 더블클릭해 불러옵니다. 슬라이드에 동영상이 삽입된 것을 확인할 수 있습니다. 화면에 맞게 동영상의 크기도 조절해 줍니다.

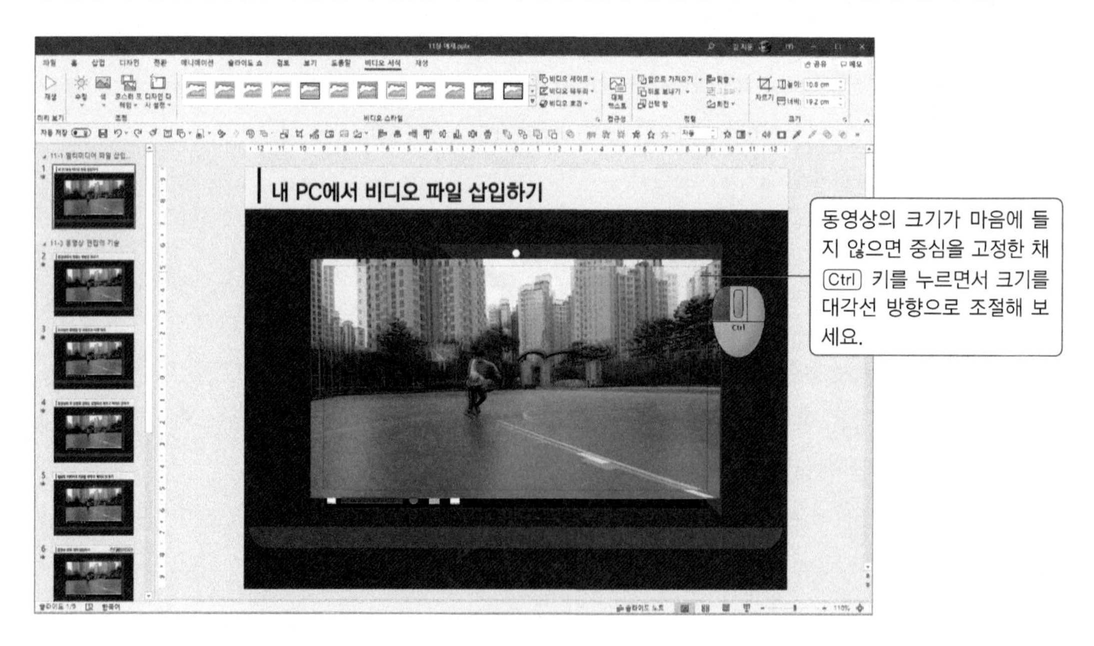

❸ 만약 이 상태로 슬라이드 쇼를 실행하면, 마우스로 동영상 하단의 재생 버튼을 클릭해야만 재생됩니다. 하지만 자동으로 재생되게 하려면 동영상 화면을 선택하고 [재생] 탭에서 [시작] 옵션을 [자동 실행]으로 바꾸면 됩니다.

슬라이드 쇼를 실행해 해당 페이지가 열리면 동영상이 자동으로 재생됩니다.

▶ 습관이 되면 좋습니다. 비디오 파일을 넣으면 바로 [자동 실행]으로 변경하세요!

맞아. 이거 때문에 PT 하던 중 동영상이 바로 나오지 않아서 PC로 뛰어갔었어.

[전문가의 조언] 내 PC에서 삽입할까? 온라인에서 불러올까?

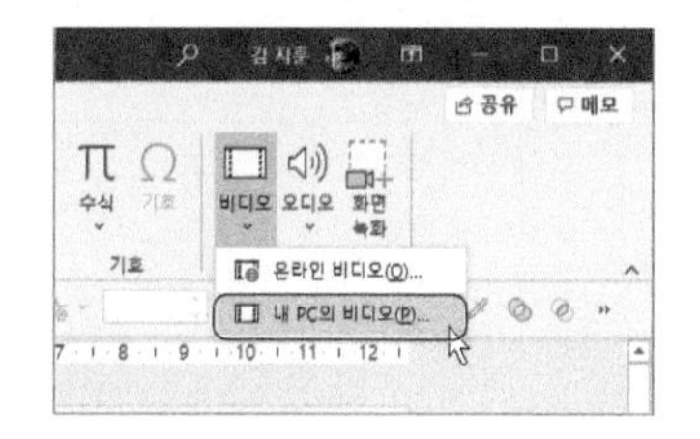

동영상 파일을 삽입하는 데에는 내 컴퓨터에 있는 동영상을 삽입하는 방법과 인터넷에서 영상을 불러오는 방법이 있습니다.
2010 버전부터 웹사이트의 동영상을 그대로 넣는 기능이 추가됐습니다. 초기에는 embed 코드를 사용해 넣기도 했고 최신 버전에서는 URL 주소만 복사해 넣을 수 있게 간편화됐지만, 이 방법은 실무에서는 다소 위험한 면이 있습니다. 네트워크 상황에 따라 재생되다가 멈추는 버퍼링 현상이 일어날 수 있고 영상 재생 전에 광고가 재생될 수 있기 때문입니다. 이러한 위험성 때문에 인터넷에서 영상을 불러오는 방법은 권장하지 않습니다.
동영상 파일을 삽입하는 메뉴는 버전별로 이름과 구성이 조금씩 다르지만, 기능에는 큰 차이가 없습니다. 리본 메뉴에서는 [삽입] 탭의 가장 오른쪽에 위치하지만, 리본 메뉴보다는 가급적 빠른 실행 도구 모음에 세팅해 사용할 것을 권장합니다. 필자가 03-4절에서 강조한 메뉴를 세팅했다면, 오른쪽 부분에서 필름 모양의 아이콘을 찾을 수 있습니다.

[전문가의 조언] 유튜브 동영상을 다운로드하는 방법

인터넷에서 영상을 불러오는 온라인 비디오 기능은 불안정합니다. 만약 유튜브의 동영상을 활용하고 싶을 때는 다운로드한 파일을 직접 첨부해 돌발 상황을 최소화하는 게 좋습니다. 유튜브 동영상을 다운로드하는 프로그램은 다양한데, 필자는 '4K 비디오 다운로더(4K Video Downloder)'라는 프로그램을 추천합니다. 이 프로그램의 사용법은 매우 간단합니다.

▶ 무료 버전일 경우, 프로그램의 몇몇 기능이 제한되지만 동영상 다운로드가 가능합니다.

1. 4K 비디오 다운로더를 실행합니다.
2. 유튜브 동영상의 URL 주소를 복사합니다.
3. 4K 비디오 다운로더에서 [링크 복사] 버튼을 누르고 잠시 기다립니다.
4. 분석을 한 후에 최종적으로 다운로드 클립 창이 나타나는데, 이때 [다운로드] 버튼을 누릅니다.

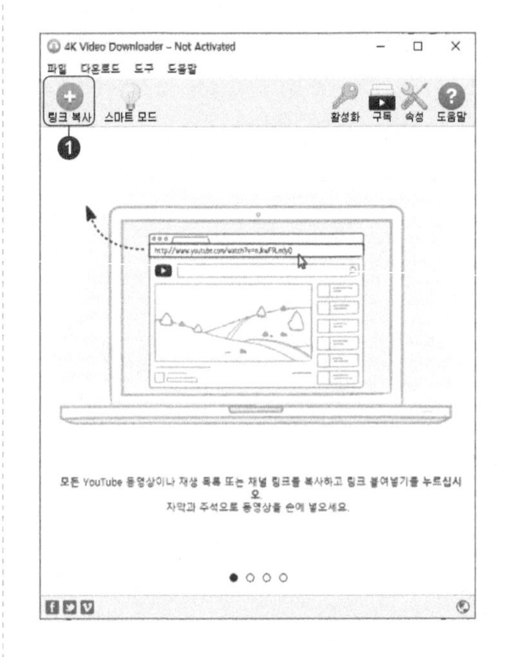

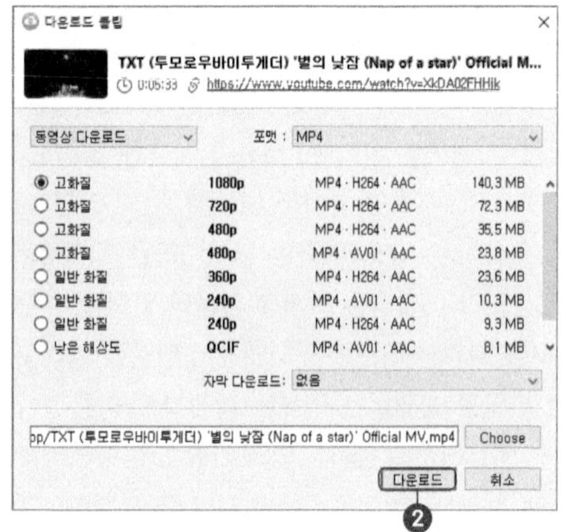

이처럼 전 세계 최고의 동영상 저장 창고 역할을 하는 유튜브에서 필요한 동영상을 찾은 후 다운로드해 사용하는 걸 권장합니다.

11-2 왜 다른 컴퓨터에서는 동영상이 열리지 않을까?

내 컴퓨터에서는 분명히 잘 나오던 영상이나 소리가 다른 컴퓨터에서는 제대로 실행되지 않았던 경험이 있으신가요? 그 당혹스러움은 겪어 본 사람만이 알 것입니다. 이런 사고가 일어나는 이유는 아래와 같습니다.

첫째, 앞 절에서 이야기한 것처럼 호환성이 높은 미디어 파일을 사용하지 않았기 때문입니다. 이 경우의 해결 방법은 비교적 간단합니다.

둘째, 멀티미디어 파일을 삽입할 때 파워포인트와 멀티미디어 파일의 관계성을 고려하지 않고 작업했기 때문입니다.

삽입하기? 연결하기? 뭐가 다를까?

동영상, 소리와 같은 멀티미디어 파일을 삽입하는 방법은 PPT 문서와 멀티미디어 파일이 어떤 관계를 맺느냐에 따라 '삽입'과 '파일에 연결'이라는 두 가지 방법으로 구분할 수 있습니다.

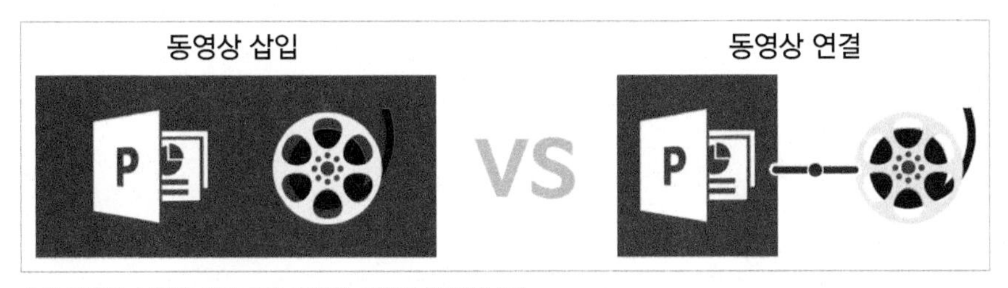

소리 파일을 삽입할 때도 이와 동일한 상황이 발생합니다.

두 가지 방법 모두 똑같이 재생됩니다. 아무리 만져봐도 편집 화면에서는 무엇이 다른지 알기 어렵습니다. 하지만 PPT 문서를 파일로 저장하고 나면 그 차이가 확연히 드러납니다.

이름	수정한 날짜	유형	크기
동영상 포함 저장을 한 경우.pptx	2019-09-10 오후 9:40	Microsoft PowerP...	19,436KB
동영상 연결 저장을 한 경우.pptx	2019-09-10 오후 9:41	Microsoft PowerP...	1,246KB
11장 영상 예제.wmv	2019-09-10 오후 9:38	GOM 미디어 파일...	18,190KB

'동영상 포함 저장'과 '연결 저장'은 파일 크기에서 차이가 납니다.

멀티미디어 파일을 넣는 두 가지 방법

오른쪽 그림은 2010 이상 버전에서 멀티미디어 파일을 삽입할 때 나타나는 파일 탐색 창입니다.
멀티미디어 파일을 선택하고 삽입 버튼 옆의 내림 버튼(▼)을 누르면 '삽입'과 '파일에 연결'이라는 두 가지 메뉴가 나타납니다.

▶ 이 창에서 바로 동영상 파일을 더블클릭하면 '연결' 되지 않고 '삽입' 됩니다.

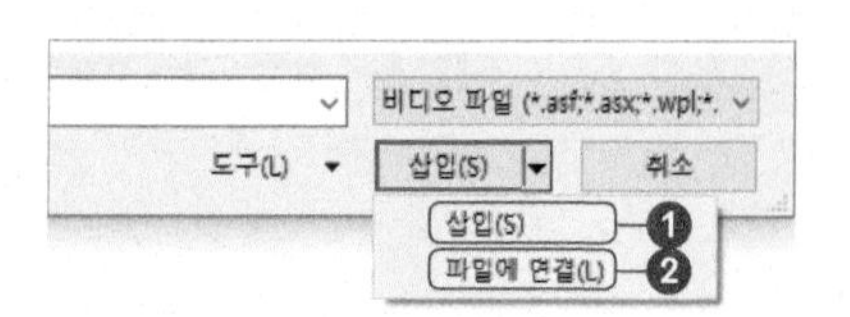

어떤 것을 선택하는 게 좋을까요?

① 멀티미디어 파일 삽입하기

장점	• 해당 경로에 멀티미디어 파일이 없어도 재생할 수 있습니다.
단점	• 용량이 증가합니다. • 2010 이상 버전에서만 가능하며, 2007 버전에서는 재생할 수 없습니다.

'삽입'은 멀티미디어 파일을 PPT 파일에 포함(Embed)시킨다는 의미입니다. 멀티미디어 파일을 삽입하고 PPT 파일을 저장하면 미디어 파일의 용량만큼 용량이 더해져 파일 크기가 커집니다. 이렇게 저장하면, 미디어 파일이 따로 없어도 PPT 문서만 있으면 다른 컴퓨터에서도 재생할 수 있습니다(2007 버전 제외).

② 멀티미디어 파일 연결하기

장점	• 용량이 증가하지 않습니다. • 버전에 상관없이 재생할 수 있습니다.
단점	• 멀티미디어 파일이 반드시 해당 경로에 있어야 합니다.

'파일에 연결'은 멀티미디어 파일이 별개로 존재하면서 하이퍼링크를 걸듯이 파워포인트 파일에 연결(Link)된다는 의미입니다. 멀티미디어 파일을 연결해 저장하면 PPT 파일의 크기는 멀티미디어 파일의 크기에 영향을 받지 않습니다. 따라서 파일 크기는 삽입(Embed)할 때보다 작지만, 동영상 파일이 함께 있어야만 재생할 수 있습니다.

2007 버전에서 멀티미디어 파일을 사용하는 방법

아쉽게도 파워포인트 2007 버전은 내 PC에 있는 동영상 파일을 '연결(Link)'하는 기능만 제공합니다. 2007 버전에서 동영상 삽입 메뉴를 누르면 오른쪽 그림과 같은 파일 탐색 창이 나타납니다. 여기서 '열기'는 동영상 파일을 '연결(Link)'해 사용하겠다는 뜻입니다.

2007 버전에서 멀티미디어 파일을 삽입하는 방법은 연결(Link)뿐입니다.

그렇기 때문에 2007 버전을 사용하고 있다면 반드시 PPT 파일과 동일한 폴더에 파일을 넣어 두고 함께 관리해야 합니다. 파일을 복사하거나 옮겨야 할 때는 폴더 자체를 옮기는 것이 좋습니다.

[전문가의 조언] 미디어 파일, 삽입할까? 연결할까?

여러분이 파워포인트 문서에 멀티미디어 파일을 넣는다면 어떤 방법을 선택하실 건가요? 아무래도 파일을 포함해 저장(삽입)하는 방법에 더 마음이 갈 것입니다. 간편하게 PPT 파일 하나만 갖고 다니면 되니까요.
그러나 전문가는 미디어 파일을 '연결'하는 방법도 무시하진 않습니다. 편리성보다는 안전성을 더 중요하게 생각하기 때문입니다. 만약 멀티미디어 파일을 '삽입'해 USB 메모리에 저장해 뒀는데, 발표용 컴퓨터의 파워포인트 버전이 2007이라면 재생이 되지 않아 큰 낭패를 볼 수 있습니다. 하지만 멀티미디어 파일을 '연결'해 사용하면 하위 버전에서도 별 문제 없이 사용할 수 있습니다.
따라서 두 가지 방법의 장단점을 비교하는 것뿐 아니라 발표용 컴퓨터의 파워포인트 버전을 사전에 체크하는 등 상황을 고려해 준비하는 것도 중요합니다.

[전문가의 조언] MP4 형식의 동영상을 사용할 때는 파워포인트 버전을 반드시 확인해야 합니다!

동영상은 avi, mp4, mpg, mkv, mov, wmv, asf 등 다양한 형식이 있습니다. 이들 중에는 파워포인트와 잘 호환되는 형식도 있고 그렇지 않은 형식도 있습니다. 동영상을 사용할 때 문제가 발생하는 이유는 코덱(codec) 때문입니다. 최근에 많이 사용하는 동영상 형식 중에 mp4 형식은 특히 주의해야 합니다.
mp4는 최근 스마트폰으로 촬영한 동영상이 주로 이 형식으로 저장되기 때문에 친숙합니다. 그런데 mp4 형식은 파워포인트 2013 버전 이상부터 지원되기 시작했습니다. 그러다보니 mp4 형식의 동영상을 상위 버전의 파워포인트에서 삽입하면, 하위 버전에서 재생되지 않습니다.
동영상은 가능하면 파워포인트와 가장 호환성이 좋은 wmv(codec: Windows Media Video 8) 형식으로 변환해 사용하는 것을 권장합니다.

11-3 동영상 편집의 기술

이제 파워포인트에서 동영상을 자유롭게 다루는 방법을 알아보겠습니다. 프레젠테이션의 품격을 높여 주는 고급 기술인 만큼 잘 익혀 뒀다가 실무에 활용하시기 바랍니다.

▶ 이제부터 소개할 동영상 편집 기능은 2010 버전부터 사용할 수 있습니다.

불필요한 영상 잘라 내기

발표 때 사용할 동영상이 불필요하게 길어 망설인 적이 있지 않나요? 동영상은 청중의 호기심을 끌기 좋지만, 재생 시간이 너무 길면 오히려 집중도를 떨어뜨립니다. 이럴 때는 핵심만 간략하게 보여 줄 수 있게 동영상을 미리 편집하는 것이 좋습니다.

'동영상 편집'이라는 말에 부담을 느끼는 분들이 있는데, 걱정하지 마세요. 파워포인트는 동영상 편집 프로그램을 따로 사용하지 않아도 될 만큼 유용한 편집 기능을 제공합니다. 대표적인 기능으로는 동영상에서 불필요한 부분을 잘라 낼 수 있는 트리밍(Trimming)을 들 수 있습니다.

지금 해야 된다! } 동영상에서 원하는 부분만 자르기

1 2번 슬라이드를 선택하면 동영상이 앞서 설명한 방식으로 들어가 있습니다. 동영상 화면을 더블클릭하면 리본 메뉴에는 [비디오 서식] 탭과 [재생] 탭이 나타납니다. [비디오 서식] 탭은 동영상의 모양과 관련된 메뉴, [재생] 탭은 동영상의 재생, 편집과 관련된 메뉴입니다. [재생] 메뉴를 클릭한 후 [편집] 그룹의 [비디오 트리밍] 버튼을 클릭합니다.

▶ 2010~2016 버전에서는 [비디오 도구] 탭과 [서식]과 [재생] 탭이 나타납니다.

❷ [비디오 트리밍] 창이 나타납니다. 영상 바로 아래에 녹색 막대와 빨간색 막대가 있습니다. 각각은 영상의 시작과 끝을 나타냅니다. 두 막대를 드래그해 위치를 옮기면 앞뒤로 불필요한 부분을 잘라 낼 수 있습니다.

▶ 2010~2016 버전에서는 [비디오 맞추기] 창이 나타나며, 기능은 같습니다.

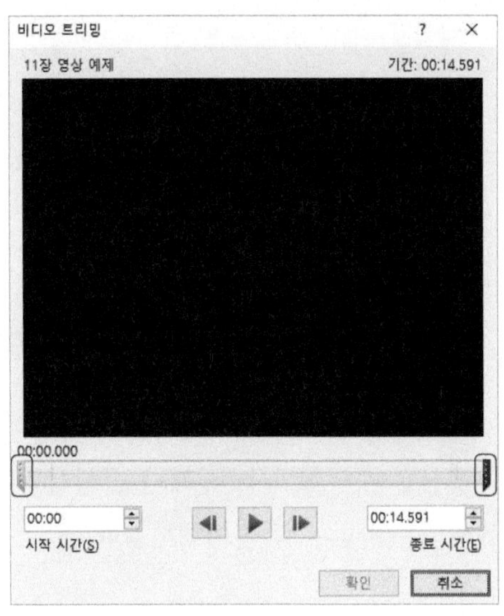

비디오 트리밍 작업 창입니다.

❸ 동영상의 2~10초 구간만 트리밍해 보겠습니다. 녹색 막대를 이용해 앞부분의 동영상을 자르세요(오른쪽으로 00:02.00만큼 움직이거나 시간을 직접 입력합니다). 이어서 빨간색 막대를 움직여 뒷부분의 동영상을 자르세요(왼쪽으로 00:10.00만큼 움직이거나 시간을 직접 입력합니다). 마지막으로 [확인] 버튼을 클릭하면 트리밍 편집이 완료됩니다.

▶ 소리 파일도 같은 방법으로 트리밍할 수 있습니다.

동영상을 트리밍하면 최신 버전에서는 트리밍한 첫 장면으로 자동 고정되지만, 구버전에서는 원래 장면 그대로 남아 있습니다.

순간의 차이가 만드는 동영상의 품격: 동영상 첫 장면 설정

혹시 동영상을 재생하기 전에 동영상의 첫 화면이 바로 보여 신경쓰이지 않았나요? 파워포인트는 기본적으로 동영상의 첫 화면을 미리 보여 줍니다. 하지만 '포스터 프레임'을 사용하면 동영상의 특정 장면이나 자신이 좋아하는 이미지를 동영상의 표지로 만들 수 있습니다.

▶ 파워포인트 2019, 오피스 365 버전에서는 '틀' 대신 '프레임'이라는 용어를 사용합니다. '틀'이 순우리말이지만, 현대어에서 잘 쓰지 않는 용어라 '프레임'으로 개선됐습니다.

현재 프레임(틀)	동영상의 타임라인에 멈춰 있는 장면을 첫 장면으로 고정합니다.
파일의 이미지	이미지를 동영상 자체에 삽입해 첫 장면으로 고정합니다.
원래대로(다시 설정)	현재 또는 트리밍된 동영상의 첫 장면으로 다시 고정됩니다.

[포스터 프레임] 메뉴 세 가지(낮은 버전에서는 명칭만 다를 뿐, 기능은 같습니다.)

지금 해야 된다! } 트리밍한 화면의 첫 장면으로 리셋하기

3번 슬라이드를 열면, 트리밍된 동영상이 들어가 있습니다. 그러나 슬라이드 쇼 상태에서 막상 동영상을 재생할 때는 문제가 발생합니다. 자르기 전의 원래 장면이 잠깐 보였다가 동영상이 재생되는 바람에 약간 어색해집니다. 이 문제를 해결해 보겠습니다.

1 트리밍된 동영상을 더블클릭하면 [비디오 서식] 탭이 나타납니다. [조정] 그룹 → [포스터 프레임] 메뉴를 클릭하고 [원래대로]를 선택하세요.

▶ 2019 이하 버전에서는 [비디오 도구 - 서식] 탭으로 들어갑니다.
▶ 2010 버전에서는 [원래대로]가 [다시 설정] 버튼으로 돼 있으며, 기능은 같습니다.

2 트리밍된 동영상의 첫 장면으로 리셋되면서 동영상의 아래쪽에 [포스터 틀이 설정됨]이 표시됩니다. 이제 슬라이드 쇼를 다시 실행해 보면 순간적으로 어색했던 장면이 자연스러워진 것을 확인할 수 있습니다.

지금 해야 된다! } 동영상 첫 장면을 원하는 장면으로 바꾸고 페이드 인하기

동영상을 시작할 때 강한 인상을 남기고 싶다면 첫 장면이 중요할 것입니다. 동영상의 첫 장면을 원하는 장면으로 바꾸는 방법을 알아보겠습니다.

1 4번 슬라이드를 열고 동영상을 잠시 재생하다가 00:02.25 지점에서 멈춥니다.

2 [비디오 서식] 탭의 [포스터 프레임] 버튼을 클릭한 후 [현재 프레임]을 선택합니다.

▶ 하위 버전에서는 [현재 프레임]이 [현재 틀] 버튼으로 돼 있으며, 기능은 같습니다.

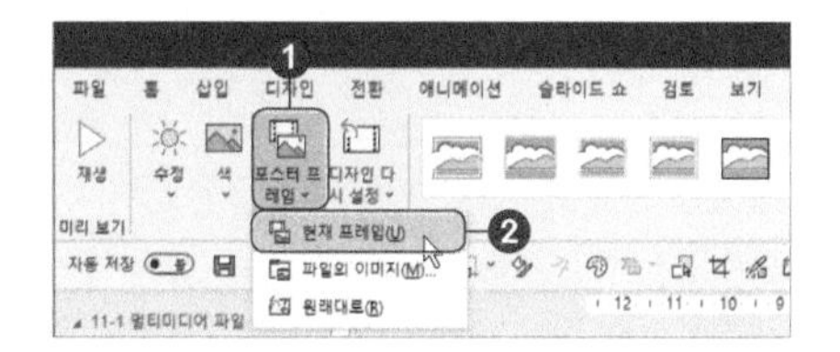

3 [재생] 탭의 [편집] 그룹에 있는 [페이드 인] 효과를 02:00초로 설정해 보세요. 그 정지 화면에서 멋지게 동영상으로 들어가는 느낌을 연출할 수 있습니다.

지금 해야 된다! } 섬네일 이미지로 동영상 커버 바꾸고 페이드 인하기

유튜브에서 동영상 목록을 보던 중 섬네일 이미지 때문에 혹해서 동영상을 클릭하는 경우가 많습니다. 파워포인트에서 동영상의 첫 장면을 준비한 그림으로 바꾸는 것도 좋은 전략이 될 수 있습니다. 다만, 동영상 화면과 같은 비율의 섬네일 이미지를 미리 준비해야겠죠.

❶ 5번 슬라이드를 열고 동영상을 더블클릭합니다. 역시 [포스터 프레임] 버튼을 클릭한 후 [파일의 이미지]를 선택하세요.

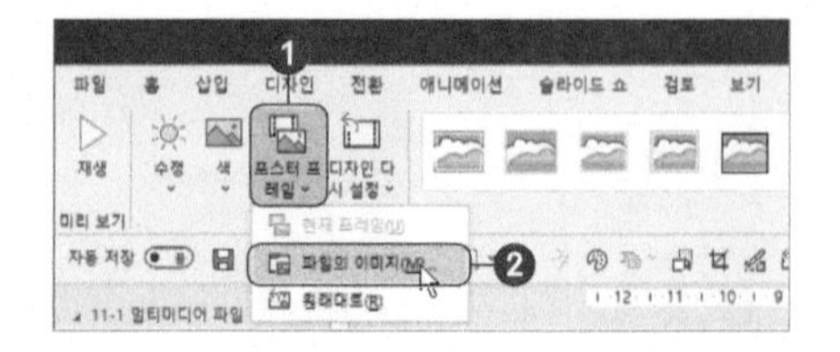

❷ 탐색 창이 나타나면 11장 예제 폴더의 '동영상 커버.jpg'를 선택하고 [삽입] 버튼을 누릅니다.

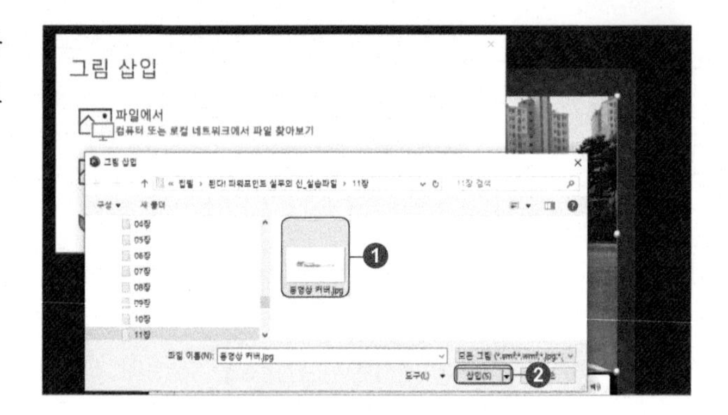

❸ [재생] 탭의 [편집] 그룹에 있는 [페이드 인] 효과를 03:00초로 적용하면 로고 화면에서 멋지게 동영상으로 들어가는 느낌을 연출할 수 있습니다.

[전문가의 조언] 동영상, 이렇게도 활용할 수 있다!

① 동영상을 [자동 실행]으로 설정하지 않았을 때 특별한 이미지를 동영상의 첫 화면으로 배치하면 동영상을 시청하기 전에 청중과 질문을 주고받을 수 있는 대기 화면으로 활용할 수 있습니다.
② 동영상을 [자동 실행]으로 설정했을 때 페이드 인 효과와 함께 사용하면 표지 화면이 사라지기 전에 화면이 겹치면서 자연스럽게 동영상이 재생되는 멋진 효과를 낼 수 있습니다. [재생] 탭에서 '페이드 인'을 2초로 설정해 보세요.

동영상 위에 개체 삽입하기

재생 중인 동영상 위에 개체를 올려놓는 것은 별것 아닌 것 같지만 제법 쓰임이 다양합니다. 화살표나 사각형 같은 도형 개체를 동영상 위에 얹어 특정 부분을 강조할 수도 있고 텍스트 개체를 넣어 자막으로 사용할 수도 있으니까요. 동영상 편집 프로그램 없이도 영상에 효과를 입힐 수 있는 유용한 기능입니다.

▶ 2007 버전은 아쉽게도 동영상 위에 개체를 올릴 수 없습니다. 개체를 올려도 동영상이 재생될 때는 동영상이 가장 위로 올라가기 때문입니다.

▶ 2010 이상 버전인데도 동영상을 재생했을 때 개체가 보이지 않는다면 이 동영상은 2007 이하 버전에서 삽입한 동영상일 것입니다. 이 경우에는 해당 동영상을 삭제하고 2010 이상 버전에서 다시 삽입하면 됩니다.

▶ 동영상 자막을 넣을 때 애니메이션의 트리거 기능을 함께 사용하면 효과적입니다. 자세한 내용은 필자의 블로그(https://knight07.blog.me/221711160906)를 참고하세요.

지금 해야 된다! } 동영상 위에 반투명한 로고 올리기

TV 드라마나 뉴스 등에서 동영상 화면의 구석에 방송 로고가 반투명하게 올라가 있는 것을 본 적이 있을 것입니다. 직접 만들어 보겠습니다.

1 6번 슬라이드로 이동하면 오른쪽 상단에 큰 '로고.png'가 삽입돼 있습니다. 로고를 선택해 대각선 방향에서 크기를 적당히 줄인 후 동영상의 오른쪽 상단에 놓아 보세요. 이렇게만 해도 그럴듯하지 않나요?

❷ 그런데 이렇게 삽입한 로고가 동영상 보는 것을 방해하거나 가리면 안 되니 로고 이미지를 반투명하게 바꿔 보겠습니다. 로고를 더블클릭한 후 [그림 서식] 탭의 [조정] 그룹에서 [투명도] 버튼을 클릭해 50%로 투명하게 설정하면 간단하게 끝납니다.

[전문가의 조언] 낮은 버전에서는 그림을 반투명하게 할 수 없나요?

최신 버전에서만 그림의 투명도 조절 기능을 지원하고 있다고 해서 낮은 버전에서는 그림을 투명하게 할 수 없다고 생각하기 쉬운데요. 2016 이하의 버전에서는 도형의 속성을 바꿔 그림을 투명하게 할 수 있습니다.

1. 로고 그림의 크기와 같은 사각형 도형을 그린 후 '윤곽선 없음'으로 변경합니다.

2. 로고 그림을 선택해 복사(Ctrl+C)합니다. 그러면 이 로고가 클립보드에 기억됩니다. 클립보드에 기억된 로고를 다시 붙여넣기 위해 도형 위에서 마우스 오른쪽 버튼을 눌러 [도형 서식]으로 들어갑니다.

3. 채우기 항목에서 [그림 또는 질감 채우기]를 선택한 후 [클립보드]를 누르면 그림이 채워집니다. 마지막으로 투명도를 '50%'로 조절하면 반투명 효과를 줄 수 있습니다.

동영상의 다양한 서식 활용하기

지금까지는 필자가 실무에 많이 사용하는 기능을 위주로 소개했습니다. 지금은 학습하는 단계이므로 필자가 설명한 기능 외에도 실무에서 다양하게 활용할 수 있는 여러 기능을 직접 사용해보는 것도 중요하지요. 이번에는 자유롭게 동영상을 갖고 놀아 봅시다.
슬라이드에 동영상을 넣은 후 그 화면을 더블클릭했을 때 리본 메뉴에 나오는 모든 기능을 사용할 수 있습니다. [비디오 서식] 탭과 [재생] 탭을 위주로 이것저것 바꿔 보면서 살펴보는 것이 중요합니다.

7번 슬라이드에 삽입된 동영상을 더블클릭하세요. 색감을 조정하는 것은 물론 동영상의 일부분을 그림처럼 자르거나 스타일이나 형태를 바꾸는 등의 작업을 자유롭게 해 보세요.

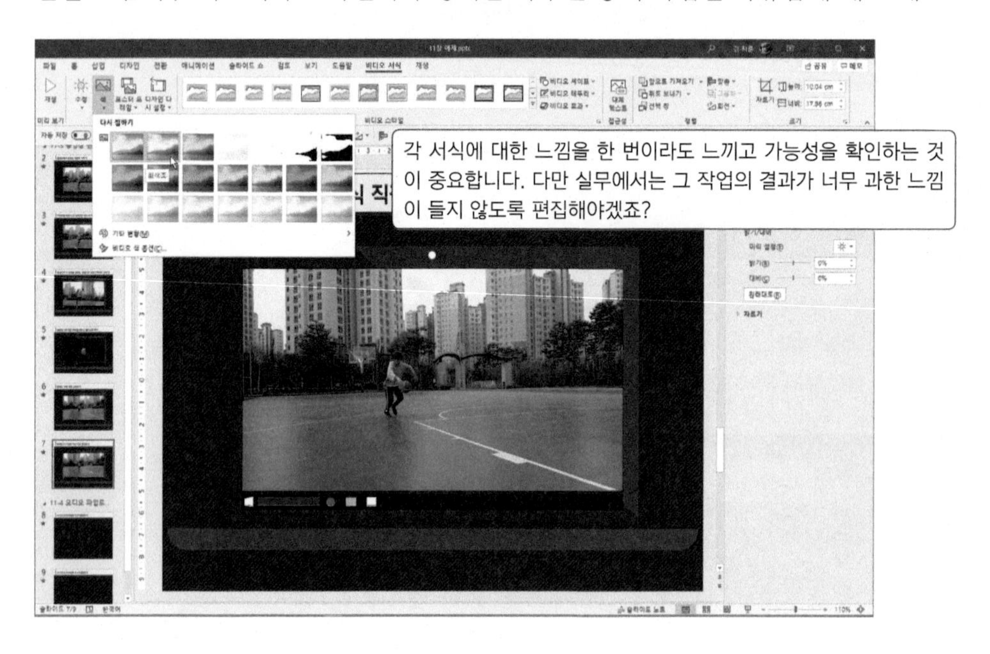

동영상은 가급적 전체 화면으로!

동영상은 그 자체로 강력한 메시지입니다. 불필요한 서식과 효과가 오히려 전달력을 떨어뜨릴 수 있습니다. 비디오의 크기나 스타일을 변경해야 할 경우에는 슬라이드 구성에 어울리는지 반드시 점검하시기 바랍니다. 그리고 동영상은 가급적 '전체 화면'으로 보여 주는 것이 좋습니다. 시선을 분산시키지 않고 동영상에만 집중시킬 수 있기 때문입니다.

[전문가의 조언] 재생 호환성과 용량이 걱정된다면!

멀티미디어 파일을 열심히 편집했는데 혹시 다른 곳에서 재생되지 않거나 파워포인트 파일에 포함(Embed)시켰을 때 용량이 너무 커지지 않을까 우려하는 분들도 있습니다. 그러나 걱정하지 마세요! 파워포인트는 멀티미디어 파일의 호환성이 떨어진다고 판단되면 '**호환성 최적화**' 기능, 용량이 클 경우에는 '**미디어 압축**' 기능을 제공합니다. 이 두 가지 기능을 사용하면 멀티미디어 파일이 포함돼 있는 문서라도 안정적으로 관리할 수 있습니다. 리본 메뉴에서 [파일 - 정보] 탭을 눌러 보세요!

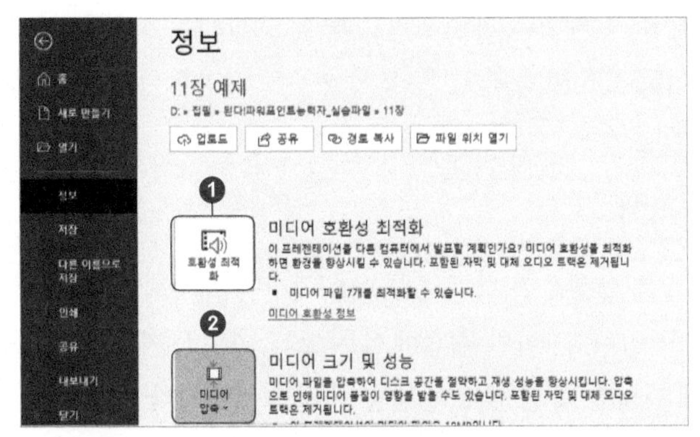

멀티미디어 파일이 포함돼 있는 문서라도 안정적이고 가볍게 관리해 보세요.

❶ 호환성 최적화

파일을 다른 컴퓨터로 전송해야 할 경우, 다른 컴퓨터에서도 문제 없이 잘 재생되도록 미디어 호환성을 높입니다.

❷ 미디어 압축

미디어 압축을 사용하면 용량을 줄일 수 있습니다. 앞서 트리밍하는 방법을 학습했는데, 이 작업을 진행하면 동영상의 자른 부분이 실제로도 버려집니다. 그러나 화질이 떨어지기 때문에 가급적 사용하지 않는 것이 좋습니다.

미디어 압축 기능은 압축 수준에 따라 'Full HD(1080p)', 'HD(720p)', '표준(480p)'의 3단계로 나뉩니다. 만약 용량이 너무 커서 미디어 압축 기능을 꼭 사용해야 한다면 'Full HD(1080p)'를 권장합니다.

▶ 2016 이하 버전에서는 '프레젠테이션 품질', '인터넷 품질', '저품질'이라는 용어로 표현되지만, 거의 같습니다.

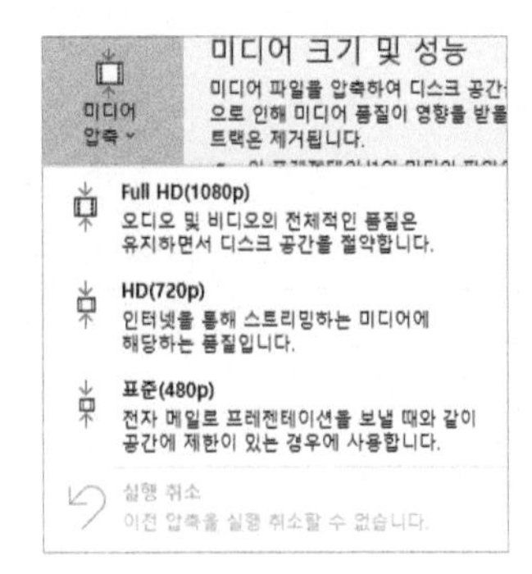

11-4 소리 파일로 멋진 배경 음악 설정하기

프레젠테이션에 내레이션, 배경 음악(BGM, Background Music), 효과음 등의 소리 파일을 삽입하면 다양한 음향 효과를 줄 수 있습니다. 소리 파일은 파워포인트와 잘 호환되는 형식을 선택하는 것이 중요합니다. 소리 파일은 wav, mp3, mid 등과 같은 형식을 주로 사용합니다.

소리 파일 삽입하고 재생 옵션 설정하기

소리 파일을 그냥 삽입하고 슬라이드 쇼를 실행하면 현재 슬라이드에서만 재생되기 때문에 다음 슬라이드로 넘기면 갑자기 뚝 끊기고 맙니다. 이번 실습에서는 소리 파일을 재생시킬 슬라이드의 범위를 지정하는 방법을 비롯해 다양한 옵션 설정 방법을 배워 보겠습니다.

지금 해야 된다! } 소리 파일로 배경 음악(BGM) 설정하기

1 먼저 소리 파일을 넣어 보겠습니다. 11장 예제 파일의 8번 슬라이드를 열고 빠른 실행 도구 모음 오른쪽의 [오디오 삽입(🔊)] 버튼을 찾아 누릅니다. 그런 다음, **'11장 오디오 예제.mp3'** 파일을 더블클릭해 삽입합니다.

▶ 2007 버전에서는 소리를 삽입하면 창이 나타나는데, [자동 실행]을 선택하면 **2**번 작업을 건너뛸 수 있습니다.

화면 중간에 스피커 모양의 아이콘이 생겼습니다. 일단 소리가 잘 나오는지 확인해 봐야겠죠? 한번 재생해 봅시다. 감미로운 음악이 들리나요?

2 이렇게 삽입된 소리 파일을 슬라이드 쇼에서 재생하려면 발표 중에 컴퓨터로 가서 마우스를 움직여 [재생] 버튼을 클릭해야 합니다. 그러나 이런 상황은 별로 좋지 않죠. 스피커 모양의 아이콘을 선택하고 [재생] 탭 → [오디오 옵션] 그룹에서 [시작:] 설정을 '클릭할 때'에서 '자동 실행'으로 바꿔 주면 슬라이드 쇼에서 자동으로 소리가 재생되는 것을 확인할 수 있습니다.

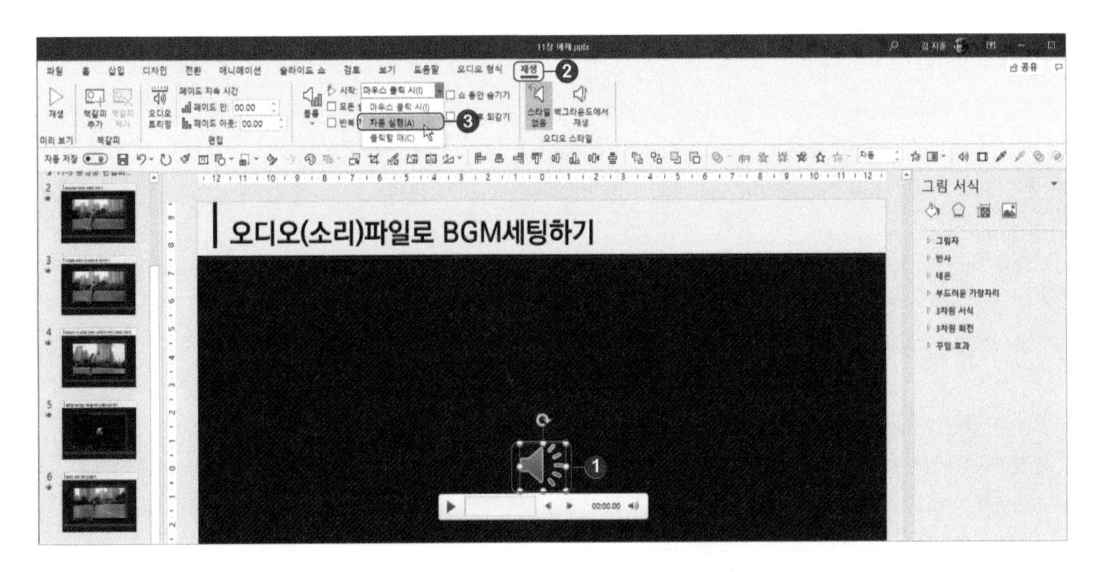

3 그런데 이렇게 하면 소리가 재생될 때 스피커 아이콘이 다소 거슬립니다. [쇼 동안 숨기기] 옵션을 켜는 것도 한 가지 방법이겠지만, 인쇄본에서는 인쇄가 되므로 슬라이드 외곽으로 옮겨 두는 것이 좋습니다.

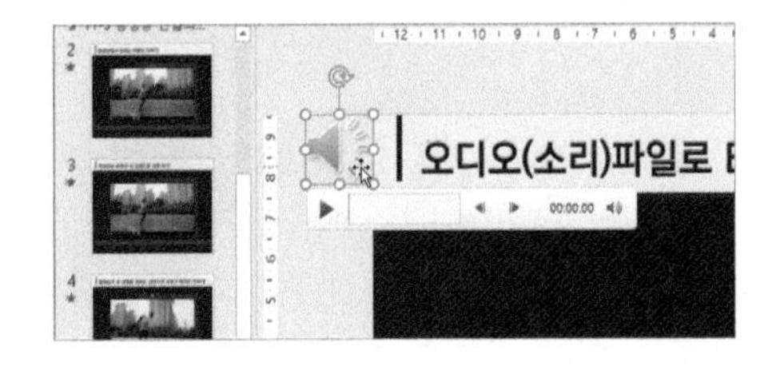

4 또 하나의 문제가 있네요. 지금 넣은 소리가 한 슬라이드에서만 재생되게 하는 소리라면 상관없겠지만, 슬라이드 쇼 상태에서 다음 화면으로 넘어가면 소리가 뚝 끊어집니다. 이를 해결하기 위해서는 스피커 모양의 아이콘을 선택하고 [재생] 탭 → [오디오 옵션] 그룹에서 [모든 슬라이드에서 재생]에 체크해야 합니다. 곡이 길다면 슬라이드 쇼 도중에 곡이 끝나 버릴 수 있으므로 [반복 재생]에도 체크하세요.

▶ 2010 버전에는 [재생] 탭 → [오디오 옵션] 그룹의 [시작:] 항목 안에 [모든 슬라이드에서 재생]이 있습니다.
2007 버전에는 [옵션] 탭 → [소리 옵션] → [소리재생:] 항목 안에 [모든 슬라이드에서 재생]이 있습니다.

지금까지 2 ~ 4에서 바꿨던 이 모든 옵션은 [재생] 탭 → [오디오 스타일] 그룹에서 [백그라운드에서 재생]에 체크하면 설정을 한 번에 완료할 수 있습니다.

뭐야! 한방에 되잖아? 진작에 이 버튼을 가르쳐 주지!

너는 지금 최신 버전을 사용하고 있어서 괜찮지만, 2010 이하 버전에서는 이 버튼이 없어서 이렇게해야 해.

[전문가의 조언] 소리 파일을 버전별로 삽입하는 방법

모든 버전이 내 컴퓨터에 있는 소리 파일을 삽입하는 기능과 소리 녹음 기능을 제공합니다. 하지만 소리 녹음 기능은 전문 스튜디오가 아니라면 좋은 음질로 녹음하기 어렵기 때문에 특별히 설명하는 슬라이드를 제작하는 상황이 아니라면 권장하지 않습니다.

소리 파일을 삽입하는 메뉴는 버전별로 이름과 구성이 조금씩 다르지만, 기능에는 큰 차이가 없습니다. 리본 메뉴에서는 [삽입] 탭의 가장 오른쪽 부분에 위치하지만, 리본 메뉴보다는 가급적 빠른 실행 도구 모음에 설정해 사용할 것을 권장합니다. 필자가 03-4절에서 강조한 메뉴를 설정했다면 오른쪽 부분에서 스피커 모양의 아이콘을 찾을 수 있습니다.

지금 해야 된다! } 일부 슬라이드 구간에서만 소리 재생하기

앞의 예제에서 넣었던 소리는 8번 슬라이드부터 계속 나오게 됩니다. 만약 첫 슬라이드부터 소리가 나오게 하려면 8번 슬라이드의 스피커 아이콘을 잘라 내 1번 슬라이드로 옮기면 됩니다. 그런데 1번 슬라이드부터 5번 슬라이드까지 구간 재생을 하려면 어떻게 해야 할까요? 잘 따라 해 보세요.

1 8번 슬라이드 외곽에 옮겨 뒀던 스피커 아이콘을 선택하고 잘라 내기(Ctrl + X)한 후 1번 슬라이드로 이동해 붙여 넣기(Ctrl + V)합니다.

❷ 빠른 실행 도구 모음에서 애니메이션 창( ) 버튼을 눌러 화면 오른쪽에 애니메이션 창이 열리면 '11장 오디오 예제'라는 항목을 더블클릭합니다.

❸ [오디오 재생]이라는 창이 열립니다. [재생 중지] 항목의 '지금부터' 부분을 '5 슬라이드 후'로 변경하면 스피커 아이콘이 있는 슬라이드를 포함해 다섯 번째 슬라이드까지만 소리를 재생하고 다음 6번 슬라이드부터는 소리가 나지 않도록 설정할 수 있습니다.

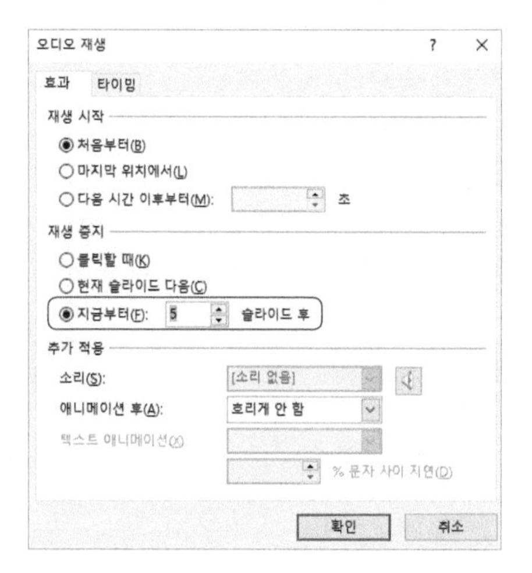

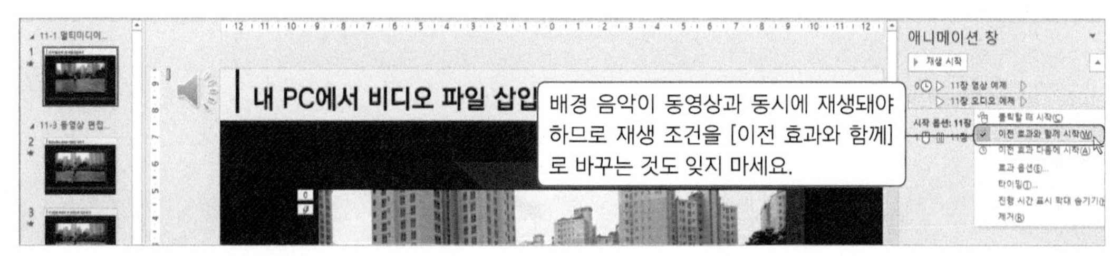

[전문가의 조언] '현재 슬라이드부터 쇼'를 하니까 배경 음악이 안 들려요

파워포인트는 슬라이드 쇼 상태에서 스피커 아이콘이 들어가 있는 슬라이드가 반드시 슬라이드 쇼가 돼야만 그 소리를 인식해 배경 음악처럼 사용할 수 있습니다. 만약 스피커 아이콘이 없는 곳에서 '현재 슬라이드부터 쇼' 기능을 사용해 쇼가 되었다면 소리를 인식하지 못하니 주의하세요.

지금 해야 된다! } 서서히 볼륨이 커지고 줄어들도록 설정하기

1 1번 슬라이드에서 실습을 이어가겠습니다. 페이드 인, 페이드 아웃 기능을 사용하면 볼륨을 서서히 높이면서 시작하거나 서서히 낮추면서 끝낼 수 있습니다. 삽입된 스피커 모양의 아이콘을 더블클릭하고 [재생] 탭을 선택합니다.

▶ 이 기능은 2010 이상 버전에서 사용할 수 있습니다.

소리 파일에도 페이드 인, 페이드 아웃 기능을 적용할 수 있습니다.

2 [편집] 그룹에서 [페이드 인]과 [페이드 아웃] 입력란에 각각 숫자 '3'을 입력합니다. 숫자 3은 '3초'를 의미합니다. 페이드 인은 재생 시간이 3초가 될 때까지 볼륨이 점점 높아진다는 의미입니다. 페이드 아웃은 그 반대이고요. 슬라이드 쇼를 실행해 결과를 확인해 보세요.

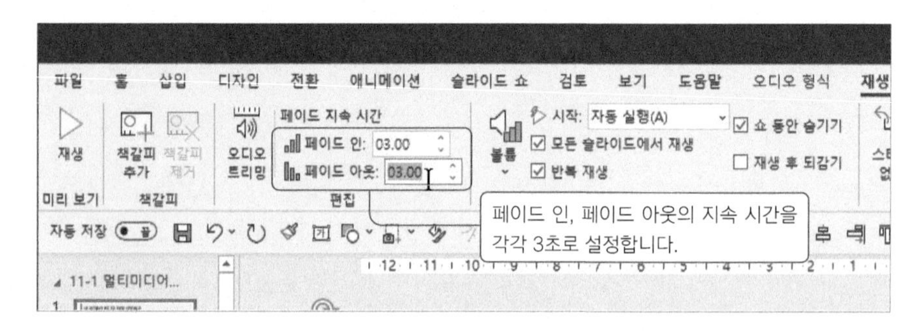

[전문가의 조언] 소리도 특정 부분을 잘라 낼 수 있나요?

2010 이상 버전이라면 비디오 트리밍(11-3절)과 같은 방법으로 잘라 낼 수 있습니다. [재생] 탭 → [편집] 그룹 → [오디오 트리밍] 버튼을 눌러 보세요.

김 대리의 스프링 노트 11

- 멀티미디어 파일 삽입하는 방법 **11-1**

[삽입] 탭 → [비디오] 또는 [오디오] 버튼 클릭!

- 멀티미디어 활용 3대 원칙 **11-1**

① PPT 파일과 멀티미디어 파일은 항상 같은 폴더에 보관

② 파일을 옮기거나 다른 곳에 전송할 때는 폴더 자체를 이동

③ 호환성이 높은 파일 형식 사용 예 동영상: wmv 소리: wav, mp3

- 삽입(포함) 저장 vs 연결 저장 **11-2**

PPT + 동영상, 음악 VS PPT … 동영상, 음악

동영상, 음악 파일이 없어도 됨!★
(PPT 파일이 동영상, 음악 파일 크기만큼 용량 증가)

동영상, 음악 파일이 꼭 같이 있어야 함!★

- 동영상 편집의 기술 **11-3**

① 동영상 앞뒤로 자를 때는 비디오 트리밍!

② 동영상에 표지를 넣을 때는 포스터 프레임!

- 원하는 슬라이드까지만 음악 재생하기 **11-4**

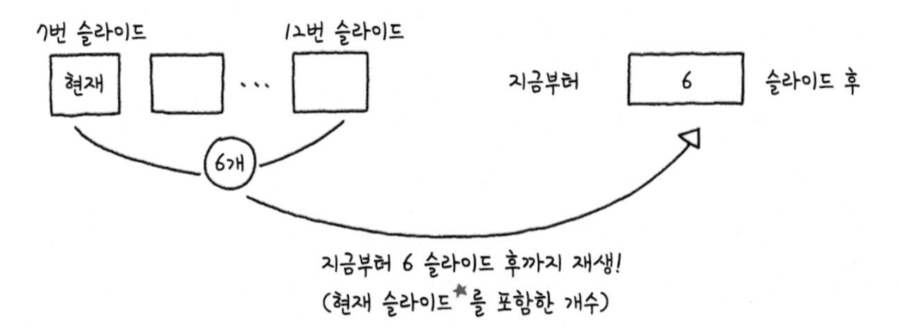

'김 대리의 스프링 노트'가 잘 이해되지 않는다면 한 번 더 복습해 보세요!

성공하는 프레젠테이션의 비밀을 밝히다

{ 애니메이션, 화면 전환 그리고 슬라이드 쇼 }

총 3일 교육의 마지막 날. 오늘 강연장은 어제보다 조금 소란스러웠다.
"오늘은 프레젠테이션에 필요한 애니메이션 기능들을 배운다고 했지?"
"그래. 오늘 배울 애니메이션 효과랑 화면 전환 효과는 PT 자료에서 화룡점정격이지."
"애니메이션 효과라면 나도 좀 써 봤어. 그림이 통통 튕기면서 나타나고 별표 도형이 뱅글뱅글 돌고 박수 소리랑 폭탄 소리 등이 나오게 하는 것 아니야? 신기하고 재밌어서 이런저런 기능을 만져 봤던 기억이 있어."
"애니메이션을 그렇게 쓰면 망해. 애니메이션에도 변하지 않는 불변의 법칙이 있어."
"애니메이션 불변의 법칙?"
PPT에 무슨 법칙까지 등장하나 싶었다. 그냥 재미있으면 좋은 거 아닌가?
"응, 오늘의 하이라이트가 바로 그거야. 그리고 발표 때 유용한 팁도 같이 알려 줄 거고…."
"그래? 발표 팁을 많이 알아가면 나 부장님께 점수 좀 딸 수 있으려나?"
"하하, 그건 네가 알아서 할일이고~"

나는 지난 며칠을 잠시 떠올렸다.
기획부로의 발령, 신제품 설명회 PT 자료 담당, 친구와의 만남 그리고 파워포인트 교육까지….
정말 많은 일이 있었다.
친구는 강단에 올라 마이크를 잡았다.
나도 책상에 놓여 있던 펜을 쥐고 스프링 노트를 펼쳤다.

애니메이션에도 법칙이 있다

친구는 "애니메이션! 써야 할까요? 말아야 할까요?"라는 말로 말문을 열었다.
인쇄용, 보고용, 제안용으로 사용하다 보니 발표의 빈도가 낮아서 쓸 필요가 없다고 말하는 사람도 있었고 심지어 애니메이션을 쓰면 회사에서 혼난다는 사람도 있었다.

"오늘 교육은 어떤 행사에서 사용한 자료를 하나 살펴보겠습니다."
친구가 화면에 띄운 것은 ○○구청에서 실제로 사용한 '자원봉사자의 날' 이라는 행사용 자료였다.

감성적인 음악과 함께 봉사활동 사진들이 멋스러운 애니메이션 효과와 메시지가 잘 강조돼 있는, 봉사자들에게 추억이 될 만한 훌륭한 자료였다.
그동안 내가 썼던 날아오기, 사진을 퉁퉁 튀기는 그런 수준이 아니었다.
오히려 한 편의 영화와 같은 감동이 있다고 해야 할까….

"이런 애니메이션 기술이라면, 배워 볼 만하지 않을까요?"

#애니메이션불변의법칙 #애니메이션창 #개체이름설정 #타임라인제어

12-1 애니메이션 불변의 법칙

과한 놈, 지루한 놈, 개연성 없는 놈

일부 회사에서는 애니메이션 사용을 금지하기도 합니다. 왜 그럴까요? 애니메이션이 파워포인트에 생명력을 불어넣어 주는 건 맞지만, 멋있고 화려하다고 해서 효과를 무작정 사용하면 요란하기만 할 뿐, 오히려 메시지가 묻혀 전달력이 떨어질 수밖에 없습니다. 이렇듯 애니메이션을 애니메이션답게 사용하지 못하면 주객이 전도되는 역효과가 납니다.
애니메이션을 사용할 때는 아래 법칙을 꼭 기억하세요.

▶ 인쇄용이나 보고용, 제안용으로 쓰는 경우라면 애니메이션이 필요 없겠지만, 발표용이라면 애니메이션을 쓰는 것이 좋습니다. 애니메이션을 적재적소에 사용하면 설득, 공감, 이해를 이끌어 내는 데 많은 도움이 됩니다.

법칙 1 애니메이션은 과하지 않아야 한다.

법칙 2 애니메이션은 지루하지 않아야 한다.

법칙 3 애니메이션은 개연성이 있어야 한다.

즉, 애니메이션은 '심플하게, 스피디하게, 말이 되게' 설정해야 합니다. 필자는 이것을 실무에서 꼭 지켜야 할 '애니메이션 불변의 법칙'이라 부릅니다.
만약 이 법칙을 따르지 않으면 어떻게 될까요? 한번 확인해 보겠습니다.

지금 해야 된다! } 애니메이션 불변의 법칙 이해하기

1 '**12장 예제.pptx**' 파일을 엽니다. 스피커의 볼륨을 높인 후 F5 키를 눌러 쇼 보기를 실행합니다. Spacebar를 누르면서 1~3번 슬라이드까지 천천히 감상해 보세요.

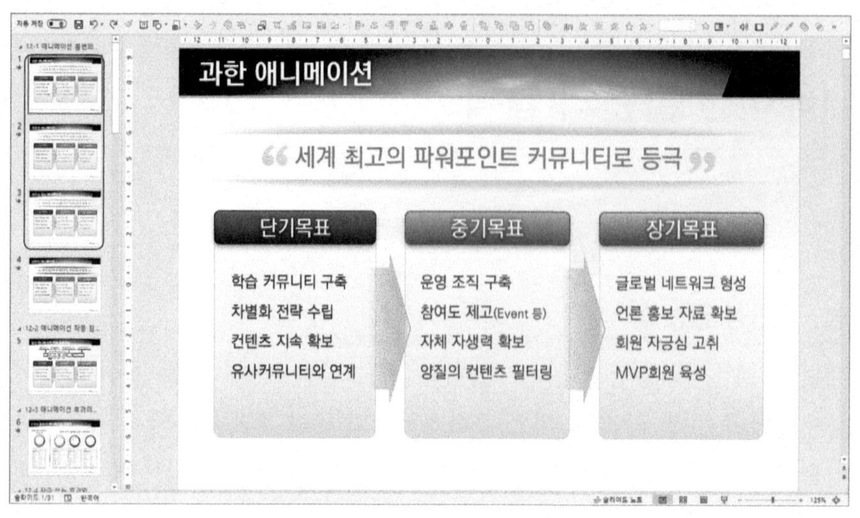

과하고 지루하고 개연성 없는 애니메이션을 확인해 보겠습니다.

2 과한 애니메이션이 담긴 1번 슬라이드

그동안 청중을 집중시키려고 폭탄 소리를 넣고 글자가 찍히는 느낌을 살리려고 타자기 소리를 넣고 스스로에게 뿌듯함을 주려고 박수 소리를 넣었다면 청중에게도 이런 느낌이 전해졌을 것입니다. '과유불급'이라 했습니다. 모든 개체에 애니메이션을 꼭 사용할 필요는 없습니다. 전달력과는 무관하게 화려함만 추구하면 안 됩니다.

3 지루한 애니메이션이 담긴 2번 슬라이드

2번 슬라이드도 마우스 왼쪽 버튼을 클릭하면서 끝까지 재생합니다. 이번에는 너무 지루하죠? 프레젠테이션에서 정적인 분위기는 발표자를 긴장시키고 청중을 답답하게 만들 수 있습니다. 애니메이션 효과의 속도는 기본값이 있지만 효과에 따라 속도가 조금씩 다르기 때문에 반드시 확인해야 하고 값을 필요에 따라 다시 설정해야 합니다. 이때 명심해야 할 점은 제작하는 사람의 의도와 청중이 느끼는 속도감은 다를 수 있다는 것입니다. 애니메이션 초보일수록 '이거 너무 빠른 건 아닐까?'라는 생각이 들 정도까지 올려야 제대로 만든 겁니다. 일반적으로 한 슬라이드에서 재생되는 총 시간은 5초 이내가 적당합니다. 이번 기회에 내가 사용하는 애니메이션의 속도는 어떤지 꼭 점검해 보기 바랍니다.

4 개연성 없는 애니메이션이 담긴 3번 슬라이드

같은 방법으로 3번 슬라이드도 끝까지 재생합니다. 3번 슬라이드를 보면 1번 슬라이드와 비슷해 보이지만 약간 다릅니다. 과한 애니메이션은 종류만 다양하게 사용한 경우이고 개연성 없는 애니메이션이란, 일관성 없이 사용한 것을 말합니다. 예를 들어, 예제 슬라이드의 '단기목표', '중기목표', '장기목표'는 전달 수준이 같은데도 애니메이션이 모두 제각각입니다. 마치 똑같은 효과를 쓰면 안 된다는 듯이 말이죠. 하지만 청중은 애니메이션 효과를 보려고 앉아 있는 것이 아닙니다. 애니메이션을 '그냥' 설정하지 마세요. 같은 수준이라면 같은 애니메이션을 쓰는 것이 좋습니다.

과하지 않고 지루하지 않고 개연성이 있어야 한다

애니메이션 불변의 법칙이 적용된 애니메이션 효과는 어떤 모습일까요? 직접 눈으로 확인해 보겠습니다. 4번 슬라이드를 쇼 보기로 실행합니다.

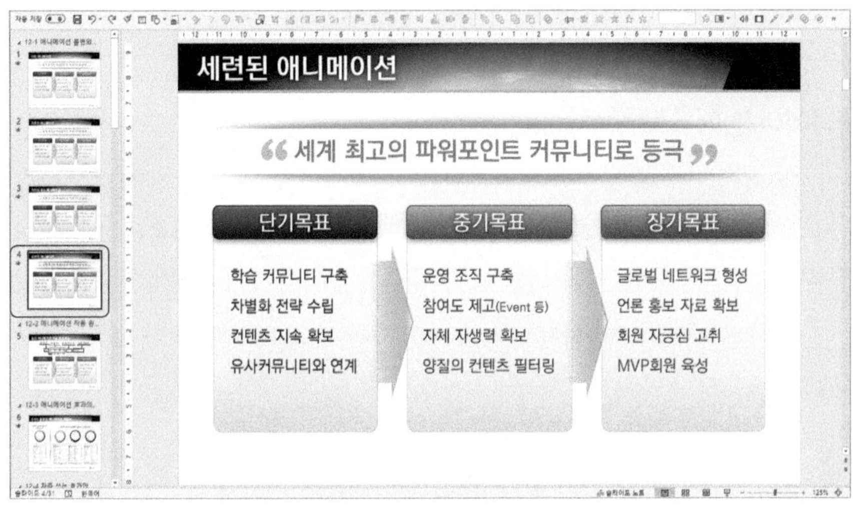

세련된 애니메이션을 확인해 보자!

앞서 살펴본 세 가지 경우와 확연한 차이가 있지요? 내용 전달력도 높아졌습니다. 게다가 멋있기까지 하네요. 애니메이션 효과를 넣는 구체적인 방법은 다음 절에서 다루겠습니다. 여기서는 '애니메이션 불변의 법칙!'만 기억하세요.

법칙 1 애니메이션은 과하지 않아야 한다.

법칙 2 애니메이션은 지루하지 않아야 한다.

법칙 3 애니메이션은 개연성이 있어야 한다.

12-2 애니메이션 작동 원리 이해하기

애니메이션 불변의 법칙을 배웠다면 이제부터 애니메이션을 '잘' 사용하는 방법을 하나씩 배워 보겠습니다.

그런데 파워포인트는 버전마다 애니메이션의 메뉴가 다릅니다. 별것 아닐 수 있지만, 실무 환경에서는 여러 버전이 함께 사용되기 때문에 헷갈리기 쉽습니다. 여기서는 버전에 상관없이 애니메이션을 똑같이 사용하는 전문가의 노하우를 소개합니다.

버전마다 다른 애니메이션 메뉴들

파워포인트 2007 버전에서는 하나의 개체에 여러 가지 애니메이션을 중첩해 적용할 수 있었습니다. 예를 들어 사각형 도형에 나타내기 애니메이션 중 밝기 변화 효과를 적용하고 연이어서 닦아내기 효과를 한 번 더 적용하면, 밝기 변화 효과 아래에 닦아내기 애니메이션이 추가됩니다.

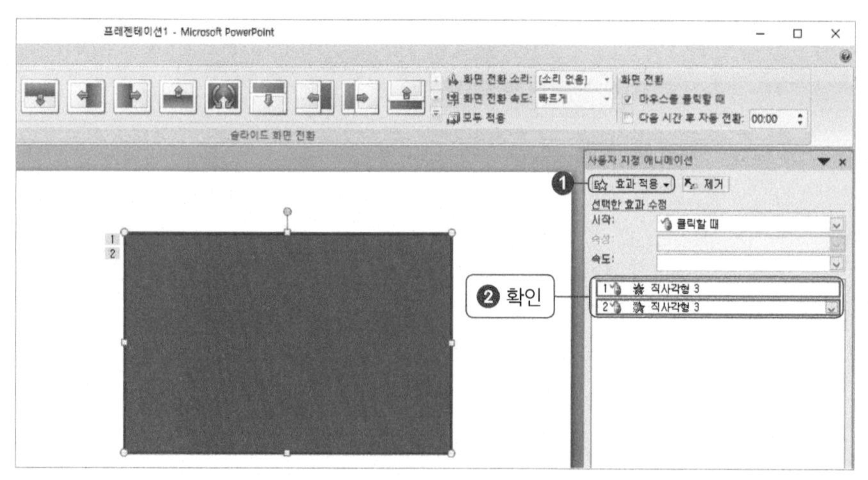

2007 버전에서는 애니메이션 효과를 중첩해 선택하면 하나씩 추가됩니다.

추가한 애니메이션을 다른 애니메이션으로 바꾸고 싶을 때는 해당 애니메이션을 클릭한 후 바로 위에 있는 [변경] 버튼을 클릭하면 됩니다.

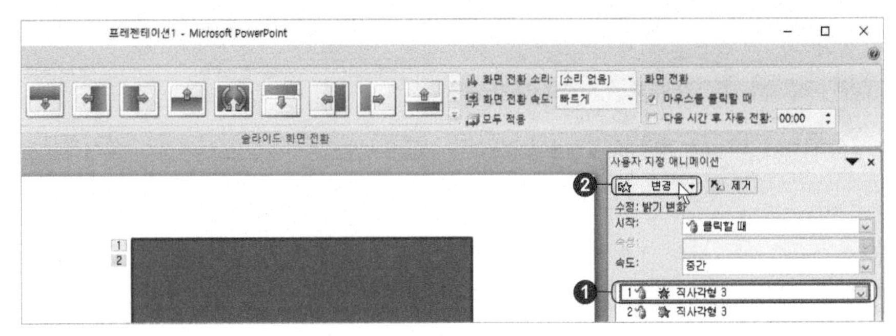

2007 버전은 애니메이션을 바꾸고 싶을 때 [변경] 버튼을 클릭합니다.

2010 버전으로 넘어오면서 애니메이션 메뉴가 확 달라졌습니다. 우선 애니메이션 효과를 선택하는 메뉴의 위치가 화면 오른쪽에서 리본 메뉴로 이동했습니다.

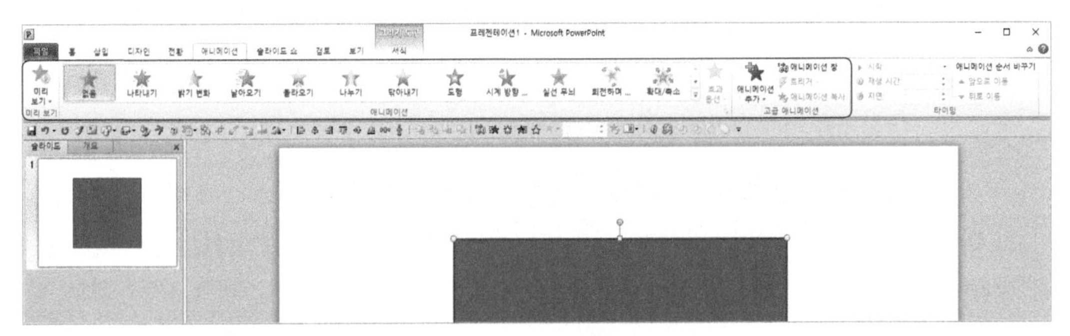
2010 버전부터는 애니메이션 효과를 선택하는 메뉴가 리본 메뉴로 이동했습니다.

여기까지는 괜찮지만 진짜 문제는 다른 데 있습니다. 2007 버전에서는 애니메이션 효과를 중첩해 선택하면 계속 추가된다고 했죠? 그런데 2010 버전부터는 추가되지 않고 덮어쓰기됩니다. 예를 들어 개체에 '밝기 변화' 효과를 적용한 후 이어서 올라오기 효과를 다시 선택했다면? 2007 버전과는 달리 '밝기 변화' 효과는 사라지고 '올라오기' 효과만 남습니다.

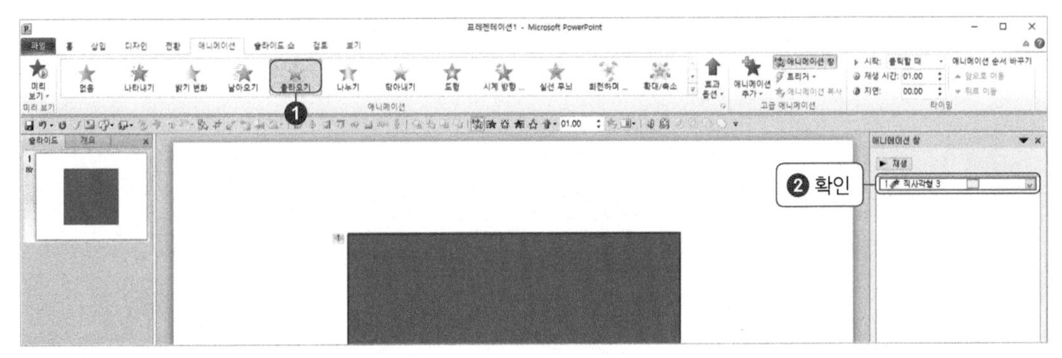

2010 버전부터는 애니메이션을 추가 선택하면 덮어쓰기됩니다.

그렇다고 애니메이션 효과를 중복 적용할 수 없는 것은 아닙니다. 방법이 조금 달라졌을 뿐입니다. 2010 버전부터는 [고급 애니메이션] 그룹에 있는 [애니메이션 추가(★)] 버튼을 사용하면 애니메이션 효과를 추가할 수 있습니다.

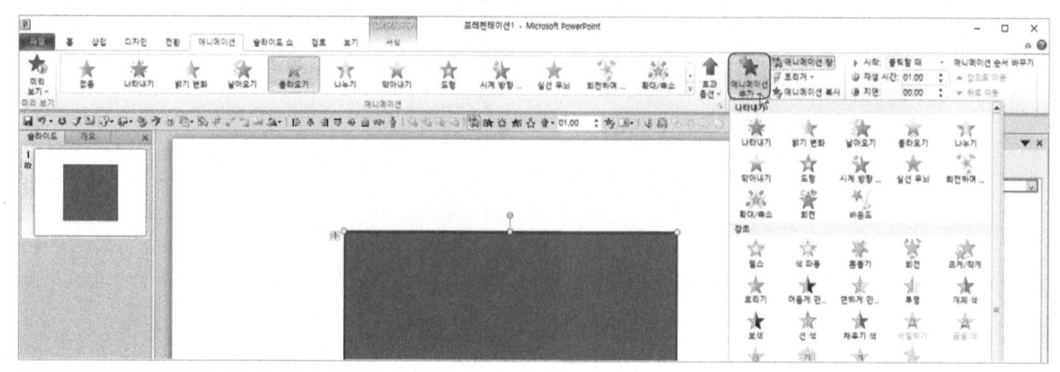

2010 버전에서 애니메이션을 추가하려면 [애니메이션 추가] 버튼을 클릭해야 합니다.

버전에 상관없이 애니메이션을 똑같이 사용하는 방법

지금부터 버전에 상관없이 애니메이션 메뉴를 쉽고 빠르게 다룰 수 있는 방법을 알려 드리겠습니다. 사실, 여기까지 필자가 안내한 대로 차분히 따라오셨다면 '03-3 전문가의 빠른 실행 도구 모음 설정 방법'에서 '빠른 실행 도구 모음'을 설정했기 때문에 이미 준비가 끝난 상태입니다. 여기에 애니메이션을 쉽게 사용할 수 있는 메뉴가 포함돼 있습니다.

빠른 실행 도구 모음에서 애니메이션을 다루는 메뉴를 확인할 수 있습니다.

	애니메이션 창을 띄웁니다.		이동 경로 효과를 적용합니다.
	나타내기 효과를 설정합니다.		효과 옵션을 선택합니다. 애니메이션 종류에 따라 비활성화될 수도 있고 아이콘 모양이 바뀔 수도 있습니다.
	강조하기 효과를 설정합니다.		애니메이션의 재생 시간을 설정합니다.
	끝내기 효과를 적용합니다.		애니메이션을 복사합니다.

애니메이션 메뉴

무작정 외우는 건 전문가의 품격과 어울리지 않겠죠? 이 흐름만 이해하면 7개 메뉴는 쉽게 익힐 수 있습니다.

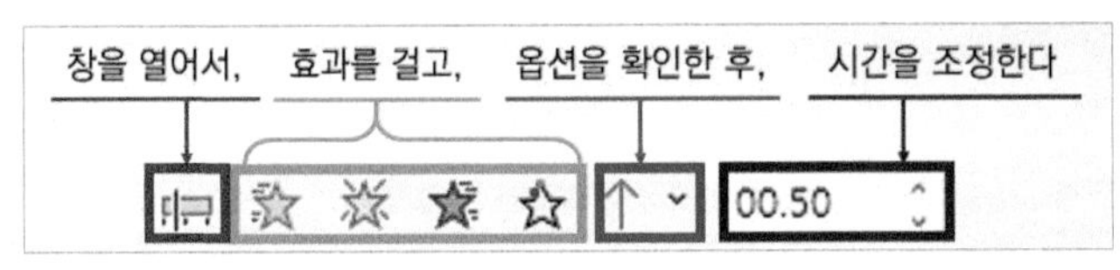

왼쪽에서 오른쪽으로 가는 흐름을 기억하세요!

언제나 그렇듯이 '백문이 불여일견', '백견이 불여일타'입니다. 실습으로 직접 배워 보겠습니다.

지금 해야 된다! } 애니메이션 효과 입히기

12장 예제 파일의 5번 슬라이드를 열고 단기목표부터 장기목표까지 순서대로 나타나는 간단한 애니메이션을 설정해 보겠습니다.

❶ 단기목표 → ❷ 화살표 → ❸ 중기목표 → ❹ 화살표 → ❺ 장기목표

1 먼저 [애니메이션 창( )]을 엽니다. 물론, 빠른 실행 도구 모음에 추가된 아이콘을 클릭해 여세요. 이때에는 [애니메이션] 탭을 누르지 않도록 주의하세요!

▶ 애니메이션 창은 애니메이션 작업 시 딱 한 번만 열면 됩니다.

▶ 2007 버전에서는 [애니메이션] 탭 → [애니메이션] 그룹 → [사용자 지정] → 애니메이션]을 클릭합니다.

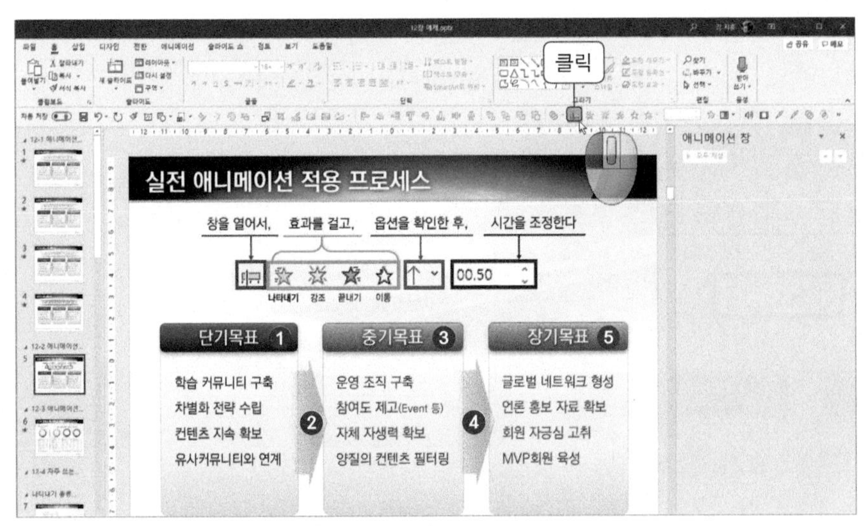

빠른 실행 도구 모음에 있는 [애니메이션 창] 아이콘을 선택합니다.

❷ Shift 키를 누른 상태에서 단기목표, 중기목표, 장기목표를 차례대로 복수 선택한 후 빠른 실행 도구 모음에서 [나타내기(★)]를 누릅니다. 그러면 관련 애니메이션을 모두 표시해 주는 창이 나타납니다. 은은한 효과 중 [밝기 변화]를 선택하고 [확인] 버튼을 누릅니다.

▶ Shift 키를 누른 채 하나씩 복수 선택하면 선택한 순서를 기억해 그 순서대로 애니메이션 창에 보여 줍니다.

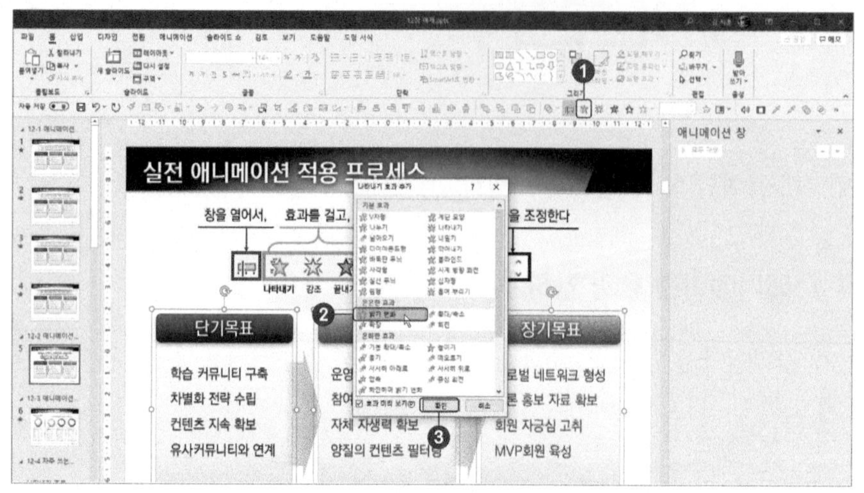

녹색 별 모양의 [나타내기] 아이콘을 클릭한 후 [밝기 변화] 애니메이션을 적용합니다.

❸ 화면 오른쪽 애니메이션 창을 보면, 클릭 시 세 개체의 애니메이션이 동시에 나타나도록 설정된 것을 볼 수 있습니다.

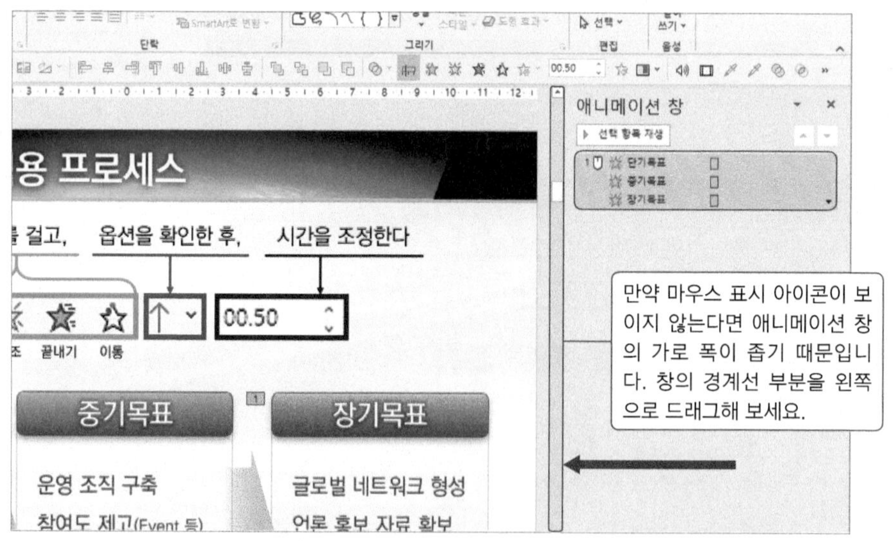

단기목표, 중기목표, 장기목표 옆에 숫자 1이 보입니다. 이 숫자는 애니메이션 효과의 순서를 의미합니다.

▶ 2007 버전에서는 시간 표시 막대(Time Line)가 바로 보이지 않습니다. 애니메이션 창에 있는 아무 애니메이션 효과를 마우스 오른쪽 버튼으로 클릭하고 [진행 시간 표시 막대 표시]를 클릭하면 볼 수 있습니다.

4 효과를 설정했으니 이제 옵션을 확인할 차례입니다. 그런데 [밝기 변화]의 효과 옵션이 비활성화(★)로 나타납니다. [밝기 변화]는 별도의 효과 옵션이 없기 때문입니다.
다음 순서로, 시간을 조정해 보겠습니다. 애니메이션 재생 시간은 대부분 0.5초가 기본값입니다. 그대로 사용해도 좋지만 우리는 더 빠르게 재생해 보겠습니다. 입력란을 클릭하고 '0.3'을 입력합니다.

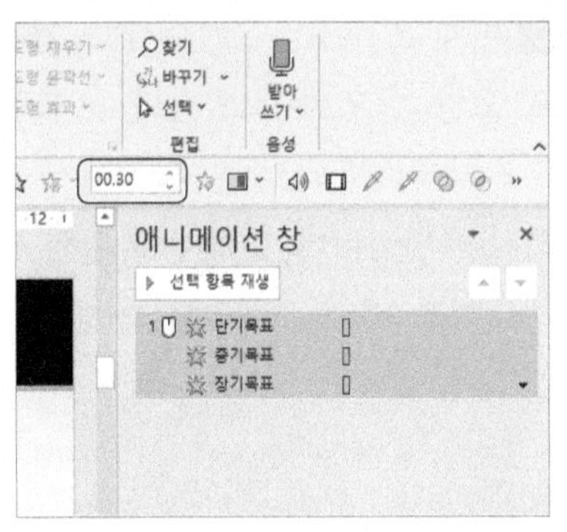

빠른 실행 도구 모음에서 재생 시간을 0.3초로 변경합니다.

5 계속해서 화살표에 애니메이션 효과를 적용해 보겠습니다. Shift 키를 누른 채 화살표 2개를 차례대로 선택한 후 다시 [나타내기(☆)]를 선택합니다. 이번에는 기본 효과 중 [닦아내기]를 선택하고 [확인] 버튼을 누릅니다.

▶ 화살표 도형의 애니메이션은 [닦아내기]나 [내밀기] 효과를 추천합니다.

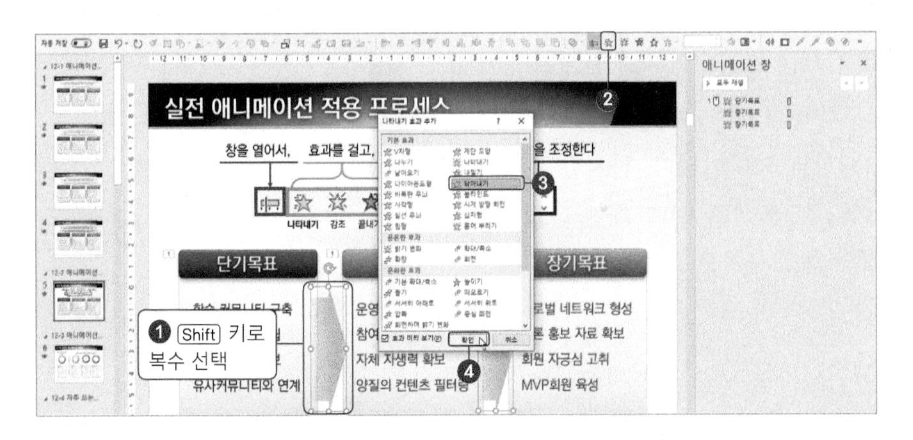

6 애니메이션 창에 각 개체별로 애니메이션이 설정된 것을 볼 수 있습니다.

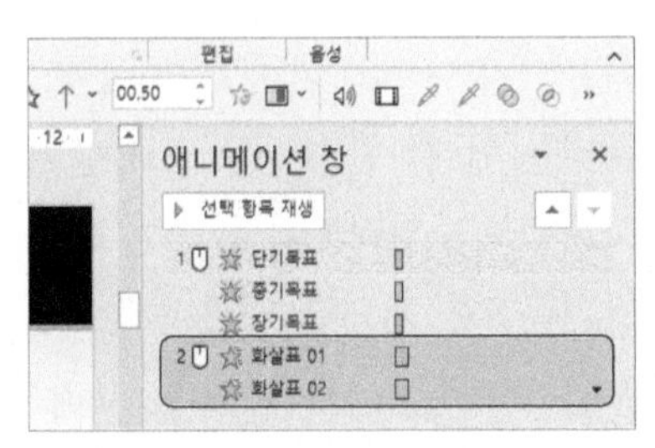

화살표 부분에 [닦아내기] 애니메이션이 설정되었습니다.

7 이제 옵션을 바꾸겠습니다. 지금은 화살표에 설정된 애니메이션의 옵션이 위를 향하는 화살표 모양(↑)으로 돼 있습니다. 화살표 모양을 보니 아래에서 위로 향한다는 의미겠죠? 하지만 우리가 원하는 모습은 왼쪽에서 오른쪽으로 화살표가 나타나는 것입니다. 그래야만 훨씬 자연스럽게 연출할 수 있으니까요. 효과 옵션 메뉴를 클릭한 후 [왼쪽에서]를 클릭합니다.

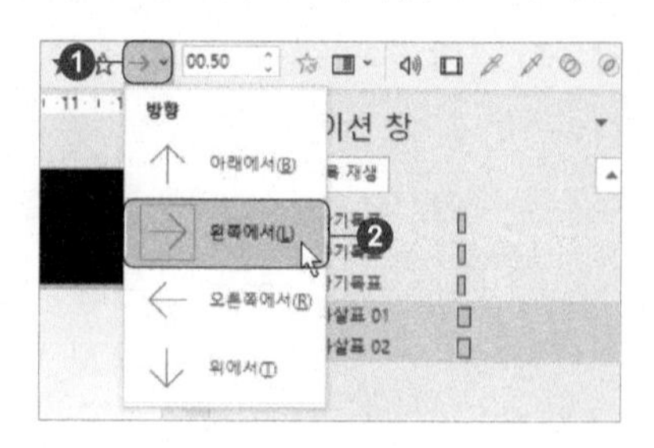

▶ 옵션이 비활성화돼 있는 이유는 애니메이션 창에서 화살표 애니메이션이 선택된 상태가 아니기 때문입니다. 화살표 애니메이션 2개를 Ctrl 키로 복수 선택하면 활성화됩니다.

8 애니메이션 재생 시간 입력란에는 '0.3'을 입력합니다.

9 이제 애니메이션의 순서만 다시 맞춰 주면 5번 슬라이드의 애니메이션 설정은 모두 끝납니다. 애니메이션 순서는 오른쪽 [애니메이션 창]에서 설정할 수 있습니다. [애니메이션 창]을 보면 '단기목표' 왼쪽에 숫자 1, '화살표 01' 왼쪽에 숫자 2가 있습니다. 쇼 보기 상태에서 마우스를 클릭하면 단기, 중기, 장기 목표가 동시에 나타나고 다시 클릭하면 화살표 2개가 동시에 나타난다는 의미입니다. 하지만 우리가 원하는 순서는 이게 아니죠? 화살표 01과 화살표 02를 마우스로 드래그해 각각의 목표 사이로 옮겨 놓습니다.

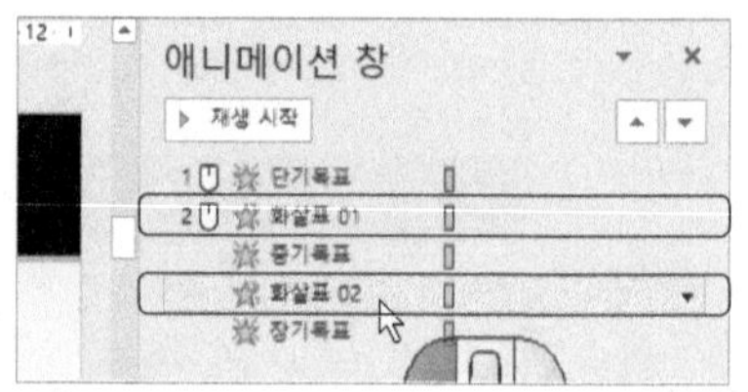

▶ [애니메이션 창]에 있는 위치 조절 버튼(▲ ▼)을 이용해도 애니메이션 재생 순서를 조정할 수 있습니다.

10 지금은 '단기목표'와 '화살표 01' 옆에 1과 2가 적힌 것을 볼 수 있습니다. 쇼 보기 상태에서 마우스를 클릭하면 단기목표가 나타나고 다시 클릭하면 화살표 01부터 장기목표까지 나머지 개체가 동시에 나타난다는 의미입니다. 우리는 단 한 번의 클릭으로 단기목표부터 장기목표까지 차례대로 나타나도록 설정해 보겠습니다.

단기목표를 제외한 나머지 항목을 모두 선택하고 마우스 오른쪽 버튼을 클릭합니다. 그리고 [이전 효과 다음에 시작(A)]을 선택합니다.

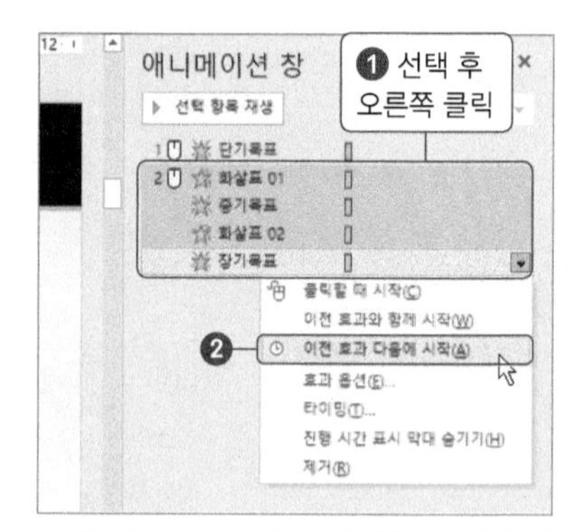

애니메이션 효과의 시작 타이밍은 [클릭할 때 시작], [이전 효과와 함께 시작], [이전 효과 다음에 시작]으로 설정할 수 있습니다.

▶ 여러 개체를 동시에 나타내고 싶을 때는 [이전 효과와 함께 시작(W)]을 선택하면 됩니다.

11 결과를 확인해 볼까요? Shift + F5 키를 눌러 쇼 보기를 실행하고 마우스를 한 번 클릭해 보세요. 애니메이션이 단기목표부터 장기목표까지 자동으로 실행되는 것을 볼 수 있습니다.

복잡한 듯하지만 애니메이션을 설정하는 순서만 이해하고 있으면 애니메이션 기술도 정복할 수 있습니다. 꼭 기억하세요! '① 창을 열어서 ② 효과를 걸고 ③ 옵션을 확인한 후 ④ 시간을 조정한다.'

[전문가의 조언] 애니메이션 창에서 개체 이름은 어떻게 설정하나요?

5번 슬라이드를 보면 애니메이션 창에 있는 개체의 이름이 1~3번 슬라이드와는 조금 다르죠? 5번 슬라이드는 개체 이름만 봐도 어떤 개체인지 바로 알 수 있도록 미리 이름을 수정해 놓은 것입니다.

[홈] 탭 → [편집] 그룹 → [선택] 메뉴에서 [선택 창]을 클릭하면 화면 오른쪽에 슬라이드에 삽입된 모든 개체를 볼 수 있는 [선택] 창이 나타납니다. 이 창에서 각 개체를 더블클릭하면 이름을 수정할 수 있습니다. 또한 [선택] 창에서 모양을 클릭하면 개체가 숨겨지고 한 번 더 클릭하면 다시 나타납니다. 이 기능은 개체끼리 겹쳐져 특정 개체를 마우스로 선택하기 어려울 때 사용하면 유용합니다.

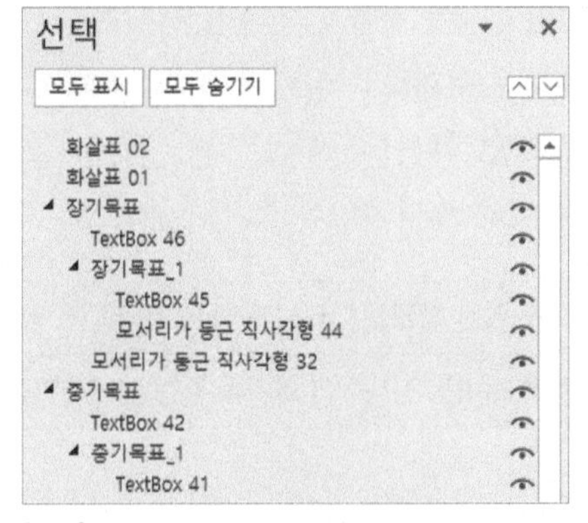

[선택] 창에서 개체 이름을 수정해 보세요!

12-3 애니메이션 효과의 재해석

지금까지 애니메이션을 사용할 때 꼭 알아야 할 규칙과 빠른 실행 도구 모음을 활용해 애니메이션을 쉽게 적용하는 방법을 알아봤습니다. 이제 내 PPT에 애니메이션을 당장 적용해도 될까요? 아쉽게도 아닙니다. 애니메이션은 세부 옵션이 많기 때문인데요. 원하는 애니메이션을 정확하게 구현하려면 각 옵션을 제대로 이해해야만 합니다.

애니메이션 효과를 다시 생각하라

앞에서 배운 애니메이션 설정 순서를 다시 떠올려 볼까요? '① 창을 열어서 ② 효과를 걸고 ③ 옵션을 확인한 후 ④ 시간을 조정한다!'라고 배웠습니다. 여기서 '효과를 걸고' 부분에 아이콘이 4개 있었다는 것을 기억하실 겁니다. 각 아이콘의 이름은 왼쪽부터 순서대로 나타내기(★), 강조하기(★), 끝내기(★), 이동 경로(☆)입니다.

▶ 아무리 화려하고 멋진 PPT라도 애니메이션 효과의 종류는 이 네 가지뿐입니다.

이 네 가지 애니메이션 효과는 구현 방식에 따라 두 가지로 구분해 이해하는 것이 좋습니다.

보이지 않는 개체를 나타나게 하는 애니메이션	나타내기
개체가 보이는 상태에서 효과를 주는 애니메이션	강조하기, 끝내기, 이동 경로

직접 실습해 보면, 차이를 금세 이해할 수 있습니다.

지금 해야 된다! } 네 가지 종류의 애니메이션 효과 이해하기

1 6번 슬라이드를 열고 Shift + F5 키를 눌러 현재 슬라이드에서 쇼 보기를 실행합니다. 그리고 각 개체를 하나씩 클릭해 애니메이션 효과를 시연해 보겠습니다. 먼저 [나타내기] 개체는 쇼 보기를 시작할 때 보이지 않다가 클릭하면 점점 커지면서 등장합니다. 나타내기 효과 중에서도 '확대/축소' 효과를 설정했기 때문입니다.

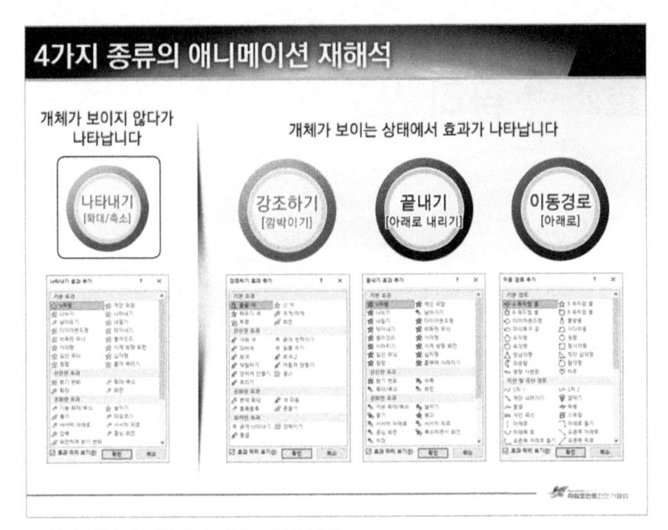

▶ 나머지 개체는 쇼 보기를 시작해도 화면에 그대로 보입니다.

개체가 점점 커지면서 나타나고 있습니다.

2 계속 클릭해 보겠습니다. [강조하기]는 다음 효과 전까지 제자리에서 계속 깜박입니다. [끝내기]는 아래로 사라집니다. [이동 경로]는 아래로 이동하지만, 사라지지는 않습니다.

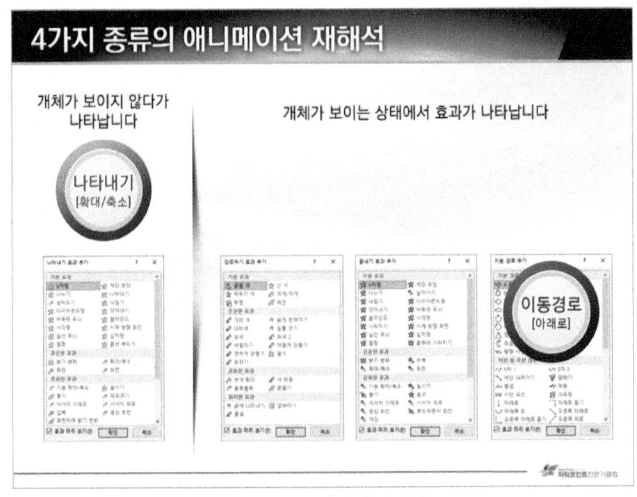

▶ [강조하기]는 깜박이는 타이밍에 따라 개체가 보인 채 멈출 수 있습니다.

애니메이션이 모두 실행되고 나면 이런 화면이 됩니다.

이제 이해됐나요? 각 애니메이션의 특징을 정확히 꿰뚫고 있어야 세련된 애니메이션을 구사할 수 있습니다. 각 효과를 구분해 제대로 이해하세요!
지금까지 애니메이션의 기본 이론을 모두 살펴봤습니다. 다음 절에서는 애니메이션 실무 활용법을 배워 보겠습니다.

12-4 자주 사용하는 효과만 골라 쓰기

파워포인트의 애니메이션 종류는 네 가지뿐이지만, 애니메이션 효과는 매우 많습니다. 처음에는 신기하기도 하고 의외로 쉽게 추가할 수 있어서 이것저것 사용해 보고 싶은 충동이 생깁니다. 하지만 '애니메이션 불변의 법칙'을 배웠으므로 참으셔야 합니다. 과하거나 지루하지 않고 개연성이 있는 애니메이션 효과를 넣기 위해서라면 말이죠.

어떤 효과를 사용하는 게 좋을까?

종류별로 세부 효과가 많다 보니 사용자의 입장에서는 어떤 효과를 사용할지 늘 고민입니다. 그래서 필자의 경험과 현장에서 축적한 노하우를 바탕으로 쓸 만한 효과를 아예 골라 드리겠습니다.

▶ 물론 추천 목록에 없는 다른 효과라도 애니메이션 불변의 법칙에 맞게 사용한다면 괜찮습니다.

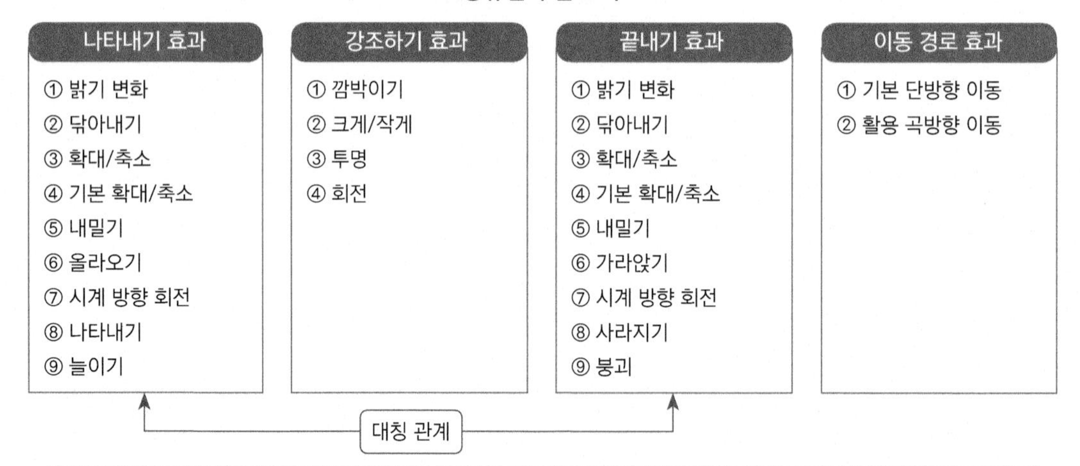

[전문가의 조언] 이름만으로 어떤 효과인지 상상할 수 있나요?

'올라오기'와 '내밀기' 효과의 차이는 뭘까요? 또한 '확대/축소' 효과와 '기본 확대/축소' 효과의 차이는 뭘까요? 단순히 이름의 차이 말고 각 이름이 어떤 효과를 내는지 머릿속으로 뚜렷하게 그려 내지 못한다면 아무리 이 책에서 강조하고 추천하는 효과라도 제대로 쓰기 어렵습니다. 직접 경험해 보지 않으면 각 애니메이션의 차이를 알기가 쉽지 않으므로 반드시 하나씩 실습하면서 각각의 특징을 익히세요.

나타내기 - 추천 효과 아홉 가지

강조하기, 끝내기, 이동 경로 효과의 사용 빈도를 모두 합쳐도 나타내기 효과의 사용 빈도를 따라가지 못할 만큼, 나타내기는 실무에서 가장 많이 사용하는 효과입니다. 나타내기 효과의 종류는 아주 많지만, 그중에서 추천하는 효과는 아홉 가지입니다. 너무 적다고 생각하시나요? 실무에서는 이 아홉 가지 효과만 써도 충분합니다.

	효과 이름	비고
1	밝기 변화	재생 시간을 0.3~0.5초 사이로 설정
2	닦아내기	주로 텍스트에 유리한 효과
3	확대/축소	2007 버전에서는 '밝기 변하며 확대/축소'
4	기본 확대/축소	2007 버전에서는 '확대/축소'
5	내밀기	-
6	올라오기 (서서히 위로)	같은 효과인데 리본 메뉴와 명칭이 다름. 2010 버전에서는 '올라오기(위로 올리기)', 2007 버전에서는 '올라오기'
7	시계 방향 회전	원형 차트에 유용한 효과
8	나타내기	순간적인 효과를 줄 때 유용한 효과
9	늘이기	2010 버전에서는 신규 적용 불가 애니메이션을 복사해 사용

▶ 같은 상위 버전에서도 추가 나타내기 효과의 명칭(괄호 속 명칭)과 리본 메뉴의 명칭이 다른 것도 있습니다.

지금 해야 된다! } 밝기 변화 효과 적용하기

1 12장 예제 파일의 7번 슬라이드를 열어 실습해 보겠습니다. 먼저 '밝기 변화'라고 적혀 있는 개체를 선택한 후 빠른 실행 도구 모음에서 [나타내기(☆)]를 선택합니다.
[나타내기 효과 추가] 창이 나타나면 [은은한 효과] 유형에 있는 [**밝기 변화**]를 선택합니다.

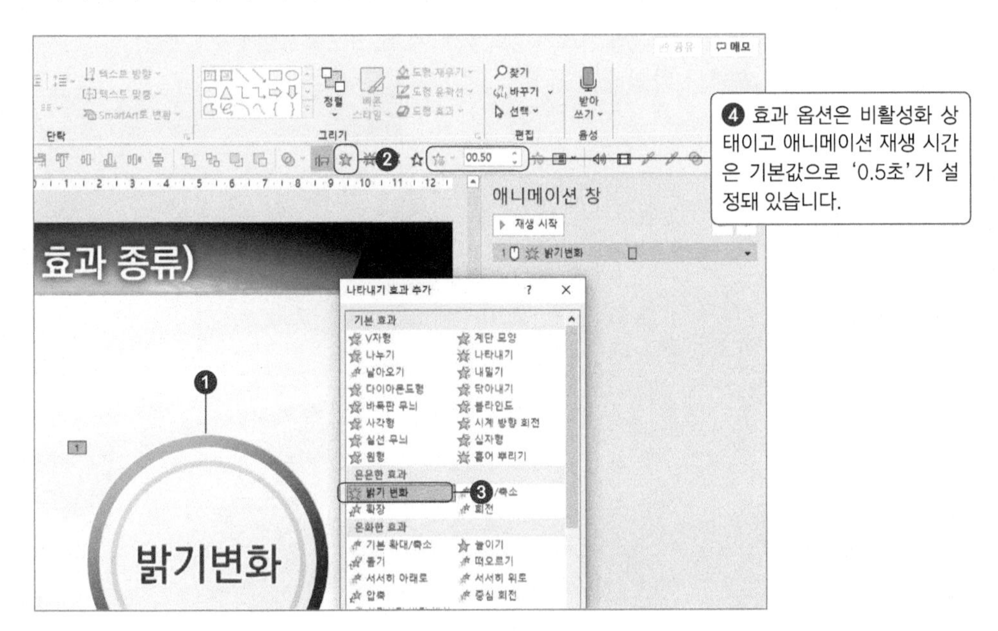

❷ 같은 방법으로 8번 슬라이드부터 14번 슬라이드까지 왼쪽 그림이 나타내는 애니메이션 효과를 오른쪽 개체에 적용합니다. 애니메이션을 설정한 후에는 반드시 Shift + F5 키를 눌러 어떤 효과인지 직접 확인해 보세요!

▶ 각 효과의 속도나 옵션을 바꿔 색다른 느낌을 연출할 수도 있습니다. 단, 옵션이 아예 없는 효과도 있습니다.

지금 해야 된다! } 밝기 변화 효과의 재생 시간 변경하기

'나타내기' 효과 아홉 가지 중 선호도가 가장 높은 효과는 아마 '밝기 변화'일 것입니다. 개체를 은은하게 나타내는 이 효과는 어떤 분위기와도 잘 어울려 실패할 가능성이 거의 없습니다.
나타내기 효과의 기본 재생 시간은 버전별로 조금 다릅니다. 2007 버전에서는 2초였기 때문에 너무 느렸지만, 2010 버전부터 0.5초로 빨라졌습니다. 하지만 1초의 절반밖에 되지 않는 0.5초마저도 실제 현장에서는 길게 느껴집니다. 그래서 필자는 0.3~0.5초 사이를 권장합니다.

❶ 12장 예제 파일에서 7번 슬라이드를 클릭하고 '밝기변화'라고 적혀 있는 개체를 선택합니다. 0.5초로 재생되는 밝기 변화 효과를 먼저 확인해 볼까요? 현재 슬라이드 쇼 보기(Shift + F5)를 실행합니다.

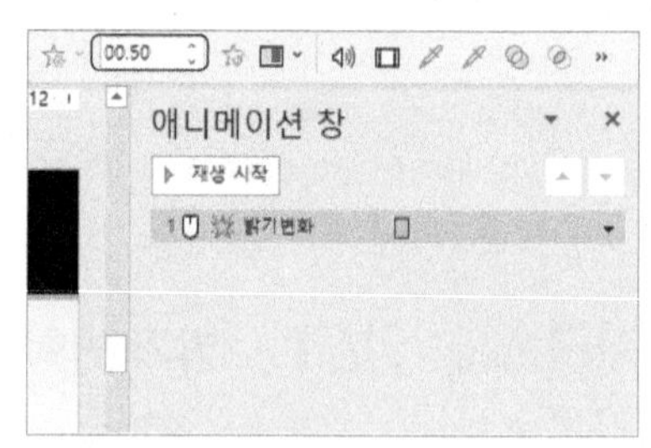

2010 버전부터 기본 재생 시간은 0.5초입니다.

❷ 좀 더 빠르게 바꿔 보겠습니다. 애니메이션 재생 시간에 '0.3'을 입력합니다. 현재 슬라이드 쇼 보기를 실행해 0.3초로 재생되는 밝기 변화 효과를 확인해 보세요.

[밝기 변화] 효과의 재생 시간은 0.3~0.5초를 권장합니다.

[전문가의 조언] '확대/축소'와 '기본 확대/축소'의 차이

처음 보는 분들은 '뭐가 다르지?'라고 생각하실 겁니다. 이 두 효과는 이름이 비슷해 헷갈리기 쉽습니다. 비슷한 점도 있지만, 옵션을 보면 특징이 서로 다르다는 것을 쉽게 알 수 있습니다. 둘 다 실무에서 많이 사용하는 효과이기 때문에 이번 기회에 확실하게 짚고 넘어가기 바랍니다.

▶ 재생 시간을 5초 정도로 늘려 실행해 보세요. 두 효과의 차이가 확연하게 드러납니다.

	확대/축소 (2007 버전에서는 '밝기 변하며 확대/축소')	기본 확대/축소 (2007 버전에서는 '확대/축소')
기본 효과	제자리에서 서서히 밝아지면서 커집니다 (처음에는 보이지 않았다가 나타납니다).	제자리에서 밝기 변화 없이 점점 커집니다 (아주 작게 나타난 상태에서 변화합니다).
옵션 설정	소실점 개체 센터(B) 슬라이드 센터(L) 효과가 시작되는 지점에 따라 옵션을 선택할 수 있으며, 확대 효과만 있습니다(반대로 대칭 관계인 끝내기 효과에서는 축소만 됩니다).	확대/축소 안쪽(I) 가운데 화면 안으로(C) 약간 안쪽으로(G) 바깥쪽(U) 아래 화면 밖으로(B) 약간 바깥쪽으로(S) 효과가 시작되는 지점과 확대/축소 여부에 따라 다양하게 설정할 수 있습니다.
응용 방법	옵션을 '슬라이드 센터'로 바꿔 클로징 메시지를 나타낼 때 사용해 보세요.	기본 효과는 '확대/축소' 효과와 비슷해 보이지만 옵션을 '아래 화면 밖으로'로 바꾸면 역동적으로 변합니다. 마치 도장을 찍듯이 메시지를 강조해 보여 주고 싶을 때 사용해 보세요.

지금 해야 된다! } 시계 방향 회전 효과의 옵션 바꾸기

시계 방향 회전 효과는 원형 또는 도넛형 차트에 사용하는 것이 좋습니다.

1 13번 슬라이드를 클릭하고 화면 오른쪽에 있는 도넛형 차트를 선택합니다. '시계 방향 회전' 효과를 적용하면 빠른 실행 도구 모음 메뉴에 [효과 옵션]이 활성화된 것을 볼 수 있습니다.

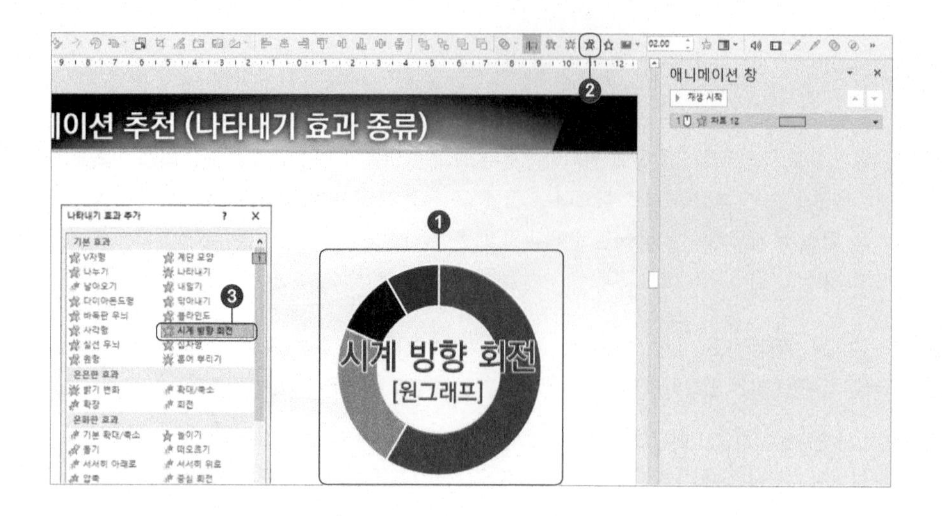

2 [살]과 [시퀀스]의 옵션을 다양하게 선택해가며 그 차이를 확인해 봅니다. 실무에서는 '살 1개' 옵션을 추천합니다. 살이 2개 이상일 경우, 항목에 따라 끊김 현상이 발생해 부자연스러워 보일 수 있습니다. 간혹 회전하는 효과의 중심이 맞지 않는 경우도 있습니다. 개체의 중심을 따라 회전하기 때문입니다. 속도가 느린 경우가 많은데, 0.5~1초 정도로 빨리 회전시키세요.

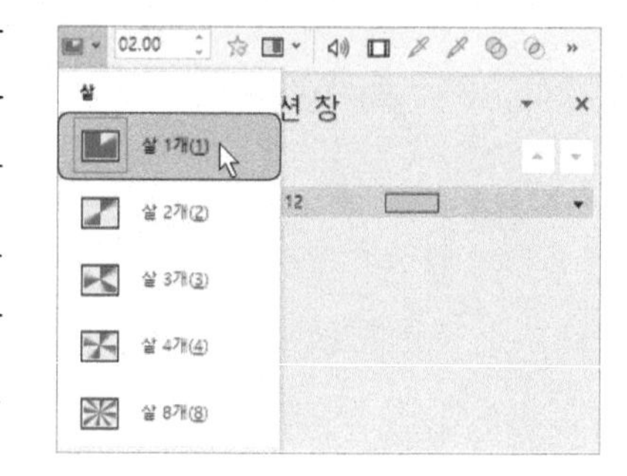

[전문가의 조언] 3차원 차트에서 회전축을 맞추는 방법

시퀀스 옵션이 '하나의 개체로'로 설정돼 있으면 살은 개체의 중심을 축으로 회전합니다. 일반적으로 개체의 중심과 회전하는 효과의 중심이 맞을 경우에는 큰 문제가 되지 않지만, 3차원 차트의 경우에는 차트의 중심이 개체의 중심과 맞지 않는 경우가 많기 때문에 효과가 어색해질 수 있습니다.
이럴 때는 효과 옵션의 시퀀스를 '항목별로'로 바꿉니다. 항목별로 옵션은 개체의 중심이 아닌 차트의 중심을 회전축으로 삼고 항목별로 하나씩 보여 줍니다. 다만, 기본 재생 속도가 너무 느리기 때문에 차트의 개체를 모두 선택하고 타이밍을 '이전 효과와 함께 시작'으로 바꾼 후 속도를 1초 이내로 사용하세요!

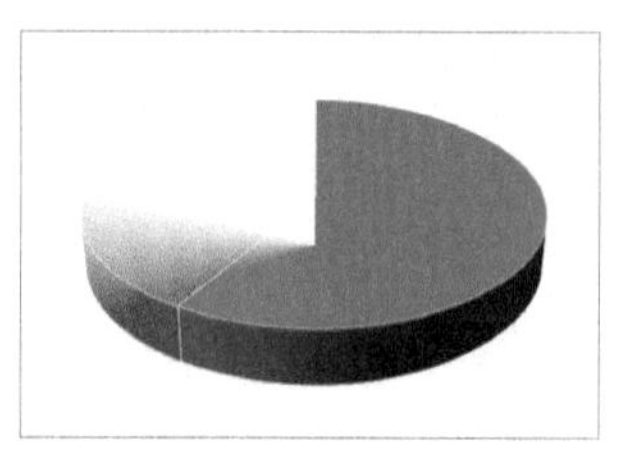
시퀀스를 [하나의 개체로] 설정한 경우

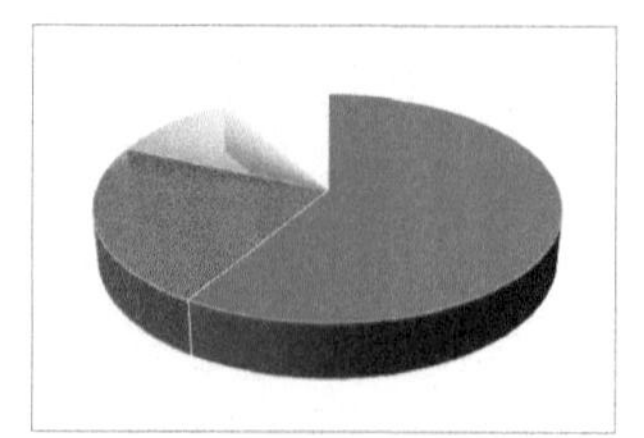
시퀀스를 [항목별로] 설정한 경우

▶ 2007 버전에서는 시퀀스 옵션이 없으므로 차트 개체의 크기를 조절해 중심을 맞추는 방법밖에 없습니다.

지금 해야 된다! } 애니메이션 효과 복사 기능으로 늘이기 효과 적용하기

[**늘이기**] 효과처럼 특정 버전에는 없는 애니메이션 효과가 더러 있습니다. 그렇다면 이러한 효과는 영영 사용할 수 없는 걸까요? 그렇지 않습니다. 애니메이션 복사/붙여 넣기 기능을 이용하면 현재 사용 중인 버전에서 지원하지 않는 효과라도 사용할 수 있습니다. 다른 버전에서 효과를 적용한 후 애니메이션 효과 복사/붙여 넣기 기능으로 가져오면 됩니다.

▶ '늘이기' 효과는 2010 버전에서 사라졌다가 2013 버전부터 다시 생겼습니다.

▶ 애니메이션 효과 복사/붙여 넣기 기능은 2010 이상 버전에서 사용할 수 있으며, 상위 버전에 새롭게 추가된 효과는 하위 버전에서 구현되지 않습니다.

1 15번 슬라이드로 이동합니다. 슬라이드 아래에 '애니메이션 복사용'이라고 적힌 개체가 있습니다. 이 개체는 이미 늘이기 효과가 적용된 상태입니다. 이 개체의 애니메이션 효과를 '늘이기'라고 적혀 있는 개체에 복사해 보겠습니다.
애니메이션 복사용이라고 적힌 개체를 선택하고 빠른 실행 도구 모음에서 [애니메이션 복사(☆)]를 클릭합니다.

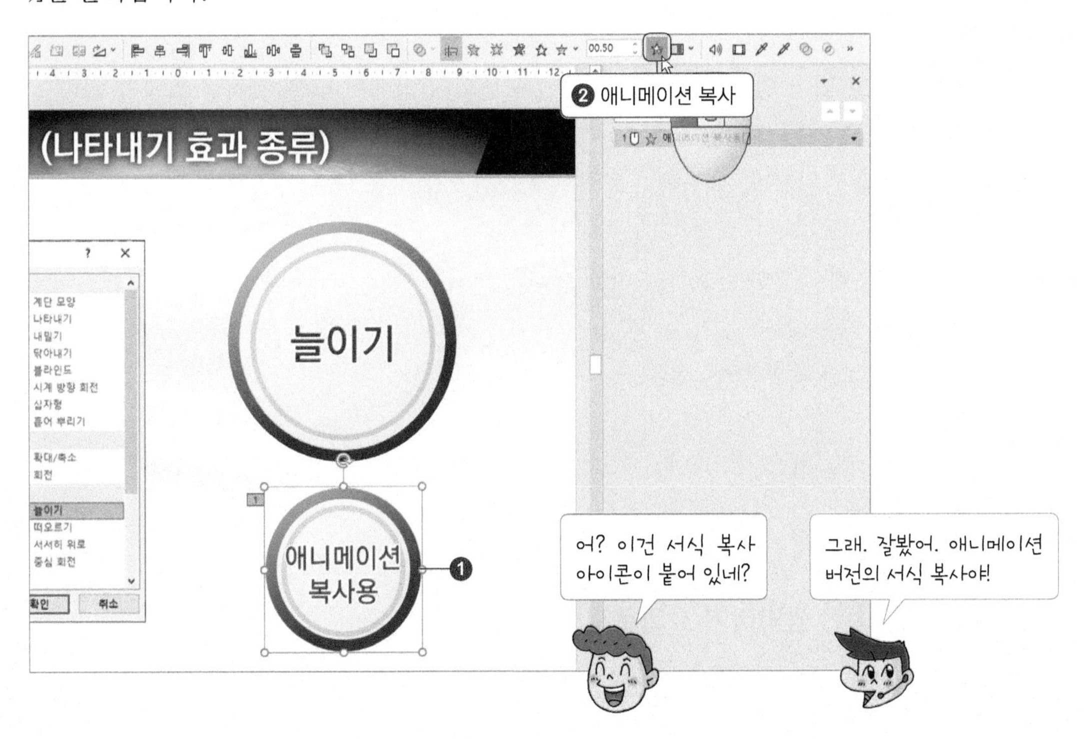

❷ 마우스 커서가 [커서 아이콘] 모양으로 바뀝니다. 이 바뀐 상태에서 복사한 효과를 적용할 개체를 클릭하면 애니메이션이 복사됩니다.
단축키도 있습니다. 애니메이션 효과가 설정된 개체를 선택한 후 Alt + Shift + C 키를 누르면 마우스 커서가 [커서 아이콘] 모양으로 바뀝니다. 이때 애니메이션을 복사해 넣을 개체를 선택하면 됩니다.
애니메이션 복사 기능은 평소에도 매우 요긴하게 쓰이니 꼭 기억하세요!

강조하기 - 추천 효과 네 가지

'강조하기' 효과를 사용하면 발표자 도구 모음을 이용해 발표 화면에 밑줄을 긋거나 형광펜을 칠하는 것보다 훨씬 세련되게 강조할 수 있습니다.

▶ 발표자 도구를 활용하는 방법에 대해는 14-4절에서 상세히 다룹니다.

하지만 주의해야 할 점이 있습니다. 애니메이션 불변의 법칙에서 배운 것처럼 효과가 과하면 안 됩니다. 특히, 강조하기 효과를 너무 많이 사용하면 강조 기능 자체가 무의미해집니다. 모두 강조하고 싶은 마음은 알지만, 강조하기 효과는 최소한으로 사용하는 것이 좋습니다.

강조하기 효과 가운데 추천하는 효과는 아래 네 가지입니다.

1. 깜박이기(0.2초, 2회 반복으로 설정)
2. 크게/작게
3. 투명(투명도 75% 적용)
4. 회전

지금 해야 된다! } 깜박이기 효과로 강조하기

깜박이기 효과를 사용하면 개체가 사라졌다 나타났다를 반복합니다. 직접 실습해 보겠습니다. 16번 슬라이드를 여세요.

1 '깜박이기'라고 적혀 있는 개체를 선택하고 빠른 실행 도구 모음에서 [강조하기(★)] 효과를 클릭합니다. 효과 목록 창이 열리면 [화려한 효과] 유형에서 [깜박이기]를 선택한 후 [확인] 버튼을 클릭합니다. 설정을 마쳤으면 현재 슬라이드에서 쇼 보기를 실행해 깜박이기 효과를 확인합니다.

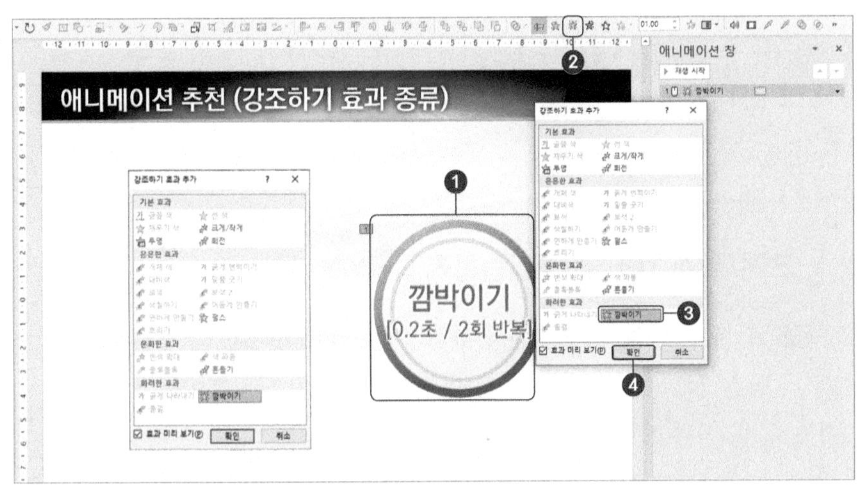

깜박이기 효과를 사용하면 재생 시간과 깜박이는 횟수를 설정할 수 있습니다.

2 속도가 느려 조금 지루하죠? 깜박이기 효과는 옵션에서 재생 시간과 깜박이는 횟수를 설정할 수 있는데 기본 옵션은 1초, 1회입니다. 옵션을 다시 설정해 보겠습니다. [애니메이션 창]에서 [깜박이기] 항목에 마우스 커서를 올려놓은 후 오른쪽 버튼을 클릭하고 [타이밍(T)]을 선택합니다.

[애니메이션 창]에서 [타이밍(T)]을 선택합니다.

❸ [깜박이기] 효과 옵션 창이 나타납니다. [재생 시간]에 '0.2', [반복]에 '2'를 각각 입력합니다. 재생 시간 0.2초의 속도로 총 2회 깜박이겠다는 의미입니다. [확인] 버튼을 클릭해 창을 닫습니다. 현재 슬라이드에서 쇼 보기를 실행해 효과를 확인해 봅니다.

▶ 앞으로 깜빡이기 효과를 적용할 때는 습관처럼 이렇게 설정해 보세요.

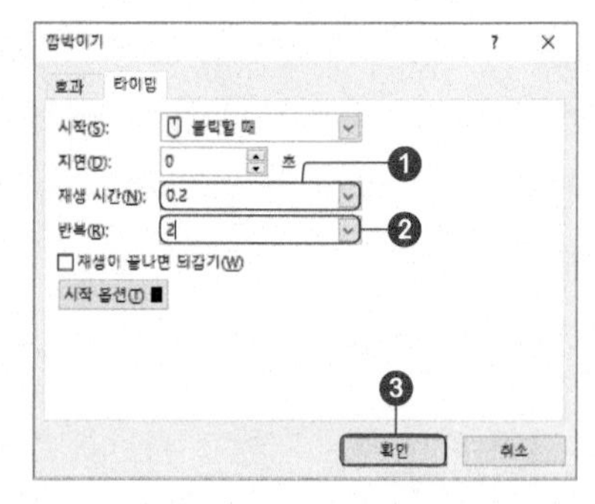

애니메이션 창에서 타이밍 옵션을 설정할 수 있습니다.

지금 해야 된다! } 크게/작게 강조 효과 실습하기

❶ 이번에 실습할 강조하기 효과는 [**크게/작게**]입니다. 이 효과를 사용하면 특정 개체의 크기를 확대하거나 축소할 수 있습니다. 17번 슬라이드를 열고 원 도형을 선택한 후 [강조하기(☆)]를 클릭합니다. 그리고 [기본 효과] 유형에서 [크게/작게]를 선택합니다.

▶ 앞서 나타내기 효과 안에 있던 [확대/축소]와는 다릅니다. 이 효과는 개체가 이미 나와 있는 상태에서 강조되는 것입니다.

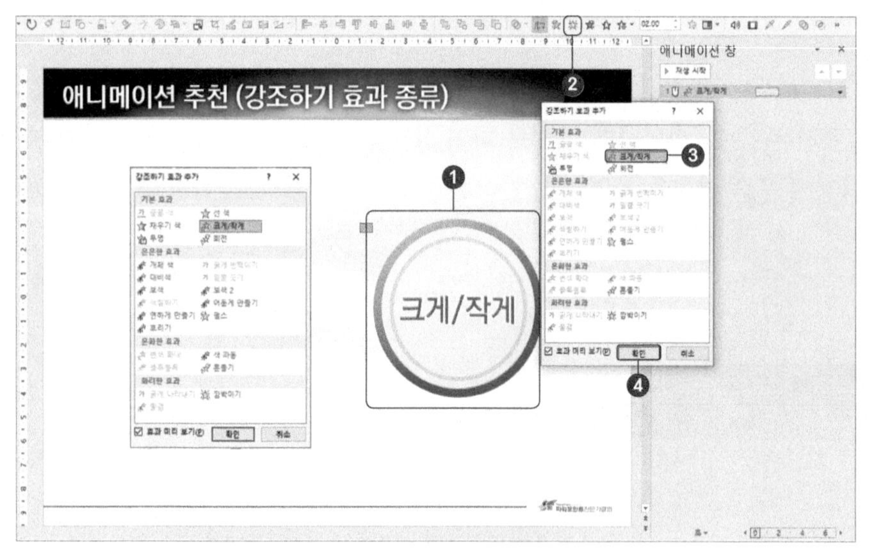

[크게/작게] 효과를 선택합니다.

❷ 현재 슬라이드에서 쇼 보기(Shift + F5)로 확인해 보니 1.5배 정도 천천히 커지네요. 옵션 설정을 바꿔 보겠습니다. 속도뿐 아니라 얼마나 커질지도 설정할 수 있습니다. [애니메이션 창]에서 [크게/작게] 항목에 마우스 커서를 올려놓은 후 오른쪽 버튼을 클릭하고 이번에는 [효과 옵션(E)]을 선택합니다.

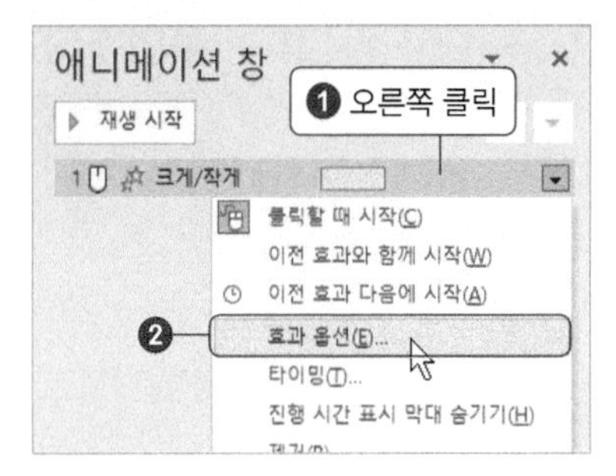

[애니메이션 창]에서 [효과 옵션]을 설정합니다.

❸ [크기]의 기본값은 150%로 설정돼 있습니다. 100%는 원본 크기입니다. 100%보다 작으면 개체가 축소되고 100%보다 크면 확대됩니다.
[크기] 메뉴의 입력란을 클릭하면 여러 옵션이 나타납니다. [크기 – 사용자 지정] 옵션 입력란에 '130'을 입력한 후 Enter 키를 누릅니다. 현재 크기보다 130% 확대하겠다는 의미입니다. [확인] 버튼을 눌러 창을 닫은 후 현재 슬라이드에서 쇼 보기를 실행해 확인합니다.

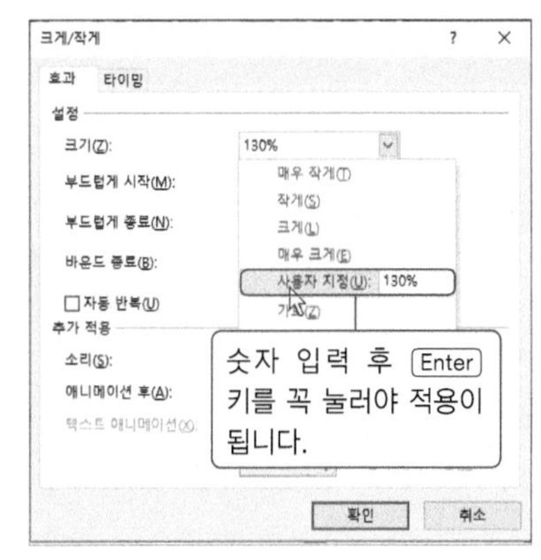

[크게/작게]의 효과 옵션을 설정합니다.

[전문가의 조언] 간단한 비율 변경은 리본 메뉴나 빠른 실행 도구 모음에서 바로 바꾸세요

앞서 실습에서는 [효과 옵션] 메뉴로 들어가 '사용자 지정' 옵션에서 직접 비율을 입력했지만, 간단한 비율은 리본 메뉴나 빠른 실행 도구 모음의 [효과 옵션] 아이콘을 눌러 빠르게 변경할 수 있습니다.

<table>
<tr><th rowspan="5">크기 비율 조정</th><td>매우 작게(T)</td><td>25% 작아짐</td><td rowspan="4">리본 메뉴나 빠른 실행 도구 모음에서 가능</td></tr>
<tr><td>작게(S)</td><td>50% 작아짐</td></tr>
<tr><td>크게(L)</td><td>150% 커짐</td></tr>
<tr><td>매우 크게(E)</td><td>400% 커짐</td></tr>
<tr><td>사용자 지정(U)</td><td>사용자 마음대로 비율 입력 가능</td><td>효과 옵션에서만 가능</td></tr>
<tr><th rowspan="3">방향 조정</th><td>가로(Z)</td><td>크기가 가로만 변함</td><td rowspan="3">리본 메뉴나 빠른 실행 도구 모음에서 가능</td></tr>
<tr><td>세로(V)</td><td>크기가 세로만 변함</td></tr>
<tr><td>모두(B)</td><td>전체 크기 변함</td></tr>
</table>

[크기] 메뉴 옵션

지금 해야 된다! } 투명 강조 효과 실습하기

이번에 실습할 강조하기 효과는 [**투명**]입니다. 말 그대로 적용한 개체를 '투명하게' 또는 '반투명하게' 만들 수 있습니다. 이 효과는 다른 강조하기 효과와는 달리 조금 독특합니다. 일반적으로는 강조하고 싶은 개체에 강조하기 효과를 적용하지만, 투명 효과는 자신을 강조하기 위해 다른 개체에 효과를 적용합니다.

1 18번 슬라이드를 클릭한 후 화면 아래에 있는 '투명 [75%]' 개체를 선택하고 [강조하기(☆)]를 누릅니다. 그런 다음, [기본 효과] 유형에서 [투명] 효과를 선택합니다.

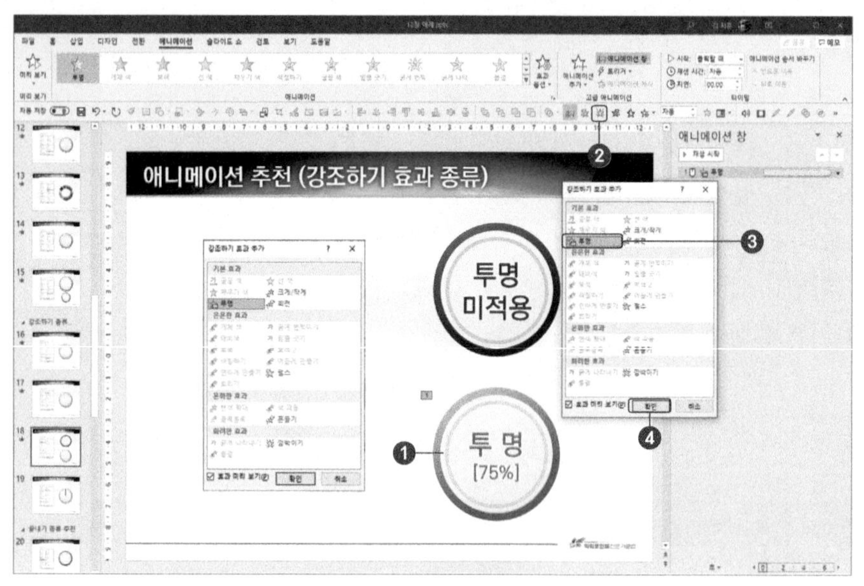

[투명] 효과를 적용합니다.

2 [투명] 효과의 기본값은 50%이지만, 옵션에서 투명도를 조절해 더 강조할 수도 있습니다. 빠른 실행 도구 모음에서 효과 옵션(☆) 버튼을 클릭한 후 [양(값)]을 [75%]로 선택합니다.

▶ 세밀한 수치 조정이 필요한 경우, [효과 옵션] 창을 열고 투명도를 원하는 만큼 조절할 수 있습니다.

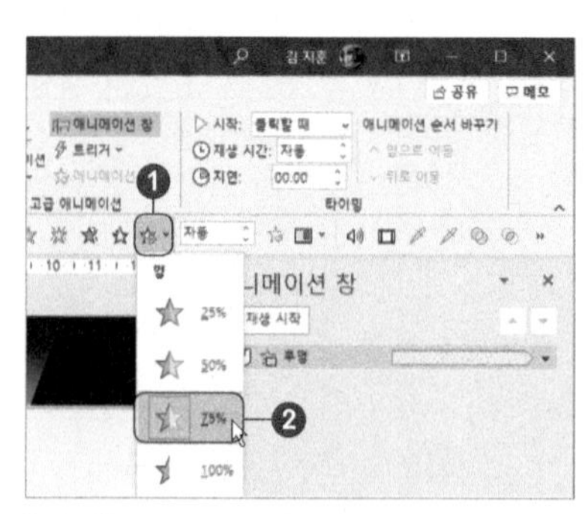

[양(값)]을 75%로 변경합니다.

❸ 현재 슬라이드에서 쇼 보기를 실행해 효과를 확인해 봅니다. 투명 효과가 적용되지 않은 개체가 상대적으로 더 뚜렷하게 보이지요? 이렇듯 투명 효과는 오히려 효과가 적용되지 않은 개체를 강조하는 방법입니다.

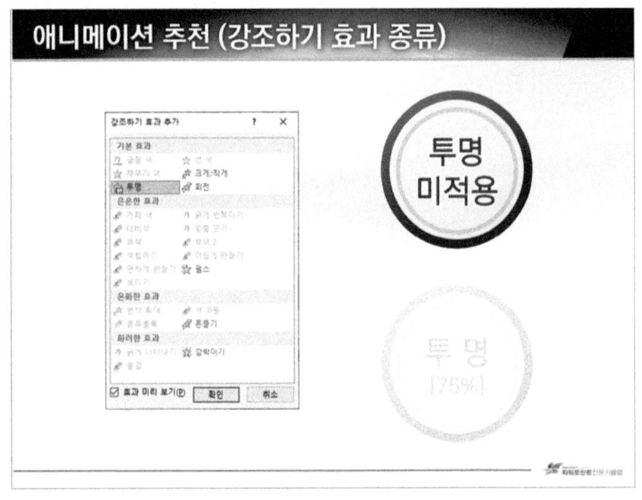

투명 효과는 오히려 투명 효과가 적용되지 않은 개체를 돋보이게 합니다.

지금 해야 된다! } 회전 강조 효과 실습하기

마지막으로 추천하는 강조 효과는 [**회전**]입니다. 회전 효과는 나침반의 바늘을 돌리거나 로봇의 관절 움직임, 밸브를 잠그는 액션 등을 표현할 때 요긴하게 쓰입니다.

❶ 19번 슬라이드를 클릭합니다. 먼저 바늘 형태의 화살표 도형을 선택한 후 빠른 실행 도구 모음에서 [강조하기(☆)]를 클릭합니다. 그리고 [기본 효과] 유형에서 [회전]을 선택합니다. 이어서 현재 슬라이드에서 쇼 보기를 실행합니다. [회전] 효과는 시계 방향, 360도 회전이 기본값이기 때문에 화살표 도형이 시계 방향으로 한바퀴 도는 것을 볼 수 있습니다.

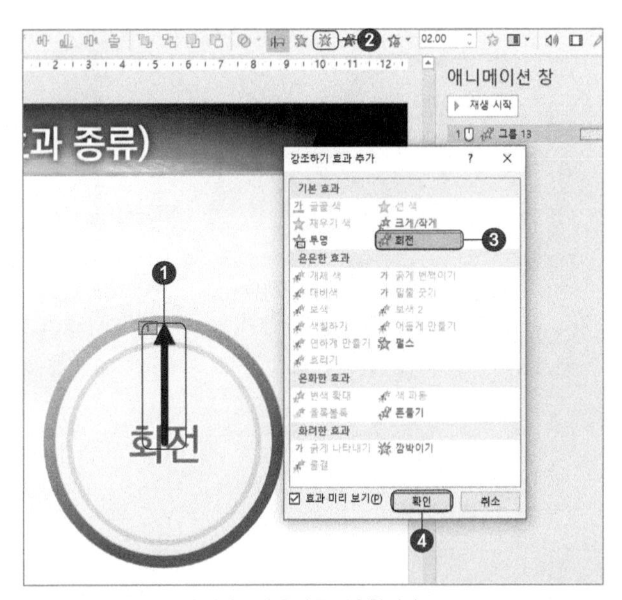

이번엔 원 도형이 아닌 화살표에 효과를 적용합니다.

❷ 이번에는 반시계 방향으로 90도만 돌려 보겠습니다. 회전 각도를 바꾸려면 [애니메이션 창]에서 해당 항목을 선택하고 [효과 옵션]을 누른 후 [양 – 90도 회전]으로 선택합니다. 회전 방향도 바꿔야 하므로 다시 [효과 옵션]을 누른 후 [방향 – 시계 반대 방향]을 선택합니다.

▶ 만약 90도의 배수가 아닌 특정 각도로 회전시켜야 한다면 [애니메이션 창]에 있는 애니메이션 항목을 더블클릭하고 새로 나타난 창의 [효과] 탭에서 원하는 각도를 직접 입력하면 됩니다.

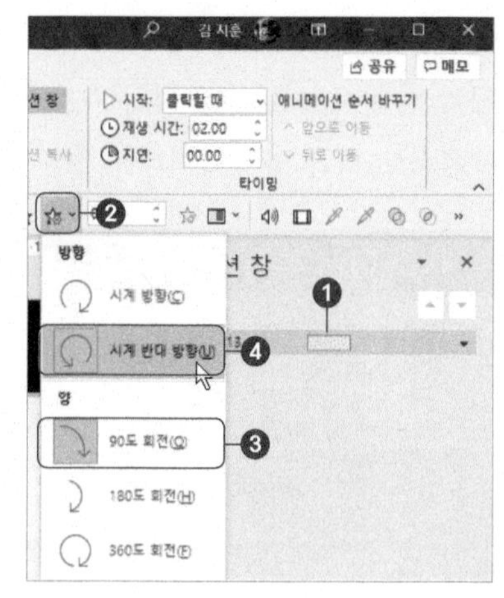

[효과 옵션]에서 회전 방향과 회전 각도를 설정할 수 있습니다.

[전문가의 조언] 회전 효과를 적용할 때는 개체의 중심을 생각하세요!

만약 앞의 예제에서 화살표를 직접 그려 회전 효과를 적용했다면 결과가 달랐을 것입니다. 회전 효과가 적용된 개체는 개체의 중심을 축으로 회전합니다. 그런데 화살표 모양의 나침반 바늘이나 시곗바늘이 회전하는 도형을 보면 화살표의 중심이 아니라 화살표의 한쪽 끝을 고정시킨 채 회전하는 것처럼 보입니다. 이것 역시 회전축은 개체의 중심입니다. 전문가의 기술로 화살표의 한쪽 끝이 마치 회전축인 것처럼 보이게 한 것입니다. 회전할 개체가 도형이라면 아래 방법을 사용해 개체의 중심을 바꿀 수 있습니다.

▶ 도형이 아니라 그림이라면 자르기 기능을 역으로 사용(361쪽)해 개체의 중심을 바꿀 수 있습니다.

① 화살표의 한쪽 끝을 원의 중심에 놓습니다.

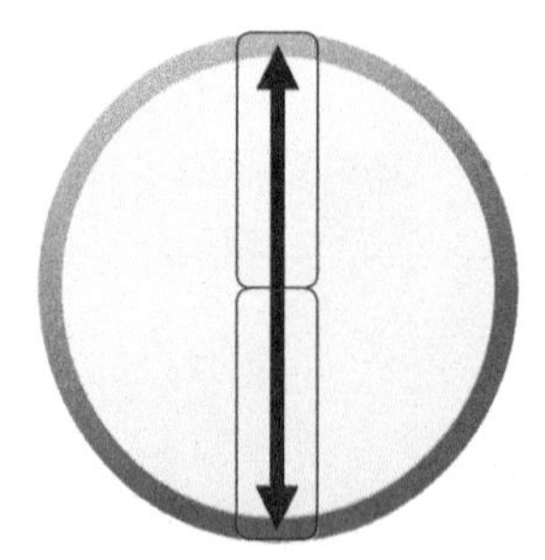

② 화살표를 원의 중심과 대칭되도록 복사합니다.

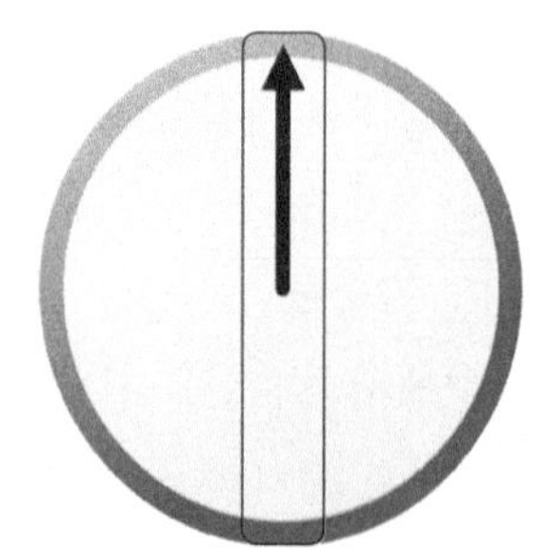

③ 아래쪽 화살표의 도형 윤곽선 색을 [윤곽선 없음]으로 바꾼 후 두 화살표를 그룹으로 묶습니다.

끝내기 - 추천 효과 아홉 가지

'끝내기' 효과의 종류를 살펴볼까요? 어디서 많이 본 효과들이죠? 네, 맞습니다. 끝내기 효과는 나타내기 효과와 대칭 관계이기 때문에 거의 비슷합니다. 나타난 효과 그대로 사라진다고 생각하면 됩니다. 그렇기 때문에 나타내기 효과 아홉 가지만 알고 있으면 끝내기 효과도 자연스럽게 이해할 수 있습니다.

	효과 이름	비고
1	밝기 변화	재생 시간을 0.3~0.5초 사이로 설정
2	닦아내기	-
3	확대/축소	밝기 변화+기본 확대/축소 효과 2007 버전에서는 '밝기 변하며 확대/축소'
4	기본 확대/축소	그냥 작아지면서 사라지는 효과 2007 버전에서는 '확대/축소'
5	내밀기	-
6	가라앉기 (서서히 아래로)	같은 효과인데 리본 메뉴와 명칭이 다름. 2010 버전에서는 '가라앉기(아래로 내리기)', 2007 버전에서는 '내려오기'
7	시계 방향 회전	-
8	사라지기	순간적인 효과를 줄 때 유용한 효과
9	붕괴	2010 버전에서는 신규 적용 불가 애니메이션을 복사해 사용

▶ 같은 상위 버전에서도 추가 나타내기 효과의 명칭(괄호 속 명칭)과 리본 메뉴의 명칭이 다른 것도 있습니다.

지금 해야 된다! } 여러 가지의 끝내기 효과 경험하기

사용 빈도는 비교적 낮지만, '끝내기' 효과 역시 이름만으로 그 효과를 상상할 수 있어야 실무에서 제대로 적용할 수 있습니다.

1 20번 슬라이드를 열고 '밝기변화'라고 적힌 개체를 선택합니다. 빠른 실행 도구 모음에서 [끝내기(★)]를 누르고 [**밝기 변화**]를 클릭하면 효과가 적용됩니다.

▶ 지금 실습할 끝내기 효과는 앞에서 나타내기 효과를 실습한 것과 거의 같은 과정입니다. 하나씩 차분하게 실습해 보세요.

2 같은 방법으로 21~28번 슬라이드까지 제시된 애니메이션을 각각 적용하고 효과의 옵션도 변경해 보세요. 그리고 Shift + F5 키를 눌러 효과를 직접 확인하면서 이름별로 어떤 효과인지 직접 느껴 보기 바랍니다. 그래야만 실무에서 제대로 쓸 수 있습니다.

[전문가의 조언] 올라오기, 가라앉기, 서서히 위로/아래로… 뭐가 다른 거지? 헷갈려!

끝내기 효과의 '서서히 아래로' 효과(12번 슬라이드)를 설정하다 보면 몇 가지 이상한 점을 발견할 수 있습니다.

이상한 점 1: '서서히 아래로' 효과를 적용했는데, 리본 메뉴에서는 '가라앉기'로 나타납니다.
이상한 점 2: 효과 옵션을 '서서히 위로'로 바꾸면 처음 '서서히 아래로' 효과와 똑같아집니다.

버전	리본 메뉴	애니메이션 버튼	옵션	비고
2007	(없음)	올라오기 내려오기	(없음)	별도의 다른 효과로 존재
2010	올라오기	위로 올리기 아래로 내리기	떠오르며 올라오기 떠오르며 내려가기	• 최초 통합됨. 옵션으로 서로 전환 가능 • 김지훈 MVP가 번역상 오류 지적
2013~2019, 오피스 365	올라오기	서서히 위로 서서히 아래로	서서히 위로 서서히 아래로	번역상의 오류가 인정돼 수정됨

버전	리본 메뉴	애니메이션 버튼	옵션	비고
2007	(없음)	올라오기 내려오기	(없음)	별도의 다른 효과로 존재
2010	가라앉기	위로 올리기 아래로 내리기	떠오르며 올라오기 떠오르며 내려가기	• 최초 통합됨. 옵션으로 서로 전환 가능 • 김지훈 MVP가 번역상 오류 지적
2013~2019, 오피스 365	가라앉기	서서히 위로 서서히 아래로	서서히 위로 서서히 아래로	번역상의 오류가 인정돼 수정됨

즉, 이 애니메이션 효과는 옵션과 이름만 다를 뿐, 같은 효과입니다.
사실 이 문제는 필자 때문에 발생한 것입니다. '마이크로소프트 파워포인트 MVP'인 필자가 마이크로소프트 측에 '떠오르며 올라오기'는 한국어에서 중복된 표현이고 '떠오르며 내려가기'는 말이 안 되는 표현이라고 건의했는데, 이 의견이 반영된 것입니다. 2013 버전 이후에는 수정됐지만, 그 이전 버전은 지원이 중단돼 수정이 반영되지 않았습니다.

▶ 이런 건의 역시 마이크로소프트 MVP 활동 중 하나입니다. 독자분들도 파워포인트를 사용하다가 개선하거나 건의할 내용이 있으면 필자에게 메일을 보내 주세요.

이동 경로 - 추천 효과 두 가지

'이동 경로' 효과의 종류는 무척 많지만, 우리가 사용할 효과는 많지 않습니다.

기본 경로		직선 및 곡선 경로		기타 경로	
4 꼭지점 별	5 꼭지점 별	S자 1	S자 2	8자	누운 8자
6 꼭지점 별	8 꼭지점 별	계단 내려가기	깔때기	둥근 X	둥근 별
다이아몬드형	물방울	물결	박동	둥근 사각형	땅콩
미식축구 공	사다리꼴	사인 곡선	스프링	뾰족한 별	쉬익
오각형	원형	아래로	아래로 틀기	십자형	여러 번 반복
육각형	정사각형	아래쪽 호	오른쪽 아래로	연속 8자	오목 사각형
정삼각형	직각 삼각형	오른쪽 아래로 틀기	오른쪽 위로	오목 삼각형	중성자
초승달	팔각형	오른쪽 위로 틀기	오른쪽 호	콩	
평행 사변형	하트	오른쪽으로	오른쪽으로 감기		
		오른쪽으로 바운드	오른쪽으로 휘기		
		왼쪽 호	왼쪽으로		
		왼쪽으로 감기	왼쪽으로 바운드		
		왼쪽으로 휘기	위로		
		위로 틀기	위쪽 호		
		작아지는 물결	지그재그		

이동 경로 효과는 특별히 개체를 움직여 어떤 결과를 만드는 경우에만 사용하기 때문에 사용 빈도도 적을 뿐더러 딱 두 가지 효과만 쓸 줄 알면 충분합니다. '상하좌우로만 움직여도 경로가 최소 네 가지인데?'라고 생각하실 수 있습니다. 그렇지만 2개만 알면 됩니다. 아래 효과만 기억하세요.

1. 기본 단방향 이동(도착점을 변경해 사용)
2. 활용 곡방향 이동(점 편집 기술 활용)

사실 이는 이동 경로 효과에서 찾을 수 있는 효과가 아닙니다. 조금 의아하겠지만, 필자의 말이 무슨 의미인지 직접 실습을 통해 확인해 보겠습니다.

지금 해야 된다! } 기본 단방향 이동 실습하기

1 29번 슬라이드로 이동합니다. 여기서는 개체를 단방향 왼쪽으로 이동시켜 보겠습니다. [애니메이션 창]을 띄워 놓은 상태에서 원 도형을 선택하고 빠른 실행 도구 모음에서 [이동 경로( )]를 클릭합니다. 그러면 [이동 경로 추가] 창이 나타나는데, [직선 및 곡선 경로] 유형에서 [왼쪽으로]를 선택하고 [확인] 버튼을 눌러 창을 닫습니다.

▶ 2013 버전부터 이동 경로 효과를 설정하면 이동 후의 모습을 반투명으로 보여 주는데, 이를 고스트(Ghost)라 부릅니다. 이 고스트는 애니메이션 창에서 해당 항목을 선택해야만 볼 수 있습니다. 선택을 해제하거나 애니메이션 창을 닫으면 다시 숨겨집니다.

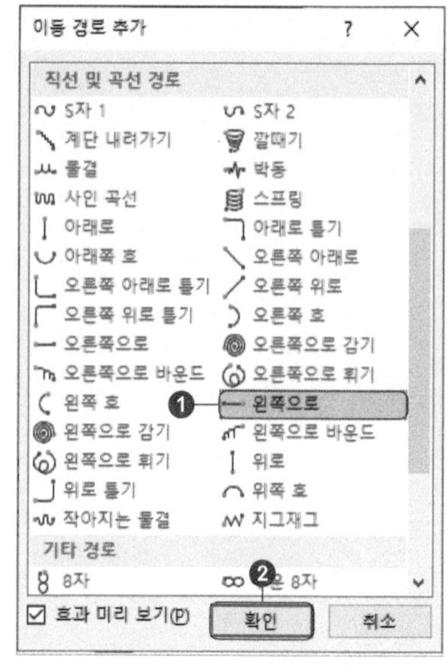

이동 경로 애니메이션 중 직선으로만 이동하는 단방향 효과를 연습해 보세요.

2 [애니메이션 창]이 활성화된 상태라면 화면에 이동 경로 선이 나타납니다. 녹색 지점은 출발점, 빨간색 지점은 도착점을 의미합니다. 즉, 개체가 녹색 지점에서 출발해 일직선으로 이동한 후 빨간색 지점에 도착한다는 뜻입니다. Shift + F5 키를 눌러 애니메이션을 실행해 보면 이동 경로 선을 따라 움직이는 것을 볼 수 있습니다.

▶ 애니메이션 창을 닫으면 이동 경로 선은 숨겨집니다.

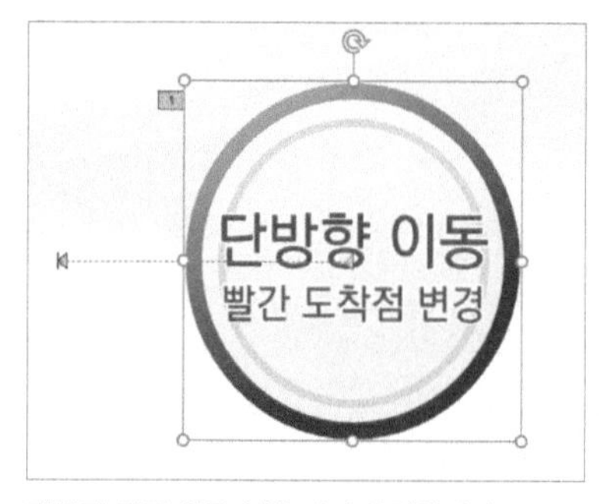

개체가 이동 경로 선을 따라 움직입니다.

3 이번에는 개체를 아래로 움직여 보겠습니다. 하지만 이동 경로 효과를 바꾸거나 다시 설정할 필요가 없습니다. 빨간색으로 표시된 도착점만 마우스로 옮겨 주면 됩니다. 이동 경로 선을 한 번만 클릭합니다. 그러면 오른쪽 그림처럼 녹색 지점과 빨간색 지점의 표식이 삼각형에서 원으로 바뀝니다.

이동 경로 선의 위치와 길이도 편집할 수 있습니다.

4 이제 빨간색 도착점을 드래그해 개체의 아래쪽으로 옮기기만 하면 끝입니다. 다시 Shift + F5 키를 눌러 이동 경로를 확인해 보세요.

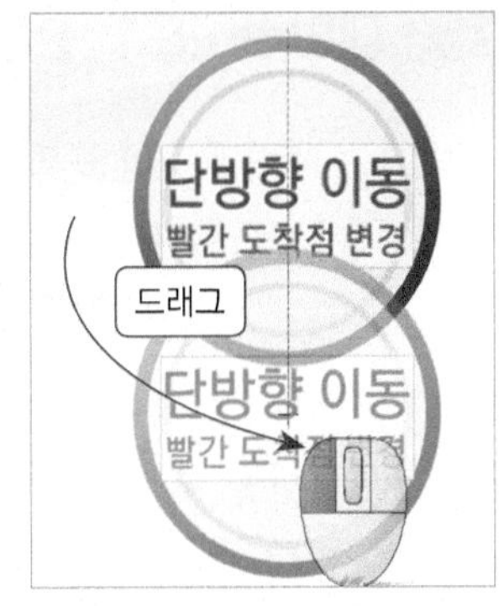

이동 경로의 방향과 길이를 자유롭게 바꿔 보세요.

드디어 필자가 이동 경로 효과 목록에도 없는 효과를 추천한 이유가 밝혀졌습니다. 단방향 직선 효과를 먼저 적용한 후 빨간색 도착점만 변경하면 상하좌우 어떤 방향이든 개체를 원하는 지점으로 마음껏 이동시킬 수 있습니다.

[전문가의 조언] 2010 버전에서 개체를 내가 원하는 위치로 정확하게 이동시키는 방법은 없나요?

2013 버전부터는 이동 후의 모습을 반투명으로 보여 주는 고스트가 나타납니다. 별것 아닌 것 같지만 이동한 개체가 다른 개체를 가리지 않는지, 원하는 곳으로 정확하게 이동하는지를 확인할 수 있기 때문에 매우 편리합니다.
그런데 2010 이하 버전에서는 고스트를 제공하지 않습니다. 미리보기 없이 내가 원하는 도착점을 정확하게 지정하는 건 여간 어려운 게 아닙니다. 그렇다면 여러 차례 시행착오를 겪으며 도착점을 찾아야 할까요? 그렇지 않습니다. '개체를 임시 복사해 도착점을 찾는 방법'을 사용하면 손쉽게 해결됩니다.

① 원본 개체에 단방향 이동 경로 효과를 적용한 후 개체를 하나 더 복사합니다.
② 복사한 개체는 원본 개체를 이동시킬 위치로 미리 옮겨 놓습니다.
③ 그러고 나면 복사한 개체의 출발점이 곧 원본 개체를 옮기고 싶은 도착점이 됩니다.
④ 이제 원본 개체의 빨간색 도착점을 선택해 복사한 개체의 녹색 출발점으로 옮깁니다.
⑤ 작업이 끝나면 임시로 복사한 개체를 Delete 키를 눌러 삭제합니다.

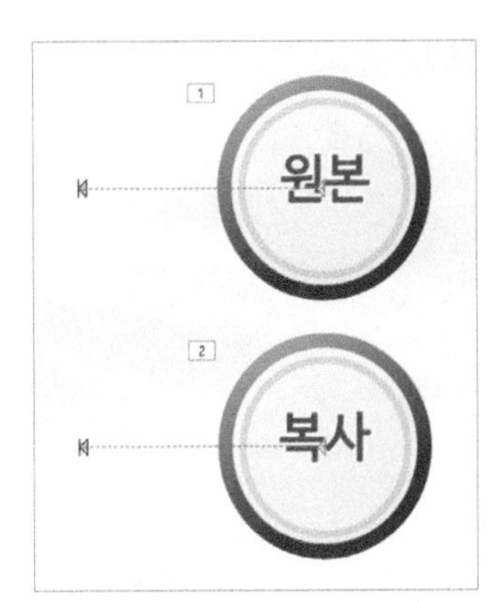

원본 개체를 이동시킬 위치로 복사 개체를 옮겨 놓습니다.

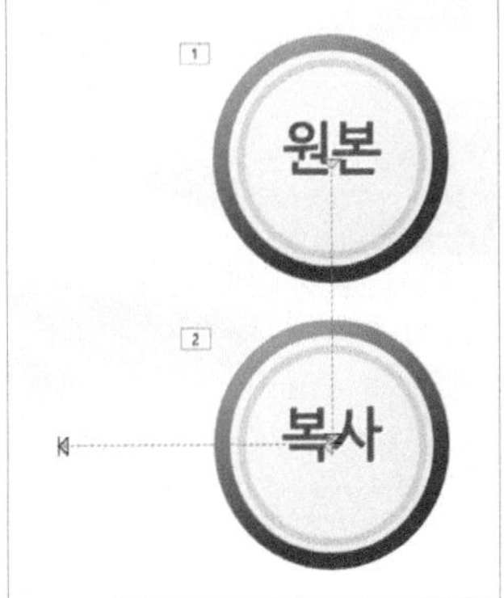

원본 개체의 도착점을 복사 개체의 출발점에 맞춥니다.

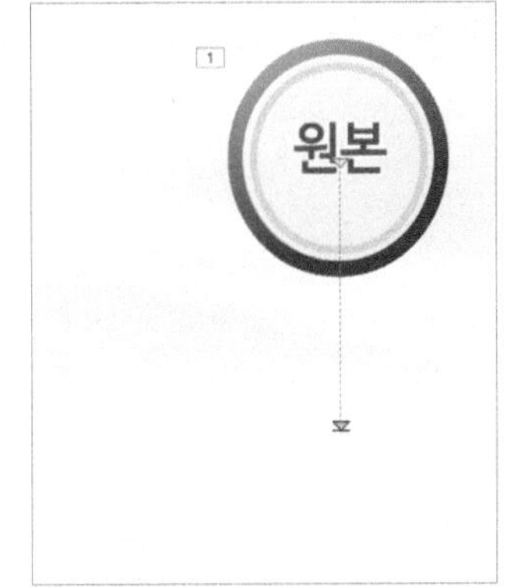

마지막으로 복사 개체만 삭제하면 됩니다.

지금 해야 된다! } 활용 곡방향 이동 실습하기

이번에는 애니메이션 효과 중 내가 원하는 경로를 따라 자유롭게 이동하는 효과를 연출해 보겠습니다. 기본으로 제공되는 깔때기, 스프링, 초승달 등의 이동 경로 효과들은 실무에서 거의 쓸 일이 없지만, 개체가 특정 경로를 따라 움직여야 하는 경우는 종종 있습니다.

1 흰색 점선을 따라 움직이는 애니메이션을 만들어 보겠습니다. 30번 슬라이드에서 '곡방향 이동'이라고 적힌 원 도형을 선택하고 [애니메이션 창]의 [이동 경로] 아이콘을 클릭합니다.
그러면 [이동 경로 추가] 창이 나타나는데, [직선 및 곡선 경로] 유형 중 흰색 점선과 형태가 가장 비슷한 [아래로 틀기]를 선택하고 [확인] 버튼을 눌러 창을 닫습니다.

▶ 이번 실습의 핵심은 나타내고자 하는 이동 경로와 가장 비슷한 효과를 찾아 적용하는 것입니다.

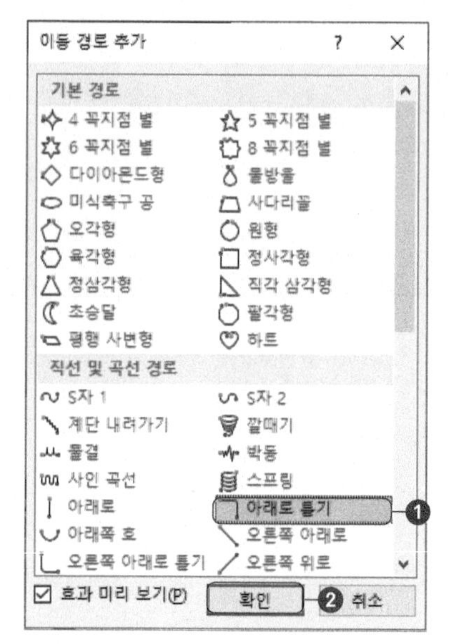

어떤 경로가 가장 비슷할까요?

2 일단 효과는 적용됐지만 개체가 흰색 점선의 중간까지밖에 이동하지 않습니다. 지금부터 경로를 수정해 보겠습니다. 이동 경로 선을 마우스 오른쪽 버튼으로 클릭한 후 [점 편집] 메뉴를 선택합니다.

▶ [점 편집]은 05-8절에서 배운 것과 같은 기능입니다.

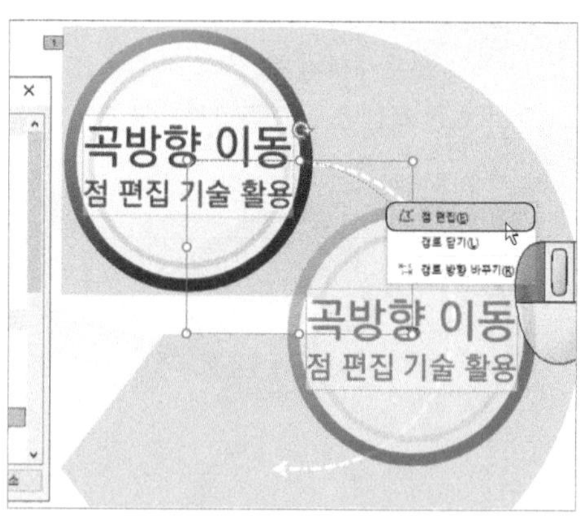

마우스 커서 모양이 ✣으로 바뀌면 마우스 오른쪽 버튼을 클릭하세요.

3 이제 점 편집으로 곡방향 이동 경로를 세밀하게 수정해 보겠습니다. 아래 그림을 보면서 하나씩 따라 해 보세요.

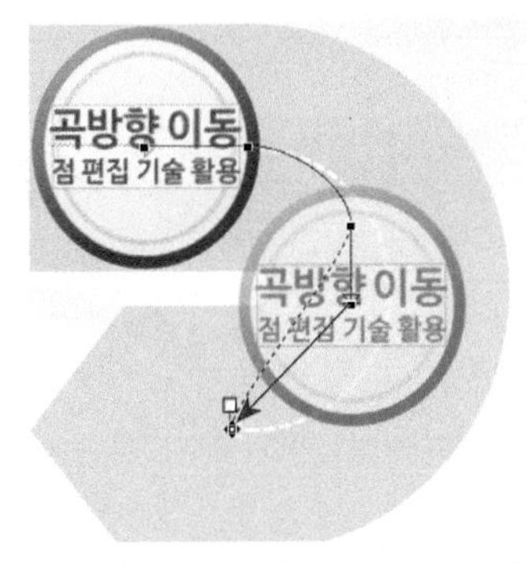

① 첫 번째 점을 드래그해 흰색 점선의 끝부분(목표 도착점)으로 옮깁니다.

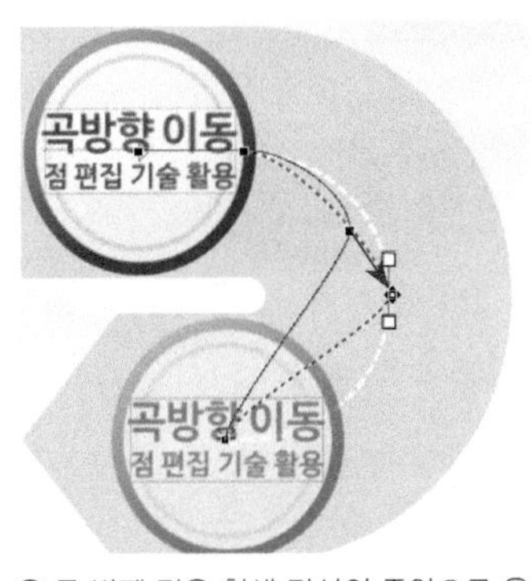

② 두 번째 점은 흰색 점선의 중앙으로 옮깁니다.

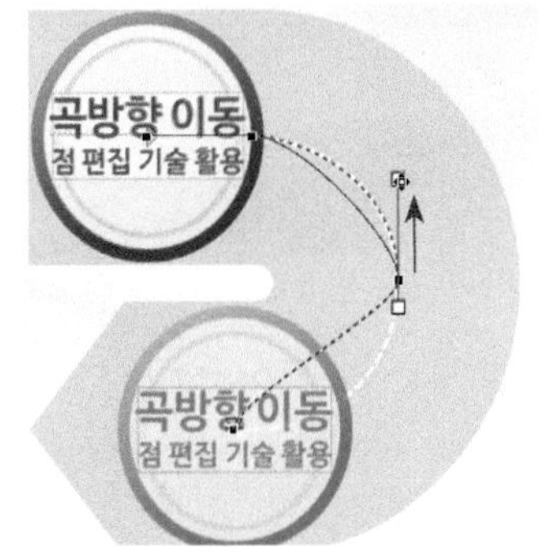

③ 두 번째 점의 위쪽 앵커포인트를 수직으로 드래그해 검은색 점선을 흰색 점선 위에 포갭니다.

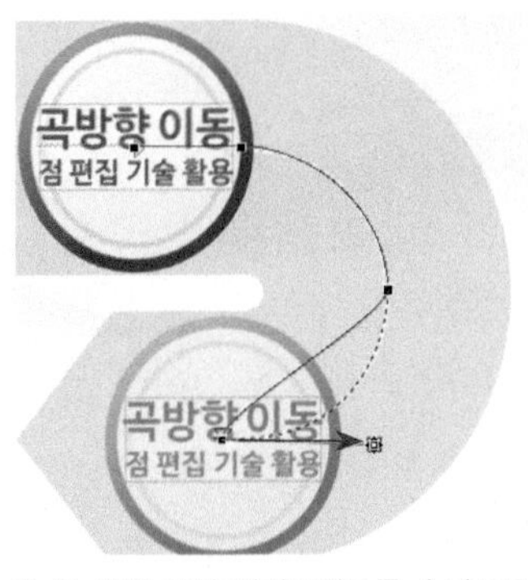

④ 첫 번째 점의 앵커포인트를 수평으로 드래그해 검은색 점선을 흰색 점선 위에 포갭니다.

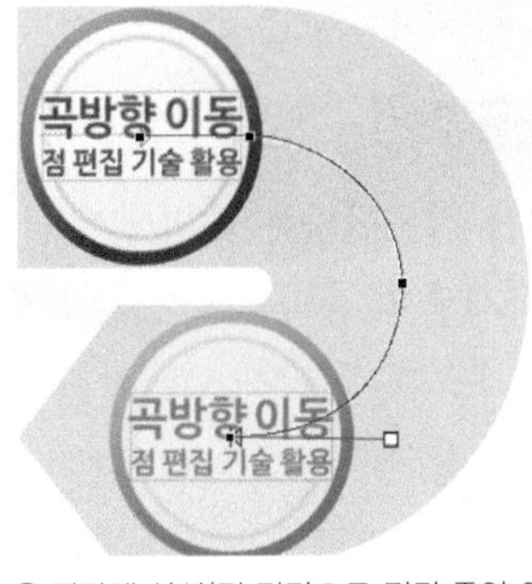

⑤ 빨간색 실선(점 편집으로 편집 중인 이동 경로)이 흰색 점선과 정확히 포개졌는지 확인합니다.

⑥ 빨간색 실선 바깥을 한 번 클릭하면 그림처럼 완성된 곡방향 이동 경로를 확인할 수 있습니다.

4 점 편집이 완료되면 Shift + F5 키를 눌러 슬라이드 쇼를 실행해 보세요. 개체가 편집한 경로를 따라 움직이는 것을 볼 수 있습니다.

이동 경로는 개체의 중심이 이동하는 것입니다. 즉, 이동 경로 효과를 적용할 때는 개체의 중심이 이동하는 모습을 머릿속에 그릴 수 있어야 합니다. 이 점을 꼭 기억하세요!

12-5 전문가의 애니메이션이 남다른 네 가지 비밀

여기까지 잘 따라오셨다면 애니메이션 효과가 무엇이고 어떻게 사용하는지 충분히 이해하셨을 겁니다. 지금까지 우리는 애니메이션을 어떻게 잘못 사용하고 있었는지 점검했고 애니메이션 효과를 적용하는 원리(흐름)를 배웠습니다. 그리고 자주 사용하는 애니메이션 효과까지 실습해 봤습니다.
이 절에서는 전문가의 실전 노하우를 따라 배우면서 실력을 한 단계 더 끌어올려 보겠습니다. 전문가들은 애니메이션을 어떻게 쓰고 있는지 확인해 볼까요?

전문가의 남다른 애니메이션 활용 방법

애니메이션 작업은 움직이는 효과를 적용한다는 개념에서 끝나지 않습니다. 개체 하나하나를 만지면서 적절한 효과를 선택하고 재생 시간과 타이밍을 맞추는 기술적인 부분은 물론, 발표 흐름을 고려해 내용을 어떻게 전달하고 핵심을 강조할 것인지 속속들이 이해하고 있어야 하는 작업이기에 높은 수준의 전문성을 요구합니다. 상당한 시간과 노력이 필요한 일이지요.
하지만 전문가의 세련된 애니메이션을 면밀히 분석해 보면 네 가지 비밀과 맞닿아 있다는 것을 알 수 있습니다. 이 네 가지 비밀만 기억하면 우리도 전문가 못지않은 애니메이션 효과를 선보일 수 있습니다.

- 비밀 1 철저한 기획하에 적용한다!
- 비밀 2 옵션을 적극적으로 변경한다!
- 비밀 3 여러 애니메이션을 조합한다!
- 비밀 4 타임라인을 마우스로 제어한다!

31번 슬라이드로 이동하면 '브랜드 인지도 전략 방향'이라는 제목의 화면이 보입니다. 곰곰이 생각해 보세요. 어떤 애니메이션을 어떻게 적용하는 것이 좋을까요?

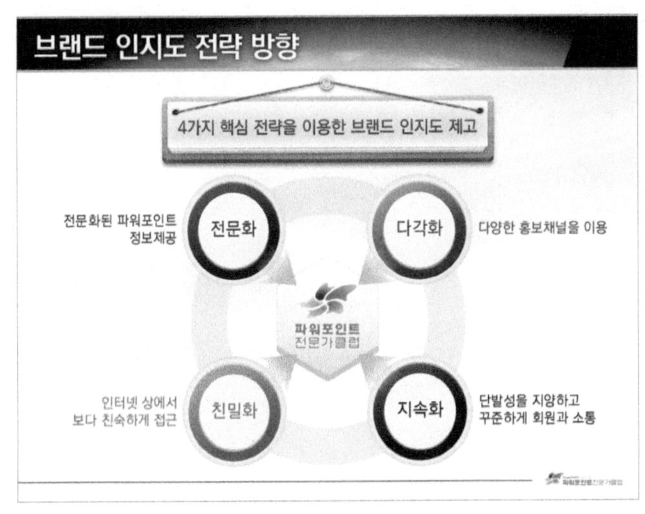

브랜드 인지도 전략 방향 슬라이드입니다. 애니메이션 효과를 어떻게 적용하는 것이 좋을까요?

첫 번째 비밀, 철저한 기획하에 적용한다!

전문가의 첫 번째 비밀은 철저하게 기획한다는 것입니다. 즉, 효과와 움직임에 정신 팔지 않고 더욱 효과적으로 전달하기 위해 애니메이션 효과와 순서를 정하는 것이 중요합니다. 그렇다고 해서 거창하고 복잡한 기획법이 필요한 것은 아닙니다. 앞에서 언급한 대로 개연성 있는 애니메이션을 구성하면 됩니다. 과하지 않게 말이죠.

"이 슬라이드의 핵심은 무엇인가?"
"무엇을 말하고 있는가?"

애니메이션 효과를 적용하기 전에 다시 한번 생각해 봐야 할 질문입니다. 그래야만 발표를 자연스럽고 개연성 있게 할 수 있습니다.

지금 해야 된다! } 애니메이션 효과 기획하고 적용하기

1 먼저 31번 슬라이드의 화면 구성을 찬찬히 살펴보겠습니다. 상단에 게시판 그림이 있고 그 안에 '4가지 핵심 전략을 이용한 브랜드 인지도 제고'라는 문구가 있습니다. 하단에는 인지도 제고를 위한 네 가지 방법이 로고를 둘러싼 형태로 배치돼 있네요.

2 이 슬라이드의 핵심 메시지를 문장으로 표현하면 아래와 같을 것입니다.

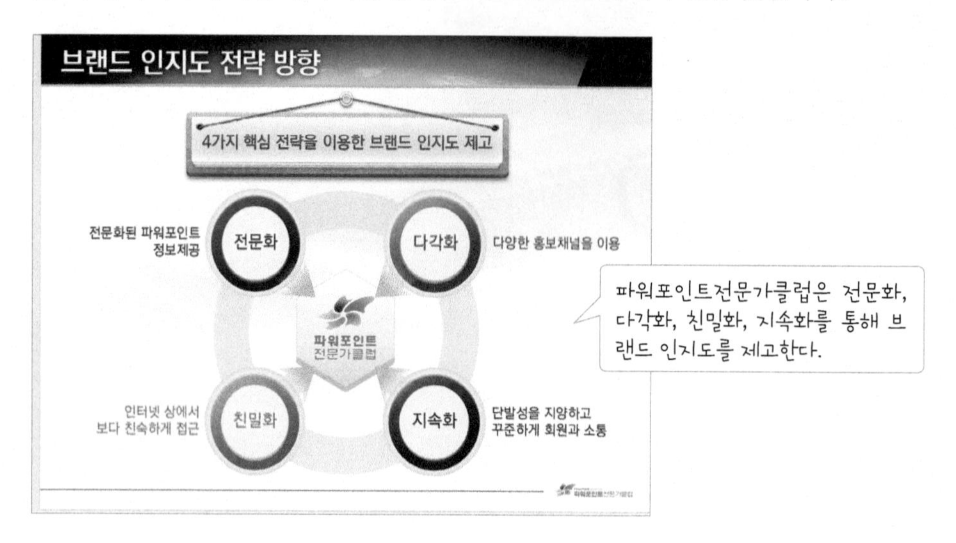

이제 핵심 문장이 돋보일 수 있는 애니메이션을 기획해야 합니다. 어떤 개체를 어떤 효과와 순서로 나타낼지 정하는 겁니다. 애니메이션 효과는 프레젠테이션의 주제나 특성에 맞는 효과를 선택하면 됩니다. 또는 앞에서 배운 자주 쓰는 애니메이션 효과를 참고해 보세요.
고민이 되는 부분은 애니메이션 효과의 순서입니다. 이럴 때 써먹을 수 있는 간단한 방법이 있습니다. 핵심 문구를 순서대로 나열한 후 이 순서에 맞게 애니메이션을 적용하는 겁니다.

순서	개체	효과
1	파워포인트전문가클럽	주체를 나타내는 만큼 강하게 등장
2	회색 도넛	도형의 모양에 맞게 시계 방향으로 회전하며 등장, 보조적인 개체라 시간을 너무 끌거나 눈에 띄지 않게 주의
3	원 도형 4개(다각화, 지속화, 친밀화, 전문화)	동시에 등장하면 어딜 먼저 봐야 할지 혼란스러울 수 있기 때문에 하나씩 등장, 회색 도넛 도형과 겹쳐 있으니 회색 도넛이 등장하는 방향에 맞춰 차례대로 등장
4	화살표 4개	화살표는 그 자체로 시선이 가지만 4개의 화살표가 하나의 로고를 가리키고 있는 만큼 깜박이기 효과처럼 특별한 효과를 적용해 강조
5	상단 문구	게시판을 살짝 흔들어 주면서 문구를 자연스럽게 강조

❸ 기획한 순서대로 각 개체에 효과를 적용해 보겠습니다. 먼저 ❶번입니다. 로고를 선택한 후 [애니메이션 창]을 열고 [나타내기(★)] 아이콘을 클릭합니다. [나타내기 효과 추가] 창이 나타나면 [기본 확대/축소] 효과를 선택합니다.

▶ 2007 버전에서는 [애니메이션] 탭의 [사용자 지정 애니메이션]을 눌러 창을 열고 [효과 적용 - 나타내기 - 기타 효과]를 누르면 창이 뜨는데, 명칭이 그냥 [확대/축소] 효과입니다.

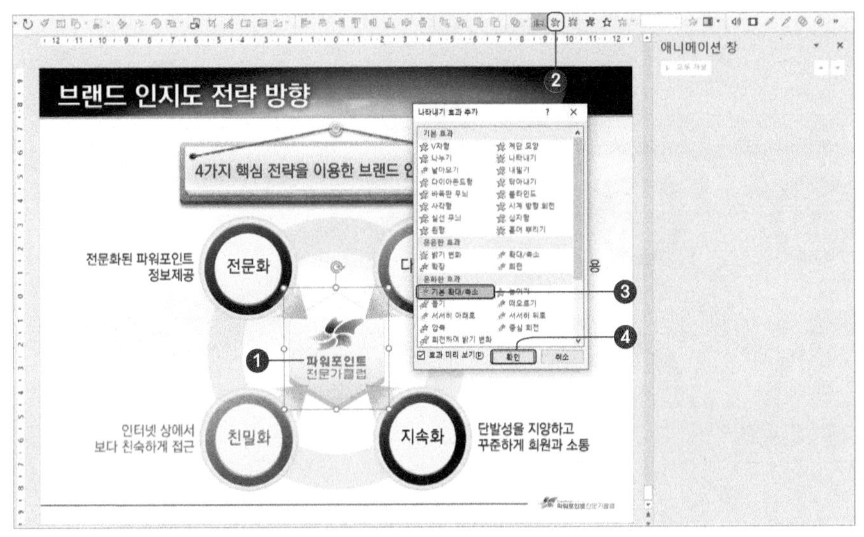

로고를 선택해 [기본 확대/축소] 효과를 적용합니다.

❹ 다음으로 ❷번입니다. 회색 도넛이 시계 방향으로 회전하면서 등장하는 내용이었죠? 회색 도넛을 선택한 후 [나타내기(★)]를 클릭하고 [시계 방향 회전] 효과를 선택합니다.

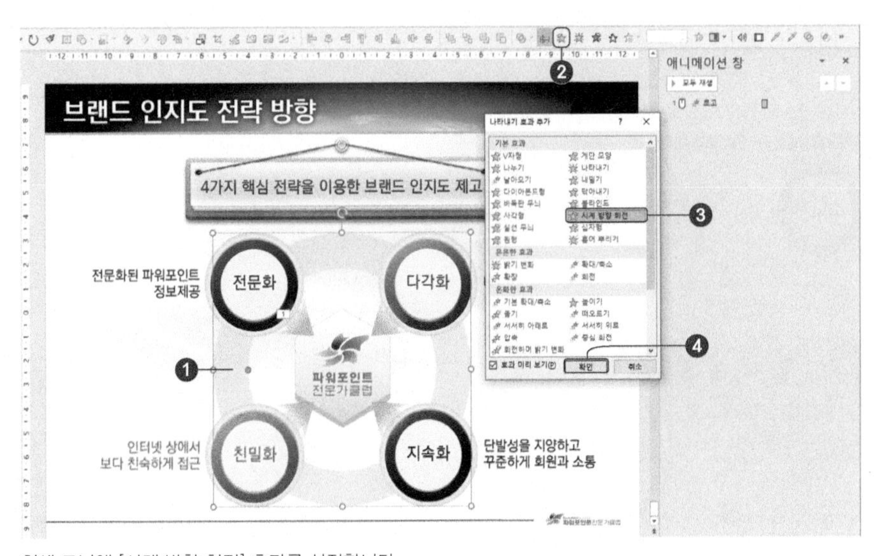

회색 도넛에 [시계 방향 회전] 효과를 설정합니다.

5 이어서 ❸번입니다. Shift 키를 누른 채 '다각화', '지속화', '친밀화', '전문화'라고 적혀 있는 원 도형을 순서대로 모두 선택합니다. [나타내기(★)] 아이콘을 클릭하고 [확대/축소] 효과를 선택합니다.

▶ 2007 버전에서는 [밝기 변하며 확대/축소]라고 돼 있으며, 기능은 같습니다.

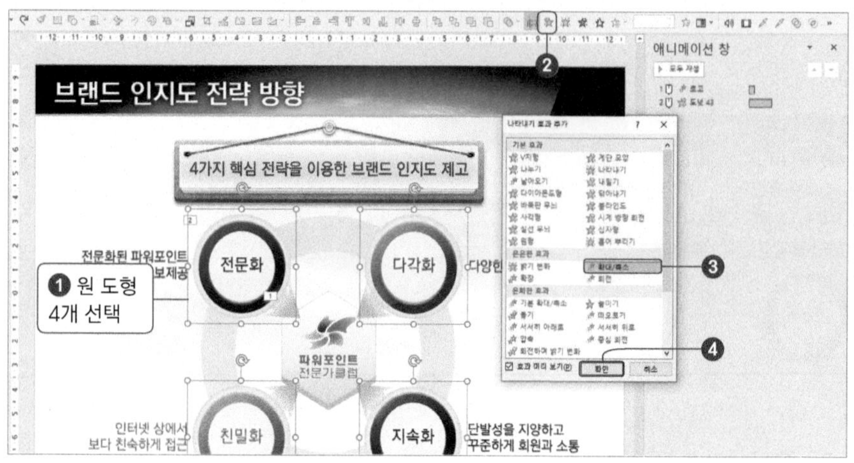

원 도형 4개에 [확대/축소] 효과를 설정합니다.

6 ❹번은 화살표 4개입니다. Shift 키를 누른 채 다각화 쪽의 화살표부터 시계 방향으로 4개를 복수 선택하고 [나타내기(★)]에서 [계단 모양] 효과를 적용합니다.

▶ 이렇게 설정하면 애니메이션이 동시에 설정되지만, 순서는 클릭한 순서대로 설정됩니다.

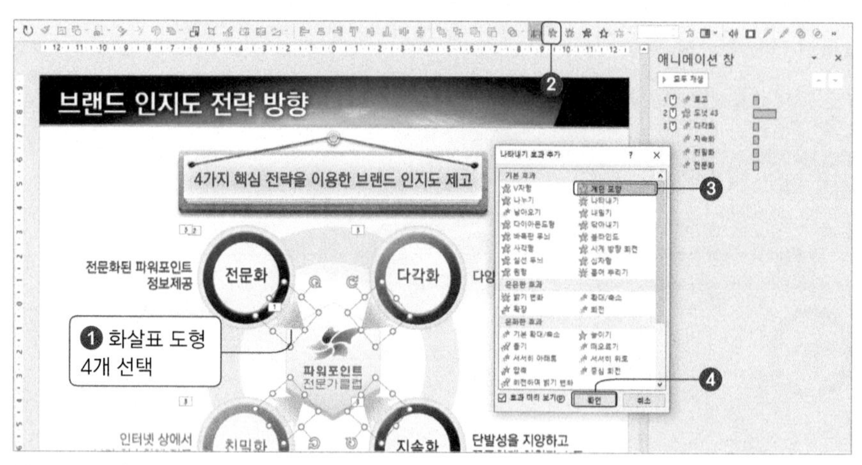

화살표 4개에 [계단 모양] 효과를 설정합니다.

7 ❶~❹번 과정이 끝났습니다. 상단부에 대한 애니메이션 기획인 ❺번은 잠시 미뤄 두겠습니다. 먼저 슬라이드 쇼 보기를 실행해 ❶~❹번까지 적용된 애니메이션 효과를 확인해 봅니다.

▶ ❺번과 화살표는 두 가지 효과를 적용해 보다 세련된 움직임을 보여 주겠습니다.

두 번째 비밀, 옵션을 적극적으로 변경한다!

전문가의 두 번째 비밀은 옵션을 적극적으로 변경한다는 것입니다. 애니메이션을 그냥 적용만 하고 끝내는 보통의 사용자들과 달리, 전문가들은 각 애니메이션이 갖고 있는 옵션을 세세하게 설정합니다. 그래야만 각 효과가 갖고 있는 특징을 제대로 표현할 수 있습니다.

지금 해야 된다! } 애니메이션 효과의 옵션 설정하기

1 다시 ❶번부터 순서대로 애니메이션 효과 옵션을 설정해 보겠습니다. 화면 가운데 있는 로고를 선택하고 빠른 실행 도구 모음에서 [효과 옵션] 아이콘을 선택합니다. 이 효과는 옵션이 매우 다양합니다. 하나씩 눌러 보면서 각 옵션의 차이를 눈으로 확인해 봅니다. 이번 예제에서는 [아래 화면 밖으로]를 사용하겠습니다. 이렇게 설정하면 화면 밖에서 튀어나와 슬라이드 안에 착 붙는 느낌을 줄 수 있습니다.

▶ 2007 버전에서는 화면 오른쪽 애니메이션 창에 텍스트 형태의 옵션이 있습니다.

▶ 2010~2016 버전에서는 [아래 화면 밖에]로 돼 있으며, 기능은 같습니다.

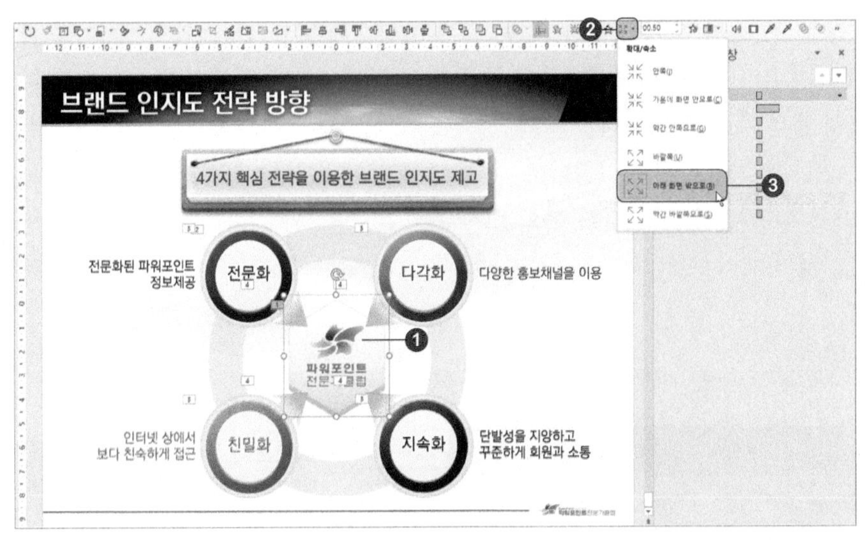

애니메이션을 모두 적용했으면 이제 각 애니메이션의 옵션을 설정하겠습니다.

2 이제 회색 도넛의 효과 옵션을 바꿀 차례인데, 지금은 [시계 방향 회전] 효과가 적용된 상태이고 우리는 시계 방향으로 돌아가면서 4개를 하나씩 나타낼 것이기 때문에 결론적으로는 옵션을 바꿀 것이 없습니다.

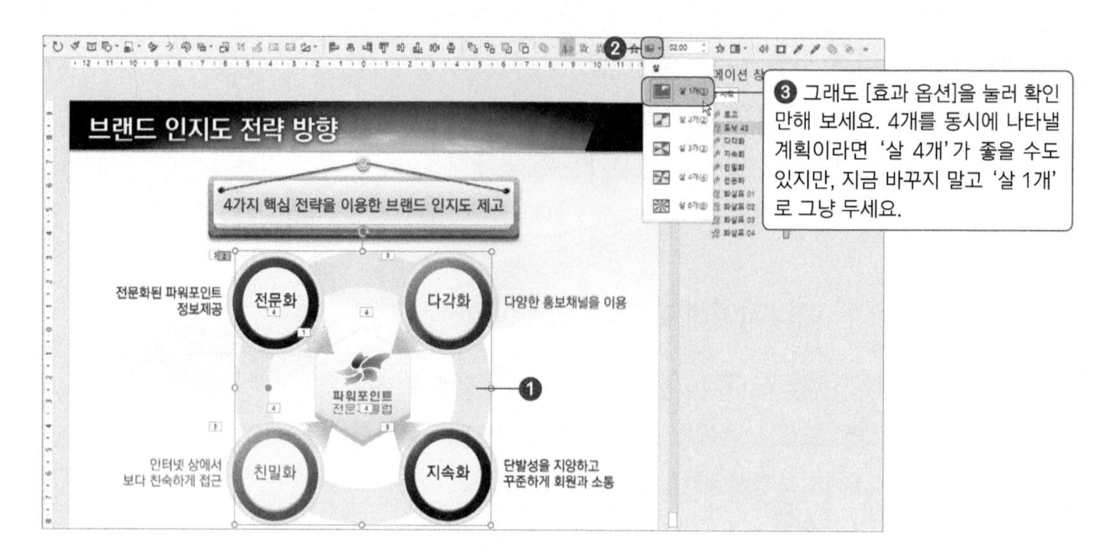

회색 도넛의 효과 옵션은 [살 1개]로 설정합니다.

❸ 회색 도넛 위에 놓인 원 도형 4개는 [확대/축소] 효과가 설정돼 있습니다. [확대/축소] 효과의 옵션은 '개체 센터', '슬라이드 센터'입니다. 지금은 회색 도넛이 돌아가면서 하나씩 나타나게 할 것이므로 '개체 센터'로 그냥 둡니다.

화살표에는 [계단 모양] 효과가 설정돼 있습니다. 이 효과는 닦아내기와 비슷하지만, 옵션을 보면 대각선으로 나타낼 수 있습니다. 다각화 쪽의 화살표는 옵션을 '왼쪽 아래로', 지속화 쪽의 화살표는 '왼쪽 위로'로 바꿔가면서 나머지 화살표가 안쪽으로 나타나도록 옵션을 화살표 방향 그대로 변경합니다.

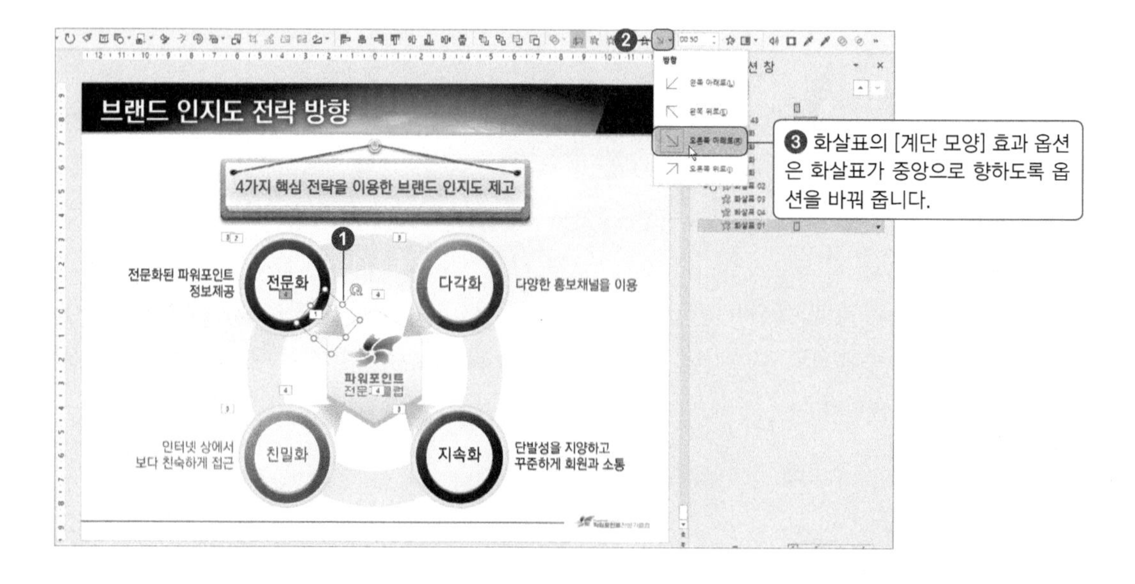

세 번째 비밀, 여러 애니메이션을 조합한다!

지금까지는 개체 하나에 애니메이션 효과를 하나만 사용했지만, 애니메이션은 중복해 사용할 수 있습니다. 예를 들어 '회전' 효과와 '밝기 변화' 효과를 함께 사용하면 개체가 회전하는 동시에 점점 밝아지는 효과를 표현할 수 있습니다. 이렇듯 여러 효과를 조합해 사용하면 좀 더 섬세하고 다채로운 애니메이션을 만들 수 있습니다.

앞서 화살표 개체에 [계단 모양] 효과를 적용했습니다. 여기에 깜박이기 효과를 추가하겠습니다. 이렇게 하면 '다각화, 지속화, 친밀화, 전문화'라고 적힌 개체들이 가운데에 위치한 로고에 영향을 미치고 있다는 느낌을 더욱 강조할 수 있습니다.

지금 해야 된다! } 여러 애니메이션 조합하기

1 다시 한번 Shift 키를 누른 채 다각화 쪽의 화살표부터 시계 방향으로 4개를 복수 선택합니다. 그리고 빠른 실행 도구 모음에서 [강조하기(★)]를 클릭하고 [깜박이기] 효과를 적용합니다. 이렇게 하면 화살표 하나에 2개의 애니메이션이 설정됩니다.

▶ 리본 메뉴에서 효과를 적용하면 기존에 고생하면서 적용한 화살표의 애니메이션이 사라집니다.

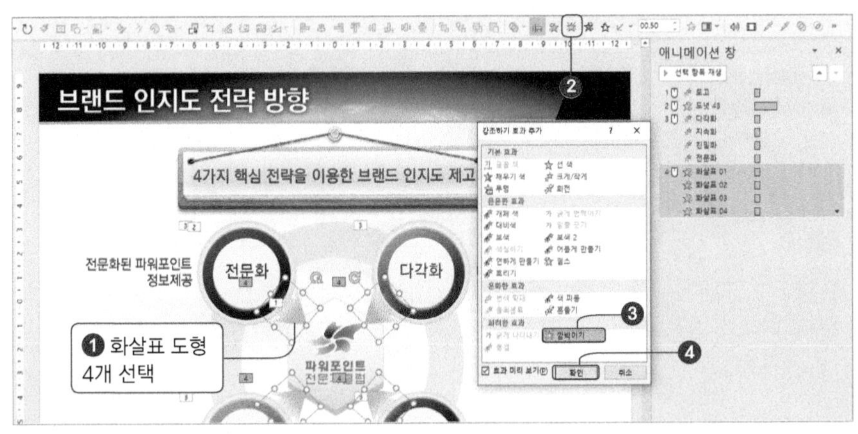

화살표 4개에 [깜박이기] 효과를 추가합니다.

2 이제 상단에 있는 압정에 걸린 게시판 형태의 개체에 애니메이션을 적용해 보겠습니다. 게시판이 등장한 후 살짝 흔들어 그 안에 적힌 문구를 강조해 보겠습니다. 이렇게 표현하려면 두 가지 애니메이션이 필요합니다. 차례대로 적용해 보겠습니다. 먼저 게시판을 선택합니다. [나타내기(★)]에서 [서서히 아래로] 효과를 선택합니다.

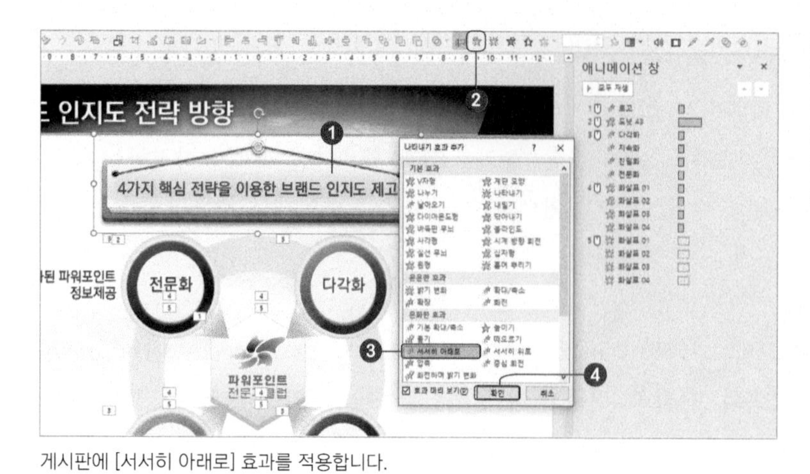

게시판에 [서서히 아래로] 효과를 적용합니다.

▶ 리본 메뉴에서 올라오기 효과를 적용한 후 옵션을 [서서히 아래로]로 바꿔도 됩니다.

▶ 2010 버전에서는 [아래로 내리기] 효과, 2007 버전에서는 [내려오기] 효과를 적용합니다.

3 [서서히 아래로]는 개체가 위에서 아래로 내려오면서 점점 선명해지는 효과입니다. 이제 흔들리는 효과를 추가해 보겠습니다. 다시 게시판을 선택한 후 빠른 실행 도구 모음에서 [강조하기(☆)]를 클릭하고 [흔들기] 효과를 선택합니다.

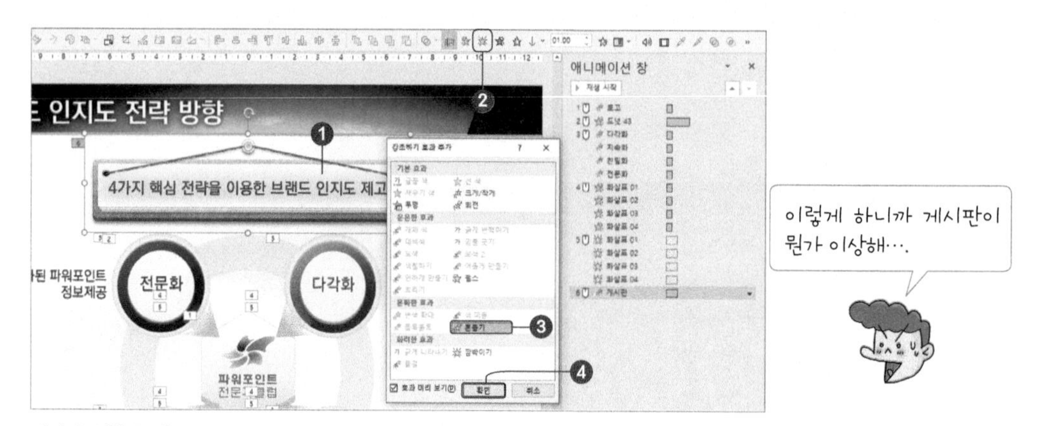

게시판에 [흔들기] 효과를 추가합니다.

두 가지 애니메이션 효과를 모두 적용했습니다. 그런데 미리보기를 해 보니 압정이 고정된 채 게시판이 좌우로 흔들리는 것이 아니라 게시판과 압정이 함께 흔들려 뭔가 어색하네요. 이런 현상이 나타나는 이유는 아래 그림과 같이 개체의 중심이 압정이 아니기 때문입니다. 따라서 이 게시판의 압정이 흔들리지 않으려면 개체의 중심을 압정 쪽으로 옮겨야 합니다.

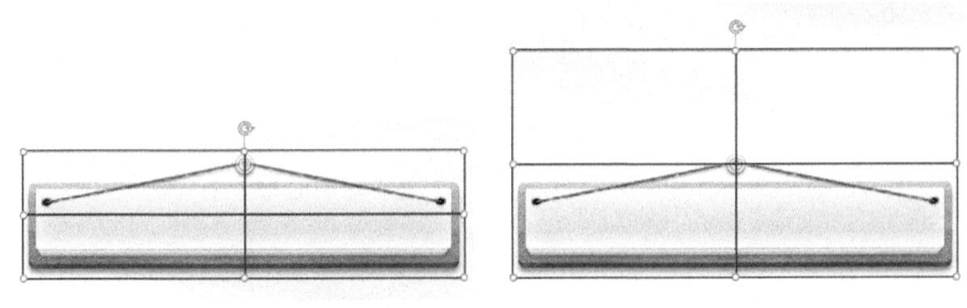

애니메이션 중에는 제자리에서 효과가 일어나는 종류와 위치가 변하며 효과가 일어나는 종류가 있습니다. 게시판처럼 위치가 변하는 애니메이션은 기준이 어디인지 알고 대응해야 합니다. 모든 애니메이션의 기준 지점은 '개체의 중심'입니다.

4 개체의 중심을 압정 쪽으로 옮기려면 어떻게 해야 할까요? 크기 조절 핸들로 개체의 크기를 키우면 압정의 위치도 함께 움직이기 때문에 소용이 없습니다. 그래서 트릭을 쓸 것입니다. 매우 유용한 기술이니 잘 따라 하세요. 현재 이 개체는 게시판 그림과 텍스트 상자라는 두 개체가 그룹으로 묶여 있는 상태입니다. 게시판 개체에서 텍스트가 없는 부분에 한 번 클릭하고 1초 후에 다시 한번 클릭하면 게시판 그림만 선택됩니다.

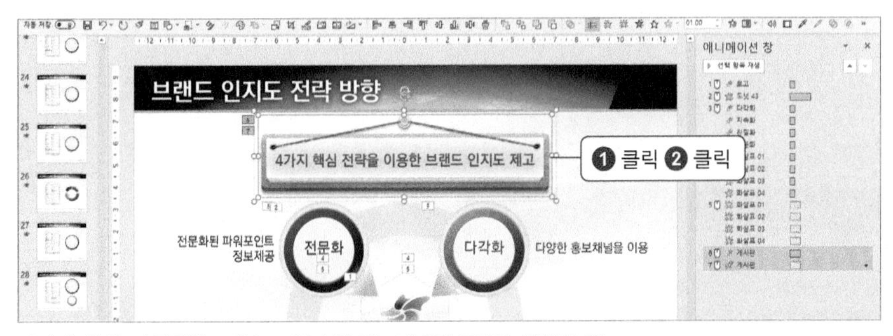

잠시 후 한 번 더 클릭해 보세요. 그룹 속에 있는 게시판 그림이 선택됩니다.

5 게시판만 잘 선택했다면 마우스 오른쪽 버튼을 클릭해 [자르기( )] 메뉴를 클릭합니다. 그러면 텍스트가 잠시 가려지고 게시판 그림 주변에 검은색 자르기 조절 핸들이 나타납니다.

▶ 2007 버전에서는 마우스 오른쪽에 [자르기] 메뉴가 없습니다. 그림을 더블클릭하고 [그림 도구 - 서식] 탭 → [크기] 그룹 → [자르기] 메뉴를 선택합니다.

▶ 사라진 텍스트는 [자르기] 기능이 끝나면 게시판 그림 위에 다시 나타납니다.

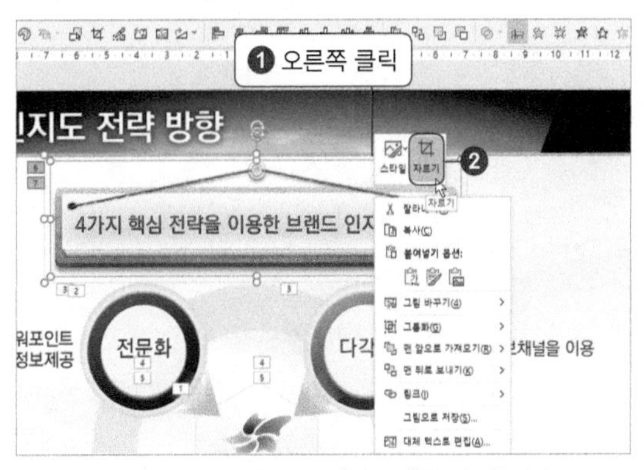

그룹 내의 게시판 이미지만 선택해 [자르기]를 시도합니다.

6 [자르기]는 원래 이미지를 내가 원하는 크기에 맞춰 잘라 내는 기능입니다. 반대로 자르면 원하는 만큼 투명한 여백을 만들 수도 있습니다. 그러면 이미지가 커지겠죠? 게시판 그림 위쪽에 있는 크기 조절 핸들을 선택하고 압정이 개체의 중앙에 오도록 위로 드래그합니다. 기존 이미지 높이만큼 늘이면 적당할 것 같습니다.

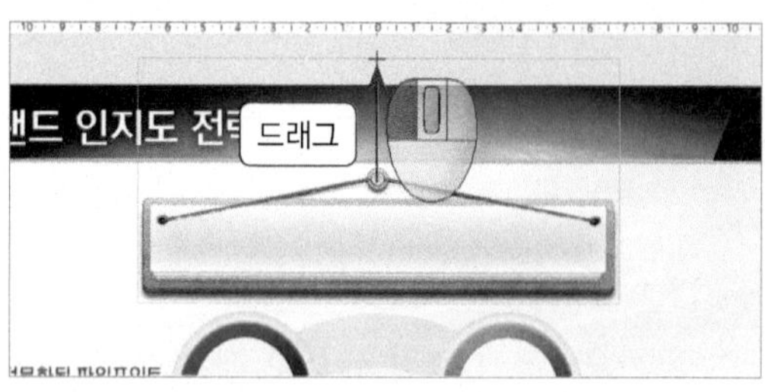

크기 조절 핸들을 위로 드래그합니다.

늘어난 영역이 투명하게 적용됩니다.

7 압정이 중심이 되도록 잘 잘랐다면 Esc 키를 눌러 [자르기] 기능에서 빠져나온 후 [애니메이션 창]에서 [선택 항목 재생]을 실행하면 게시판 개체가 내려왔다가 압정이 고정된 채 개체가 흔들리는 것을 확인할 수 있습니다.

▶ 2010 이하 버전은 [선택 항목 재생] 기능이 없으므로 처음부터 볼 수밖에 없습니다.

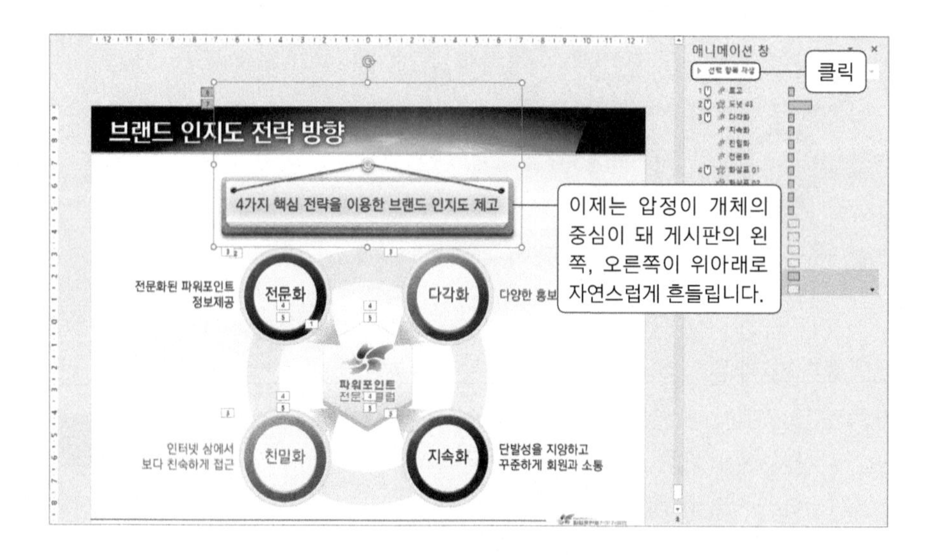

애니메이션 효과를 넣고 옵션을 설정하고 더 섬세하게 표현하기 위해 하나의 개체에 두 가지 효과를 적용하기도 했습니다. 그러나 아직은 완성된 것이 아닙니다. 왜냐하면 각 효과가 언제, 얼마 동안 나타나야 하는지 '**시작 조건**'과 '**지연 시간**', '**속도**'를 설정해 주지 않았기 때문입니다.

[전문가의 조언] 선택한 애니메이션만 미리보기할 수 없나요?

내가 설정한 애니메이션 효과가 잘 적용됐는지 확인하는 것은 매우 중요합니다. 조금 번거롭지만 반드시 필요한 과정이지요. 전체 애니메이션을 미리보는 것 외에 내가 선택한 애니메이션만 미리볼 수도 있습니다. 단, 이 기능은 2013 버전부터 제공됩니다.

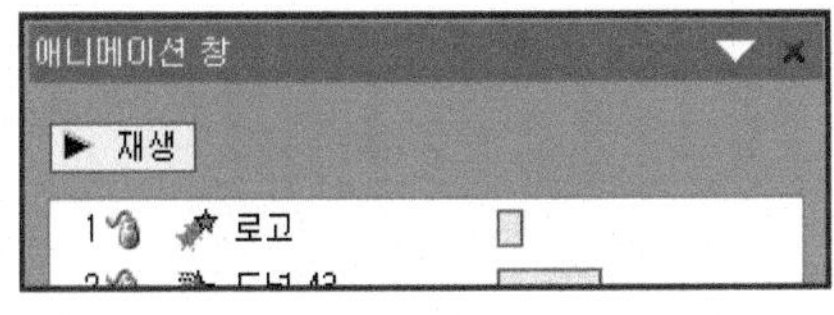

2010 버전

2013 버전

위 왼쪽 그림은 2010 버전의 애니메이션 창, 오른쪽은 2013 버전입니다. 두 버전의 [재생] 버튼 이름이 다르지요? 2010 버전에서 [재생] 버튼을 누르면 슬라이드 안에 있는 모든 항목이 재생됩니다. 특정 항목의 애니메이션 효과만 미리보는 기능은 제공하지 않습니다.
반면, 2013 버전부터는 원하는 항목을 먼저 선택하고 '선택 항목 재생'을 누르면 선택된 항목의 애니메이션 효과만 재생됩니다. 그리고 애니메이션 창에 있는 여백을 클릭하면 선택이 해제됩니다. 선택이 해제되면 '선택 항목 재생' 메뉴가 '모두 재생'으로 바뀌기 때문에 모든 항목을 재생할 수 있습니다.

네 번째 비밀, 타임라인을 마우스로 제어한다!

'구슬이 서 말이라도 꿰어야 보배'라는 말이 있습니다. 지금까지 열심히 구슬(효과)을 모으고 닦았다면, 네 번째 비밀은 이 구슬을 잘 꿰어 주는 단계입니다. 지금부터는 '시간 표시 막대(Time Line)'의 제어를 위해 '시작 조건'과 '지연 시간', '속도'를 다루는 방법을 자세히 배워 보겠습니다.

시작 조건 설정하기

먼저 '시작 조건'부터 살펴보겠습니다. 지금까지 잘 따라 오셨다면 오른쪽 그림과 같은 애니메이션 창을 볼 수 있습니다. 이 애니메이션을 모두 실행하려면 슬라이드 쇼에서 클릭을 몇 번 해야 할까요? 창 왼쪽에 있는 마우스 아이콘을 보면 총 7번임을 알 수 있습니다.
마우스 클릭이 많을수록 발표는 늘어지기 쉽기 때문에 특별한 경우가 아니면 한 슬라이드에서 마우스의 클릭은 최소한

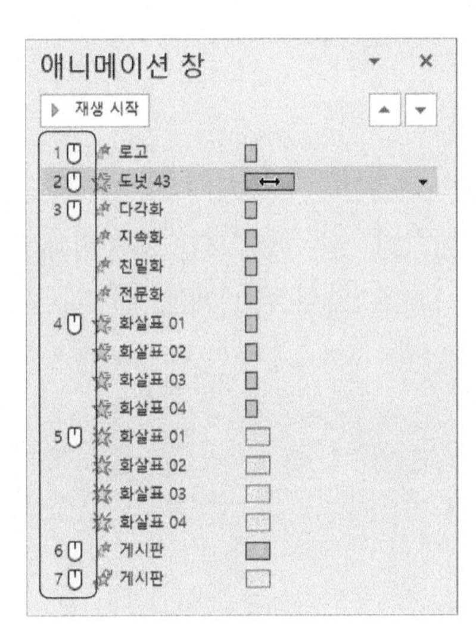

아이콘 모양을 기억하세요!

으로 줄이는 것이 좋습니다. 바로 이때 애니메이션 효과가 언제 시작할지를 결정하는 시작 조건이 중요해집니다.

▶ 마우스 아이콘이 보이지 않는다면 애니메이션 창의 크기 조절 핸들을 왼쪽으로 드래그해 창을 넓혀 주세요.

애니메이션 항목에 마우스 커서를 올려놓고 마우스 오른쪽 버튼을 클릭했을 때 보이는 메뉴 중 위쪽 3개가 시작 조건입니다.

이 3개 메뉴 중 하나를 선택하면 됩니다. 파워포인트 전문가들은 여기서 마우스 오른쪽을 누르고 클릭할 때를 원하면 키보드에서 단축키인 C(Click), 동시에 진행되기를 원하면 W(With), 클릭 없이 자동으로 진행되기를 원하면 A(Auto)를 누릅니다.

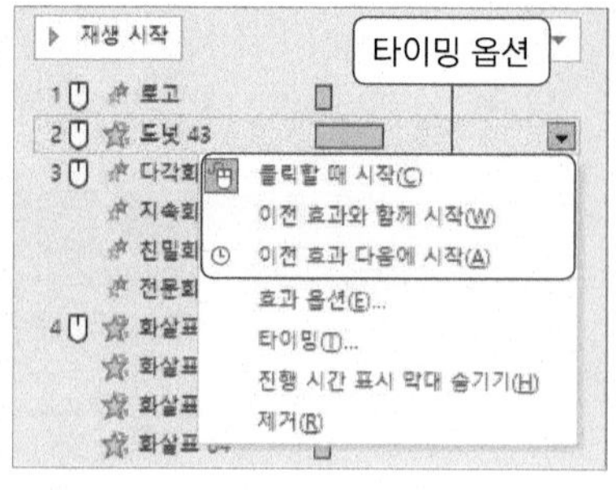

타임라인의 타이밍과 재생 시간

지연 시간 설정하기

지연 시간(Delay Time)을 적당히 활용하면 시간을 떡 주무르듯 할 수 있습니다. 애니메이션 창의 '시간 표시 막대'의 위치는 시작 시간을 의미합니다. 이 막대 위에 마우스 커서를 올려놓으면 모양이 ↔으로 바뀝니다. 이 상태에서 마우스를 드래그하면 막대가 좌우로 움직이면서 지연 시간을 마우스로 세밀하게 조절할 수 있습니다. 이 작업은 마우스로 하는 것이 빠릅니다.

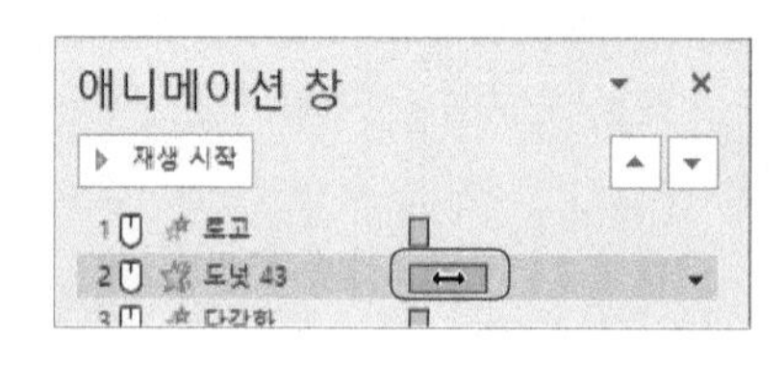

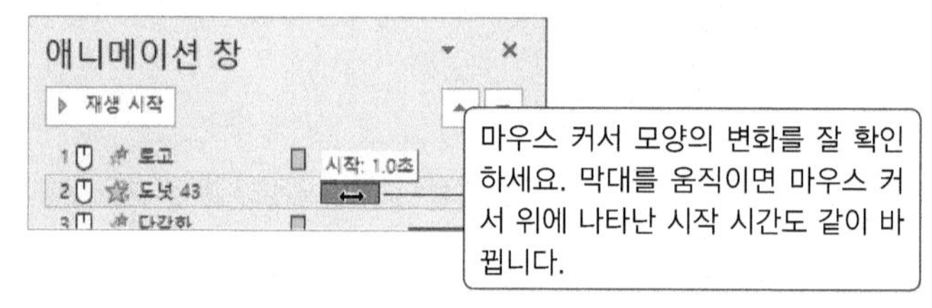

속도 설정하기

애니메이션 창의 '시간 표시 막대'의 길이는 재생 속도를 의미합니다. 이 막대의 끝에 마우스 커서를 올려놓으면 커서 모양이 ⇹으로 바뀌는데, 길이를 늘이면 속도가 느려지고 줄이면 속도가 빨라집니다. 이 작업 역시 마우스로 하는 것이 빠릅니다.

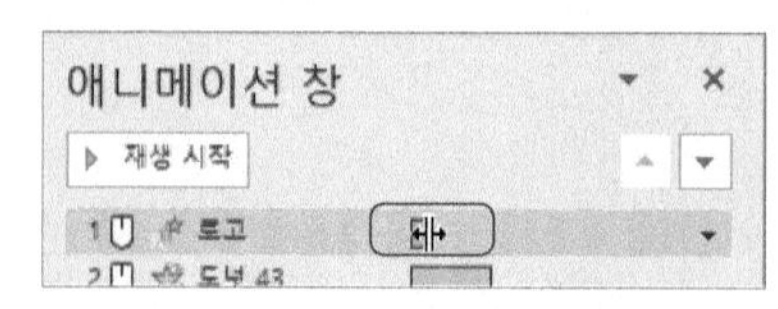

타이밍을 조절하는 마우스 커서 모양과 재생 시간을 조절하는 마우스 커서 모양을 잘 구분해야 합니다.

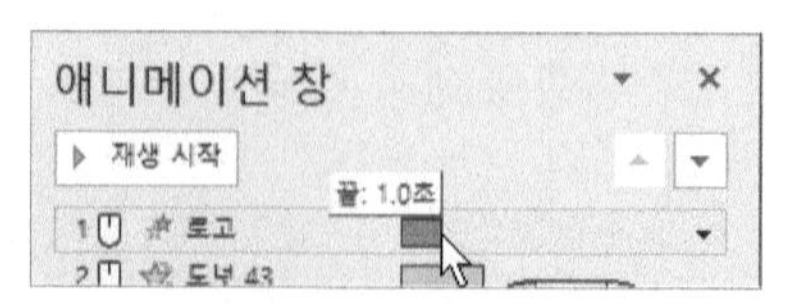

왼쪽 끝부분을 움직이면 시작 시간, 오른쪽 끝부분을 움직이면 끝 시간이 나타납니다.

[전문가의 조언] 정확한 재생 시간을 알고 싶어요

애니메이션 막대 위에 마우스 커서를 올려놓으면 시작 시간과 끝 시간을 동시에 알려 주기 때문에 총 재생 시간을 가늠할 수 있습니다.

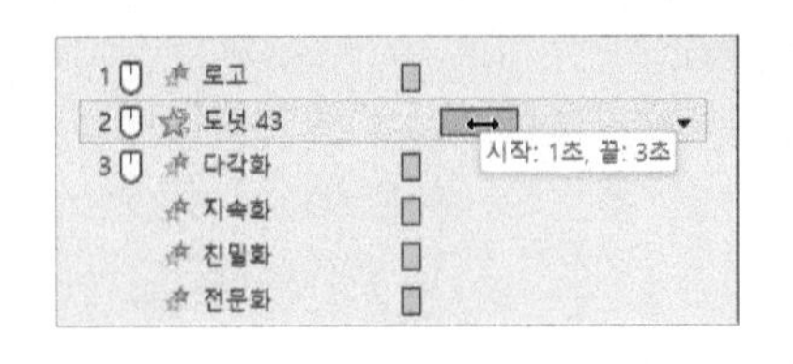

지금 해야 된다! } 시간을 지배하는 자! '시작 조건', '지연 시간', '속도'

이제 마지막 단계입니다. 직접 시간을 자연스럽게 조절해 완성해 보겠습니다.

1 애니메이션 창에 있는 아무 항목이든 먼저 선택한 후 Ctrl + A 키를 눌러 모든 애니메이션을 선택하고 마우스 오른쪽 버튼을 클릭한 다음 [이전 효과와 함께 시작]을 선택합니다. 이렇게 '시간 조건'을 변경하면 마우스를 클릭하지 않아도 슬라이드가 열리는 순간, 모든 애니메이션이 동시에 작동합니다. Shift + F5 키를 눌러 확인해 보세요.

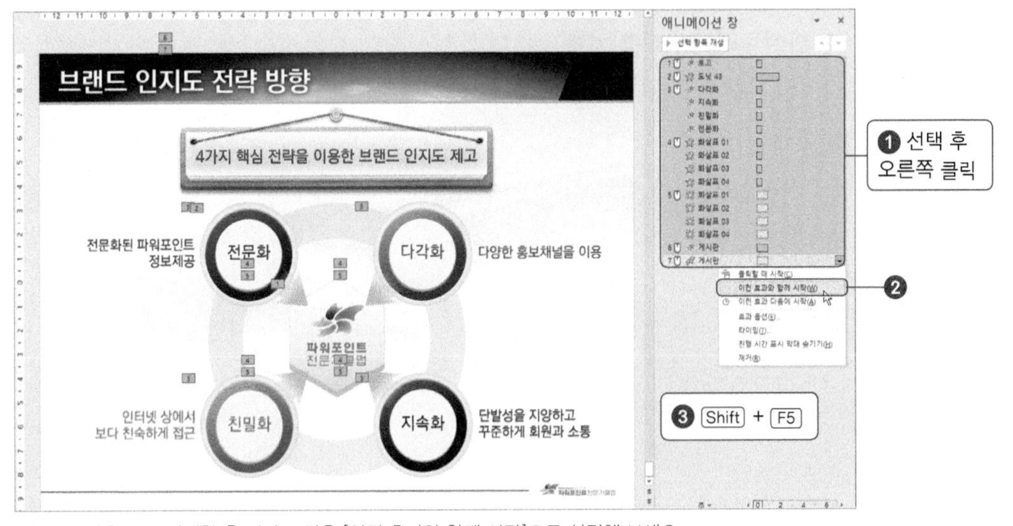

애니메이션을 모두 선택한 후 시작 조건을 [이전 효과와 함께 시작]으로 설정해 보세요.

2 이제 하나씩 지연 시간을 조정해 보겠습니다. 먼저 '도넛'입니다. 시간 표시 막대에 마우스 커서를 올려놓으면 모양이 ↔으로 바뀝니다. 이때 막대의 위치를 오른쪽으로 옮깁니다. '시작: 0.4초'라는 메시지가 나타날 때까지 움직이세요. '로고'의 재생 시간이 0.5초이므로 이렇게 하면 로고가 0.4초쯤 재생될 때 도넛이 재생됩니다.

▶ 막대가 너무 짧아 조정하기 어렵다면 애니메이션 창 아래의 [초(▼)]를 눌러 보세요. 막대 크기를 확대/축소할 수 있습니다. 애니메이션 창의 크기 조절 핸들을 드래그해 공간을 넓히는 방법도 있습니다.

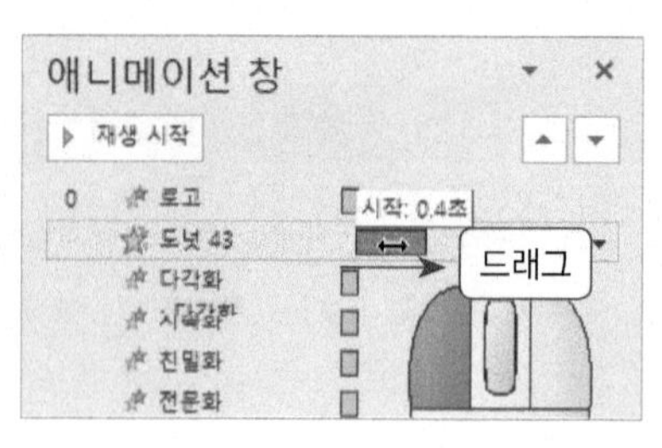

애니메이션 창에서 타임라인을 조절해 지연 시간을 설정합니다.

3 도넛 도형이 시계 방향으로 돌아가는 동안 '원 4개'도 순차적으로 함께 등장해야 합니다. 미리보기로 봐가면서 도넛의 막대 길이 안으로 원 4개가 들어올 수 있도록 마우스로 타임라인을 세밀하게 조절해 지연 시간을 설정하세요. 여기까지 성공했다면 타임라인을 어느 정도 이해하게 될 겁니다.

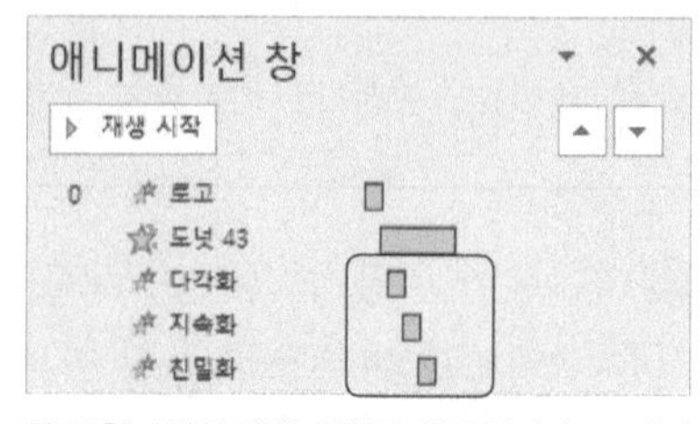

원 도형 4개의 재생 위치를 변경합니다. 도넛의 재생 시간 안으로 다 들어올 수 있게 조절하세요.

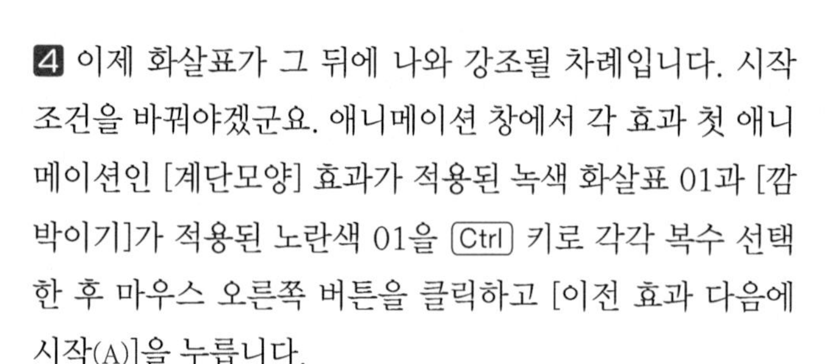

4 이제 화살표가 그 뒤에 나와 강조될 차례입니다. 시작 조건을 바꿔야겠군요. 애니메이션 창에서 각 효과 첫 애니메이션인 [계단모양] 효과가 적용된 녹색 화살표 01과 [깜박이기]가 적용된 노란색 01을 Ctrl 키로 각각 복수 선택한 후 마우스 오른쪽 버튼을 클릭하고 [이전 효과 다음에 시작(A)]을 누릅니다.

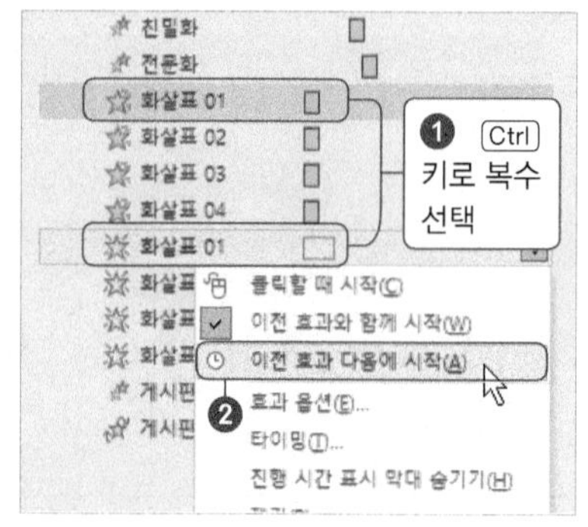

녹색 화살표와 노란색 화살표 모음 중 각각 맨 위에 있는 개체를 선택하고 [이전 효과 다음에 시작]으로 설정합니다.

[전문가의 조언] 모두 [이전 효과와 함께 시작]으로해 두고 딜레이로 설정하면 안 되나요?

타임라인을 완벽하게 이해한다면 모두 [이전 효과와 함께]로 설정하고 지연 시간만 조절하는 전문가들도 많습니다. 하지만 애니메이션이 많을 경우, 적절히 [이전 효과 다음에]로 끊어 주지 않으면 컴퓨터 사양에 따라 애니메이션이 버벅거릴 수도 있으니 주의해야 합니다.

5 Shift + F5 키를 눌러 확인해 볼까요? 화살표가 [계단모양] 효과로 등장한 후 [깜박이기] 효과가 나타나지만, 깜박이는 속도가 한 번만 깜박이고 너무 느려 수정이 필요합니다. Ctrl 키로 노란색 '화살표 01~04'까지 모두 선택한 후 마우스 오른쪽 버튼을 누르고 [타이밍]을 누르면 옵션 창이 새로 열립니다.

▶ 파워포인트 전문가들은 보통 0.2~0.3초를 많이 사용하지만, 깜박이는 속도는 전체 분위기와 흐름에 맞춰 조정하는 것이 좋습니다.

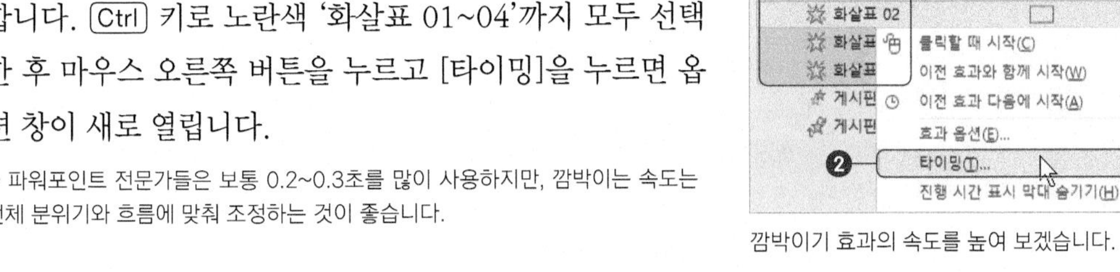

깜박이기 효과의 속도를 높여 보겠습니다.

6 [재생 시간] 옵션에 '0.3', [반복] 옵션에 '2'를 입력합니다. 이렇게 하면 [깜박이기] 효과가 0.3초의 속도로 2번 실행된다는 의미입니다. 깜박이기 효과를 훨씬 역동적으로 나타낼 수 있게 됐습니다.

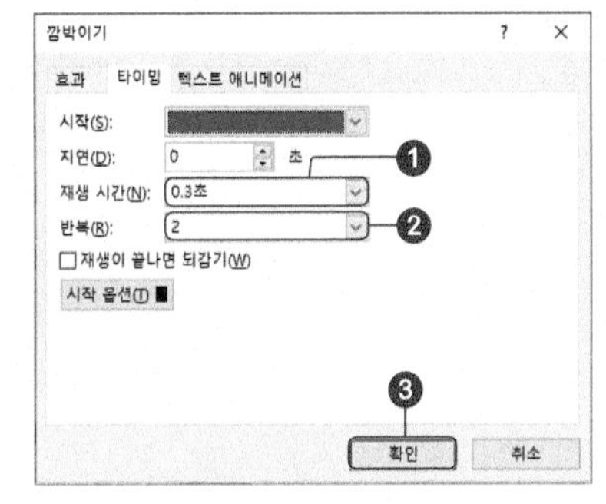

재생 시간 0.3초, 반복 2회로 설정합니다.

7 이번엔 게시판 애니메이션을 완성할 차례입니다. 게시판이 내려온 후 흔들려야 하므로 2개를 Ctrl 키로 복수 선택하고 마우스 오른쪽 버튼을 눌러 시작 조건을 [이전 효과 다음에 시작(A)]으로 설정합니다.

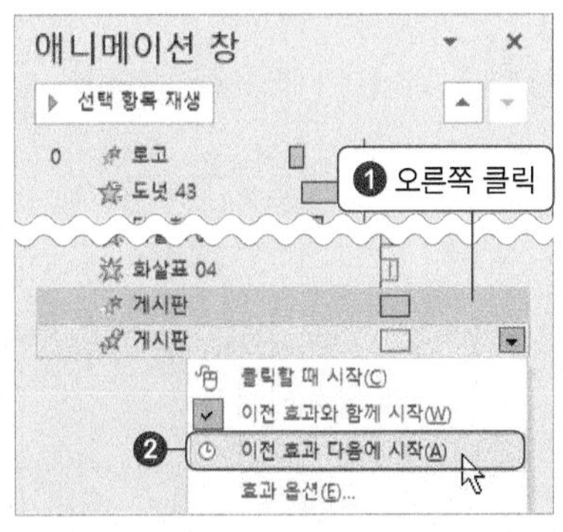

게시판 애니메이션 효과의 타이밍을 설정합니다.

8 게시판에 적용된 [서서히 아래로]와 [흔들기] 효과의 기본 재생 시간은 1초입니다. 게시판이 확! 떨어지는 느낌을 주기 위해 [서서히 아래로] 효과의 재생 속도를 높이겠습니다. 빠른 실행 도구 모음의 시간(01.00)을 0.25초로 줄여 보세요.

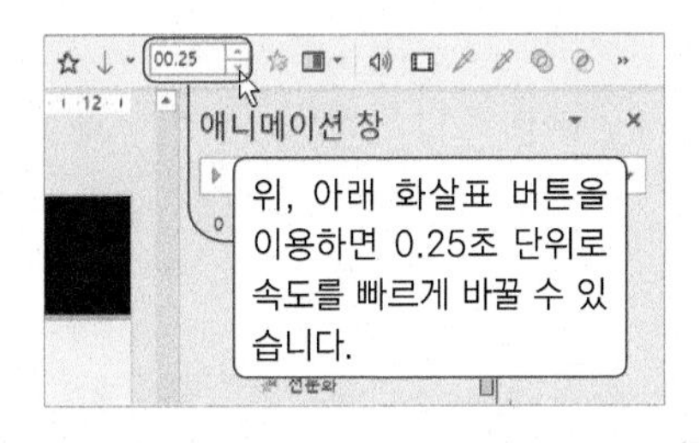

9 이제 각 원이 등장하면서 텍스트들도 함께 나오면 자연스러울 것 같습니다. 이를 위해서는 텍스트들에도 애니메이션을 먼저 걸어야 합니다. 원 도형 옆에 있는 4개의 텍스트 개체들을 다각화 옆에 있는 텍스트부터 Shift 키로 복수 선택하고 [나타내기(★)] 아이콘을 클릭한 후 [닦아내기] 효과를 선택합니다.

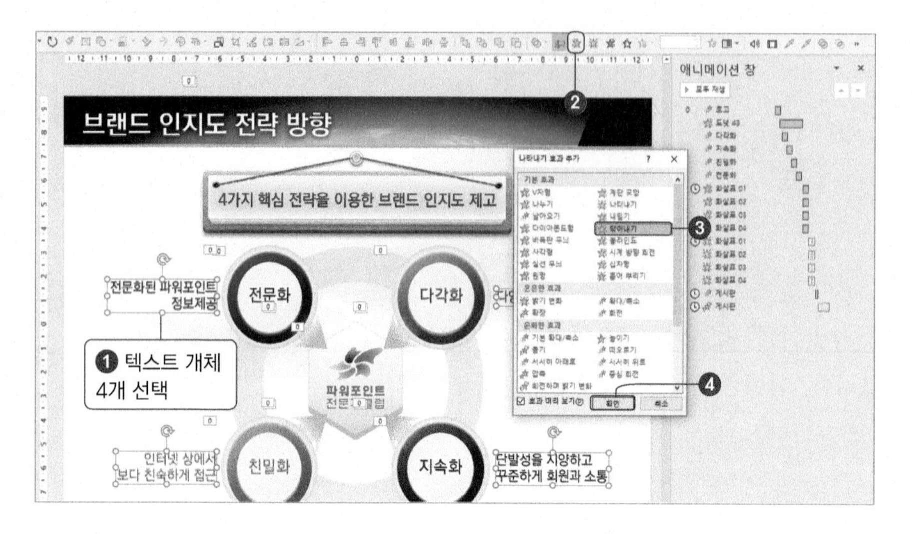

10 방금 설정한 4개의 텍스트에 적용된 [닦아내기] 애니메이션이 선택돼 있을 것입니다. 마우스 오른쪽 버튼을 눌러 [이전 효과와 함께(W)]를 적용한 후 각 텍스트 애니메이션을 하나씩 원 도형 아래로 옮깁니다.

▶ 애니메이션의 시작 조건이 [이전 효과와 함께]로 돼 있는 경우, 애니메이션의 순서를 조정하면 이전 효과의 지연 시간에 자동으로 맞춰집니다.

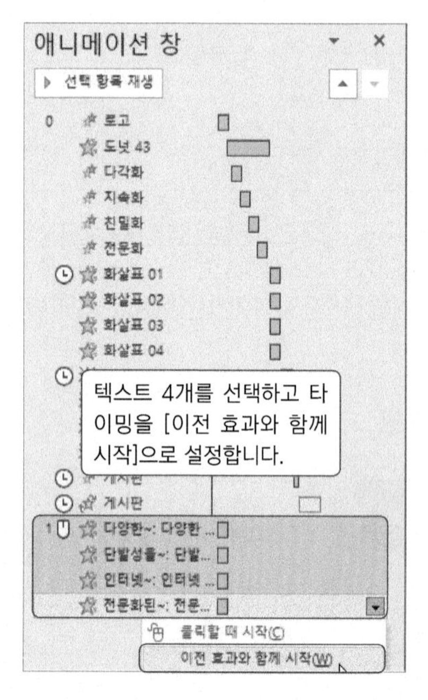

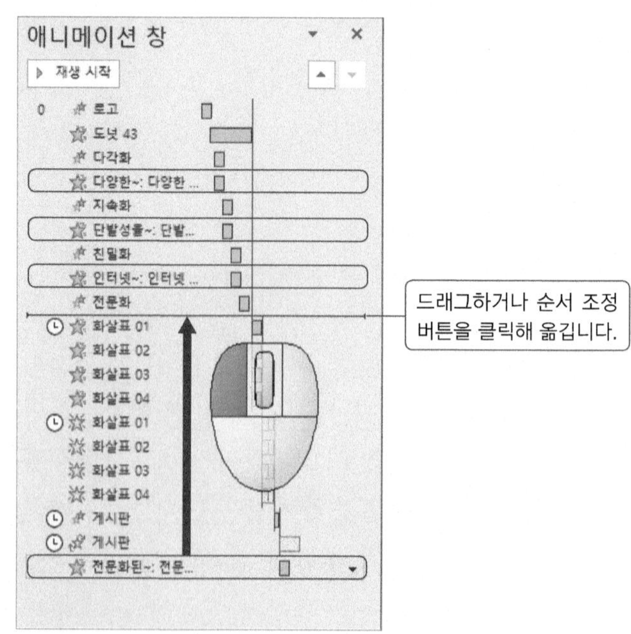

11 이 상태에서 애니메이션을 미리보기하면 텍스트가 등장하는 모습을 볼 수 있습니다. 그런데 뭔가 부자연스럽죠? 텍스트가 등장하는 방향이 안쪽에서 바깥쪽으로 닦아 내면 더 좋을 것 같습니다. 그래서 오른쪽 2개의 텍스트에 적용된 [닦아내기] 애니메이션을 Ctrl 키로 복수 선택해 옵션을 '왼쪽에서'로 변경합니다.
이와 마찬가지로 왼쪽 2개의 텍스트에 적용된 애니메이션은 '오른쪽에서'로 변경합니다.

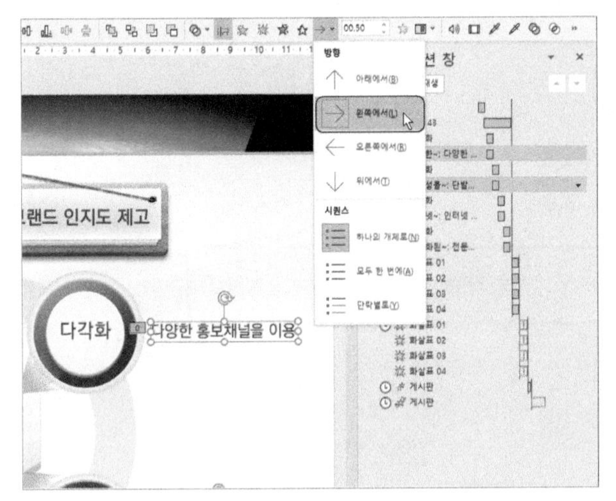

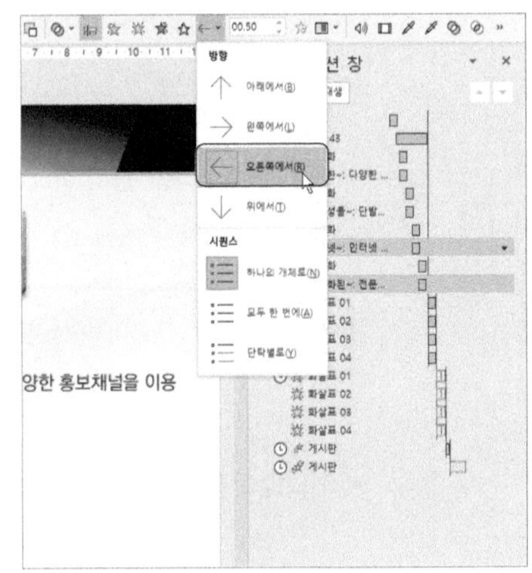

텍스트가 자연스럽게 나타나도록 등장하는 방향을 바꿔 보겠습니다.

12 이제 미리보기를 반복해 보다 보면 뭔가 아쉬운 점이 있지 않나요? 원과 텍스트가 동시에 나오기 때문에 텍스트가 조금 먼저 나오는 듯한 느낌입니다.
지연 시간을 이용해 보겠습니다. 조금 전에 옮겼던 4개의 [닦아내기] 애니메이션의 타임라인 위에 마우스 커서를 올려 ↔ 표시가 되면, 각각의 원 애니메이션이 끝나는 지점의 후반부에 약간 걸리도록 시작 시간을 옮깁니다.

이로써 타임라인 조정이 끝났습니다. [애니메이션 창]에 표시된 각 항목의 타임라인이 계단 형태입니다. 발표의 순서와 흐름이 느껴지시나요?
Shift + F5 키를 눌러 최종 결과를 확인해 보세요. 애니메이션 효과들이 개연성 있게 잘 전개되는 것을 볼 수 있습니다. 축하드립니다. 해내셨어요!

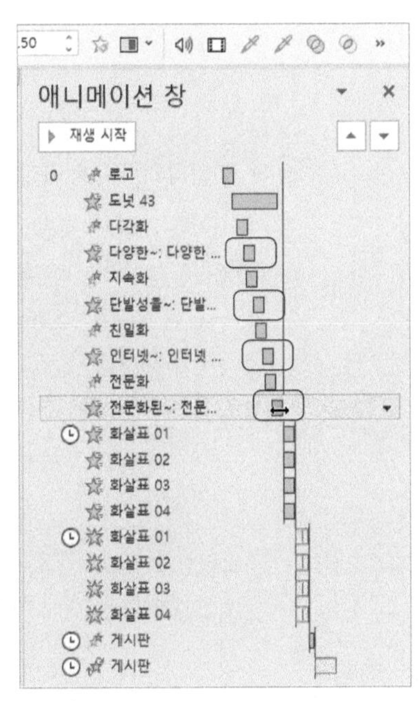

텍스트가 조금씩 늦게 나오도록 오른쪽으로 움직여 줍니다.

김 대리의 스프링 노트 12

- 애니메이션 불변의 법칙 **12-1**

① 과하지 않아야 한다.

② 지루하지 않아야 한다.

③ 개연성이 있어야 한다.

- 애니메이션 작동 원리 이해하기 **12-2**

버전에 상관없이 빠른 실행 도구 모음*을 사용!

① 창을 열어서 → ② 효과를 걸고 → ③ 옵션을 확인한 후 → ④ 시간을 조정한다.

- 애니메이션 효과의 재해석 **12-3**

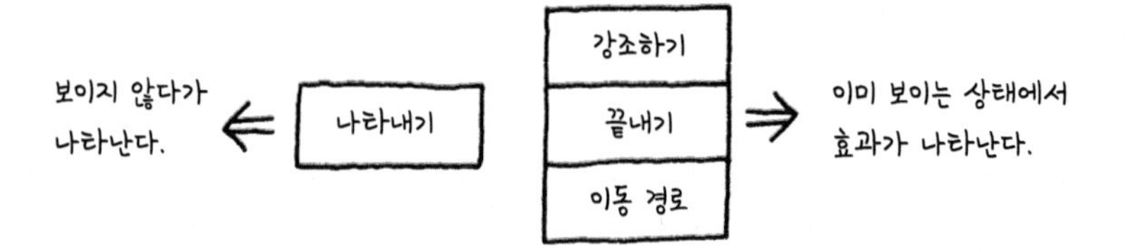

- 전문가의 애니메이션이 남다른 네 가지 비밀 **12-5**

① 철저한 기획하에 적용한다! → 효과, 순서*

② 옵션을 적극적으로 변경한다! → 옵션*

③ 여러 애니메이션을 조합한다! → 조합*

④ 타임라인을 마우스로 제어한다! → 타이밍 & 재생 시간*

'김 대리의 스프링 노트'가 잘 이해되지 않는다면 한 번 더 복습해 보세요!

완성도를 높이는 화면 전환 효과

쉬는 시간에 커피 한 모금을 마시니 답답했던 속이 '뻥' 하고 뚫리는 듯한 느낌을 받았다.

"파워포인트 애니메이션이 이렇게까지 가능한 줄 몰랐어. 좋긴 한데…. 애니메이션을 걸 시간이 없을 것 같아."
"맞아. 실무에서는 그럴 때가 있지. 하지만 간단한 '화면 전환 효과' 만으로도 완성도를 높일 수 있어."
"화면 전환 효과?"
"애니메이션이 개체 단위로 움직임을 부여하는 거라면, 화면 전환 효과는 화면 단위로 움직임을 주는 거야."
"그거? 나 해 봤어. 빙글빙글 소용돌이치는 거…."
"실무에서는 그런 효과를 쓰면 안 돼!"
"왜? 멋지잖아."
나는 이해할 수 없었다. 친구가 그 멋진 걸 쓰지 말라고 하는지….

"청중들이 내용에 집중할 수 있도록 개연성 있게 써야지. 너는 그 효과를 보고 '우와!' 라고 하길 바라는 거야? 그럼 네가 말하는 걸 놓칠 텐데?"
"!!!"

#화면전환효과 #상황별맞춤효과 #밝기변화 #효과옵션설정 #화면전환기간 #모핑 #3D모델모핑

13-1 슬라이드 순서 관계 이해하기

화면 전환 효과는 슬라이드 단위의 애니메이션 효과라고 이해하면 쉽습니다. 시간이 부족해 각 슬라이드에 애니메이션을 설정하지 못하더라도 짧은 시간에 슬라이드에 움직임을 줘 완성도를 크게 높일 수 있습니다.

화면 전환 효과와 화면 전환 시간

슬라이드 화면 전환 기능을 하나하나 아는 것은 그다지 중요하지 않습니다. 슬라이드와 어울리는 효과를 적용하고 원하는 타이밍에 화면을 전환할 줄만 알면 충분합니다. 리본 메뉴에 전환 탭이 보입니다. 여기서 눈여겨볼 것은 슬라이드 화면 전환 그룹에 있는 화면 전환 '**효과**'와 타이밍 그룹에 있는 화면 전환 '**시간**'입니다.

▶ 2007 버전은 [애니메이션] 탭, 2010 이상 버전은 [전환] 탭에서 화면 전환 효과와 화면 전환 타이밍을 설정할 수 있습니다.

화면 전환은 '효과'와 '시간' 설정이 중요합니다.

슬라이드 화면 전환에서는 이 두 기능이 가장 기본입니다. 화면 전환 효과를 선택하고 화면이 전환되는 시간을 설정하면 끝납니다. 하지만 헷갈리기 쉽습니다. 두 기능이 갖고 있는 전후 슬라이드의 순서 관계가 서로 다르기 때문입니다.
그래서 실무자들이 자주 실수하곤 하는데, 차분히 예제를 따라 하면서 두 기능의 특징과 슬라이드 순서 관계를 정확하게 이해해 봅시다.

지금 해야 된다! } '효과'는 앞 슬라이드와의 관계다

1 '13장 예제.pptx' 파일을 열고 슬라이드에 화면 전환 효과와 화면 전환 시간을 설정해 두 기능의 특징과 슬라이드 순서 관계를 확인해 보겠습니다.
먼저 2번 슬라이드에 [밝기 변화] 효과를 적용하겠습니다. 2번 슬라이드를 선택하고 [전환] 탭 → [슬라이드 화면 전환] 그룹에서 [밝기 변화] 효과를 클릭합니다.

▶ 2007 버전에서는 애니메이션 탭에서 [밝기 변화] 효과를 적용합니다.

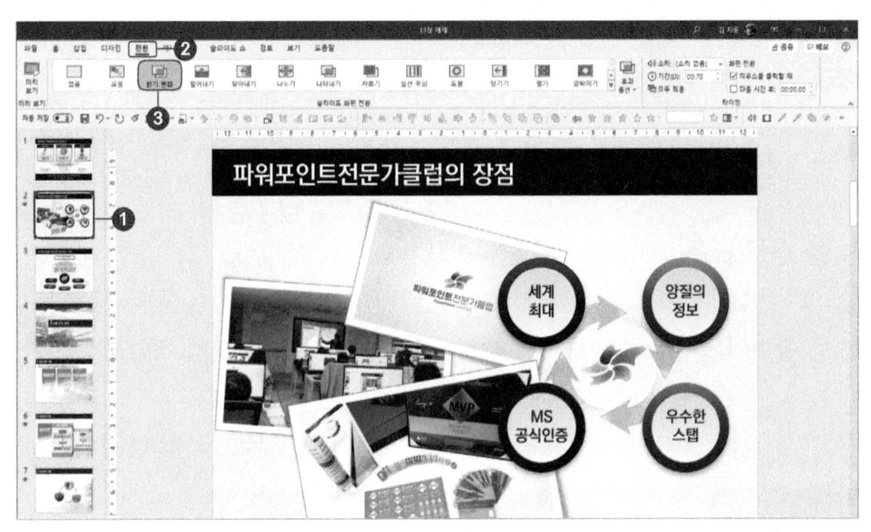

2번 슬라이드에 [밝기 변화] 효과를 적용합니다.

2 어렵지 않지요? 여기서는 화면 전환 효과가 언제 나타나는지 이해하는 것이 중요합니다. 방금 우리는 2번 슬라이드에 화면 전환 효과를 적용했습니다. 이렇게 하면 1번 슬라이드에서 2번 슬라이드로 넘어갈 때, 즉 2번 슬라이드가 나타날 때 [밝기 변화] 효과가 표현됩니다. 화면 전환의 효과는 **효과를 적용하는 앞 슬라이드와의 관계**입니다. F5 키를 눌러 슬라이드 쇼를 실행해 직접 확인해 봅니다.

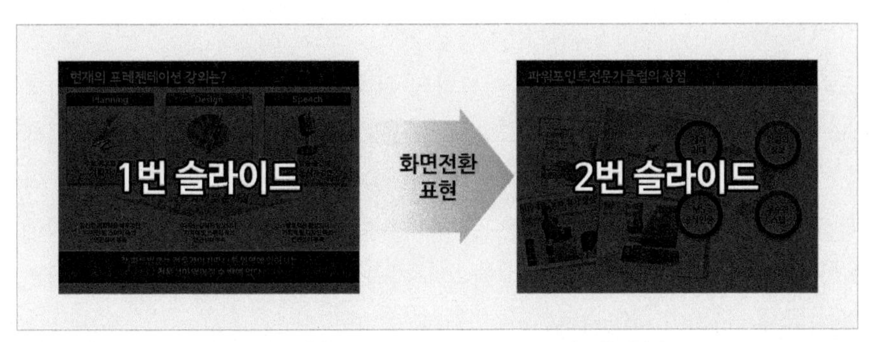

2번 슬라이드에서 화면 전환 효과를 선택하면, 2번 슬라이드가 나타날 때 적용됩니다.

지금 해야 된다! } '시간'은 뒤 슬라이드와의 관계다

1 이번에는 화면 전환 시간입니다. 2번 슬라이드에서 [타이밍] 그룹의 [다음 시간 후] 옆에 있는 입력란을 클릭하고 '3'을 입력하면 화면 전환 시간이 3초로 설정됩니다.

2번 슬라이드에 화면 전환 시간을 3초로 설정합니다.

2 이제 슬라이드 쇼를 실행해 확인해 보면 2번 슬라이드가 화면에 나타나고 3초가 지나면 자동으로 3번 슬라이드로 넘어간다는 것을 알 수 있습니다. 여기서 입력한 시간은 효과와는 다르게 **시간을 입력하는 뒤 슬라이드와의 관계**입니다. 헷갈리지 않게 확실히 구분해 기억하시기 바랍니다.

2번 슬라이드에서 화면 전환 시간을 3초로 설정하면, 3초 후에 3번 슬라이드로 넘어갑니다.

이건 당연한 거 아냐?

효과는 앞 슬라이드와의 관계이고 **시간은 뒤 슬라이드와의 관계**라는 것을 꼭 기억하시기 바랍니다. 따지고 보면 당연합니다. 2번이 주인공이라고 봤을 때, 효과는 '내가 멋진 효과로 나갈 테니 1번 너 비켜!'이고 시간은 '내가 충분히 보여 줬으니 3초 후에 네가 받아!'입니다. 오랫동안 강의하면서 이 관계를 모른 채 앞의 1, 2번 슬라이드만 바라보면서 '효과는 되는데 왜 3초 뒤에 안 넘어가지?'라고 하는 분들을 많이 봤습니다. 이 책의 독자라면 이제 헷갈리지 않겠죠? 이번 기회에 확실히 이해하고 사용하시길 바랍니다.

13-2 쓸 만한 화면 전환 효과는 따로 있다

파워포인트는 버전을 거듭할수록 더 다양한 화면 전환 효과를 제공합니다. 그러나 모든 효과가 실무에 적합한 것은 아닙니다. 각 효과들만 따로 떼어 보면 화려하고 멋있지만, 내용을 이해하는 데는 오히려 방해가 된다는 사실을 잊지 마세요. 화면 전환 효과를 사용해 내용을 이해하는 데 도움을 주지만, 청중이 화면 전환 효과를 쓰고 있다는 느낌을 느끼지 못해야 진정한 전문가라고 할 수 있습니다.

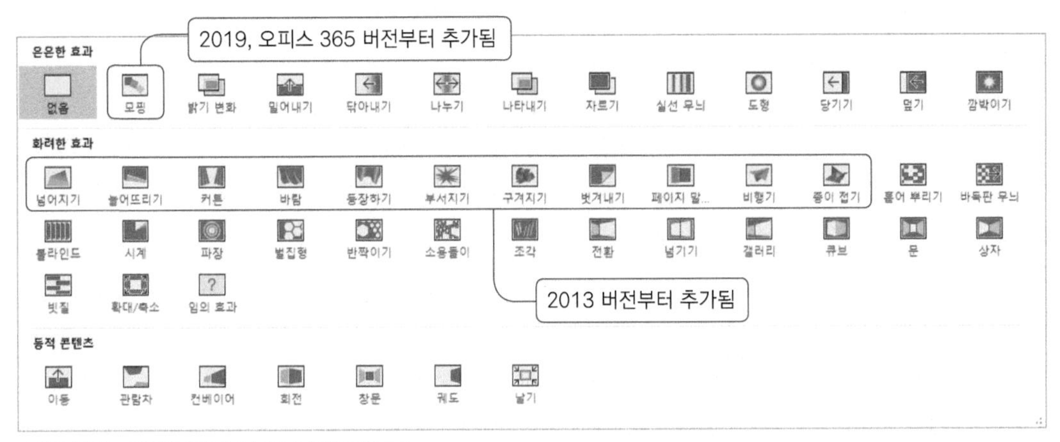

파워포인트는 다양한 화면 전환 효과를 제공합니다.

특히, [화려한 효과] 탭에 있는 화면 전환 효과는 특별한 경우를 제외하고 실무에서 거의 쓰지 않습니다. [화려한 효과] 탭을 빼고 봐도 너무 많죠? 그래서 실무에서 100% 성공하는 화면 전환 효과만 선별해 봤습니다. 아래에 소개한 상황별 화면 전환 효과만 사용해도 충분합니다. 필요에 따라 다른 효과를 조금만 응용해 보세요.

상황	본문을 전환할 때	챕터를 전환할 때	주의를 환기할 때
화면 전환 효과	밝기 변화	밝기 변화	도형
효과 옵션	부드럽게: 0.5초	검은 화면 후 다음 슬라이드: 1초	바깥쪽: 0.5초

2016 이하 버전에서는 바깥쪽이 펼치기 옵션입니다.

일반적인 본문을 전환할 때 - 밝기 변화(부드럽게: 0.5초)

한 챕터 안에서 본문이 계속 바뀔 때는 어떤 효과가 어울릴까요? 사실 이때는 화면 전환 효과를 적용하지 않아도 괜찮습니다. 그러나 아무런 효과를 넣지 않으면 다소 거칠게 넘어가는 느낌이 있으므로 이 경우 가장 자연스러운 효과가 '밝기 변화'입니다.

지금 해야 된다! } 일반적인 본문을 전환할 때 좋은 화면 전환 효과

13장 예제의 3번 슬라이드로 이동한 후 [전환] 탭에서 [밝기 변화]를 적용하고 '기간'을 '0.5'초로 수정합니다.

▶ 2007 버전이라면 애니메이션 탭의 [흐려졌다 나타내기] 효과를 적용한 후 화면 전환 속도를 [빠르게]로 적용하면 됩니다.

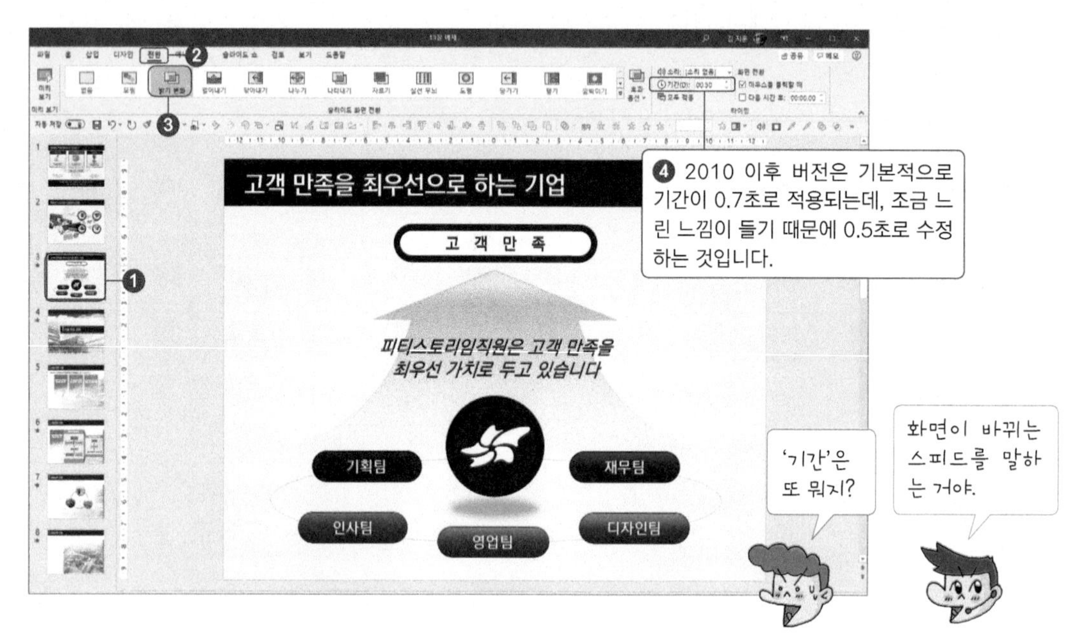

지금 적용한 전환 효과에는 [부드럽게]와 [검은 화면 후 다음 슬라이드]라는 두 가지 옵션이 있습니다. 그냥 적용했을 때는 [부드럽게]가 실행되므로 여기서는 다루지 않았습니다. [부드럽게] 옵션은 앞 화면에서 자연스럽게 넘기고 싶거나 앞 화면과의 연계성이 필요할 때 사용하고 [검은 화면 후 다음 슬라이드] 옵션은 다른 상황에서 사용합니다.

챕터를 전환할 때 - 밝기 변화(검은 화면 후 다음 슬라이드: 1초)

PPT 문서의 내용이 많으면 1장, 2장··· 식으로 챕터를 구분해 작성합니다. 흔히 '간지'라고 부르죠. 장별로 내용이 좀 많이 바뀌는 챕터를 전환할 때는 '좀 강렬해야 하지 않을까?'라고 생각하기 쉬운데, 화면 전환도 애니메이션과 마찬가지로 과하면 좋지 않습니다. 챕터 역시 **'밝기 변화' 효과를 사용하되, 옵션을 바꿔 사용**하면 장이 바뀌는 느낌을 충분히 전할 수 있습니다.

지금 해야 된다! } 내용이 많이 바뀌는 챕터를 전환할 때 좋은 화면 전환 효과

13장 예제 파일의 4번 슬라이드가 챕터 슬라이드입니다. 여기서 [전환] 탭의 [밝기 변화] 효과를 선택한 후 [효과 옵션 - 검은 화면 후 다음 슬라이드]를 선택하고 '기간'이 1초로 돼 있는지 확인하세요.

▶ 2007 버전이라면 애니메이션 탭의 [검정에서 나타내기] 효과를 적용한 후 화면 전환 속도를 [느리게]로 적용하면 됩니다.

앞서 적용했던 전환 효과에서 옵션만 [검은 화면 후 다음 슬라이드]로 바꾼 것입니다. 하지만 느낌은 완전히 다릅니다. 연극에서 장면이 바뀔 때 갑자기 어두워졌다가 다른 장면이 연출되는 것과 같습니다. 이 효과를 내용이 많이 바뀌는 챕터 부분에 사용하면, 청중들에게 자연스럽게 내용이 크게 전환된다는 것을 알려 줄 수 있습니다.

청중의 주의를 환기할 때 - 도형(바깥쪽: 0.5초)

보통 챕터의 바로 다음 장이나 본문을 밝기 변화로 전개하다 내용이 조금 달라질 때 청중의 주의를 환기해야 할 때가 있습니다. 이럴 때는 밝기 변화 효과로는 약해 보일 수 있습니다. 밝기 변화보다 역동적이면서도 과하지 않은 효과로 **'도형' 효과를 옵션을 바꿔 사용할 것을 추천**합니다.

지금 해야 된다! } 청중의 주의를 환기할 때 좋은 화면 전환 효과

5번 슬라이드로 이동한 후 [전환] 탭에서 [도형]을 적용하고 [효과 옵션 - 바깥쪽]을 선택한 다음 '기간'을 '0.5'로 수정합니다.

▶ 2016 이하 버전에서는 [효과 옵션]의 [바깥쪽]이 [펼치기]로 돼 있습니다.

▶ 2007 버전이라면 애니메이션 탭의 [사각형 펼치기] 효과를 적용한 후 화면 전환 속도를 [빠르게]로 적용하면 됩니다.

이제 지금까지 적용한 느낌을 보겠습니다. F5를 눌러 슬라이드 쇼로 천천히 넘겨 보세요. 어떤 느낌인지 아실 것입니다.

지금까지 학습한 세 가지의 화면 전환 효과가 정답이라는 것은 아닙니다. 다만, 과하지 않은 정도가 어떤 수준인지 기준이 필요하다면 지금 배운 세 가지 효과를 기준으로 삼는 것이 좋습니다. 청중이 내용에 집중할 수 있도록 과하지 않고 개연성 있는 화면 전환 효과라면 조금씩 응용해도 괜찮습니다.

[전문가의 조언] '기간'과 '다음 시간 후'의 차이는 무엇인가요?

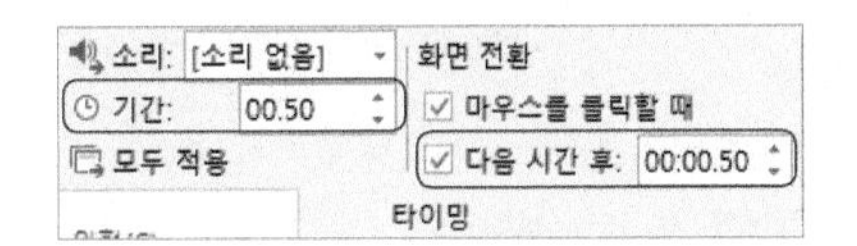

타이밍 그룹에서 [기간]과 [다음 시간 후] 옵션을 설정할 수 있습니다. 두 옵션 모두 시간을 입력하지만, 적용되는 슬라이드 순서 관계는 서로 다릅니다.

[기간]은 화면 전환 효과가 진행되는 시간을 말합니다. 예를 들어, 2번 슬라이드에 화면 전환 효과를 적용하고 [기간]을 '3초'로 입력했다면 1번에서 2번 슬라이드로 화면 전환이 시작되고 끝나기까지 3초가 걸린다는 의미입니다. 즉, 3초라는 기간 동안 화면 전환 효과가 진행되는 것입니다.

하지만 [다음 시간 후]는 슬라이드가 보이는 시간을 말합니다. 해당 시간이 지나면 자동으로 다음 슬라이드로 넘어가는 거지요. 예를 들어, 2번 슬라이드에서 [다음 시간 후] 옵션에 '5초'를 입력했다면 2번 슬라이드가 나타나고 5초 동안 보였다가 바로 3번 슬라이드로 넘어간다는 의미입니다.

× 2007 × 2010 × 2013 × 2016 ● 2019 ● Office 365

13-3 역동적으로 강조되는 모핑 전환 효과

13-3절의 실습은 2019 버전과 오피스 365 버전에서만 할 수 있습니다. 2016 이하의 버전을 사용하고 있다면 14장으로 넘어가세요.

모핑이 뭐지? 먹는 거야?

모핑(morphing)이란, 원래 개체의 위치나 형태가 다른 모습으로 변화하는 컴퓨터 그래픽 기술입니다. 이 기술의 일부가 파워포인트 2019 버전과 오피스 365 버전의 '전환' 효과에 새롭게 추가됐습니다. 이 모핑 기능을 잘 응용하면 애니메이션을 적용하지 않아도 멋진 효과를 쉽게 만들 수 있습니다. 기존의 애니메이션 기술로 어렵게 구현해야 했던 표현을 의외로 쉽고 멋있게 만들어 주기도 합니다.

이런 움직임이 있는 효과는 이 책의 글만으로는 알기 어렵기 때문에 먼저 역동적으로 구현된 모핑 효과를 직접 보는 것이 좋습니다. 13장 예제 폴더 안에 있는 'Solar System.pptx' 파일과 'Hubble 3D.pptx' 파일을 열고 [F5] 키를 눌러 슬라이드 쇼를 켜서 감상해 보세요.

이 'Solar System.pptx' 파일의 슬라이드 쇼에서 애니메이션이 사용된 것은 하나도 없습니다. 개체가 움직이기 때문에 애니메이션 효과라고 착각하기 쉬운데, 모핑은 **슬라이드 간의 개체들 변화를 추적해 그 변화를 액션으로 구현하는 화면 전환 효과**입니다.
2019 버전이나 오피스 365 버전만 있다면 오직 모핑 효과만으로 이런 역동적인 액션을 비교적 쉽게 구현할 수 있습니다. 한번 도전해 보겠습니다.

모핑 효과를 위한 조건

이렇게 멋진 모핑 효과가 구현되기 위한 조건을 먼저 알아야 합니다.

- 조건 1 두 슬라이드 간에 동일한 개체가 최소 1개는 반드시 있어야 한다.
- 조건 2 유형이 다른 개체는 모핑되지 않는다(예 도형과 사진).
- 조건 3 유형이 비슷한 개체의 이름 앞에 !!을 붙여 통일하면 강제로 모핑된다(예 사각형과 원).

여기서는 조건 1 을 활용해 실습해 보겠습니다.

▶ 개체의 이름을 변경하려면 선택 창( ) 버튼을 활용합니다. '조건 3'을 활용하는 방법은 다소 복잡하므로 추후 필자의 블로그의 글(https://knight07.blog.me/221710933417)을 참조해 주세요.

지금 해야 된다! } 세 가지 전략을 모핑으로 멋지게 구현하기

13장 예제의 5번 슬라이드는 세 가지 사업 전략을 표현하고 있습니다. 이 전략을 세부적으로 설명할 슬라이드는 6, 7, 8입니다.

▶ 이 예제 파일은 좀 더 수월하게 모핑 기능을 연습해 볼 수 있도록 필자가 미리 작업해 둔 것입니다.

1 5번 슬라이드에서 Shift 키를 사용해 큰 숫자 1, 2, 3과 가운데의 그룹 2, 오른쪽의 그룹 3을 복수 선택하고 복사(Ctrl + C)한 후 6번 슬라이드에 붙여 넣기(Ctrl + V)합니다.

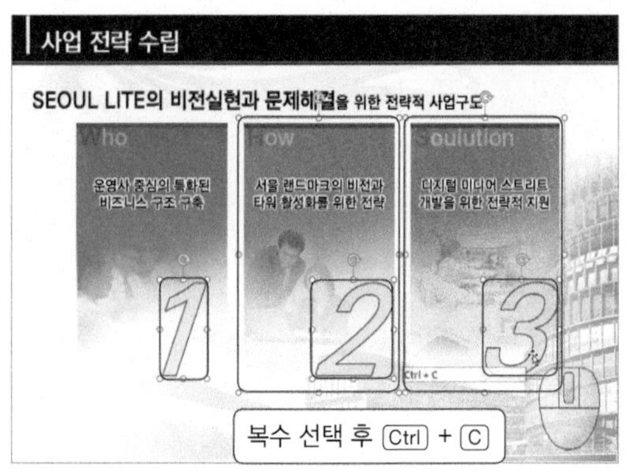

5번 슬라이드에서 복수 선택 후

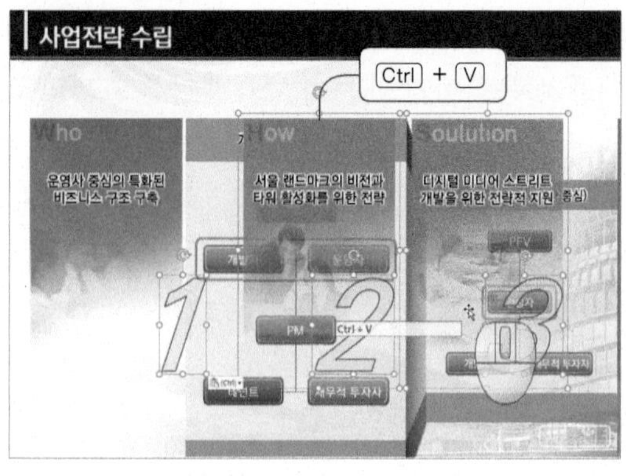

6번 슬라이드에 붙여 넣습니다.

2 6번 슬라이드에서 Ctrl 키를 누른 채 마우스의 휠을 아래로 내리면 화면이 축소됩니다. 적당히 축소한 슬라이드 아래의 바깥쪽으로 붙여진 개체를 잠시 옮겨 두겠습니다.

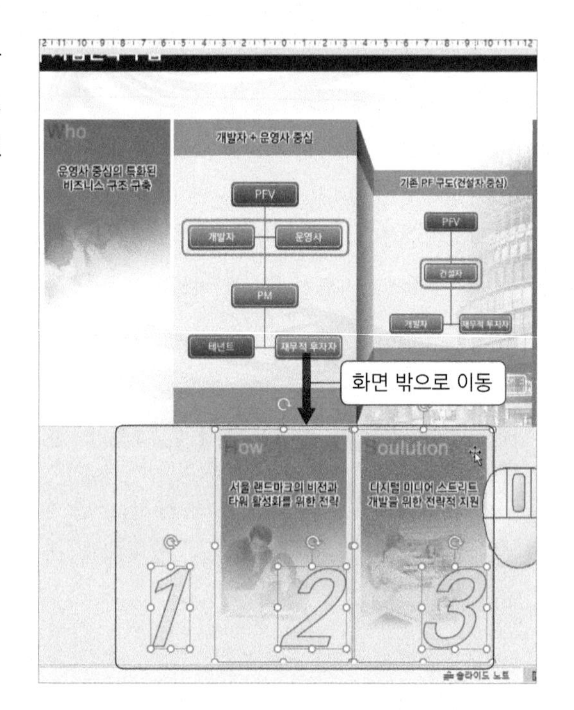

3 그룹 2를 오른쪽의 청록색 개체와 복수 선택한 후 위쪽 맞춤(⊤)으로 정렬하고 그룹 3을 황토색 개체와 복수 선택해 위쪽 맞춤(⊤)으로 정렬합니다.

▶ 조합키와 정렬이 아직 익숙하지 않다면 5장을 한 번 더 확인하세요.

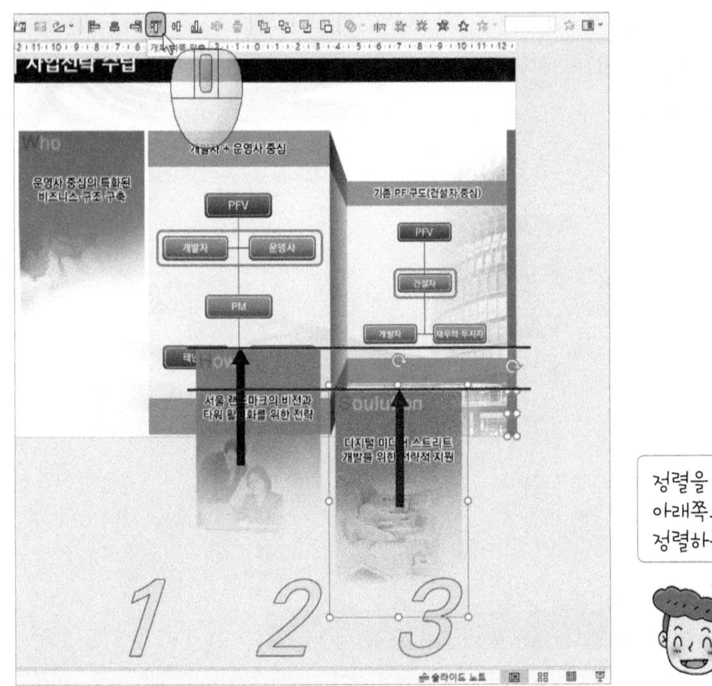

4 다시 그룹 2와 그룹 3을 그룹 1과 왼쪽 맞춤( )으로 정렬하고 숫자 1, 2, 3을 복수 선택해 그룹 3의 왼쪽으로 옮깁니다.

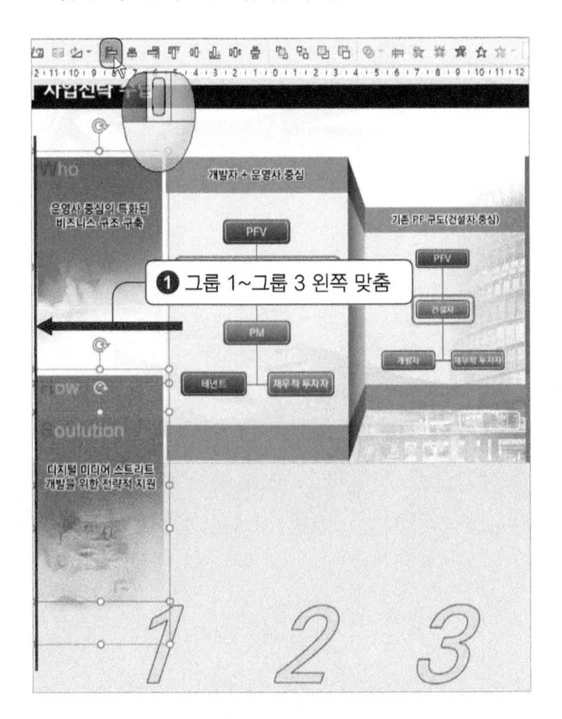

5 숫자 1, 2, 3 개체의 크기를 한 번에 반으로 줄여 보겠습니다. 개체 3개를 복수 선택한 상태에서 마우스 오른쪽 버튼을 눌러 [개체 서식]을 클릭하면 화면 오른쪽에 창이 열립니다. [그림 서식] 창에서 크기 및 속성( ) 버튼을 클릭하고 높이 조절의 수치를 '50%'로 입력하면 숫자의 크기가 절반으로 줄어듭니다.

▶ 현재 예제의 숫자는 필자가 시각화해 둔 상태입니다. [그림 서식]이 뜨지 않는 이유는 개체들을 복수 선택했기 때문입니다.

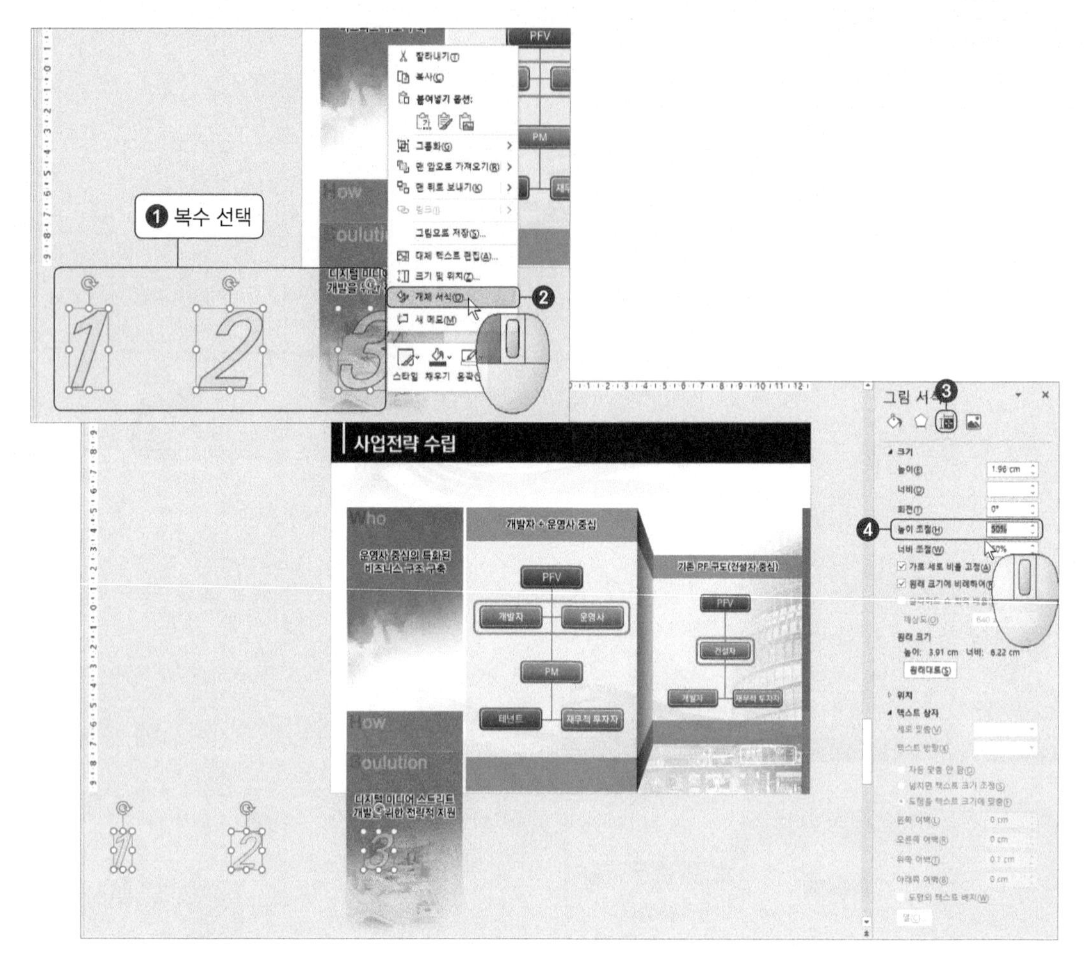

6 이제 숫자들을 정렬할 차례입니다. 각 그룹의 오른쪽 상단에 숫자를 정렬해 보겠습니다. 숫자 1과 그룹 1을 Shift 키로 복수 선택하고 오른쪽 맞춤( )과 위쪽 맞춤( )으로 정렬합니다. 같은 방법으로 숫자 2와 그룹 2를 복수 선택해 오른쪽 상단으로 정렬하고 숫자 3과 그룹 3을 복수 선택해 오른쪽 상단으로 정렬하면 모핑 효과를 위한 6번 슬라이드 디자인이 완료됩니다.

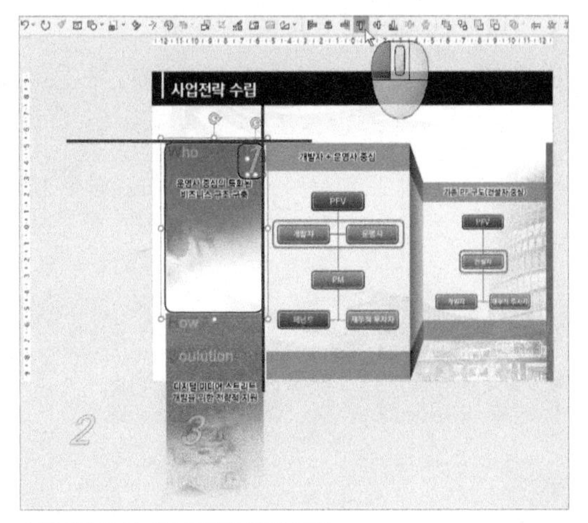

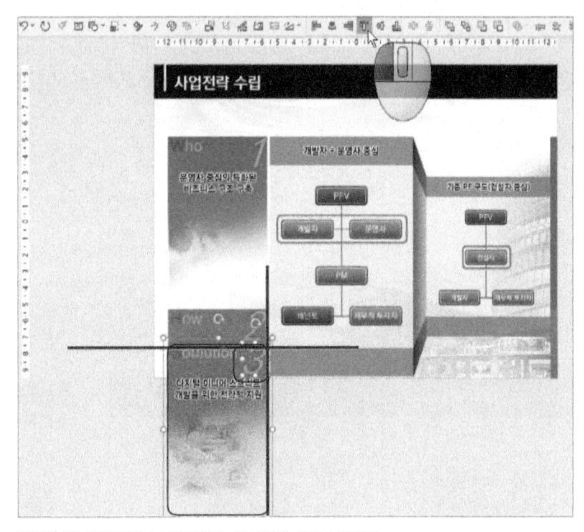

숫자 1과 그룹 1을 오른쪽 위로 정렬

같은 방법으로 나머지도 오른쪽 위로 정렬

7 아직 남은 슬라이드가 있지만, 지금까지 작업한 모핑을 먼저 확인해 볼까요? 6번 슬라이드를 선택한 상태에서 [전환] 탭의 [모핑] 효과를 적용해 보세요. 이때는 미리보기가 작동하는 것이므로 정말 제대로 된 효과를 보려면 5번 슬라이드에서 Shift + F5 키(현재부터 슬라이드 쇼)를 눌러 넘겨 보면 됩니다.

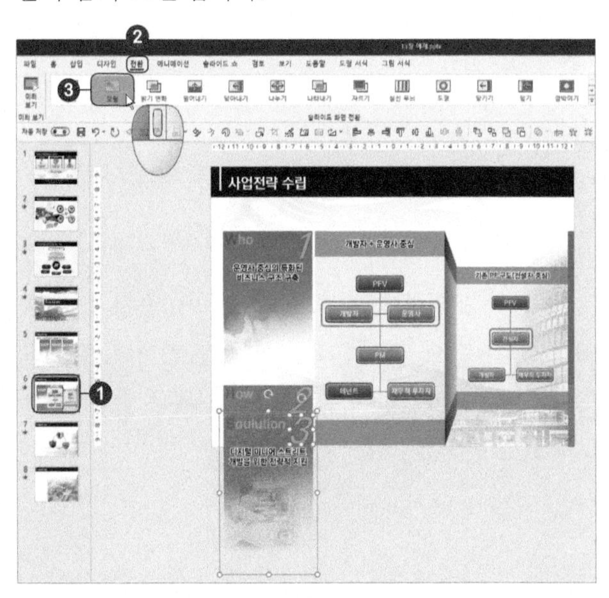

8 이제 6번 슬라이드가 완성됐기 때문에 나머지 슬라이드는 쉬워졌습니다. 6번 슬라이드에서 왼쪽의 그룹 1~3, 숫자 1~3 개체를 모두 선택하고 복사(Ctrl + C)한 후 7번 슬라이드에 붙여 넣기(Ctrl + V)합니다.
그런 다음, Shift 키를 활용해 그룹 2와, 숫자 2, 우측의 청록색 도형을 복수 선택하고 위쪽 맞춤( )으로 정렬하세요.

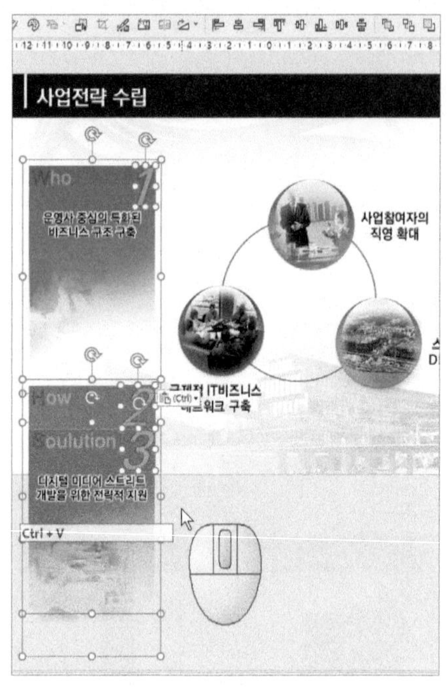

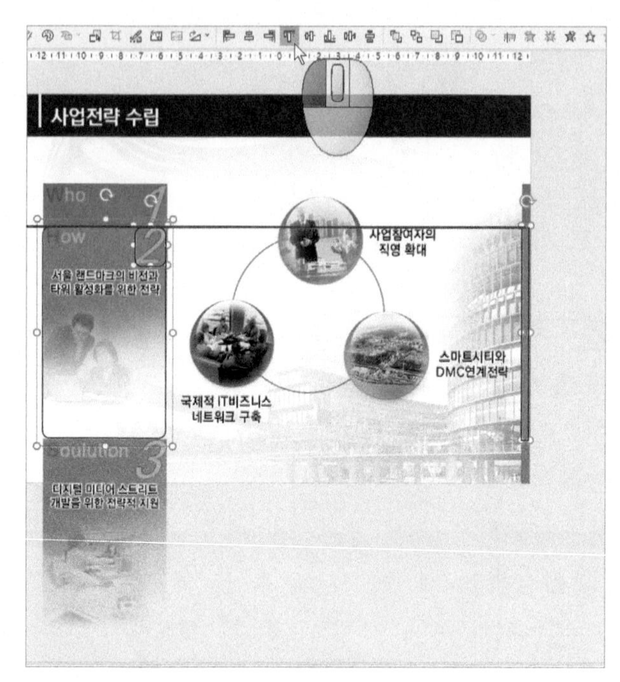

7번 슬라이드에 복사해 넣습니다.

9 8번 슬라이드도 작업해 보겠습니다. 7번 슬라이드 왼쪽에 완성된 그룹 1~3, 숫자 1~3 개체를 모두 선택하고 복사(Ctrl + C)한 후 8번 슬라이드에 붙여 넣기(Ctrl + V)합니다. 그리고 Shift 키를 활용해 그룹 3과, 숫자 3, 오른쪽의 황토색 도형을 복수 선택하고 위쪽 맞춤( )으로 정렬하면 모핑을 위한 7번, 8번 슬라이드도 금방 완성됩니다.

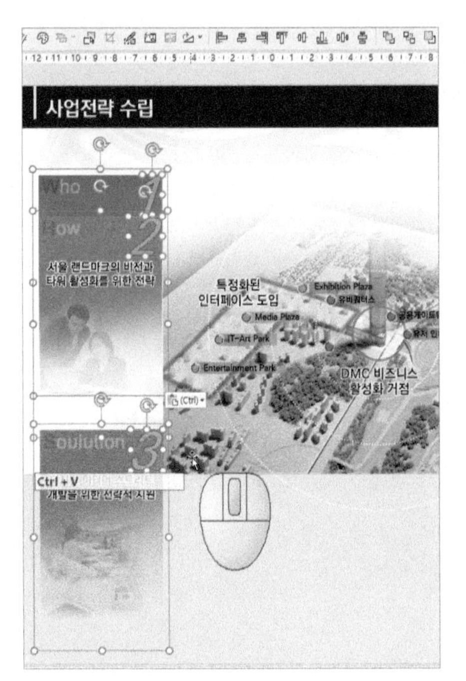

8번 슬라이드에도 똑같이 작업합니다.

10 Ctrl 키를 사용해 7번, 8번 슬라이드를 복수 선택하고 [전환] 탭의 [모핑] 효과를 한꺼번에 적용합니다.

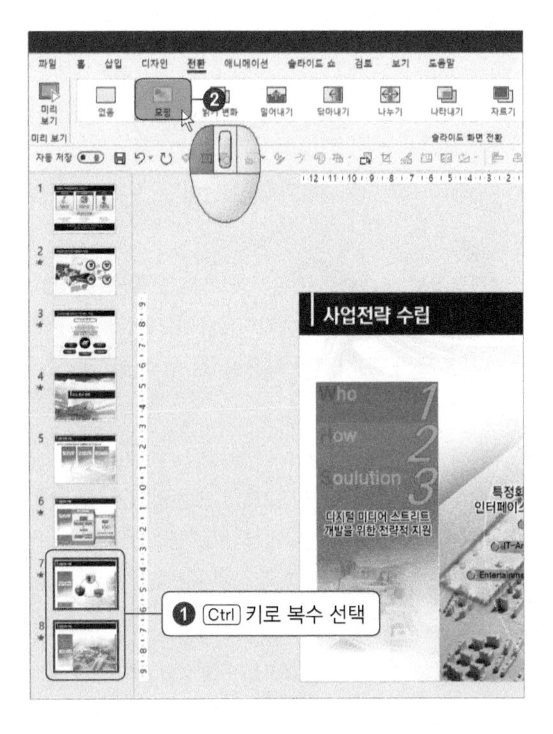

11 그런데 적용하고 보니 조금 느린 느낌이 있습니다. 7~8번 슬라이드를 모두 복수 선택하고 기간의 속도를 1초로 설정해 봅시다.

4번 슬라이드부터 Shift + F5 키로 슬라이드 쇼를 해 보면 모핑을 활용한 다양한 아이디어가 떠오를 것입니다.

[전문가의 조언] 모핑의 [효과 옵션]은 무슨 차이가 있나요?

모핑의 효과 옵션은 '개체', '단어', '문자'가 있습니다.

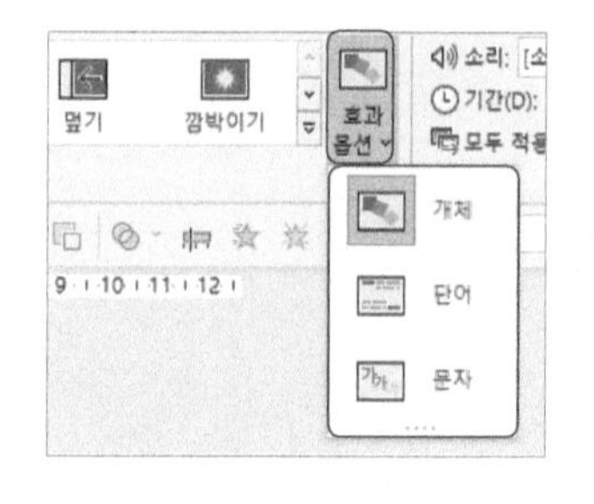

개체

지금까지 실습했던 것은 '개체'로 모핑한 것으로, 가장 쉽습니다. 이 경우, 모핑이 적용된 슬라이드에서 덩어리째 움직이는 느낌이 나타납니다. 크기, 위치, 색, 회전, 대칭 등의 변화를 추적해 움직임으로 표현해 줍니다.

단어

개체들은 개체 모핑이 그대로 표현되지만, 두 슬라이드 간에 띄어쓰기로 구분된 같은 단어가 있을 때는 추적해 모핑 효과가 일어납니다. 텍스트의 크기, 위치, 색, 회전 등의 변화를 모핑할 수 있습니다. 키워드를 강조해 설명할 때 효과적입니다.

문자

'단어' 모핑과 움직임이 비슷하지만, 띄어쓰기로 구분된 단위가 아닌 각 문자 단위로 추적해 모핑됩니다. 만약 모핑을 적용할 슬라이드 간에 같은 문자가 많을 경우, 처음에는 문자들이 이리저리 움직이는 게 화려해 보이지만, 지속적으로 보기엔 좋은 효과가 아니므로 가급적이면 실무에서 사용하지 않는 편이 좋습니다.

[전문가의 조언] 3차원 개체도 모핑할 수 있나요?

4차 산업 혁명과 더불어 3D 프린터가 각광을 받고 있듯이 3D 모델 파일만 있다면 파워포인트 2019 버전과 오피스 365 버전에는 3D 모델 개체를 삽입할 수 있습니다.

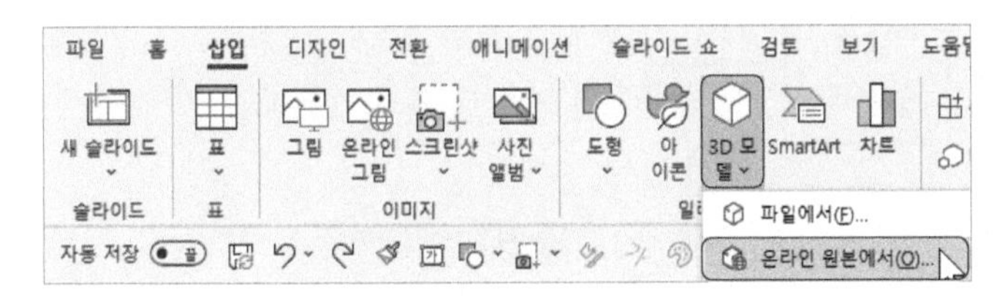

허블 망원경이 그림 파일이 아니라 3D 모델이었군!

[삽입] 탭의 [3D 모델]을 클릭하면 *.fbx, *.obj, *.3mf, *.ply, *.stl, *.glb 형식의 3D 모델 파일을 넣을 수 있는데, 3D 전문가가 아니라면 직접 제작하기 어렵기 때문에 직접 모델링 파일을 구하거나 [온라인 원본에서]를 클릭한 후 직접 검색해 활용할 수 있습니다. 3D 모델을 넣으면 개체 중앙의 3D 컨트롤( ) 버튼을 클릭한 채 움직이면서 3차원으로 자유롭게 개체를 회전시킬 수 있습니다. 이 방법을 활용한 것이 13장 예제 폴더의 'Hubble 3D.pptx' 파일입니다. 지금까지 잘 따라 했다면 어렵지 않게 만들 수 있을 것입니다.

김 대리의 스프링 노트 13

- 화면 전환 효과와 화면 전환 시간 이해하기 **13-1**

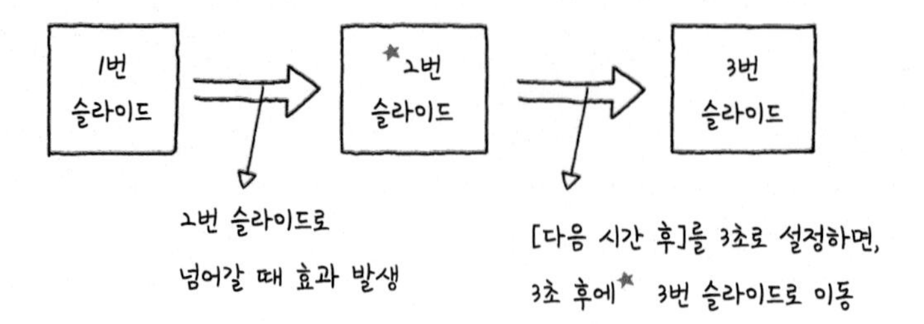

2번 슬라이드로 넘어갈 때 효과 발생

[다음 시간 후]를 3초로 설정하면, 3초 후에 3번 슬라이드로 이동

- 상황별로 화면 전환 효과 설정하기 **13-2**

① 챕터 전환

효과: 밝기 변화
옵션: 검은 화면 후 다음 슬라이드
기간: 1초

② 본문 전환

효과: 밝기 변화
옵션: 부드럽게
기간: 0.5초

③ 청중 주의 환기

효과: 도형
옵션: 바깥쪽
기간: 0.5초

- 역동적으로 강조되는 모핑 전환 효과 **13-3**

조건 1 두 슬라이드 간에 동일한 개체가 최소 1개는 반드시 있어야 한다.

조건 2 유형이 다른 개체는 모핑되지 않는다(예 도형과 사진).

조건 3 유형이 비슷한 개체의 이름 앞에 !!을 붙여 동일하면 강제로 모핑된다(예 사각형과 원).

'김 대리의 스프링 노트'가 잘 이해되지 않는다면 한 번 더 복습해 보세요!

전문가는 슬라이드 쇼를 이렇게 준비한다

드디어 마지막 시간이다.
처음에는 PPT 교육을 무슨 사흘씩이나 하는지 이해되지 않았지만, 교육이 끝나가니 지나간 시간이 무척 아쉬웠다. 친구는 아래와 같은 말로 강의를 시작한다.

"발표를 위해 자료를 인쇄하실 때도 있죠? 보통 어떻게 준비하세요?"
보통 임원들이 인쇄용 자료를 요구하는 경우가 많다는 수강자도 있었고 인쇄할 때 예상치 못한 문제가 발생한다는 수강자도 있었다.

"이 시간에는 실무에서 발생하는 인쇄 문제와 슬라이드 쇼를 능수능란하게 다루는 기술에 관해 말씀 드릴게요."
그렇다. 지금까지 많은 내용을 배웠지만 결국은 발표를 잘하기 위해 배운 기술들이었다.

#PDF로저장하기 #인쇄설정 #슬라이드노트 #발표자도구 #쇼재구성 #하이퍼링크

14-1 스마트 기기에서 발표 자료 확인하기

PDF로 언제 어디서나 확인하세요

스마트폰, 태블릿PC 등이 나오고부터 굳이 PC 앞이 아니더라도 언제나 나의 자료를 볼 수 있는 시대가 됐습니다. 이런 기기들을 이용할 때 가장 확실하고 쉬운 방법은 바로 PDF 파일로 확인하는 것입니다.

아직은 스마트 기기들이 ppt 또는 pptx를 확장자로 갖는 파워포인트 파일을 완벽하게 호환하지 못하는데, 호환되지 않는 요소 중에 대표적인 것이 폰트입니다. 따라서 **스마트 기기에서 파워포인트 문서를 확인하려면 PDF 파일로 변환해 이용할 것을 추천**합니다.

▶ 파일 뒤에 붙는 '확장자'는 '확장명'이라고도 하는데, 파일을 구분 짓는 역할을 합니다. 일반적으로는 숨겨져 있는데, 윈도우 탐색기의 옵션을 변경하면 확장자를 보이게 할 수 있습니다.

지금 해야 된다! } 파워포인트를 PDF 파일로 저장하기

PPT 파일을 PDF 파일로 저장하는 방법을 실습해 보겠습니다. 먼저 **'14장 예제.pptx'** 파일을 열고 F12 키를 눌러 [다른 이름으로 저장] 창을 띄웁니다.

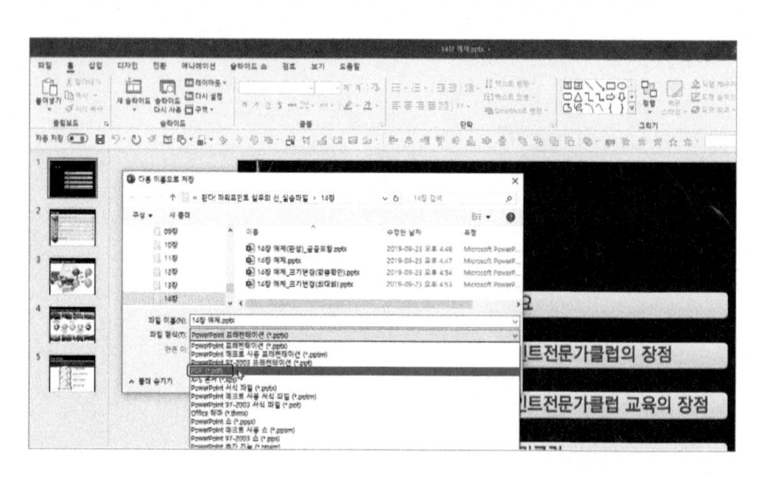

▶ F12 키는 파일을 다른 이름이나 다른 형식으로 저장할 때 사용하는 단축키입니다. [파일] 탭 - [다른 이름으로 저장]을 눌러도 됩니다.

여기서 [파일 형식(T)]을 [PDF(*.pdf)]로 선택하고 [저장] 버튼을 누르면 파일 확장자가 PDF로 저장됩니다.

14-2 A4 용지에 딱 맞게 인쇄하는 방법

인쇄할 때 여백이 많이 남는 이유

스마트 기기가 현대인의 필수품이 됐지만 실무에서는 인쇄물을 많이 사용합니다. 이런 불가피한 실무 상황 때문에 많이 나오는 질문은 아래와 같습니다.

"왜 파워포인트는 워드와 달리, 인쇄하면 양옆이나 위아래가 많이 남아요?"

PT 자료를 만들고 나서 A4 용지로 인쇄할 때 상하좌우 여백이 많이 남는 이유는 파워포인트 슬라이드의 크기 비율이 A4 용지의 크기 비율과 다르기 때문입니다.
파워포인트 2013 버전부터는 슬라이드가 16:9 비율이기 때문에 아래 그림처럼 상하 여백이 많이 남습니다.

16:9 비율일 때는 상하 여백이 많이 남습니다.

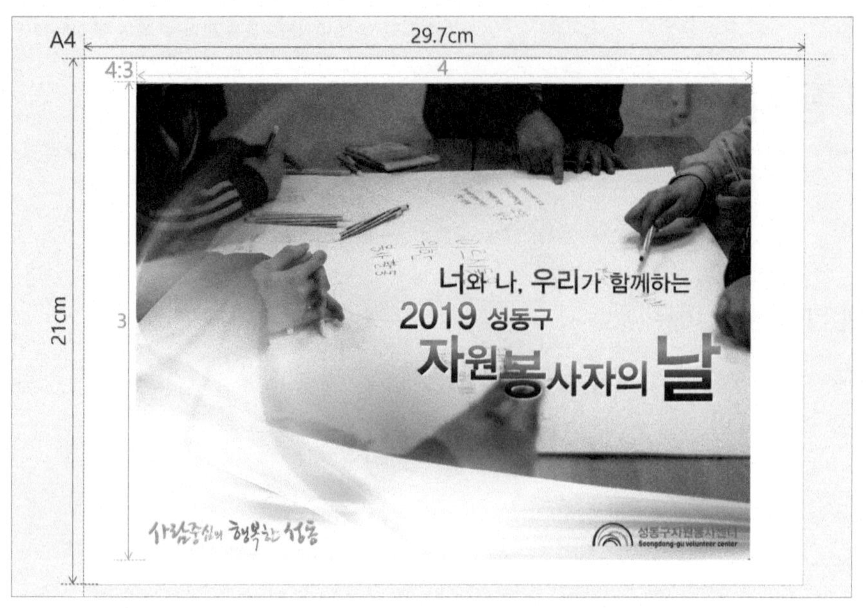

파워포인트 2010 버전까지는 슬라이드가 4:3 비율이기 때문에 이처럼 좌우 여백이 남습니다.

A4 용지 크기로 변경하기

그렇다면 해결책은 무엇일까요? 애초에 슬라이드 크기를 A4 용지 크기로 설정하는 것입니다. 단, 슬라이드 크기 설정은 문서를 작성하기 전에 미리해 둬야 합니다. 슬라이드 크기 설정이 문서 작성의 첫 단계라고 생각하시면 됩니다. A4 용지로 슬라이드 크기를 변경하려면 [디자인] 탭 → [슬라이드 크기 - 사용자 지정 슬라이드 크기]를 선택합니다.

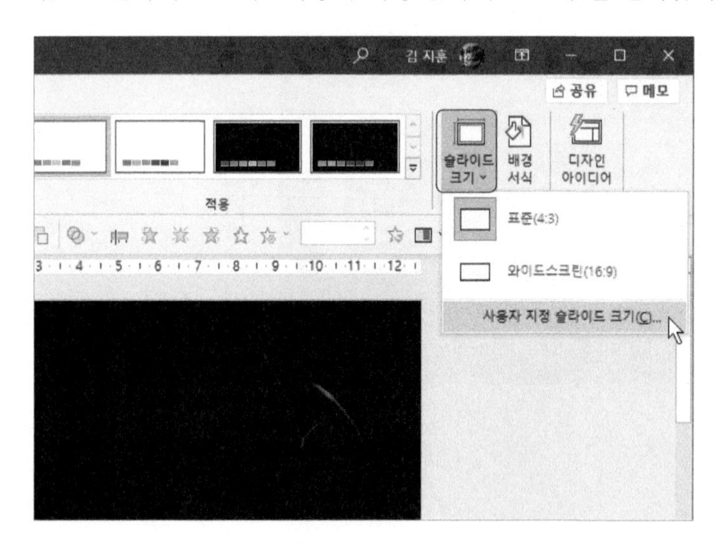

▶ 2010 이하 버전은 [디자인] 탭 → [페이지 설정] 그룹 → [페이지 설정] 메뉴에서 변경하면 됩니다.

그러면 오른쪽 그림과 같은 창이 나타납니다. 이 창에서 [슬라이드 크기] 항목을 [A4 용지(210×297㎜)]로 설정하면, 슬라이드 크기가 A4 용지 크기로 변경됩니다.

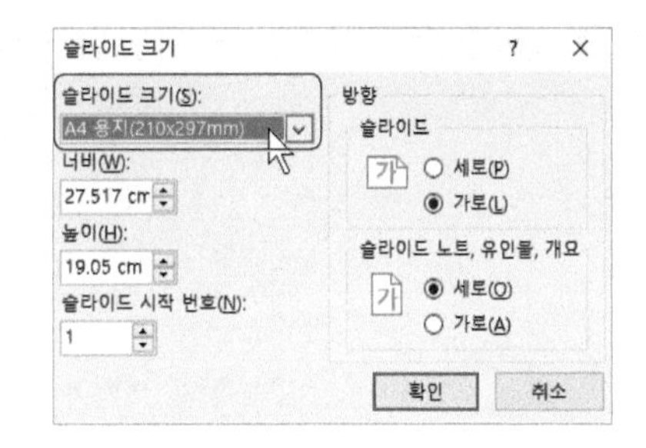

문제는 이미 완성된 PT 자료의 화면 크기를 변경해야 할 때입니다. 4:3 또는 16:9 비율로 만들어진 문서의 슬라이드 크기를 강제로 A4 용지 크기로 변경하면 어떻게 될까요?

문서가 모두 만들어진 상태에서 용지의 비율을 바꾸는 것이기 때문에 문제가 발생합니다. 대표적인 예로 2010 버전까지는 기존에 삽입된 개체의 비율이 왜곡될 수 있습니다. 정원이 타원이 되거나 텍스트 상자 안에 있는 텍스트의 줄이 변경되기도 합니다.

2013 버전부터는 그나마 선택할 수 있는 폭이 넓습니다. 슬라이드 크기를 바꿀 때 '최대화'와 '맞춤 확인'이라는 두 가지 옵션을 제공하기 때문입니다. 직접 실습을 통해 알아보겠습니다.

지금 해야 된다! } 2013 이상의 버전에서 슬라이드 크기 변경하기

1 14장 예제 파일을 엽니다. 이 문서의 슬라이드 크기는 4:3 비율입니다. 이를 A4 용지 크기로 바꿔 보겠습니다. 비교를 위해 3번 슬라이드를 선택하고 [디자인] 탭 → [슬라이드 크기 - 사용자 지정 슬라이드 크기]를 선택합니다.

▶ 이 예제는 2013 버전부터 실습할 수 있습니다.

슬라이드 크기 변경은 현재 화면이 몇 번 슬라이드인지 상관없이 아무 화면에서나 실행할 수 있습니다.

2 [슬라이드 크기] 항목을 [A4 용지(210×297㎜)]로 변경하고 [확인] 버튼을 클릭합니다. 방향 옵션은 바꾸지 않고 그대로 둡니다.

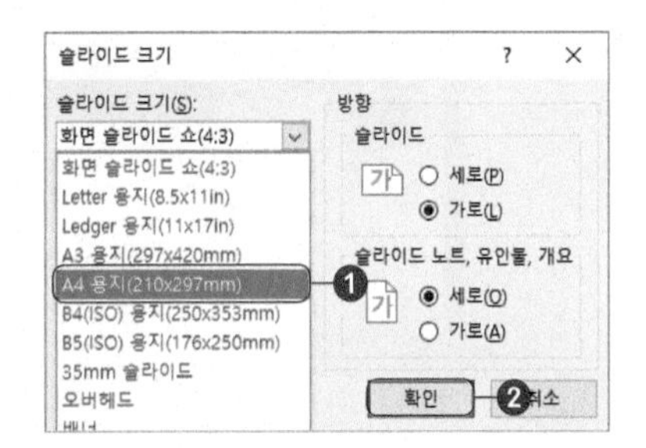

❸ 옵션 선택 창이 나타납니다. [최대화]를 선택하세요.

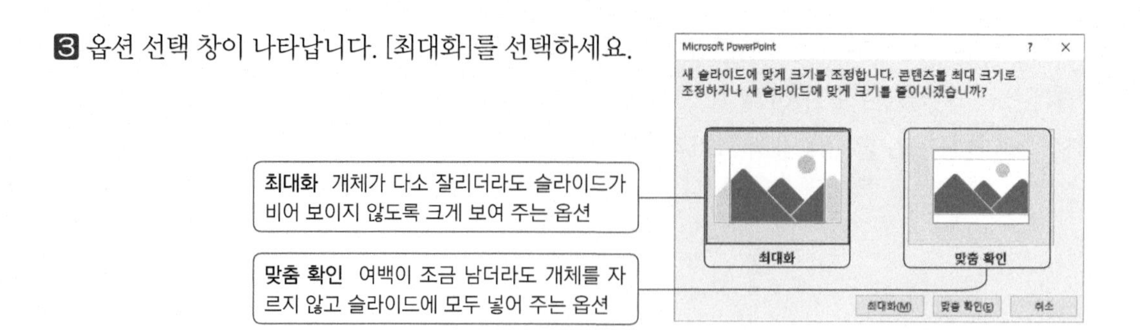

❹ 슬라이드 크기 변경이 끝났습니다. F12 키를 눌러 다른 이름으로 저장한 후 원본과 비교해 보세요. 개체의 크기와 위치가 달라졌습니다.

최대화? 맞춤 확인? 뭐가 좋을까?

슬라이드 크기 조절이 까다롭고 헷갈리는 이유는, 옵션은 2개지만 슬라이드 크기를 확대하느냐 축소하느냐에 따라 총 네 가지 결과가 나타나기 때문입니다.
조금 전에 실습한 예제처럼 슬라이드 크기가 '확대'될 때 최대화를 적용하면 개체들도 슬라이드 화면에 꽉 차게 확대됩니다. 반면, 슬라이드 크기를 '축소'할 때 최대화를 적용하면, 개체의 크기에는 변화가 없습니다. 개체가 슬라이드 밖으로 삐져 나가거나 위치가 바뀔 수 있다는 점은 주의해야 합니다.

▶ 파워포인트 슬라이드 크기
표준(4:3): 25.4 × 19.05cm
A4 용지: 27.517 × 19.05cm

구분	최대화	맞춤 확인
슬라이드 크기를 확대할 때	개체의 크기가 슬라이드에 꽉 차게 확대됩니다.	변화 없음. 단, 여백이 넓어질 수 있습니다.
슬라이드 크기를 축소할 때	변화 없음. 단, 슬라이드 밖으로 삐져 나갈 수 있습니다.	개체의 크기가 슬라이드에 담기도록 축소됩니다.

슬라이드 확대/축소와 최대화/맞춤 확인에 따른 개체의 크기 변화

슬라이드 크기를 바꿀 때는 위 표를 참고하세요. 다만, 개체의 크기나 위치가 공식처럼 완벽하게 변하는 것은 아니므로 상황에 맞게 잘 적용하되, 혹시 잘못된 부분은 없는지 개체의 크기와 위치를 꼼꼼히 확인해야 합니다.
하지만 무엇보다도 문서 작업을 시작하기 전에 슬라이드 크기를 A4 용지 크기로 미리 바꿔 놓는 것이 가장 좋습니다.

[전문가의 조언] 슬라이드 마스터 편집 화면에서 개체를 삽입할 때는 주의하세요!

기본 편집 화면에서 삽입한 개체는 슬라이드 크기를 확대하거나 축소할 때 비율이 잘 유지됩니다. 하지만 슬라이드 마스터 편집 화면에서 배경이 될 그림을 '채우기' 방법으로 넣지 않고 그냥 그림 개체로 '삽입'하면 배경 그림의 비율이 왜곡됩니다.

▶ 배경에 그림을 넣는 방법에 대한 자세한 설명은 278쪽을 참조하세요.

A4 용지에 꽉 차게 인쇄하기

슬라이드 크기를 A4 용지 크기로 바꿔 인쇄를 했어도 몇몇 분은 여전히 만족 못할 것입니다.

> "슬라이드 쇼처럼 종이에 꽉 차게 인쇄할 수 없나요?"

이는 파워포인트가 아니라 프린터의 문제입니다. 기종마다 다르지만 A4 용지를 기준으로 할 때, 프린터는 평균적으로 상하좌우 5mm 내외를 여백으로 남기고 인쇄합니다. 다시 말해, 여백 없이 인쇄할 수 있는 일부 기종을 제외하면 종이에 꽉 차게 인쇄하지 못합니다.
또한 앞에서 배운 방법대로 슬라이드 크기를 A4 용지 크기로 변경했더라도 약 1cm 내외로 여백이 생깁니다. 이는 아래 그림에서 [너비]와 [높이]를 확인해 보면 알 수 있습니다. 이렇게 상하좌우 여백이 생기는 이유는 용지의 약 1cm 안쪽을 인쇄 가능한 영역으로 잡기 때문입니다. 이 영역을 **안전 영역**이라고 부릅니다.

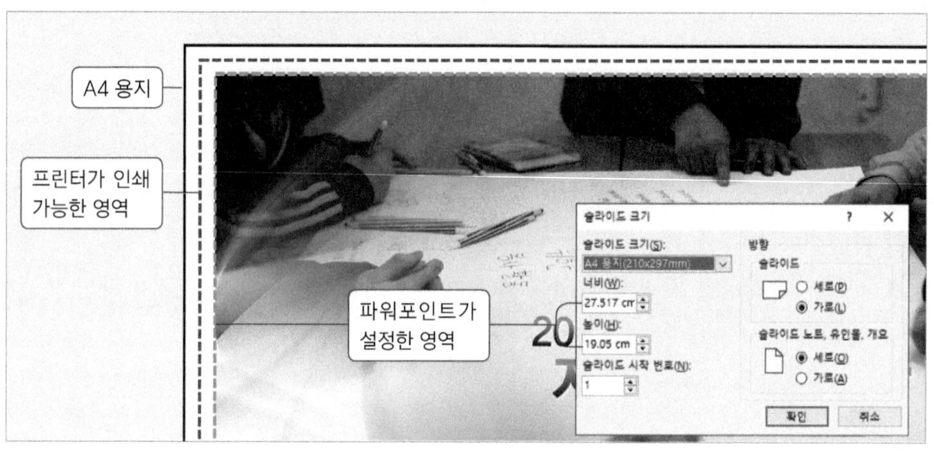

파워포인트는 인쇄 안전 영역을 갖고 있습니다.

안전 영역을 무시하고 인쇄할 수 있는 몇 가지 방법이 있긴 합니다.
첫째, [슬라이드 크기] 창에서 [너비]와 [높이]에 실제 A4 용지 크기인 21cm × 29.7cm를 직접 입력하면 됩니다. 그러면 프린터가 인쇄할 수 있는 최대한의 영역으로 인쇄할 수 있습니다. 단, 작업한 슬라이드의 일부가 잘려 인쇄될 수 있다는 점을 감안해야 합니다.
둘째, B4 용지 크기로 인쇄할 수 있는 프린터라면, B4 용지에 인쇄한 후 A4 크기로 재단하면 원하는 크기의 인쇄 결과물을 얻을 수 있습니다.
셋째, 굳이 A4 용지 크기가 아니어도 된다면 A4 용지에 최대로 인쇄한 후 여백을 재단하는 것도 한 가지 방법입니다.

14-3 한 페이지에 여러 슬라이드 노트 인쇄하기

발표 자료를 만들었으면 발표 대본도 만들어 둘 필요가 있습니다. 대부분 대본을 슬라이드 노트에 적어 두죠. 그리고 발표 연습을 하려고 슬라이드와 슬라이드 노트를 함께 인쇄하기도 합니다. 아마 보통은 이렇게 인쇄할 겁니다. 그러나 결론부터 말씀드리면, 이는 그리 좋은 방법이 아닙니다.

[파일] 탭 → [인쇄] 메뉴 → [인쇄 모양 - 슬라이드 노트] 선택

▶ 2007 버전에서는 Ctrl + P 를 눌러 [인쇄 대상] - [슬라이드 노트]를 선택하면 됩니다.

슬라이드 노트를 인쇄하는 일반적인 방법입니다.

이렇게 인쇄하면 한 페이지에 한 슬라이드밖에 인쇄할 수 없어 종이가 낭비됩니다. 슬라이드 노트를 전문가답게 인쇄하는 방법을 소개합니다.

지금 해야 된다! } 한 페이지에 여러 슬라이드 노트 인쇄하기

1 앞선 예제의 실습을 진행했다면 저장하지 말고 닫았다가 다시 14장 예제 파일을 새로 엽니다. 화면 하단의 [슬라이드 노트] 버튼을 누르면 1~5번 슬라이드에 슬라이드 노트가 입력돼 있다는 것을 확인할 수 있습니다.

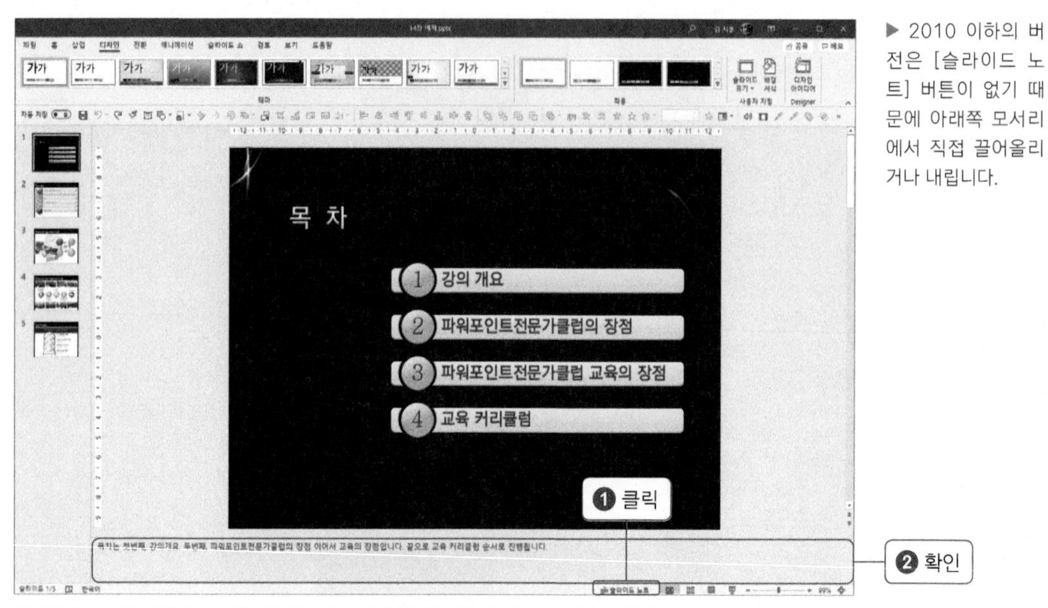

[슬라이드 노트] 버튼을 누르면 슬라이드 노트가 나타나고 한 번 더 누르면 숨겨집니다.

▶ 2010 이하의 버전은 [슬라이드 노트] 버튼이 없기 때문에 아래쪽 모서리에서 직접 끌어올리거나 내립니다.

2 [파일] 탭에 들어가 [내보내기] → [유인물 만들기] 메뉴를 선택합니다. 그러면 오른쪽 화면이 아래 그림처럼 바뀝니다. 바뀐 화면에 나타난 [유인물 만들기] 버튼을 클릭합니다.

▶ 2010 버전에서는 [파일] - [저장/보내기] - [유인물 만들기]를 선택합니다.
2007 버전에서는 [Office] 버튼을 누른 후 [게시] - [Microsoft Word에서 유인물 만들기]를 선택합니다.

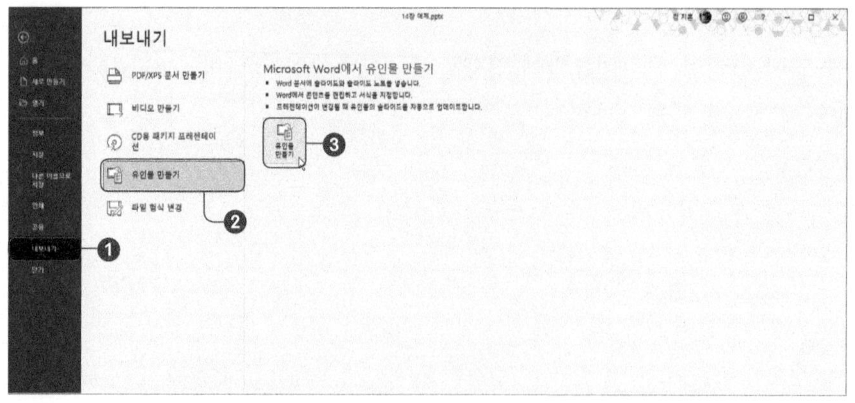

[유인물 만들기]를 선택합니다.

❸ [Microsoft Word로 보내기] 창이 나타납니다. [슬라이드 옆에 설명문(N)]을 선택하고 [확인] 버튼을 누르세요.

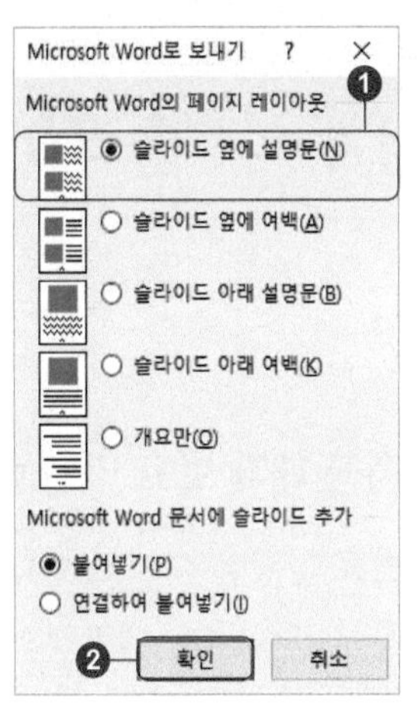

[슬라이드 옆에 설명문]을 선택합니다.

❹ 워드 화면이 자동으로 나타나면서 아래와 같은 문서를 만듭니다. 자동으로 진행되는 대신, 시간이 다소 오래 걸립니다. 데이터가 많을 경우 잠시 멈출 수도 있지만, 인내심을 갖고 좀 더 기다리면 완성될 것입니다. 각 내용이 [표] 형식으로 들어가 있는데, 텍스트 수정이 가능하므로 글꼴 크기 및 여백을 각자 입맛에 맞게 조절한 후에 인쇄하면 됩니다.

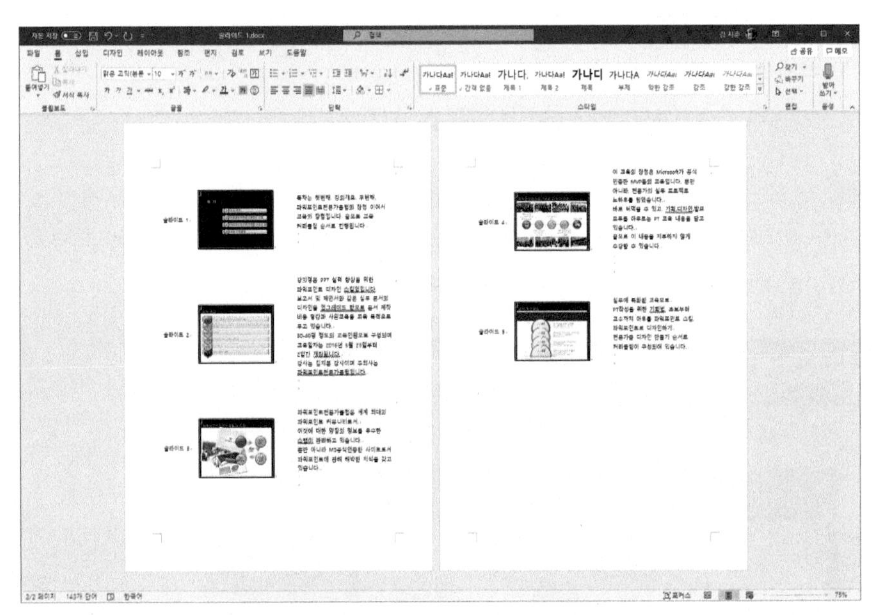

[여러 페이지 보기]로 변경한 워드 화면입니다.

14-4 슬라이드 쇼와 발표자 도구 활용 방법

지금 내가 보고 있는 슬라이드부터 슬라이드 쇼 시작하기

발표 상황은 수시로 변합니다. 처음이 아니라 중간부터 슬라이드 쇼를 실행해야 하는 경우도 종종 발생합니다. 대표적인 예로, 할당받은 발표 시간이 줄어 서론을 생략하고 곧장 본론부터 시작해야 하거나 의사결정권자가 특정 페이지부터 발표해 달라고 요청하는 경우 등이 있습니다.
이런 상황이 닥치면, 다급한 마음에 슬라이드 쇼 실행 단축키인 F5 키부터 누르게 됩니다. 나오는 화면은 첫 슬라이드! 당황하며 열심히 클릭해 원하는 페이지로 이동했던 경험이 누구나 한 번쯤 있을 텐데요. 저는 각종 발표 현장에서 이런 경우를 아주 많이 봤습니다.

지금 내가 보고 있는 슬라이드부터 슬라이드 쇼를 시작하는 방법은 두 가지가 있습니다. 사소하지만 정말 중요한 기능입니다. 발표 흐름을 깨뜨리는 실수를 하지 않으려면 이 방법을 꼭 기억하시기 바랍니다. 실습으로 확인해 보겠습니다.

지금 해야 된다! } 현재 슬라이드부터 슬라이드 쇼 시작하기

1 14장 예제 파일을 열고 3번 슬라이드를 선택합니다. 현재 내가 보고 있는 슬라이드에서 슬라이드 쇼를 시작하는 첫 번째 방법은 단축키를 사용하는 것입니다. Shift + F5 키를 누르세요. 슬라이드 쇼를 확인한 후 종료할 때는 Esc 키를 한 번 누릅니다.

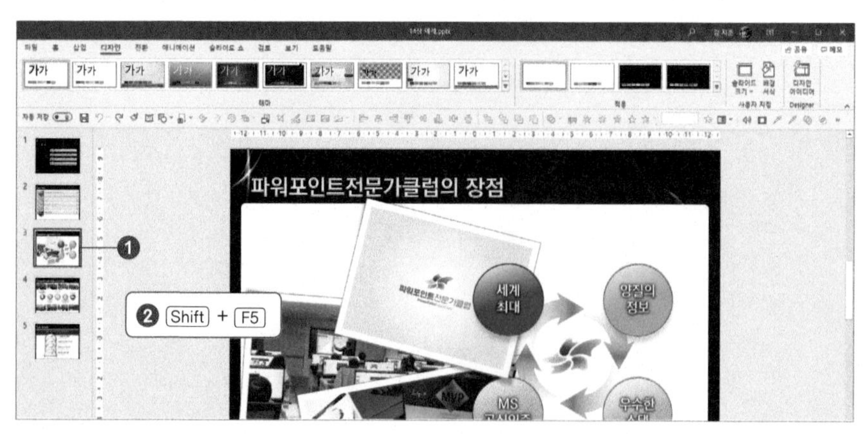

Shift + F5 키를 누르면 현재 슬라이드부터 쇼 보기가 시작됩니다.

2 두 번째 방법은 [슬라이드 쇼] 버튼을 직접 클릭하는 것입니다. 파워포인트 화면 오른쪽 아래에 '화면 보기 전환 버튼' 4개가 있습니다. 각각의 버튼은 왼쪽부터 '기본 보기', '여러 슬라이드', '읽기용 보기', '슬라이드 쇼'라는 이름을 갖고 있습니다. 이 중 우리가 원하는 건 가장 오른쪽에 있는 [슬라이드 쇼] 버튼입니다. 화면 보기 전환 버튼 중에서 가장 오른쪽에 있는 [슬라이드 쇼()] 버튼을 클릭하면 현재 슬라이드부터 슬라이드 쇼를 시작합니다.

[슬라이드 쇼] 버튼을 눌러도 현재 슬라이드부터 쇼 보기가 시작됩니다.

[전문가의 조언] 읽기용 보기로 슬라이드 쇼 화면을 미리볼 수 있다

발표 자료를 만들다 보면 슬라이드가 어떻게 보일지 확인하기 위해 현재 슬라이드부터 쇼 보기를 수시로 실행하게 됩니다. 하지만 전체 화면으로 전환되기 때문에 시간도 걸리고 조금 불편합니다. 이럴 때는 화면 보기 전환 버튼에서 [읽기용 보기()] 버튼을 클릭해 보세요. 전체 화면으로 바뀌지 않은 상태로 애니메이션 효과와 화면 전환 효과를 확인할 수 있습니다.

▶ [읽기용 보기]는 2010 버전부터 사용할 수 있습니다.

특정 슬라이드로 한 번에 이동하는 방법

발표 후 Q&A 시간에 질문을 받게 되면 특정 슬라이드를 넘나들며 설명해야 할 일이 생깁니다. 이때 특정 슬라이드를 찾으려고 슬라이드를 빠르게 넘기거나 슬라이드 쇼를 종료하고 해당 슬라이드를 찾고 있으면 준비가 미흡하다는 인상을 주기 쉽습니다. 게다가 발표의 흐름마저 깨지기 쉽지요. 그러면 어떻게 해야 할까요? 답은 간단합니다. 슬라이드 쇼 상태에서 슬라이드 번호와 Enter 키를 누르세요. 해당 슬라이드로 바로 이동할 수 있습니다.

슬라이드 번호 + Enter 키

여기서 한 가지 궁금증이 생깁니다. 슬라이드 번호는 어떻게 알 수 있을까요? 이런 경우를 대비해 발표 자료를 미리 출력해 두는 게 좋습니다. 슬라이드 번호는 미리 출력해 놓은 유인물로 번호를 확인하는 것이 가장 안전합니다. 인쇄 옵션을 설정하면 한 페이지에 슬라이드를 최대 9개까지 담을 수 있습니다. 발표 자료에 슬라이드가 총 40장이면 A4 용지는 5장이면 충분합니다.

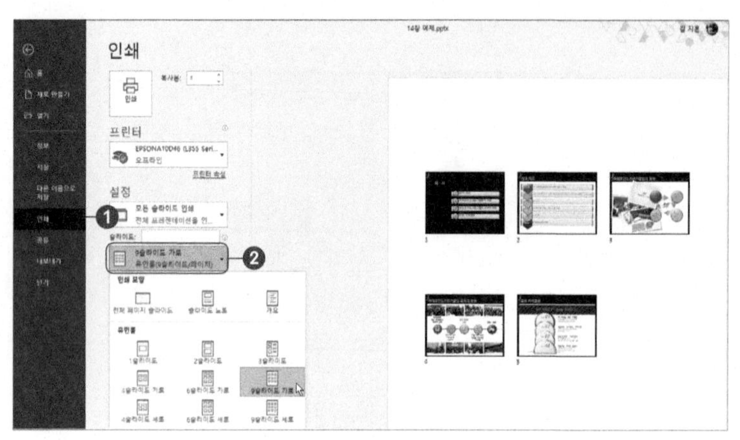

인쇄 설정 화면에서 한 페이지에 인쇄할 슬라이드 개수를 변경할 수 있습니다.

한 페이지에 인쇄할 슬라이드 개수는 [파일] 탭 → [인쇄] 메뉴에서 설정합니다. 이렇게 출력하면 각 슬라이드마다 번호가 표기됩니다. 그러나 숫자가 작아 잘 안 보일 수 있습니다. 발표 전에 슬라이드 번호 부분만 따로 마킹하거나 잘 보이게 다시 써 놓는 것도 좋은 방법입니다.

지금 해야 된다! } 원하는 슬라이드로 바로 이동하기

1 14장 예제 파일을 열고 F5 키를 누릅니다. 그러면 1번 슬라이드부터 슬라이드 쇼가 진행되겠죠? 키보드에서 3 키를 누르고 Enter 키를 눌러 보세요. 3번 슬라이드로 곧장 이동합니다.

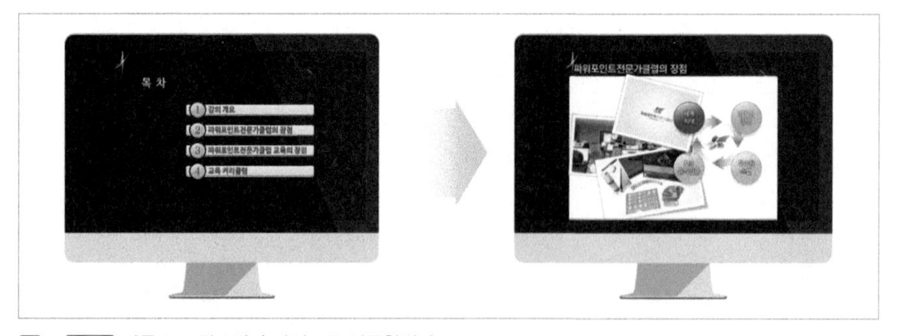

3 + Enter 키를 누르면 3번 슬라이드로 이동합니다.

2 [2] 키를 누르고 [Enter] 키를 누릅니다. 화면이 2번 슬라이드로 바뀝니다.

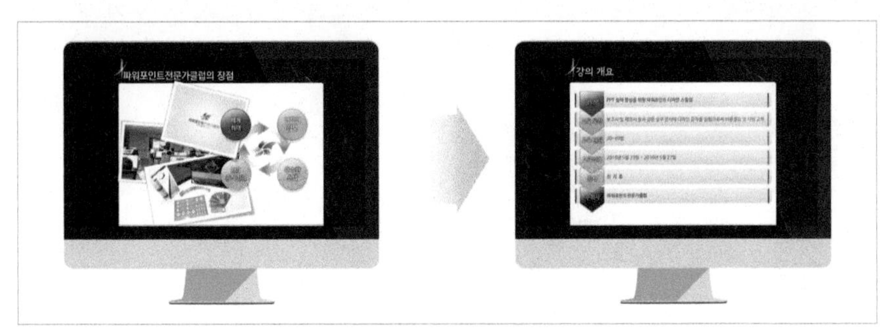

[2] + [Enter] 키를 누르면 2번 슬라이드로 이동합니다.

발표자 도구를 활용해 중요한 부분 강조하기

발표 중에 특정 부분을 강조하거나 화면 위에 직접 쓰면서 설명해야 할 경우가 있습니다. 이럴 때 대부분 마우스 커서를 뱅글뱅글 돌리면서 설명하는데, 뒷자리에 앉은 청중은 잘 보이지 않을 뿐더러 발표 자료의 배경이 흰색이면 앞에 앉은 청중조차 확인하기 어렵습니다.

파워포인트는 마우스 커서 대신 사용할 수 있는 발표자 도구를 제공합니다. 발표자가 원하는 내용을 화면 위에 직접 기입할 수 있고 밑줄을 그어 특정 부분을 강조할 수도 있습니다. 다음 실습을 통해 하나씩 배워 보겠습니다.

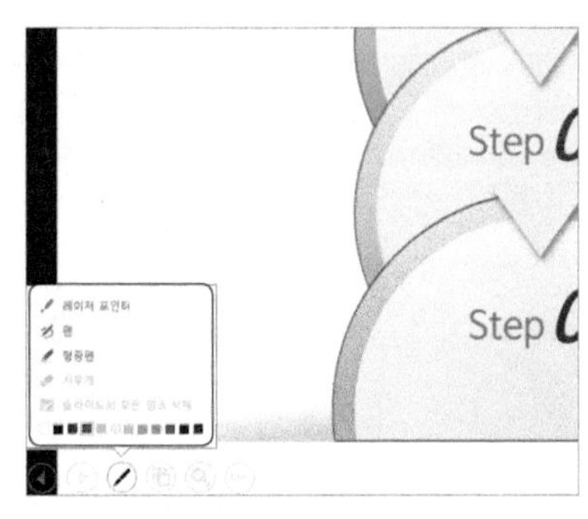

발표자 도구를 사용해 보세요.

지금 해야 된다! } 슬라이드 쇼 보기 상태에서 발표자 도구 사용하기

1 14장 예제 파일을 열고 5번 슬라이드를 선택합니다. [Shift] + [F5] 키를 눌러 현재 슬라이드에서 쇼 보기를 실행합니다. 발표자 도구 중에서 가장 많이 사용하는 것은 '펜' 기능입니다. 이 기능을 사용하면 화면 위에서 자유롭게 드로잉할 수 있습니다. 단축키는 펜(Pen)의 첫 알파벳을 써서 [Ctrl] + [P]입니다.

슬라이드 쇼 보기 상태에서 Ctrl 키를 누른 채 P 키를 누릅니다. 마우스 커서가 점 모양으로 변하면, 마치 판서하듯이 슬라이드 화면에 바로 쓸 수 있습니다. 제목 밑에 밑줄을 긋거나 특정 단어 위에 동그라미를 그려도 좋습니다. 자유롭게 사용해 보세요.

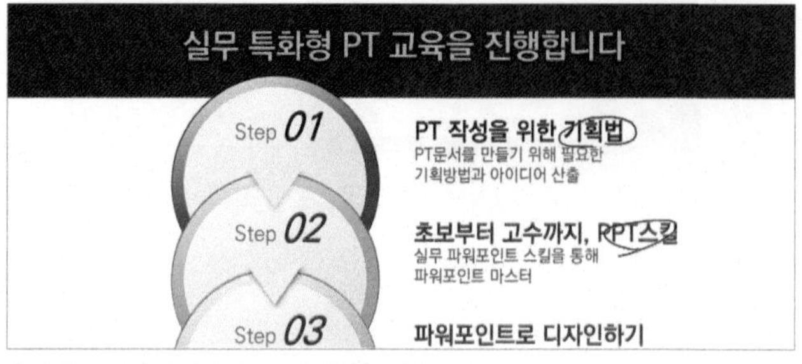

슬라이드 쇼가 시작된 상태에서 Ctrl + P 키를 누르면 펜 도구를 사용할 수 있습니다.

2 화면 위에 기입한 내용을 지울 수도 있습니다. 펜과 마찬가지로 단축키를 사용하면 쉽습니다. 단축키는 지우개(Eraser)의 첫 알파벳을 써서 Ctrl + E입니다. 단축키를 써서 지우개 기능을 실행해 보세요. 마우스 커서가 지우개 모양으로 변합니다. 이제 펜으로 기입한 내용을 하나씩 클릭해 삭제해 보세요. 마우스를 클릭한 채 해당 내용 위를 지나가도 지울 수 있습니다.

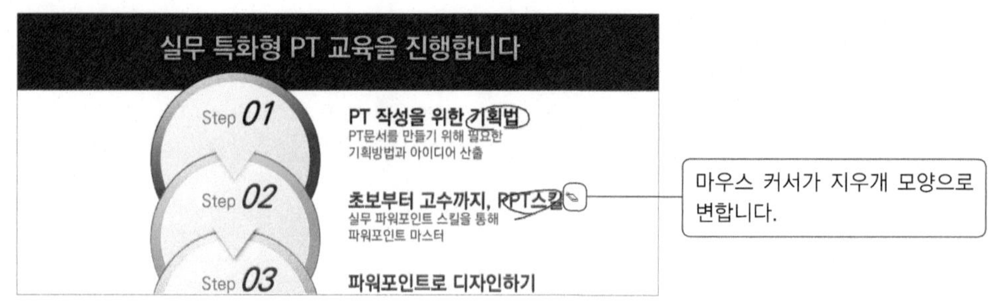

필기한 내용을 지우고 싶다면 Ctrl + E 키를 누릅니다.

3 이번에는 단축키가 아니라 직접 메뉴를 클릭해 발표자 도구 기능을 실행해 보겠습니다. 발표자 도구 모음은 슬라이드 쇼가 시작된 상태에서 마우스를 움직이면 화면 왼쪽 아래에 나타납니다.

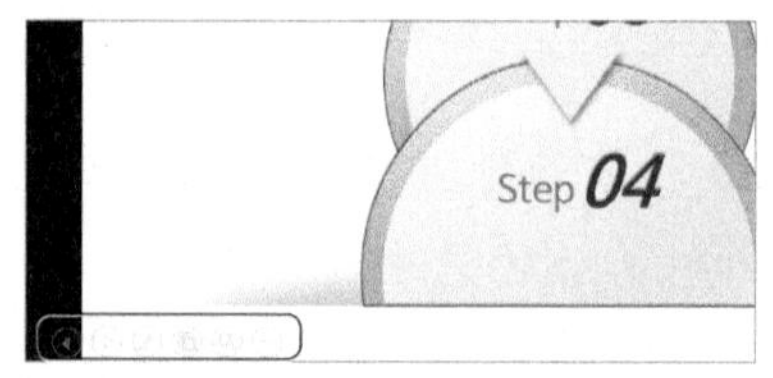

마우스를 살짝만 움직여도 발표자 도구 모음이 나타납니다.

[전문가의 조언] 발표자 도구 모음이 안 보여요!

발표자 도구 모음이 화면에 나타나지 않는다면 Esc 키를 눌러 쇼 보기를 종료한 후 [슬라이드 쇼] 탭 → [모니터] 그룹에서 [발표자 도구 사용]을 체크하세요!

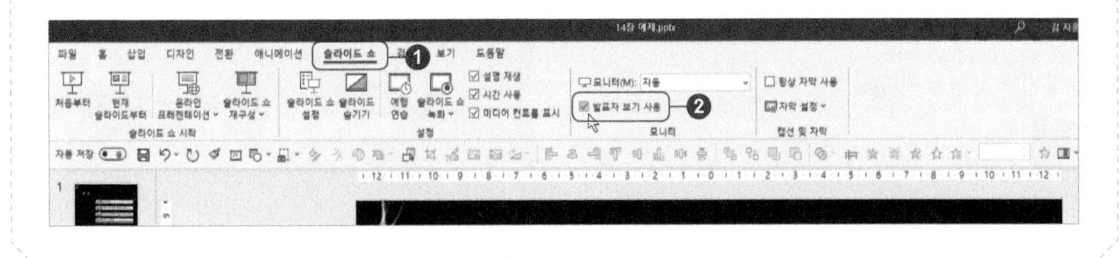

4 화면 왼쪽 아래의 발표자 도구 모음으로 마우스 커서를 올려놓고 펜 모양의 버튼(✎)을 클릭하면 포인터 옵션 메뉴가 나타납니다. 펜 외에 '레이저 포인터'와 '형광펜' 기능도 보입니다. 레이저 포인터는 화면 위에 쓸 수는 없지만 강조하고 싶은 부분을 가리키고자 할 때 사용하고 형광펜은 중요한 부분을 색칠하고자 할 때 사용합니다. 아래쪽 색상표에서 펜과 형광펜의 색상을 바꿀 수도 있습니다.

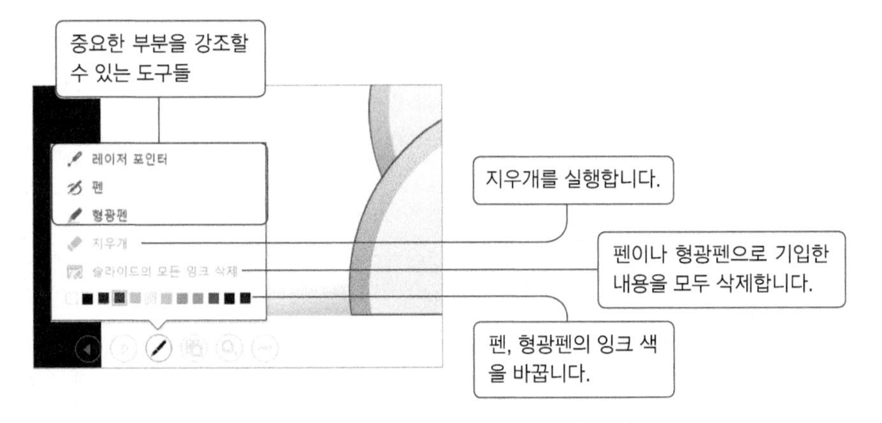

5 [레이저 포인터]를 클릭하고 화면 위에서 마우스를 자유롭게 움직여 보세요.

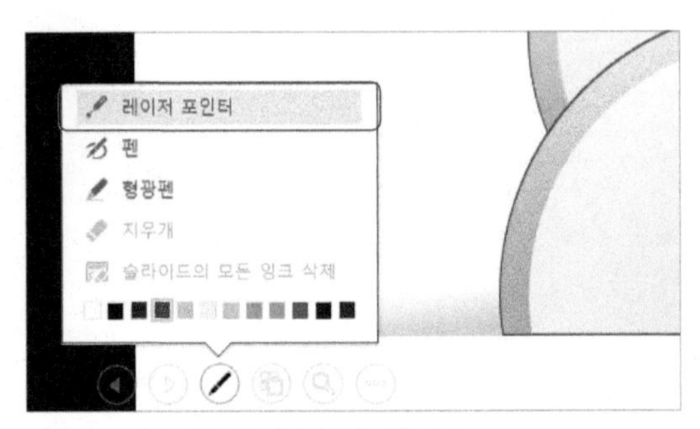

레이저 포인터 단축키는 Ctrl + L 입니다.

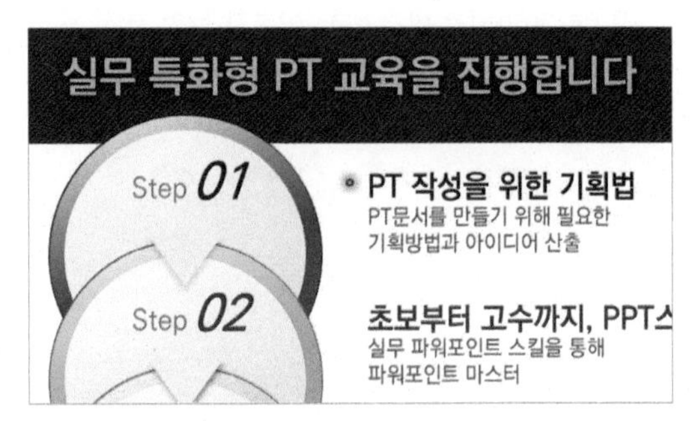

6 이번에는 [형광펜]을 클릭한 후 'Step 02'의 제목을 드래그해 보세요.

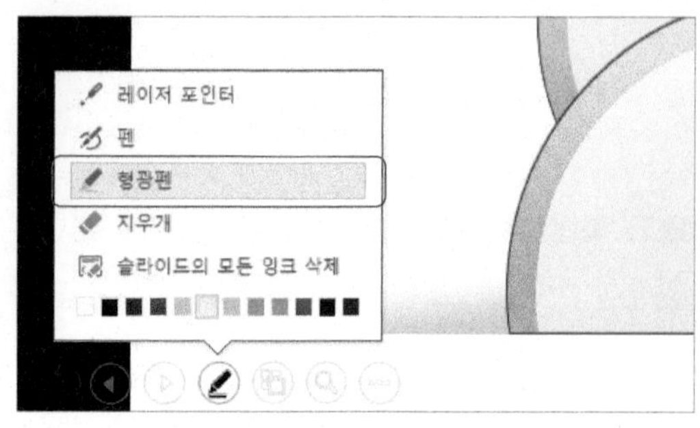

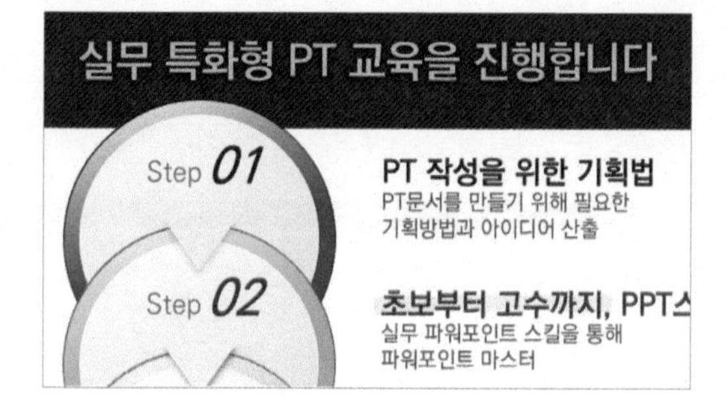

형광펜 단축키는 Ctrl + I입니다.

7 발표자 도구를 모두 쓴 후에 다시 마우스 커서로 돌아오려면 Ctrl + A를 누릅니다. 화살표(Arrow)의 첫 알파벳이라고 기억하면 쉽습니다. 펜이나 마우스가 발표 화면에 거슬린다면 숨겨야겠죠? 이때는 숨긴다는 뜻의 영어 단어 'Hide'의 'H'를 써서 Ctrl + H를 누릅니다. 직접 실습해 보세요.

[전문가의 조언] 발표자 도구가 오히려 불편하세요? 그럼 끄면 됩니다

최근 필자의 강의에서 '요즘 슬라이드 쇼가 불편하다'라는 질문이 많습니다. 2010 버전까지는 아래와 같이 발표자 도구를 쓰기 위해 사용자가 두 가지의 설정을 직접 바꿔야만 했습니다.

- **디스플레이 변경**: 복제 → 확장 모드로 연결 방식 변경
- **파워포인트 변경**: [쇼 설정]에서 '발표자 도구' 체크, 복수 모니터를 '모니터2'로 변경

그런데 이 두 가지가 자동화되면서 오히려 사용자가 불편함을 느끼게 됐습니다. 이 [자동] 방식은 '복제' 모드로 연결돼 있더라도 강제로 '확장' 모드로 연결하는 과정에서 투사 방식이 바뀌기 때문에 모니터 연결이 잠깐 끊어졌다 연결됩니다. 그리고 발표자 도구를 쓰지 않는 사람은 늘 불편할 수밖에 없습니다.
예전 방식으로 변경하고 싶다면 [슬라이드 쇼] 탭 → [모니터] 그룹으로 들어가 [모니터]를 [자동]에서 [기본 모니터]로 변경하고 '발표자 보기 사용'을 체크 해제하면 됩니다.

청중을 발표자에게 집중시키는 방법

발표를 하다 보면 특별히 중요한 내용이라 길게 설명해야 할 때가 있습니다. 이때만큼은 사람들이 발표자인 나를 봐 주면 좋으련만, 화면만 뚫어져라 보고 있는 청중의 시선을 돌리기란 쉽지 않습니다. 어떻게 하면 청중의 시선을 발표자에게 집중시킬 수 있을까요? 이때 사용하는 단축키가 B와 W 키입니다.

B 키를 누르면 화면이 검게(Black) 변하면서 마치 빔 프로젝터를 종료한 듯한 효과를 줄 수 있습니다. 다만, 발표 공간이 많이 어두운 경우에는 전체가 깜깜해질 수 있으므로 주의해 사용해야 합니다. B 키를 한 번 더 누르면 화면이 원래대로 돌아갑니다.

W 키를 누르면 화면이 흰색(White)으로 변하는데, 이때 화면 앞에 서면 빔 프로젝터의 빛을 받아 마치 발표자가 조명을 받는 듯한 강렬한 인상을 줄 수 있습니다. 다시 W 키를 누르면 화면이 원래대로 돌아갑니다. 이렇게 발표 화면을 일시적으로 가리면 청중의 이목을 발표자에게 집중시킬 수 있습니다.

화면을 어둡게 또는 밝게 하고 싶다면 B, W 단축키를 기억하세요.

쇼 상태에서 B와 W 키를 눌렀는데도 화면이 변하지 않는 경우가 있습니다. 이때는 한글 입력 상태인지 꼭 확인해 보시기 바랍니다. 'B'와 'W'는 한글 입력 상태에서 'ㅠ'와 'ㅈ'으로 인식이 됩니다. 만약 B와 W 키가 원하는 대로 작동하지 않는다면 한/영 키를 한 번 눌러 입력 방식을 영문으로 바꾼 후에 사용하세요.

만약 한글과 영문의 입력 상태를 확인하는 것이 번거롭다면 마침표 키(.)가 B 키의 역할, 쉼표 키(,)가 W 키의 역할을 하므로 이 2개의 키를 기억하는 것도 좋은 방법입니다.

슬라이드 쇼 반복해 재생하기

파워포인트 슬라이드 쇼를 이용한 발표는 대부분 일회성이어서 한 번 진행하고 나면 끝이지만, 행사장에서 홍보 자료나 사진을 계속 보여 주는 용도로 사용하는 경우에는 자동으로 반복 재생해야 합니다. 이 경우, 슬라이드 화면 전환 시간을 입력하고 쇼 설정만 조금 바꿔 주면 됩니다. 실습으로 배워 볼까요?

지금 해야 된다! } 홍보용 슬라이드 반복 재생하기

❶ 앞서 예제를 진행했다면 저장하지 말고 14장 예제 파일을 닫았다가 열고 첫 번째 슬라이드를 클릭합니다. [슬라이드 쇼] 탭 → [설정] 그룹 → [슬라이드 쇼 설정] 메뉴를 클릭하면 [쇼 설정] 창이 나타납니다.

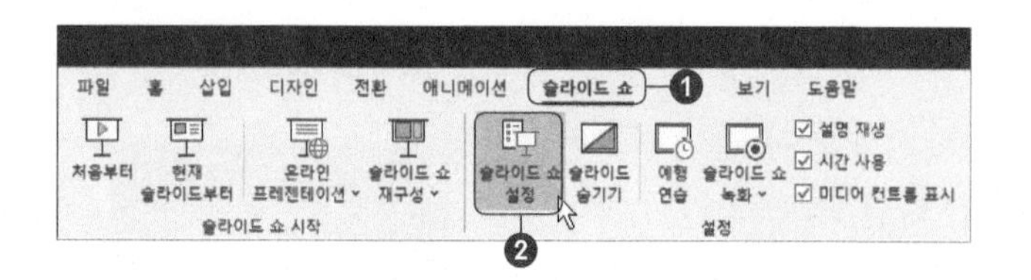

❷ [화면 전환] 항목에서 [설정된 시간 사용]을 선택하고 [표시 옵션] 항목에서 [〈Esc〉 키를 누를 때까지 계속 실행]을 체크합니다. 말 그대로 Esc 키를 누르기 전까지 계속 재생하라는 의미입니다. 이어서 [확인] 버튼을 클릭하고 창을 닫습니다.

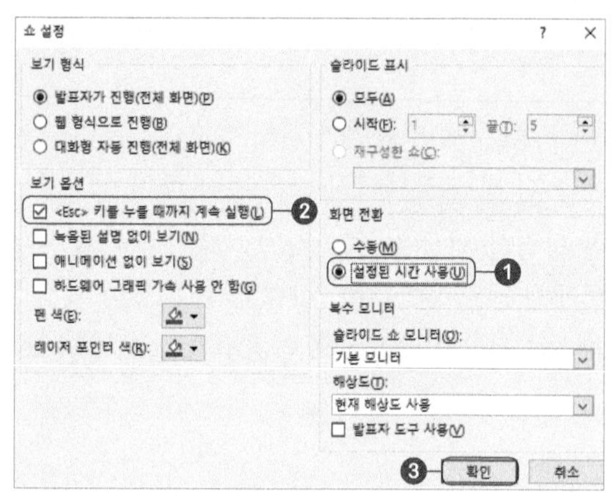

행사장에서 전시용 자료를 반복해 재생하고 싶다면 [쇼 설정] 옵션을 변경해 보세요.

❸ 화면 전환 옵션을 '수동'이 아니라 '설정된 시간 사용'으로 선택했기 때문에 각 슬라이드가 전환되는 시간을 입력해야 합니다. 화면 오른쪽 아래에 있는 [여러 슬라이드(▦)]를 클릭한 후 드래그하거나 Ctrl + A 키를 눌러 모든 슬라이드를 선택합니다.

▶ Ctrl + A 키는 모든 개체를 선택하는 단축키입니다. 슬라이드 편집 화면에서도 사용할 수 있습니다.

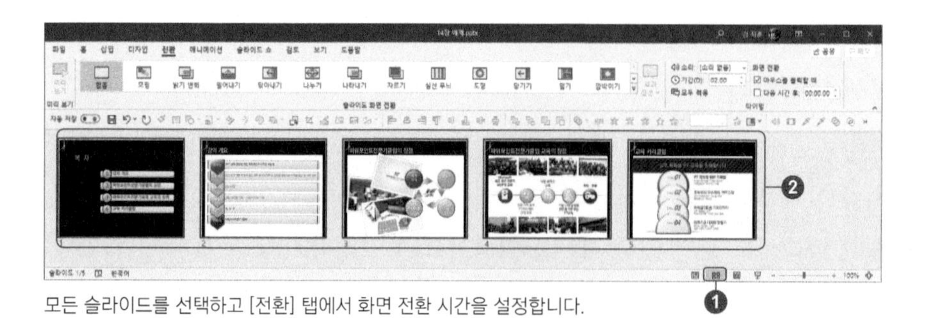

모든 슬라이드를 선택하고 [전환] 탭에서 화면 전환 시간을 설정합니다.

❹ [전환] 탭 → [타이밍] 그룹에서 [다음 시간 후]를 클릭하고 시간 입력란에 '3'을 입력합니다. 3초 후에 화면이 전환된다는 의미입니다. 이렇게 설정하면 Esc 키를 누르기 전까지는 슬라이드 쇼를 무한 반복 재생합니다. 슬라이드 쇼를 실행해 직접 확인해 보세요.

발표 슬라이드를 재구성할 수 있는 슬라이드 숨기기 기능

"다른 발표팀이 앞에서 시간을 너무 많이 썼어!"

"발표 시간을 15분에 맞춰 준비했는데 갑자기 10분으로 줄여 달래!"

청천벽력 같은 상황이지만 실무에서는 매우 빈번하게 일어나는 일입니다. 대부분은 "시간이 없어 다음 페이지로 넘어가겠습니다"라고 양해를 구한 후 슬라이드를 빠르게 넘기면서 발표 시간을 맞춥니다. 하지만 사정을 알 리 없는 청중은 발표자의 준비가 미흡한 것이 아닌지 오해할 수 있습니다.

이럴 때 가장 좋은 방법은 발표 시간에 맞춰 슬라이드를 재구성하는 겁니다. 그러나 오해는 마세요. 발표 자료를 전부 뜯어고치자는 말이 아닙니다. 중요도를 고려해 덜 중요한 슬라이드를 숨겨 놓는 방법이 있습니다.

지금 해야 된다! } 슬라이드를 숨겨 발표 슬라이드 재구성하기

❶ 앞서 예제를 진행했다면 저장하지 말고 파일을 닫았다가 14장 예제 파일을 다시 처음 상태로 열고 [여러 슬라이드(▦)] 보기 모드로 전환합니다. 여기서 1번과 3번 슬라이드를 숨겨 보겠습니다. Ctrl 키를 누른 채 1번 슬라이드와 3번 슬라이드를 클릭해 선택하고 마우스 오른쪽 버튼을 클릭해 [슬라이드 숨기기]를 선택합니다.

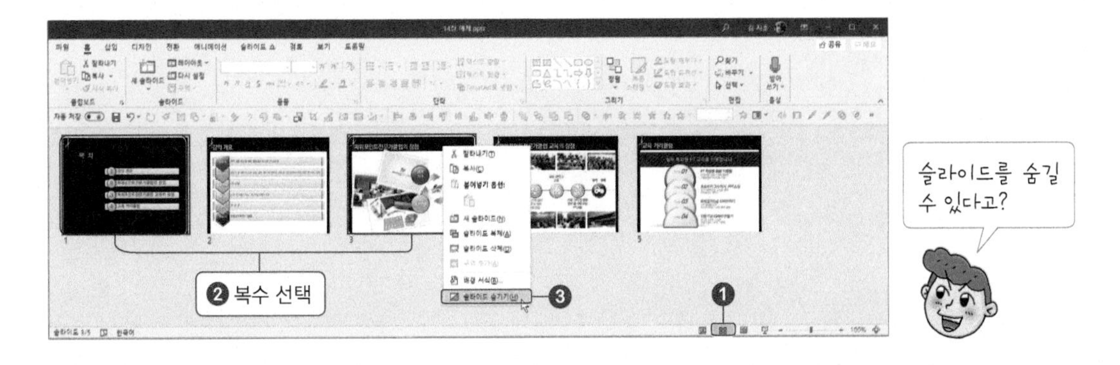

❷ 숨겨진 슬라이드는 반투명이 되고 슬라이드 번호에도 빗금이 생기기 때문에 숨겨진 슬라이드라는 것을 쉽게 알 수 있습니다. 이제 F5 키를 눌러 슬라이드 쇼 보기를 실행합니다. 숨겨진 슬라이드는 나타나지 않고 2번과 4~5번 슬라이드만 재생되는 것을 확인할 수 있습니다.

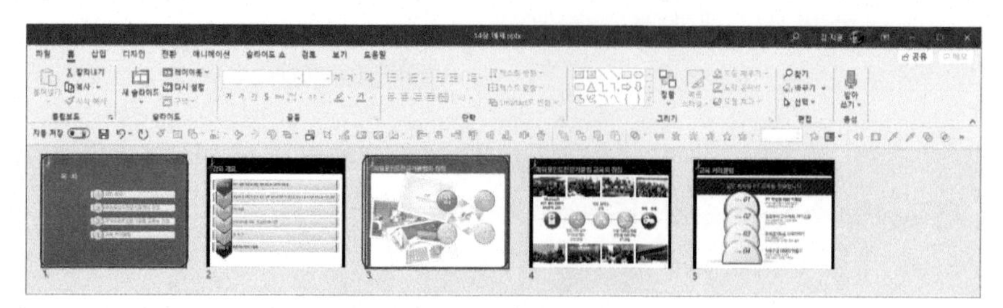

숨겨진 슬라이드는 반투명으로 보이고 슬라이드 번호에도 사선이 표시됩니다.

슬라이드 쇼에서 사용하는 필수 단축키

여러분은 슬라이드 쇼에서 사용하는 단축키를 얼마나 알고 있나요? 다음 슬라이드로 넘기거나 이전 슬라이드로 돌아가는 정도만 알고 있다면 아래 단축키는 꼭 기억해야 합니다. 그래야만 당황하지 않고 세련되게 발표할 수 있습니다.

슬라이드 쇼 단축키		발표자 도구 단축키	
슬라이드 쇼 시작	F5	화면을 검은색으로	B 또는 .
현재 슬라이드부터 쇼 시작	Shift + F5	화면을 흰색으로	W 또는 ,
다음 슬라이드로 이동	▶, PgUp, Spacebar	마우스를 펜으로	Ctrl + P
이전 슬라이드로 이동	◀, PgDn, Backspace	마우스를 지우개로	Ctrl + E
첫 슬라이드로 이동	Home	마우스를 레이저로	Ctrl + L
마지막 슬라이드로 이동	End	마우스를 다시 커서로	Ctrl + A
원하는 슬라이드로 이동	슬라이드 번호 + Enter	마우스 숨기기	Ctrl + H

14-5 원래 슬라이드로 돌아오는 하이퍼링크 만들기

하이퍼링크로 'Back 버튼'까지 만들고 있나요?

얼마 전, 제 강의를 들은 한 분이 하이퍼링크 문제를 해결해 달라며 슬라이드를 보여 준 적이 있습니다. 예전 상사가 만든 자료인데, 파워포인트 문서 안에 수많은 하이퍼링크를 만들고 그물망처럼 엮어 어느 슬라이드에서도 원하는 슬라이드로 옮겨 갈 수 있게 만든 자료였습니다. 그 자료를 보고 저는 깜짝 놀랐습니다.

'와, 이걸 다 하이퍼링크로 했단 말이야? 진짜 고생 많았겠다.'

보통 하이퍼링크를 이용해 특정 슬라이드로 이동하면, 이동한 화면 위에 이전 화면으로 돌아가기 위한 'Back 버튼'을 만듭니다. 발표자는 편리하겠지만 청중은 딴 생각을 할지도 모릅니다.

'저게 뭐지? Back 버튼인가? 화살표가 왜 있지? 나중에 누를 건가?'

청중을 조금이나마 더 발표에 집중하게 만들려면 이런 요소는 없애야 하지 않을까요?

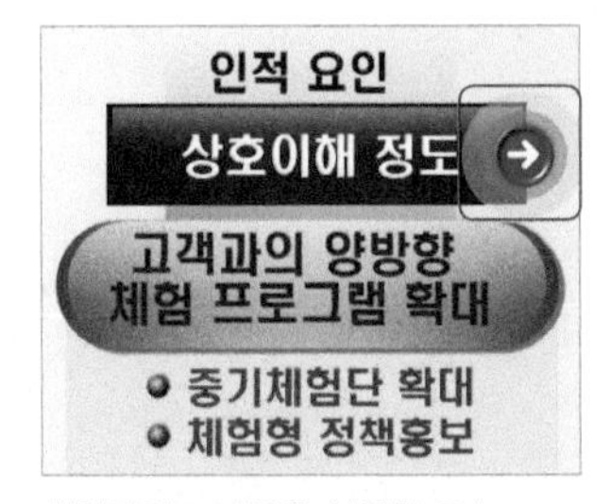

하이퍼링크 버튼을 삽입한 모습

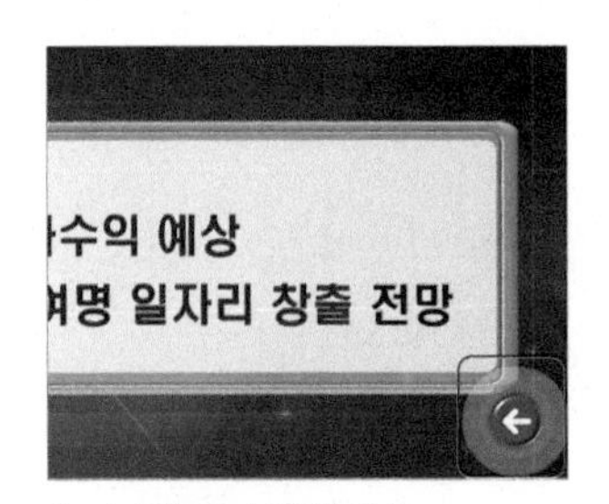

Back 버튼을 삽입한 모습

Back 버튼 없이도 원래 슬라이드로 돌아갈 수 있어요

보통 Q&A 페이지는 맨 마지막 슬라이드에 배치하는데, 질문에 따라 앞 번호 슬라이드를 다시 보여 줘야 하기 때문에 Q&A 페이지에서 하이퍼링크를 많이 사용합니다.
흔히 쓰는 방법으로, '여러 슬라이드' 보기 상태를 캡처하고 각 슬라이드 위에 투명한 사각형 도형을 만들어 하이퍼링크를 설정하는 방법이 있습니다. 따로 텍스트 상자를 만들어 하이퍼링크를 삽입하기도 하고 목차를 그대로 가져와 각 제목에 하이퍼링크를 설정하는 분들도 많습니다. 하지만 어떤 방법을 사용하든 작업이 복잡합니다. 2~3개까진 참을 만해도 하이퍼링크의 개수가 늘어날수록 복잡해지고 수정하기도 힘듭니다.
이때 사용하면 좋은 기능이 바로 '보고 돌아가기' 기능입니다. 말 그대로, 하이퍼링크로 이동한 후 모두 보고 나면 이전 슬라이드로 다시 돌아가는 기능이죠.

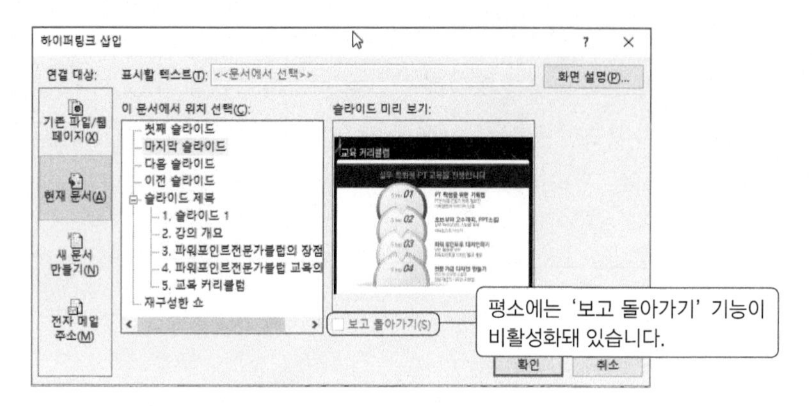

보고 돌아가기 기능은 '하이퍼링크 삽입' 창에서 설정할 수 있습니다. 그런데 하이퍼링크 삽입 창을 막상 열어 보면 보고 돌아가기 기능이 비활성화돼 있습니다. 그러나 방법은 있습니다. 아래 예제를 이용해 돌아가기 기능을 알아보고 까다롭기만 했던 Q&A 페이지를 연습해 보겠습니다.

지금 해야 된다! } 보고 돌아가기를 이용해 Q&A 페이지 만들기

'보고 돌아가기' 기능은 어떻게 활성화할 수 있을까요? 하이퍼링크로 이동할 위치를 지정할 때 슬라이드가 아니라 재구성한 쇼로 지정해 주면 됩니다. 차분히 따라 하면 쉽게 이해할 수 있습니다.

1 '앞서 예제를 진행했다면 파일을 저장하지 말고 닫았다가 14장 예제 파일을 다시 처음 상태로 엽니다. [여러 슬라이드(▦)] 보기 모드로 바꿔 먼저 쇼를 재구성해 보겠습니다. [슬라이드 쇼] 탭을 선택한 후 [슬라이드 쇼 시작] 그룹 → [슬라이드 쇼 재구성 - 쇼 재구성]을 선택합니다.

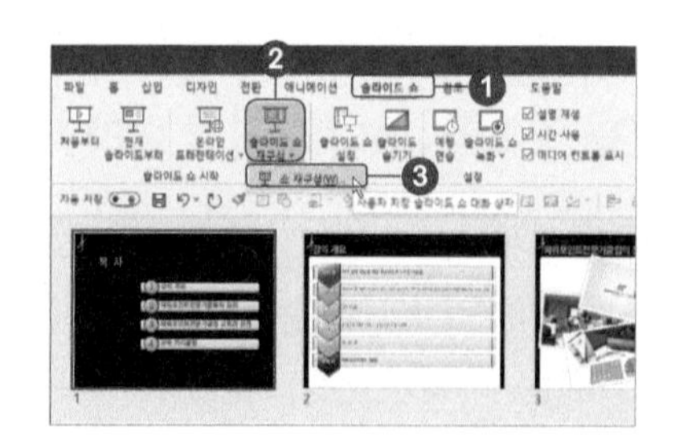

2 [쇼 재구성] 창이 나타납니다. [새로 만들기] 버튼을 클릭하세요.

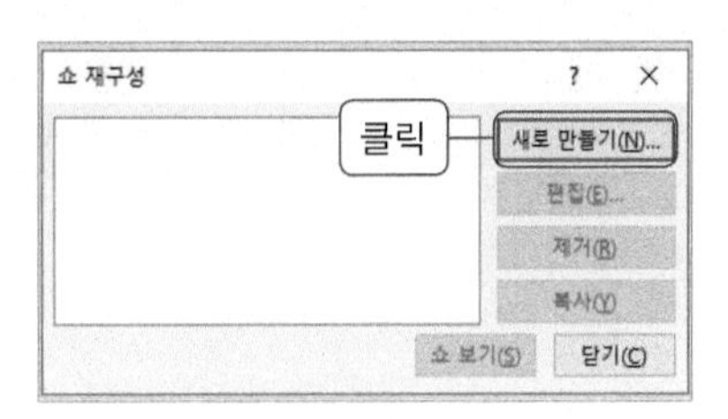

[새로 만들기] 버튼을 클릭합니다.

3 왼쪽이 현재 슬라이드 목록입니다. '강의 개요', '파워포인트전문가클럽의 장점', '파워포인트전문가클럽 교육의 장점', '교육 커리큘럼'이라는 네 가지 내용으로 구성돼 있습니다. 각 슬라이드로 이동할 수 있는 하이퍼링크를 만들려면 재구성할 쇼도 4개여야겠죠? 차례대로 재구성할 쇼를 설정해 보겠습니다. [슬라이드 쇼 이름] 입력란에 '인덱스01'을 입력합니다.

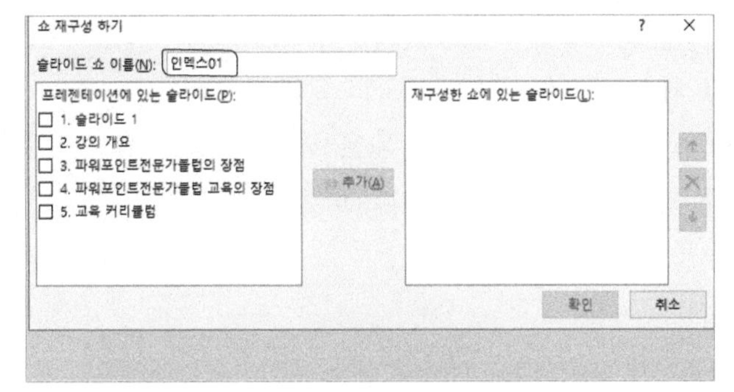

[슬라이드 쇼 이름] 입력란에 '인덱스01'이라고 입력합니다.

4 왼쪽에 있는 '강의 개요'를 선택하고 [추가] 버튼을 누릅니다. 예제에서는 슬라이드를 하나 선택했지만 실무에서는 더 추가해도 됩니다. 그러면 하이퍼링크로 재구성한 쇼로 이동했을 때 여러 슬라이드를 순차적으로 볼 수 있습니다.

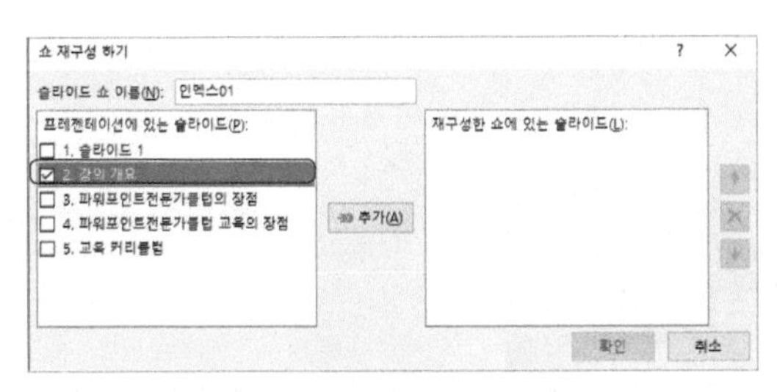

원하는 슬라이드를 선택하고

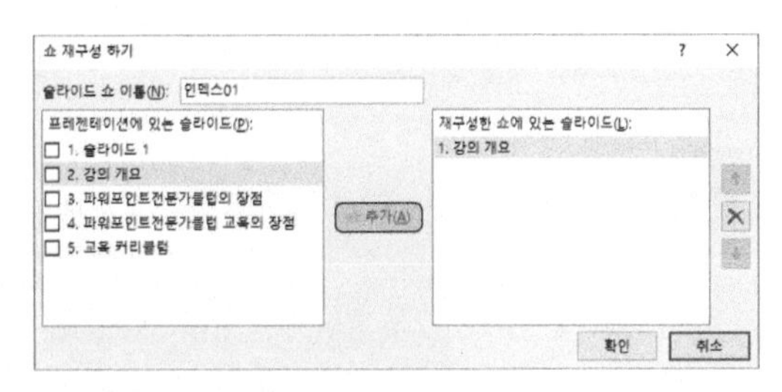

[추가] 버튼을 누릅니다.

5 [확인] 버튼을 누르면 [쇼 재구성] 창에 '인덱스01'이란 이름으로 새로운 쇼가 생성된 것을 확인할 수 있습니다.

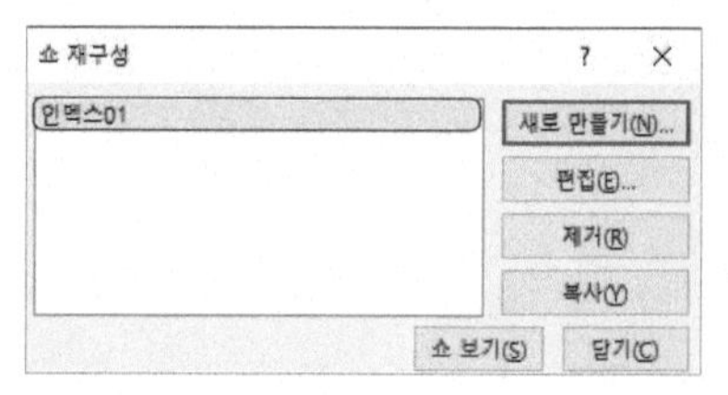

'인덱스01'이란 이름으로 쇼가 재구성되었습니다.

6 '파워포인트전문가클럽의 장점', '파워포인트전문가클럽 교육의 장점', '교육 커리큘럼' 슬라이드도 3~6번 과정을 반복합니다. 이때 슬라이드 쇼 이름은 각각 '인덱스02', '인덱스03', '인덱스04'로 정의합니다.
쇼 재구성이 끝나면 [닫기] 버튼을 누릅니다.

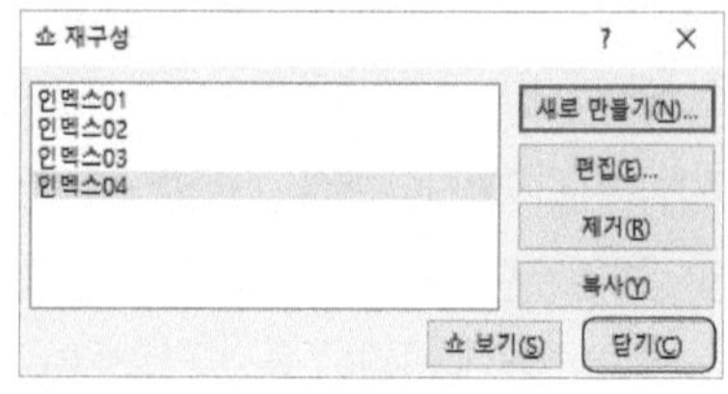

인덱스02~인덱스04까지 슬라이드 쇼를 재구성한 후 [닫기]를 누릅니다.

7 이제 하이퍼링크를 설정할 차례입니다. 화면 오른쪽 하단의 [기본 보기] 버튼을 눌러 화면을 기본 편집 화면으로 전환합니다. 예제에서는 1번 슬라이드를 Q&A 페이지라 가정하고 각 제목에 하이퍼링크를 삽입하겠습니다. 1번 슬라이드로 이동해 '강의 개요' 텍스트 상자를 선택하고 마우스 오른쪽 버튼을 눌러 [링크]를 선택합니다.

▶ 2013 이하 버전일 경우, [하이퍼링크]를 선택하면 됩니다.

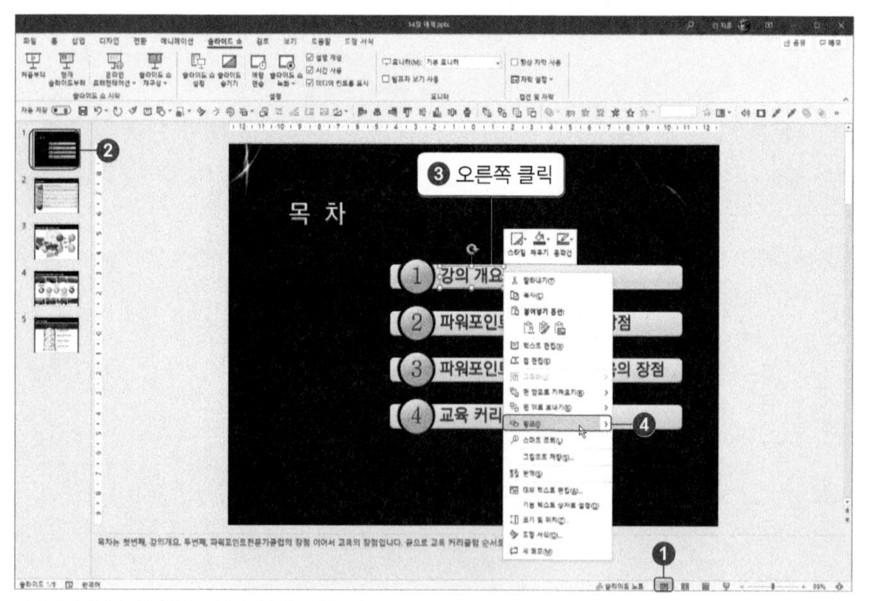

마우스 오른쪽 버튼을 눌러 [링크]를 선택합니다.

8 [하이퍼링크 삽입] 창이 나타납니다. 왼쪽에 보이는 메뉴에서 [현재 문서]를 클릭합니다. 그러면 [이 문서에서 위치 선택] 목록에 '인덱스01~04'가 보입니다. [인덱스01]을 선택하면 처음에는 비활성화돼 있던 [보고 돌아가기] 기능이 활성화된 것을 확인할 수 있습니다. [보고 돌아가기]를 체크하고 [확인] 버튼을 누릅니다.

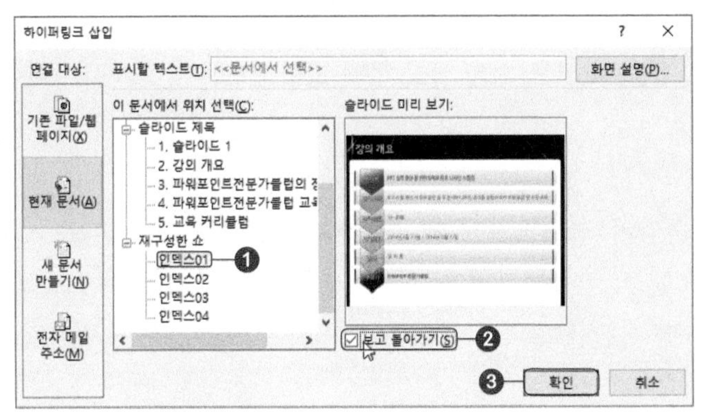

재구성한 쇼에서는 [보고 돌아가기] 기능이 활성화된 상태로 나타납니다.

9 이제 아시겠죠? 같은 방법으로 아래와 같이 링크를 설정하면서 [보고 돌아가기]에 체크합니다.

파워포인트전문가클럽의 장점 → [인덱스02]로 링크 설정
파워포인트전문가클럽 교육의 장점 → [인덱스03]으로 링크 설정
교육 커리큘럼→ [인덱스04]로 링크 설정

이제 모두 끝났습니다. F5 키를 눌러 슬라이드 쇼가 시작되면 1번 슬라이드에서 아무 제목이나 클릭해 보세요. 해당 슬라이드로 이동했지요? 한 번 더 클릭하면 1번 슬라이드로 돌아옵니다.
다른 제목도 클릭해 보세요. 멋지죠? 이 방법을 몰라 Back 버튼 만드시는 분들이 정말 많습니다.

하이퍼링크, 잘못 쓰면 독이다

하이퍼링크를 이용한 Q&A 페이지 만드는 실습을해 보긴 했지만, 하이퍼링크는 매우 위험한 네가지 요소를 안고 있기 때문에 실제 비즈니스 프레젠테이션에서 권장하는 기능은 아닙니다.

첫째, 하이퍼링크가 설정된 개체를 정확하게 클릭하지 않으면 의도치 않게 다른 페이지로 넘어가는 경우가 생깁니다. 별것 아닐 수 있지만, 이런 실수를 하고 무척 당황해하는 발표자를 종종 봅니다.

둘째, 하이퍼링크를 작동하기 위해는 슬라이드 쇼 도중에 마우스를 조작해야 합니다. 발표 시간은 많이 주어지지 않습니다. 그 중요한 시간에 발표자가 마우스 커서를 찾으려고 마우스를 휘휘 돌리고 하이퍼링크를 찾아 누르느라 시간을 허비해야 할까요? 게다가 그러는 동안 발표장 안에는 정적이 흐른다는 것을 아시는지요?

셋째, 하이퍼링크로 복잡하게 엮다 보면 오류를 일으키기 쉽습니다. 많은 사람의 사용 패턴을 분석해 보면, 하이퍼링크를 이용해 다른 슬라이드로 가는 것까지는 잘하는데, 다시 원래 페이지로 되돌아와야 할 때 또다시 하이퍼링크를 사용하는 실수를 많이 합니다. 이렇게 만들면 나중에는 그물망처럼 엮여 수정하기도 겁날 뿐더러 오류가 발생하는 경우도 종종 있습니다.

넷째, 하이퍼링크 버튼 때문에 집중도가 떨어집니다. 흔히 하이퍼링크 실행 버튼을 따로 만드는데, 이것 역시 청중의 시선을 빼앗는 요인이 됩니다. 발표자는 청중을 화면에 집중시키고 메시지를 전달해야 하는데, 엉뚱하게 청중은 하찮은 하이퍼링크 버튼 디자인에 시선을 빼앗기는 거죠.

그러면 Q&A 시간에 특정 슬라이드를 보여 줘야 할 때는 어떻게 해야 할까요? 가장 좋은 방법은 슬라이드 번호가 입력된 유인물을 준비해 두고 슬라이드 번호와 Enter 키를 입력해 이동하는 것입니다.

김 대리의 스프링 노트 15

- **A4 용지 크기에 맞게 인쇄하는 방법 14-2**

① 슬라이드 크기를 A4 용지 크기로 조정하기: 단, 기존 자료를 강제로 바꾸면 개체들이 틀어질 수 있으니 주의!

② 처음부터 A4 용지 크기에 맞게 슬라이드 크기를 설정한다.*

– 2010 이하 버전: [디자인] 탭 → [페이지 설정] 메뉴

– 2013 이상 버전: [디자인] 탭 → [슬라이드 크기] 메뉴

- **슬라이드 노트 인쇄하는 방법 14-3**

① 실무 활용도 100%, [파일] 탭 → [내보내기] → [유인물 만들기] 클릭!

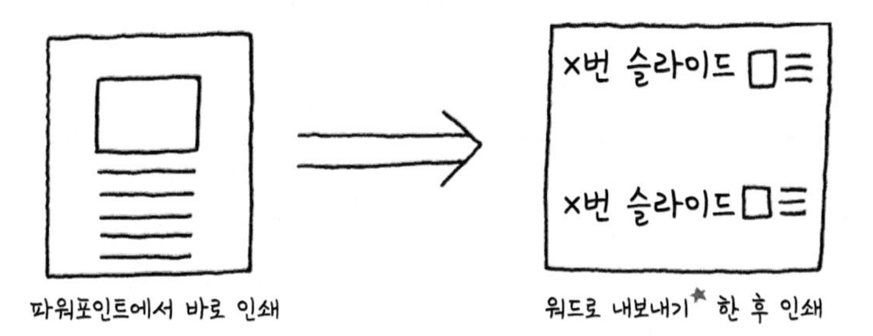

- **슬라이드 쇼를 실행한 상태에서 14-4**

① 특정 슬라이드로 이동하기: [슬라이드 번호] + Enter

② 화면을 검게 만들기: B 키

③ 화면을 하얗게 만들기: W 키

(꼭 영문*으로 입력하기!)

- **발표자 도구 단축키 14-4**

① 마우스를 펜으로: Ctrl + P

② 마우스를 지우개로: Ctrl + E

③ 다시 마우스 커서로: Ctrl + A

④ 마우스 숨기기: Ctrl + H

'김 대리의 스프링 노트'가 잘 이해되지 않는다면 한 번 더 복습해 보세요!

실전!
신제품 설명회
PT 자료 만들기

- 실력 굳히기 1 메모장으로 초안 만들기
- 실력 굳히기 2 나만의 테마 만들기
- 실력 굳히기 3 스마트아트와 서식 복사로 슬라이드 꾸미기
- 실력 굳히기 4 내용에 맞는 화면 전환 효과 적용하기
- 실력 굳히기 5 애니메이션 효과로 역동적인 슬라이드 만들기
- 실력 굳히기 6 슬라이드 쇼 실행하기

{ 나도 이제 파워포인트 전문가! }

교육이 모두 끝났다. 친구는 교육의 마지막 멘트에서 수강자들에게 하는 당부의 말은 무엇인지, 교육의 효과를 배가시키려면 앞으로 어떻게 해야 하는지, 평소의 소신 등을 감성적으로 풀어 냈다. 이 교육이 하나의 긴 프레젠테이션이라면, 친구는 마지막을 정말 멋지고 깔끔하게 마무리 지었다.

"이것으로 3일간의 모든 이야기를 마무리하겠습니다. 감사합니다."

오랜만의 출근이다. 이 부장님이 출근하시자마자 보고서를 제출했다.

"교육 잘 다녀왔습니다!"

"그래. 김 대리, 이번 신제품 설명회는 자네만 믿네."

"아, 네. 열심히 만들어서 다음 주에는 1차 결과물을 보여 드리겠습니다."

나의 자리로 돌아오면서, 나 혼자만 끙끙댈 것이 아니라 이번 신제품 설명회와 관련 있는 분들을 만나 기획 회의를 먼저 진행해야겠다고 생각했다.

작년 신제품 설명회와 관련된 자료를 인쇄하고 매출 실적을 조사했다.

그리고는 가방에서 스프링 노트를 꺼냈다. 꼼꼼하게 기록된 노트를 보니 뿌듯함이 몰려온다. 그리고 든든했다. 마법의 레시피를 손에 쥔 기분이랄까?

'작년 신제품 발표회를 진행했던 분이 박 과장님과 영업부에서 신제품 영업을 담당했던 최 대리도 부르는 게 좋겠어. 그리고 또 누가 있을까?'

나는 들뜬 마음으로 전화기를 들었다.

"박 과장님? 저 기획부 김 대리입니다. 이번 20일 신제품 설명회와 관련해 상의를 하고 싶은데 10시에 회의실에서 뵐 수 있을까요? 최대리와 함께요. 네. 감사합니다."

나는 회의실의 화이트보드를 깨끗이 지우고 포스트잇을 꺼냈다.

지금까지 배운 내용을 활용해 김 대리와 함께 '신제품 설명회 PT 자료'의 초안을 만들어 보겠습니다. 일취월장한 자신의 실력을 확인해 볼 기회입니다. 차분하게 작업 흐름을 따라가 보세요. 앞서 배운 내용이 어떻게 서로 연결돼 하나의 문서를 만들 수 있는지 경험할 수 있습니다!

실력 굳히기 1 메모장으로 초안 만들기

기획 회의에 적극적으로 참여해 준 동료들 덕분에 PT 원고를 생각보다 빨리 만들 수 있었다. PT 원고가 나왔으니 이제 초안을 만들 차례! 나는 PT 원고를 메모장으로 옮겼다. 그리고 Enter와 Tab 키로 간단히 편집했다.

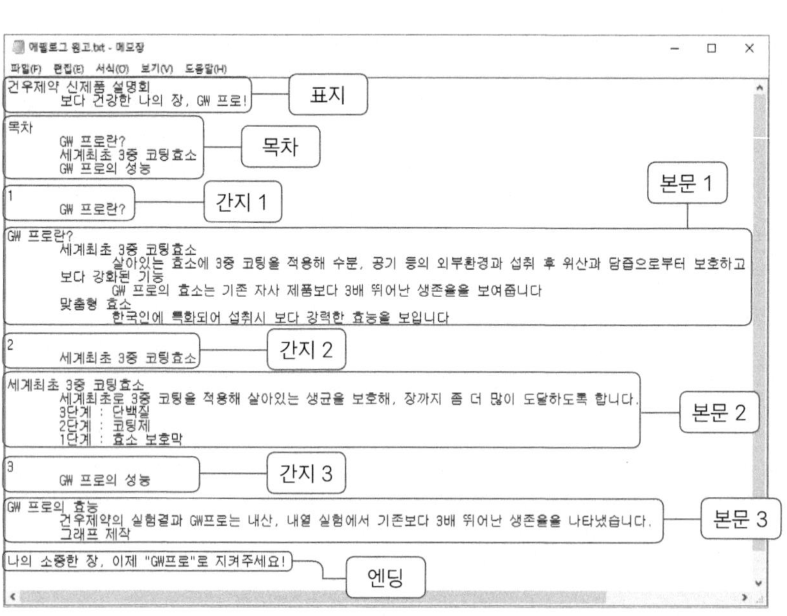

메모장을 활용하면 초안을 가장 빠르게 만들 수 있습니다.

▶ [에필로그] 폴더에서 '**에필로그 PT 원고.txt**' 파일을 열고 Enter와 Tab 키로 슬라이드와 슬라이드, 제목과 본문 그리고 상위와 하위 수준을 구분합니다. 상세한 내용은 02-1절을 복습하세요.

메모장을 저장하고 파일을 파워포인트 리본 메뉴로 드래그했다. 그러자 메모장에 있던 내용이 순식간에 파워포인트로 옮겨졌다.

'아무리 봐도 이 기술은 참 신기하단 말이야.'

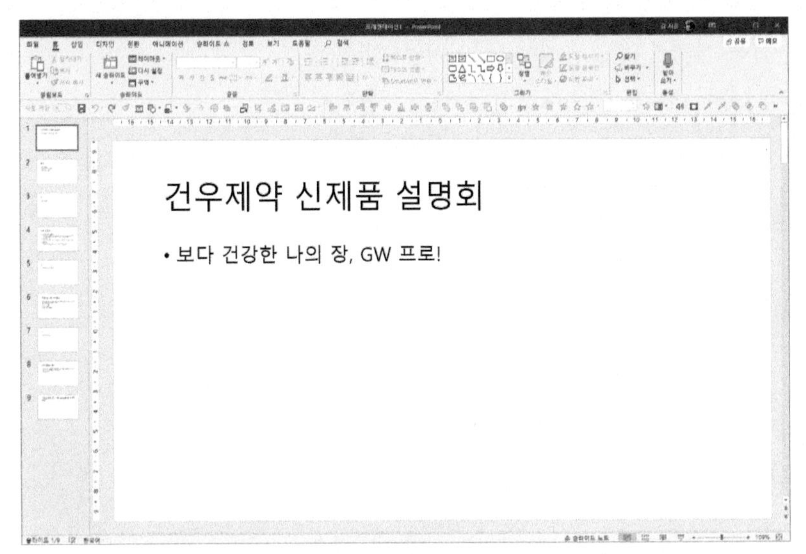

메모장 파일을 파워포인트 리본 메뉴로 드래그하면 내용이 각 슬라이드에 자동으로 입력됩니다.

▶ 2016 이상의 버전이라면 메모장 파일을 그냥 저장했을 때 호환이 안 될 수 있습니다. 저장할 때 [인코딩] 옵션을 [유니코드(UTF-16 LE)]로 지정해 저장하면 모든 버전이 호환됩니다. 자세한 내용은 02-1절을 참조하세요.

'부장님이 별도로 보고용 자료를 달라고 하셨으니까 처음부터 슬라이드 크기를 A4 용지 크기로 변경하고 시작하는 게 좋겠어.'

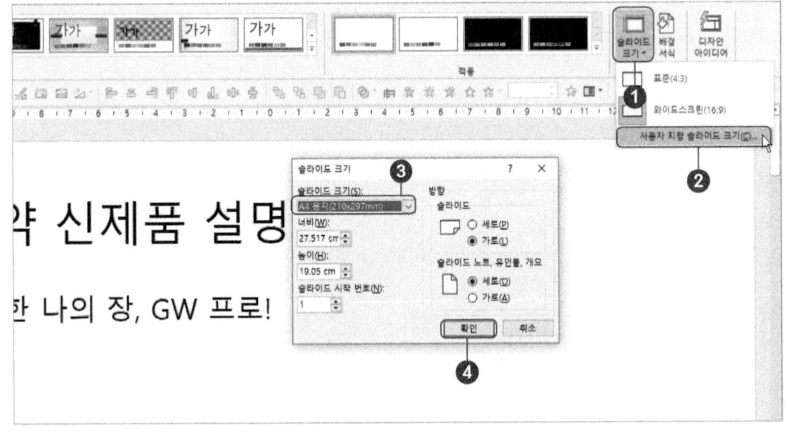

슬라이드 크기를 A4 용지 크기로 변경합니다.

▶ 2010 이하 버전은 [디자인] 탭 → [페이지 설정] 메뉴, 2013 이상 버전은 [디자인] 탭 → [슬라이드 크기] 메뉴를 클릭하면 슬라이드 크기를 바꿀 수 있습니다. 상세한 내용은 14-1절을 참조하세요.

실력 굳히기 2 나만의 테마 만들기

'이제 슬라이드 마스터를 편집해 볼까?' [홈] 탭에서 [레이아웃] 버튼을 눌러 보니 원래는 기본 레이아웃이 11개인데, 메모장을 드래그했더니 '제목 및 텍스트'라는 새 레이아웃이 추가돼 총 12개 레이아웃이 있었다.

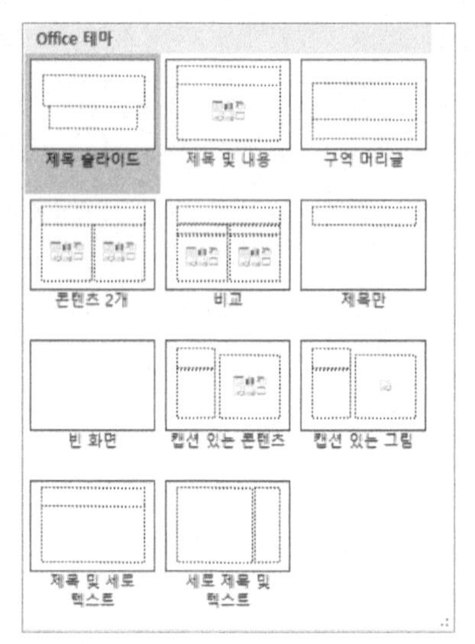

파워포인트는 기본적으로 레이아웃을 11개 제공합니다.

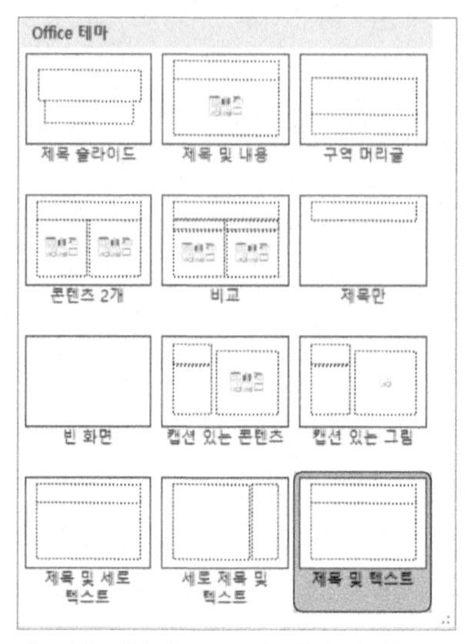

메모장을 리본 메뉴로 드래그하면 새로운 레이아웃이 하나 생깁니다.

▶ 현재 모든 슬라이드는 '제목 및 텍스트' 레이아웃이 적용된 상태입니다.

'이 문서는 제목, 목차, 간지, 본문 그리고 엔딩으로 나눌 수 있으니까 레이아웃도 5개면 되겠다.' 마스터 레이아웃 편집 화면으로 들어가 필요 없는 레이아웃을 정리했다.

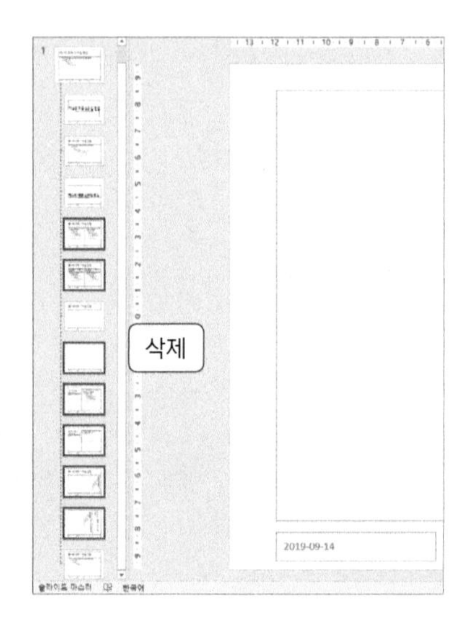

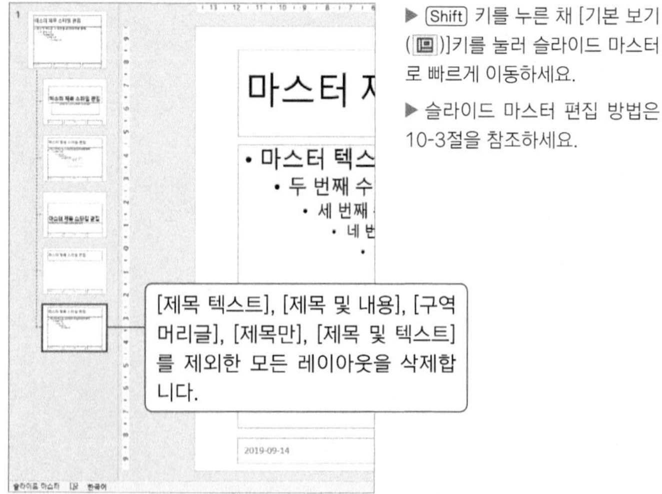

▶ Shift 키를 누른 채 [기본 보기(▣)]키를 눌러 슬라이드 마스터로 빠르게 이동하세요.

▶ 슬라이드 마스터 편집 방법은 10-3절을 참조하세요.

'아무래도 배운 대로 하는 게 편하겠지? 내용은 두 번째 순서로 하라고 그랬어.' 현재 슬라이드 마스터 밖에서 적용돼 있는 '제목 및 텍스트' 레이아웃을 두 번째 순서로 끌어올렸다.

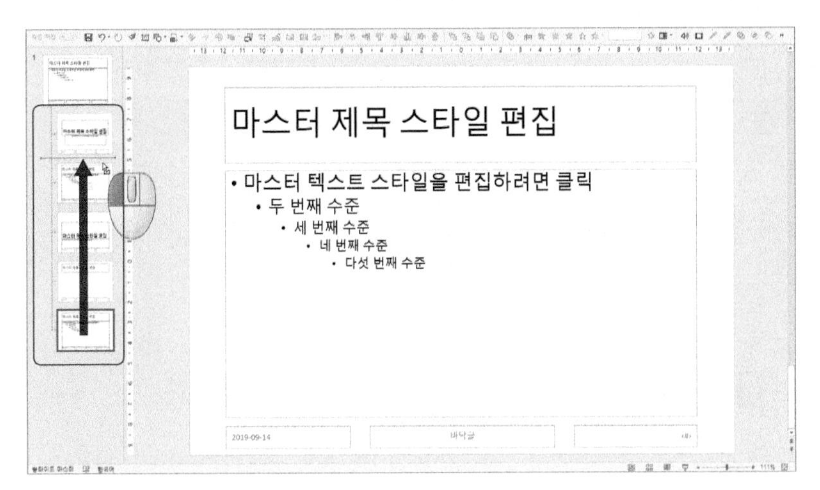

▶ 슬라이드 마스터 안에서 두 번째 순서로 목차 레이아웃을 만들어 뒀을 경우, 모든 슬라이드를 제거하고 새 슬라이드를 만들어 보면 알게 됩니다. 첫 번째 슬라이드는 표지가 나오겠지만, 두 번째 슬라이드부터 계속 목차만 나오게 됩니다.

'좀 더 쉽게 작업하기 위해 레이아웃의 이름도 미리 수정하는 게 좋겠어.'

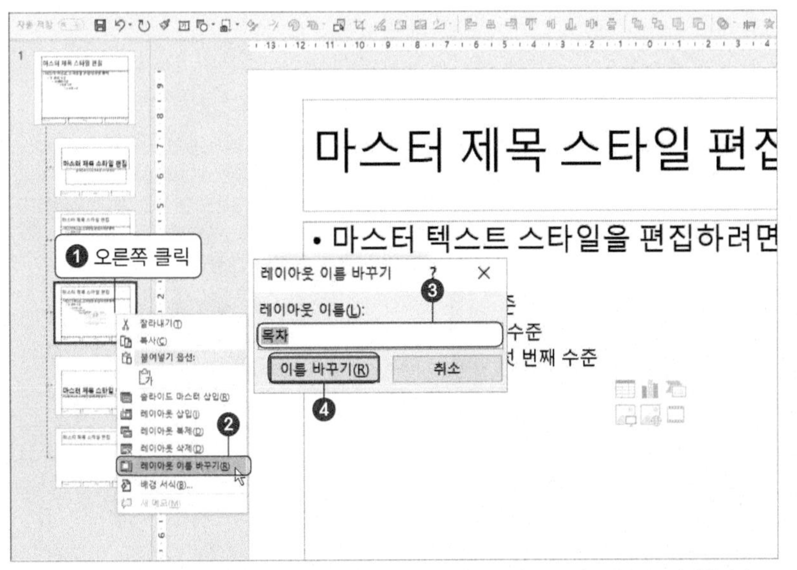

맨 위 2개는 건드리지 않고 세 번째부터 레이아웃의 이름을 '목차', '간지', '엔딩'으로 변경합니다.

▶ 마스터 레이아웃에 마우스 커서를 올려놓으면 레이아웃 이름을 확인할 수 있습니다.

이번 문서에서는 날짜, 바닥글, 슬라이드 번호가 필요 없기 때문에 모든 레이아웃에서 바닥글 요소를 삭제했다.

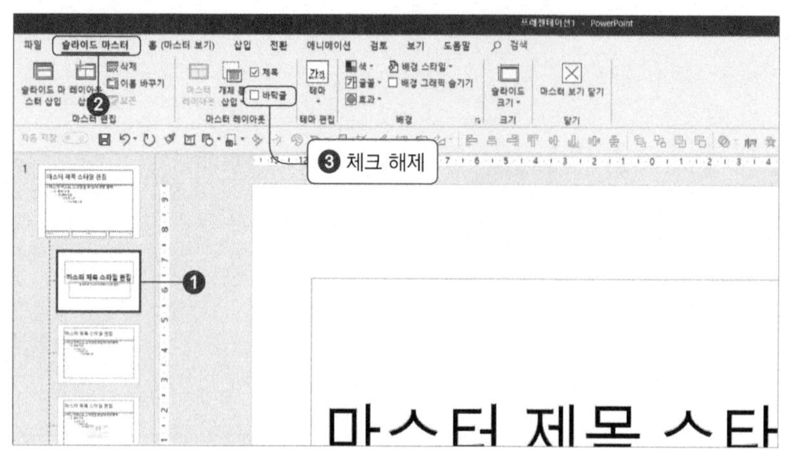

[슬라이드 마스터] → [마스터 레이아웃] 그룹에서 [바닥글]을 체크 해제합니다.

'이제 각 레이아웃에 배경을 넣어 볼까?' '제목 슬라이드' 레이아웃을 선택하고 표지로 사용할 그림을 하나 삽입했다. 이어 두 번째 레이아웃부터 '내용'. '목차', '간지', '본문', '엔딩' 레이아웃 순으로 배경을 하나씩 넣었다.

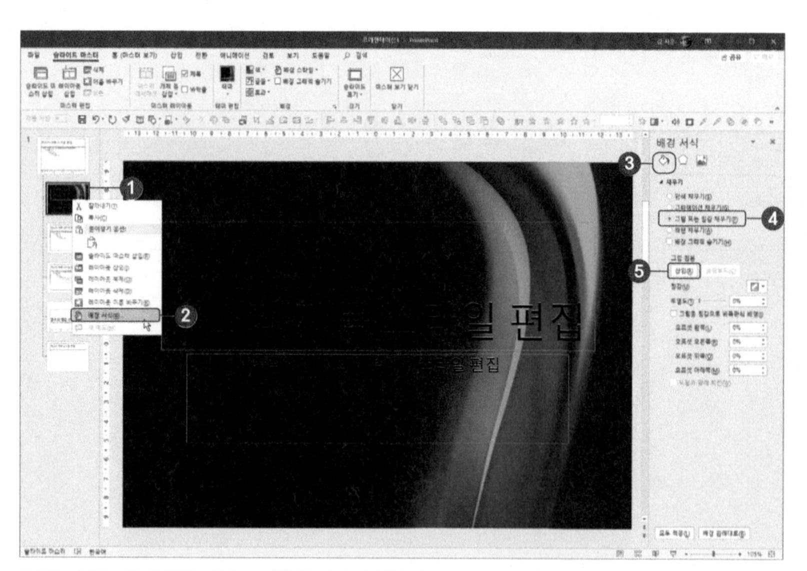

▶ 표지 슬라이드를 선택합니다. 마우스 오른쪽 버튼을 눌러 배경 서식으로 들어간 후 각 레이아웃에 넣을 배경 그림을 넣습니다. 직접 삽입해 보세요.

레이아웃	배경 삽입
제목 슬라이드	표지.jpg
제목 및 텍스트	내용.jpg
목차	목차.jpg
간지	간지.jpg
엔딩	엔딩.jpg

[배경 서식]으로 들어가 배경 그림을 하나씩 삽입하세요.

전체 텍스트의 글꼴을 한꺼번에 바꿔야겠네. '글꼴 테마'를 한 번 이용해 볼까? [슬라이드 마스터] 탭 → [배경] 그룹 → [글꼴 - 글꼴 사용자 지정]을 선택해 한글과 영문 모두 제목은 'KopubWorld 돋움체 Bold', 본문은 'KopubWorld 돋움체 Medium'으로 적용했다.

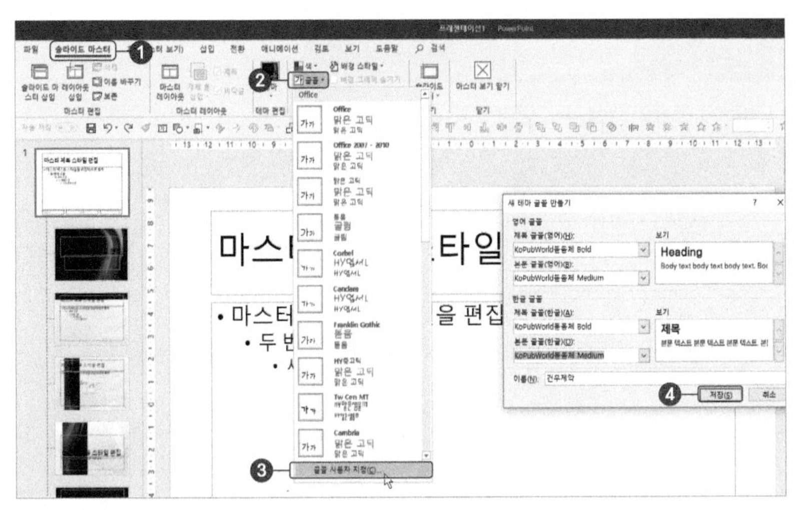

[글꼴] 테마를 변경하는 방법으로 슬라이드 모든 글꼴을 통일할 수 있습니다.

▶ 테마에 대한 부분은 10-2절에서 잠깐 다뤘는데요. 아주 좋은 선택입니다. 이렇게 하면 마스터 개체 틀뿐 아니라 새로 생성하는 텍스트까지 글꼴을 통일할 수 있습니다.

'배경이 어두운 색이 되니까 텍스트가 잘 안 보이네….' 텍스트 상자를 복수 선택하고 [홈] 탭에서 흰색으로 변경했다. 이 배경은 분위기상 텍스트가 왼쪽에서 써지는 게 좋겠지? Ctrl + L을 눌러 텍스트를 왼쪽으로 정렬하고 상자의 위치도 왼쪽으로 맞추는 게 좋겠네. 왼쪽 맞춤까지!

[글꼴]테마를 변경하는 방법으로 슬라이드 모든 글꼴을 통일할 수 있습니다.

▶ Ctrl + L: 텍스트 왼쪽 정렬
Ctrl + E: 텍스트 가운데 정렬
Ctrl + R: 텍스트 오른쪽 정렬
172쪽의 단축키 목록을 확인하세요.

▶ 김 대리가 정렬에 사용한 기능이 잘 이해되지 않는다면 05-5절을 참조하세요.

'이제 본문을 손볼 차례네. 제목 색과 위치, 크기부터 안 맞네….' 제목은 36pt로, 흰색으로 깔끔하게 바꿔봤다.
'개체 틀의 상자 크기를 상하로 약간 줄여 적당히 배치하고! 내용 개체 틀이 너무 작아 보이니 좀 키워 주자.'

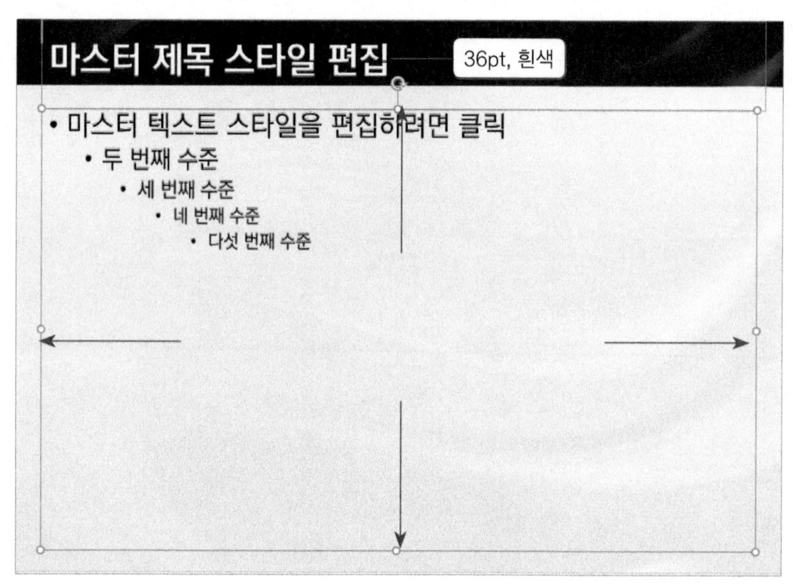

제목 및 텍스트 레이아웃을 그림과 같이 편집합니다.

'목차 레이아웃은 그냥 심플하게 하자.' 제목 개체 틀 안에 글씨가 너무 기니까 '목차제목'이라 입력하고 크기를 48pt로 해 파란색 띠 안에 넣었다. '내용 개체 틀은 목차인 만큼 제목 아래로 내려 배치, 첫째 수준만 남기고 모두 제거하고 크기를 32pt로, 글머리 기호보다는 번호 매기기를 하는 게 좋겠어.'

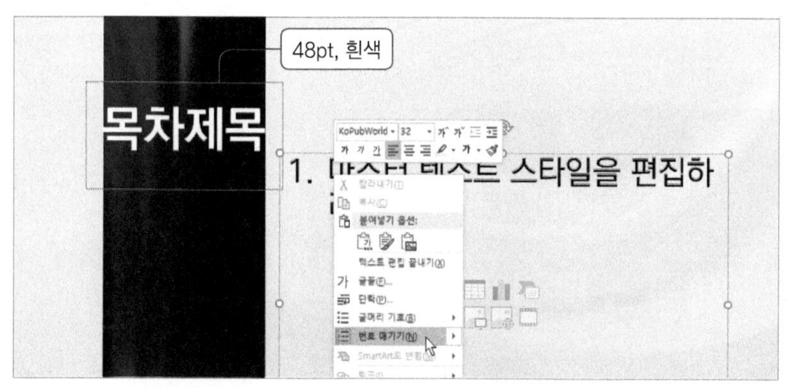

목차 레이아웃을 그림과 같이 편집합니다.

'이제 간지 차례인데….' 먼저 텍스트 개체 틀에는 글자가 많이 안 적힐 테니까 '간지 내용 입력이라고 고쳤다. '텍스트 크기를 36pt, [홈] → [단락] → [텍스트 맞춤 - 중간 맞춤]하고 슬라이드에서 위치는 상하 기준 딱 중간으로 맞춰 보자. 제목 개체 틀은 숫자 용도이니까 N으로 고쳐 오른쪽으로 맞추고 흰색으로해 파란색 띠 안에 넣되, 과감하게 138pt까지 올리고 Ctrl + I를 눌러 기울여 써 보자. 위치는 오른쪽 텍스트의 아래 라인으로 미세하게 조정해야겠네.'

간지 레이아웃을 그림과 같이 편집합니다.

▶ 텍스트의 크기와 정렬은 텍스트 미니 도구를 활용하는 것도 좋습니다. 04-1절을 참조하세요.

▶ 마우스로 미세하게 조절하는 조합키는 Alt 키, 키보드로 미세하게 조절하는 조합키는 Ctrl 키입니다.

'드디어 마지막 엔딩 양식이다! 마지막 메시지는 청중들에게 가장 오래도록 남는 슬라이드지. 일단 텍스트는 흰색으로, 텍스트 크기는 45pt 정도로 한 후 가운데 정렬로 해 상하 크기를 조금 키웠다. 당연히 이 디자인에 맞춘다면 화면의 가장 중앙에 정렬해 둬야겠지.'

엔딩 레이아웃을 그림과 같이 편집합니다.

▶ 하나의 개체를 선택해도 정렬 기능을 사용해 정중앙에 놓을 수 있습니다. 05-5절을 참조하세요.

'이제 실제 슬라이드에 마스터 레이아웃을 적용해 보자!'

나는 화면 오른쪽 아래에 있는 [여러 슬라이드(⊞)] 버튼을 눌렀다. 이전의 나였다면 '왜 적용이 안 된 거지?'하고 당황했을 모습이 떠올라 피식 웃었다.

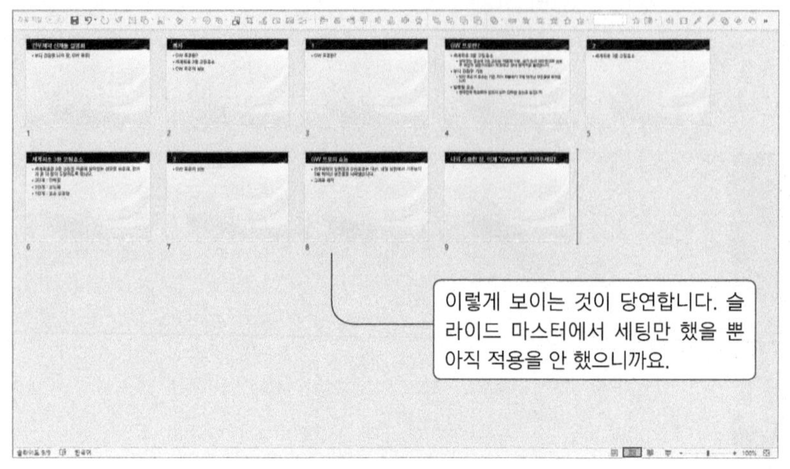

여러 레이아웃을 한꺼번에 변경할 때는 여러 슬라이드 보기가 편리합니다.

1번 슬라이드를 선택하고 [레이아웃] 버튼을 눌러 '제목 슬라이드' 레이아웃을 적용했다. 2번 슬라이드는 '목차' 레이아웃, 3, 5, 7번은 '간지', 9번은 '엔딩' 레이아웃을 적용했다.

'친구의 사무실에서 봤던 그 충격적인 장면을 내가 하고 있다니!'

나는 이 작업이 가장 멋있다고 생각했다.

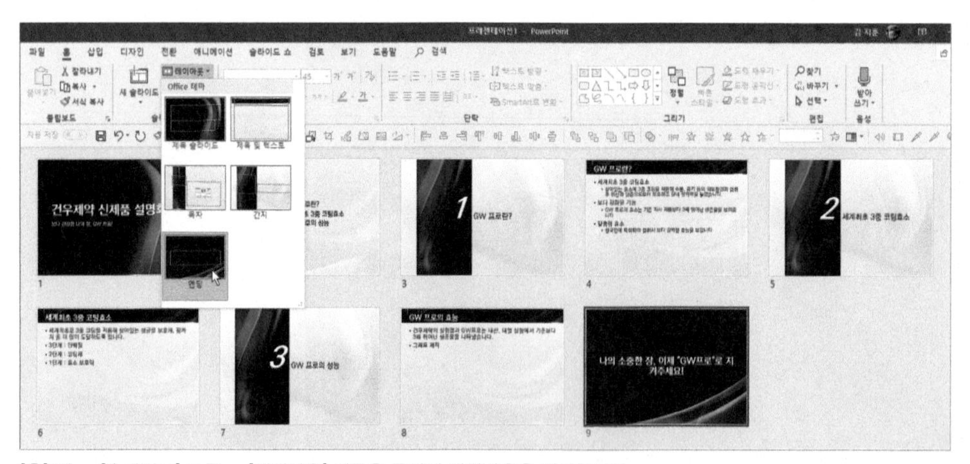

[홈] 탭 → [슬라이드] 그룹 → [레이아웃] 버튼을 클릭해 레이아웃을 변경합니다.

실력 굳히기 3 스마트아트와 서식 복사로 슬라이드 꾸미기

'이제 4, 6, 8번 슬라이드 순서로 본문을 디자인해 보자.'
먼저 4번 슬라이드로 이동했다. 4번 슬라이드는 텍스트로만 구성돼 상당히 단조로웠다. '어떻게 하면 메시지를 효과적으로 전달할 수 있을까?' 스프링 노트로 시선을 돌리자, 단어 하나가 눈에 들어왔다. '아하! 스마트아트(SmartArt)가 있었지!'

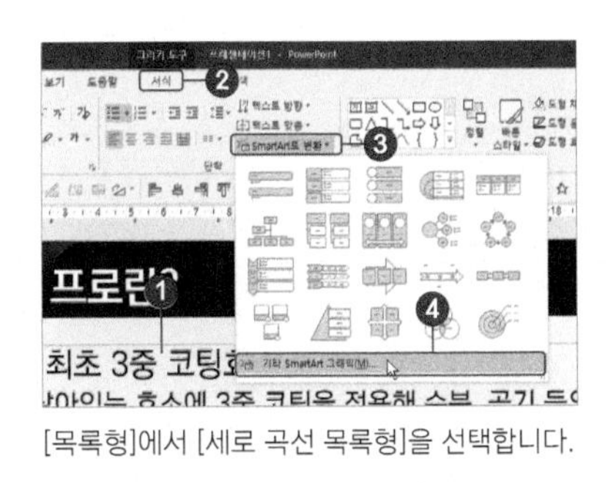

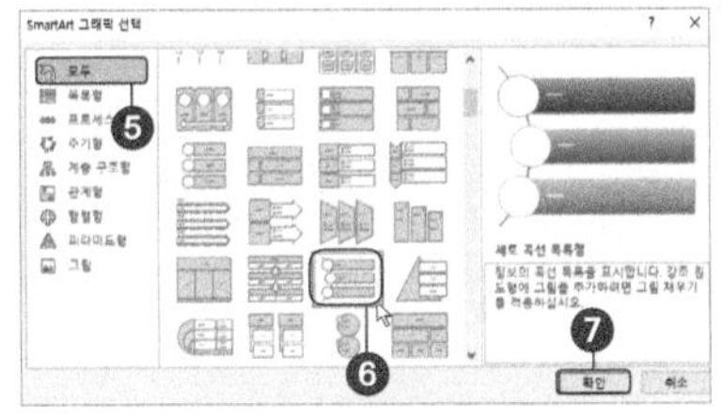

[목록형]에서 [세로 곡선 목록형]을 선택합니다.

▶ 스마트아트 활용 방법은 04-4절을 참조하세요.

[세로 곡선 목록형]을 선택하고 스마트아트를 구성하는 개체 하나하나를 자유롭게 편집하기 위해 도형으로 변환했다.

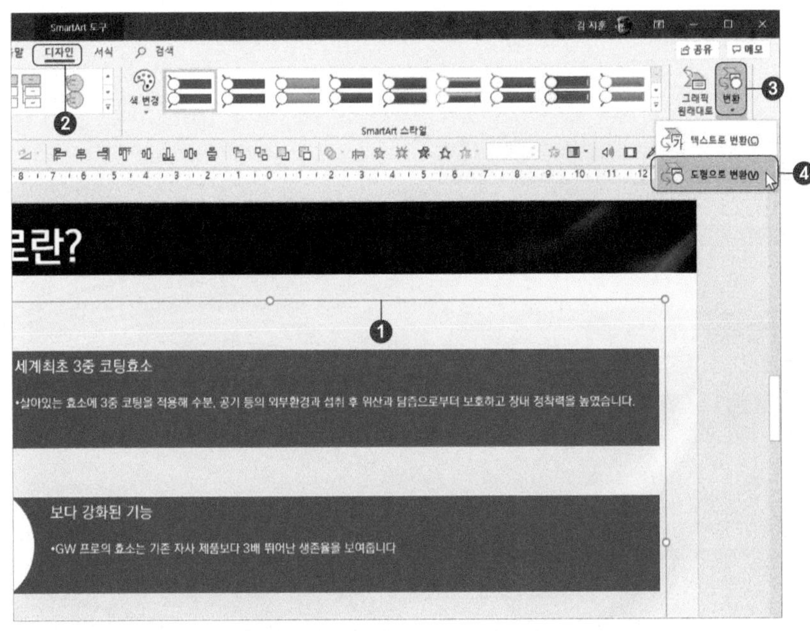

스마트아트의 [변환] 기능을 사용하면 도형이나 텍스트로 변환할 수 있습니다.

'소제목과 내용에 서식을 다르게 적용하려면 텍스트 상자를 각각 분리하는 게 좋겠어.' 나는 텍스트 상자를 추가해 본문의 소제목과 내용을 각각 옮겨 담았다.

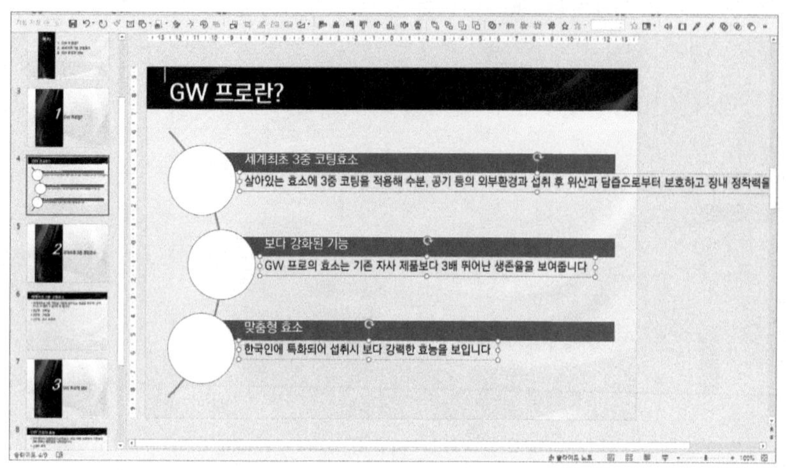

텍스트 상자를 추가해 소제목과 본문 내용을 구분합니다.

'친구에게 받은 서식 복사 소스 파일이 있었지?' 나는 소스 파일을 열고 바(Bar) 서식에서 세 번째 줄에 있는 개체의 서식을 복사해 소제목에 순서대로 복사했다.

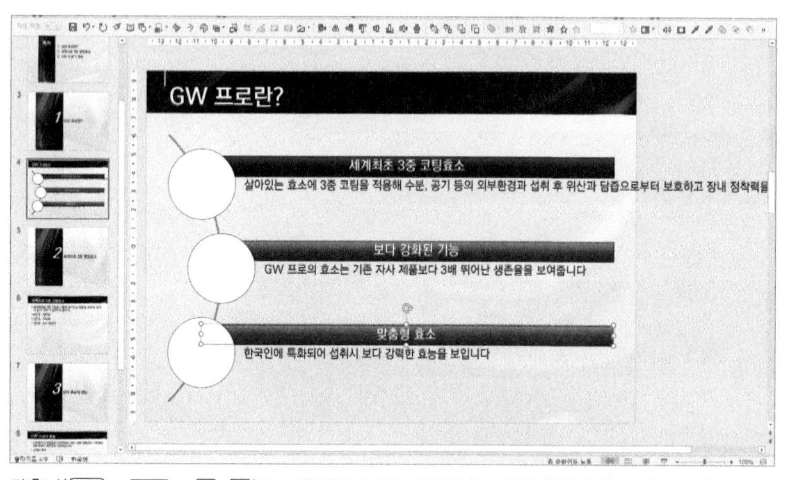

단축키(Ctrl + Shift + C, V)를 사용하면 서식을 빠르게 복사하고 붙여 넣을 수 있습니다.

▶ 서식 복사는 [에필로그] 폴더에서 '**서식 복사 소스.pptx**' 파일을 사용합니다. 서식 복사 기능을 복습하려면 06-2절을 참조하세요.

소제목 텍스트를 왼쪽으로 정렬했다. 그러자 원 도형에 텍스트가 가리는 것이 아닌가? 텍스트가 가려지지 않을 만큼 텍스트 상자에 왼쪽 여백을 지정했다.

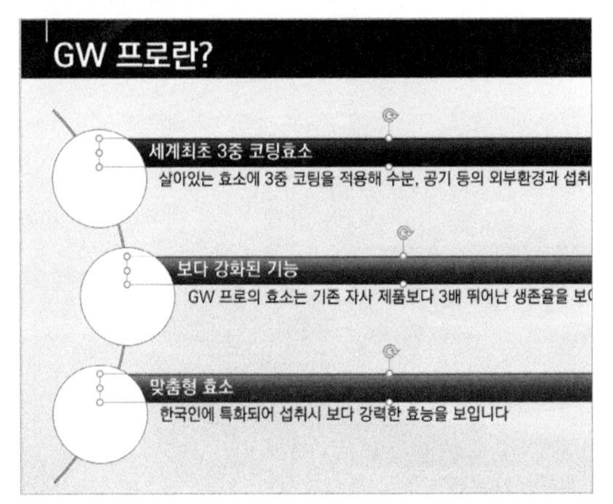

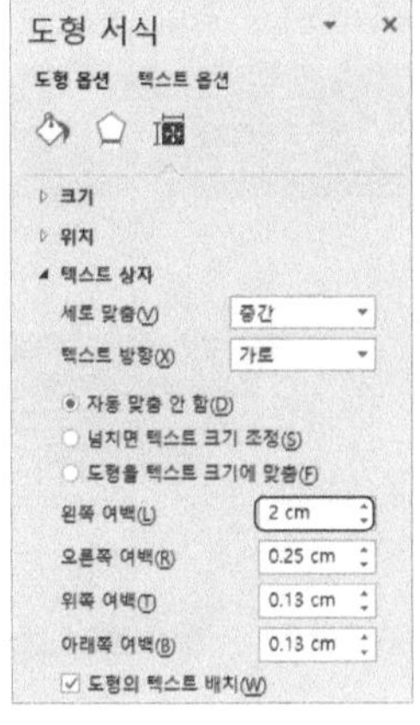

소제목 3개를 선택한 후 [도형 서식]에서 왼쪽 여백을 2cm로 설정합니다.

▶ 단축키를 사용하면 텍스트를 빠르게 정렬할 수 있습니다. Ctrl + L은 왼쪽 정렬, Ctrl + R은 오른쪽 정렬, Ctrl + E는 가운데 정렬입니다.

이번에는 서식 복사 소스 파일에서 4번 슬라이드에 있는 텍스트 서식을 복사해 본문을 꾸몄다.

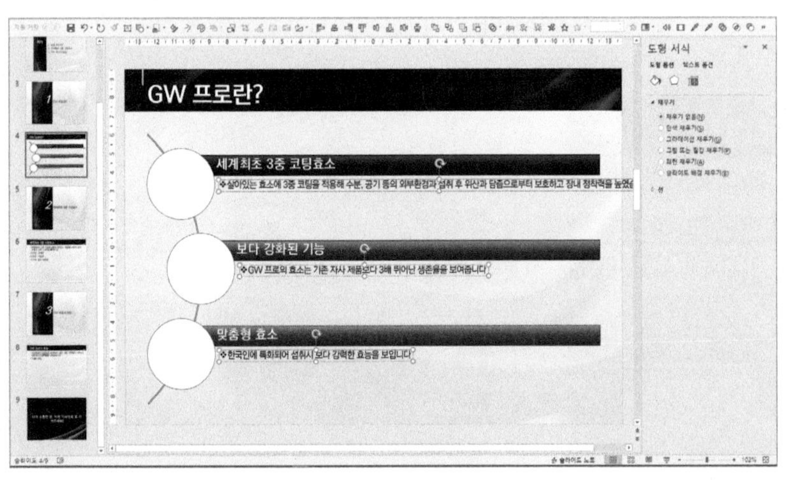

그림처럼 텍스트 서식을 복사해 본문 내용에 붙여 넣기합니다.

'어라? 첫 번째 소제목 아래 텍스트가 너무 길잖아?' 나는 단락 바꿈이 아닌 줄 바꿈을 하고 눈금 탭의 시작 위치를 조정했다.

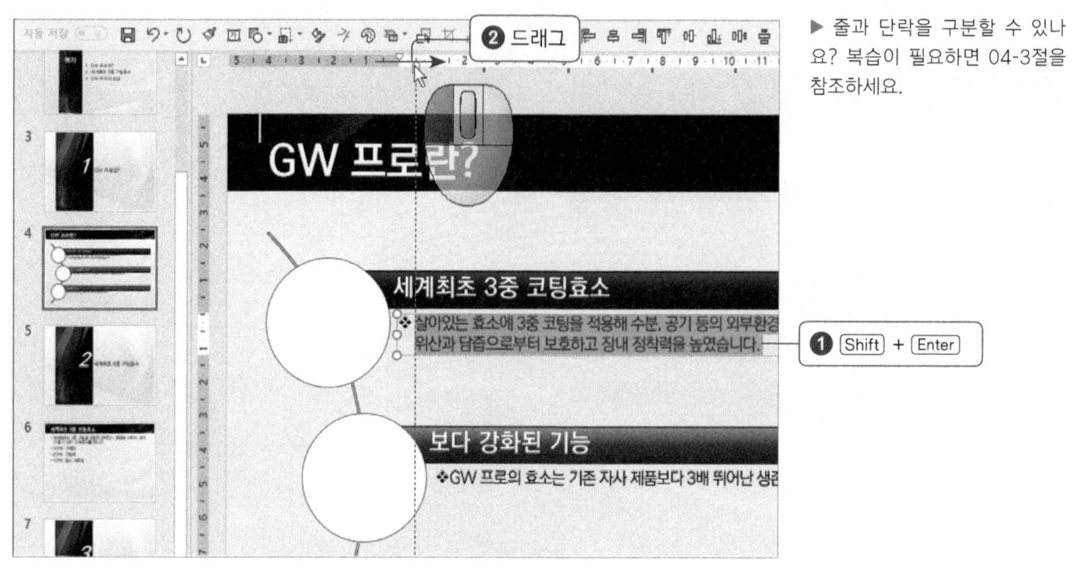

▶ 줄과 단락을 구분할 수 있나요? 복습이 필요하면 04-3절을 참조하세요.

Enter 키를 누르면 단락이 바뀝니다. Shift + Enter 키로 줄을 바꾸세요.

마지막으로 원 도형을 선택하고 [그림 서식] 창에서 그림 파일을 차례대로 삽입했다.

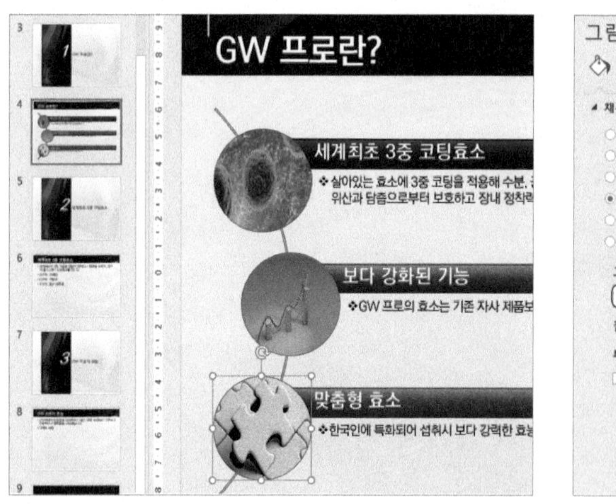

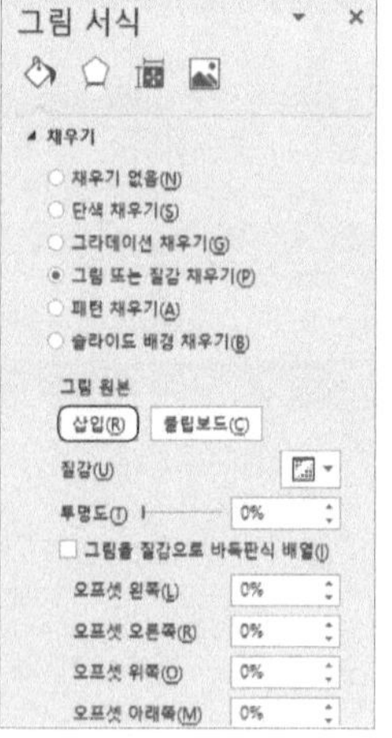

▶ [그림] 폴더에 있는 '**코팅.jpg**', '**강화.jpg**', '**맞춤.jpg**' 파일을 차례대로 삽입합니다.

스마트아트를 도형으로 변환한 상태이기 때문에 일반 개체와 똑같은 방법으로 그림 파일을 삽입해야 합니다.

이어서 6번 슬라이드로 이동했다. '위에서는 핵심 메시지를 강조하고 아래에서 단계별 코팅 효소를 시각적으로 표현하자!' 나는 먼저 텍스트 상자를 추가해 본문을 핵심 메시지와 일반 본문으로 나눴다.

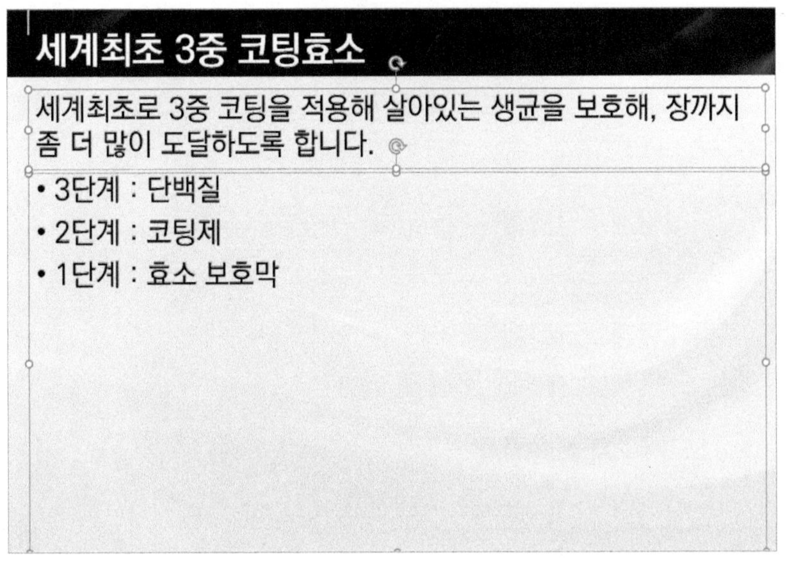

텍스트 상자를 추가해 내용을 나눠 담습니다.

'어떤 그래픽이 어울릴까?' 잠시 고민하다 [과녁 목록형]을 선택했다. 점점 커지는 반원 도형이 단계별 코팅 효과를 잘 보여 줄 것 같았다.

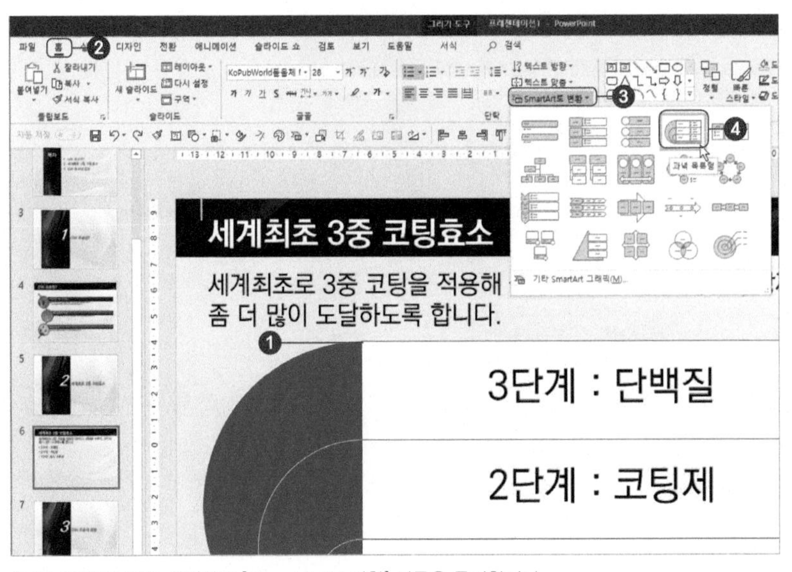

텍스트 상자를 먼저 선택하고 [SmartArt로 변환] 버튼을 클릭합니다.

▶ 내용에 적합한 스마트아트를 고르는 것이 중요합니다. 스마트아트 사용 방법은 04-4절을 참조하세요.

개체의 크기를 조절하고 위치는 슬라이드 가운데로 맞췄다. 스마트아트를 도형으로 변환하고 문서에 통일감이 느껴지도록 4번 슬라이드와 같은 서식을 사용했다.

▶ 개체를 하나만 선택하고 [개체 가운데 맞춤]을 누르면 슬라이드 가운데로 정렬됩니다. 상세한 개체 정렬 방법은 05-4절을 참조하세요.

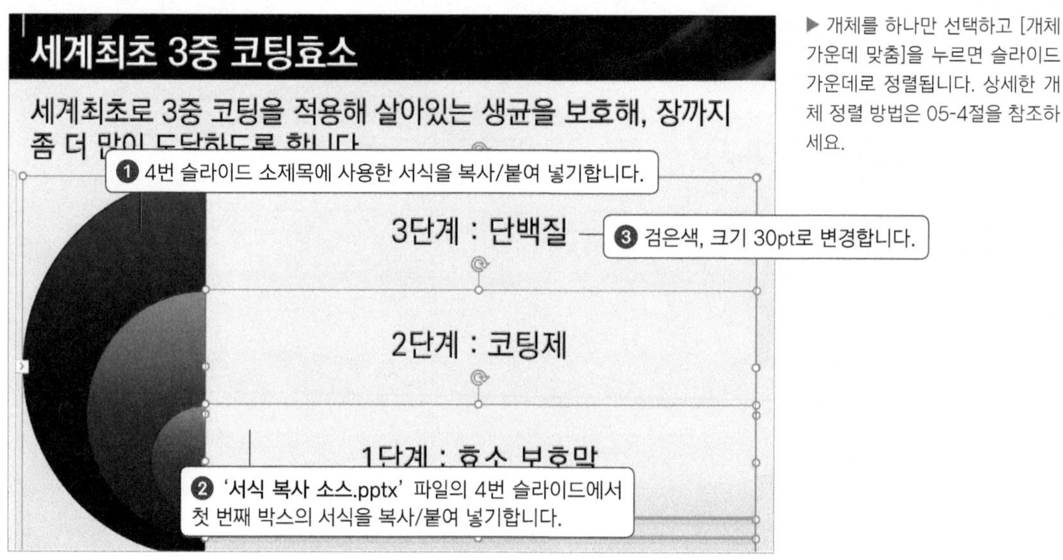

[서식 복사]로 작업하면 디자인 작업 시간이 훨씬 단축됩니다.

이 슬라이드의 핵심 메시지인 위쪽 텍스트 상자에는 조금 특별한 서식을 적용했다.

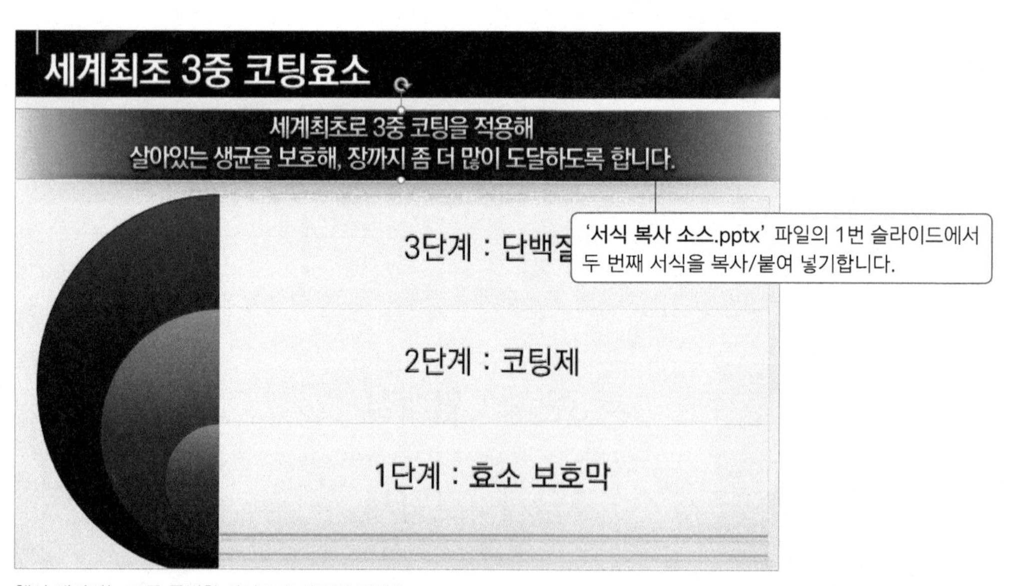

핵심 메시지는 조금 특별한 서식으로 강조해 주세요.

기존의 내용 텍스트를 약간 아래로 밀어 두고 6번 슬라이드의 핵심 메시지를 복사해 넣었다. 그리고 텍스트를 복사해 붙여 넣은 즉시 나오는 붙여 넣기 옵션((Ctrl)) 버튼을 눌러 '텍스트만 유지'를 선택했다.

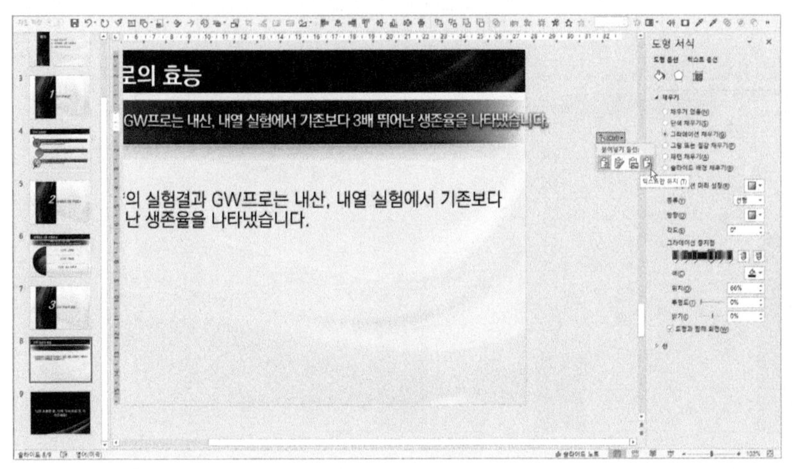

[붙여 넣기 옵션]을 활용하면 좀 더 다양한 작업을 할 수 있습니다.

다음 장은 데이터를 사용해야 할 페이지군. 나는 가방에서 신제품 실험 결과 보고서를 꺼냈다. 연구부의 최수석 연구원이 기획 회의를 할 때 전달해 준 자료다. '그럼 이제 실험 결과 데이터를 차트로 만들어 볼까?' [묶은 세로 막대형] 차트를 2개 삽입하고 [데이터 편집] 엑셀 창을 편집했다.

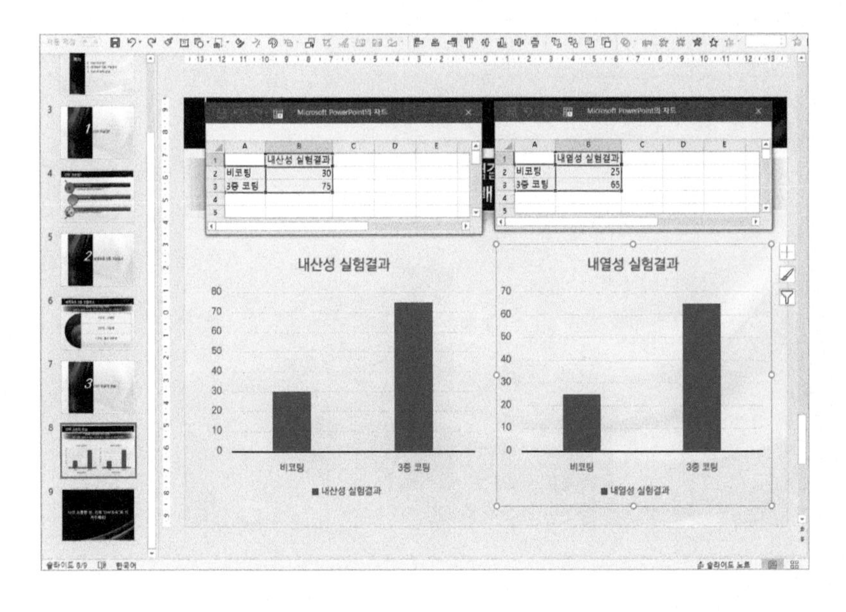

서식 복사 소스 파일을 열고 바(Bar) 소스에서 개체 2개를 8번 슬라이드로 복사한 후 [스포이트] 기능을 사용해 막대에 색을 입혔다.

▶ 색을 복사하는 스포이트 기능은 2013 버전부터 사용할 수 있습니다. 상세한 사용 방법은 06-3절을 참조하세요.

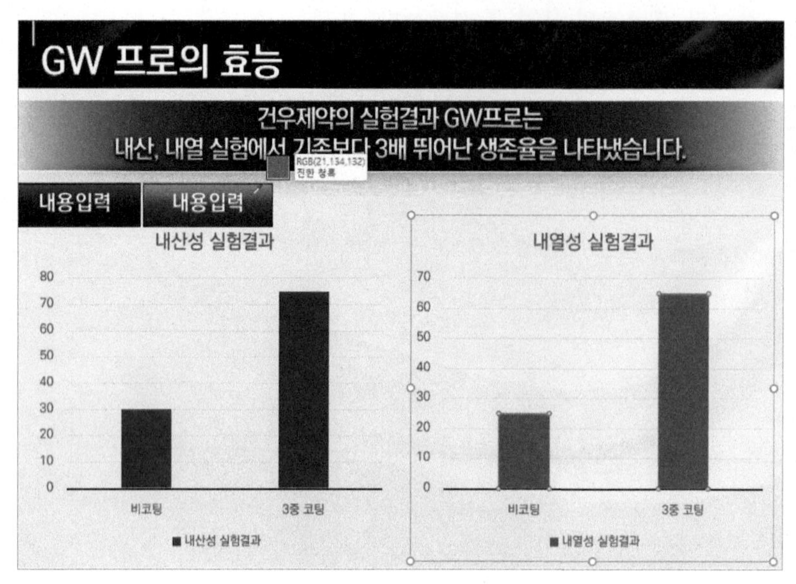

스포이트 기능은 같은 슬라이드에 있는 개체의 색만 복사할 수 있습니다.

차트 범례는 차트 제목이 주는 정보와 똑같아 체크 해제했다. 마지막으로 불필요한 개체를 삭제하고 가로축 서식을 수정해 그래프를 완성했다.

▶ 차트 꾸미기는 09-3절에서 복습할 수 있습니다.

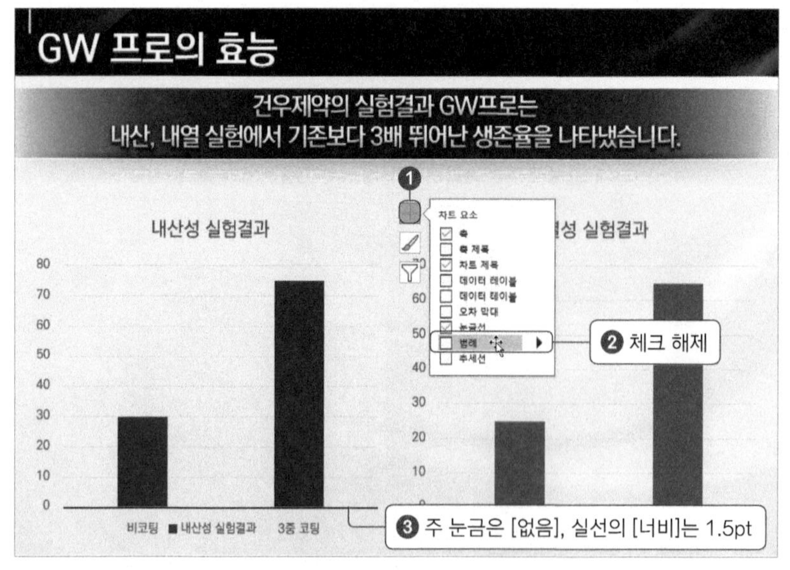

차트 오른쪽에 있는 차트 요소(+) 버튼을 클릭한 후 [범례]를 체크 해제합니다.

'엔딩 슬라이드는 줄을 바꾸고 강조할 신제품 이름의 색을 [노랑]으로만 바꿔도 충분하겠어!'

줄을 바꾸고 핵심 단어를 [노랑]으로 변경하세요.

실력 굳히기 4 내용에 맞는 화면 전환 효과 적용하기

이제 완성도를 높이기 위해 화면 전환 효과를 적용할 차례다.

[여러 슬라이드( )]를 눌러 전체적인 프레젠테이션의 분위기를 생각한다. 향후 내용이 보강되면서 본문 슬라이드가 지금보다 많아질 것이다. '화면 전환 효과는 화려한 효과보다 내용에 맞춰 효과를 적용하는 것이 중요하다고 했지?'

본문은 원래 여러 장의 슬라이드로 구성돼 내용이 연속적이거나 앞화면과 연결이 되는 경우가 많기 때문에 부드럽게 넘어가는 것이 좋지만, 챕터의 다음 장인 4, 6, 8번 슬라이드는 도입의 느낌이 있으므로 [도형] 효과에 [바깥쪽] 옵션으로 펼쳐 주는 효과로 0.5초를 적용했다.

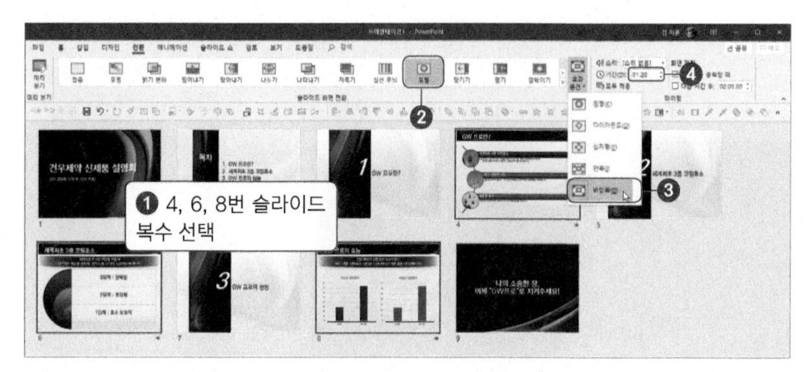

본문의 도입 페이지는 [도형] 효과에 펼쳐 주는 옵션으로 0.5초!

▶ 보기 방식을 여러 슬라이드(田)로 변경하면 화면 전환 효과를 여러 슬라이드에 한꺼번에 적용하기가 편리합니다.

▶ 본문 슬라이드의 화면 전환 효과는 13-2절을 참조하세요.

'목차는 제목 슬라이드에서 부드럽게 들어가는 것이 좋을 것 같다. [밝기 변화] 효과를 적용하고 기간은 0.5초로 줘야겠다. 이 효과는 본문 중에서도 앞의 내용과 연결되는 내용들이 보강된다면 적용해야지.'

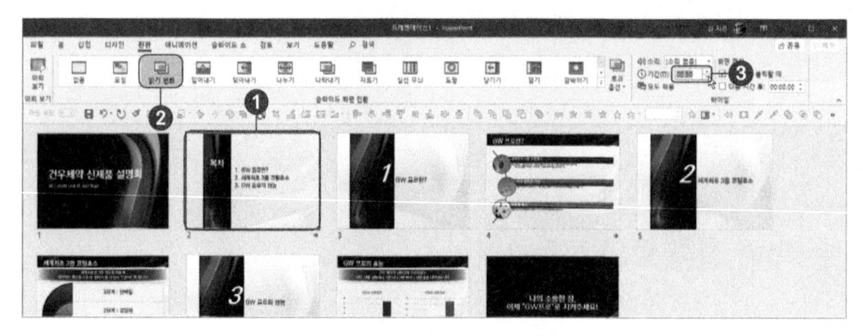

앞 화면과 연결을 부드럽게 하기 위해는 [밝기 변화] 효과에 0.5초!

간지 슬라이드는 내용이 많이 바뀌는 챕터 슬라이드이고 엔딩 슬라이드도 전체 프레젠테이션이 끝나는 느낌을 줘야 한다. Ctrl 키로 복수 선택한 후 친구의 강연에서 들은 대로 [밝기 변화] 효과를 적용하되, 옵션을 [검은 화면 후 다음 슬라이드]로 바꿔 기간을 1초로 줬다.

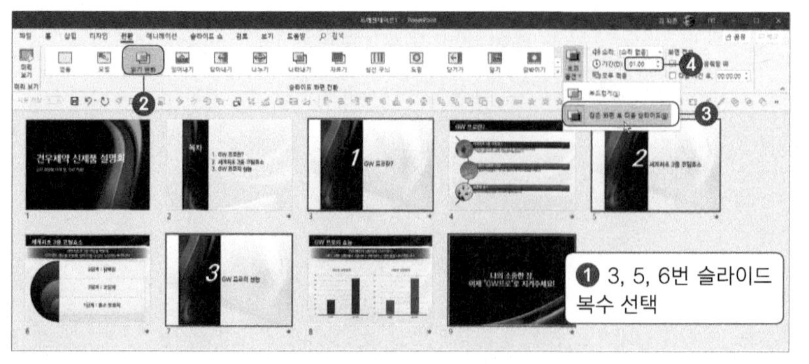

내용이 많이 바뀔 때는 [밝기 변화] 효과에 [검은 화면 후 다음 슬라이드]로 1초!

▶ Ctrl 키를 누르면 여러 개체를 복수 선택할 수 있습니다. 조합키 사용법은 05-1, 05-2, 05-3, 05-4절을 참조하세요.

실력 굳히기 5 애니메이션 효과로 역동적인 슬라이드 만들기

'애니메이션 효과는 과하지 않게, 지루하지 않게, 개연성 있게 넣어야지!' 슬라이드별로 화면 전환 효과를 걸었으니, 이제 각 개체에 필요한 애니메이션 효과를 적용할 차례다. 4번 슬라이드로 이동한 후 먼저 화면 오른쪽에 애니메이션 창을 띄웠다.

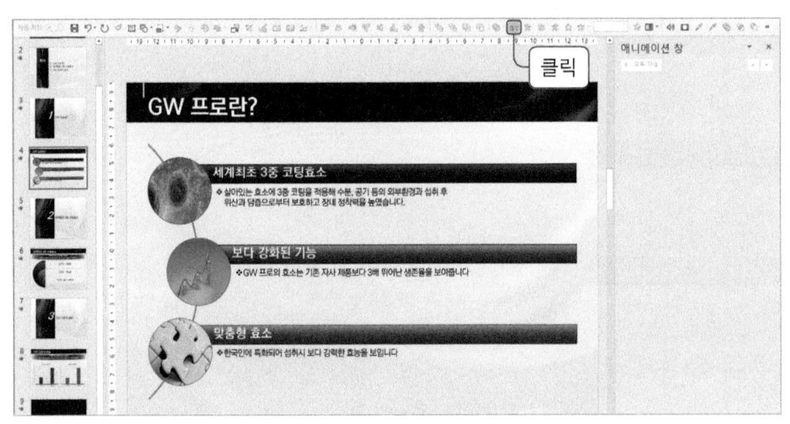

빠른 실행 도구 모음에서 [애니메이션 창()] 버튼을 클릭합니다.

▶ 애니메이션 효과를 쉽고 정확하게 사용하려면 애니메이션 불변의 법칙(12-1절)과 애니메이션 효과의 작동 원리(12-2절)를 반드시 이해하고 있어야 합니다.

애니메이션 효과를 기획하는 건 쉽지 않았다. 하지만 개체의 모양과 위치를 생각하니 조금씩 실마리가 보였다. '왼쪽 원호가 아래로 닦이면서 3개의 원 이미지가 나오고 각 원이 나올 때 옆에 있는 텍스트가 자연스럽게 나타나면 어떨까?' 왼쪽 원호를 선택하고 [닦아내기] 효과를 적용했다.

원호를 선택한 후 [나타내기()] → [닦아내기] 효과를 클릭합니다.

▶ 자주 사용하는 애니메이션 효과는 12-4절에서 확인할 수 있습니다.

[닦아내기] 효과는 옵션이 중요하므로 빠른 실행 도구 모음에서 [효과 옵션] 버튼을 클릭하고 방향을 [위에서]로 설정했다.

▶ 스마트아트를 도형으로 변환했기 때문에 개체별로 서로 다른 애니메이션 효과를 적용할 수 있습니다.

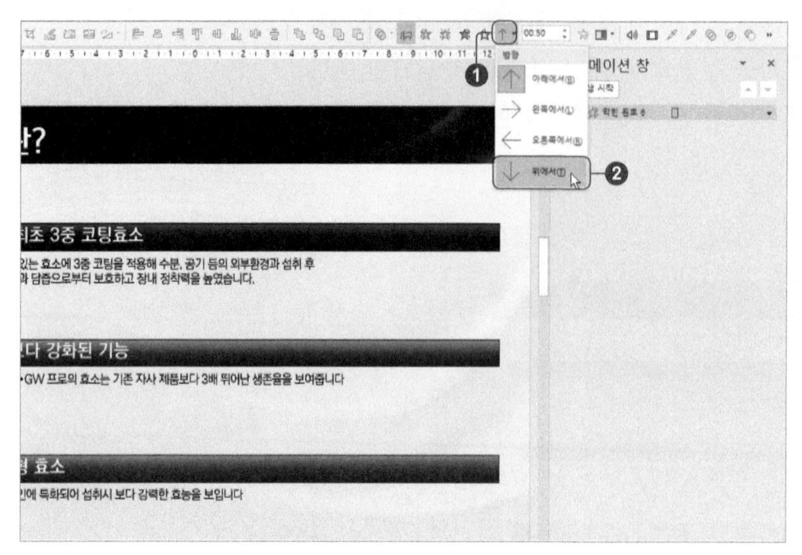

빠른 실행 도구 모음에서 [효과 옵션]을 [위에서]로 변경합니다.

[Shift] 키를 누르면서 위에서부터 왼쪽의 원 3개를 차례대로 복수 선택하고 [확대/축소] 효과를 적용했다.

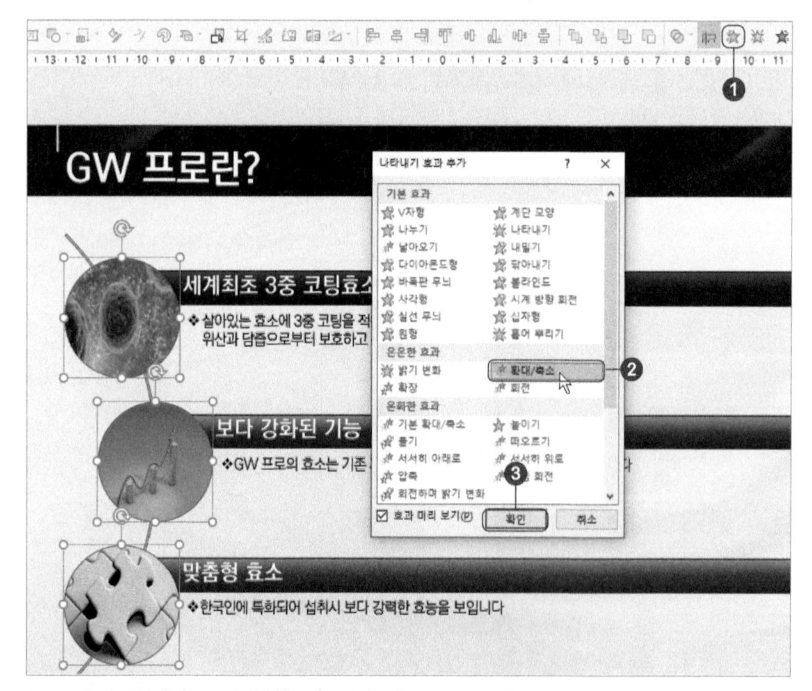

원 3개를 선택한 후 [나타내기(★)] → [확대/축소] 효과를 클릭합니다.

'소제목은 막대 형태니까 그림이 나타난 후 오른쪽으로 쭉 펼쳐지면 멋질 것 같은데!'

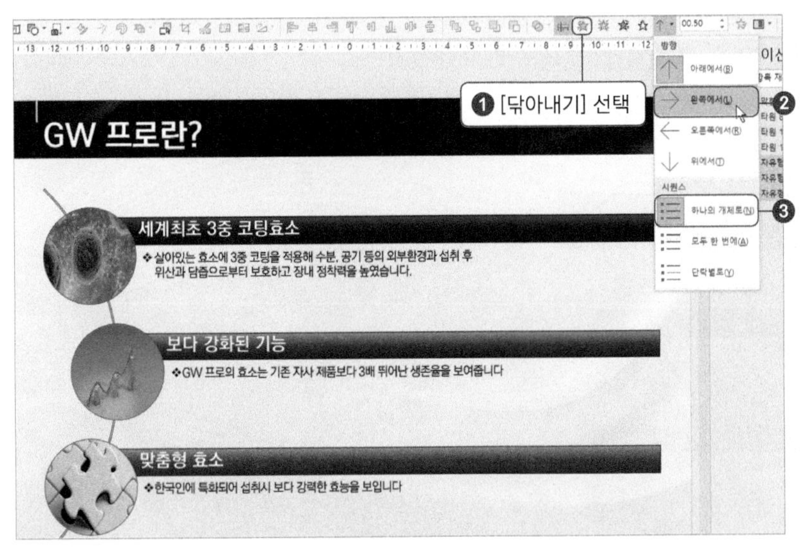

소제목 3개를 선택하고 [닦아내기] 효과를 적용한 후 옵션은 [왼쪽에서]로 설정합니다.

마지막으로 소제목 아래에 있는 텍스트 상자 3개는 [나타내기] 효과 중에서 간단하게 [밝기 변화]만 적용했다.

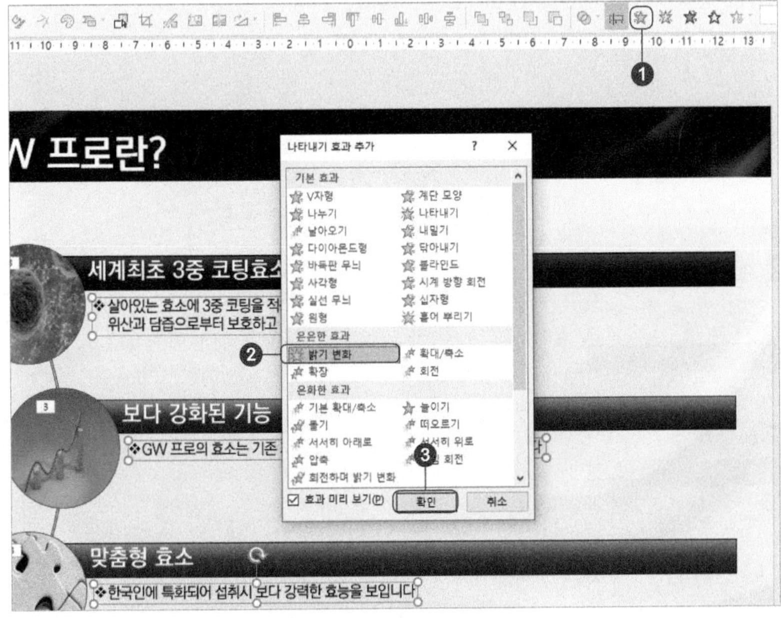

소제목 아래에 있는 텍스트 상자들은 [밝기 변화] 효과로 설정합니다.

이제 애니메이션 창에서 애니메이션의 순서와 시간만 설정하면 된다. 나는 애니메이션 창에서 모든 애니메이션 효과를 선택하고 타이밍을 [이전 효과와 함께 시작]으로 설정했다. '이렇게 설정하면 슬라이드가 나타나는 동시에 모든 애니메이션 효과가 자동으로 나타나겠지?'

▶ 애니메이션 창을 다루는 방법은 12-5절을 참조하세요.

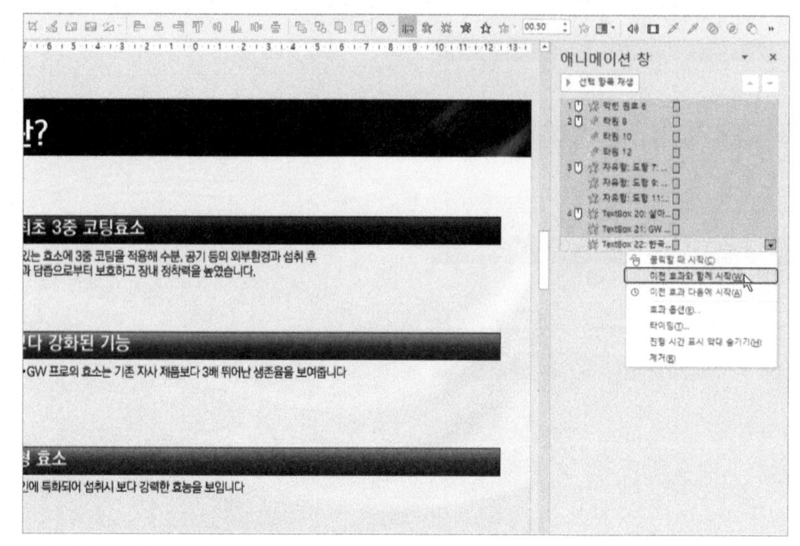

모든 애니메이션을 선택하고 타이밍을 [이전 효과와 함께 시작]으로 설정합니다.

원호의 애니메이션이 진행되는 동안 나머지 개체의 애니메이션이 모두 끝나야 한다. 재생 시간 막대를 드래그해 원호의 재생 시간을 1.5초로 설정했다.

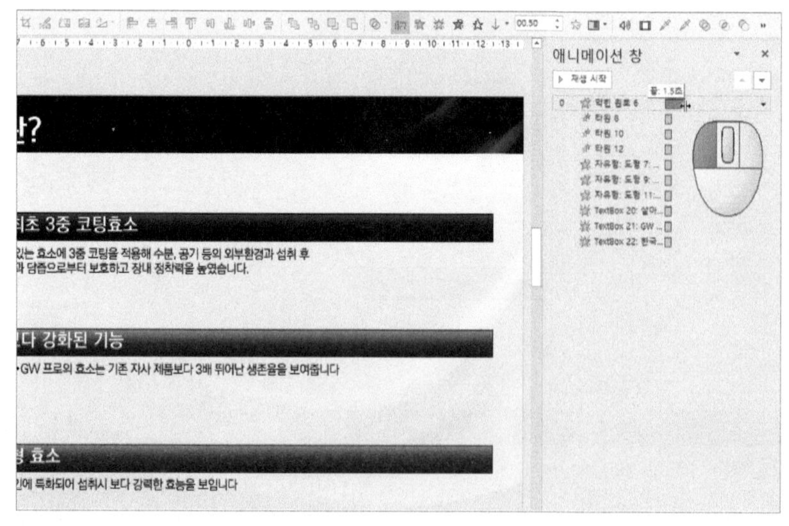

마우스로 드래그해 원호의 재생 시간을 1.5초로 늘립니다.

'원 3개는 원호가 재생되는 동안 차례대로 나오면 되니까 첫 번째 원은 그대로 두고 두 번째 원의 시작 시간을 0.5초, 세 번째 원의 시작 시간을 1초로 설정하자.'

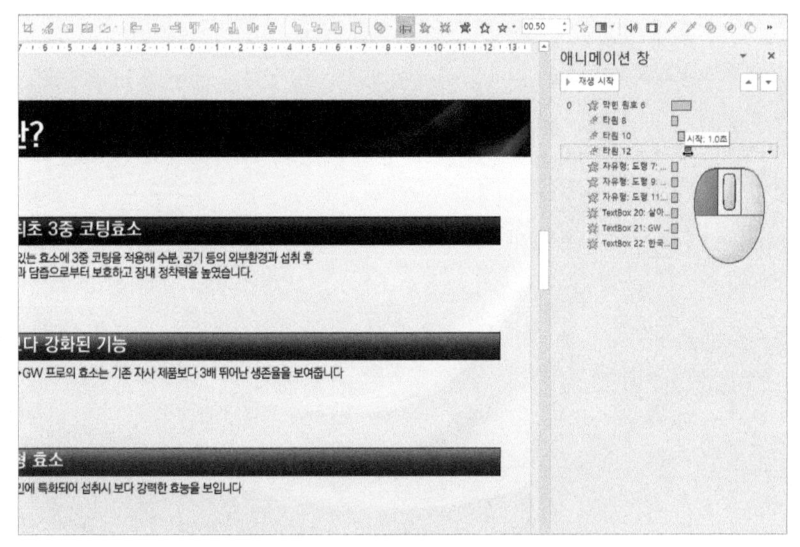

마우스로 드래그해 두 번째, 세 번째 원의 재생 시간을 설정합니다.

▶ 애니메이션 막대가 잘 선택되지 않는다면, 애니메이션 창의 크기 조절 핸들을 왼쪽으로 드래그해 창의 크기를 넓혀 주세요.

'기준이 되는 원 3개의 나타나는 시점이 만들어졌으니 나머지 소제목은 그 원 아래로 보내 시간을 맞춰 주면 된다. 원이 나온 다음에 소제목이 나와야 하므로 0.5초, 1초, 1.5초네. 소제목 아래의 텍스트는 소제목이 나오기 시작한 바로 0.2초 뒤에 나오게 하면 되겠다.'

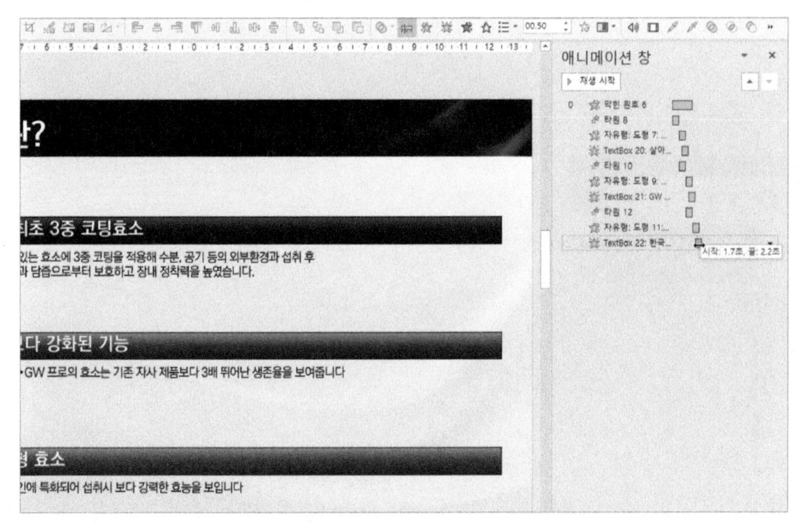

원, 소제목, 본문 순서로 재생되도록 애니메이션 순서와 시작 지점을 변경합니다.

▶ 애니메이션 창 오른쪽에 있는 화살표 버튼을 클릭해도 애니메이션 효과의 순서를 조정할 수 있습니다.

'6번 슬라이드는 핵심 문장이 먼저 나타나고 순번대로 본문이 등장하면 적당하겠군.' 핵심 메시지가 적혀 있는 텍스트 상자를 선택한 후 [압축] 효과를 걸고 타이밍을 0.5초로 적용했다.

▶ 복습이 필요하다면 전문가의 애니메이션 활용 방법을 설명하고 있는 12-5절을 확인해 보세요.

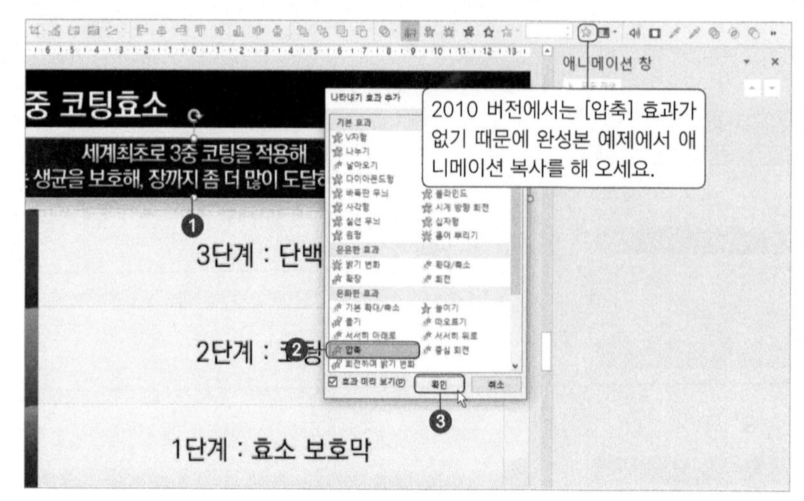

효과는 [압축]을 선택하고 타이밍은 0.5초로 적용합니다.

'어? 아래의 모든 개체가 그룹으로 설정돼 있네. 애니메이션을 따로 설정하려면 그룹을 풀어야겠다.' Ctrl + Shift + G를 눌러 그룹을 해제했다.

'반원을 아래에서 위로 닦아내면 자연스럽게 두꺼워지는 느낌이 나겠지?' 작은 반원부터 큰 반원까지 하나씩 복수 선택한 후 [닦아내기] 효과를 적용했다. '어차피 아래에서 닦아낼 것이니까 옵션은 손댈 필요가 없네.'

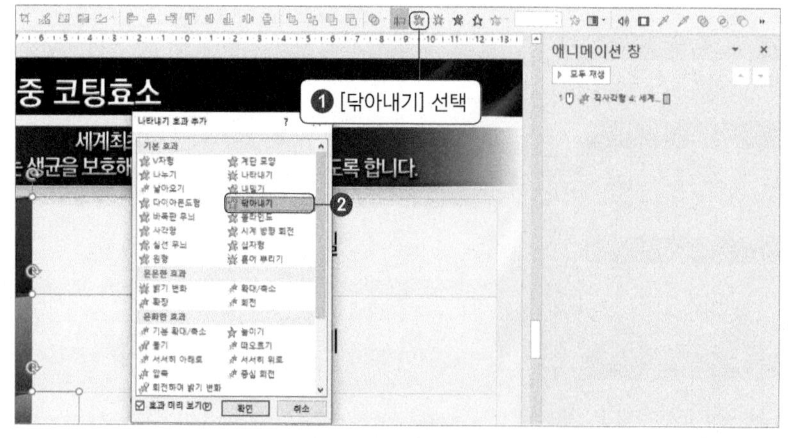

[닦아내기] 효과를 적용한 후 옵션을 [아래에서]로 설정합니다.

텍스트 상자는 해당하는 반원이 등장하는 타이밍에 맞춰 순서대로 나타나는 게 자연스럽다. 그런데 이번에는 텍스트 상자가 반원 안에서 튀어나오는 효과를 만들어 볼 계획이다. 텍스트 상자를 모두 선택한 후 [내밀기] 효과를 적용하고 옵션은 [왼쪽에서]로 변경했다.

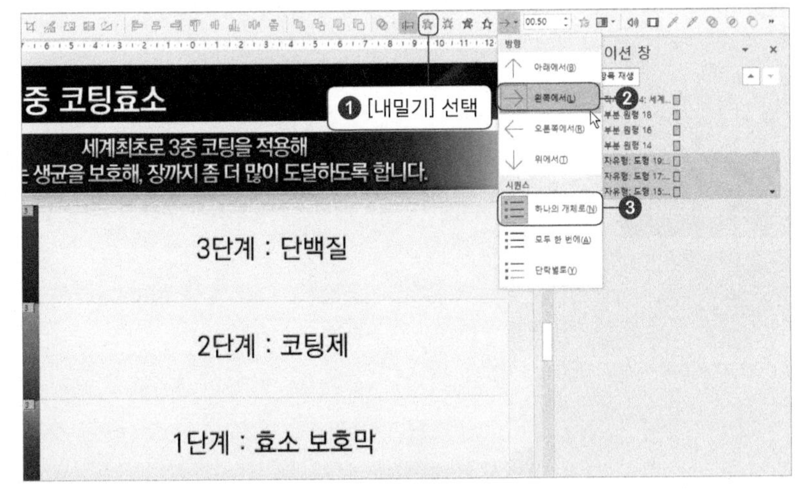

[내밀기] 효과를 적용한 후 옵션을 [왼쪽에서]로 설정합니다.

'반원과 텍스트 상자가 단계별로 펼쳐지게 하려면….'
애니메이션의 순서를 머릿속으로 그려 보고 핵심 메시지의 애니메이션 효과 아래로 반원과 텍스트 상자의 애니메이션 효과를 번갈아 놓았다. 그러고 나서 모두 선택한 후 타이밍을 [이전 효과와 함께 시작]으로 설정했다.

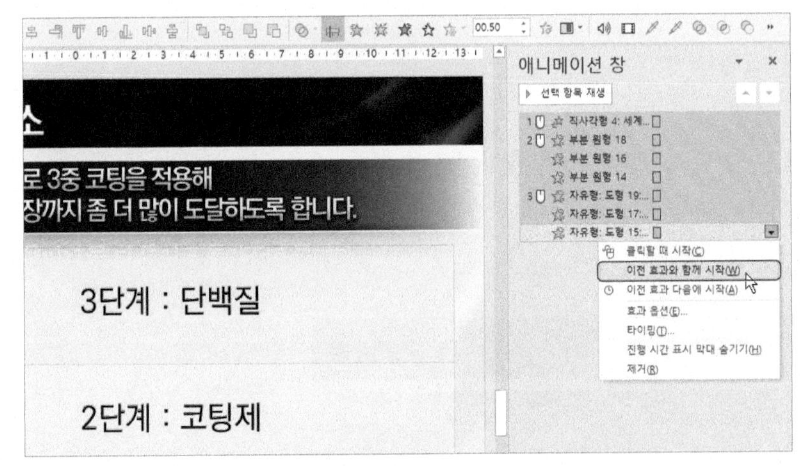

애니메이션 효과를 드래그해 순서를 조정합니다.

핵심 메시지가 나온 다음에 단계별로 시작해야 하므로 1단계 반원을 선택하고 [이전 효과 다음에 시작]으로 설정한 후 각 단계별 반원들의 지연 시간을 0.5초, 1초로 조정한다. 오른쪽 박스들에 걸린 애니메이션들을 단계별 반원 닦아내기 애니메이션 뒤로 하나씩 끌어 올려놓는다. 1단계 텍스트는 시작 지점을 0.8초로 맞췄다. '다음 2단계는 1.3초, 그 다음은 1.8초겠네.'

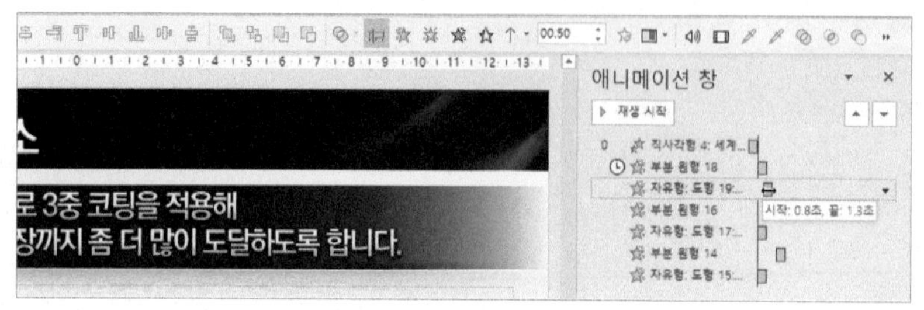

반원이 등장하면서 텍스트도 자연스럽게 나타도록 타이밍과 시작 지점을 조절합니다.

2단계, 3단계에 해당하는 반원과 텍스트도 같은 방법으로 타이밍과 시작 지점을 조절했다. '이제 미리보기로 확인해 볼까?' 애니메이션 창의 빈 영역을 한 번 클릭한 후 [모두 재생]을 눌렀다.

▶ 애니메이션 미리보기 기능은 12-5절 전문가의 조언을 참조하세요.

슬라이드 쇼를 실행하지 않아도 애니메이션 효과를 확인할 수 있습니다.

'애니메이션 효과도 복사할 수 있다고 했지?' 6번 슬라이드의 핵심 메시지를 선택하고 애니메이션 복사(☆) 버튼을 누른 후 8번 슬라이드의 핵심 메시지에 붙여 넣기했다.

▶ 애니메이션 복사 기능은 2010 버전부터 사용할 수 있습니다. 상세한 내용은 12-4절 전문가의 조언을 참조하세요.

Alt + Shift + C 키로 애니메이션 효과를 복사할 수 있습니다.

실력 굳히기 6 슬라이드 쇼 실행하기

"흠…. 제목 슬라이드가 2줄이 되는 것이 더 좋겠네."

나는 제목 슬라이드의 건우제약 뒤에서 Shift + Enter 로 줄을 바꿨다. 슬라이드를 하나씩 검토해 가면서 텍스트의 크기는 괜찮은지, 각 개체의 크기나 위치가 틀어지지 않았는지 꼼꼼히 살폈다. 레이아웃 양식을 수정할 때는 편집 화면에서 직접 수정하는 것이 아니라 슬라이드 마스터에 들어가 마스터 레이아웃을 편집하는 것도 잊지 않았다.

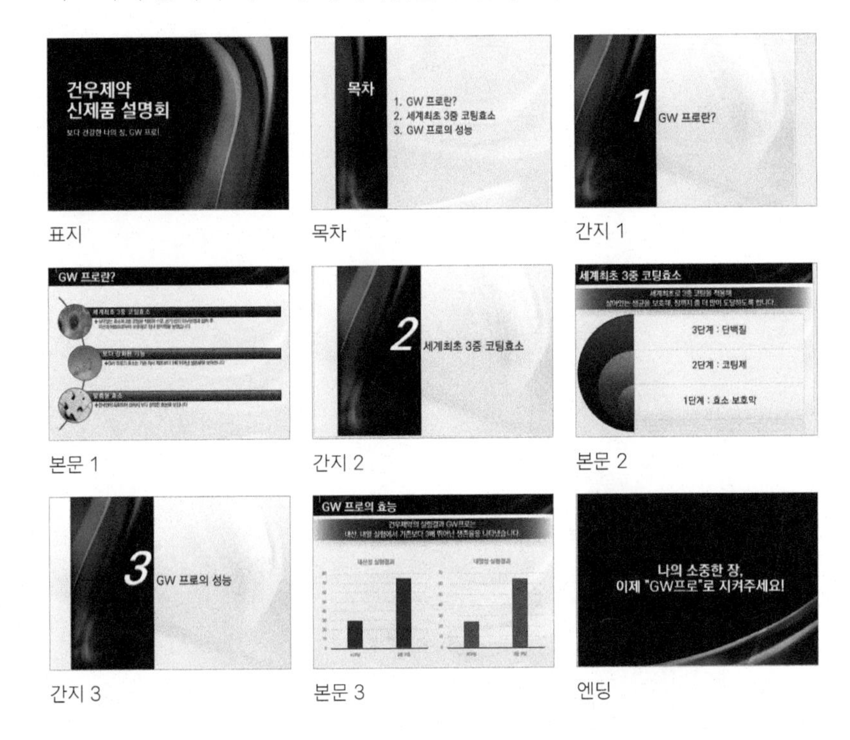

표지 목차 간지 1 본문 1 간지 2 본문 2 간지 3 본문 3 엔딩

아직은 초안이지만, 결과물을 확인하니 뿌듯했다. 그리고 파워포인트에 대한 막연한 두려움을 떨치고 자신감을 얻은 것도 큰 수확이었다.

'친구에게 술 한잔 제대로 사야겠는걸.'

문득 수강료 대신 술 한잔 사라는 친구의 말이 떠올랐다.

'친구한테 전화하기 전에 마지막으로 한 번 더 확인해 볼까?'

F5 키를 힘껏 눌렀다.

그건 집에 가서 열어 봐!
뭔가 묵직허니 비싼 거 같은데
고마워 친구야!
PT 강의실

아니, 이건! 궁극의 PT 비법서!
화~아
화악~
된다! 파워포인트 실무의 신
탁

짜식~ 끝까지 날 감동시키네…
김대리, 아니 친구야!
나도 처음엔 너 처럼
모든게 낯설고 힘들었었어
이 책이 너에게 조금이나마
도움이 되었으면 해.
나도 이 책 보면서
지금처럼 될 수 있었어.
힘내라 친구야~

[한글]

가

나

다

라

마

바

사

아

PPT 기능에 대한 강의를 듣는 줄만

기획 & 디자인에 대한 도움이 모두 될 것이라는 것은

와이프의 추천으로 듣게 되었습니다.
강사님이 정말 뛰어나신 분이라고 얘기
하곤 했었는데! 실제 교육을 들어보니
열정과 실력이 정말 대단하시네요.
교육비가 전혀 아깝지 않습니다.
늘 변치 않을거 같은 강사님의 열정
만이라도 꼭 잊지않겠습니다.
감사했습니다. (2주동안)

특히 추천할 강의가
한다. 진짜 강의를 …
경제적 …
이 가장 적절한 강의 …

그동안 실력 부족으로
… 2주 동안 속이 시원했어요
… 정말 알찬 강의에 보답
… 2주간 열정적인 강의
… 감사합니다. 복직하고 배울 …
… 생각하니 신나요 ^^

파워포인트를 작성하면서 …
시나리오가 항상 맞는 시간
쉽게 해결할 수 있는 …
… 좋은 시간이었습니다

새로운
깨달음을
얻고 갑니다.
회사에 가면
사내 교육으로
만들어야 겠습니다.

PT에 작성하고 …
PT를 할 수 있다고는 …
PT를 "잘" 하고 싶다
추천합니다

파워포인트를
… 수 있다니.
… 다. 십절은
… 었네요.
… 가능할까? 라는
… 이 했네요!
감사드립니다

너무너무 감사합니다!
진정성 있는 강의에 많은 걸
배우고 돌아갑니다!
어디에도 없을 강의입니다
망설이지 말고 꼭 수강신청
하세요 강추강추 입니다!!!

기획요소를 가장 효과적으로 보여주는 스킬부터
있는 기능의 모든 것을 배울 수 있는 파워포인트 이런 저런 …
강의입니다. 꼭 들으세요 ^^

마라 ~!!! 까지
… 준비한다면
놓치지 않아야 할 …
… 프라미스님을 만나

… 많이 배우는 … 완전 PT의
… 이번 강의에서 …
… 맞습니다.
… 을 봤습니다.
좋은 pt 그리고 … 하는
저의 pt ^^ … 으로
… 기대합니다
수고 하셨습니다.

PT만으로 보통
수업 40번의 효과의
학습이 가능한 수업이었
다고 생각 합니다.
한번쯤은 들어야 …!

폭풍처럼 강력하네요.
감탄하다가 놓친것도
많습니다만,
실습자료가 있으니
복습으로 만회해야…
… 주는 … 최적의 …

… 참 좋습니다.
… PPT 자료 …
… 세계가 열린 것 같습니다.
… 파워포인트 … 제가
… 만들 수 있을 것 같은 자신감
… 합니다. …
… 을 들기전 PPT를 그래 …
… 다루고 … 합니다.
… 생각은 제가 …
… 교육 …

기회는 준비된 사람에게만 찾아오는 최고의 선물입니다. - 저자 **김지훈**